2017

中国高技术产业统计年鉴

CHINA STATISTICS YEARBOOK ON HIGH TECHNOLOGY INDUSTRY

国家统计局社会科技和文化产业统计司　编

Compiled by

Department of Social,Science and Technology,and Cultural Statistics National Bureau of Statistics

图书在版编目（CIP）数据

中国高技术产业统计年鉴. 2017 : 汉英对照 / 国家统计局社会科技和文化产业统计司编. -- 北京 : 中国统计出版社, 2017.10
ISBN 978-7-5037-8380-7

Ⅰ. ①中… Ⅱ. ①国… Ⅲ. ①高技术产业－统计资料－中国－2017－年鉴－汉、英 Ⅳ. ①F279.244.4-54

中国版本图书馆 CIP 数据核字(2017)第 239845 号

中国高技术产业统计年鉴—2017

作　　者/国家统计局社会科技和文化产业统计司
责任编辑/徐　涛　焦智康
封面设计/李雪燕
出版发行/中国统计出版社
通信地址/北京市丰台区西三环南路甲 6 号　邮政编码/100073
电　　话/邮购（010）63376909　书店（010）68783171
网　　址/ http://www.zgtjcbs.com/
印　　刷/河北鑫兆源印刷有限公司
经　　销/新华书店
开　　本/880mm×1230mm　1/16
字　　数/960 千字
印　　张/30
版　　别/2017 年 11 月第 1 版
版　　次/2017 年 11 月第 1 次印刷
定　　价/280.00 元

本书附同版本 CD-ROM 一张，光盘内容以书面文字为准。
如有印装差错，由本社发行部调换。

《中国高技术产业统计年鉴—2017》

编辑委员会、编辑部

CHINA TATISTICS YEARBOOK
ON HIGH TECHNOLOGY INDUSTRY-2017

Editorial Board and Staff

编辑说明

为反映我国高技术产业发展状况和国际竞争能力，满足国家宏观管理部门制订调整产业政策和产业发展规划的需要，我们根据国家统计局 2013 年颁布的《高技术产业（制造业）分类（2013）》，加工整理了这本高技术产业发展状况的统计资料书。

本书收集了 2000-2016 年我国高技术产业生产经营、研发及相关活动、固定资产投资等资料以及相关的国际比较数据，较为全面地描述了“十五”以来我国高技术产业发展的基本状况，是有关管理部门和社会各界了解我国高技术产业发展情况的主要资料工具书。

本书共分五个部分。第一部分主要反映高技术产业企业的生产经营情况。第二部分主要反映高技术产业企业的研发活动、新产品开发和销售、专利、技术获取和改造、企业办研发机构等情况。第三部分主要反映高技术产业企业的固定资产投资情况。第四部分为国际比较资料，根据世界银行等国际组织公布的高技术产业统计资料整理。第五部分为附录，包括高技术产业（制造业）分类（2013）、高技术产业（制造业）统计分类目录、高技术产业（制造业）统计资料整理公布格式和主要统计指标解释。

本书中 2016 年高技术产业（制造业）数据包括“信息化学品制造业”，未对历史年份数据进行调整；书中的“空格”表示该项统计指标数据不足本表最小单位数、数据不详或无该项数据；书中因小数取舍而产生的误差均未做配平处理。按地区分组东部地区包括：北京、天津、河北、上海、江苏、浙江、福建、山东、广东和海南；中部地区包括：山西、安徽、江西、河南、湖北和湖南；西部地区包括：内蒙古、广西、重庆、四川、贵州、云南、西藏、陕西、甘肃、青海、宁夏和新疆；东北地区包括：辽宁、吉林和黑龙江。

PREFACE

This Yearbook of High Technology Industry is based on the High Technology Industry (Manufacturing Industry) Classification, which has been published by the National Bureau of Statistics in 2013. The purposes of the Yearbook are to summarize the development and international competitive position of China's hi-tech industry and to facilitate the goals of the state macro administration in formulating policy and programming in support of China's hi-tech industry.

The Yearbook describes the development of China's hi-tech industry during the period from 2000 to 2015. Statistical series for the years 2000 to 2016 include production, R&D and related activities, investment on fixed assets, and relative international comparative measures of this fast-growing industry. The Yearbook should serve as a useful source for the public planning and administration sector as well as the broader business and research communities for understanding recent developments in China's hi-tech industry.

The Yearbook contains five parts. The first part focuses on the production and management of hi-tech industry. The second part of the Yearbook focuses on R&D activities, new products development, patents, technology acquisition and technology reconstruction, and R&D institutions in hi-tech enterprises. The third part focuses on investment on fixed assets in hi-tech industry. The fourth part of the Yearbook focuses on international comparisons of different countries based on the World Bank data. The fifth part is appendix information, including High Technology Industry (Manufacturing Industry) Classification(2013), catalogue of Hi-Technology Industry (Manufacturing Industry) Classifications, Published Format for Sorting-out the Statistical Data of High-Technology Industry (Manufacturing Industry) and Main Statistical Indicators.

The data of High-Technology Industry (Manufacturing Industry) for the year 2016 in the Yearbook include Manufacture of Electronic Chemicals data, but historical data are not adjusted retroactively. Notations used in this book:"(blank space)"indicates that the figure is not large enough to be measured with the smallest unit in the table or data are unknown or are not available. Statistical discrepancies due to rounding are not adjusted in the yearbook. Eastern region include Beijing, Tianjin, Hebei, Shanghai, Jiangsu, Zhejiang, Fujian, Shandong, Guangdong and Hainan. Middle region include Shanxi, Anhui, Jiangxi, Henan, Hubei and Hunan. Western region include Inner Mongolia, Guangxi, Chongqing, Sichuan, Guizhou, Yunnan, Tibet, Shaanxi, Gansu, Qinghai, Ningxia and Xinjiang. Northeastern region include Liaoning, Jilin and Heilongjiang.

目　录
Contents

第一部分　生产经营情况
Statistics on Production and Management

第二部分 R&D 及相关活动情况

Statistics on R&D and Related Activities

第三部分 固定资产投资情况

Statistics on Investment in Fixed Assets

第四部分 国际比较情况

International Comparison

附 录

Appendix

1

生产经营情况
Statistics on Production and Management

1-1-1　高技术产业生产经营情况
Statistics on Production and Management in High-tech Industry

指　　标	Indicator	2000	2005	2013	2014	2015	2016
企业数（个）	Number of Enterprises (unit)	9835	17527	26894	27939	29631	30798
从业人员平均人数（万人）	Annual Average Number of Employed Personnel (10 thousand persons)	392	663	1294	1325	1354	1342
主营业务收入（亿元）	Revenue from Principal Business (100 million yuan)	10050	33916	116049	127368	139969	153796
利润总额（亿元）	Profits (100 million yuan)	673	1423	7234	8095	8986	10302
出口交货值(亿元)	Exports(100 million Yuan)	3396	17636	49285	50765	50923	52445

注：本表2005年及以前年份数据口径为全部国有及年主营业务收入500万元及以上的非国有法人工业企业，2011年及以后年份为年主营业务收入2000万元及以上的法人工业企业。以下至1-1-14表相同。

1-1-2　制造业生产经营情况
Statistics on Production and Management in Manufacturing Industry

指　　标	Indicator	2000	2005	2013	2014	2015	2016
企业数（个）	Number of Enterprises (unit)	148279	251499	343584	352365	358665	355518
从业人员平均人数（万人）	Annual Average Number of Employed Personnel (10 thousand persons)	4606	5935	8614	8647	8520	8253
主营业务收入（亿元）	Revenue from Principal Business (100 million yuan)	71698	213844	909453	978230	992674	1047711
利润总额（亿元）	Profits (100 million yuan)	2733	9704	55401	56898	57975	65281
出口交货值(亿元)	Export(100 million yuan)	14193	47082	112434	118119	115728	117590

1-1-3　按行业分高技术产业生产经营情况

Statistics on Production and Management in High-tech Industry by Industrial Sector

行　业	Industry	企业数（个） Number of Enterprises (unit)					
		2000	2005	2013	2014	2015	2016
合计	**Total**	**9835**	**17527**	**26894**	**27939**	**29631**	**30798**
医药制造业	**Manufacture of Medicines**	**3533**	**4971**	**6839**	**7108**	**7392**	**7541**
#化学药品制造	Manufacture of Chemical Medicine	1619	2037	2366	2371	2416	2421
中成药生产	Production of Finished Traditional Chinese Herbal Medicine		1288	1555	1592	1622	1640
生物药品制造	Manufacture of Biological Medicine	271	478	889	934	975	959
航空、航天器及设备制造业	**Manufacture of Aircrafts and Spacecrafts and Related Equipment**	**176**	**167**	**318**	**338**	**382**	**425**
#飞机制造	Manufacture of Airplanes	130	143	126	136	149	162
航天器制造	Manufacture of Spacecrafts	46	24	29	28	30	26
电子及通信设备制造业	**Manufacture of Electronic Equipment and Communication Equipment**	**3996**	**7781**	**13465**	**13973**	**14634**	**15383**
#通信设备制造	Manufacture of Communication Equipment	809	1195	1449	1507	1719	1844
#通信系统设备制造	Manufacture of Communication System Equipment	323	426	756	770	820	843
通信终端设备制造	Manufacture of Communication Terminal Equipment	129	223	693	737	899	1001
广播电视设备制造	Manufacture of Broadcasting and TV Equipment	98	361	624	626	644	693
雷达及配套设备制造	Manufacture of Radar and Its Fittings	47	47	58	59	52	64
视听设备制造	Manufacture of TV Set and Radio Receiver	453	855	1039	1036	1022	1051
电子器件制造	Manufacture of Electronic Appliances	513	1285	2593	2752	2867	3033
#电子真空器件制造	Manufacture of Electronic Vacuum Appliance	105	134	103	98	99	94
半导体分立器件制造	Manufacture of Semiconductor Discreting Appliances	236	258	328	335	334	340
集成电路制造	Manufacture of Integrate Circuit	172	362	438	452	459	492
电子元件制造	Manufacture of Electronic Components	1598	3558	5367	5490	5604	5744
其他电子设备制造	Manufacture of Other Electronic Equipment	478	480	1095	1176	1234	1309
计算机及办公设备制造业	**Manufacture of Computers and Office Equipment**	**506**	**1267**	**1565**	**1629**	**1695**	**1725**
#计算机整机制造	Manufacture of Entired Computer	139	201	167	172	188	188
计算机零部件制造	Manufacture of Computer Components and Parts	272	886	510	560	580	586
计算机外围设备制造	Manufacture of Computer Peripheral Equipment			441	442	471	496
办公设备制造	Manufacture of Office Equipment	95	180	240	241	243	241
医疗仪器设备及仪器仪表制造业	**Manufacture of Medical Equipments and Measuring Instrument**	**1624**	**3341**	**4707**	**4891**	**5062**	**5269**
1.医疗仪器设备及器械制造	Manufacture of Medical Equipment and Appliance	338	704	1084	1196	1310	1449
2.仪器仪表制造	Manufacture of Measuring Instrument	1286	2637	3623	3695	3752	3820
信息化学品制造业	**Manufacture of Electronic Chemicals**					**466**	**455**

注：本表未对“计算机零部件制造”和“计算机外围设备制造”行业2011年及以前年份的历史数据进行调整(有关行业对应情况详见附录2)，下同。

1-1-3　续表 1　continued

行　业	Industry	从业人员平均人数（人）Annual Average Number of Employed Personnel (person)					
		2000	2005	2013	2014	2015	2016
合计	**Total**	**3922875**	**6633422**	**12936870**	**13250267**	**13543225**	**13418185**
医药制造业	**Manufacture of Medicines**	**1045293**	**1234389**	**2085498**	**2159430**	**2229376**	**2257372**
#化学药品制造	Manufacture of Chemical Medicine	612191	641919	922024	928624	948815	948256
中成药生产	Production of Finished Traditional Chinese Herbal Medicine		350233	592006	616299	629665	628729
生物药品制造	Manufacture of Biological Medicine	53451	77122	195386	214841	230218	228678
航空、航天器及设备制造业	**Manufacture of Aircrafts and Spacecrafts and Related Equipment**	**456531**	**304691**	**339551**	**365708**	**387006**	**402202**
#飞机制造	Manufacture of Airplanes	394176	283082	237375	258084	259875	263882
航天器制造	Manufacture of Spacecrafts	62355	21609	27682	26382	27969	26278
电子及通信设备制造业	**Manufacture of Electronic Equipment and Communication Equipment**	**1739147**	**3466681**	**7482696**	**7734261**	**8142256**	**8122515**
#通信设备制造	Manufacture of Communication Equipment	324118	555028	1387344	1560571	1981129	1985877
#通信系统设备制造	Manufacture of Communication System Equipment	151727	161370	441277	599316	684084	713847
通信终端设备制造	Manufacture of Communication Terminal Equipment	56902	115108	946067	961255	1297045	1272030
广播电视设备制造	Manufacture of Broadcasting and TV Equipment	21493	75849	218860	215379	229059	233500
雷达及配套设备制造	Manufacture of Radar and Its Fittings	54161	39307	50587	47392	43630	45108
视听设备制造	Manufacture of TV Set and Radio Receiver	317255	553288	710770	679482	651896	611204
电子器件制造	Manufacture of Electronic Appliances	268611	616231	1624552	1662354	1669178	1667929
#电子真空器件制造	Manufacture of Electronic Vacuum Appliance	112600	104010	33999	29634	27409	27296
半导体分立器件制造	Manufacture of Semiconductor Discreting Appliances	82007	73727	127932	132950	133819	136771
集成电路制造	Manufacture of Integrate Circuit	74004	188080	294452	289897	283925	290542
电子元件制造	Manufacture of Electronic Components	645061	1495255	2604164	2571802	2557756	2512686
其他电子设备制造	Manufacture of Other Electronic Equipment	108448	131723	436496	526585	500627	511730
计算机及办公设备制造业	**Manufacture of Computers and Office Equipment**	**246902**	**1011417**	**1905640**	**1842440**	**1467024**	**1302216**
#计算机整机制造	Manufacture of Entired Computer	62331	322380	716976	670702	504436	409693
计算机零部件制造	Manufacture of Computer Components and Parts	125570	607302	622213	600400	397157	357994
计算机外围设备制造	Manufacture of Computer Peripheral Equipment			307264	298340	297528	266681
办公设备制造	Manufacture of Office Equipment	59001	81735	133391	132504	115620	117004
医疗仪器设备及仪器仪表制造业	**Manufacture of Medical Equipments and Measuring Instrument**	**435002**	**616244**	**1123485**	**1148428**	**1147356**	**1154894**
1.医疗仪器设备及器械制造	Manufacture of Medical Equipment and Appliance	67749	129701	283845	296477	308858	331212
2.仪器仪表制造	Manufacture of Measuring Instrument	367253	486543	839640	851951	838498	823682
信息化学品制造业	**Manufacture of Electronic Chemicals**					**170207**	**178986**

1-1-3 续表 2 continued

行业	Industry	主营业务收入（亿元） Revenue from Principal Business (100 million yuan)					
		2000	2005	2013	2014	2015	2016
合计	**Total**	**10050.1**	**33916.2**	**116048.9**	**127367.7**	**139968.6**	**153796.3**
医药制造业	**Manufacture of Medicines**	**1682.8**	**4019.8**	**20484.2**	**23350.3**	**25729.5**	**28206.1**
#化学药品制造	Manufacture of Chemical Medicine	1000.7	2325.6	9433.8	10518.1	11417.0	12641.1
中成药生产	Production of Finished Traditional Chinese Herbal Medicine		970.8	5022.6	5745.8	6277.2	6748.3
生物药品制造	Manufacture of Biological Medicine	112.3	318.2	2403.7	2801.3	3160.9	3285.5
航空、航天器及设备制造业	**Manufacture of Aircrafts and Spacecrafts and Related Equipment**	**377.8**	**781.4**	**2853.2**	**3027.6**	**3412.6**	**3801.7**
#飞机制造	Manufacture of Airplanes	335.1	735.3	2071.7	2100.4	2283.5	2438.2
航天器制造	Manufacture of Spacecrafts	42.8	46.0	183.5	221.1	211.5	228.9
电子及通信设备制造业	**Manufacture of Electronic Equipment and Communication Equipment**	**5874.5**	**16646.3**	**60633.9**	**67584.2**	**78309.9**	**87304.7**
#通信设备制造	Manufacture of Communication Equipment	2162.2	5834.0	17018.9	19959.9	27108.4	30577.9
#通信系统设备制造	Manufacture of Communication System Equipment	913.2	1403.5	6504.5	7734.7	9747.5	11359.0
通信终端设备制造	Manufacture of Communication Terminal Equipment	283.1	490.4	10514.5	12225.2	17360.8	19219.0
广播电视设备制造	Manufacture of Broadcasting and TV Equipment	33.2	196.0	1554.0	1619.0	1718.7	1986.0
雷达及配套设备制造	Manufacture of Radar and Its Fittings	34.1	92.5	444.2	443.5	443.6	458.2
视听设备制造	Manufacture of TV Set and Radio Receiver	1467.8	3049.0	7560.7	7358.9	7739.5	8025.1
电子器件制造	Manufacture of Electronic Appliances	920.1	2958.6	13560.6	14879.5	15808.9	17684.4
#电子真空器件制造	Manufacture of Electronic Vacuum Appliance	533.0	563.0	205.0	176.3	208.5	214.1
半导体分立器件制造	Manufacture of Semiconductor Discreting Appliances	126.8	249.0	793.9	866.5	967.3	1137.6
集成电路制造	Manufacture of Integrate Circuit	260.3	1118.8	2683.8	2617.7	2701.2	3400.6
电子元件制造	Manufacture of Electronic Components	993.8	4167.0	13613.9	14717.3	16012.2	17077.8
其他电子设备制造	Manufacture of Other Electronic Equipment	263.2	349.1	3043.8	4248.2	4489.5	5225.2
计算机及办公设备制造业	**Manufacture of Computers and Office Equipment**	**1606.7**	**10716.6**	**23214.2**	**23499.1**	**19407.9**	**19760.1**
#计算机整机制造	Manufacture of Entired Computer	657.3	5683.4	13893.5	13769.3	11257.9	11354.3
计算机零部件制造	Manufacture of Computer Components and Parts	763.0	4508.8	4661.7	4505.8	2716.1	2832.1
计算机外围设备制造	Manufacture of Computer Peripheral Equipment			2505.6	2774.7	2902.2	2889.0
办公设备制造	Manufacture of Office Equipment	186.4	524.4	1192.5	1239.2	1122.1	1165.2
医疗仪器设备及仪器仪表制造业	**Manufacture of Medical Equipments and Measuring Instrument**	**508.3**	**1752.2**	**8863.5**	**9906.5**	**10471.8**	**11651.9**
1.医疗仪器设备及器械制造	Manufacture of Medical Equipment and Appliance	95.4	341.6	1853.6	2182.6	2431.3	2868.5
2.仪器仪表制造	Manufacture of Measuring Instrument	412.9	1410.6	7009.9	7723.9	8040.6	8783.4
信息化学品制造业	**Manufacture of Electronic Chemicals**					**2636.8**	**3071.9**

1-1-3　续表 3　continued

行　业	Industry	利润总额（亿元）Profits (100 million yuan)					
		2000	2005	2013	2014	2015	2016
合计	**Total**	**673.1**	**1423.2**	**7233.7**	**8095.2**	**8986.3**	**10301.8**
医药制造业	**Manufacture of Medicines**	**139.1**	**338.2**	**2132.7**	**2382.5**	**2717.3**	**3115.0**
#化学药品制造	Manufacture of Chemical Medicine	67.2	174.5	936.0	1064.2	1197.3	1441.9
中成药生产	Production of Finished Traditional Chinese Herbal Medicine		97.4	562.6	619.1	697.0	765.8
生物药品制造	Manufacture of Biological Medicine	14.1	38.0	296.1	333.4	390.4	419.7
航空、航天器及设备制造业	**Manufacture of Aircrafts and Spacecrafts and Related Equipment**	**3.8**	**32.4**	**139.3**	**170.3**	**196.1**	**224.4**
#飞机制造	Manufacture of Airplanes	3.8	27.5	86.5	105.0	124.6	122.0
航天器制造	Manufacture of Spacecrafts		4.9	14.0	15.8	16.7	15.3
电子及通信设备制造业	**Manufacture of Electronic Equipment and Communication Equipment**	**426.1**	**650.8**	**3326.8**	**3744.4**	**4348.9**	**4821.7**
#通信设备制造	Manufacture of Communication Equipment	211.1	277.9	897.2	1046.3	1572.7	1241.6
#通信系统设备制造	Manufacture of Communication System Equipment	100.2	77.1	535.5	655.0	1068.9	854.1
通信终端设备制造	Manufacture of Communication Terminal Equipment	11.7	8.2	361.7	391.2	503.8	387.5
广播电视设备制造	Manufacture of Broadcasting and TV Equipment	1.6	9.2	106.7	108.0	126.9	152.1
雷达及配套设备制造	Manufacture of Radar and Its Fittings	-0.1	6.5	28.3	29.3	30.5	30.5
视听设备制造	Manufacture of TV Set and Radio Receiver	40.8	64.2	379.5	293.8	217.3	319.7
电子器件制造	Manufacture of Electronic Appliances	82.7	65.4	797.4	847.2	770.6	1129.2
#电子真空器件制造	Manufacture of Electronic Vacuum Appliance	57.1	-13.3	15.6	13.1	20.0	12.4
半导体分立器件制造	Manufacture of Semiconductor Discreting Appliances	7.9	7.1	33.7	42.8	44.5	61.7
集成电路制造	Manufacture of Integrate Circuit	17.7	32.6	164.7	217.9	189.4	384.8
电子元件制造	Manufacture of Electronic Components	65.5	209.8	704.1	870.3	999.3	1107.2
其他电子设备制造	Manufacture of Other Electronic Equipment	24.4	17.9	166.9	275.4	292.0	348.1
计算机及办公设备制造业	**Manufacture of Computers and Office Equipment**	**76.0**	**262.7**	**810.4**	**889.2**	**622.1**	**819.3**
#计算机整机制造	Manufacture of Entired Computer	36.3	103.6	412.4	422.0	186.0	312.7
计算机零部件制造	Manufacture of Computer Components and Parts	33.6	137.3	165.3	172.3	142.1	139.4
计算机外围设备制造	Manufacture of Computer Peripheral Equipment			100.2	152.9	160.3	164.4
办公设备制造	Manufacture of Office Equipment	6.1	21.8	64.2	76.8	67.6	77.6
医疗仪器设备及仪器仪表制造业	**Manufacture of Medical Equipments and Measuring Instrument**	**28.2**	**139.1**	**824.6**	**908.9**	**938.8**	**1099.0**
1.医疗仪器设备及器械制造	Manufacture of Medical Equipment and Appliance	6.0	30.5	201.1	237.2	246.1	330.9
2.仪器仪表制造	Manufacture of Measuring Instrument	22.2	108.7	623.5	671.7	692.7	768.1
信息化学品制造业	**Manufacture of Electronic Chemicals**					**163.1**	**222.3**

1-1-3　续表 4　continued

行　业	Industry	出口交货值（亿元） Exports (100 million yuan)					
		2000	2005	2013	2014	2015	2016
合计	**Total**	**3396.0**	**17636.0**	**49285.1**	**50765.2**	**50923.1**	**52444.6**
医药制造业	**Manufacture of Medicines**	**189.6**	**439.3**	**1184.2**	**1312.3**	**1342.0**	**1460.4**
#化学药品制造	Manufacture of Chemical Medicine	139.2	312.7	724.4	751.7	735.2	796.4
中成药生产	Production of Finished Traditional Chinese Herbal Medicine		25.2	48.2	75.6	57.8	66.9
生物药品制造	Manufacture of Biological Medicine	10.1	55.3	194.1	234.5	273.5	311.2
航空、航天器及设备制造业	**Manufacture of Aircrafts and Spacecrafts and Related Equipment**	**31.2**	**77.8**	**370.1**	**405.4**	**433.5**	**541.1**
#飞机制造	Manufacture of Airplanes	27.5	77.3	216.5	252.4	240.2	259.6
航天器制造	Manufacture of Spacecrafts	3.7	0.4	0.8	2.8	1.7	0.7
电子及通信设备制造业	**Manufacture of Electronic Equipment and Communication Equipment**	**2158.1**	**9410.0**	**28738.4**	**31486.8**	**35321.9**	**36296.5**
#通信设备制造	Manufacture of Communication Equipment	439.3	3084.6	8102.9	9503.2	13809.8	14457.8
#通信系统设备制造	Manufacture of Communication System Equipment	76.6	417.3	2547.7	2834.1	3386.2	4062.0
通信终端设备制造	Manufacture of Communication Terminal Equipment	103.0	294.3	5555.2	6669.1	10423.6	10395.8
广播电视设备制造	Manufacture of Broadcasting and TV Equipment	4.2	66.7	575.0	553.1	553.7	640.0
雷达及配套设备制造	Manufacture of Radar and Its Fittings	6.0	14.3	91.3	52.9	39.5	48.2
视听设备制造	Manufacture of TV Set and Radio Receiver	590.3	1707.5	3295.2	3348.4	3410.2	3483.0
电子器件制造	Manufacture of Electronic Appliances	367.7	1819.6	8411.8	9439.6	9352.5	9431.6
#电子真空器件制造	Manufacture of Electronic Vacuum Appliance	117.7	238.9	52.1	21.8	21.2	24.1
半导体分立器件制造	Manufacture of Semiconductor Discreting Appliances	90.5	149.1	407.6	438.5	493.2	573.8
集成电路制造	Manufacture of Integrate Circuit	159.5	833.7	1706.3	1972.6	1705.5	1946.1
电子元件制造	Manufacture of Electronic Components	644.4	2548.7	6309.0	6461.0	6028.7	6005.8
其他电子设备制造	Manufacture of Other Electronic Equipment	106.1	168.6	1252.7	1460.8	1358.7	1453.9
计算机及办公设备制造业	**Manufacture of Computers and Office Equipment**	**910.7**	**7194.6**	**17640.7**	**16154.9**	**11994.8**	**12157.4**
#计算机整机制造	Manufacture of Entired Computer	239.8	3160.9	10524.8	9323.3	7054.7	7478.8
计算机零部件制造	Manufacture of Computer Components and Parts	538.2	3593.3	3990.6	3626.4	1695.2	1659.3
计算机外围设备制造	Manufacture of Computer Peripheral Equipment			1875.4	1917.0	1990.0	1866.5
办公设备制造	Manufacture of Office Equipment	132.6	440.3	762.8	808.8	648.2	596.4
医疗仪器设备及仪器仪表制造业	**Manufacture of Medical Equipments and Measuring Instrument**	**106.4**	**514.4**	**1351.8**	**1405.8**	**1449.0**	**1464.7**
1.医疗仪器设备及器械制造	Manufacture of Medical Equipment and Appliance	28.2	114.5	445.2	476.1	478.0	501.1
2.仪器仪表制造	Manufacture of Measuring Instrument	78.2	399.9	906.6	929.7	971.0	963.6
信息化学品制造业	**Manufacture of Electronic Chemicals**					**382.0**	**524.4**

1-1-4 大中型企业分行业高技术产业生产经营情况
Statistics on Production and Management in High-tech Industry of Large and Medium-sized Enterprises by Industrial Sector

行 业	Industry	企业数（个） Number of Enterprises (unit)					
		2000	2005	2013	2014	2015	2016
合计	**Total**	**2030**	**3454**	**7809**	**7969**	**8121**	**8248**
医药制造业	**Manufacture of Medicines**	**733**	**795**	**1539**	**1609**	**1660**	**1688**
#化学药品制造	Manufacture of Chemical Medicine	444	441	690	708	727	734
中成药生产	Production of Finished Traditional Chinese Herbal Medicine		240	411	430	432	432
生物药品制造	Manufacture of Biological Medicine	52	45	170	188	200	196
航空、航天器及设备制造业	**Manufacture of Aircrafts and Spacecrafts and Related Equipment**	**156**	**109**	**130**	**145**	**159**	**169**
#飞机制造	Manufacture of Airplanes	116	94	68	81	82	89
航天器制造	Manufacture of Spacecrafts	40	15	18	20	21	18
电子及通信设备制造业	**Manufacture of Electronic Equipment and Communication Equipment**	**784**	**1791**	**4584**	**4646**	**4618**	**4719**
#通信设备制造	Manufacture of Communication Equipment	167	270	538	552	574	591
#通信系统设备制造	Manufacture of Communication System Equipment	85	75	227	219	235	249
通信终端设备制造	Manufacture of Communication Terminal Equipment	34	59	311	333	339	342
广播电视设备制造	Manufacture of Broadcasting and TV Equipment	13	42	170	173	169	172
雷达及配套设备制造	Manufacture of Radar and Its Fittings	35	21	25	30	29	31
视听设备制造	Manufacture of TV Set and Radio Receiver	108	247	418	393	374	347
电子器件制造	Manufacture of Electronic Appliances	142	370	966	973	977	1008
#电子真空器件制造	Manufacture of Electronic Vacuum Appliance	45	47	31	28	24	27
半导体分立器件制造	Manufacture of Semiconductor Discreting Appliances	63	59	102	97	96	103
集成电路制造	Manufacture of Integrate Circuit	34	126	185	185	183	184
电子元件制造	Manufacture of Electronic Components	282	790	1853	1863	1817	1826
其他电子设备制造	Manufacture of Other Electronic Equipment	37	51	279	308	303	332
计算机及办公设备制造业	**Manufacture of Computers and Office Equipment**	**88**	**436**	**646**	**653**	**638**	**607**
#计算机整机制造	Manufacture of Entired Computer	27	85	84	88	83	79
计算机零部件制造	Manufacture of Computer Components and Parts	40	308	213	228	222	210
计算机外围设备制造	Manufacture of Computer Peripheral Equipment			188	176	178	163
办公设备制造	Manufacture of Office Equipment	21	43	89	85	82	80
医疗仪器设备及仪器仪表制造业	**Manufacture of Medical Equipments and Measuring Instrument**	**269**	**323**	**910**	**916**	**918**	**934**
1.医疗仪器设备及器械制造	Manufacture of Medical Equipment and Appliance	42	65	248	249	265	281
2.仪器仪表制造	Manufacture of Measuring Instrument	227	258	662	667	653	653
信息化学品制造业	**Manufacture of Electronic Chemicals**					**128**	**131**

注：2010年及以前年份数据口径为从业人员年平均人数300人及以上且年主营业务收入3000万元及以上且年资产合计4000万元及以上的法人工业企业。2011年及以后年份数据口径为从业人员年均人数300人及以上且年主营业务收入2000万元及以上的法人工业企业。

1-1-4 续表 1 continued

行 业	Industry	从业人员平均人数（人） Annual Average Number of Employed Personnel (person)					
		2000	2005	2013	2014	2015	2016
合计	**Total**	**2252216**	**4717460**	**10516563**	**10727828**	**10899742**	**10720461**
医药制造业	**Manufacture of Medicines**	**595461**	**735910**	**1440497**	**1496407**	**1548931**	**1569945**
#化学药品制造	Manufacture of Chemical Medicine	404721	439872	704273	715735	734521	732091
中成药生产	Production of Finished Traditional Chinese Herbal Medicine		208741	436934	458193	469911	468635
生物药品制造	Manufacture of Biological Medicine	26209	34208	115651	128383	139594	137823
航空、航天器及设备制造业	**Manufacture of Aircrafts and Spacecrafts and Related Equipment**	**441174**	**295608**	**320242**	**343786**	**360074**	**372654**
#飞机制造	Manufacture of Airplanes	380543	275002	232291	251796	251724	255448
航天器制造	Manufacture of Spacecrafts	60631	20606	26849	25555	26799	25169
电子及通信设备制造业	**Manufacture of Electronic Equipment and Communication Equipment**	**897501**	**2513846**	**6299280**	**6491751**	**6854148**	**6808066**
#通信设备制造	Manufacture of Communication Equipment	189054	439610	1268553	1434256	1833104	1837759
#通信系统设备制造	Manufacture of Communication System Equipment	105929	126338	375541	529552	614627	645237
通信终端设备制造	Manufacture of Communication Terminal Equipment	34660	89351	893012	904704	1218477	1192522
广播电视设备制造	Manufacture of Broadcasting and TV Equipment	9775	37306	160417	158235	168459	168995
雷达及配套设备制造	Manufacture of Radar and Its Fittings	50285	31809	45331	43686	40271	41019
视听设备制造	Manufacture of TV Set and Radio Receiver	179337	427187	625373	590776	568770	525623
电子器件制造	Manufacture of Electronic Appliances	166699	483607	1407064	1424663	1426882	1417614
#电子真空器件制造	Manufacture of Electronic Vacuum Appliance	95194	92150	25727	21724	17996	19295
半导体分立器件制造	Manufacture of Semiconductor Discreting Appliances	41955	46488	97393	100711	102011	106495
集成电路制造	Manufacture of Integrate Circuit	29550	156367	261894	253055	249375	252579
电子元件制造	Manufacture of Electronic Components	278364	1018103	2119626	2069166	2053202	2009477
其他电子设备制造	Manufacture of Other Electronic Equipment	23987	76224	333089	418503	386732	394118
计算机及办公设备制造业	**Manufacture of Computers and Office Equipment**	**87499**	**874723**	**1775676**	**1712636**	**1329858**	**1156155**
#计算机整机制造	Manufacture of Entired Computer	26408	308291	704900	659689	491512	396422
计算机零部件制造	Manufacture of Computer Components and Parts	48855	509343	575249	553744	347594	305227
计算机外围设备制造	Manufacture of Computer Peripheral Equipment			271047	261322	258154	222376
办公设备制造	Manufacture of Office Equipment	12236	57089	115294	113356	96160	96942
医疗仪器设备及仪器仪表制造业	**Manufacture of Medical Equipments and Measuring Instrument**	**230581**	**297373**	**680868**	**683248**	**672105**	**669862**
1.医疗仪器设备及器械制造	Manufacture of Medical Equipment and Appliance	23393	54682	178658	178682	185489	196712
2.仪器仪表制造	Manufacture of Measuring Instrument	207188	242691	502210	504566	486616	473150
信息化学品制造业	**Manufacture of Electronic Chemicals**					**134626**	**143779**

1-1-4　续表 2　continued

行　业	Industry	主营业务收入（亿元） Revenue from Principal Business (100 million yuan)					
		2000	2005	2013	2014	2015	2016
合计	**Total**	**6085.2**	**28783.2**	**91634.8**	**103060.2**	**112246.1**	**122849.2**
医药制造业	**Manufacture of Medicines**	**1090.8**	**2674.7**	**13039.0**	**15232.6**	**17009.0**	**18854.6**
#化学药品制造	Manufacture of Chemical Medicine	711.2	1703.8	6851.8	7799.2	8557.4	9560.0
中成药生产	Production of Finished Traditional Chinese Herbal Medicine		694.9	3346.6	3937.4	4377.7	4734.5
生物药品制造	Manufacture of Biological Medicine	63.7	148.0	1397.9	1727.7	1955.9	2001.0
航空、航天器及设备制造业	**Manufacture of Aircrafts and Spacecrafts and Related Equipment**	**352.3**	**753.9**	**2191.0**	**2682.4**	**3079.2**	**3447.6**
#飞机制造	Manufacture of Airplanes	310.6	714.1	1635.2	2017.7	2210.2	2363.4
航天器制造	Manufacture of Spacecrafts	41.6	39.8	173.0	214.3	203.1	221.7
电子及通信设备制造业	**Manufacture of Electronic Equipment and Communication Equipment**	**3741.9**	**14417.0**	**49173.4**	**57050.1**	**66153.0**	**73367.6**
#通信设备制造	Manufacture of Communication Equipment	1430.8	5272.1	13412.3	18478.8	25217.5	28046.6
#通信系统设备制造	Manufacture of Communication System Equipment	693.9	1250.8	3484.7	6978.0	9005.0	10393.1
通信终端设备制造	Manufacture of Communication Terminal Equipment	232.7	424.1	9927.6	11500.8	16212.5	17653.4
广播电视设备制造	Manufacture of Broadcasting and TV Equipment	6.7	100.3	1096.6	1138.4	1147.7	1303.3
雷达及配套设备制造	Manufacture of Radar and Its Fittings	31.6	83.6	385.7	385.7	381.2	382.2
视听设备制造	Manufacture of TV Set and Radio Receiver	1113.7	2809.0	6920.8	6643.8	7015.3	7289.3
电子器件制造	Manufacture of Electronic Appliances	632.0	2593.9	11980.2	12831.5	13493.4	15152.5
#电子真空器件制造	Manufacture of Electronic Vacuum Appliance	486.2	529.0	153.5	123.7	145.2	144.5
半导体分立器件制造	Manufacture of Semiconductor Discreting Appliances	43.1	184.5	594.5	637.4	716.4	829.4
集成电路制造	Manufacture of Integrate Circuit	102.8	1025.2	2364.6	2215.9	2253.5	2945.3
电子元件制造	Manufacture of Electronic Components	464.7	3341.8	10401.6	11188.4	12034.8	12736.4
其他电子设备制造	Manufacture of Other Electronic Equipment	62.4	216.2	2184.8	3256.7	3356.1	4000.9
计算机及办公设备制造业	**Manufacture of Computers and Office Equipment**	**658.9**	**10028.7**	**22240.1**	**22429.7**	**18099.4**	**18283.6**
#计算机整机制造	Manufacture of Entired Computer	179.5	5571.6	13759.5	13623.0	11060.4	11146.7
计算机零部件制造	Manufacture of Computer Components and Parts	418.4	4001.7	4402.8	4182.7	2316.4	2351.6
计算机外围设备制造	Manufacture of Computer Peripheral Equipment			2211.3	2500.6	2600.4	2493.5
办公设备制造	Manufacture of Office Equipment	61.1	455.3	1040.7	1070.2	943.7	953.4
医疗仪器设备及仪器仪表制造业	**Manufacture of Medical Equipments and Measuring Instrument**	**241.2**	**909.0**	**4991.2**	**5665.4**	**5887.7**	**6480.7**
1.医疗仪器设备及器械制造	Manufacture of Medical Equipment and Appliance	46.0	171.5	1072.8	1239.6	1390.7	1652.8
2.仪器仪表制造	Manufacture of Measuring Instrument	195.3	737.5	3918.4	4425.8	4497.0	4827.9
信息化学品制造业	**Manufacture of Electronic Chemicals**					**2017.7**	**2415.1**

1-1-4 续表 3 continued

行 业	Industry	利润总额（亿元） Profits (100 million yuan)					
		2000	2005	2013	2014	2015	2016
合计	**Total**	**434.1**	**1153.7**	**5465.1**	**6508.0**	**7165.5**	**8268.2**
医药制造业	**Manufacture of Medicines**	**92.1**	**253.2**	**1482.8**	**1724.0**	**1995.4**	**2349.3**
#化学药品制造	Manufacture of Chemical Medicine	45.3	139.7	729.6	848.1	964.1	1188.6
中成药生产	Production of Finished Traditional Chinese Herbal Medicine		80.5	409.5	468.5	531.2	590.2
生物药品制造	Manufacture of Biological Medicine	7.5	21.5	179.5	219.5	266.1	286.4
航空、航天器及设备制造业	**Manufacture of Aircrafts and Spacecrafts and Related Equipment**	**0.5**	**29.6**	**111.6**	**141.5**	**167.4**	**194.6**
#飞机制造	Manufacture of Airplanes	0.5	25.3	78.1	102.3	119.2	116.9
航天器制造	Manufacture of Spacecrafts	-0.1	4.3	13.5	15.5	16.2	14.9
电子及通信设备制造业	**Manufacture of Electronic Equipment and Communication Equipment**	**296.1**	**572.9**	**2594.9**	**3221.1**	**3732.0**	**4106.7**
#通信设备制造	Manufacture of Communication Equipment	155.0	267.4	578.0	954.8	1485.4	1141.2
#通信系统设备制造	Manufacture of Communication System Equipment	83.5	73.7	238.4	594.8	1015.2	793.1
通信终端设备制造	Manufacture of Communication Terminal Equipment	8.7	8.3	339.6	360.0	470.3	348.2
广播电视设备制造	Manufacture of Broadcasting and TV Equipment	-0.4	5.8	84.3	89.2	95.4	110.2
雷达及配套设备制造	Manufacture of Radar and Its Fittings	-0.5	5.8	22.5	26.3	27.9	27.4
视听设备制造	Manufacture of TV Set and Radio Receiver	35.1	59.5	361.2	272.2	200.2	292.6
电子器件制造	Manufacture of Electronic Appliances	63.3	55.3	718.6	760.6	660.8	988.0
#电子真空器件制造	Manufacture of Electronic Vacuum Appliance	51.3	-13.9	14.1	11.9	18.4	8.7
半导体分立器件制造	Manufacture of Semiconductor Discreting Appliances	1.5	4.8	28.2	31.1	33.1	45.7
集成电路制造	Manufacture of Integrate Circuit	10.5	28.6	140.0	191.8	159.8	350.9
电子元件制造	Manufacture of Electronic Components	34.6	167.8	529.0	685.8	787.6	889.2
其他电子设备制造	Manufacture of Other Electronic Equipment	8.9	11.3	119.0	220.9	221.2	263.9
计算机及办公设备制造业	**Manufacture of Computers and Office Equipment**	**33.4**	**231.9**	**765.0**	**840.0**	**572.7**	**741.8**
#计算机整机制造	Manufacture of Entired Computer	8.6	104.2	409.7	414.7	179.0	307.9
计算机零部件制造	Manufacture of Computer Components and Parts	22.8	109.9	156.0	160.5	128.5	113.0
计算机外围设备制造	Manufacture of Computer Peripheral Equipment			86.8	140.1	143.3	144.2
办公设备制造	Manufacture of Office Equipment	2.0	17.8	53.1	65.7	54.9	64.1
医疗仪器设备及仪器仪表制造业	**Manufacture of Medical Equipments and Measuring Instrument**	**12.1**	**66.0**	**510.7**	**581.6**	**573.1**	**692.7**
1.医疗仪器设备及器械制造	Manufacture of Medical Equipment and Appliance	3.2	15.9	133.3	154.8	149.5	218.3
2.仪器仪表制造	Manufacture of Measuring Instrument	8.8	50.1	377.5	426.8	423.5	474.4
信息化学品制造业	**Manufacture of Electronic Chemicals**					**125.0**	**183.1**

1-1-4 续表 4 continued

行业	Industry	出口交货值（亿元）Exports (100 million yuan)					
		2000	2005	2013	2014	2015	2016
合计	**Total**	**1771.5**	**16271.8**	**45699.0**	**48008.9**	**47851.4**	**48976.4**
医药制造业	**Manufacture of Medicines**	**123.5**	**299.8**	**903.3**	**1001.1**	**1008.3**	**1121.3**
#化学药品制造	Manufacture of Chemical Medicine	101.7	240.5	603.9	632.0	617.6	662.0
中成药生产	Production of Finished Traditional Chinese Herbal Medicine		15.7	31.7	49.5	37.7	49.9
生物药品制造	Manufacture of Biological Medicine	3.7	25.3	117.3	154.1	170.8	205.9
航空、航天器及设备制造业	**Manufacture of Aircrafts and Spacecrafts and Related Equipment**	**24.0**	**72.4**	**308.0**	**339.2**	**354.9**	**461.2**
#飞机制造	Manufacture of Airplanes	20.3	72.2	198.6	234.4	223.5	239.0
航天器制造	Manufacture of Spacecrafts	3.7	0.2	0.8	2.8	1.7	0.6
电子及通信设备制造业	**Manufacture of Electronic Equipment and Communication Equipment**	**1194.2**	**8631.2**	**26163.2**	**29746.6**	**33427.6**	**34072.0**
#通信设备制造	Manufacture of Communication Equipment	271.5	2923.1	6825.8	9347.6	13529.3	13993.0
#通信系统设备制造	Manufacture of Communication System Equipment	43.1	403.6	1356.6	2770.1	3339.9	4015.2
通信终端设备制造	Manufacture of Communication Terminal Equipment	93.9	282.8	5469.2	6577.5	10189.4	9977.8
广播电视设备制造	Manufacture of Broadcasting and TV Equipment	3.2	40.0	510.2	492.4	474.8	545.4
雷达及配套设备制造	Manufacture of Radar and Its Fittings	6.0	13.6	86.2	49.2	33.2	39.3
视听设备制造	Manufacture of TV Set and Radio Receiver	396.3	1590.6	3104.9	3088.1	3205.4	3268.2
电子器件制造	Manufacture of Electronic Appliances	195.2	1693.8	8122.8	8915.2	8896.3	8944.2
#电子真空器件制造	Manufacture of Electronic Vacuum Appliance	100.2	232.7	49.1	16.9	12.4	17.1
半导体分立器件制造	Manufacture of Semiconductor Discreting Appliances	24.4	126.6	371.4	393.2	456.9	524.4
集成电路制造	Manufacture of Integrate Circuit	70.6	797.6	1642.7	1850.9	1616.0	1833.1
电子元件制造	Manufacture of Electronic Components	305.8	2238.1	5750.2	5933.9	5479.2	5356.2
其他电子设备制造	Manufacture of Other Electronic Equipment	16.1	132.0	1153.5	1352.6	1180.6	1288.6
计算机及办公设备制造业	**Manufacture of Computers and Office Equipment**	**380.4**	**6895.8**	**17307.0**	**15870.1**	**11669.7**	**11809.2**
#计算机整机制造	Manufacture of Entired Computer	58.9	3154.5	10509.6	9306.5	7015.2	7417.0
计算机零部件制造	Manufacture of Computer Components and Parts	302.4	3330.6	3874.9	3494.0	1538.2	1531.2
计算机外围设备制造	Manufacture of Computer Peripheral Equipment			1723.5	1841.9	1922.5	1771.6
办公设备制造	Manufacture of Office Equipment	19.1	410.7	726.1	771.2	601.1	547.5
医疗仪器设备及仪器仪表制造业	**Manufacture of Medical Equipments and Measuring Instrument**	**49.4**	**372.6**	**1017.5**	**1051.8**	**1062.5**	**1041.3**
1.医疗仪器设备及器械制造	Manufacture of Medical Equipment and Appliance	17.4	76.4	346.5	358.1	345.3	335.8
2.仪器仪表制造	Manufacture of Measuring Instrument	32.1	296.2	671.0	693.7	717.2	705.5
信息化学品制造业	**Manufacture of Electronic Chemicals**					**328.3**	**471.4**

1-1-5 国有及国有控股企业分行业高技术产业生产经营情况

Statistics on Production and Management in High-tech Industry of State-owned and State-controlled Enterprises by Industrial Sector

行业	Industry	企业数（个） Number of Enterprises (unit)					
		2000	2005	2013	2014	2015	2016
合计	**Total**	**3759**	**2179**	**1504**	**1488**	**1584**	**1600**
医药制造业	**Manufacture of Medicines**	**1558**	**676**	**418**	**417**	**423**	**431**
#化学药品制造	Manufacture of Chemical Medicine	724	320	186	175	181	179
中成药生产	Production of Finished Traditional Chinese Herbal Medicine		207	134	138	134	136
生物药品制造	Manufacture of Biological Medicine	104	54	42	42	47	47
航空、航天器及设备制造业	**Manufacture of Aircrafts and Spacecrafts and Related Equipment**	**167**	**125**	**161**	**161**	**179**	**176**
#飞机制造	Manufacture of Airplanes	123	107	84	82	83	84
航天器制造	Manufacture of Spacecrafts	44	18	20	20	20	16
电子及通信设备制造业	**Manufacture of Electronic Equipment and Communication Equipment**	**1214**	**753**	**598**	**599**	**620**	**630**
#通信设备制造	Manufacture of Communication Equipment	310	199	134	124	127	127
#通信系统设备制造	Manufacture of Communication System Equipment	139	93	89	84	85	87
通信终端设备制造	Manufacture of Communication Terminal Equipment	60	34	45	40	42	40
广播电视设备制造	Manufacture of Broadcasting and TV Equipment	39	24	21	21	25	24
雷达及配套设备制造	Manufacture of Radar and Its Fittings	41	37	26	28	25	26
视听设备制造	Manufacture of TV Set and Radio Receiver	133	59	31	32	30	27
电子器件制造	Manufacture of Electronic Appliances	190	161	186	179	184	190
#电子真空器件制造	Manufacture of Electronic Vacuum Appliance	52	29	17	14	13	12
半导体分立器件制造	Manufacture of Semiconductor Discreting Appliances	113	46	22	20	21	19
集成电路制造	Manufacture of Integrate Circuit	25	28	44	45	46	47
电子元件制造	Manufacture of Electronic Components	381	234	132	138	137	133
其他电子设备制造	Manufacture of Other Electronic Equipment	120	39	23	27	35	38
计算机及办公设备制造业	**Manufacture of Computers and Office Equipment**	**130**	**83**	**57**	**57**	**61**	**66**
#计算机整机制造	Manufacture of Entired Computer	65	24	15	15	16	17
计算机零部件制造	Manufacture of Computer Components and Parts	47	53	5	3	4	7
计算机外围设备制造	Manufacture of Computer Peripheral Equipment			18	19	19	20
办公设备制造	Manufacture of Office Equipment	18	6	8	10	11	12
医疗仪器设备及仪器仪表制造业	**Manufacture of Medical Equipments and Measuring Instrument**	**690**	**542**	**270**	**254**	**263**	**256**
1.医疗仪器设备及器械制造	Manufacture of Medical Equipment and Appliance	144	109	28	23	21	23
2.仪器仪表制造	Manufacture of Measuring Instrument	546	433	242	231	242	233
信息化学品制造业	**Manufacture of Electronic Chemicals**					**38**	**41**

1-1-5　续表 1　continued

行　业	Industry	从业人员平均人数（人） Annual Average Number of Employed Personnel (person)					
		2000	2005	2013	2014	2015	2016
合计	**Total**	**2079749**	**1369536**	**1413200**	**1449714**	**1520934**	**1553885**
医药制造业	**Manufacture of Medicines**	**619460**	**363415**	**311558**	**299944**	**303579**	**294621**
#化学药品制造	Manufacture of Chemical Medicine	405310	239137	179002	166254	168325	161044
中成药生产	Production of Finished Traditional Chinese Herbal Medicine		92390	92408	91848	90939	88480
生物药品制造	Manufacture of Biological Medicine	27507	16156	22594	23770	25604	26747
航空、航天器及设备制造业	**Manufacture of Aircrafts and Spacecrafts and Related Equipment**	**452968**	**295644**	**296604**	**321990**	**337895**	**339661**
#飞机制造	Manufacture of Airplanes	391328	274519	221866	238822	239934	242024
航天器制造	Manufacture of Spacecrafts	61640	21125	26046	25072	25673	23957
电子及通信设备制造业	**Manufacture of Electronic Equipment and Communication Equipment**	**696170**	**507389**	**615718**	**636315**	**657554**	**686732**
#通信设备制造	Manufacture of Communication Equipment	166023	120006	186828	190462	196648	217410
#通信系统设备制造	Manufacture of Communication System Equipment	96078	67181	147379	149931	157769	174736
通信终端设备制造	Manufacture of Communication Terminal Equipment	29872	16771	39449	40531	38879	42674
广播电视设备制造	Manufacture of Broadcasting and TV Equipment	9353	4981	6943	7684	9514	9569
雷达及配套设备制造	Manufacture of Radar and Its Fittings	49261	36056	42212	40786	36077	35646
视听设备制造	Manufacture of TV Set and Radio Receiver	139927	94773	107383	109682	109375	106334
电子器件制造	Manufacture of Electronic Appliances	146365	119209	154376	166488	180577	195739
#电子真空器件制造	Manufacture of Electronic Vacuum Appliance	87622	50984	10940	8661	7208	6461
半导体分立器件制造	Manufacture of Semiconductor Discreting Appliances	44639	14837	7331	8042	8333	6874
集成电路制造	Manufacture of Integrate Circuit	14104	9264	21806	22522	24613	24635
电子元件制造	Manufacture of Electronic Components	158044	126186	74034	76311	75307	69492
其他电子设备制造	Manufacture of Other Electronic Equipment	27197	6178	9664	13539	14878	19210
计算机及办公设备制造业	**Manufacture of Computers and Office Equipment**	**58721**	**53501**	**61735**	**71939**	**81503**	**91929**
#计算机整机制造	Manufacture of Entired Computer	31408	25754	20262	21737	24723	27777
计算机零部件制造	Manufacture of Computer Components and Parts	21381	26022	1987	1273	1746	2249
计算机外围设备制造	Manufacture of Computer Peripheral Equipment			28435	36716	38386	38674
办公设备制造	Manufacture of Office Equipment	5932	1725	3484	4457	7648	14372
医疗仪器设备及仪器仪表制造业	**Manufacture of Medical Equipments and Measuring Instrument**	**252430**	**149587**	**127585**	**119526**	**112621**	**107185**
1.医疗仪器设备及器械制造	Manufacture of Medical Equipment and Appliance	28866	17542	13640	11846	9872	9556
2.仪器仪表制造	Manufacture of Measuring Instrument	223564	132045	113945	107680	102749	97629
信息化学品制造业	**Manufacture of Electronic Chemicals**					**27782**	**33757**

1-1-5 续表 2 continued

行　业	Industry	主营业务收入（亿元） Revenue from Principal Business (100 million yuan)					
		2000	2005	2013	2014	2015	2016
合计	**Total**	**4197.4**	**5712.5**	**12149.4**	**12828.4**	**14449.4**	**15575.5**
医药制造业	**Manufacture of Medicines**	**861.9**	**1113.1**	**2301.5**	**2265.8**	**2339.9**	**2449.7**
#化学药品制造	Manufacture of Chemical Medicine	567.1	741.4	1278.5	1189.3	1181.2	1184.3
中成药生产	Production of Finished Traditional Chinese Herbal Medicine		290.4	660.8	691.8	739.1	821.6
生物药品制造	Manufacture of Biological Medicine	42.7	40.1	195.5	213.9	237.3	239.3
航空、航天器及设备制造业	**Manufacture of Aircrafts and Spacecrafts and Related Equipment**	**369.1**	**727.7**	**2131.4**	**2155.9**	**2400.5**	**2569.9**
#飞机制造	Manufacture of Airplanes	326.7	683.4	1660.2	1569.5	1650.1	1745.6
航天器制造	Manufacture of Spacecrafts	42.3	44.3	171.7	210.1	193.6	210.3
电子及通信设备制造业	**Manufacture of Electronic Equipment and Communication Equipment**	**2387.6**	**2735.3**	**6097.1**	**6663.6**	**7419.6**	**8046.0**
#通信设备制造	Manufacture of Communication Equipment	832.1	859.9	1863.8	2000.7	2273.8	2551.3
#通信系统设备制造	Manufacture of Communication System Equipment	468.5	473.4	1594.1	1742.0	2026.1	2326.7
通信终端设备制造	Manufacture of Communication Terminal Equipment	60.9	59.7	269.7	258.7	247.6	224.6
广播电视设备制造	Manufacture of Broadcasting and TV Equipment	6.3	11.6	45.9	50.5	68.4	68.9
雷达及配套设备制造	Manufacture of Radar and Its Fittings	31.5	88.0	376.3	378.6	373.2	368.5
视听设备制造	Manufacture of TV Set and Radio Receiver	823.1	861.1	1672.6	1688.1	1844.6	1865.4
电子器件制造	Manufacture of Electronic Appliances	450.6	447.1	1490.1	1751.6	1993.4	2186.4
#电子真空器件制造	Manufacture of Electronic Vacuum Appliance	357.9	219.1	45.7	40.7	39.7	45.8
半导体分立器件制造	Manufacture of Semiconductor Discreting Appliances	38.6	29.5	32.9	38.7	43.5	42.7
集成电路制造	Manufacture of Integrate Circuit	54.1	38.4	242.3	274.8	340.7	292.6
电子元件制造	Manufacture of Electronic Components	178.4	445.7	345.5	417.3	427.0	472.8
其他电子设备制造	Manufacture of Other Electronic Equipment	65.6	22.0	58.8	100.8	85.7	128.3
计算机及办公设备制造业	**Manufacture of Computers and Office Equipment**	**395.0**	**841.3**	**765.0**	**871.9**	**1021.7**	**1097.1**
#计算机整机制造	Manufacture of Entired Computer	263.5	629.4	416.8	453.3	499.3	537.2
计算机零部件制造	Manufacture of Computer Components and Parts	123.7	204.6	51.7	19.3	23.1	39.6
计算机外围设备制造	Manufacture of Computer Peripheral Equipment			227.5	318.4	393.0	368.6
办公设备制造	Manufacture of Office Equipment	7.7	7.3	27.9	35.1	42.1	84.4
医疗仪器设备及仪器仪表制造业	**Manufacture of Medical Equipments and Measuring Instrument**	**183.8**	**295.1**	**854.4**	**871.3**	**923.7**	**1006.8**
1.医疗仪器设备及器械制造	Manufacture of Medical Equipment and Appliance	22.6	30.8	78.9	81.2	90.4	101.2
2.仪器仪表制造	Manufacture of Measuring Instrument	161.1	264.3	775.5	790.1	833.3	905.6
信息化学品制造业	**Manufacture of Electronic Chemicals**					**344.0**	**406.0**

1-1-5　续表 3　continued

行　业	Industry	利润总额（亿元） Profits (100 million yuan)					
		2000	2005	2013	2014	2015	2016
合计	**Total**	**248.1**	**182.1**	**778.6**	**759.6**	**776.5**	**1060.5**
医药制造业	**Manufacture of Medicines**	**68.0**	**94.6**	**232.5**	**224.0**	**269.5**	**330.4**
#化学药品制造	Manufacture of Chemical Medicine	36.5	51.4	85.9	77.1	88.2	128.0
中成药生产	Production of Finished Traditional Chinese Herbal Medicine		33.8	89.4	87.6	108.7	129.3
生物药品制造	Manufacture of Biological Medicine	5.7	6.1	37.2	42.3	50.9	49.4
航空、航天器及设备制造业	**Manufacture of Aircrafts and Spacecrafts and Related Equipment**	**2.3**	**27.3**	**76.2**	**80.5**	**102.1**	**100.6**
#飞机制造	Manufacture of Airplanes	2.1	22.5	47.8	47.2	61.5	56.9
航天器制造	Manufacture of Spacecrafts	0.2	4.8	13.3	15.3	15.7	14.3
电子及通信设备制造业	**Manufacture of Electronic Equipment and Communication Equipment**	**150.9**	**20.1**	**352.8**	**341.0**	**288.9**	**451.6**
#通信设备制造	Manufacture of Communication Equipment	69.1	10.9	99.0	79.8	103.9	196.4
#通信系统设备制造	Manufacture of Communication System Equipment	46.0	18.7	89.2	69.7	95.7	183.6
通信终端设备制造	Manufacture of Communication Terminal Equipment	1.8	-2.5	9.8	10.2	8.2	12.9
广播电视设备制造	Manufacture of Broadcasting and TV Equipment	-0.2		3.1	3.2	2.3	1.7
雷达及配套设备制造	Manufacture of Radar and Its Fittings	-0.4	5.9	21.9	24.9	25.9	25.9
视听设备制造	Manufacture of TV Set and Radio Receiver	20.2	10.9	60.6	57.0	39.3	88.9
电子器件制造	Manufacture of Electronic Appliances	38.2	-24.1	135.2	125.5	63.9	77.6
#电子真空器件制造	Manufacture of Electronic Vacuum Appliance	32.7	-32.4	3.9	2.0	2.3	3.8
半导体分立器件制造	Manufacture of Semiconductor Discreting Appliances	1.3	1.9	-0.4	0.7	-7.5	3.1
集成电路制造	Manufacture of Integrate Circuit	4.2	2.1	10.5	9.6	-0.5	0.2
电子元件制造	Manufacture of Electronic Components	11.6	16.3	16.9	27.5	26.9	26.2
其他电子设备制造	Manufacture of Other Electronic Equipment	12.5	0.2	4.5	10.4	6.1	10.3
计算机及办公设备制造业	**Manufacture of Computers and Office Equipment**	**22.5**	**18.4**	**48.5**	**46.0**	**56.8**	**92.5**
#计算机整机制造	Manufacture of Entired Computer	18.2	19.4	17.8	8.1	16.9	56.2
计算机零部件制造	Manufacture of Computer Components and Parts	4.2	-1.5	6.5	1.7	1.4	4.8
计算机外围设备制造	Manufacture of Computer Peripheral Equipment			12.0	22.2	24.8	17.3
办公设备制造	Manufacture of Office Equipment	0.1	0.5	7.5	9.1	8.5	8.1
医疗仪器设备及仪器仪表制造业	**Manufacture of Medical Equipments and Measuring Instrument**	**4.4**	**21.8**	**68.6**	**68.0**	**56.1**	**68.6**
1.医疗仪器设备及器械制造	Manufacture of Medical Equipment and Appliance	1.0	2.6	9.6	6.4	5.6	7.2
2.仪器仪表制造	Manufacture of Measuring Instrument	3.4	19.2	59.0	61.6	50.6	61.3
信息化学品制造业	**Manufacture of Electronic Chemicals**					**3.1**	**16.9**

1-1-5 续表 4 continued

行 业	Industry	出口交货值（亿元） Exports (100 million yuan)					
		2000	2005	2013	2014	2015	2016
合计	**Total**	**707.5**	**1566.8**	**2116.5**	**2435.8**	**2463.4**	**2718.5**
医药制造业	**Manufacture of Medicines**	**85.4**	**120.0**	**177.7**	**166.0**	**146.1**	**148.0**
#化学药品制造	Manufacture of Chemical Medicine	75.4	109.5	155.6	143.0	120.6	115.6
中成药生产	Production of Finished Traditional Chinese Herbal Medicine		7.1	6.9	5.0	5.5	5.4
生物药品制造	Manufacture of Biological Medicine	0.5	1.0	6.8	8.7	10.4	16.1
航空、航天器及设备制造业	**Manufacture of Aircrafts and Spacecrafts and Related Equipment**	**25.0**	**48.5**	**172.4**	**186.9**	**176.7**	**188.1**
#飞机制造	Manufacture of Airplanes	21.6	48.3	139.6	146.2	140.0	145.1
航天器制造	Manufacture of Spacecrafts	3.4	0.2	0.8	2.8	1.7	0.6
电子及通信设备制造业	**Manufacture of Electronic Equipment and Communication Equipment**	**511.5**	**852.0**	**1506.3**	**1867.3**	**1871.3**	**1994.0**
#通信设备制造	Manufacture of Communication Equipment	124.9	216.1	597.4	698.1	654.2	766.9
#通信系统设备制造	Manufacture of Communication System Equipment	24.4	120.0	568.7	648.6	610.9	731.2
通信终端设备制造	Manufacture of Communication Terminal Equipment	22.7	6.5	28.8	49.5	43.3	35.6
广播电视设备制造	Manufacture of Broadcasting and TV Equipment	0.1	3.2	2.8	1.9	6.9	9.6
雷达及配套设备制造	Manufacture of Radar and Its Fittings	6.0	13.7	86.0	48.0	29.2	34.7
视听设备制造	Manufacture of TV Set and Radio Receiver	203.4	234.3	251.9	304.5	333.8	327.6
电子器件制造	Manufacture of Electronic Appliances	110.2	176.6	404.4	660.7	696.7	709.4
#电子真空器件制造	Manufacture of Electronic Vacuum Appliance	72.1	72.7	2.0	2.1	1.8	1.9
半导体分立器件制造	Manufacture of Semiconductor Discreting Appliances	13.8	5.9	5.7	5.5	4.5	6.6
集成电路制造	Manufacture of Integrate Circuit	24.4	13.6	73.6	124.6	102.3	99.1
电子元件制造	Manufacture of Electronic Components	61.4	206.7	107.8	129.4	125.5	124.6
其他电子设备制造	Manufacture of Other Electronic Equipment	5.4	1.6	4.1	3.0	2.6	5.4
计算机及办公设备制造业	**Manufacture of Computers and Office Equipment**	**67.7**	**519.8**	**233.8**	**189.8**	**202.5**	**303.3**
#计算机整机制造	Manufacture of Entired Computer	13.1	370.0	15.8	19.6	19.9	21.7
计算机零部件制造	Manufacture of Computer Components and Parts	53.9	144.7	7.1	2.8	8.2	5.2
计算机外围设备制造	Manufacture of Computer Peripheral Equipment			207.2	162.9	167.0	265.6
办公设备制造	Manufacture of Office Equipment	0.6	5.0	3.1	3.7	5.9	5.5
医疗仪器设备及仪器仪表制造业	**Manufacture of Medical Equipments and Measuring Instrument**	**17.9**	**26.5**	**26.4**	**25.8**	**21.7**	**20.9**
1.医疗仪器设备及器械制造	Manufacture of Medical Equipment and Appliance	1.6	5.3	3.5	3.1	2.4	3.0
2.仪器仪表制造	Manufacture of Measuring Instrument	16.3	21.2	23.0	22.7	19.3	17.9
信息化学品制造业	**Manufacture of Electronic Chemicals**					**45.0**	**64.1**

1-1-6　内资企业分行业高技术产业生产经营情况

Statistics on Production and Management in High-tech Industry of Domestic Funded Enterprises by Industrial Sector

行　业	Industry	企业数（个） Number of Enterprises (unit)					
		2000	2005	2013	2014	2015	2016
合计	**Total**	**6767**	**11036**	**18841**	**20179**	**22070**	**23615**
医药制造业	**Manufacture of Medicines**	**2941**	**4081**	**5886**	**6193**	**6517**	**6712**
#化学药品制造	Manufacture of Chemical Medicine	1342	1650	1978	1997	2062	2074
中成药生产	Production of Finished Traditional Chinese Herbal Medicine		1096	1392	1440	1484	1514
生物药品制造	Manufacture of Biological Medicine	201	350	721	768	812	807
航空、航天器及设备制造业	**Manufacture of Aircrafts and Spacecrafts and Related Equipment**	**168**	**137**	**247**	**267**	**306**	**343**
#飞机制造	Manufacture of Airplanes	123	114	98	106	116	130
航天器制造	Manufacture of Spacecrafts	45	23	29	28	30	26
电子及通信设备制造业	**Manufacture of Electronic Equipment and Communication Equipment**	**2162**	**3834**	**8211**	**8956**	**9832**	**10850**
#通信设备制造	Manufacture of Communication Equipment	509	734	1003	1087	1313	1482
#通信系统设备制造	Manufacture of Communication System Equipment	214	291	590	610	660	694
通信终端设备制造	Manufacture of Communication Terminal Equipment	73	125	413	477	653	788
广播电视设备制造	Manufacture of Broadcasting and TV Equipment	77	240	453	472	495	545
雷达及配套设备制造	Manufacture of Radar and Its Fittings	47	44	53	54	48	60
视听设备制造	Manufacture of TV Set and Radio Receiver	225	369	581	613	636	686
电子器件制造	Manufacture of Electronic Appliances	253	557	1521	1702	1856	2071
#电子真空器件制造	Manufacture of Electronic Vacuum Appliance	63	82	76	74	73	69
半导体分立器件制造	Manufacture of Semiconductor Discreting Appliances	124	122	176	188	198	208
集成电路制造	Manufacture of Integrate Circuit	66	125	234	251	268	299
电子元件制造	Manufacture of Electronic Components	802	1612	2967	3197	3433	3698
其他电子设备制造	Manufacture of Other Electronic Equipment	249	278	706	808	878	961
计算机及办公设备制造业	**Manufacture of Computers and Office Equipment**	**201**	**467**	**799**	**882**	**984**	**1061**
#计算机整机制造	Manufacture of Entired Computer	85	90	95	93	118	120
计算机零部件制造	Manufacture of Computer Components and Parts	86	307	227	282	306	337
计算机外围设备制造	Manufacture of Computer Peripheral Equipment			213	234	272	312
办公设备制造	Manufacture of Office Equipment	30	70	136	139	148	148
医疗仪器设备及仪器仪表制造业	**Manufacture of Medical Equipments and Measuring Instrument**	**1295**	**2517**	**3698**	**3881**	**4090**	**4309**
1.医疗仪器设备及器械制造	Manufacture of Medical Equipment and Appliance	272	503	802	894	1016	1155
2.仪器仪表制造	Manufacture of Measuring Instrument	1023	2014	2896	2987	3074	3154
信息化学品制造业	**Manufacture of Electronic Chemicals**					**341**	**340**

1-1-6 续表 1 continued

行 业	Industry	从业人员平均人数（人）Annual Average Number of Employed Personnel (person)					
		2000	2005	2013	2014	2015	2016
合计	**Total**	**2715464**	**2939172**	**5794568**	**6387453**	**6832903**	**7350153**
医药制造业	**Manufacture of Medicines**	**918351**	**1008153**	**1660902**	**1741850**	**1824742**	**1861757**
#化学药品制造	Manufacture of Chemical Medicine	548219	516618	675142	689351	717992	716431
中成药生产	Production of Finished Traditional Chinese Herbal Medicine		299277	527894	553158	568735	569250
生物药品制造	Manufacture of Biological Medicine	44551	59459	148262	166611	179627	183328
航空、航天器及设备制造业	**Manufacture of Aircrafts and Spacecrafts and Related Equipment**	**448315**	**290621**	**304993**	**331733**	**353553**	**357667**
#飞机制造	Manufacture of Airplanes	386175	269263	229552	247860	250598	254810
航天器制造	Manufacture of Spacecrafts	62140	21358	27682	26382	27969	26278
电子及通信设备制造业	**Manufacture of Electronic Equipment and Communication Equipment**	**905668**	**1098897**	**2750244**	**3171598**	**3362191**	**3792107**
#通信设备制造	Manufacture of Communication Equipment	205064	209232	488239	640963	737543	897469
#通信系统设备制造	Manufacture of Communication System Equipment	115684	114900	283341	441822	479488	522160
通信终端设备制造	Manufacture of Communication Terminal Equipment	31227	33704	204898	199141	258055	375309
广播电视设备制造	Manufacture of Broadcasting and TV Equipment	17389	43040	125244	126063	141157	151201
雷达及配套设备制造	Manufacture of Radar and Its Fittings	54161	37585	49393	46261	42641	43874
视听设备制造	Manufacture of TV Set and Radio Receiver	135625	169834	275308	289575	268693	245484
电子器件制造	Manufacture of Electronic Appliances	136864	176289	588166	648541	683475	768651
#电子真空器件制造	Manufacture of Electronic Vacuum Appliance	73683	54507	26023	22598	21237	20085
半导体分立器件制造	Manufacture of Semiconductor Discreting Appliances	43002	32301	54922	57308	60852	64993
集成电路制造	Manufacture of Integrate Circuit	20179	25232	100532	88959	95790	111240
电子元件制造	Manufacture of Electronic Components	312723	417991	784828	866212	931047	1045477
其他电子设备制造	Manufacture of Other Electronic Equipment	43842	44926	155014	238048	207510	245487
计算机及办公设备制造业	**Manufacture of Computers and Office Equipment**	**77777**	**130993**	**283354**	**312571**	**348477**	**369624**
#计算机整机制造	Manufacture of Entired Computer	31758	32153	45032	47356	60030	63455
计算机零部件制造	Manufacture of Computer Components and Parts	29304	80424	76199	87344	99146	92653
计算机外围设备制造	Manufacture of Computer Peripheral Equipment			93261	103986	111600	113464
办公设备制造	Manufacture of Office Equipment	16715	18416	31877	33453	38916	46178
医疗仪器设备及仪器仪表制造业	**Manufacture of Medical Equipments and Measuring Instrument**	**365353**	**410508**	**795075**	**829701**	**846500**	**862661**
1.医疗仪器设备及器械制造	Manufacture of Medical Equipment and Appliance	56250	83737	189566	200745	218459	241358
2.仪器仪表制造	Manufacture of Measuring Instrument	309103	326771	605509	628956	628041	621303
信息化学品制造业	**Manufacture of Electronic Chemicals**					**97440**	**106337**

1-1-6 续表 2 continued

行 业	Industry	主营业务收入（亿元） Revenue from Principal Business (100 million yuan)					
		2000	2005	2013	2014	2015	2016
合计	**Total**	**4036.6**	**9132.0**	**50119.7**	**59338.1**	**71327.6**	**84470.4**
医药制造业	**Manufacture of Medicines**	**1296.5**	**3052.8**	**15945.4**	**18298.3**	**20509.8**	**22689.2**
#化学药品制造	Manufacture of Chemical Medicine	760.6	1679.5	6513.6	7289.8	8134.9	9008.3
中成药生产	Production of Finished Traditional Chinese Herbal Medicine		834.7	4396.3	5059.5	5586.6	6084.8
生物药品制造	Manufacture of Biological Medicine	82.7	219.1	1878.6	2202.6	2480.4	2611.1
航空、航天器及设备制造业	**Manufacture of Aircrafts and Spacecrafts and Related Equipment**	**352.7**	**704.9**	**2365.1**	**2442.8**	**2673.5**	**2956.7**
#飞机制造	Manufacture of Airplanes	310.3	659.6	1822.7	1754.7	1849.0	1964.7
航天器制造	Manufacture of Spacecrafts	42.4	45.2	183.5	221.1	211.5	228.9
电子及通信设备制造业	**Manufacture of Electronic Equipment and Communication Equipment**	**1755.9**	**3732.2**	**23154.4**	**28541.9**	**35350.3**	**44375.8**
#通信设备制造	Manufacture of Communication Equipment	623.7	1379.4	7041.4	9226.6	13105.9	17607.1
#通信系统设备制造	Manufacture of Communication System Equipment	430.8	940.7	5031.7	6149.2	7788.8	9456.4
通信终端设备制造	Manufacture of Communication Terminal Equipment	40.5	108.3	2009.7	3077.4	5317.1	8150.6
广播电视设备制造	Manufacture of Broadcasting and TV Equipment	16.5	104.2	906.8	986.6	1099.4	1345.6
雷达及配套设备制造	Manufacture of Radar and Its Fittings	34.1	91.1	425.8	423.4	418.5	425.9
视听设备制造	Manufacture of TV Set and Radio Receiver	429.8	871.1	2841.4	2879.4	3181.4	3191.0
电子器件制造	Manufacture of Electronic Appliances	298.4	480.7	4016.4	4949.3	6080.1	7432.9
#电子真空器件制造	Manufacture of Electronic Vacuum Appliance	226.1	155.6	129.7	141.6	175.0	169.9
半导体分立器件制造	Manufacture of Semiconductor Discreting Appliances	28.9	71.1	309.4	355.1	410.2	502.8
集成电路制造	Manufacture of Integrate Circuit	43.4	78.8	804.0	748.9	904.6	1079.2
电子元件制造	Manufacture of Electronic Components	264.9	697.2	4354.0	5205.0	6210.6	7510.0
其他电子设备制造	Manufacture of Other Electronic Equipment	88.4	108.4	990.6	1744.8	1535.5	2034.6
计算机及办公设备制造业	**Manufacture of Computers and Office Equipment**	**299.0**	**718.0**	**2330.4**	**2790.0**	**3422.5**	**3865.0**
#计算机整机制造	Manufacture of Entired Computer	153.1	340.3	832.9	838.5	1021.9	1087.2
计算机零部件制造	Manufacture of Computer Components and Parts	126.8	348.3	438.9	536.8	661.7	715.9
计算机外围设备制造	Manufacture of Computer Peripheral Equipment			550.0	767.5	952.4	1030.0
办公设备制造	Manufacture of Office Equipment	19.0	29.5	220.6	268.7	342.5	427.5
医疗仪器设备及仪器仪表制造业	**Manufacture of Medical Equipments and Measuring Instrument**	**332.6**	**924.1**	**6324.4**	**7265.1**	**7872.0**	**8856.2**
1.医疗仪器设备及器械制造	Manufacture of Medical Equipment and Appliance	55.2	153.3	1258.8	1548.4	1778.9	2182.5
2.仪器仪表制造	Manufacture of Measuring Instrument	277.4	770.8	5065.6	5716.7	6093.0	6673.7
信息化学品制造业	**Manufacture of Electronic Chemicals**					**1499.5**	**1727.6**

1-1-6 续表 3 continued

行 业	Industry	利润总额（亿元） Profits (100 million yuan)					
		2000	2005	2013	2014	2015	2016
合计	**Total**	**266.3**	**495.2**	**4071.4**	**4636.6**	**5658.4**	**6506.0**
医药制造业	**Manufacture of Medicines**	**105.3**	**235.0**	**1628.4**	**1796.8**	**2065.3**	**2357.9**
#化学药品制造	Manufacture of Chemical Medicine	47.4	113.3	627.4	687.4	791.2	953.7
中成药生产	Production of Finished Traditional Chinese Herbal Medicine		77.7	487.5	539.1	609.9	655.6
生物药品制造	Manufacture of Biological Medicine	11.3	22.7	219.8	251.1	292.5	322.2
航空、航天器及设备制造业	**Manufacture of Aircrafts and Spacecrafts and Related Equipment**	**0.3**	**24.5**	**99.0**	**109.7**	**128.6**	**140.5**
#飞机制造	Manufacture of Airplanes	0.1	19.7	59.1	59.6	75.3	72.7
航天器制造	Manufacture of Spacecrafts	0.2	4.8	14.0	15.8	16.7	15.3
电子及通信设备制造业	**Manufacture of Electronic Equipment and Communication Equipment**	**133.5**	**146.2**	**1608.1**	**1904.5**	**2465.7**	**2741.4**
#通信设备制造	Manufacture of Communication Equipment	73.5	78.2	499.3	620.8	1045.2	802.8
#通信系统设备制造	Manufacture of Communication System Equipment	56.3	70.5	427.6	502.2	905.7	689.6
通信终端设备制造	Manufacture of Communication Terminal Equipment	1.7	-0.1	71.7	118.6	139.5	113.2
广播电视设备制造	Manufacture of Broadcasting and TV Equipment	0.6	5.7	75.7	76.8	90.8	113.8
雷达及配套设备制造	Manufacture of Radar and Its Fittings	-0.1	6.5	27.2	28.6	29.9	30.8
视听设备制造	Manufacture of TV Set and Radio Receiver	11.0	15.9	107.3	100.5	89.2	158.5
电子器件制造	Manufacture of Electronic Appliances	17.1	-3.8	302.4	346.4	350.0	510.4
#电子真空器件制造	Manufacture of Electronic Vacuum Appliance	15.0	-23.6	11.2	13.5	19.6	10.6
半导体分立器件制造	Manufacture of Semiconductor Discreting Appliances	0.5	4.5	19.2	26.2	18.3	38.1
集成电路制造	Manufacture of Integrate Circuit	1.6	5.9	40.3	44.6	43.3	103.7
电子元件制造	Manufacture of Electronic Components	16.9	36.3	331.9	387.9	466.2	551.0
其他电子设备制造	Manufacture of Other Electronic Equipment	14.5	7.3	68.3	120.9	119.2	170.5
计算机及办公设备制造业	**Manufacture of Computers and Office Equipment**	**13.5**	**21.5**	**142.1**	**169.6**	**199.2**	**315.4**
#计算机整机制造	Manufacture of Entired Computer	7.3	9.5	34.3	29.7	46.4	89.2
计算机零部件制造	Manufacture of Computer Components and Parts	6.1	10.4	37.4	43.3	52.2	51.1
计算机外围设备制造	Manufacture of Computer Peripheral Equipment			24.7	47.4	62.6	72.8
办公设备制造	Manufacture of Office Equipment		1.7	22.6	30.0	28.9	39.7
医疗仪器设备及仪器仪表制造业	**Manufacture of Medical Equipments and Measuring Instrument**	**13.9**	**68.1**	**593.9**	**656.0**	**706.1**	**816.7**
1.医疗仪器设备及器械制造	Manufacture of Medical Equipment and Appliance	2.9	11.4	142.2	168.6	175.5	232.8
2.仪器仪表制造	Manufacture of Measuring Instrument	10.9	56.6	451.7	487.4	530.6	583.9
信息化学品制造业	**Manufacture of Electronic Chemicals**					**93.6**	**134.1**

1-1-6　续表 4　continued

行　业	Industry	出口交货值（亿元） Exports (100 million yuan)					
		2000	2005	2013	2014	2015	2016
合计	**Total**	**510.8**	**1490.7**	**6139.0**	**8208.9**	**9804.5**	**12124.3**
医药制造业	**Manufacture of Medicines**	**141.1**	**320.7**	**682.6**	**752.4**	**792.1**	**920.8**
#化学药品制造	Manufacture of Chemical Medicine	114.1	242.7	446.0	455.7	453.0	549.8
中成药生产	Production of Finished Traditional Chinese Herbal Medicine		20.3	25.9	32.6	28.3	29.4
生物药品制造	Manufacture of Biological Medicine	5.4	33.9	104.0	128.3	145.3	171.4
航空、航天器及设备制造业	**Manufacture of Aircrafts and Spacecrafts and Related Equipment**	**24.4**	**47.7**	**181.0**	**196.2**	**200.3**	**254.7**
#飞机制造	Manufacture of Airplanes	21.0	47.4	175.6	182.1	175.7	185.0
航天器制造	Manufacture of Spacecrafts	3.4	0.3	0.8	2.8	1.7	0.7
电子及通信设备制造业	**Manufacture of Electronic Equipment and Communication Equipment**	**237.1**	**854.4**	**4400.7**	**6202.4**	**7397.8**	**9387.5**
#通信设备制造	Manufacture of Communication Equipment	25.2	336.1	2130.6	2957.7	3580.7	4975.6
#通信系统设备制造	Manufacture of Communication System Equipment	17.2	284.7	1832.9	2318.5	2587.8	3196.9
通信终端设备制造	Manufacture of Communication Terminal Equipment	3.7	4.5	297.7	639.2	992.9	1778.7
广播电视设备制造	Manufacture of Broadcasting and TV Equipment	0.5	21.4	191.4	246.5	243.8	296.5
雷达及配套设备制造	Manufacture of Radar and Its Fittings	6.0	13.8	87.1	49.2	33.2	40.6
视听设备制造	Manufacture of TV Set and Radio Receiver	57.1	203.6	615.2	722.5	722.9	802.5
电子器件制造	Manufacture of Electronic Appliances	64.1	126.4	715.2	1056.6	1454.8	1863.9
#电子真空器件制造	Manufacture of Electronic Vacuum Appliance	50.5	57.8	8.1	9.1	8.9	12.4
半导体分立器件制造	Manufacture of Semiconductor Discreting Appliances	5.5	20.8	47.5	58.2	69.5	78.8
集成电路制造	Manufacture of Integrate Circuit	8.1	16.9	147.0	205.3	212.5	322.0
电子元件制造	Manufacture of Electronic Components	77.1	138.6	460.1	668.1	859.6	876.8
其他电子设备制造	Manufacture of Other Electronic Equipment	6.9	14.5	70.6	295.9	185.7	200.2
计算机及办公设备制造业	**Manufacture of Computers and Office Equipment**	**70.8**	**172.9**	**464.9**	**573.7**	**714.7**	**855.7**
#计算机整机制造	Manufacture of Entired Computer	21.8	16.8	123.0	136.5	178.0	168.4
计算机零部件制造	Manufacture of Computer Components and Parts	40.2	145.5	49.5	79.7	114.7	131.3
计算机外围设备制造	Manufacture of Computer Peripheral Equipment			225.5	277.7	334.3	409.8
办公设备制造	Manufacture of Office Equipment	8.8	10.6	30.0	35.3	46.6	57.1
医疗仪器设备及仪器仪表制造业	**Manufacture of Medical Equipments and Measuring Instrument**	**37.4**	**95.0**	**409.8**	**484.2**	**546.0**	**548.1**
1.医疗仪器设备及器械制造	Manufacture of Medical Equipment and Appliance	8.0	16.2	156.1	179.8	193.8	198.5
2.仪器仪表制造	Manufacture of Measuring Instrument	29.3	78.8	253.7	304.4	352.2	349.6
信息化学品制造业	**Manufacture of Electronic Chemicals**					**153.6**	**157.5**

1-1-7 港澳台资企业分行业高技术产业生产经营情况

Statistics on Production and Management in High-tech Industry of Hong Kong, Macau and Taiwan Funded Enterprises by Industrial Sector

行业	Industry	企业数（个）Number of Enterprises (unit)					
		2000	2005	2013	2014	2015	2016
合计	**Total**	**1627**	**2856**	**3407**	**3281**	**3252**	**3186**
医药制造业	**Manufacture of Medicines**	**276**	**356**	**396**	**376**	**356**	**362**
#化学药品制造	Manufacture of Chemical Medicine	125	155	150	141	129	140
中成药生产	Production of Finished Traditional Chinese Herbal Medicine		103	95	86	79	78
生物药品制造	Manufacture of Biological Medicine	28	36	64	62	67	65
航空、航天器及设备制造业	**Manufacture of Aircrafts and Spacecrafts and Related Equipment**	**2**	**4**	**14**	**14**	**15**	**18**
#飞机制造	Manufacture of Airplanes	2	4	3	4	5	5
航天器制造	Manufacture of Spacecrafts						
电子及通信设备制造业	**Manufacture of Electronic Equipment and Communication Equipment**	**1045**	**1830**	**2341**	**2249**	**2184**	**2123**
#通信设备制造	Manufacture of Communication Equipment	138	183	206	190	181	166
#通信系统设备制造	Manufacture of Communication System Equipment	49	56	71	67	69	65
通信终端设备制造	Manufacture of Communication Terminal Equipment	28	59	135	123	112	101
广播电视设备制造	Manufacture of Broadcasting and TV Equipment	13	61	88	81	77	76
雷达及配套设备制造	Manufacture of Radar and Its Fittings		1	2	2	3	2
视听设备制造	Manufacture of TV Set and Radio Receiver	157	280	251	235	220	210
电子器件制造	Manufacture of Electronic Appliances	156	311	410	409	400	386
#电子真空器件制造	Manufacture of Electronic Vacuum Appliance	19	14	7	7	10	11
半导体分立器件制造	Manufacture of Semiconductor Discreting Appliances	67	62	52	51	45	43
集成电路制造	Manufacture of Integrate Circuit	70	97	71	73	71	72
电子元件制造	Manufacture of Electronic Components	457	895	1094	1050	1012	991
其他电子设备制造	Manufacture of Other Electronic Equipment	124	99	170	162	157	165
计算机及办公设备制造业	**Manufacture of Computers and Office Equipment**	**184**	**390**	**352**	**337**	**343**	**324**
#计算机整机制造	Manufacture of Entired Computer	29	47	27	30	31	29
计算机零部件制造	Manufacture of Computer Components and Parts	121	294	128	122	133	125
计算机外围设备制造	Manufacture of Computer Peripheral Equipment			115	104	105	94
办公设备制造	Manufacture of Office Equipment	34	49	48	48	46	48
医疗仪器设备及仪器仪表制造业	**Manufacture of Medical Equipments and Measuring Instrument**	**120**	**276**	**304**	**305**	**293**	**301**
1.医疗仪器设备及器械制造	Manufacture of Medical Equipment and Appliance	20	61	82	95	95	102
2.仪器仪表制造	Manufacture of Measuring Instrument	100	215	222	210	198	199
信息化学品制造业	**Manufacture of Electronic Chemicals**					**61**	**58**

1-1-7 续表 1 continued

行 业	Industry	从业人员平均人数（人） Annual Average Number of Employed Personnel (person)					
		2000	2005	2013	2014	2015	2016
合计	**Total**	**595800**	**1518686**	**3170590**	**3090351**	**3370845**	**3083048**
医药制造业	**Manufacture of Medicines**	**55317**	**77653**	**159951**	**160414**	**156458**	**163623**
#化学药品制造	Manufacture of Chemical Medicine	28233	36231	84584	80458	79569	87114
中成药生产	Production of Finished Traditional Chinese Herbal Medicine		25897	32662	32636	30513	32194
生物药品制造	Manufacture of Biological Medicine	2773	4409	19115	20681	23841	20822
航空、航天器及设备制造业	**Manufacture of Aircrafts and Spacecrafts and Related Equipment**	**1618**	**3475**	**10659**	**12443**	**11271**	**15875**
#飞机制造	Manufacture of Airplanes	1618	3475	336	2411	580	648
航天器制造	Manufacture of Spacecrafts						
电子及通信设备制造业	**Manufacture of Electronic Equipment and Communication Equipment**	**417128**	**1051800**	**2317522**	**2240841**	**2480700**	**2297250**
#通信设备制造	Manufacture of Communication Equipment	41321	110824	522033	548236	747953	693314
#通信系统设备制造	Manufacture of Communication System Equipment	14035	17226	80514	77572	124810	117303
通信终端设备制造	Manufacture of Communication Terminal Equipment	13511	49249	441519	470664	623143	576011
广播电视设备制造	Manufacture of Broadcasting and TV Equipment	1790	16729	44746	44707	47996	47061
雷达及配套设备制造	Manufacture of Radar and Its Fittings		1500	241	320	568	399
视听设备制造	Manufacture of TV Set and Radio Receiver	111703	240474	262937	247373	260777	232087
电子器件制造	Manufacture of Electronic Appliances	67372	154813	341575	336205	355895	326229
#电子真空器件制造	Manufacture of Electronic Vacuum Appliance	12774	12272	1900	1766	2072	1877
半导体分立器件制造	Manufacture of Semiconductor Discreting Appliances	17873	17952	25727	27149	27009	27599
集成电路制造	Manufacture of Integrate Circuit	36725	48406	50227	58340	54779	55663
电子元件制造	Manufacture of Electronic Components	153496	477794	905565	872181	847374	779609
其他电子设备制造	Manufacture of Other Electronic Equipment	41446	49666	146471	102492	126156	122488
计算机及办公设备制造业	**Manufacture of Computers and Office Equipment**	**96660**	**300184**	**571314**	**573564**	**593438**	**475717**
#计算机整机制造	Manufacture of Entired Computer	19667	45879	262502	257427	252372	175817
计算机零部件制造	Manufacture of Computer Components and Parts	47954	223575	121813	127394	149476	133090
计算机外围设备制造	Manufacture of Computer Peripheral Equipment			116361	114465	112512	89515
办公设备制造	Manufacture of Office Equipment	29039	30730	28709	27536	23344	24215
医疗仪器设备及仪器仪表制造业	**Manufacture of Medical Equipments and Measuring Instrument**	**25077**	**85574**	**111144**	**103089**	**97407**	**100033**
1.医疗仪器设备及器械制造	Manufacture of Medical Equipment and Appliance	4175	13463	28854	30718	31095	34137
2.仪器仪表制造	Manufacture of Measuring Instrument	20902	72111	82290	72371	66312	65896
信息化学品制造业	**Manufacture of Electronic Chemicals**					**31571**	**30550**

1-1-7 续表 2 continued

行 业	Industry	主营业务收入（亿元） Revenue from Principal Business (100 million yuan)					
		2000	2005	2013	2014	2015	2016
合计	**Total**	**1872.1**	**6539.4**	**23073.6**	**25622.4**	**29694.5**	**30429.8**
医药制造业	**Manufacture of Medicines**	**134.3**	**254.7**	**1534.9**	**1751.7**	**1896.3**	**2081.4**
#化学药品制造	Manufacture of Chemical Medicine	70.1	145.9	868.5	988.0	1004.8	1201.5
中成药生产	Production of Finished Traditional Chinese Herbal Medicine		66.6	355.4	388.9	417.3	425.9
生物药品制造	Manufacture of Biological Medicine	8.6	20.2	170.9	195.2	277.2	269.6
航空、航天器及设备制造业	**Manufacture of Aircrafts and Spacecrafts and Related Equipment**	**6.4**	**24.9**	**91.1**	**103.5**	**92.3**	**120.9**
#飞机制造	Manufacture of Airplanes	6.4	24.9	3.3	28.3	7.3	7.9
航天器制造	Manufacture of Spacecrafts						
电子及通信设备制造业	**Manufacture of Electronic Equipment and Communication Equipment**	**1125.0**	**3541.7**	**13881.7**	**15234.8**	**18448.4**	**18654.4**
#通信设备制造	Manufacture of Communication Equipment	99.0	431.4	3921.8	4702.3	6933.8	6798.4
#通信系统设备制造	Manufacture of Communication System Equipment	32.8	60.7	704.2	679.4	1078.6	1041.6
通信终端设备制造	Manufacture of Communication Terminal Equipment	28.2	132.9	3217.6	4022.9	5855.1	5756.8
广播电视设备制造	Manufacture of Broadcasting and TV Equipment	2.8	33.0	238.6	271.5	291.9	309.7
雷达及配套设备制造	Manufacture of Radar and Its Fittings		0.3	12.1	16.7	22.9	24.1
视听设备制造	Manufacture of TV Set and Radio Receiver	496.8	1135.2	1958.1	2075.7	2229.1	2111.0
电子器件制造	Manufacture of Electronic Appliances	223.0	659.5	2177.7	2327.2	2452.1	2688.5
#电子真空器件制造	Manufacture of Electronic Vacuum Appliance	112.2	110.7	5.6	5.0	5.9	11.9
半导体分立器件制造	Manufacture of Semiconductor Discreting Appliances	31.8	56.0	127.8	155.0	194.8	260.8
集成电路制造	Manufacture of Integrate Circuit	79.1	274.2	403.8	544.2	539.6	605.1
电子元件制造	Manufacture of Electronic Components	234.0	1180.3	4163.6	4539.2	4786.8	4803.7
其他电子设备制造	Manufacture of Other Electronic Equipment	69.3	102.0	765.0	692.8	1066.9	1221.0
计算机及办公设备制造业	**Manufacture of Computers and Office Equipment**	**563.6**	**2461.8**	**6917.4**	**7876.0**	**8016.0**	**8143.1**
#计算机整机制造	Manufacture of Entired Computer	263.6	1137.7	4647.8	5365.9	5159.5	5179.4
计算机零部件制造	Manufacture of Computer Components and Parts	251.1	1223.5	619.0	640.6	896.2	1006.6
计算机外围设备制造	Manufacture of Computer Peripheral Equipment			1094.9	1195.5	1307.1	1227.4
办公设备制造	Manufacture of Office Equipment	48.9	100.5	240.4	257.1	175.1	228.7
医疗仪器设备及仪器仪表制造业	**Manufacture of Medical Equipments and Measuring Instrument**	**42.8**	**256.3**	**648.5**	**656.4**	**657.3**	**768.4**
1.医疗仪器设备及器械制造	Manufacture of Medical Equipment and Appliance	5.0	32.7	128.6	144.6	149.2	164.0
2.仪器仪表制造	Manufacture of Measuring Instrument	37.8	223.6	519.9	511.8	508.1	604.4
信息化学品制造业	**Manufacture of Electronic Chemicals**					**584.2**	**661.6**

1-1-7　续表 3　continued

行　业	Industry	利润总额（亿元） Profits (100 million yuan)					
		2000	2005	2013	2014	2015	2016
合计	**Total**	**84.4**	**186.0**	**1093.1**	**1349.3**	**1371.3**	**1608.3**
医药制造业	**Manufacture of Medicines**	**11.3**	**22.5**	**191.8**	**246.1**	**280.0**	**345.3**
#化学药品制造	Manufacture of Chemical Medicine	4.9	11.2	105.9	144.5	150.0	195.5
中成药生产	Production of Finished Traditional Chinese Herbal Medicine		7.6	41.5	45.5	50.5	72.7
生物药品制造	Manufacture of Biological Medicine	1.5	2.2	26.8	37.4	55.6	52.4
航空、航天器及设备制造业	**Manufacture of Aircrafts and Spacecrafts and Related Equipment**	**1.7**	**2.6**	**3.5**	**10.4**	**2.8**	**15.6**
#飞机制造	Manufacture of Airplanes	1.7	2.6	0.4	6.2	0.6	0.6
航天器制造	Manufacture of Spacecrafts						
电子及通信设备制造业	**Manufacture of Electronic Equipment and Communication Equipment**	**49.4**	**101.9**	**595.1**	**722.8**	**837.7**	**870.8**
#通信设备制造	Manufacture of Communication Equipment	5.9	-1.6	176.2	199.1	262.2	240.8
#通信系统设备制造	Manufacture of Communication System Equipment	2.7	1.5	94.3	126.8	134.2	134.2
通信终端设备制造	Manufacture of Communication Terminal Equipment	1.2	2.3	81.9	72.3	128.1	106.6
广播电视设备制造	Manufacture of Broadcasting and TV Equipment		0.6	15.7	18.4	20.5	22.9
雷达及配套设备制造	Manufacture of Radar and Its Fittings			0.8	0.6	0.7	0.6
视听设备制造	Manufacture of TV Set and Radio Receiver	7.5	22.2	75.0	96.3	64.7	83.7
电子器件制造	Manufacture of Electronic Appliances	21.5	20.3	93.4	84.0	93.7	99.4
#电子真空器件制造	Manufacture of Electronic Vacuum Appliance	15.8	-4.2	0.2	-0.9	-0.8	-0.1
半导体分立器件制造	Manufacture of Semiconductor Discreting Appliances	1.6	3.0	3.4	0.8	2.8	-1.9
集成电路制造	Manufacture of Integrate Circuit	4.1	11.9	30.2	42.4	45.8	52.1
电子元件制造	Manufacture of Electronic Components	13.5	52.9	169.6	254.1	296.7	309.7
其他电子设备制造	Manufacture of Other Electronic Equipment	1.0	7.5	35.8	43.5	60.7	66.7
计算机及办公设备制造业	**Manufacture of Computers and Office Equipment**	**19.2**	**44.4**	**250.6**	**316.0**	**158.3**	**256.5**
#计算机整机制造	Manufacture of Entired Computer	12.6	4.7	136.9	202.6	3.7	94.5
计算机零部件制造	Manufacture of Computer Components and Parts	5.7	36.4	21.0	21.3	43.4	44.7
计算机外围设备制造	Manufacture of Computer Peripheral Equipment			46.0	49.1	62.0	57.3
办公设备制造	Manufacture of Office Equipment	0.9	3.4	8.7	8.9	6.7	13.0
医疗仪器设备及仪器仪表制造业	**Manufacture of Medical Equipments and Measuring Instrument**	**2.8**	**14.4**	**52.0**	**54.0**	**52.9**	**71.4**
1.医疗仪器设备及器械制造	Manufacture of Medical Equipment and Appliance	0.4	2.8	12.1	14.3	17.3	22.6
2.仪器仪表制造	Manufacture of Measuring Instrument	2.4	11.7	39.9	39.7	35.6	48.8
信息化学品制造业	**Manufacture of Electronic Chemicals**					**39.6**	**48.8**

1-1-7 续表 4 continued

行 业	Industry	出口交货值（亿元） Expoats (100 million yuan)					
		2000	2005	2013	2014	2015	2016
合计	**Total**	**867.1**	**4301.8**	**15048.4**	**14995.8**	**16966.8**	**17317.3**
医药制造业	**Manufacture of Medicines**	**18.1**	**34.8**	**171.1**	**201.1**	**186.3**	**201.0**
#化学药品制造	Manufacture of Chemical Medicine	9.6	21.4	116.6	128.3	114.4	112.3
中成药生产	Production of Finished Traditional Chinese Herbal Medicine		2.3	9.8	26.1	13.8	21.4
生物药品制造	Manufacture of Biological Medicine	0.8	5.1	17.1	18.8	28.3	30.9
航空、航天器及设备制造业	**Manufacture of Aircrafts and Spacecrafts and Related Equipment**	**5.6**	**23.4**	**66.7**	**77.6**	**64.7**	**78.3**
#飞机制造	Manufacture of Airplanes	5.6	23.4	3.0	23.4	4.2	5.2
航天器制造	Manufacture of Spacecrafts						
电子及通信设备制造业	**Manufacture of Electronic Equipment and Communication Equipment**	**516.9**	**2347.3**	**9155.2**	**9636.2**	**11520.5**	**11210.3**
#通信设备制造	Manufacture of Communication Equipment	32.0	219.2	2907.8	3130.9	5204.3	5063.5
#通信系统设备制造	Manufacture of Communication System Equipment	7.6	38.0	321.7	133.6	451.0	459.7
通信终端设备制造	Manufacture of Communication Terminal Equipment	15.3	104.0	2586.1	2997.4	4753.3	4603.8
广播电视设备制造	Manufacture of Broadcasting and TV Equipment	1.1	18.5	105.1	87.4	101.9	138.0
雷达及配套设备制造	Manufacture of Radar and Its Fittings		0.2	2.8	3.0	5.4	5.5
视听设备制造	Manufacture of TV Set and Radio Receiver	145.5	732.4	1096.5	1147.6	1232.2	1218.9
电子器件制造	Manufacture of Electronic Appliances	122.9	477.4	1576.3	1720.7	1934.7	1811.0
#电子真空器件制造	Manufacture of Electronic Vacuum Appliance	27.4	67.6	1.8	1.6	3.5	2.2
半导体分立器件制造	Manufacture of Semiconductor Discreting Appliances	26.3	37.4	88.4	104.9	146.5	208.4
集成电路制造	Manufacture of Integrate Circuit	69.2	213.6	304.1	418.4	387.3	401.0
电子元件制造	Manufacture of Electronic Components	170.8	819.2	2656.3	2848.3	2296.7	2300.6
其他电子设备制造	Manufacture of Other Electronic Equipment	44.5	80.5	457.8	406.6	458.4	408.9
计算机及办公设备制造业	**Manufacture of Computers and Office Equipment**	**309.0**	**1729.9**	**5453.8**	**4881.4**	**4926.4**	**5526.6**
#计算机整机制造	Manufacture of Entired Computer	93.4	731.0	3748.0	3117.5	3022.3	3647.2
计算机零部件制造	Manufacture of Computer Components and Parts	167.7	912.0	499.9	453.6	596.9	636.2
计算机外围设备制造	Manufacture of Computer Peripheral Equipment			923.3	999.3	1017.2	926.3
办公设备制造	Manufacture of Office Equipment	48.0	86.9	121.4	168.3	111.0	106.6
医疗仪器设备及仪器仪表制造业	**Manufacture of Medical Equipments and Measuring Instrument**	**17.5**	**166.5**	**201.7**	**199.5**	**193.3**	**204.9**
1.医疗仪器设备及器械制造	Manufacture of Medical Equipment and Appliance	1.7	18.1	47.8	57.0	60.0	67.7
2.仪器仪表制造	Manufacture of Measuring Instrument	15.8	148.4	154.0	142.6	133.4	137.2
信息化学品制造业	**Manufacture of Electronic Chemicals**					**75.6**	**96.3**

1-1-8　外资企业分行业高技术产业生产经营情况
Statistics on Production and Management in High-tech Industry of Foreign Funded Enterprises by Industrial Sector

行　业	Industry	企业数（个） Number of Enterprises (unit)					
		2000	2005	2013	2014	2015	2016
合计	**Total**	**1441**	**3635**	**4646**	**4479**	**4309**	**3997**
医药制造业	**Manufacture of Medicines**	**316**	**534**	**557**	**539**	**519**	**467**
#化学药品制造	Manufacture of Chemical Medicine	152	232	238	233	225	207
中成药生产	Production of Finished Traditional Chinese Herbal Medicine		89	68	66	59	48
生物药品制造	Manufacture of Biological Medicine	42	92	104	104	96	87
航空、航天器及设备制造业	**Manufacture of Aircrafts and Spacecrafts and Related Equipment**	**6**	**26**	**57**	**57**	**61**	**64**
#飞机制造	Manufacture of Airplanes	5	25	25	26	28	27
航天器制造	Manufacture of Spacecrafts	1	1				
电子及通信设备制造业	**Manufacture of Electronic Equipment and Communication Equipment**	**789**	**2117**	**2913**	**2768**	**2618**	**2410**
#通信设备制造	Manufacture of Communication Equipment	162	278	240	230	225	196
#通信系统设备制造	Manufacture of Communication System Equipment	60	79	95	93	91	84
通信终端设备制造	Manufacture of Communication Terminal Equipment	28	39	145	137	134	112
广播电视设备制造	Manufacture of Broadcasting and TV Equipment	8	60	83	73	72	72
雷达及配套设备制造	Manufacture of Radar and Its Fittings		2	3	3	1	2
视听设备制造	Manufacture of TV Set and Radio Receiver	71	206	207	188	166	155
电子器件制造	Manufacture of Electronic Appliances	104	417	662	641	611	576
#电子真空器件制造	Manufacture of Electronic Vacuum Appliance	23	38	20	17	16	14
半导体分立器件制造	Manufacture of Semiconductor Discreting Appliances	45	74	100	96	91	89
集成电路制造	Manufacture of Integrate Circuit	36	140	133	128	120	121
电子元件制造	Manufacture of Electronic Components	339	1051	1306	1243	1159	1055
其他电子设备制造	Manufacture of Other Electronic Equipment	105	103	219	206	199	183
计算机及办公设备制造业	**Manufacture of Computers and Office Equipment**	**121**	**410**	**414**	**410**	**368**	**340**
#计算机整机制造	Manufacture of Entired Computer	25	64	45	49	39	39
计算机零部件制造	Manufacture of Computer Components and Parts	65	285	155	156	141	124
计算机外围设备制造	Manufacture of Computer Peripheral Equipment			113	104	94	90
办公设备制造	Manufacture of Office Equipment	31	61	56	54	49	45
医疗仪器设备及仪器仪表制造业	**Manufacture of Medical Equipments and Measuring Instrument**	**209**	**548**	**705**	**705**	**679**	**659**
1.医疗仪器设备及器械制造	Manufacture of Medical Equipment and Appliance	46	140	200	207	199	192
2.仪器仪表制造	Manufacture of Measuring Instrument	163	408	505	498	480	467
信息化学品制造业	**Manufacture of Electronic Chemicals**					**64**	**57**

1-1-8 续表 1 continued

行 业	Industry	从业人员平均人数（人） Annual Average Number of Employed Personnel (person)					
		2000	2005	2013	2014	2015	2016
合计	**Total**	**611611**	**2175564**	**3971712**	**3772463**	**3339477**	**2984984**
医药制造业	**Manufacture of Medicines**	**71625**	**148583**	**264645**	**257166**	**248176**	**231992**
#化学药品制造	Manufacture of Chemical Medicine	35739	89070	162298	158815	151254	144711
中成药生产	Production of Finished Traditional Chinese Herbal Medicine		25059	31450	30505	30417	27285
生物药品制造	Manufacture of Biological Medicine	6127	13254	28009	27549	26750	24528
航空、航天器及设备制造业	**Manufacture of Aircrafts and Spacecrafts and Related Equipment**	**6598**	**10595**	**23899**	**21532**	**22182**	**28660**
#飞机制造	Manufacture of Airplanes	6383	10344	7487	7813	8697	8424
航天器制造	Manufacture of Spacecrafts	215	251				
电子及通信设备制造业	**Manufacture of Electronic Equipment and Communication Equipment**	**416351**	**1315984**	**2414930**	**2321822**	**2299365**	**2033158**
#通信设备制造	Manufacture of Communication Equipment	77733	234972	377072	371372	495633	395094
#通信系统设备制造	Manufacture of Communication System Equipment	22008	29244	77422	79922	79786	74384
通信终端设备制造	Manufacture of Communication Terminal Equipment	12164	32155	299650	291450	415847	320710
广播电视设备制造	Manufacture of Broadcasting and TV Equipment	2314	16080	48870	44609	39906	35238
雷达及配套设备制造	Manufacture of Radar and Its Fittings		222	953	811	421	835
视听设备制造	Manufacture of TV Set and Radio Receiver	69927	142980	172525	142534	122426	133633
电子器件制造	Manufacture of Electronic Appliances	64375	285129	694811	677608	629808	573049
#电子真空器件制造	Manufacture of Electronic Vacuum Appliance	26143	37231	6076	5270	4100	5334
半导体分立器件制造	Manufacture of Semiconductor Discreting Appliances	21132	23474	47283	48493	45958	44179
集成电路制造	Manufacture of Integrate Circuit	17100	114442	143693	142598	133356	123639
电子元件制造	Manufacture of Electronic Components	178842	599470	913771	833409	779335	687600
其他电子设备制造	Manufacture of Other Electronic Equipment	23160	37131	135011	186045	166961	143755
计算机及办公设备制造业	**Manufacture of Computers and Office Equipment**	**72465**	**580240**	**1050972**	**956305**	**525109**	**456875**
#计算机整机制造	Manufacture of Entired Computer	10906	244348	409442	365919	192034	170421
计算机零部件制造	Manufacture of Computer Components and Parts	48312	303303	424201	385662	148535	132251
计算机外围设备制造	Manufacture of Computer Peripheral Equipment			97642	79889	73416	63702
办公设备制造	Manufacture of Office Equipment	13247	32589	72805	71515	53360	46611
医疗仪器设备及仪器仪表制造业	**Manufacture of Medical Equipments and Measuring Instrument**	**44572**	**120162**	**217266**	**215638**	**203449**	**192200**
1.医疗仪器设备及器械制造	Manufacture of Medical Equipment and Appliance	7324	32501	65425	65014	59304	55717
2.仪器仪表制造	Manufacture of Measuring Instrument	37248	87661	151841	150624	144145	136483
信息化学品制造业	**Manufacture of Electronic Chemicals**					**41196**	**42099**

1-1-8 续表 2 continued

行 业	Industry	主营业务收入（亿元） Revenue from Principal Business (100 million yuan)					
		2000	2005	2013	2014	2015	2016
合计	**Total**	**4141.4**	**18244.8**	**42855.6**	**42407.1**	**38946.5**	**38896.1**
医药制造业	**Manufacture of Medicines**	**252.0**	**712.3**	**3004.0**	**3300.4**	**3323.5**	**3435.5**
#化学药品制造	Manufacture of Chemical Medicine	170.0	500.1	2051.7	2240.3	2277.2	2431.3
中成药生产	Production of Finished Traditional Chinese Herbal Medicine		69.6	271.0	297.5	273.3	237.6
生物药品制造	Manufacture of Biological Medicine	21.0	78.9	354.2	403.6	403.3	404.8
航空、航天器及设备制造业	**Manufacture of Aircrafts and Spacecrafts and Related Equipment**	**18.7**	**51.6**	**397.0**	**481.2**	**646.8**	**724.1**
#飞机制造	Manufacture of Airplanes	18.4	50.8	245.7	317.4	427.2	465.6
航天器制造	Manufacture of Spacecrafts	0.3	0.8				
电子及通信设备制造业	**Manufacture of Electronic Equipment and Communication Equipment**	**2993.6**	**9372.3**	**23597.7**	**23807.4**	**24511.2**	**24274.4**
#通信设备制造	Manufacture of Communication Equipment	1439.6	4023.2	6055.8	6031.0	7068.7	6172.4
#通信系统设备制造	Manufacture of Communication System Equipment	449.7	402.2	768.5	906.1	880.1	860.9
通信终端设备制造	Manufacture of Communication Terminal Equipment	214.4	249.2	5287.2	5124.9	6188.6	5311.5
广播电视设备制造	Manufacture of Broadcasting and TV Equipment	13.9	58.7	408.6	360.9	327.4	330.7
雷达及配套设备制造	Manufacture of Radar and Its Fittings		1.1	6.3	3.4	2.3	8.2
视听设备制造	Manufacture of TV Set and Radio Receiver	541.2	1042.7	2761.2	2403.8	2329.1	2723.1
电子器件制造	Manufacture of Electronic Appliances	398.7	1818.3	7366.5	7603.0	7276.7	7562.9
#电子真空器件制造	Manufacture of Electronic Vacuum Appliance	194.8	296.7	69.7	29.8	27.5	32.4
半导体分立器件制造	Manufacture of Semiconductor Discreting Appliances	66.1	121.9	356.7	356.4	362.3	374.0
集成电路制造	Manufacture of Integrate Circuit	137.7	765.8	1476.0	1324.6	1257.0	1716.3
电子元件制造	Manufacture of Electronic Components	494.9	2289.6	5096.3	4973.1	5014.8	4764.1
其他电子设备制造	Manufacture of Other Electronic Equipment	105.4	138.6	1288.3	1810.6	1887.1	1969.6
计算机及办公设备制造业	**Manufacture of Computers and Office Equipment**	**744.1**	**7536.8**	**13966.4**	**12833.0**	**7969.4**	**7752.1**
#计算机整机制造	Manufacture of Entired Computer	240.6	4205.4	8412.8	7565.0	5076.5	5087.7
计算机零部件制造	Manufacture of Computer Components and Parts	385.1	2936.9	3603.9	3328.5	1158.2	1109.6
计算机外围设备制造	Manufacture of Computer Peripheral Equipment			860.7	811.6	642.6	631.6
办公设备制造	Manufacture of Office Equipment	118.4	394.5	731.6	713.5	604.5	509.0
医疗仪器设备及仪器仪表制造业	**Manufacture of Medical Equipments and Measuring Instrument**	**133.0**	**571.7**	**1890.6**	**1985.1**	**1942.5**	**2027.3**
1.医疗仪器设备及器械制造	Manufacture of Medical Equipment and Appliance	35.1	155.5	466.2	489.5	503.1	522.0
2.仪器仪表制造	Manufacture of Measuring Instrument	97.8	416.2	1424.3	1495.5	1439.4	1505.3
信息化学品制造业	**Manufacture of Electronic Chemicals**					**553.2**	**682.7**

1-1-8 续表 3 continued

行　业	Industry	利润总额（亿元） Profits (100 million yuan)					
		2000	2005	2013	2014	2015	2016
合计	**Total**	**322.4**	**742.0**	**2069.3**	**2109.3**	**1956.7**	**2187.5**
医药制造业	**Manufacture of Medicines**	**22.6**	**80.7**	**312.5**	**339.5**	**372.1**	**411.8**
#化学药品制造	Manufacture of Chemical Medicine	14.9	50.0	202.6	232.3	256.1	292.7
中成药生产	Production of Finished Traditional Chinese Herbal Medicine		12.1	33.7	34.5	36.6	37.5
生物药品制造	Manufacture of Biological Medicine	1.4	13.2	49.6	44.8	42.3	45.1
航空、航天器及设备制造业	**Manufacture of Aircrafts and Spacecrafts and Related Equipment**	**1.7**	**5.3**	**36.8**	**50.2**	**64.6**	**68.3**
#飞机制造	Manufacture of Airplanes	1.9	5.2	27.0	39.2	48.7	48.7
航天器制造	Manufacture of Spacecrafts	-0.2	0.1				
电子及通信设备制造业	**Manufacture of Electronic Equipment and Communication Equipment**	**243.2**	**402.7**	**1123.6**	**1117.1**	**1045.5**	**1209.5**
#通信设备制造	Manufacture of Communication Equipment	131.8	201.2	221.7	226.4	265.2	198.0
#通信系统设备制造	Manufacture of Communication System Equipment	41.3	5.1	13.6	26.0	29.0	30.3
通信终端设备制造	Manufacture of Communication Terminal Equipment	8.8	6.0	208.1	200.3	236.2	167.7
广播电视设备制造	Manufacture of Broadcasting and TV Equipment	0.9	2.8	15.3	12.7	15.6	15.4
雷达及配套设备制造	Manufacture of Radar and Its Fittings		0.1	0.3	0.1		-1.0
视听设备制造	Manufacture of TV Set and Radio Receiver	22.4	26.0	197.3	97.0	63.4	77.6
电子器件制造	Manufacture of Electronic Appliances	44.1	48.8	401.6	416.7	326.9	519.5
#电子真空器件制造	Manufacture of Electronic Vacuum Appliance	26.3	14.6	4.2	0.5	1.3	1.9
半导体分立器件制造	Manufacture of Semiconductor Discreting Appliances	5.8	-0.4	11.1	15.8	23.4	25.6
集成电路制造	Manufacture of Integrate Circuit	11.9	14.8	94.2	130.8	100.2	229.0
电子元件制造	Manufacture of Electronic Components	35.1	120.7	202.5	228.3	236.4	246.5
其他电子设备制造	Manufacture of Other Electronic Equipment	8.9	3.2	62.8	111.1	112.1	111.0
计算机及办公设备制造业	**Manufacture of Computers and Office Equipment**	**43.4**	**196.7**	**417.7**	**403.6**	**264.6**	**247.4**
#计算机整机制造	Manufacture of Entired Computer	16.3	89.4	241.2	189.7	135.9	129.1
计算机零部件制造	Manufacture of Computer Components and Parts	21.9	90.5	106.9	107.7	46.5	43.6
计算机外围设备制造	Manufacture of Computer Peripheral Equipment			29.5	56.5	35.7	34.4
办公设备制造	Manufacture of Office Equipment	5.2	16.8	32.8	37.9	31.9	24.9
医疗仪器设备及仪器仪表制造业	**Manufacture of Medical Equipments and Measuring Instrument**	**11.5**	**56.7**	**178.6**	**198.9**	**179.9**	**210.9**
1.医疗仪器设备及器械制造	Manufacture of Medical Equipment and Appliance	2.6	16.3	46.9	54.3	53.4	75.6
2.仪器仪表制造	Manufacture of Measuring Instrument	8.9	40.4	131.8	144.6	126.5	135.3
信息化学品制造业	**Manufacture of Electronic Chemicals**					**30.0**	**39.5**

1-1-8 续表 4 continued

行 业	Industry	出口交货值（亿元） Exports (100 million yuan)					
		2000	2005	2013	2014	2015	2016
合计	**Total**	**2018.1**	**11843.4**	**28097.7**	**27560.5**	**24151.8**	**23003.0**
医药制造业	**Manufacture of Medicines**	**30.3**	**83.7**	**330.5**	**358.8**	**363.6**	**338.6**
#化学药品制造	Manufacture of Chemical Medicine	15.5	48.7	161.8	167.6	167.8	134.3
中成药生产	Production of Finished Traditional Chinese Herbal Medicine		2.6	12.5	16.8	15.7	16.1
生物药品制造	Manufacture of Biological Medicine	3.9	16.3	73.0	87.4	99.9	108.9
航空、航天器及设备制造业	**Manufacture of Aircrafts and Spacecrafts and Related Equipment**	**1.2**	**6.7**	**122.4**	**131.6**	**168.5**	**208.2**
#飞机制造	Manufacture of Airplanes	0.9	6.6	37.9	46.9	60.3	69.5
航天器制造	Manufacture of Spacecrafts	0.3	0.2				
电子及通信设备制造业	**Manufacture of Electronic Equipment and Communication Equipment**	**1404.2**	**6208.3**	**15182.5**	**15648.2**	**16403.6**	**15698.7**
#通信设备制造	Manufacture of Communication Equipment	382.0	2529.4	3064.5	3414.6	5024.8	4418.7
#通信系统设备制造	Manufacture of Communication System Equipment	51.7	94.5	393.1	382.0	347.3	405.4
通信终端设备制造	Manufacture of Communication Terminal Equipment	84.1	185.8	2671.4	3032.6	4677.5	4013.3
广播电视设备制造	Manufacture of Broadcasting and TV Equipment	2.6	26.8	278.4	219.2	208.0	205.5
雷达及配套设备制造	Manufacture of Radar and Its Fittings		0.2	1.4	0.7	0.9	2.1
视听设备制造	Manufacture of TV Set and Radio Receiver	387.7	771.6	1583.6	1478.2	1455.1	1461.6
电子器件制造	Manufacture of Electronic Appliances	180.7	1215.8	6120.3	6662.2	5963.0	5756.7
#电子真空器件制造	Manufacture of Electronic Vacuum Appliance	39.8	113.6	42.2	11.2	8.8	9.5
半导体分立器件制造	Manufacture of Semiconductor Discreting Appliances	58.7	90.9	271.8	275.3	277.3	286.7
集成电路制造	Manufacture of Integrate Circuit	82.3	603.2	1255.2	1348.9	1105.7	1223.1
电子元件制造	Manufacture of Electronic Components	396.5	1590.9	3192.6	2944.6	2872.4	2828.5
其他电子设备制造	Manufacture of Other Electronic Equipment	54.7	73.6	724.2	758.3	714.6	844.7
计算机及办公设备制造业	**Manufacture of Computers and Office Equipment**	**530.8**	**5291.8**	**11722.1**	**10699.8**	**6353.8**	**5775.1**
#计算机整机制造	Manufacture of Entired Computer	124.6	2413.2	6653.8	6069.2	3854.3	3663.3
计算机零部件制造	Manufacture of Computer Components and Parts	330.3	2535.8	3441.2	3093.1	983.6	891.8
计算机外围设备制造	Manufacture of Computer Peripheral Equipment			726.6	640.1	638.5	530.5
办公设备制造	Manufacture of Office Equipment	75.8	342.9	611.4	605.3	490.7	432.8
医疗仪器设备及仪器仪表制造业	**Manufacture of Medical Equipments and Measuring Instrument**	**51.6**	**252.9**	**740.2**	**722.1**	**709.6**	**711.7**
1.医疗仪器设备及器械制造	Manufacture of Medical Equipment and Appliance	18.5	80.3	241.3	239.3	224.2	234.8
2.仪器仪表制造	Manufacture of Measuring Instrument	33.1	172.7	498.9	482.7	485.4	476.8
信息化学品制造业	**Manufacture of Electronic Chemicals**					**152.8**	**270.7**

1-1-9 各地区高技术产业生产经营情况
Statistics on Production and Management in High-tech Industry by Region

地区	Region	企业数（个） Number of Enterprises (unit)					
		2000	2005	2013	2014	2015	2016
全国	**Total**	**9835**	**17527**	**26894**	**27939**	**29631**	**30798**
东部地区	Eastern Region	6734	13174	18761	19069	19912	20241
中部地区	Middle Region	1361	1920	4319	4850	5426	5946
西部地区	Western Region	1028	1485	2502	2758	3104	3535
东北地区	Northeastern Region	712	948	1312	1262	1189	1076
北京	Beijing	582	1101	782	805	805	795
天津	Tianjin	496	602	585	583	591	533
河北	Hebei	254	312	504	556	633	633
山西	Shanxi	127	145	138	134	139	133
内蒙古	Inner Mongolia	55	71	100	95	107	109
辽宁	Liaoning	350	547	735	687	604	460
吉林	Jilin	237	246	394	393	406	442
黑龙江	Heilongjiang	125	155	183	182	179	174
上海	Shanghai	737	1248	1024	1003	1020	991
江苏	Jiangsu	1144	2220	4865	4852	4903	5007
浙江	Zhejiang	861	1991	2391	2437	2603	2595
安徽	Anhui	177	287	841	1036	1198	1398
福建	Fujian	315	517	742	796	844	858
江西	Jiangxi	176	272	696	792	923	1064
山东	Shandong	424	1219	2015	2114	2268	2207
河南	Henan	303	383	933	1068	1176	1261
湖北	Hubei	333	446	830	920	1037	1063
湖南	Hunan	190	316	881	900	953	1027
广东	Guangdong	1711	3693	5802	5874	6194	6570
广西	Guangxi	160	214	301	296	313	318
海南	Hainan	50	57	51	49	51	52
重庆	Chongqing	116	149	383	460	561	678
四川	Sichuan	277	563	841	911	999	1107
贵州	Guizhou	157	178	149	193	226	330
云南	Yunnan	92	122	136	148	177	213
西藏	Tibet	15	12	8	9	8	9
陕西	Shaanxi	245	307	402	435	475	525
甘肃	Gansu	69	84	107	117	124	121
青海	Qinghai	10	24	28	36	41	45
宁夏	Ningxia	16	20	19	24	31	32
新疆	Xinjiang	31	26	28	34	42	48

1-1-9 续表 1 continued

地区	Region	从业人员平均人数（人） Annual Average Number of Employed Personnel (person)					
		2000	2005	2013	2014	2015	2016
全国	**Total**	**3922875**	**6633422**	**12936870**	**13250267**	**13543225**	**13418185**
东部地区	Eastern Region	2385858	5171091	9388752	9465854	9511593	9295893
中部地区	Middle Region	532438	569739	1855971	2024387	2197880	2286015
西部地区	Western Region	658980	588365	1238387	1316311	1407355	1448182
东北地区	Northeastern Region	345599	304227	453760	443715	426397	388095
北京	Beijing	158433	208827	287281	282024	270226	262933
天津	Tianjin	139192	176089	271138	298182	275810	222311
河北	Hebei	98710	111211	197432	198644	213006	208689
山西	Shanxi	41713	44027	142061	138667	134288	140679
内蒙古	Inner Mongolia	17205	21598	32651	30947	39127	41563
辽宁	Liaoning	179272	162618	218388	212474	194983	170384
吉林	Jilin	78439	59259	151519	151717	152216	154449
黑龙江	Heilongjiang	87888	82350	83853	79524	79198	63262
上海	Shanghai	215236	389357	609434	580596	571217	502966
江苏	Jiangsu	399677	1000337	2461783	2446480	2473976	2341650
浙江	Zhejiang	218291	429489	670358	672586	691881	708319
安徽	Anhui	54542	64533	205182	252133	266994	288690
福建	Fujian	125585	230226	377439	372151	376757	388338
江西	Jiangxi	97208	109870	277522	311199	366782	400743
山东	Shandong	172261	356621	691324	726301	731784	750189
河南	Henan	117308	139235	633971	697405	766007	790723
湖北	Hubei	129716	121394	293598	320261	349825	352588
湖南	Hunan	74746	69082	303637	304722	313984	312592
广东	Guangdong	811708	2214553	3803831	3872690	3890108	3894169
广西	Guangxi	40522	47455	125132	134289	143477	145423
海南	Hainan	6243	6926	18732	16200	16828	16329
重庆	Chongqing	58706	51282	219274	246281	274149	297977
四川	Sichuan	197771	203812	501539	501205	514758	479109
贵州	Guizhou	92967	67411	47061	72532	91231	110207
云南	Yunnan	23264	23326	35272	39335	43596	47918
西藏	Tibet	1191	1085	1452	1676	1200	1243
陕西	Shaanxi	222716	196330	230560	241918	241497	259292
甘肃	Gansu	45729	27156	28398	26694	27626	27897
青海	Qinghai	3699	4528	5945	7084	8333	9388
宁夏	Ningxia	7815	8565	6726	7417	11270	13382
新疆	Xinjiang	5122	4870	4377	6933	11091	14783

1-1-9 续表 2 continued

地 区	Region	主营业务收入（亿元） Revenue from Principal Business (100 million yuan)					
		2000	2005	2013	2014	2015	2016
全 国	**Total**	**10050.1**	**33916.2**	**116048.9**	**127367.7**	**139968.6**	**153796.3**
东部地区	Eastern Region	8084.9	30000.4	85972.2	92205.9	99929.5	108167.6
中部地区	Middle Region	641.2	1456.5	14123.3	17014.1	20836.1	23773.4
西部地区	Western Region	723.1	1392.1	11548.8	13495.7	14918.6	17840.6
东北地区	Northeastern Region	600.9	1067.2	4404.5	4652.0	4284.5	4014.8
北 京	Beijing	1020.8	2168.5	3826.1	4151.6	3997.1	4308.5
天 津	Tianjin	656.3	1909.0	4243.5	4282.0	4233.8	3762.5
河 北	Hebei	155.5	300.2	1381.0	1508.7	1705.9	1836.1
山 西	Shanxi	29.1	67.6	707.8	793.6	864.7	997.4
内蒙古	Inner Mongolia	19.4	102.8	344.8	353.4	394.3	406.9
辽 宁	Liaoning	354.0	608.5	2362.4	2351.7	1813.7	1459.2
吉 林	Jilin	80.0	145.4	1431.3	1667.9	1848.5	2067.8
黑龙江	Heilongjiang	166.9	313.3	610.8	632.4	622.2	487.7
上 海	Shanghai	1057.1	4030.3	6823.4	7056.9	7213.0	7010.2
江 苏	Jiangsu	1235.5	6137.5	24854.0	26113.9	28530.2	30707.9
浙 江	Zhejiang	489.5	1741.8	4360.1	4792.4	5288.1	5885.2
安 徽	Anhui	79.5	156.5	1831.4	2533.0	3064.1	3587.6
福 建	Fujian	415.9	1421.9	3545.0	3627.8	3962.3	4466.0
江 西	Jiangxi	100.0	229.9	2289.6	2611.9	3318.1	3913.6
山 东	Shandong	366.1	1737.9	8946.5	10212.1	11535.3	12263.5
河 南	Henan	120.0	297.6	4284.4	5293.1	6653.8	7401.6
湖 北	Hubei	195.1	396.9	2445.3	2948.0	3655.1	4211.9
湖 南	Hunan	98.2	205.1	2564.9	2834.4	3280.2	3661.3
广 东	Guangdong	2625.3	10428.8	27871.1	30328.9	33308.1	37765.2
广 西	Guangxi	44.7	94.2	1126.2	1394.3	1791.0	2077.6
海 南	Hainan	18.1	30.4	121.4	131.7	155.9	162.6
重 庆	Chongqing	60.6	136.0	2624.2	3433.7	4028.8	4896.0
四 川	Sichuan	297.1	578.3	5160.5	5486.6	5171.7	5994.4
贵 州	Guizhou	67.5	127.9	372.0	566.3	806.9	1007.8
云 南	Yunnan	32.3	59.8	291.1	312.1	350.0	462.1
西 藏	Tibet	1.9	3.7	11.8	15.9	9.9	9.7
陕 西	Shaanxi	230.6	414.3	1374.0	1649.5	1902.9	2394.5
甘 肃	Gansu	20.0	39.2	140.9	162.4	179.0	196.1
青 海	Qinghai	2.4	6.9	50.7	57.2	100.5	129.0
宁 夏	Ningxia	5.9	15.7	31.8	37.4	111.8	176.4
新 疆	Xinjiang	4.7	10.5	20.7	26.9	71.7	90.1

1-1-9　续表 3　continued

地　区	Region	利润总额（亿元） Profits (100 million yuan)					
		2000	2005	2013	2014	2015	2016
全　国	**Total**	**673.1**	**1423.2**	**7233.7**	**8095.2**	**8986.3**	**10301.8**
东部地区	Eastern Region	558.7	1244.5	5157.4	5729.0	6488.5	7190.4
中部地区	Middle Region	45.3	76.0	949.5	1061.9	1290.7	1478.9
西部地区	Western Region	38.3	59.7	789.7	919.3	794.9	1232.4
东北地区	Northeastern Region	30.8	43.0	337.2	385.0	412.3	400.1
北　京	Beijing	82.6	96.8	292.4	277.3	268.3	321.0
天　津	Tianjin	78.0	156.0	297.9	281.8	316.0	296.2
河　北	Hebei	8.0	18.0	107.8	138.2	160.4	162.6
山　西	Shanxi	2.0	2.7	25.1	42.7	54.8	47.1
内蒙古	Inner Mongolia	0.5	6.3	33.9	36.0	28.8	23.6
辽　宁	Liaoning	14.1	16.8	173.1	196.1	155.2	143.7
吉　林	Jilin	9.6	11.8	115.3	137.3	186.5	190.0
黑龙江	Heilongjiang	7.1	14.4	48.8	51.6	70.6	66.4
上　海	Shanghai	92.5	93.9	235.7	302.3	285.0	334.6
江　苏	Jiangsu	66.6	252.3	1521.5	1671.2	1813.5	2059.9
浙　江	Zhejiang	41.9	82.0	419.2	475.0	518.7	616.6
安　徽	Anhui	2.5	9.5	157.8	191.3	221.9	238.7
福　建	Fujian	19.7	69.1	176.9	204.4	196.8	328.8
江　西	Jiangxi	3.7	10.8	156.0	189.9	227.9	282.4
山　东	Shandong	21.0	95.7	700.3	781.3	874.2	952.7
河　南	Henan	11.9	15.0	274.1	340.7	408.3	444.8
湖　北	Hubei	19.0	21.3	148.4	143.1	198.5	259.8
湖　南	Hunan	5.6	10.5	188.1	154.1	179.3	206.2
广　东	Guangdong	143.1	367.3	1388.6	1578.4	2034.1	2094.2
广　西	Guangxi	3.8	7.7	124.2	131.7	169.5	222.5
海　南	Hainan	1.5	5.5	17.0	19.1	21.4	23.8
重　庆	Chongqing	0.3	9.1	73.6	110.5	162.6	210.8
四　川	Sichuan	17.2	27.6	370.0	413.3	173.2	393.5
贵　州	Guizhou	2.1	3.0	27.8	44.7	48.1	66.8
云　南	Yunnan	3.6	6.6	42.2	34.0	27.9	43.4
西　藏	Tibet	0.6	1.6	3.3	3.0	3.7	3.5
陕　西	Shaanxi	13.9	6.5	86.2	116.2	138.4	211.0
甘　肃	Gansu	-0.2	2.6	19.1	23.0	27.2	24.3
青　海	Qinghai	0.1	0.8	7.8	6.2	5.3	8.8
宁　夏	Ningxia	0.6	0.9	-0.1		3.2	12.4
新　疆	Xinjiang	0.1	1.1	1.9	0.7	7.0	11.6

1-1-9 续表 4 continued

地 区	Region	出口交货值（亿元） Exports (100 million yuan)					
		2000	2005	2013	2014	2015	2016
全 国	**Total**	**3396.0**	**17636.0**	**49285.1**	**50765.2**	**50923.1**	**52444.6**
东部地区	Eastern Region	3115.8	17014.1	40541.6	41718.5	41196.4	41222.8
中部地区	Middle Region	43.5	205.7	3745.0	4525.5	5595.3	5804.3
西部地区	Western Region	58.0	123.1	4548.3	4102.8	3789.4	5106.4
东北地区	Northeastern Region	178.7	293.1	450.2	418.3	342.0	311.1
北 京	Beijing	160.2	832.6	1118.8	1031.6	695.4	645.4
天 津	Tianjin	259.2	1054.5	1537.0	1561.5	1503.8	1224.2
河 北	Hebei	17.3	41.8	150.5	145.7	166.6	191.3
山 西	Shanxi	1.7	5.7	388.5	437.9	449.5	619.5
内蒙古	Inner Mongolia	1.1	31.7	11.2	14.1	10.5	19.1
辽 宁	Liaoning	163.9	271.1	417.0	370.5	305.7	277.4
吉 林	Jilin	2.0	6.6	19.7	23.9	24.8	27.5
黑龙江	Heilongjiang	12.8	15.4	13.5	23.9	11.5	6.3
上 海	Shanghai	370.7	2726.0	4503.8	4415.9	4484.8	4226.2
江 苏	Jiangsu	537.0	3876.4	12244.5	11911.1	12062.9	12196.3
浙 江	Zhejiang	120.9	744.7	1425.8	1548.2	1491.2	1465.7
安 徽	Anhui	4.5	15.6	300.3	647.6	763.0	800.3
福 建	Fujian	196.6	827.5	1936.5	2001.6	1983.4	2002.5
江 西	Jiangxi	4.8	27.1	257.7	306.5	377.4	398.3
山 东	Shandong	78.8	423.8	1663.5	1948.5	1969.2	1934.7
河 南	Henan	10.1	33.7	1894.0	2387.6	2948.7	2718.8
湖 北	Hubei	11.7	61.5	415.9	315.8	598.5	766.3
湖 南	Hunan	9.6	30.5	488.5	430.1	458.1	501.1
广 东	Guangdong	1371.7	6475.2	15957.1	17149.5	16835.7	17333.9
广 西	Guangxi	2.4	9.5	231.8	312.0	347.8	355.2
海 南	Hainan	0.9	2.0	4.1	5.0	3.4	2.5
重 庆	Chongqing	6.3	9.5	1710.2	2194.1	2094.7	2340.3
四 川	Sichuan	21.6	66.1	2440.6	1353.2	939.2	1781.5
贵 州	Guizhou	1.8	10.7	9.2	12.8	17.7	69.2
云 南	Yunnan	4.0	5.0	7.0	9.2	9.0	55.4
西 藏	Tibet						0.0
陕 西	Shaanxi	19.7	24.8	110.6	176.3	325.8	420.6
甘 肃	Gansu	2.7	0.5	17.7	20.4	27.2	37.4
青 海	Qinghai	0.2	0.2	0.2	0.1	0.3	0.2
宁 夏	Ningxia	1.1	6.1	8.8	9.2	16.1	25.1
新 疆	Xinjiang	0.4	0.4	1.0	1.3	1.1	2.4

1-1-10 大中型企业各地区高技术产业生产经营情况
Statistics on Production and Management in High-tech Industry of Large and Medium-sized Enterprises by Region

地区	Region	企业数（个） Number of Enterprises (unit)					
		2000	2005	2013	2014	2015	2016
全国	**Total**	**2030**	**3454**	**7809**	**7969**	**8121**	**8248**
东部地区	Eastern Region	1208	2705	5777	5721	5698	5703
中部地区	Middle Region	318	306	1097	1240	1337	1381
西部地区	Western Region	320	310	719	790	863	953
东北地区	Northeastern Region	184	133	216	218	223	211
北京	Beijing	75	125	209	195	191	194
天津	Tianjin	106	108	184	181	154	138
河北	Hebei	52	47	87	94	105	103
山西	Shanxi	28	28	41	37	39	37
内蒙古	Inner Mongolia	12	15	24	21	26	23
辽宁	Liaoning	81	67	112	113	113	104
吉林	Jilin	69	38	59	61	67	68
黑龙江	Heilongjiang	34	28	45	44	43	39
上海	Shanghai	224	258	320	315	309	295
江苏	Jiangsu	197	591	1449	1444	1436	1462
浙江	Zhejiang	85	259	515	510	526	538
安徽	Anhui	46	50	148	172	190	195
福建	Fujian	26	102	240	229	229	236
江西	Jiangxi	47	40	226	259	270	286
山东	Shandong	118	189	400	408	433	419
河南	Henan	63	69	322	382	420	442
湖北	Hubei	83	65	176	184	203	208
湖南	Hunan	39	39	184	206	215	213
广东	Guangdong	271	989	2346	2321	2291	2300
广西	Guangxi	41	29	90	98	112	114
海南	Hainan	13	8	27	24	24	18
重庆	Chongqing	35	38	135	156	180	217
四川	Sichuan	93	100	247	263	274	287
贵州	Guizhou	60	51	32	57	57	82
云南	Yunnan	13	17	33	33	33	37
西藏	Tibet	1		1	2	1	1
陕西	Shaanxi	80	74	125	128	136	141
甘肃	Gansu	23	18	20	16	18	21
青海	Qinghai	4	4	5	4	7	7
宁夏	Ningxia	5	6	5	7	11	13
新疆	Xinjiang	6	2	2	5	8	10

注：本表数据口径相同于表1-1-4。

1-1-10 续表 1 continued

地 区	Region	从业人员平均人数（人） Annual Average Number of Employed Personnel (person)					
		2000	2005	2013	2014	2015	2016
全 国	**Total**	**2252216**	**4717460**	**10516563**	**10727828**	**10899742**	**10720461**
东部地区	Eastern Region	1108137	3704130	7708590	7731929	7721176	7494931
中部地区	Middle Region	365378	355992	1467343	1595579	1720295	1774627
西部地区	Western Region	521352	438608	1017822	1080886	1144933	1158641
东北地区	Northeastern Region	257349	218730	322808	319434	313338	292262
北 京	Beijing	70587	127846	216590	205627	192785	185770
天 津	Tianjin	87568	119281	226090	250738	224735	178418
河 北	Hebei	67464	74527	146191	146660	157198	151142
山 西	Shanxi	28389	29934	130114	125746	121282	127276
内 蒙 古	Inner Mongolia	9924	13789	23749	22602	29237	30581
辽 宁	Liaoning	130205	119453	147132	146424	139567	134241
吉 林	Jilin	54155	31630	109509	110529	111321	111354
黑 龙 江	Heilongjiang	72989	67647	66167	62481	62450	46667
上 海	Shanghai	145747	286602	517469	492373	483021	417762
江 苏	Jiangsu	190250	791908	2021484	2002554	2032580	1899002
浙 江	Zhejiang	81637	247568	446180	442344	454413	467804
安 徽	Anhui	34154	36976	136619	166805	171941	177390
福 建	Fujian	46940	169598	308004	302337	303765	313973
江 西	Jiangxi	77329	76012	212288	239557	280852	303819
山 东	Shandong	113403	213921	506358	531439	528867	551990
河 南	Henan	76979	88429	554748	609430	671898	692568
湖 北	Hubei	85980	72403	223078	238634	257887	259715
湖 南	Hunan	52623	38449	210496	215407	216435	213859
广 东	Guangdong	276531	1645177	3305259	3346053	3331360	3318887
广 西	Guangxi	25495	24487	97478	108638	116956	118417
海 南	Hainan	2515	3215	14965	11804	12452	10183
重 庆	Chongqing	42490	35326	188207	209447	229292	243316
四 川	Sichuan	157478	147969	425235	419993	427264	385315
贵 州	Guizhou	76097	52389	36314	59085	72093	87642
云 南	Yunnan	10104	10812	23614	26467	28020	30111
西 藏	Tibet	181		395	828	384	401
陕 西	Shaanxi	191102	162001	194556	204969	203373	217630
甘 肃	Gansu	33839	18351	19170	16835	18021	19330
青 海	Qinghai	2745	2470	3148	3064	4046	4400
宁 夏	Ningxia	5391	6369	4926	5503	9078	10994
新 疆	Xinjiang	1925	2921	1030	3455	7169	10504

1-1-10 续表 2 continued

地 区	Region	主营业务收入（亿元） Revenue from Principal Business (100 million yuan)					
		2000	2005	2013	2014	2015	2016
全 国	**Total**	**6085.2**	**28783.2**	**91634.8**	**103060.2**	**112246.1**	**122849.2**
东部地区	Eastern Region	4612.6	25859.0	69525.5	76858.1	82439.5	88972.0
中部地区	Middle Region	429.5	972.5	10157.9	12484.2	15236.3	17136.7
西部地区	Western Region	559.1	1091.1	9531.5	11027.1	11835.4	13967.7
东北地区	Northeastern Region	484.0	860.5	2419.8	2690.9	2734.9	2772.9
北 京	Beijing	320.5	1762.4	3205.4	3425.7	3188.2	3490.4
天 津	Tianjin	585.2	1766.0	3589.4	3775.1	3626.8	3208.6
河 北	Hebei	113.5	220.7	905.2	997.4	1099.8	1134.2
山 西	Shanxi	16.4	44.2	639.3	714.5	785.2	918.3
内蒙古	Inner Mongolia	12.5	76.2	256.7	268.3	276.0	263.9
辽 宁	Liaoning	275.9	496.6	1199.6	1238.0	1148.1	1176.1
吉 林	Jilin	57.7	94.4	744.6	983.5	1126.0	1274.5
黑龙江	Heilongjiang	150.4	269.5	475.7	469.5	460.8	322.4
上 海	Shanghai	886.1	3437.4	6134.6	6297.6	6362.8	6075.6
江 苏	Jiangsu	601.5	5454.0	20580.3	21656.8	23614.6	25140.0
浙 江	Zhejiang	210.3	1181.6	2983.4	3301.3	3682.3	4119.4
安 徽	Anhui	36.8	104.5	1128.9	1670.6	2007.6	2307.4
福 建	Fujian	217.6	1283.9	3076.8	3050.5	3235.0	3626.2
江 西	Jiangxi	83.6	172.9	1454.7	1758.3	2260.8	2646.4
山 东	Shandong	268.4	1278.5	6405.5	7237.6	8200.0	8873.5
河 南	Henan	81.3	193.8	3595.2	4473.9	5645.0	6135.1
湖 北	Hubei	136.2	260.9	1784.8	2105.1	2549.1	2923.2
湖 南	Hunan	62.5	120.1	1555.1	1761.8	1988.7	2206.2
广 东	Guangdong	1369.7	9412.6	22550.0	27014.9	29301.5	33193.1
广 西	Guangxi	32.1	49.1	828.4	1060.1	1391.5	1576.6
海 南	Hainan	7.7	12.7	94.8	101.3	128.4	110.8
重 庆	Chongqing	46.3	101.7	2351.5	3027.1	3347.9	4022.9
四 川	Sichuan	236.0	454.1	4486.1	4693.1	4266.4	4853.5
贵 州	Guizhou	43.3	96.0	202.7	350.2	513.0	674.3
云 南	Yunnan	11.0	32.1	192.5	211.7	213.0	246.2
西 藏	Tibet	1.1		1.2	8.2	1.2	1.3
陕 西	Shaanxi	196.1	354.8	1078.7	1264.8	1526.4	1943.4
甘 肃	Gansu	16.4	28.2	78.4	85.0	100.9	130.8
青 海	Qinghai	1.6	4.0	29.9	23.3	54.3	61.8
宁 夏	Ningxia	5.2	13.7	22.6	24.9	98.1	135.6
新 疆	Xinjiang	2.2	6.4	2.8	10.3	46.7	57.6

1-1-10 续表 3 continued

地 区	Region	利润总额（亿元） Profits (100 million yuan)					
		2000	2005	2013	2014	2015	2016
全 国	**Total**	**434.1**	**1153.7**	**5465.1**	**6508.0**	**7165.5**	**8268.2**
东部地区	Eastern Region	356.2	1021.2	3979.8	4749.6	5352.0	5930.3
中部地区	Middle Region	29.9	51.9	649.3	758.0	921.1	1049.1
西部地区	Western Region	25.3	46.9	630.6	743.4	593.0	978.1
东北地区	Northeastern Region	22.6	33.7	205.3	256.9	299.3	310.7
北 京	Beijing	20.5	65.7	230.1	206.3	190.8	230.5
天 津	Tianjin	74.2	150.6	262.4	246.8	277.9	253.4
河 北	Hebei	5.9	12.1	62.6	94.6	111.7	111.1
山 西	Shanxi	1.1	2.5	20.7	37.2	51.6	44.2
内蒙古	Inner Mongolia	0.1	5.2	27.8	29.3	20.3	15.4
辽 宁	Liaoning	11.3	11.0	99.5	125.8	111.8	122.2
吉 林	Jilin	6.1	12.1	67.9	92.5	135.6	138.4
黑龙江	Heilongjiang	5.2	10.6	37.9	38.7	52.0	50.1
上 海	Shanghai	82.6	58.1	178.2	241.8	204.1	246.7
江 苏	Jiangsu	35.6	214.9	1245.0	1394.7	1479.7	1689.1
浙 江	Zhejiang	19.2	52.3	317.1	369.2	405.1	481.6
安 徽	Anhui	1.4	7.0	100.3	128.5	147.1	149.8
福 建	Fujian	4.9	61.9	151.9	165.2	155.3	279.4
江 西	Jiangxi	2.0	8.0	109.0	139.1	165.2	205.1
山 东	Shandong	14.1	59.3	508.0	572.5	646.9	731.3
河 南	Henan	8.8	8.2	210.4	271.0	330.4	354.6
湖 北	Hubei	14.6	15.7	95.4	92.5	127.3	188.8
湖 南	Hunan	2.0	5.2	113.5	89.8	99.5	106.6
广 东	Guangdong	95.6	338.3	1011.0	1444.7	1863.7	1891.9
广 西	Guangxi	3.3	6.2	97.6	106.1	138.7	178.7
海 南	Hainan	0.3	1.8	13.6	13.7	16.8	15.4
重 庆	Chongqing	0.1	7.7	55.1	79.7	121.8	165.0
四 川	Sichuan	10.4	21.9	321.4	364.7	114.3	320.8
贵 州	Guizhou	0.6	1.2	20.2	34.5	41.7	52.5
云 南	Yunnan	1.6	5.3	31.7	24.6	15.8	27.8
西 藏	Tibet	0.5		-0.1	0.1	0.2	0.1
陕 西	Shaanxi	11.2	5.7	60.5	84.6	109.3	174.1
甘 肃	Gansu	0.2	2.5	12.5	15.8	19.8	19.4
青 海	Qinghai	0.1	0.7	4.9	5.3	3.9	5.6
宁 夏	Ningxia	0.7	1.1	-1.1	-1.3	2.0	10.1
新 疆	Xinjiang	0.1	0.7	0.1	-0.2	5.1	8.8

1-1-10 续表 4 continued

地 区	Region	出口交货值（亿元） Exports (100 million yuan)					
		2000	2005	2013	2014	2015	2016
全 国	**Total**	**1771.5**	**16271.8**	**45699.0**	**48008.9**	**47851.4**	**48976.4**
东部地区	Eastern Region	1548.5	15745.0	37208.7	39373.2	38735.0	38571.8
中部地区	Middle Region	34.5	154.9	3594.7	4262.9	5243.8	5347.0
西部地区	Western Region	46.1	100.7	4480.5	3981.2	3560.2	4779.9
东北地区	Northeastern Region	142.5	271.1	415.1	391.6	312.3	277.7
北 京	Beijing	50.8	806.0	1061.9	967.3	635.8	585.6
天 津	Tianjin	241.6	1017.5	1488.3	1478.3	1449.5	1169.1
河 北	Hebei	14.8	35.4	136.6	133.7	153.0	176.4
山 西	Shanxi	1.4	5.6	388.1	437.0	447.8	617.9
内 蒙 古	Inner Mongolia	0.9	25.6	9.0	11.4	7.3	17.5
辽 宁	Liaoning	128.3	256.9	392.9	352.8	283.4	252.7
吉 林	Jilin	1.4	5.3	9.7	15.1	17.7	19.6
黑 龙 江	Heilongjiang	12.8	8.9	12.5	23.7	11.3	5.4
上 海	Shanghai	317.9	2485.8	4316.3	4221.6	4267.4	3992.2
江 苏	Jiangsu	174.8	3702.9	11688.5	11334.9	11496.7	11617.8
浙 江	Zhejiang	40.4	518.5	1186.7	1276.6	1193.8	1165.1
安 徽	Anhui	1.6	12.2	269.8	585.4	716.5	748.0
福 建	Fujian	98.6	790.3	1858.2	1906.7	1881.6	1911.8
江 西	Jiangxi	4.6	23.3	192.2	229.0	280.4	286.2
山 东	Shandong	55.5	341.9	1471.1	1748.2	1747.7	1708.3
河 南	Henan	8.8	26.6	1888.3	2371.9	2922.4	2697.3
湖 北	Hubei	8.4	33.8	387.7	268.2	477.1	572.0
湖 南	Hunan	8.8	27.8	468.6	371.4	399.7	425.6
广 东	Guangdong	551.8	6038.0	13997.1	16300.9	15906.6	16245.4
广 西	Guangxi	1.6	6.9	216.0	284.3	300.0	319.4
海 南	Hainan	0.5	1.7	4.1	4.9	2.9	0.3
重 庆	Chongqing	3.2	4.1	1698.7	2152.6	1991.5	2186.8
四 川	Sichuan	17.3	56.8	2423.7	1334.0	907.3	1747.2
贵 州	Guizhou	1.7	6.7	5.8	5.2	13.4	48.1
云 南	Yunnan	1.2	3.1	3.2	6.5	5.5	5.4
西 藏	Tibet						
陕 西	Shaanxi	18.6	23.2	98.5	158.8	295.2	395.9
甘 肃	Gansu	2.7	0.4	17.2	19.3	26.1	36.5
青 海	Qinghai	0.2	0.2	0.1	0.1	0.1	0.1
宁 夏	Ningxia	1.1	6.1	8.2	8.7	13.6	22.3
新 疆	Xinjiang	0.1	0.3		0.4	0.3	0.8

1-1-11 国有及国有控股企业各地区高技术产业生产经营情况
Statistics on Production and Management in High-tech Industry of State-owned and State-controlled Enterprises by Region

地 区	Region	企业数（个） Number of Enterprises (unit)					
		2000	2005	2013	2014	2015	2016
全 国	**Total**	**3759**	**2179**	**1504**	**1488**	**1584**	**1600**
东部地区	Eastern Region	1992	1331	834	806	843	848
中部地区	Middle Region	793	340	241	226	256	257
西部地区	Western Region	597	347	342	369	397	413
东北地区	Northeastern Region	377	161	87	87	88	82
北 京	Beijing	317	357	188	188	181	172
天 津	Tianjin	185	185	97	98	102	97
河 北	Hebei	129	53	36	35	37	42
山 西	Shanxi	93	44	19	17	18	17
内蒙古	Inner Mongolia	32	14	8	8	11	12
辽 宁	Liaoning	167	85	42	42	45	42
吉 林	Jilin	143	45	26	26	24	27
黑龙江	Heilongjiang	67	31	19	19	19	13
上 海	Shanghai	272	219	119	113	115	111
江 苏	Jiangsu	242	99	106	101	110	116
浙 江	Zhejiang	133	68	48	47	58	58
安 徽	Anhui	69	42	51	54	54	60
福 建	Fujian	82	43	30	28	32	33
江 西	Jiangxi	135	46	27	16	19	18
山 东	Shandong	141	61	58	54	57	61
河 南	Henan	150	66	37	36	43	37
湖 北	Hubei	198	78	69	70	80	81
湖 南	Hunan	116	50	38	33	42	44
广 东	Guangdong	359	190	145	137	146	155
广 西	Guangxi	109	45	18	19	20	18
海 南	Hainan	23	11	7	5	5	3
重 庆	Chongqing	72	43	47	49	52	50
四 川	Sichuan	113	80	83	92	102	104
贵 州	Guizhou	97	59	30	39	39	41
云 南	Yunnan	58	25	24	26	28	35
西 藏	Tibet	11	9	1	1	1	1
陕 西	Shaanxi	157	89	101	106	115	122
甘 肃	Gansu	48	23	18	16	14	13
青 海	Qinghai	7	3	5	4	6	6
宁 夏	Ningxia	11	6		1	1	1
新 疆	Xinjiang	23	10	7	8	8	10

1-1-11 续表 1 continued

地 区	Region	从业人员平均人数（人） Annual Average Number of Employed Personnel (person)					
		2000	2005	2013	2014	2015	2016
全 国	**Total**	**2079749**	**1369536**	**1413200**	**1449714**	**1520934**	**1553885**
东部地区	Eastern Region	848724	616352	689728	710669	759513	800833
中部地区	Middle Region	409912	236915	238728	233538	261823	260230
西部地区	Western Region	561115	362194	363930	387417	383434	390925
东北地区	Northeastern Region	259998	154075	120814	118090	116164	101897
北 京	Beijing	117353	85785	92913	94518	90112	90623
天 津	Tianjin	54378	51152	42587	66773	65238	61475
河 北	Hebei	73605	58035	37738	33610	30909	36919
山 西	Shanxi	34661	23173	18591	11847	11706	11105
内蒙古	Inner Mongolia	13481	5741	2732	2625	6588	9489
辽 宁	Liaoning	128616	75880	66470	66995	66198	67849
吉 林	Jilin	57934	21848	11027	10308	9085	9612
黑龙江	Heilongjiang	73448	56347	43317	40787	40881	24436
上 海	Shanghai	106081	82416	59243	59980	68669	65327
江 苏	Jiangsu	151107	65176	88109	77174	83499	82522
浙 江	Zhejiang	43114	32798	29097	28727	35983	47311
安 徽	Anhui	31517	22170	47174	52916	55155	54513
福 建	Fujian	33385	30157	24583	25011	35060	39674
江 西	Jiangxi	84883	54225	15406	12003	14705	15305
山 东	Shandong	87667	44191	71158	76926	84659	90235
河 南	Henan	83652	52618	39713	36852	49621	48121
湖 北	Hubei	97190	53570	86312	93653	103564	103964
湖 南	Hunan	64528	25418	31532	26267	27072	27222
广 东	Guangdong	149702	150517	239193	246205	263630	285314
广 西	Guangxi	29102	14116	6032	6858	8533	8494
海 南	Hainan	3230	2009	5107	1745	1754	1433
重 庆	Chongqing	49465	31159	33896	33114	33971	33777
四 川	Sichuan	149260	102535	126485	124138	114211	107349
贵 州	Guizhou	81752	44315	12756	31739	41628	44071
云 南	Yunnan	15427	6514	9811	13790	15823	17057
西 藏	Tibet	870	828	395	408	384	401
陕 西	Shaanxi	207777	152828	157834	162698	149333	158345
甘 肃	Gansu	43667	14562	11487	9624	9073	8638
青 海	Qinghai	2362	1112	1076	799	2252	1453
宁 夏	Ningxia	6598	4832		189	185	183
新 疆	Xinjiang	3937	3509	1426	1435	1453	1668

1-1-11 续表 2 continued

地 区	Region	主营业务收入（亿元） Revenue from Principal Business (100 million yuan)					
		2000	2005	2013	2014	2015	2016
全 国	**Total**	**4197.4**	**5712.5**	**12149.4**	**12828.4**	**14449.4**	**15575.5**
东部地区	Eastern Region	2831.8	3812.9	6780.9	7302.1	8283.7	8986.1
中部地区	Middle Region	448.5	506.9	1752.4	1726.8	2227.1	2518.0
西部地区	Western Region	534.1	785.1	2675.6	2886.0	3019.6	3277.4
东北地区	Northeastern Region	382.9	607.6	940.5	913.4	918.9	794.0
北 京	Beijing	682.4	451.7	893.0	946.1	980.5	1036.7
天 津	Tianjin	79.3	268.6	606.0	744.9	893.2	957.9
河 北	Hebei	112.5	153.4	319.4	306.4	279.4	300.5
山 西	Shanxi	19.3	22.8	94.4	59.0	56.9	58.3
内蒙古	Inner Mongolia	14.5	12.9	22.3	20.1	55.5	89.2
辽 宁	Liaoning	197.9	313.5	541.6	525.9	530.7	556.4
吉 林	Jilin	55.2	37.2	53.0	55.1	65.0	68.5
黑龙江	Heilongjiang	129.8	256.9	345.9	332.5	323.2	169.1
上 海	Shanghai	354.3	321.6	398.1	457.1	534.2	555.8
江 苏	Jiangsu	408.8	415.6	943.2	1004.0	1172.8	1297.7
浙 江	Zhejiang	105.0	209.2	200.0	341.2	462.9	682.5
安 徽	Anhui	33.2	48.4	363.0	427.2	599.5	695.2
福 建	Fujian	125.0	206.6	136.3	145.5	218.8	288.1
江 西	Jiangxi	80.4	107.3	259.0	95.4	126.7	94.4
山 东	Shandong	209.1	451.4	1112.3	1124.5	1229.5	1393.3
河 南	Henan	84.5	102.4	151.4	165.6	281.4	315.7
湖 北	Hubei	139.9	167.1	641.8	738.2	918.6	1098.9
湖 南	Hunan	76.7	46.1	242.7	241.4	243.9	255.5
广 东	Guangdong	722.5	1306.8	2156.8	2221.6	2499.9	2465.3
广 西	Guangxi	26.5	22.6	68.4	78.4	96.0	84.2
海 南	Hainan	6.4	5.5	15.9	10.7	12.6	8.3
重 庆	Chongqing	49.5	66.5	247.3	260.7	275.7	355.5
四 川	Sichuan	207.5	313.7	1253.8	1274.8	1315.2	1297.4
贵 州	Guizhou	47.3	66.4	122.8	204.5	226.9	232.9
云 南	Yunnan	15.2	18.9	109.3	115.7	132.0	169.8
西 藏	Tibet	0.7	1.5	1.2	1.3	1.2	1.3
陕 西	Shaanxi	186.2	282.1	799.5	876.9	837.7	981.7
甘 肃	Gansu	18.0	15.3	39.7	42.9	45.9	45.0
青 海	Qinghai	1.4	2.3	5.2	4.1	27.6	12.5
宁 夏	Ningxia	5.0	11.1		0.3	0.3	0.4
新 疆	Xinjiang	3.2	7.3	6.1	6.3	5.7	7.4

1-1-11　续表 3　continued

地　区	Region	利润总额（亿元） Profits (100 million yuan)					
		2000	2005	2013	2014	2015	2016
全　国	**Total**	**248.1**	**182.1**	**778.6**	**759.6**	**776.5**	**1060.5**
东部地区	Eastern Region	188.6	138.3	517.9	479.0	482.8	698.2
中部地区	Middle Region	27.5	15.7	109.5	106.0	113.6	152.9
西部地区	Western Region	16.8	18.4	108.0	124.8	114.8	154.8
东北地区	Northeastern Region	15.2	9.8	43.2	49.8	65.3	54.6
北　京	Beijing	56.2	20.5	113.7	91.4	82.2	117.1
天　津	Tianjin	8.8	16.5	32.5	32.2	40.1	51.8
河　北	Hebei	5.2	0.8	8.7	11.1	13.2	15.7
山　西	Shanxi	0.3	1.0	5.9	3.2	3.6	2.7
内蒙古	Inner Mongolia	0.1	0.9	1.4	2.3		1.0
辽　宁	Liaoning	6.5	-0.7	27.4	34.6	35.4	28.5
吉　林	Jilin	4.8	1.2	6.2	7.5	13.9	11.6
黑龙江	Heilongjiang	3.9	9.3	9.6	7.7	15.9	14.5
上　海	Shanghai	40.0	10.1	25.8	30.2	15.3	20.1
江　苏	Jiangsu	16.5	20.0	75.6	68.2	61.9	86.8
浙　江	Zhejiang	9.0	7.1	19.8	22.1	24.7	115.5
安　徽	Anhui	0.8	2.9	31.9	37.7	35.6	38.3
福　建	Fujian	-0.2	-2.0	15.0	16.0	23.4	27.9
江　西	Jiangxi	2.7	4.0	8.6	4.9	10.5	10.4
山　东	Shandong	12.6	9.3	85.3	81.9	96.9	117.7
河　南	Henan	8.7	-0.2	13.3	15.7	15.7	27.9
湖　北	Hubei	12.5	6.0	33.9	33.9	42.0	59.6
湖　南	Hunan	2.3	1.1	16.0	10.5	6.2	14.0
广　东	Guangdong	39.0	54.9	137.1	123.7	122.6	144.0
广　西	Guangxi	1.2	0.7	7.5	3.9	10.0	10.8
海　南	Hainan	0.4	0.4	4.5	2.3	2.5	1.6
重　庆	Chongqing	-0.7	3.3	4.8	6.6	5.3	14.1
四　川	Sichuan	7.4	12.9	39.3	45.8	32.8	58.3
贵　州	Guizhou	0.6	-1.0	-1.2	7.4	8.4	7.8
云　南	Yunnan	1.5	3.6	20.3	14.6	8.2	13.2
西　藏	Tibet	0.1	0.2	-0.1		0.2	0.1
陕　西	Shaanxi	7.5	-3.3	25.8	32.8	38.2	40.3
甘　肃	Gansu	-0.3	0.7	9.2	10.7	13.2	9.4
青　海	Qinghai	0.1	0.6	0.4	0.3	-1.7	-0.6
宁　夏	Ningxia	0.5	0.8		0.1	0.1	0.1
新　疆	Xinjiang		0.7	0.6	0.4	0.3	0.3

1-1-11 续表 4 continued

地 区	Region	出口交货值（亿元） Exports (100 million yuan)					
		2000	2005	2013	2014	2015	2016
全 国	**Total**	**707.5**	**1566.8**	**2116.5**	**2435.8**	**2463.4**	**2718.5**
东部地区	Eastern Region	546.5	1301.3	1524.4	1847.6	1803.4	1945.3
中部地区	Middle Region	33.7	51.8	188.0	217.4	319.5	362.9
西部地区	Western Region	48.4	74.8	255.5	223.7	211.7	318.1
东北地区	Northeastern Region	78.9	138.9	148.6	147.2	128.7	92.3
北 京	Beijing	108.9	91.0	111.7	143.2	166.3	148.9
天 津	Tianjin	9.8	45.4	35.1	59.8	36.6	31.6
河 北	Hebei	14.0	29.8	36.8	26.7	26.7	41.9
山 西	Shanxi	1.6	0.1	15.8	12.8	12.5	13.5
内 蒙 古	Inner Mongolia	0.8	1.5	0.1	0.1	0.2	11.5
辽 宁	Liaoning	74.6	127.8	140.1	127.2	120.2	88.9
吉 林	Jilin	1.5	2.3	0.8	0.4	0.9	2.1
黑 龙 江	Heilongjiang	2.8	8.8	7.8	19.5	7.6	1.3
上 海	Shanghai	50.2	72.9	62.5	76.4	78.5	94.3
江 苏	Jiangsu	97.1	162.2	153.8	224.0	164.4	173.1
浙 江	Zhejiang	14.5	71.5	52.1	91.6	102.9	109.1
安 徽	Anhui	0.9	1.0	77.7	107.0	170.5	205.0
福 建	Fujian	24.6	63.1	15.0	15.1	34.7	33.7
江 西	Jiangxi	4.7	13.4	5.0	1.5	0.6	0.7
山 东	Shandong	18.9	60.6	128.8	148.8	160.4	194.1
河 南	Henan	8.8	16.3	10.6	11.9	21.1	23.3
湖 北	Hubei	8.1	13.3	67.7	70.0	96.0	103.7
湖 南	Hunan	8.7	6.1	11.2	14.3	18.7	16.7
广 东	Guangdong	207.1	704.2	928.4	1062.0	1032.8	1118.6
广 西	Guangxi	1.4	0.6	0.7	1.0	0.5	1.2
海 南	Hainan	0.1					
重 庆	Chongqing	4.9	3.6	18.2	11.1	14.7	92.9
四 川	Sichuan	16.7	37.8	162.5	129.7	109.8	107.8
贵 州	Guizhou	1.7	6.7	8.2	10.5	8.7	11.3
云 南	Yunnan	1.4	0.6	1.0	1.0	1.3	2.3
西 藏	Tibet						
陕 西	Shaanxi	19.5	21.6	64.5	69.8	75.9	90.4
甘 肃	Gansu	2.7		0.2	0.3	0.3	0.3
青 海	Qinghai			0.2	0.1	0.2	0.2
宁 夏	Ningxia	1.1	4.1				
新 疆	Xinjiang	0.3	0.4		0.1	0.1	0.4

1-1-12　内资企业各地区高技术产业生产经营情况

Statistics on Production and Management in High-tech Industry of Domesdtic Funded Enterprises by Region

地　区	Region	企业数（个） Number of Enterprises (unit)					
		2000	2005	2013	2014	2015	2016
全　国	**Total**	**6767**	**11036**	**18841**	**20179**	**22070**	**23615**
东部地区	Eastern Region	4072	7354	11653	12265	13320	13978
中部地区	Middle Region	1201	1642	3885	4402	4978	5512
西部地区	Western Region	925	1317	2189	2428	2751	3189
东北地区	Northeastern Region	569	723	1114	1084	1021	936
北　京	Beijing	376	814	597	614	621	622
天　津	Tianjin	310	300	275	302	315	306
河　北	Hebei	214	256	449	504	582	591
山　西	Shanxi	109	130	125	122	129	125
内蒙古	Inner Mongolia	49	57	90	88	100	102
辽　宁	Liaoning	257	377	600	569	488	369
吉　林	Jilin	203	212	349	349	368	407
黑龙江	Heilongjiang	109	134	165	166	165	160
上　海	Shanghai	378	583	412	428	455	452
江　苏	Jiangsu	800	1178	2807	2877	3010	3147
浙　江	Zhejiang	701	1510	1868	1928	2118	2152
安　徽	Anhui	149	239	776	965	1121	1319
福　建	Fujian	137	245	441	503	558	590
江　西	Jiangxi	159	228	581	666	800	939
山　东	Shandong	310	783	1590	1703	1850	1817
河　南	Henan	271	342	865	997	1101	1191
湖　北	Hubei	295	372	738	827	943	973
湖　南	Hunan	169	274	800	825	884	965
广　东	Guangdong	673	1455	3179	3374	3774	4260
广　西	Guangxi	143	189	243	234	252	262
海　南	Hainan	30	41	35	32	37	41
重　庆	Chongqing	99	131	309	372	458	575
四　川	Sichuan	240	497	747	809	894	1003
贵　州	Guizhou	143	157	139	183	214	316
云　南	Yunnan	80	99	118	133	162	197
西　藏	Tibet	15	12	8	9	8	9
陕　西	Shaanxi	225	278	359	395	435	487
甘　肃	Gansu	67	79	105	114	121	119
青　海	Qinghai	10	21	26	35	38	42
宁　夏	Ningxia	16	20	18	23	29	31
新　疆	Xinjiang	30	23	27	33	40	46

1-1-12 续表 1 continued

地区	Region	从业人员平均人数（人） Annual Average Number of Employed Personnel (person)					
		2000	2005	2013	2014	2015	2016
全国	**Total**	**2715464**	**2939172**	**5794568**	**6387453**	**6832903**	**7350153**
东部地区	Eastern Region	1282759	1689891	3414204	3797388	4071725	4388673
中部地区	Middle Region	496948	482699	1185544	1333314	1450370	1564704
西部地区	Western Region	629782	547314	841792	906913	973757	1086216
东北地区	Northeastern Region	305975	219268	353028	349838	337051	310560
北京	Beijing	108682	115587	159012	162654	160872	161111
天津	Tianjin	68555	57253	75856	105526	108066	104251
河北	Hebei	92951	95956	110628	115330	120767	175047
山西	Shanxi	38095	36107	40609	36352	42407	42405
内蒙古	Inner Mongolia	16149	14318	25058	24196	31741	34262
辽宁	Liaoning	149753	109492	156859	153455	139358	124941
吉林	Jilin	73705	53300	143621	144246	145060	147981
黑龙江	Heilongjiang	82517	56476	52548	52137	52633	37638
上海	Shanghai	96515	104428	112094	114229	130610	125858
江苏	Jiangsu	272708	244102	750342	803954	829876	862026
浙江	Zhejiang	175391	286839	418766	431973	468056	498286
安徽	Anhui	46407	55999	173549	210476	229107	251293
福建	Fujian	34587	39861	118650	131113	153309	181254
江西	Jiangxi	93695	95286	212357	242766	277145	315680
山东	Shandong	131612	202621	411085	435821	483055	508102
河南	Henan	108661	123564	312422	362545	418585	457446
湖北	Hubei	122324	101982	221952	250360	282830	289733
湖南	Hunan	71617	55443	224655	230815	200296	208147
广东	Guangdong	259821	496496	1244411	1485819	1604577	1760093
广西	Guangxi	38198	41438	63366	66054	77267	86903
海南	Hainan	3739	5310	13360	10969	12537	12645
重庆	Chongqing	54131	48455	99601	117012	137333	171849
四川	Sichuan	186634	188947	324640	329117	331805	348042
贵州	Guizhou	90076	62581	43337	68461	84092	103983
云南	Yunnan	21086	17151	28116	31734	36032	40968
西藏	Tibet	1191	1085	1452	1676	1200	1243
陕西	Shaanxi	215644	185610	212455	221587	219136	236772
甘肃	Gansu	44468	26163	28076	26353	27273	27796
青海	Qinghai	3699	4092	5493	7033	7047	8041
宁夏	Ningxia	7815	8565	5937	6858	10814	12906
新疆	Xinjiang	5038	4665	4261	6832	10017	13451

1-1-12 续表 2 continued

地 区	Region	主营业务收入（亿元） Revenue from Principal Business (100 million yuan)					
		2000	2005	2013	2014	2015	2016
全 国	**Total**	**4036.6**	**9132.0**	**50119.7**	**59338.1**	**71327.6**	**84470.4**
东部地区	Eastern Region	2455.1	6120.8	30989.1	36798.2	44581.6	52985.7
中部地区	Middle Region	511.2	1052.7	9357.5	11352.7	13980.9	16688.5
西部地区	Western Region	614.8	1240.7	6431.6	7603.0	9448.0	11645.5
东北地区	Northeastern Region	455.5	717.8	3341.5	3584.2	3317.0	3150.7
北 京	Beijing	237.5	494.2	1323.4	1460.1	1578.2	1803.7
天 津	Tianjin	60.0	201.1	939.0	1128.7	1340.8	1426.2
河 北	Hebei	147.3	247.4	941.0	1056.0	1217.4	1490.1
山 西	Shanxi	19.9	47.5	191.5	167.9	222.3	245.1
内蒙古	Inner Mongolia	18.8	36.6	245.4	263.1	327.3	355.4
辽 宁	Liaoning	231.2	387.0	1699.1	1702.6	1208.6	929.3
吉 林	Jilin	75.8	121.8	1257.0	1459.2	1690.3	1955.3
黑龙江	Heilongjiang	148.5	209.0	385.3	422.4	418.2	266.1
上 海	Shanghai	200.2	332.7	766.9	887.1	1057.9	1133.7
江 苏	Jiangsu	413.0	796.9	8449.1	9767.9	11187.0	12879.7
浙 江	Zhejiang	353.2	907.2	2462.7	2866.7	3403.6	3925.6
安 徽	Anhui	54.9	133.1	1453.5	1798.0	2307.2	2806.3
福 建	Fujian	75.1	117.5	673.2	842.4	1371.4	1836.8
江 西	Jiangxi	92.8	193.8	1826.8	2073.4	2552.7	3136.3
山 东	Shandong	275.5	1048.9	5251.8	6120.2	7115.8	7662.7
河 南	Henan	79.7	229.7	2191.8	2783.0	3589.7	4389.6
湖 北	Hubei	155.7	274.7	1802.7	2257.7	2969.5	3474.8
湖 南	Hunan	89.4	137.5	1891.3	2272.6	2339.6	2636.4
广 东	Guangdong	641.6	1878.0	10099.8	12583.9	16184.9	20698.2
广 西	Guangxi	40.4	74.9	694.2	815.0	1067.8	1275.3
海 南	Hainan	11.3	22.0	82.1	85.4	124.5	129.0
重 庆	Chongqing	51.1	123.3	694.4	1127.3	1867.2	2665.8
四 川	Sichuan	261.5	531.0	2727.0	2882.2	3113.7	3452.7
贵 州	Guizhou	60.4	112.8	351.0	527.1	763.4	970.4
云 南	Yunnan	25.7	45.2	233.7	254.5	285.0	410.0
西 藏	Tibet	1.9	3.7	11.8	15.9	9.9	9.7
陕 西	Shaanxi	182.7	354.9	1236.3	1439.8	1595.9	1970.4
甘 肃	Gansu	18.6	38.0	140.3	161.1	176.6	192.7
青 海	Qinghai	2.4	6.3	49.5	56.9	72.7	95.8
宁 夏	Ningxia	5.9	15.7	28.1	33.9	107.4	170.8
新 疆	Xinjiang	4.6	10.0	19.8	26.1	61.3	76.5

1-1-12 续表 3 continued

地区	Region	利润总额（亿元） Profits (100 million yuan)					
		2000	2005	2013	2014	2015	2016
全 国	**Total**	**266.3**	**495.2**	**4071.4**	**4636.6**	**5658.4**	**6506.0**
东部地区	Eastern Region	191.6	361.5	2553.3	2928.4	3671.1	4091.5
中部地区	Middle Region	26.0	57.2	754.3	839.3	995.0	1211.1
西部地区	Western Region	26.1	54.6	507.8	589.1	687.1	907.5
东北地区	Northeastern Region	22.6	21.9	256.0	279.8	305.0	295.9
北 京	Beijing	26.1	24.9	177.3	184.6	176.7	176.8
天 津	Tianjin	5.5	15.2	79.2	87.9	99.0	114.3
河 北	Hebei	7.4	7.7	71.1	88.2	109.1	119.7
山 西	Shanxi	0.3	1.5	16.0	15.9	18.0	17.1
内 蒙 古	Inner Mongolia	0.5	2.8	27.6	31.3	25.5	22.8
辽 宁	Liaoning	7.1	6.8	113.6	116.2	85.4	77.1
吉 林	Jilin	9.0	9.1	101.6	120.3	162.2	178.0
黑 龙 江	Heilongjiang	6.5	6.0	40.8	43.3	57.5	40.8
上 海	Shanghai	11.7	21.5	65.8	72.5	52.2	70.3
江 苏	Jiangsu	16.5	43.1	676.2	779.4	901.8	1042.8
浙 江	Zhejiang	29.5	54.4	230.4	240.5	284.1	374.3
安 徽	Anhui	1.6	7.8	132.7	161.4	189.6	203.7
福 建	Fujian	3.7	12.2	72.2	86.1	119.2	195.2
江 西	Jiangxi	2.1	8.3	128.7	156.5	182.7	235.4
山 东	Shandong	16.9	50.6	454.6	502.8	595.1	660.5
河 南	Henan	4.0	14.9	210.0	248.6	290.1	358.1
湖 北	Hubei	14.5	15.5	114.3	115.8	169.1	220.9
湖 南	Hunan	3.2	6.4	152.7	141.0	145.5	175.8
广 东	Guangdong	69.6	119.6	713.9	874.0	1315.1	1318.2
广 西	Guangxi	3.8	7.6	83.4	93.6	116.5	155.1
海 南	Hainan	0.8	4.7	12.5	12.3	18.8	19.4
重 庆	Chongqing	0.1	9.0	59.1	86.9	137.8	184.9
四 川	Sichuan	13.7	25.1	171.6	186.0	183.6	258.6
贵 州	Guizhou	1.5	9.1	25.4	40.8	43.2	59.2
云 南	Yunnan	2.3	5.8	35.5	27.2	21.6	39.3
西 藏	Tibet	0.6	1.6	3.3	3.0	3.7	3.5
陕 西	Shaanxi	7.5	-1.3	73.4	90.6	114.1	134.0
甘 肃	Gansu	-0.4	2.5	19.0	22.8	27.0	23.6
青 海	Qinghai	0.1	0.8	7.6	6.2	5.5	6.0
宁 夏	Ningxia	0.6	0.9	0.1	-0.2	2.9	12.2
新 疆	Xinjiang	0.1	1.1	1.9	0.8	5.8	8.3

1-1-12 续表 4 continued

地 区	Region	出口交货值（亿元） Exports (100 million yuan)					
		2000	2005	2013	2014	2015	2016
全 国	**Total**	**510.8**	**1490.7**	**6139.0**	**8208.9**	**9804.5**	**12124.3**
东部地区	Eastern Region	355.6	1196.0	4997.8	6584.2	7594.9	9557.6
中部地区	Middle Region	33.2	68.0	579.9	960.3	1289.0	1381.3
西部地区	Western Region	43.6	104.1	387.0	469.6	762.1	1051.0
东北地区	Northeastern Region	78.3	122.6	174.4	194.8	158.5	134.4
北 京	Beijing	6.8	16.8	99.9	137.5	150.5	165.7
天 津	Tianjin	9.2	13.5	53.6	76.0	54.8	51.0
河 北	Hebei	15.5	35.2	56.3	53.2	52.2	144.4
山 西	Shanxi	1.7	0.3	3.1	1.3	14.3	15.0
内 蒙 古	Inner Mongolia	1.1	1.7	3.4	3.6	-1.6	12.9
辽 宁	Liaoning	73.7	105.0	156.9	164.9	136.6	114.3
吉 林	Jilin	1.8	5.4	15.4	16.2	17.3	18.9
黑 龙 江	Heilongjiang	2.8	12.2	2.1	13.7	4.5	1.2
上 海	Shanghai	13.2	28.5	76.7	87.5	123.1	134.7
江 苏	Jiangsu	86.4	120.3	551.8	746.1	841.5	1015.3
浙 江	Zhejiang	70.4	267.6	518.0	608.5	667.3	742.4
安 徽	Anhui	3.7	11.8	206.9	301.1	399.7	449.3
福 建	Fujian	10.3	20.2	87.2	115.3	394.7	483.9
江 西	Jiangxi	4.7	14.1	98.7	150.1	137.0	170.1
山 东	Shandong	23.2	105.6	357.8	461.5	556.1	685.8
河 南	Henan	3.6	17.1	28.4	145.6	188.4	66.6
湖 北	Hubei	9.2	14.9	129.5	205.4	399.2	563.4
湖 南	Hunan	9.3	8.3	113.3	156.8	150.3	116.9
广 东	Guangdong	118.3	584.7	3196.5	4298.6	4754.6	6134.5
广 西	Guangxi	2.1	3.5	16.4	30.6	114.4	92.3
海 南	Hainan	0.1					
重 庆	Chongqing	4.2	6.2	43.6	118.6	276.0	463.3
四 川	Sichuan	12.3	59.1	204.7	179.0	164.4	167.0
贵 州	Guizhou	1.8	5.1	8.5	12.1	16.3	59.2
云 南	Yunnan	2.2	3.4	6.5	7.5	7.5	53.6
西 藏	Tibet						0.0
陕 西	Shaanxi	18.9	23.3	76.0	87.1	140.3	137.5
甘 肃	Gansu	2.5	0.4	17.7	20.4	27.2	37.4
青 海	Qinghai	0.2	0.2	0.2	0.1	0.3	0.2
宁 夏	Ningxia	1.1	6.1	8.8	9.2	16.1	25.1
新 疆	Xinjiang	0.4	0.3	1.0	1.3	1.1	2.4

1-1-13 港澳台资企业各地区高技术产业生产经营情况
Statistics on Production and Management in High-tech Industry of Hong Kong, Macau and Taiwan Funded Enterprises by Region

地区	Region	企业数（个） Number of Enterprises (unit)					
		2000	2005	2013	2014	2015	2016
全　国	**Total**	**1627**	**2856**	**3407**	**3281**	**3252**	**3186**
东部地区	Eastern Region	1449	2595	2977	2855	2820	2742
中部地区	Middle Region	97	145	234	241	232	240
西部地区	Western Region	42	60	136	135	146	153
东北地区	Northeastern Region	39	56	60	50	54	51
北　京	Beijing	67	71	52	52	52	50
天　津	Tianjin	45	28	32	35	38	39
河　北	Hebei	17	17	19	17	17	13
山　西	Shanxi	12	8	6	6	5	4
内蒙古	Inner Mongolia	2	7	7	5	4	4
辽　宁	Liaoning	23	37	41	33	37	31
吉　林	Jilin	12	11	12	10	11	13
黑龙江	Heilongjiang	4	8	7	7	6	7
上　海	Shanghai	121	173	154	154	155	147
江　苏	Jiangsu	173	432	689	665	648	657
浙　江	Zhejiang	91	217	235	225	212	202
安　徽	Anhui	18	26	27	25	27	36
福　建	Fujian	129	152	163	156	157	147
江　西	Jiangxi	9	21	71	80	74	78
山　东	Shandong	30	60	57	57	63	64
河　南	Henan	19	22	39	41	41	41
湖　北	Hubei	23	40	42	42	41	38
湖　南	Hunan	14	21	49	47	44	43
广　东	Guangdong	752	1418	1569	1486	1472	1420
广　西	Guangxi	10	15	38	39	39	39
海　南	Hainan	14	12	7	8	6	3
重　庆	Chongqing	6	7	29	36	44	47
四　川	Sichuan	14	19	28	27	30	33
贵　州	Guizhou	8	12	5	5	6	8
云　南	Yunnan	8	13	12	9	6	8
西　藏	Tibet						
陕　西	Shaanxi	5	7	15	12	13	12
甘　肃	Gansu	1	1	1	1	1	
青　海	Qinghai					1	1
宁　夏	Ningxia			1	1	2	1
新　疆	Xinjiang		1				

1-1-13 续表 1 continued

地 区	Region	从业人员平均人数（人） Annual Average Number of Employed Personnel (person)					
		2000	2005	2013	2014	2015	2016
全 国	**Total**	**595800**	**1518686**	**3170590**	**3090351**	**3370845**	**3083048**
东部地区	Eastern Region	559263	1453041	2344305	2251236	2471160	2249358
中部地区	Middle Region	22441	42932	541844	563906	611019	600641
西部地区	Western Region	7449	13151	267945	260113	273226	216560
东北地区	Northeastern Region	6647	9562	16496	15096	15440	16489
北 京	Beijing	13440	16381	25166	30270	31636	31086
天 津	Tianjin	8039	12211	29337	41077	38077	30721
河 北	Hebei	2752	3657	30429	30655	35461	21053
山 西	Shanxi	3127	3502	67799	73195	69407	82113
内蒙古	Inner Mongolia	341	5602	6984	6155	6759	6721
辽 宁	Liaoning	3356	5032	10423	10154	11334	12007
吉 林	Jilin	2307	2095	2270	1847	2373	2686
黑龙江	Heilongjiang	984	2435	3803	3095	1733	1796
上 海	Shanghai	26528	64122	151881	150424	144524	117536
江 苏	Jiangsu	48728	232492	617116	585132	625478	574875
浙 江	Zhejiang	25102	54184	98070	90038	80606	79445
安 徽	Anhui	5566	5330	20385	27288	23454	25775
福 建	Fujian	63975	96057	124534	117126	126717	117320
江 西	Jiangxi	1829	4491	37735	39182	44711	40427
山 东	Shandong	8447	15543	28504	30107	27625	30144
河 南	Henan	6769	6101	303611	315611	328007	314997
湖 北	Hubei	2788	12080	52870	50740	46390	43578
湖 南	Hunan	2021	5826	59444	57890	99050	93751
广 东	Guangdong	358977	954629	1237107	1174419	1359735	1246339
广 西	Guangxi	1727	2558	53756	59672	57160	51488
海 南	Hainan	1548	1207	2161	1988	1301	839
重 庆	Chongqing	1764	875	68162	68287	73598	66566
四 川	Sichuan	2724	5541	128143	115101	120953	78149
贵 州	Guizhou	597	1271	503	617	3537	2938
云 南	Yunnan	1337	3156	5449	5846	5873	5600
西 藏	Tibet						
陕 西	Shaanxi	982	1665	3876	3608	4402	4352
甘 肃	Gansu	45	543	283	268	251	
青 海	Qinghai					237	270
宁 夏	Ningxia			789	559	456	476
新 疆	Xinjiang		100				

1-1-13 续表 2 continued

地 区	Region	主营业务收入（亿元） Revenue from Principal Business (100 million yuan)					
		2000	2005	2013	2014	2015	2016
全 国	**Total**	**1872.1**	**6539.4**	**23073.6**	**25622.4**	**29694.5**	**30429.8**
东部地区	Eastern Region	1757.5	6298.3	16243.6	17253.1	20503.5	20850.4
中部地区	Middle Region	79.6	184.9	3719.4	4720.0	5777.6	6073.1
西部地区	Western Region	21.2	31.9	2993.3	3517.2	3277.2	3358.5
东北地区	Northeastern Region	13.8	24.3	117.2	132.2	136.2	147.9
北 京	Beijing	209.2	287.5	927.5	1328.0	1418.4	1544
天 津	Tianjin	9.7	45.3	296.4	404.7	590.1	519
河 北	Hebei	3.1	10.9	226.3	252.6	281.3	245
山 西	Shanxi	8.3	7.9	418.2	491.1	522.0	660
内 蒙 古	Inner Mongolia	0.2	64.1	81.2	88.6	59.4	49
辽 宁	Liaoning	7.7	16.5	81.1	92.6	92.0	85
吉 林	Jilin	1.8	4.6	25.1	28.7	36.2	24
黑 龙 江	Heilongjiang	4.3	3.2	11.1	10.9	8.1	39
上 海	Shanghai	127.5	1000.0	2248.9	2359.9	2296.6	2125
江 苏	Jiangsu	157.3	953.9	4418.9	4500.8	5388.9	5645
浙 江	Zhejiang	37.5	173.5	730.6	682.7	666.0	684
安 徽	Anhui	19.5	12.2	293.1	620.6	629.7	649
福 建	Fujian	224.9	635.4	1109.0	1079.0	1323.6	1458
江 西	Jiangxi	2.1	6.2	310.3	366.8	423.9	469
山 东	Shandong	14.1	55.9	415.9	485.9	510.4	561
河 南	Henan	37.5	28.8	1930.5	2357.8	2911.4	2827
湖 北	Hubei	8.2	50.3	511.4	541.3	515.1	547
湖 南	Hunan	3.9	15.3	255.8	342.4	775.5	922
广 东	Guangdong	969.7	3121.0	5856.4	6139.9	8013.8	8055
广 西	Guangxi	0.8	9.3	378.4	521.0	635.0	707
海 南	Hainan	3.8	5.8	13.7	19.5	14.4	15
重 庆	Chongqing	5.4	2.6	989.2	1110.1	1170.8	1064
四 川	Sichuan	4.6	15.7	1451.8	1683.4	1293.8	1415
贵 州	Guizhou	0.9	1.4	4.4	18.4	18.2	19
云 南	Yunnan	3.3	9.1	47.3	48.7	51.4	43
西 藏	Tibet						
陕 西	Shaanxi	6.8	2.4	37.1	43.3	34.8	45
甘 肃	Gansu	0.2	0.5	0.3	0.2	0.2	
青 海	Qinghai					9.0	12
宁 夏	Ningxia			3.7	3.5	4.5	6
新 疆	Xinjiang		0.2				

1-1-13 续表 3 continued

地 区	Region	利润总额（亿元） Profits (100 million yuan)					
		2000	2005	2013	2014	2015	2016
全 国	**Total**	**84.4**	**186.0**	**1093.1**	**1349.3**	**1371.3**	**1608.3**
东部地区	Eastern Region	70.3	177.2	755.6	928.1	1121.6	1321.2
中部地区	Middle Region	11.2	6.0	143.5	160.3	219.4	192.6
西部地区	Western Region	1.5	0.6	184.9	246.0	16.3	80.3
东北地区	Northeastern Region	1.3	2.1	9.0	14.8	14.0	14.2
北 京	Beijing	14.6	9.3	28.0	24.4	20.9	65.1
天 津	Tianjin	0.3	2.4	15.7	22.4	57.5	65.2
河 北	Hebei	0.1	1.3	10.4	17.4	22.6	25.1
山 西	Shanxi	1.7	0.4	7.1	17.3	23.0	21.9
内 蒙 古	Inner Mongolia		3.5	4.1	4.6	2.2	0.9
辽 宁	Liaoning	0.8	1.2	5.1	9.2	9.4	1.0
吉 林	Jilin	0.4	0.6	1.6	3.0	3.6	2.4
黑 龙 江	Heilongjiang	0.1	0.3	2.3	2.6	1.0	10.8
上 海	Shanghai	9.2	3.4	68.0	83.6	94.3	95.1
江 苏	Jiangsu	5.6	42.0	194.2	256.7	355.9	400.6
浙 江	Zhejiang	3.5	13.4	122.3	140.2	142.8	146.8
安 徽	Anhui	0.2	0.1	16.6	18.5	17.1	19.9
福 建	Fujian	6.5	12.9	44.0	60.4	63.9	87.4
江 西	Jiangxi	0.1	0.4	18.4	20.6	22.0	24.9
山 东	Shandong	1.5	4.1	45.0	59.7	60.7	67.4
河 南	Henan	7.8	-1.5	57.4	80.8	108.6	75.1
湖 北	Hubei	0.5	1.3	22.9	16.0	17.8	25.2
湖 南	Hunan	0.8	1.9	21.1	7.2	31.0	25.8
广 东	Guangdong	28.8	87.9	226.2	260.7	300.2	363.1
广 西	Guangxi		0.2	33.6	34.6	45.6	56.9
海 南	Hainan	0.3	0.3	1.9	2.7	2.7	5.4
重 庆	Chongqing	0.1	0.1	3.0	7.2	5.6	3.0
四 川	Sichuan	0.8	0.3	134.5	187.1	-46.5	8.7
贵 州	Guizhou	0.1	-0.1	0.6	0.5	0.9	0.5
云 南	Yunnan	0.2	0.1	5.5	6.0	4.6	4.1
西 藏	Tibet						
陕 西	Shaanxi	0.2	0.1	3.9	5.9	3.6	5.8
甘 肃	Gansu						
青 海	Qinghai						0.1
宁 夏	Ningxia			-0.2	0.2	0.3	0.2
新 疆	Xinjiang						

1-1-13 续表 4 continued

地区	Region	出口交货值（亿元） Exports (100 million yuan)					
		2000	2005	2013	2014	2015	2016
全国	**Total**	**867.1**	**4301.8**	**15048.4**	**14995.8**	**16966.8**	**17317.3**
东部地区	Eastern Region	854.5	4218.8	9791.0	10065.4	11369.5	10896.0
中部地区	Middle Region	7.3	76.6	2763.4	3345.5	4089.6	4184.9
西部地区	Western Region	2.8	2.4	2486.9	1576.0	1497.4	2228.4
东北地区	Northeastern Region	2.5	4.1	7.1	9.0	10.3	8.1
北京	Beijing	13.0	19.3	94.1	136.1	152.3	184.5
天津	Tianjin	7.4	27.9	182.0	277.7	285.2	271.1
河北	Hebei	1.0	4.3	48.0	62.9	73.1	34.5
山西	Shanxi		5.5	360.4	416.5	423.0	593.9
内蒙古	Inner Mongolia		29.9	7.8	10.2	11.3	5.3
辽宁	Liaoning	2.5	3.9	6.5	8.5	10.2	7.8
吉林	Jilin		0.1	0.5	0.5		0.1
黑龙江	Heilongjiang		0.1	0.1	0.1	0.1	0.1
上海	Shanghai	31.0	758.8	1823.7	1911.9	1827.0	1625.1
江苏	Jiangsu	90.7	546.3	2850.9	2735.2	2551.9	2482.9
浙江	Zhejiang	19.7	64.3	272.5	263.6	222.9	198.4
安徽	Anhui	0.4	1.5	70.2	317.9	330.5	319.6
福建	Fujian	127.8	427.1	766.7	745.3	881.1	882.2
江西	Jiangxi	0.1	1.0	113.7	116.7	142.6	157.6
山东	Shandong	5.1	19.2	73.8	79.5	46.0	53.7
河南	Henan	6.1	9.4	1843.8	2217.9	2729.6	2620.7
湖北	Hubei	0.4	28.6	264.1	87.9	173.4	181.4
湖南	Hunan	0.2	0.8	111.3	188.6	290.6	311.7
广东	Guangdong	558.0	2349.0	3678.4	3852.3	5329.7	5163.5
广西	Guangxi	0.3	0.9	204.7	266.9	216.7	258.0
海南	Hainan	0.6	2.0	0.9	0.9	0.5	0.1
重庆	Chongqing	1.1	0.6	907.0	1055.8	1040.3	913.0
四川	Sichuan	0.6	0.3	1357.2	231.6	218.6	1031.0
贵州	Guizhou	0.1	0.1			0.3	9.1
云南	Yunnan	1.0	1.4	0.4	1.5	1.3	1.6
西藏	Tibet						
陕西	Shaanxi			9.9	9.9	8.8	10.4
甘肃	Gansu						
青海	Qinghai						
宁夏	Ningxia						
新疆	Xinjiang						

1-1-14 外资企业各地区高技术产业生产经营情况

Statistics on Production and Management in High-tech Industry of Foreign Funded Enterprises by Region

地 区	Region	企业数（个） Number of Enterprises (unit)					
		2000	2005	2013	2014	2015	2016
全 国	**Total**	**1441**	**3635**	**4646**	**4479**	**4309**	**3997**
东部地区	Eastern Region	1213	3225	4131	3949	3772	3521
中部地区	Middle Region	63	133	200	207	216	194
西部地区	Western Region	61	108	177	195	207	193
东北地区	Northeastern Region	104	169	138	128	114	89
北 京	Beijing	139	216	133	139	132	123
天 津	Tianjin	141	274	278	246	238	188
河 北	Hebei	23	39	36	35	34	29
山 西	Shanxi	6	7	7	6	5	4
内 蒙 古	Inner Mongolia	4	7	3	2	3	3
辽 宁	Liaoning	70	133	94	85	79	60
吉 林	Jilin	22	23	33	34	27	22
黑 龙 江	Heilongjiang	12	13	11	9	8	7
上 海	Shanghai	238	492	458	421	410	392
江 苏	Jiangsu	171	610	1369	1310	1245	1203
浙 江	Zhejiang	69	264	288	284	273	241
安 徽	Anhui	10	22	38	46	50	43
福 建	Fujian	49	120	138	137	129	121
江 西	Jiangxi	8	23	44	46	49	47
山 东	Shandong	84	376	368	354	355	326
河 南	Henan	13	19	29	30	34	29
湖 北	Hubei	15	34	50	51	53	52
湖 南	Hunan	7	21	32	28	25	19
广 东	Guangdong	286	820	1054	1014	948	890
广 西	Guangxi	7	10	20	23	22	17
海 南	Hainan	6	4	9	9	8	8
重 庆	Chongqing	11	11	45	52	59	56
四 川	Sichuan	23	47	66	75	75	71
贵 州	Guizhou	6	9	5	5	6	6
云 南	Yunnan	4	10	6	6	9	8
西 藏	Tibet						
陕 西	Shaanxi	15	22	28	28	27	26
甘 肃	Gansu	1	4	1	2	2	2
青 海	Qinghai		3	2	1	2	2
宁 夏	Ningxia						
新 疆	Xinjiang	1	2	1	1	2	2

1-1-14 续表 1 continued

地 区	Region	从业人员平均人数（人） Annual Average Number of Employed Personnel (person)					
		2000	2005	2013	2014	2015	2016
全 国	**Total**	**611611**	**2175564**	**3971712**	**3772463**	**3339477**	**2984984**
东部地区	Eastern Region	543836	2028159	3630243	3417230	2968708	2657862
中部地区	Middle Region	13049	44108	128583	127167	136491	120670
西部地区	Western Region	21749	27900	128650	149285	160372	145406
东北地区	Northeastern Region	32977	75397	84236	78781	73906	61046
北 京	Beijing	36311	76859	103103	89100	77718	70736
天 津	Tianjin	62598	106625	165945	151579	129667	87339
河 北	Hebei	3007	11598	56375	52659	56778	12589
山 西	Shanxi	491	4418	33653	29120	22474	16161
内 蒙 古	Inner Mongolia	715	1678	609	596	627	580
辽 宁	Liaoning	26163	48094	51106	48865	44291	33436
吉 林	Jilin	2427	3864	5628	5624	4783	3782
黑 龙 江	Heilongjiang	4387	23439	27502	24292	24832	23828
上 海	Shanghai	92193	220807	345459	315943	296083	259572
江 苏	Jiangsu	78241	523743	1094325	1057394	1018622	904749
浙 江	Zhejiang	17798	88466	153522	150575	143219	130588
安 徽	Anhui	2569	3204	11248	14369	14433	11622
福 建	Fujian	27023	94308	134255	123912	96731	89764
江 西	Jiangxi	1684	10093	27430	29251	44926	44636
山 东	Shandong	32202	138457	251735	260373	221104	211943
河 南	Henan	1878	9570	17938	19249	19415	18280
湖 北	Hubei	4604	7332	18776	19161	20605	19277
湖 南	Hunan	1108	7813	19538	16017	14638	10694
广 东	Guangdong	192910	763428	1322313	1212452	925796	887737
广 西	Guangxi	597	3459	8010	8563	9050	7032
海 南	Hainan	956	409	3211	3243	2990	2845
重 庆	Chongqing	2811	1952	51511	60982	63218	59562
四 川	Sichuan	8413	9324	48756	56987	62000	52918
贵 州	Guizhou	2294	3559	3221	3454	3602	3286
云 南	Yunnan	841	3019	1707	1755	1691	1350
西 藏	Tibet						
陕 西	Shaanxi	6090	9055	14229	16723	17959	18168
甘 肃	Gansu	1216	450	39	73	102	101
青 海	Qinghai		436	452	51	1049	1077
宁 夏	Ningxia						
新 疆	Xinjiang	84	105	116	101	1074	1332

1-1-14　续表 2　continued

地　区	Region	主营业务收入（亿元） Revenue from Principal Business (100 million yuan)					
		2000	2005	2013	2014	2015	2016
全　国	**Total**	**4141.4**	**18244.8**	**42855.6**	**42407.1**	**38946.5**	**38896.1**
东部地区	Eastern Region	3872.3	17581.4	38739.5	38154.6	34844.4	34331.5
中部地区	Middle Region	50.4	218.9	1046.4	941.4	1077.6	1011.8
西部地区	Western Region	87.1	119.5	2123.9	2375.5	2193.4	2836.6
东北地区	Northeastern Region	131.6	325.0	945.8	935.6	831.2	716.2
北　京	Beijing	574.2	1386.8	1575.2	1363.5	1000.5	961.3
天　津	Tianjin	586.6	1662.6	3008.1	2748.6	2303.0	1817.7
河　北	Hebei	5.2	41.9	213.7	200.1	207.1	100.6
山　西	Shanxi	0.9	12.3	98.0	134.6	120.4	92.5
内蒙古	Inner Mongolia	0.5	2.2	18.2	1.7	7.6	2.8
辽　宁	Liaoning	115.1	204.9	582.2	556.6	513.2	444.9
吉　林	Jilin	2.4	18.9	149.2	179.9	122.1	88.9
黑龙江	Heilongjiang	14.1	101.2	214.4	199.1	196.0	182.3
上　海	Shanghai	729.4	2697.6	3807.7	3809.8	3858.5	3751.0
江　苏	Jiangsu	665.2	4386.7	11986.0	11845.2	11954.3	12183.3
浙　江	Zhejiang	98.8	661.1	1166.8	1243.1	1218.4	1275.6
安　徽	Anhui	5.1	11.2	84.8	114.4	127.2	132.5
福　建	Fujian	115.9	669.0	1762.8	1706.4	1267.3	1171.2
江　西	Jiangxi	5.1	29.9	152.4	171.6	341.6	308.2
山　东	Shandong	76.5	633.2	3278.8	3605.9	3909.1	4040.0
河　南	Henan	2.8	39.1	162.2	152.4	152.7	185.2
湖　北	Hubei	31.2	72.0	131.2	149.1	170.5	190.1
湖　南	Hunan	4.9	52.3	417.8	219.3	165.2	103.1
广　东	Guangdong	1014.0	5429.8	11914.9	11605.1	9109.3	9012.3
广　西	Guangxi	3.5	10.0	53.7	58.3	88.2	95.1
海　南	Hainan	3.0	2.7	25.6	26.9	16.9	18.5
重　庆	Chongqing	4.1	10.2	940.6	1196.3	990.8	1166.6
四　川	Sichuan	30.9	31.6	981.6	921.0	764.2	1127.1
贵　州	Guizhou	6.2	13.6	16.7	20.8	25.4	18.8
云　南	Yunnan	3.3	5.5	10.0	8.9	13.6	8.6
西　藏	Tibet						
陕　西	Shaanxi	41.2	57.0	100.6	166.4	272.2	379.0
甘　肃	Gansu	1.3	0.7	0.4	1.0	2.1	3.5
青　海	Qinghai		0.6	1.2	0.3	18.9	21.6
宁　夏	Ningxia						
新　疆	Xinjiang	0.1	0.3	0.8	0.8	10.4	13.6

1-1-14 续表 3 continued

地 区	Region	利润总额（亿元） Profits (100 million yuan)					
		2000	2005	2013	2014	2015	2016
全 国	**Total**	**322.4**	**742.0**	**2069.3**	**2109.3**	**1956.7**	**2187.5**
东部地区	Eastern Region	296.9	705.6	1848.4	1872.5	1695.8	1777.8
中部地区	Middle Region	8.0	12.8	51.7	62.3	76.2	75.2
西部地区	Western Region	10.6	4.6	97.0	84.2	91.4	244.6
东北地区	Northeastern Region	6.9	19.0	72.2	90.4	93.2	89.9
北 京	Beijing	41.9	62.6	87.1	68.3	70.7	79.1
天 津	Tianjin	72.2	138.4	203.0	171.5	159.5	116.8
河 北	Hebei	0.5	9.1	26.3	32.6	28.7	17.8
山 西	Shanxi		0.9	2.0	9.5	13.8	8.1
内蒙古	Inner Mongolia			2.2		1.1	-0.1
辽 宁	Liaoning	6.2	8.9	54.4	70.7	60.4	65.5
吉 林	Jilin	0.1	2.0	12.2	14.0	20.7	9.6
黑龙江	Heilongjiang	0.6	8.1	5.6	5.7	12.2	14.8
上 海	Shanghai	71.5	68.9	101.9	146.2	138.5	169.2
江 苏	Jiangsu	44.5	167.2	651.2	635.1	555.8	616.4
浙 江	Zhejiang	8.9	14.2	66.5	94.3	91.8	95.6
安 徽	Anhui	0.7	1.6	8.5	11.5	15.2	15.0
福 建	Fujian	9.5	43.9	60.8	57.8	13.7	46.2
江 西	Jiangxi	1.6	2.1	9.0	12.8	23.2	22.1
山 东	Shandong	2.7	41.0	200.7	218.8	218.3	224.7
河 南	Henan	0.2	1.6	6.7	11.3	9.6	11.7
湖 北	Hubei	4.0	4.5	11.2	11.3	11.6	13.7
湖 南	Hunan	1.6	2.2	14.4	5.9	2.8	4.6
广 东	Guangdong	44.7	159.8	448.5	443.7	418.9	413.0
广 西	Guangxi			7.3	3.5	7.3	10.5
海 南	Hainan	0.3	0.5	2.6	4.2	-0.1	-1.0
重 庆	Chongqing		-0.1	11.6	16.4	19.2	22.9
四 川	Sichuan	2.7	2.1	63.9	40.3	36.2	126.2
贵 州	Guizhou	0.4	-6.0	1.9	3.3	4.0	7.1
云 南	Yunnan	1.0	0.7	1.2	0.9	1.6	0.1
西 藏	Tibet						
陕 西	Shaanxi	6.2	7.7	8.8	19.7	20.7	71.3
甘 肃	Gansu	0.2	0.1	0.1	0.2	0.2	0.7
青 海	Qinghai			0.1		-0.2	2.7
宁 夏	Ningxia						
新 疆	Xinjiang					1.2	3.3

1-1-14 续表 4 continued

地 区	Region	出口交货值（亿元） Exports (100 million yuan)					
		2000	2005	2013	2014	2015	2016
全 国	**Total**	**2018.1**	**11843.4**	**28097.7**	**27560.5**	**24151.8**	**23003.0**
东部地区	Eastern Region	1905.7	11599.3	25752.7	25069.0	22232.0	20769.2
中部地区	Middle Region	3.0	61.0	401.7	219.8	216.7	238.1
西部地区	Western Region	11.6	16.6	1674.5	2057.2	1529.9	1827.0
东北地区	Northeastern Region	97.9	166.5	268.7	214.5	173.2	168.7
北 京	Beijing	140.5	796.5	924.7	758.0	392.6	295.2
天 津	Tianjin	242.6	1013.1	1301.4	1207.8	1163.8	902.1
河 北	Hebei	0.8	2.4	46.2	29.6	41.3	12.5
山 西	Shanxi			25.0	20.1	12.2	10.6
内蒙古	Inner Mongolia		0.1		0.3	0.7	0.8
辽 宁	Liaoning	87.7	162.2	253.5	197.2	158.9	155.3
吉 林	Jilin	0.2	1.2	3.9	7.2	7.4	8.5
黑龙江	Heilongjiang	10.0	3.1	11.3	10.2	6.9	5.0
上 海	Shanghai	326.5	1938.7	2603.4	2416.6	2534.8	2466.4
江 苏	Jiangsu	359.9	3209.8	8841.9	8429.8	8669.6	8698.1
浙 江	Zhejiang	30.8	412.7	635.3	676.0	601.0	524.9
安 徽	Anhui	0.4	2.3	23.2	28.6	32.8	31.3
福 建	Fujian	58.5	380.3	1082.6	1141.0	707.6	636.4
江 西	Jiangxi		12.0	45.3	39.8	97.8	70.7
山 东	Shandong	50.4	299.0	1231.8	1407.5	1367.1	1195.2
河 南	Henan	0.4	7.2	21.9	24.1	30.7	31.5
湖 北	Hubei	2.1	18.1	22.3	22.5	26.0	21.5
湖 南	Hunan	0.1	21.4	263.9	84.7	17.2	72.5
广 东	Guangdong	695.4	3541.5	9082.2	8998.6	6751.4	6035.9
广 西	Guangxi		5.2	10.6	14.4	16.6	4.9
海 南	Hainan	0.3		3.2	4.1	2.9	2.4
重 庆	Chongqing	1.0	2.8	759.6	1019.7	778.3	964.1
四 川	Sichuan	8.8	6.7	878.7	942.6	556.3	583.4
贵 州	Guizhou		5.4	0.7	0.7	1.0	1.0
云 南	Yunnan	0.8	0.2	0.1	0.2	0.3	0.1
西 藏	Tibet						
陕 西	Shaanxi	0.8	1.5	24.7	79.3	176.7	272.7
甘 肃	Gansu	0.2					
青 海	Qinghai						
宁 夏	Ningxia						
新 疆	Xinjiang		0.1				0.0

1-2-1 按行业分高技术产业生产经营情况(2016年)

Statistics on Production and Management in High-tech Industry by Industrial Sector(2016)

单位：个，人，亿元 (unit,person,100 million yuan)

行业	Industry	企业数 Number of Enterprises	从业人员平均人数 Annual Average Number of Employed Personnel	资产总计 Total Assets	主营业务收入 Revenue from Principal Business	利润总额 Profits	出口交货值 Exports
合计	**Total**	**30798**	**13418185**	**136337.0**	**153796.3**	**10301.8**	**52444.6**
医药制造业	**Manufacture of Medicines**	**7541**	**2257372**	**28789.1**	**28206.1**	**3115.0**	**1460.4**
#化学药品制造	Manufacture of Chemical Medicine	2421	948256	14047.6	12641.1	1441.9	796.4
中成药生产	Production of Finished Traditional Chinese Herbal Medicine	1640	628729	7069.0	6748.3	765.8	66.9
生物药品制造	Manufacture of Biological Medicine	959	228678	3842.7	3285.5	419.7	311.2
航空、航天器及设备制造业	**Manufacture of Aircrafts and Spacecrafts and Related Equipment**	**425**	**402202**	**5986.4**	**3801.7**	**224.4**	**541.1**
#飞机制造	Manufacture of Airplanes	162	263882	4271.4	2438.2	122.0	259.6
航天器制造	Manufacture of Spacecrafts	26	26278	424.2	228.9	15.3	0.7
电子及通信设备制造业	**Manufacture of Electronic Equipment and Communication Equipment**	**15383**	**8122515**	**75248.1**	**87304.7**	**4821.7**	**36296.5**
#通信设备制造	Manufacture of Communication Equipment	1844	1985877	24244.8	30577.9	1241.6	14457.8
#通信系统设备制造	Manufacture of Communication System Equipment	843	713847	11614.4	11359.0	854.1	4062.0
通信终端设备制造	Manufacture of Communication Terminal Equipment	1001	1272030	12630.5	19219.0	387.5	10395.8
广播电视设备制造	Manufacture of Broadcasting and TV Equipment	693	233500	1643.7	1986.0	152.1	640.0
雷达及配套设备制造	Manufacture of Radar and Its Fittings	64	45108	663.2	458.2	30.5	48.2
视听设备制造	Manufacture of TV Set and Radio Receiver	1051	611204	5136.6	8025.1	319.7	3483.0
电子器件制造	Manufacture of Electronic Appliances	3033	1667929	20653.1	17684.4	1129.2	9431.6
#电子真空器件制造	Manufacture of Electronic Vacuum Appliance	94	27296	296.4	214.1	12.4	24.1
半导体分立器件制造	Manufacture of Semiconductor Discreting Appliances	340	136771	1242.0	1137.6	61.7	573.8
集成电路制造	Manufacture of Integrate Circuit	492	290542	4804.9	3400.6	384.8	1946.1
电子元件制造	Manufacture of Electronic Components	5744	2512686	12453.6	17077.8	1107.2	6005.8
其他电子设备制造	Manufacture of Other Electronic Equipment	1309	511730	3702.8	5225.2	348.1	1453.9
计算机及办公设备制造业	**Manufacture of Computers and Office Equipment**	**1725**	**1302216**	**11421.1**	**19760.1**	**819.3**	**12157.4**
#计算机整机制造	Manufacture of Entired Computer	188	409693	5382.6	11354.3	312.7	7478.8
计算机零部件制造	Manufacture of Computer Components and Parts	586	357994	2042.4	2832.1	139.4	1659.3
计算机外围设备制造	Manufacture of Computer Peripheral Equipment	496	266681	1944.4	2889.0	164.4	1866.5
办公设备制造	Manufacture of Office Equipment	241	117004	863.5	1165.2	77.6	596.4
医疗仪器设备及仪器仪表制造业	**Manufacture of Medical Equipments and Measuring Instrument**	**5269**	**1154894**	**10966.2**	**11651.9**	**1099.0**	**1464.7**
1.医疗仪器设备及器械制造	Manufacture of Medical Equipment and Appliance	1449	331212	2729.3	2868.5	330.9	501.1
2.仪器仪表制造	Manufacture of Measuring Instrument	3820	823682	8236.9	8783.4	768.1	963.6
信息化学品制造业	**Manufacture of Electronic Chemicals**	**455**	**178986**	**3926.1**	**3071.9**	**222.3**	**524.4**

注：本表数据口径为年主营业务收入2000万元及以上的法人工业企业。以下至1-2-9表相同。

1-2-2 各地区高技术产业生产经营情况(2016年)
Statistics on Production and Management in High-tech Industry by Region (2016)

单位：个，人，亿元 (unit,person,100 million yuan)

地 区	Region	企业数 Number of Enterprises	从业人员平均人数 Annual Average Number of Employed Personnel	资产总计 Total Assets	主营业务收入 Revenue from Principal Business	利润总额 Profits	出口交货值 Exports
全 国	**Total**	**30798**	**13418185**	**136337.0**	**153796.3**	**10301.8**	**52444.6**
东部地区	Eastern Region	20241	9295893	93062.4	108167.6	7190.4	41222.8
中部地区	Middle Region	5946	2286015	21326.1	23773.4	1478.9	5804.3
西部地区	Western Region	3535	1448182	17040.6	17840.6	1232.4	5106.4
东北地区	Northeastern Region	1076	388095	4907.8	4014.8	400.1	311.1
北 京	Beijing	795	262933	6617.5	4308.5	321.0	645.4
天 津	Tianjin	533	222311	4194.3	3762.5	296.2	1224.2
河 北	Hebei	633	208689	2191.8	1836.1	162.6	191.3
山 西	Shanxi	133	140679	1343.3	997.4	47.1	619.5
内蒙古	Inner Mongolia	109	41563	951.0	406.9	23.6	19.1
辽 宁	Liaoning	460	170384	2438.6	1459.2	143.7	277.4
吉 林	Jilin	442	154449	1695.9	2067.8	190.0	27.5
黑龙江	Heilongjiang	174	63262	773.3	487.7	66.4	6.3
上 海	Shanghai	991	502966	6661.2	7010.2	334.6	4226.2
江 苏	Jiangsu	5007	2341650	21714.1	30707.9	2059.9	12196.3
浙 江	Zhejiang	2595	708319	7685.2	5885.2	616.6	1465.7
安 徽	Anhui	1398	288690	3610.4	3587.6	238.7	800.3
福 建	Fujian	858	388338	3900.7	4466.0	328.8	2002.5
江 西	Jiangxi	1064	400743	3207.2	3913.6	282.4	398.3
山 东	Shandong	2207	750189	8091.8	12263.5	952.7	1934.7
河 南	Henan	1261	790723	6661.1	7401.6	444.8	2718.8
湖 北	Hubei	1063	352588	4390.8	4211.9	259.8	766.3
湖 南	Hunan	1027	312592	2113.4	3661.3	206.2	501.1
广 东	Guangdong	6570	3894169	31734.4	37765.2	2094.2	17333.9
广 西	Guangxi	318	145423	840.8	2077.6	222.5	355.2
海 南	Hainan	52	16329	271.3	162.6	23.8	2.5
重 庆	Chongqing	678	297977	2902.1	4896.0	210.8	2340.3
四 川	Sichuan	1107	479109	5600.0	5994.4	393.5	1781.5
贵 州	Guizhou	330	110207	1098.1	1007.8	66.8	69.2
云 南	Yunnan	213	47918	803.0	462.1	43.4	55.4
西 藏	Tibet	9	1243	33.2	9.7	3.5	0.0
陕 西	Shaanxi	525	259292	3508.6	2394.5	211.0	420.6
甘 肃	Gansu	121	27897	458.6	196.1	24.3	37.4
青 海	Qinghai	45	9388	217.1	129.0	8.8	0.2
宁 夏	Ningxia	32	13382	304.4	176.4	12.4	25.1
新 疆	Xinjiang	48	14783	323.8	90.1	11.6	2.4

1-2-3 按行业和企业规模分高技术产业生产经营情况(2016年)
Statistics on Production and Management in High-tech Industry by Industrial Sector and Scale of Enterprises(2016)

单位：个，人，亿元 (unit,perosn,100 million yuan)

行 业	Industry	大型企业 Large-sized Enterprises 企业数 Number of Enterprises	从业人员平均人数 Annual Average Number of Employed Personnel	资产总计 Total Assets	主营业务收入 Revenue from Principal Business	利润总额 Profits	出口交货值 Exports
合计	**Total**	**1860**	**7151049**	**77979.2**	**88683.0**	**5533.0**	**41150.5**
医药制造业	**Manufacture of Medicines**	**300**	**858022**	**12165.2**	**9905.1**	**1229.2**	**516.3**
#化学药品制造	Manufacture of Chemical Medicine	158	430123	7290.9	5506.5	672.5	375.7
中成药生产	Production of Finished Traditional Chinese Herbal Medicine	85	291275	2978.0	2652.3	341.2	26.9
生物药品制造	Manufacture of Biological Medicine	28	49683	941.1	744.4	88.1	61.0
航空、航天器及设备制造业	**Manufacture of Aircrafts and Spacecrafts and Related Equipment**	**78**	**314121**	**3831.4**	**2598.3**	**127.7**	**289.7**
#飞机制造	Manufacture of Airplanes	46	227193	2918.4	1825.7	67.9	159.4
航天器制造	Manufacture of Spacecrafts	11	20902	323.3	165.9	11.2	0.3
电子及通信设备制造业	**Manufacture of Electronic Equipment and Communication Equipment**	**1120**	**4731703**	**48563.3**	**56376.6**	**3157.5**	**29101.5**
#通信设备制造	Manufacture of Communication Equipment	184	1596617	19185.8	24967.4	1079.6	13215.0
#通信系统设备制造	Manufacture of Communication System Equipment	72	548553	9158.5	9335.8	724.1	3840.1
通信终端设备制造	Manufacture of Communication Terminal Equipment	112	1048064	10027.3	15631.6	355.5	9374.9
广播电视设备制造	Manufacture of Broadcasting and TV Equipment	31	87205	632.7	627.1	53.8	381.1
雷达及配套设备制造	Manufacture of Radar and Its Fittings	11	28369	463.4	302.9	21.8	32.7
视听设备制造	Manufacture of TV Set and Radio Receiver	96	369975	3560.6	5333.4	222.6	2173.4
电子器件制造	Manufacture of Electronic Appliances	278	998465	13992.0	11795.7	810.1	7851.2
#电子真空器件制造	Manufacture of Electronic Vacuum Appliance	4	5296	55.2	35.8	3.3	2.1
半导体分立器件制造	Manufacture of Semiconductor Discreting Appliances	32	68688	460.0	549.2	36.6	404.1
集成电路制造	Manufacture of Integrate Circuit	64	184257	3680.6	2409.5	325.7	1610.5
电子元件制造	Manufacture of Electronic Components	373	1165980	5747.5	7639.8	513.6	3900.6
其他电子设备制造	Manufacture of Other Electronic Equipment	65	246560	1860.6	2934.6	186.2	1053.4
计算机及办公设备制造业	**Manufacture of Computers and Office Equipment**	**203**	**903295**	**8110.6**	**15678.1**	**616.3**	**10469.5**
#计算机整机制造	Manufacture of Entired Computer	44	371448	4515.7	10329.9	279.3	6978.5
计算机零部件制造	Manufacture of Computer Components and Parts	63	212163	1329.1	1811.0	84.9	1288.1
计算机外围设备制造	Manufacture of Computer Peripheral Equipment	50	154579	1054.8	1863.1	114.9	1296.6
办公设备制造	Manufacture of Office Equipment	23	65395	497.4	648.9	36.8	447.6
医疗仪器设备及仪器仪表制造业	**Manufacture of Medical Equipments and Measuring Instrument**	**121**	**250854**	**2996.0**	**2591.3**	**270.1**	**419.4**
1.医疗仪器设备及器械制造	Manufacture of Medical Equipment and Appliance	32	66084	689.7	596.8	83.2	114.8
2.仪器仪表制造	Manufacture of Measuring Instrument	89	184770	2306.3	1994.4	186.9	304.6
信息化学品制造业	**Manufacture of Electronic Chemicals**	**38**	**93054**	**2312.6**	**1533.7**	**132.2**	**354.0**

1-2-3 续表 continued

单位：个，人，亿元 (unit,perosn,100 million yuan)

行 业	Industry	中型企业 Medium-sized Enterprises 企业数 Number of Enter-prises	从业人员平均人数 Annual Average Number of Employed Personnel	资产总计 Total Assets	主营业务收入 Revenue from Principal Business	利润总额 Profits	出口交货值 Exports
合计	**Total**	**6388**	**3569412**	**32521.6**	**34166.2**	**2735.2**	**7825.9**
医药制造业	**Manufacture of Medicines**	**1388**	**711923**	**9076.1**	**8949.5**	**1120.1**	**605.0**
#化学药品制造	Manufacture of Chemical Medicine	576	301968	4342.2	4053.5	516.1	286.3
中成药生产	Production of Finished Traditional Chinese Herbal Medicine	347	177360	2069.8	2082.2	249.0	23.0
生物药品制造	Manufacture of Biological Medicine	168	88140	1694.1	1256.6	198.3	144.8
航空、航天器及设备制造业	**Manufacture of Aircrafts and Spacecrafts and Related Equipment**	**91**	**58533**	**1635.2**	**849.3**	**66.9**	**171.5**
#飞机制造	Manufacture of Airplanes	43	28255	1218.0	537.7	49.0	79.6
航天器制造	Manufacture of Spacecrafts	7	4267	90.9	55.8	3.7	0.3
电子及通信设备制造业	**Manufacture of Electronic Equipment and Communication Equipment**	**3599**	**2076363**	**15067.9**	**16991.1**	**949.2**	**4970.4**
#通信设备制造	Manufacture of Communication Equipment	407	241142	2525.9	3079.2	61.7	778.0
#通信系统设备制造	Manufacture of Communication System Equipment	177	96684	1169.6	1057.3	69.0	175.1
通信终端设备制造	Manufacture of Communication Terminal Equipment	230	144458	1356.3	2021.9	-7.3	602.9
广播电视设备制造	Manufacture of Broadcasting and TV Equipment	141	81790	557.9	676.3	56.4	164.2
雷达及配套设备制造	Manufacture of Radar and Its Fittings	20	12650	126.0	79.3	5.6	6.6
视听设备制造	Manufacture of TV Set and Radio Receiver	251	155648	994.9	1955.9	70.0	1094.8
电子器件制造	Manufacture of Electronic Appliances	730	419149	4341.0	3356.8	178.0	1093.0
#电子真空器件制造	Manufacture of Electronic Vacuum Appliance	23	13999	181.6	108.6	5.3	15.0
半导体分立器件制造	Manufacture of Semiconductor Discreting Appliances	71	37807	509.6	280.2	9.1	120.3
集成电路制造	Manufacture of Integrate Circuit	120	68322	625.3	535.8	25.2	222.6
电子元件制造	Manufacture of Electronic Components	1453	843497	3760.9	5096.6	375.6	1455.6
其他电子设备制造	Manufacture of Other Electronic Equipment	267	147558	908.7	1066.3	77.7	235.2
计算机及办公设备制造业	**Manufacture of Computers and Office Equipment**	**404**	**252860**	**1989.0**	**2605.5**	**125.5**	**1339.7**
#计算机整机制造	Manufacture of Entired Computer	35	24974	707.3	816.7	28.6	438.5
计算机零部件制造	Manufacture of Computer Components and Parts	147	93064	407.2	540.5	28.2	243.1
计算机外围设备制造	Manufacture of Computer Peripheral Equipment	113	67797	345.6	630.3	29.3	475.1
办公设备制造	Manufacture of Office Equipment	57	31547	213.8	304.4	27.3	100.0
医疗仪器设备及仪器仪表制造业	**Manufacture of Medical Equipments and Measuring Instrument**	**813**	**419008**	**3740.9**	**3889.4**	**422.6**	**621.9**
1.医疗仪器设备及器械制造	Manufacture of Medical Equipment and Appliance	249	130628	962.7	1056.0	135.1	221.0
2.仪器仪表制造	Manufacture of Measuring Instrument	564	288380	2778.2	2833.4	287.5	400.9
信息化学品制造业	**Manufacture of Electronic Chemicals**	**93**	**50725**	**1012.5**	**881.4**	**50.9**	**117.3**

1-2-4 按行业分国有及国有控股企业高技术产业生产经营情况(2016年)
Statistics on Production and Management in High-tech Industry of State-owned and State-controlled Enterprises by Industrial Sector (2016)

单位：个，人，亿元 (unit,person,100 million yuan)

行业	Industry	企业数 Number of Enter-prises	从业人员平均人数 Annual Average Number of Employed Personnel	资产总计 Total Assets	主营业务收入 Revenue from Principal Business	利润总额 Profits	出口交货值 Exports
合计	**Total**	**1600**	**1553885**	**25337.0**	**15575.5**	**1060.5**	**2718.5**
医药制造业	**Manufacture of Medicines**	**431**	**294621**	**4493.2**	**2449.7**	**330.4**	**148.0**
#化学药品制造	Manufacture of Chemical Medicine	179	161044	2326.1	1184.3	128.0	115.6
中成药生产	Production of Finished Traditional Chinese Herbal Medicine	136	88480	1335.8	821.6	129.3	5.4
生物药品制造	Manufacture of Biological Medicine	47	26747	638.5	239.3	49.4	16.1
航空、航天器及设备制造业	**Manufacture of Aircrafts and Spacecrafts and Related Equipment**	**176**	**339661**	**4369.7**	**2569.9**	**100.6**	**188.1**
#飞机制造	Manufacture of Airplanes	84	242024	3215.7	1745.6	56.9	145.1
航天器制造	Manufacture of Spacecrafts	16	23957	399.2	210.3	14.3	0.6
电子及通信设备制造业	**Manufacture of Electronic Equipment and Communication Equipment**	**630**	**686732**	**12630.6**	**8046.0**	**451.6**	**1994.0**
#通信设备制造	Manufacture of Communication Equipment	127	217410	3462.9	2551.3	196.4	766.9
#通信系统设备制造	Manufacture of Communication System Equipment	87	174736	3116.6	2326.7	183.6	731.2
通信终端设备制造	Manufacture of Communication Terminal Equipment	40	42674	346.4	224.6	12.9	35.6
广播电视设备制造	Manufacture of Broadcasting and TV Equipment	24	9569	122.7	68.9	1.7	9.6
雷达及配套设备制造	Manufacture of Radar and Its Fittings	26	35646	554.7	368.5	25.9	34.7
视听设备制造	Manufacture of TV Set and Radio Receiver	27	106334	1752.4	1865.4	88.9	327.6
电子器件制造	Manufacture of Electronic Appliances	190	195739	5310.6	2186.4	77.6	709.4
#电子真空器件制造	Manufacture of Electronic Vacuum Appliance	12	6461	91.2	45.8	3.8	1.9
半导体分立器件制造	Manufacture of Semiconductor Discreting Appliances	19	6874	236.8	42.7	3.1	6.6
集成电路制造	Manufacture of Integrate Circuit	47	24635	501.7	292.6	0.2	99.1
电子元件制造	Manufacture of Electronic Components	133	69492	648.7	472.8	26.2	124.6
其他电子设备制造	Manufacture of Other Electronic Equipment	38	19210	276.0	128.3	10.3	5.4
计算机及办公设备制造业	**Manufacture of Computers and Office Equipment**	**66**	**91929**	**1527.1**	**1097.1**	**92.5**	**303.3**
#计算机整机制造	Manufacture of Entired Computer	17	27777	705.7	537.2	56.2	21.7
计算机零部件制造	Manufacture of Computer Components and Parts	7	2249	29.7	39.6	4.8	5.2
计算机外围设备制造	Manufacture of Computer Peripheral Equipment	20	38674	557.0	368.6	17.3	265.6
办公设备制造	Manufacture of Office Equipment	12	14372	166.5	84.4	8.1	5.5
医疗仪器设备及仪器仪表制造业	**Manufacture of Medical Equipments and Measuring Instrument**	**256**	**107185**	**1585.7**	**1006.8**	**68.6**	**20.9**
1.医疗仪器设备及器械制造	Manufacture of Medical Equipment and Appliance	23	9556	159.5	101.2	7.2	3.0
2.仪器仪表制造	Manufacture of Measuring Instrument	233	97629	1426.2	905.6	61.3	17.9
信息化学品制造业	**Manufacture of Electronic Chemicals**	**41**	**33757**	**730.7**	**406.0**	**16.9**	**64.1**

1-2-5 按行业和登记注册类型分高技术产业生产经营情况(2016年)
Statistics on Production and Management in High-tech Industry by Industrial Sector and Registration Status(2016)

单位：个，人，亿元 (unit,person,100 million yuan)

行 业	Industry	内资企业 Domestic Funded					
		企业数 Number of Enter-prises	从业人员平均人数 Annual Average Number of Employed Personnel	资产总计 Total Assets	主营业务收入 Revenue from Principal Business	利润总额 Profits	出口交货值 Exports
合计	**Total**	**23615**	**7350153**	**83651.6**	**84470.4**	**6506.0**	**12124.3**
医药制造业	**Manufacture of Medicines**	**6712**	**1861757**	**22776.9**	**22689.2**	**2357.9**	**920.8**
#化学药品制造	Manufacture of Chemical Medicine	2074	716431	10257.9	9008.3	953.7	549.8
中成药生产	Production of Finished Traditional Chinese Herbal Medicine	1514	569250	6325.1	6084.8	655.6	29.4
生物药品制造	Manufacture of Biological Medicine	807	183328	2847.9	2611.1	322.2	171.4
航空、航天器及设备制造业	**Manufacture of Aircrafts and Spacecrafts and Related Equipment**	**343**	**357667**	**4722.1**	**2956.7**	**140.5**	**254.7**
#飞机制造	Manufacture of Airplanes	130	254810	3326.3	1964.7	72.7	185.0
航天器制造	Manufacture of Spacecrafts	26	26278	424.2	228.9	15.3	0.7
电子及通信设备制造业	**Manufacture of Electronic Equipment and Communication Equipment**	**10850**	**3792107**	**41867.1**	**44375.8**	**2741.4**	**9387.5**
#通信设备制造	Manufacture of Communication Equipment	1482	897469	14250.5	17607.1	802.8	4975.6
#通信系统设备制造	Manufacture of Communication System Equipment	694	522160	9747.2	9456.4	689.6	3196.9
通信终端设备制造	Manufacture of Communication Terminal Equipment	788	375309	4503.3	8150.6	113.2	1778.7
广播电视设备制造	Manufacture of Broadcasting and TV Equipment	545	151201	1210.1	1345.6	113.8	296.5
雷达及配套设备制造	Manufacture of Radar and Its Fittings	60	43874	626.0	425.9	30.8	40.6
视听设备制造	Manufacture of TV Set and Radio Receiver	686	245484	2720.1	3191.0	158.5	802.5
电子器件制造	Manufacture of Electronic Appliances	2071	768651	10352.9	7432.9	510.4	1863.9
#电子真空器件制造	Manufacture of Electronic Vacuum Appliance	69	20085	248.3	169.9	10.6	12.4
半导体分立器件制造	Manufacture of Semiconductor Discreting Appliances	208	64993	688.2	502.8	38.1	78.8
集成电路制造	Manufacture of Integrate Circuit	299	111240	1476.5	1079.2	103.7	322.0
电子元件制造	Manufacture of Electronic Components	3698	1045477	5720.2	7510.0	551.0	876.8
其他电子设备制造	Manufacture of Other Electronic Equipment	961	245487	1903.5	2034.6	170.5	200.2
计算机及办公设备制造业	**Manufacture of Computers and Office Equipment**	**1061**	**369624**	**3678.8**	**3865.0**	**315.4**	**855.7**
#计算机整机制造	Manufacture of Entired Computer	120	63455	1090.9	1087.2	89.2	168.4
计算机零部件制造	Manufacture of Computer Components and Parts	337	92653	522.6	715.9	51.1	131.3
计算机外围设备制造	Manufacture of Computer Peripheral Equipment	312	113464	1016.7	1030.0	72.8	409.8
办公设备制造	Manufacture of Office Equipment	148	46178	447.9	427.5	39.7	57.1
医疗仪器设备及仪器仪表制造业	**Manufacture of Medical Equipments and Measuring Instrument**	**4309**	**862661**	**8430.7**	**8856.2**	**816.7**	**548.1**
1.医疗仪器设备及器械制造	Manufacture of Medical Equipment and Appliance	1155	241358	1902.3	2182.5	232.8	198.5
2.仪器仪表制造	Manufacture of Measuring Instrument	3154	621303	6528.4	6673.7	583.9	349.6
信息化学品制造业	**Manufacture of Electronic Chemicals**	**340**	**106337**	**2176.0**	**1727.6**	**134.1**	**157.5**

1-2-5 续表 1 continued

单位：个，人，亿元 (unit,person,100 million yuan)

行业	Industry	#国有企业 State-owned Enterprises 企业数 Number of Enterprises	从业人员平均人数 Annual Average Number of Employed Personnel	资产总计 Total Assets	主营业务收入 Revenue from Principal Business	利润总额 Profits	出口交货值 Exports
合计	**Total**	**152**	**180336**	**2763.8**	**1641.3**	**82.5**	**67.4**
医药制造业	**Manufacture of Medicines**	**33**	**8906**	**112.7**	**65.5**	**10.7**	**0.1**
#化学药品制造	Manufacture of Chemical Medicine	4	742	16.8	7.7	1.6	0.0
中成药生产	Production of Finished Traditional Chinese Herbal Medicine	14	3742	24.3	16.9	1.6	
生物药品制造	Manufacture of Biological Medicine	4	2039	49.1	21.7	6.2	0.0
航空、航天器及设备制造业	**Manufacture of Aircrafts and Spacecrafts and Related Equipment**	**40**	**85468**	**1216.8**	**730.4**	**27.3**	**3.5**
#飞机制造	Manufacture of Airplanes	19	49393	744.5	501.7	11.4	2.7
航天器制造	Manufacture of Spacecrafts	8	15075	231.5	117.6	7.9	0.3
电子及通信设备制造业	**Manufacture of Electronic Equipment and Communication Equipment**	**44**	**53752**	**836.6**	**522.1**	**25.3**	**60.4**
#通信设备制造	Manufacture of Communication Equipment	10	25958	450.7	302.7	10.8	52.8
#通信系统设备制造	Manufacture of Communication System Equipment	8	24888	431.7	297.9	10.6	52.8
通信终端设备制造	Manufacture of Communication Terminal Equipment	2	1070	19.0	4.9	0.1	
广播电视设备制造	Manufacture of Broadcasting and TV Equipment						
雷达及配套设备制造	Manufacture of Radar and Its Fittings	5	8887	199.3	105.0	6.8	4.8
视听设备制造	Manufacture of TV Set and Radio Receiver						
电子器件制造	Manufacture of Electronic Appliances	11	7675	94.2	62.6	2.8	1.3
#电子真空器件制造	Manufacture of Electronic Vacuum Appliance	3	1444	12.2	6.7	0.1	0.1
半导体分立器件制造	Manufacture of Semiconductor Discreting Appliances	1	815	5.5	3.8	0.1	0.0
集成电路制造	Manufacture of Integrate Circuit	3	1904	23.5	27.8	2.4	
电子元件制造	Manufacture of Electronic Components	16	10446	90.8	46.9	4.3	1.6
其他电子设备制造	Manufacture of Other Electronic Equipment	1	65	0.4	0.2	0.0	
计算机及办公设备制造业	**Manufacture of Computers and Office Equipment**	**2**	**534**	**1.8**	**1.8**	**-0.1**	**0.0**
#计算机整机制造	Manufacture of Entired Computer	1	234	0.4	1.6	0.0	
计算机零部件制造	Manufacture of Computer Components and Parts						
计算机外围设备制造	Manufacture of Computer Peripheral Equipment						
办公设备制造	Manufacture of Office Equipment	1	300	1.4	0.2	-0.1	0.0
医疗仪器设备及仪器仪表制造业	**Manufacture of Medical Equipments and Measuring Instrument**	**31**	**31092**	**569.2**	**315.2**	**20.8**	**3.4**
1.医疗仪器设备及器械制造	Manufacture of Medical Equipment and Appliance	4	5364	115.2	83.5	5.1	0.9
2.仪器仪表制造	Manufacture of Measuring Instrument	27	25728	454.0	231.7	15.7	2.4
信息化学品制造业	**Manufacture of Electronic Chemicals**	**2**	**584**	**26.7**	**6.4**	**-1.5**	

1-2-5　续表 2　continued

单位：个，人，亿元 (unit,person,100 million yuan)

行　业	Industry	港澳台投资企业 Enterprises with Funds from Hong Kong, Macau and Tai Wan					
		企业数 Number of Enter-prises	从业人员平均人数 Annual Average Number of Employed Personnel	资产总计 Total Assets	主营业务收入 Revenue from Principal Business	利润总额 Profits	出口交货值 Exports
合计	**Total**	**3186**	**3083048**	**24684.9**	**30429.8**	**1608.3**	**17317.3**
医药制造业	**Manufacture of Medicines**	**362**	**163623**	**2702.9**	**2081.4**	**345.3**	**201.0**
#化学药品制造	Manufacture of Chemical Medicine	140	87114	1444.2	1201.5	195.5	112.3
中成药生产	Production of Finished Traditional Chinese Herbal Medicine	78	32194	432.3	425.9	72.7	21.4
生物药品制造	Manufacture of Biological Medicine	65	20822	622.5	269.6	52.4	30.9
航空、航天器及设备制造业	**Manufacture of Aircrafts and Spacecrafts and Related Equipment**	**18**	**15875**	**123.7**	**120.9**	**15.6**	**78.3**
#飞机制造	Manufacture of Airplanes	5	648	7.6	7.9	0.6	5.2
航天器制造	Manufacture of Spacecrafts						
电子及通信设备制造业	**Manufacture of Electronic Equipment and Communication Equipment**	**2123**	**2297250**	**15833.4**	**18654.4**	**870.8**	**11210.3**
#通信设备制造	Manufacture of Communication Equipment	166	693314	6563.6	6798.4	240.8	5063.5
#通信系统设备制造	Manufacture of Communication System Equipment	65	117303	1158.4	1041.6	134.2	459.7
通信终端设备制造	Manufacture of Communication Terminal Equipment	101	576011	5405.2	5756.8	106.6	4603.8
广播电视设备制造	Manufacture of Broadcasting and TV Equipment	76	47061	187.0	309.7	22.9	138.0
雷达及配套设备制造	Manufacture of Radar and Its Fittings	2	399	19.9	24.1	0.6	5.5
视听设备制造	Manufacture of TV Set and Radio Receiver	210	232087	1218.9	2111.0	83.7	1218.9
电子器件制造	Manufacture of Electronic Appliances	386	326229	3101.2	2688.5	99.4	1811.0
#电子真空器件制造	Manufacture of Electronic Vacuum Appliance	11	1877	14.0	11.9	-0.1	2.2
半导体分立器件制造	Manufacture of Semiconductor Discreting Appliances	43	27599	243.1	260.8	-1.9	208.4
集成电路制造	Manufacture of Integrate Circuit	72	55663	745.5	605.1	52.1	401.0
电子元件制造	Manufacture of Electronic Components	991	779609	3328.0	4803.7	309.7	2300.6
其他电子设备制造	Manufacture of Other Electronic Equipment	165	122488	626.6	1221.0	66.7	408.9
计算机及办公设备制造业	**Manufacture of Computers and Office Equipment**	**324**	**475717**	**4434.3**	**8143.1**	**256.5**	**5526.6**
#计算机整机制造	Manufacture of Entired Computer	29	175817	2698.0	5179.4	94.5	3647.2
计算机零部件制造	Manufacture of Computer Components and Parts	125	133090	724.3	1006.6	44.7	636.2
计算机外围设备制造	Manufacture of Computer Peripheral Equipment	94	89515	564.9	1227.4	57.3	926.3
办公设备制造	Manufacture of Office Equipment	48	24215	120.6	228.7	13.0	106.6
医疗仪器设备及仪器仪表制造业	**Manufacture of Medical Equipments and Measuring Instrument**	**301**	**100033**	**765.4**	**768.4**	**71.4**	**204.9**
1.医疗仪器设备及器械制造	Manufacture of Medical Equipment and Appliance	102	34137	245.9	164.0	22.6	67.7
2.仪器仪表制造	Manufacture of Measuring Instrument	199	65896	519.5	604.4	48.8	137.2
信息化学品制造业	**Manufacture of Electronic Chemicals**	**58**	**30550**	**825.2**	**661.6**	**48.8**	**96.3**

1-2-5 续表 3 continued

单位：个，人，亿元 (unit,person,100 million yuan)

行业	Industry	外商投资企业 Foreign Funded Enterprises 企业数 Number of Enterprises	从业人员平均人数 Annual Average Number of Employed Personnel	资产总计 Total Assets	主营业务收入 Revenue from Principal Business	利润总额 Profits	出口交货值 Exports
合计	**Total**	**3997**	**2984984**	**28000.5**	**38896.1**	**2187.5**	**23003.0**
医药制造业	**Manufacture of Medicines**	**467**	**231992**	**3309.3**	**3435.5**	**411.8**	**338.6**
#化学药品制造	Manufacture of Chemical Medicine	207	144711	2345.6	2431.3	292.7	134.3
中成药生产	Production of Finished Traditional Chinese Herbal Medicine	48	27285	311.5	237.6	37.5	16.1
生物药品制造	Manufacture of Biological Medicine	87	24528	372.3	404.8	45.1	108.9
航空、航天器及设备制造业	**Manufacture of Aircrafts and Spacecrafts and Related Equipment**	**64**	**28660**	**1140.6**	**724.1**	**68.3**	**208.2**
#飞机制造	Manufacture of Airplanes	27	8424	937.5	465.6	48.7	69.5
航天器制造	Manufacture of Spacecrafts						
电子及通信设备制造业	**Manufacture of Electronic Equipment and Communication Equipment**	**2410**	**2033158**	**17547.6**	**24274.4**	**1209.5**	**15698.7**
#通信设备制造	Manufacture of Communication Equipment	196	395094	3430.8	6172.4	198.0	4418.7
#通信系统设备制造	Manufacture of Communication System Equipment	84	74384	708.8	860.9	30.3	405.4
通信终端设备制造	Manufacture of Communication Terminal Equipment	112	320710	2722.0	5311.5	167.7	4013.3
广播电视设备制造	Manufacture of Broadcasting and TV Equipment	72	35238	246.6	330.7	15.4	205.5
雷达及配套设备制造	Manufacture of Radar and Its Fittings	2	835	17.3	8.2	-1.0	2.1
视听设备制造	Manufacture of TV Set and Radio Receiver	155	133633	1197.7	2723.1	77.6	1461.6
电子器件制造	Manufacture of Electronic Appliances	576	573049	7199.1	7562.9	519.5	5756.7
#电子真空器件制造	Manufacture of Electronic Vacuum Appliance	14	5334	34.1	32.4	1.9	9.5
半导体分立器件制造	Manufacture of Semiconductor Discreting Appliances	89	44179	310.7	374.0	25.6	286.7
集成电路制造	Manufacture of Integrate Circuit	121	123639	2582.9	1716.3	229.0	1223.1
电子元件制造	Manufacture of Electronic Components	1055	687600	3405.4	4764.1	246.5	2828.5
其他电子设备制造	Manufacture of Other Electronic Equipment	183	143755	1172.7	1969.6	111.0	844.7
计算机及办公设备制造业	**Manufacture of Computers and Office Equipment**	**340**	**456875**	**3308.0**	**7752.1**	**247.4**	**5775.1**
#计算机整机制造	Manufacture of Entired Computer	39	170421	1593.7	5087.7	129.1	3663.3
计算机零部件制造	Manufacture of Computer Components and Parts	124	132251	795.5	1109.6	43.6	891.8
计算机外围设备制造	Manufacture of Computer Peripheral Equipment	90	63702	362.8	631.6	34.4	530.5
办公设备制造	Manufacture of Office Equipment	45	46611	295.1	509.0	24.9	432.8
医疗仪器设备及仪器仪表制造业	**Manufacture of Medical Equipments and Measuring Instrument**	**659**	**192200**	**1770.1**	**2027.3**	**210.9**	**711.7**
1.医疗仪器设备及器械制造	Manufacture of Medical Equipment and Appliance	192	55717	581.0	522.0	75.6	234.8
2.仪器仪表制造	Manufacture of Measuring Instrument	467	136483	1189.1	1505.3	135.3	476.8
信息化学品制造业	**Manufacture of Electronic Chemicals**	**57**	**42099**	**924.9**	**682.7**	**39.5**	**270.7**

1-2-6 按地区和企业规模分高技术产业生产经营情况(2016年)
Statistics on Production and Management in High-tech Industry by Region and Scale of Enterprises(2016)

单位：个，人，亿元 (unit,perosn,100 million yuan)

地区	Region	大型企业 Large-sized Enterprises					
		企业数 Number of Enter-prises	从业人员平均人数 Annual Average Number of Employed Personnel	资产总计 Total Assets	主营业务收入 Revenue from Principal Business	利润总额 Profits	出口交货值 Exports
全　国	**Total**	**1860**	**7151049**	**77979.2**	**88683.0**	**5533.0**	**41150.5**
东部地区	Eastern Region	1351	5034341	54053.2	66602.1	4151.4	32311.5
中部地区	Middle Region	249	1178983	12341.0	11141.3	626.3	4704.6
西部地区	Western Region	214	732242	9201.2	9164.4	578.8	3935.8
东北地区	Northeastern Region	46	205483	2383.8	1775.1	176.6	198.6
北　京	Beijing	45	110392	3104.8	2536.2	184.6	476.7
天　津	Tianjin	41	120841	1802.5	2332.2	174.4	975.1
河　北	Hebei	15	107316	1068.6	705.5	59.7	140.0
山　西	Shanxi	9	109125	973.7	818.0	35.9	616.8
内蒙古	Inner Mongolia	7	22643	530.5	184.4	5.0	17.5
辽　宁	Liaoning	25	87843	1394.2	773.4	75.1	187.4
吉　林	Jilin	13	87636	706.8	799.0	80.9	6.6
黑龙江	Heilongjiang	8	30004	282.8	202.7	20.6	4.5
上　海	Shanghai	77	296403	3919.3	4878.3	131.3	3492.1
江　苏	Jiangsu	386	1310664	12361.0	17918.3	1096.3	9823.9
浙　江	Zhejiang	89	230859	2958.9	2313.9	296.7	705.6
安　徽	Anhui	38	99791	1743.0	1410.3	82.9	589.9
福　建	Fujian	51	203477	2432.1	2548.4	176.2	1424.0
江　西	Jiangxi	59	187752	1703.1	1541.2	116.1	193.7
山　东	Shandong	99	374281	4666.2	6517.4	522.6	1391.7
河　南	Henan	74	499773	4538.7	4324.8	208.4	2646.8
湖　北	Hubei	45	165935	2457.6	1948.6	136.8	282.4
湖　南	Hunan	24	116607	924.9	1098.4	46.2	375.2
广　东	Guangdong	547	2279093	21733.8	26847.7	1509.1	13882.4
广　西	Guangxi	21	63076	301.4	883.8	96.9	167.5
海　南	Hainan	1	1015	6.0	4.3	0.4	
重　庆	Chongqing	44	141591	1490.8	2574.6	72.6	1937.1
四　川	Sichuan	59	260162	3182.9	3400.9	205.7	1390.0
贵　州	Guizhou	23	48780	589.6	353.7	24.5	31.4
云　南	Yunnan	7	13249	251.3	112.1	16.1	1.4
西　藏	Tibet						
陕　西	Shaanxi	42	160255	2308.3	1442.4	130.6	335.8
甘　肃	Gansu	4	10533	171.0	83.3	9.6	34.2
青　海	Qinghai	1	995	33.5	21.1	2.6	
宁　夏	Ningxia	3	5011	100.0	60.9	7.2	20.2
新　疆	Xinjiang	3	5947	242.1	47.4	8.1	0.8

1-2-6 续表 continued

单位：个，人，亿元 (unit,perosn,100 million yuan)

地 区	Region	中型企业 Medium-sized Enterprises 企业数 Number of Enter-prises	从业人员平均人数 Annual Average Number of Employed Personnel	资产总计 Total Assets	主营业务收入 Revenue from Principal Business	利润总额 Profits	出口交货值 Exports
全 国	**Total**	**6388**	**3569412**	**32521.6**	**34166.2**	**2735.2**	**7825.9**
东部地区	Eastern Region	4352	2460590	21832.9	22369.8	1778.9	6260.3
中部地区	Middle Region	1132	595644	4592.5	5995.3	422.9	642.4
西部地区	Western Region	739	426399	4716.3	4803.3	399.4	844.2
东北地区	Northeastern Region	165	86779	1379.9	997.8	134.1	79.1
北 京	Beijing	149	75378	1526.6	954.2	45.9	108.9
天 津	Tianjin	97	57577	1566.2	876.5	79.1	194.0
河 北	Hebei	88	43826	635.9	428.7	51.3	36.4
山 西	Shanxi	28	18151	197.4	100.3	8.3	1.1
内蒙古	Inner Mongolia	16	7938	294.2	79.5	10.4	
辽 宁	Liaoning	79	46398	603.1	402.7	47.1	65.3
吉 林	Jilin	55	23718	489.6	475.5	57.5	12.9
黑龙江	Heilongjiang	31	16663	287.2	119.6	29.5	0.9
上 海	Shanghai	218	121359	1603.6	1197.3	115.3	500.1
江 苏	Jiangsu	1076	588338	5436.9	7221.7	592.8	1793.9
浙 江	Zhejiang	449	236945	2545.5	1805.6	184.9	459.5
安 徽	Anhui	157	77599	905.1	897.2	66.9	158.1
福 建	Fujian	185	110496	830.1	1077.8	103.1	487.7
江 西	Jiangxi	227	116067	674.2	1105.2	89.0	92.6
山 东	Shandong	320	177709	1718.7	2356.1	208.6	316.6
河 南	Henan	368	192795	1238.5	1810.3	146.3	50.5
湖 北	Hubei	163	93780	1052.6	974.6	52.0	289.6
湖 南	Hunan	189	97252	524.7	1107.8	60.4	50.4
广 东	Guangdong	1753	1039794	5817.7	6345.5	382.8	2363.0
广 西	Guangxi	93	55341	327.3	692.8	81.8	151.9
海 南	Hainan	17	9168	151.7	106.5	15.0	0.3
重 庆	Chongqing	173	101725	950.5	1448.3	92.4	249.7
四 川	Sichuan	228	125153	1423.7	1452.6	115.1	357.2
贵 州	Guizhou	59	38862	250.3	320.6	28.0	16.8
云 南	Yunnan	30	16862	291.1	134.1	11.7	4.0
西 藏	Tibet	1	401	4.6	1.3	0.1	
陕 西	Shaanxi	99	57375	737.3	501.1	43.5	60.1
甘 肃	Gansu	17	8797	167.1	47.6	9.7	2.3
青 海	Qinghai	6	3405	79.4	40.7	2.9	0.1
宁 夏	Ningxia	10	5983	171.1	74.7	2.9	2.1
新 疆	Xinjiang	7	4557	19.6	10.3	0.7	0.0

1-2-7 按地区分国有及国有控股企业高技术产业生产经营情况(2016年)

Statistics on Production and Management in High-tech Industry of State-owned and State-controlled Enterprises by Region (2016)

单位：个，人，亿元 (unit,person,100 million yuan)

地区	Region	企业数 Number of Enterprises	从业人员平均人数 Annual Average Number of Employed Personnel	资产总计 Total Assets	主营业务收入 Revenue from Principal Business	利润总额 Profits	出口交货值 Exports
全　国	**Total**	**1600**	**1553885**	**25337.0**	**15575.5**	**1060.5**	**2718.5**
东部地区	Eastern Region	848	800833	14005.9	8986.1	698.2	1945.3
中部地区	Middle Region	257	260230	3915.7	2518.0	152.9	362.9
西部地区	Western Region	413	390925	6119.6	3277.4	154.8	318.1
东北地区	Northeastern Region	82	101897	1295.9	794.0	54.6	92.3
北　京	Beijing	172	90623	2296.0	1036.7	117.1	148.9
天　津	Tianjin	97	61475	1294.2	957.9	51.8	31.6
河　北	Hebei	42	36919	537.3	300.5	15.7	41.9
山　西	Shanxi	17	11105	135.5	58.3	2.7	13.5
内蒙古	Inner Mongolia	12	9489	410.1	89.2	1.0	11.5
辽　宁	Liaoning	42	67849	996.5	556.4	28.5	88.9
吉　林	Jilin	27	9612	87.4	68.5	11.6	2.1
黑龙江	Heilongjiang	13	24436	212.0	169.1	14.5	1.3
上　海	Shanghai	111	65327	1303.8	555.8	20.1	94.3
江　苏	Jiangsu	116	82522	2399.8	1297.7	86.8	173.1
浙　江	Zhejiang	58	47311	1092.9	682.5	115.5	109.1
安　徽	Anhui	60	54513	1033.0	695.2	38.3	205.0
福　建	Fujian	33	39674	485.4	288.1	27.9	33.7
江　西	Jiangxi	18	15305	271.5	94.4	10.4	0.7
山　东	Shandong	61	90235	1299.6	1393.3	117.7	194.1
河　南	Henan	37	48121	443.5	315.7	27.9	23.3
湖　北	Hubei	81	103964	1666.5	1098.9	59.6	103.7
湖　南	Hunan	44	27222	365.6	255.5	14.0	16.7
广　东	Guangdong	155	285314	3274.8	2465.3	144.0	1118.6
广　西	Guangxi	18	8494	98.3	84.2	10.8	1.2
海　南	Hainan	3	1433	22.1	8.3	1.6	
重　庆	Chongqing	50	33777	761.4	355.5	14.1	92.9
四　川	Sichuan	104	107349	1874.5	1297.4	58.3	107.8
贵　州	Guizhou	41	44071	469.4	232.9	7.8	11.3
云　南	Yunnan	35	17057	452.9	169.8	13.2	2.3
西　藏	Tibet	1	401	4.6	1.3	0.1	
陕　西	Shaanxi	122	158345	1858.3	981.7	40.3	90.4
甘　肃	Gansu	13	8638	128.6	45.0	9.4	0.3
青　海	Qinghai	6	1453	37.2	12.5	-0.6	0.2
宁　夏	Ningxia	1	183	0.5	0.4	0.1	
新　疆	Xinjiang	10	1668	23.7	7.4	0.3	0.4

1-2-8 按地区和登记注册类型分高技术产业生产经营情况(2016年)

Statistics on Production and Management in High-tech Industry by Region and Registration Status (2016)

单位：个，人，亿元 (unit,person,100 million yuan)

地区	Region	内资企业 Domestic Funded					
		企业数 Number of Enter-prises	从业人员平均人数 Annual Average Number of Employed Personnel	资产总计 Total Assets	主营业务收入 Revenue from Principal Business	利润总额 Profits	出口交货值 Exports
全国	**Total**	**23615**	**7350153**	**83651.6**	**84470.4**	**6506.0**	**12124.3**
东部地区	Eastern Region	13978	4388673	52712.2	52985.7	4091.5	9557.6
中部地区	Middle Region	5512	1564704	14166.6	16688.5	1211.1	1381.3
西部地区	Western Region	3189	1086216	13041.3	11645.5	907.5	1051.0
东北地区	Northeastern Region	936	310560	3731.5	3150.7	295.9	134.4
北京	Beijing	622	161111	4087.5	1803.7	176.8	165.7
天津	Tianjin	306	104251	2075.7	1426.2	114.3	51.0
河北	Hebei	591	175047	1753.2	1490.1	119.7	144.4
山西	Shanxi	125	42405	562.2	245.1	17.1	15.0
内蒙古	Inner Mongolia	102	34262	829.2	355.4	22.8	12.9
辽宁	Liaoning	369	124941	1712.8	929.3	77.1	114.3
吉林	Jilin	407	147981	1591.2	1955.3	178.0	18.9
黑龙江	Heilongjiang	160	37638	427.5	266.1	40.8	1.2
上海	Shanghai	452	125858	2083.3	1133.7	70.3	134.7
江苏	Jiangsu	3147	862026	10187.4	12879.7	1042.8	1015.3
浙江	Zhejiang	2152	498286	5510.9	3925.6	374.3	742.4
安徽	Anhui	1319	251293	3012.8	2806.3	203.7	449.3
福建	Fujian	590	181254	1753.8	1836.8	195.2	483.9
江西	Jiangxi	939	315680	2338.0	3136.3	235.4	170.1
山东	Shandong	1817	508102	6013.8	7662.7	660.5	685.8
河南	Henan	1191	457446	3052.3	4389.6	358.1	66.6
湖北	Hubei	973	289733	3691.6	3474.8	220.9	563.4
湖南	Hunan	965	208147	1509.6	2636.4	175.8	116.9
广东	Guangdong	4260	1760093	19037.5	20698.2	1318.2	6134.5
广西	Guangxi	262	86903	578.4	1275.3	155.1	92.3
海南	Hainan	41	12645	209.1	129.0	19.4	
重庆	Chongqing	575	171849	1923.5	2665.8	184.9	463.3
四川	Sichuan	1003	348042	3965.2	3452.7	258.6	167.0
贵州	Guizhou	316	103983	1048.9	970.4	59.2	59.2
云南	Yunnan	197	40968	750.3	410.0	39.3	53.6
西藏	Tibet	9	1243	33.2	9.7	3.5	0.0
陕西	Shaanxi	487	236772	2696.2	1970.4	134.0	137.5
甘肃	Gansu	119	27796	454.8	192.7	23.6	37.4
青海	Qinghai	42	8041	178.9	95.8	6.0	0.2
宁夏	Ningxia	31	12906	298.6	170.8	12.2	25.1
新疆	Xinjiang	46	13451	284.0	76.5	8.3	2.4

1-2-8　续表 1　continued

单位：个，人，亿元 (unit,person,100 million yuan)

地　区	Region	#国有企业 State-owned Enterprises 企业数 Number of Enterprises	从业人员平均人数 Annual Average Number of Employed Personnel	资产总计 Total Assets	主营业务收入 Revenue from Principal Business	利润总额 Profits	出口交货值 Exports
全　国	**Total**	**152**	**180336**	**2763.8**	**1641.3**	**82.5**	**67.4**
东部地区	Eastern Region	54	57052	1167.1	767.7	34.4	4.0
中部地区	Middle Region	26	45105	679.5	450.2	23.0	54.2
西部地区	Western Region	64	75020	881.0	406.8	24.0	9.1
东北地区	Northeastern Region	8	3159	36.2	16.7	1.1	0.1
北　京	Beijing	14	8397	153.2	60.8	5.8	0.0
天　津	Tianjin	4	23101	506.0	399.5	8.7	0.5
河　北	Hebei	5	3751	47.6	10.3	0.8	
山　西	Shanxi	3	1010	25.1	6.3	0.3	0.0
内蒙古	Inner Mongolia	1	467	25.6	5.8	-1.7	
辽　宁	Liaoning	3	1694	26.7	9.1	0.8	
吉　林	Jilin	2	516	1.4	0.9	0.1	
黑龙江	Heilongjiang	3	949	8.0	6.8	0.2	0.1
上　海	Shanghai	9	5021	55.5	51.8	7.7	
江　苏	Jiangsu	7	4253	213.0	107.2	5.9	1.3
浙　江	Zhejiang	1	620	8.3	7.4	0.4	
安　徽	Anhui	6	3831	111.8	65.0	5.4	1.3
福　建	Fujian	1	803	2.3	18.3	1.0	
江　西	Jiangxi	2	863	1.9	7.7	0.1	
山　东	Shandong	3	4831	120.9	85.1	4.9	0.9
河　南	Henan	4	3005	34.5	17.0	2.4	
湖　北	Hubei	10	35818	504.5	353.8	14.8	52.9
湖　南	Hunan	1	578	1.7	0.4	0.0	
广　东	Guangdong	9	5555	47.2	24.7	-0.8	1.3
广　西	Guangxi	5	2749	34.8	28.7	0.6	1.0
海　南	Hainan	1	720	13.1	2.6	0.0	
重　庆	Chongqing	4	2563	27.5	10.7	0.1	0.0
四　川	Sichuan	9	11781	134.1	53.4	6.0	0.3
贵　州	Guizhou	13	8925	79.4	44.1	2.0	0.5
云　南	Yunnan	3	1650	41.8	14.8	3.6	0.0
西　藏	Tibet						
陕　西	Shaanxi	27	46443	529.2	247.9	13.0	7.2
甘　肃	Gansu	1	155	5.6	1.0	0.4	
青　海	Qinghai	1	287	2.9	0.4	0.0	
宁　夏	Ningxia						
新　疆	Xinjiang						

1-2-8 续表 2 continued

单位：个，人，亿元 (unit,person,100 million yuan)

地区	Region	港澳台投资企业 Enterprises with Funds from Hong Kong, Macau and Taiwan					
		企业数 Number of Enterprises	从业人员平均人数 Annual Average Number of Employed Personnel	资产总计 Total Assets	主营业务收入 Revenue from Principal Business	利润总额 Profits	出口交货值 Exports
全　国	**Total**	**3186**	**3083048**	**24684.9**	**30429.8**	**1608.3**	**17317.3**
东部地区	Eastern Region	2742	2249358	16475.6	20850.4	1321.2	10896.0
中部地区	Middle Region	240	600641	6041.3	6073.1	192.6	4184.9
西部地区	Western Region	153	216560	1842.0	3358.5	80.3	2228.4
东北地区	Northeastern Region	51	16489	326.0	147.9	14.2	8.1
北　京	Beijing	50	31086	1123.5	1543.6	65.1	184.5
天　津	Tianjin	39	30721	286.1	518.6	65.2	271.1
河　北	Hebei	13	21053	282.2	245.4	25.1	34.5
山　西	Shanxi	4	82113	676.3	659.8	21.9	593.9
内蒙古	Inner Mongolia	4	6721	113.9	48.7	0.9	5.3
辽　宁	Liaoning	31	12007	195.7	85.0	1.0	7.8
吉　林	Jilin	13	2686	30.6	23.7	2.4	0.1
黑龙江	Heilongjiang	7	1796	99.7	39.3	10.8	0.1
上　海	Shanghai	147	117536	1678.3	2125.5	95.1	1625.1
江　苏	Jiangsu	657	574875	3931.2	5644.9	400.6	2482.9
浙　江	Zhejiang	202	79445	865.5	684.0	146.8	198.4
安　徽	Anhui	36	25775	493.6	648.7	19.9	319.6
福　建	Fujian	147	117320	1426.1	1458.1	87.4	882.2
江　西	Jiangxi	78	40427	349.1	469.1	24.9	157.6
山　东	Shandong	64	30144	425.1	560.7	67.4	53.7
河　南	Henan	41	314997	3498.2	2826.8	75.1	2620.7
湖　北	Hubei	38	43578	521.2	547.0	25.2	181.4
湖　南	Hunan	43	93751	502.9	921.8	25.8	311.7
广　东	Guangdong	1420	1246339	6439.6	8054.6	363.1	5163.5
广　西	Guangxi	39	51488	231.2	707.2	56.9	258.0
海　南	Hainan	3	839	18.0	15.1	5.4	0.1
重　庆	Chongqing	47	66566	495.8	1063.6	3.0	913.0
四　川	Sichuan	33	78149	889.1	1414.6	8.7	1031.0
贵　州	Guizhou	8	2938	14.0	18.6	0.5	9.1
云　南	Yunnan	8	5600	40.3	43.4	4.1	1.6
西　藏	Tibet						
陕　西	Shaanxi	12	4352	48.2	45.2	5.8	10.4
甘　肃	Gansu						
青　海	Qinghai	1	270	3.7	11.5	0.1	
宁　夏	Ningxia	1	476	5.8	5.5	0.2	
新　疆	Xinjiang						

1-2-8　续表 3　continued

单位：个，人，亿元　　(unit,person,100 million yuan)

地　区	Region	外商投资企业 Foreign Funded Enterprises 企业数 Number of Enter-prises	从业人员平均人数 Annual Average Number of Employed Personnel	资产总计 Total Assets	主营业务收入 Revenue from Principal Business	利润总额 Profits	出口交货值 Exports
全　国	**Total**	**3997**	**2984984**	**28000.5**	**38896.1**	**2187.5**	**23003.0**
东部地区	Eastern Region	3521	2657862	23874.6	34331.5	1777.8	20769.2
中部地区	Middle Region	194	120670	1118.2	1011.8	75.2	238.1
西部地区	Western Region	193	145406	2157.3	2836.6	244.6	1827.0
东北地区	Northeastern Region	89	61046	850.3	716.2	89.9	168.7
北　京	Beijing	123	70736	1406.5	961.3	79.1	295.2
天　津	Tianjin	188	87339	1832.5	1817.7	116.8	902.1
河　北	Hebei	29	12589	156.5	100.6	17.8	12.5
山　西	Shanxi	4	16161	104.8	92.5	8.1	10.6
内 蒙 古	Inner Mongolia	3	580	8.0	2.8	-0.1	0.8
辽　宁	Liaoning	60	33436	530.1	444.9	65.5	155.3
吉　林	Jilin	22	3782	74.1	88.9	9.6	8.5
黑 龙 江	Heilongjiang	7	23828	246.1	182.3	14.8	5.0
上　海	Shanghai	392	259572	2899.7	3751.0	169.2	2466.4
江　苏	Jiangsu	1203	904749	7595.5	12183.3	616.4	8698.1
浙　江	Zhejiang	241	130588	1308.8	1275.6	95.6	524.9
安　徽	Anhui	43	11622	104.0	132.5	15.0	31.3
福　建	Fujian	121	89764	720.8	1171.2	46.2	636.4
江　西	Jiangxi	47	44636	520.1	308.2	22.1	70.7
山　东	Shandong	326	211943	1652.9	4040.0	224.7	1195.2
河　南	Henan	29	18280	110.6	185.2	11.7	31.5
湖　北	Hubei	52	19277	177.9	190.1	13.7	21.5
湖　南	Hunan	19	10694	100.8	103.1	4.6	72.5
广　东	Guangdong	890	887737	6257.3	9012.3	413.0	6035.9
广　西	Guangxi	17	7032	31.1	95.1	10.5	4.9
海　南	Hainan	8	2845	44.2	18.5	-1.0	2.4
重　庆	Chongqing	56	59562	482.8	1166.6	22.9	964.1
四　川	Sichuan	71	52918	745.7	1127.1	126.2	583.4
贵　州	Guizhou	6	3286	35.1	18.8	7.1	1.0
云　南	Yunnan	8	1350	12.4	8.6	0.1	0.1
西　藏	Tibet						
陕　西	Shaanxi	26	18168	764.2	379.0	71.3	272.7
甘　肃	Gansu	2	101	3.8	3.5	0.7	
青　海	Qinghai	2	1077	34.5	21.6	2.7	
宁　夏	Ningxia						
新　疆	Xinjiang	2	1332	39.8	13.6	3.3	0.0

1-2-9 按地区和行业分高技术产业生产经营情况(2016年)
Statistics on Production and Management in High-tech Industry by Region and Industrial Sector (2016)

单位：个，人，亿元 (unit,person,100 million yuan)

地区	Region	医药制造业 Medical and Pharmaceutical Products Manufacturing					
		企业数 Number of Enter-prises	从业人员平均人数 Annual Average Number of Employed Personnel	资产总计 Total Assets	主营业务收入 Revenue from Principal Business	利润总额 Profits	出口交货值 Exports
全国	**Total**	**7541**	**2257372**	**28789.1**	**28206.1**	**3115.0**	**1460.4**
东部地区	Eastern Region	3296	1039684	16136.2	14694.1	1810.0	1060.6
中部地区	Middle Region	2159	601221	5344.8	6797.3	569.1	245.8
西部地区	Western Region	1482	396964	4606.8	4081.6	436.3	118.6
东北地区	Northeastern Region	604	219503	2701.3	2633.1	299.7	35.4
北京	Beijing	209	74400	1290.1	809.0	153.5	13.2
天津	Tianjin	100	45428	940.7	567.4	72.4	44.7
河北	Hebei	245	82100	1052.4	945.8	85.0	67.9
山西	Shanxi	82	31458	372.3	179.0	16.7	14.2
内蒙古	Inner Mongolia	75	29546	363.2	276.3	23.8	6.8
辽宁	Liaoning	143	36380	587.0	397.0	64.6	16.5
吉林	Jilin	352	138291	1531.3	1850.9	174.8	17.7
黑龙江	Heilongjiang	109	44832	582.9	385.2	60.3	1.2
上海	Shanghai	197	57284	1216.9	716.4	118.7	53.4
江苏	Jiangsu	703	203106	2826.1	3870.3	419.3	217.1
浙江	Zhejiang	439	135355	1975.3	1248.6	190.4	251.1
安徽	Anhui	466	70292	720.0	823.8	66.6	36.3
福建	Fujian	134	31242	304.3	289.4	38.5	23.9
江西	Jiangxi	380	103547	909.4	1254.6	105.3	41.0
山东	Shandong	800	262577	3729.0	4546.8	486.2	311.4
河南	Henan	499	211225	1542.5	2265.5	204.8	22.1
湖北	Hubei	410	113740	1235.8	1196.9	100.6	116.8
湖南	Hunan	322	70959	564.8	1077.5	74.9	15.3
广东	Guangdong	421	133606	2561.0	1553.0	223.2	77.5
广西	Guangxi	149	42256	307.7	408.7	46.2	19.9
海南	Hainan	48	14586	240.5	147.3	22.7	0.3
重庆	Chongqing	138	55656	609.7	602.7	58.1	28.3
四川	Sichuan	444	122833	1155.4	1300.1	128.5	17.9
贵州	Guizhou	139	37049	441.1	381.9	51.1	0.2
云南	Yunnan	152	29585	575.7	291.6	35.8	2.8
西藏	Tibet	9	1243	33.2	9.7	3.5	0.0
陕西	Shaanxi	196	45554	507.3	577.0	67.2	14.5
甘肃	Gansu	99	14254	258.7	105.3	15.4	1.2
青海	Qinghai	30	4794	86.6	37.2	2.8	0.2
宁夏	Ningxia	16	6288	123.6	50.3	1.3	24.9
新疆	Xinjiang	35	7906	144.5	40.8	2.4	1.9

1-2-9 续表 1 continued

单位：个，人，亿元 (unit,person,100 million yuan)

地 区	Region	航空、航天器及设备制造业 Manufacture of Aircrafts and Spacecrafts and Related Equipment 企业数 Number of Enter-prises	从业人员平均人数 Annual Average Number of Employed Personnel	资产总计 Total Assets	主营业务收入 Revenue from Principal Business	利润总额 Profits	出口交货值 Exports
全 国	**Total**	**425**	**402202**	**5986.4**	**3801.7**	**224.4**	**541.1**
东部地区	Eastern Region	181	135379	2858.9	2104.1	143.7	388.7
中部地区	Middle Region	65	48820	458.4	282.2	25.1	9.8
西部地区	Western Region	149	175465	2156.4	1094.5	51.7	116.5
东北地区	Northeastern Region	30	42538	512.8	320.9	3.9	26.1
北 京	Beijing	37	32212	446.1	284.2	16.9	9.9
天 津	Tianjin	25	29167	1378.8	904.0	58.5	8.9
河 北	Hebei	7	6852	76.2	24.4	1.7	
山 西	Shanxi	1	70	0.9	0.3	0.1	
内 蒙 古	Inner Mongolia						
辽 宁	Liaoning	24	40242	492.5	309.0	3.9	25.9
吉 林	Jilin						
黑 龙 江	Heilongjiang	6	2296	20.3	11.9	0.0	0.2
上 海	Shanghai	16	24236	357.4	190.8	8.6	35.0
江 苏	Jiangsu	46	17234	287.1	334.2	22.6	103.6
浙 江	Zhejiang	11	1500	11.7	5.8	-0.1	1.4
安 徽	Anhui	11	3322	36.9	16.4	1.2	0.3
福 建	Fujian	8	5474	61.7	135.9	4.8	128.4
江 西	Jiangxi	9	842	23.9	13.5	0.4	0.0
山 东	Shandong	13	3989	27.2	31.3	1.3	2.9
河 南	Henan	13	19553	153.6	100.2	12.1	3.8
湖 北	Hubei	17	13506	124.3	83.9	7.0	0.6
湖 南	Hunan	14	11527	118.8	68.0	4.2	5.2
广 东	Guangdong	18	14715	212.8	193.5	29.4	98.7
广 西	Guangxi	1	857	20.0	22.0	0.3	
海 南	Hainan						
重 庆	Chongqing	2	284	2.1	1.4	0.5	0.1
四 川	Sichuan	39	35246	568.3	287.3	21.0	33.0
贵 州	Guizhou	29	29554	373.6	135.2	3.3	13.6
云 南	Yunnan	1	50	0.4	0.3	0.0	
西 藏	Tibet						
陕 西	Shaanxi	75	107049	1166.9	638.8	25.3	69.7
甘 肃	Gansu	2	2425	25.2	9.4	1.2	
青 海	Qinghai						
宁 夏	Ningxia						
新 疆	Xinjiang						

1-2-9 续表 2 continued

单位：个，人，亿元 (unit,person,100 million yuan)

地区	Region	电子及通信设备制造业 Manufacture of Electronic Equipment and Communication Equipment					
		企业数 Number of Enter-prises	从业人员平均人数 Annual Average Number of Employed Personnel	资产总计 Total Assets	主营业务收入 Revenue from Principal Business	利润总额 Profits	出口交货值 Exports
全国	**Total**	**15383**	**8122515**	**75248.1**	**87304.7**	**4821.7**	**36296.5**
东部地区	Eastern Region	11495	6214432	55602.4	66776.0	3568.7	29772.6
中部地区	Middle Region	2476	1304875	12410.4	13051.4	666.0	4809.8
西部地区	Western Region	1198	526279	6061.6	6806.0	516.5	1524.0
东北地区	Northeastern Region	214	76929	1173.7	671.2	70.5	190.1
北京	Beijing	255	91010	2866.2	2063.7	21.4	525.5
天津	Tianjin	291	112425	1479.0	1744.4	102.9	972.7
河北	Hebei	238	90629	780.3	621.8	51.6	108.3
山西	Shanxi	31	103692	899.1	786.7	29.5	605.2
内蒙古	Inner Mongolia	14	4638	379.5	42.9	-0.3	8.7
辽宁	Liaoning	145	58390	958.4	519.7	57.5	180.1
吉林	Jilin	43	9392	105.1	95.0	7.9	5.8
黑龙江	Heilongjiang	26	9147	110.1	56.5	5.1	4.2
上海	Shanghai	449	288679	3508.7	3528.8	136.7	2553.5
江苏	Jiangsu	2684	1486852	12352.2	16751.7	912.2	7678.3
浙江	Zhejiang	1359	405762	4081.5	3442.8	314.6	869.4
安徽	Anhui	635	162047	2115.1	1796.0	131.3	359.5
福建	Fujian	513	279543	2796.1	2881.2	214.7	1440.4
江西	Jiangxi	497	214408	1422.5	1958.1	124.1	238.3
山东	Shandong	837	328245	2903.6	4926.7	297.2	1400.7
河南	Henan	391	453555	4298.5	4087.0	156.9	2675.0
湖北	Hubei	424	181594	2613.1	2351.3	124.0	464.7
湖南	Hunan	498	189579	1062.0	2072.5	100.2	467.1
广东	Guangdong	4866	3130035	24809.8	30802.3	1517.2	14221.5
广西	Guangxi	107	59891	235.7	651.5	70.7	84.0
海南	Hainan	3	1252	24.9	12.5	0.2	2.1
重庆	Chongqing	295	101996	1203.6	1988.9	104.8	523.1
四川	Sichuan	447	220557	2414.9	2597.0	215.0	478.6
贵州	Guizhou	127	37313	241.8	431.5	10.2	45.4
云南	Yunnan	27	9121	74.1	96.4	11.1	46.5
西藏	Tibet						
陕西	Shaanxi	155	77926	1297.7	857.8	93.8	301.8
甘肃	Gansu	12	10047	146.3	76.8	7.3	35.5
青海	Qinghai	7	2017	56.3	37.9	3.2	0.0
宁夏	Ningxia	1	42	5.5	22.5	0.7	
新疆	Xinjiang	6	2731	6.4	2.8	-0.1	0.5

1-2-9 续表 3 continued

单位：个，人，亿元 (unit,person,100 million yuan)

地 区	Region	计算机及办公设备制造业 Manufacture of Computer and Office Equipments 企业数 Number of Enter-prises	从业人员平均人数 Annual Average Number of Employed Personnel	资产总计 Total Assets	主营业务收入 Revenue from Principal Business	利润总额 Profits	出口交货值 Exports
全 国	**Total**	**1725**	**1302216**	**11421.1**	**19760.1**	**819.3**	**12157.4**
东部地区	Eastern Region	1303	990339	8224.2	13883.0	641.8	8236.1
中部地区	Middle Region	182	79092	808.2	1210.2	36.3	610.6
西部地区	Western Region	217	222397	2301.7	4597.9	136.8	3286.5
东北地区	Northeastern Region	23	10388	87.0	69.1	4.5	24.2
北 京	Beijing	47	16517	1121.4	710.1	68.5	41.8
天 津	Tianjin	14	18332	178.5	395.2	51.8	170.8
河 北	Hebei	11	3117	23.6	14.7	1.2	3.4
山 西	Shanxi	2	1993	11.1	3.9	0.0	
内蒙古	Inner Mongolia	2	212	1.4	1.6	-0.1	
辽 宁	Liaoning	15	7668	65.3	47.2	1.8	24.2
吉 林	Jilin	4	1402	13.7	16.5	2.2	
黑龙江	Heilongjiang	4	1318	8.0	5.3	0.4	0.0
上 海	Shanghai	57	78884	970.2	2059.3	4.9	1427.1
江 苏	Jiangsu	272	293655	1846.4	4042.1	192.8	3336.1
浙 江	Zhejiang	94	25479	226.0	217.1	11.0	140.1
安 徽	Anhui	47	23866	495.6	615.3	9.6	381.1
福 建	Fujian	70	49375	585.6	954.2	48.8	359.5
江 西	Jiangxi	36	21042	77.2	152.2	10.5	71.6
山 东	Shandong	51	64651	497.9	1391.8	70.9	111.7
河 南	Henan	38	16044	67.5	118.2	9.3	
湖 北	Hubei	25	5926	58.7	215.0	2.2	151.5
湖 南	Hunan	34	10221	98.0	105.5	4.6	6.4
广 东	Guangdong	687	440329	2774.4	4098.6	191.8	2645.7
广 西	Guangxi	26	32028	210.4	881.9	95.4	247.1
海 南	Hainan						
重 庆	Chongqing	130	112042	851.7	2055.9	29.2	1783.5
四 川	Sichuan	39	72447	1191.5	1601.5	9.9	1244.5
贵 州	Guizhou	12	3752	14.6	36.1	1.4	9.4
云 南	Yunnan	4	1529	27.6	18.2	0.4	2.1
西 藏	Tibet						
陕 西	Shaanxi	4	387	4.3	2.7	0.7	
甘 肃	Gansu						
青 海	Qinghai						
宁 夏	Ningxia						
新 疆	Xinjiang						

1-2-9 续表 4 continued

单位：个，人，亿元 (unit,person,100 million yuan)

地 区	Region	医疗仪器设备及仪器仪表制造业 Manufacture of Medical Equipments and Measuring Instrument					
		企业数 Number of Enter-prises	从业人员平均人数 Annual Average Number of Employed Personnel	资产总计 Total Assets	主营业务收入 Revenue from Principal Business	利润总额 Profits	出口交货值 Exports
全 国	**Total**	**5269**	**1154894**	**10966.2**	**11651.9**	**1099.0**	**1464.7**
东部地区	Eastern Region	3672	821936	8293.2	8837.2	869.9	1346.1
中部地区	Middle Region	966	199524	1381.5	1809.9	149.4	56.8
西部地区	Western Region	436	97006	896.2	704.3	56.6	28.6
东北地区	Northeastern Region	195	36428	395.2	300.5	23.1	33.2
北 京	Beijing	241	47142	869.7	430.6	60.5	51.2
天 津	Tianjin	99	15663	161.7	125.4	9.0	15.6
河 北	Hebei	115	19137	156.6	133.8	14.0	6.8
山 西	Shanxi	15	2673	47.1	21.8	0.7	0.2
内 蒙 古	Inner Mongolia	9	923	9.0	13.2	0.3	0.0
辽 宁	Liaoning	125	25655	301.1	167.4	17.4	28.7
吉 林	Jilin	42	5294	44.9	105.1	5.2	3.9
黑 龙 江	Heilongjiang	28	5479	49.2	28.0	0.5	0.6
上 海	Shanghai	263	51962	571.3	489.6	63.7	148.4
江 苏	Jiangsu	1187	287023	3162.1	4442.9	405.7	526.7
浙 江	Zhejiang	645	132238	1208.0	811.0	95.3	184.9
安 徽	Anhui	221	27622	219.4	306.5	28.3	23.1
福 建	Fujian	113	20262	102.2	155.3	19.0	39.3
江 西	Jiangxi	109	34324	193.0	270.2	24.4	13.4
山 东	Shandong	472	82780	806.7	1237.6	80.9	94.0
河 南	Henan	297	78100	463.7	665.5	55.7	9.1
湖 北	Hubei	172	27870	209.0	221.2	18.2	5.6
湖 南	Hunan	152	28935	249.4	324.7	22.2	5.4
广 东	Guangdong	536	165238	1248.9	1008.2	120.9	279.2
广 西	Guangxi	32	8699	52.1	78.8	5.3	4.3
海 南	Hainan	1	491	5.9	2.8	0.8	
重 庆	Chongqing	111	26525	206.3	197.4	15.5	5.2
四 川	Sichuan	128	24485	203.7	151.0	15.5	5.6
贵 州	Guizhou	23	2539	27.0	23.0	0.8	0.7
云 南	Yunnan	26	6442	75.1	45.1	-0.5	3.9
西 藏	Tibet						
陕 西	Shaanxi	87	23792	257.7	169.5	17.7	8.0
甘 肃	Gansu	8	1171	28.3	4.6	0.3	0.7
青 海	Qinghai	2	395	2.3	0.8	0.0	0.1
宁 夏	Ningxia	8	1782	31.2	19.1	1.4	0.0
新 疆	Xinjiang	2	253	3.4	1.9	0.1	

1-2-9 续表 5 continued

单位：个，人，亿元 (unit,person,100 million yuan)

地区	Region	信息化学品制造业 Manufacture of Electronic Chemicals					
		企业数 Number of Enter-prises	从业人员平均人数 Annual Average Number of Employed Personnel	资产总计 Total Assets	主营业务收入 Revenue from Principal Business	利润总额 Profits	出口交货值 Exports
全国	**Total**	**455**	**178986**	**3926.1**	**3071.9**	**222.3**	**524.4**
东部地区	Eastern Region	294	94123	1947.6	1873.3	156.4	418.6
中部地区	Middle Region	98	52483	922.8	622.3	33.0	71.6
西部地区	Western Region	53	30071	1017.9	556.2	34.4	32.2
东北地区	Northeastern Region	10	2309	37.8	20.0	-1.5	2.0
北京	Beijing	6	1652	24.1	10.9	0.2	3.8
天津	Tianjin	4	1296	55.6	26.0	1.7	11.6
河北	Hebei	17	6854	102.7	95.6	9.1	4.8
山西	Shanxi	2	793	12.8	5.8	0.1	
内蒙古	Inner Mongolia	9	6244	197.9	72.9	-0.1	3.6
辽宁	Liaoning	8	2049	34.2	18.9	-1.6	2.0
吉林	Jilin	1	70	0.8	0.3	0.0	
黑龙江	Heilongjiang	1	190	2.7	0.8	0.1	0.1
上海	Shanghai	9	1921	36.8	25.3	1.9	8.7
江苏	Jiangsu	115	53780	1240.2	1266.8	107.3	334.4
浙江	Zhejiang	47	7985	182.7	159.9	5.4	18.8
安徽	Anhui	18	1541	23.5	29.5	1.7	
福建	Fujian	20	2442	50.8	50.0	2.9	11.1
江西	Jiangxi	33	26580	581.1	265.1	17.6	34.0
山东	Shandong	34	7947	127.5	129.2	16.2	14.0
河南	Henan	23	12246	135.2	165.3	6.0	8.8
湖北	Hubei	15	9952	149.8	143.6	7.8	27.1
湖南	Hunan	7	1371	20.4	13.1	0.0	1.7
广东	Guangdong	42	10246	127.4	109.6	11.7	11.4
广西	Guangxi	3	1692	15.0	34.7	4.5	
海南	Hainan						
重庆	Chongqing	2	1474	28.7	49.7	2.6	
四川	Sichuan	10	3541	66.2	57.5	3.5	1.8
贵州	Guizhou						
云南	Yunnan	3	1191	50.1	10.5	-3.4	0.1
西藏	Tibet						
陕西	Shaanxi	8	4584	274.6	148.7	6.3	26.5
甘肃	Gansu						
青海	Qinghai	6	2182	71.9	53.1	2.7	
宁夏	Ningxia	7	5270	144.1	84.5	9.0	0.1
新疆	Xinjiang	5	3893	169.5	44.6	9.2	

R&D 及相关活动情况

Statistics on R&D and Related Activities

2-1-1　大中型高技术产业企业R&D及相关活动情况

Statistics on R&D and Related Activities in High Technology Industry of Large and Medium-sized Enterprises

指　标	Indicator	2000	2005	2013	2014	2015	2016
R&D活动情况	**Statitstics on R&D Activities**						
R&D人员折合全时当量(人年)	Full-time Equivalent of R&D Personnel (man-year)	91573	173161	559229	572537	590016	580248
R&D经费内部支出(万元)	Intramural Expenditure on R&D (10000 yuan)	1110410	3624985	17343666	19221544	22196591	24376050
新产品开发及销售情况	**Statitstics on New Products Development and Production**						
新产品开发经费支出(万元)	Expenditure on New Products Development (10000 yuan)	1177940	4156916	20694975	23505812	25746024	30003555
新产品销售收入(万元)	Sales Revenue of New Products (10000 yuan)	24838202	69146633	290288371	328451936	381114794	435592444
专利情况	**Statistics on Patents**						
专利申请数(件)	Patent Applications (piece)	2245	16823	102532	120077	114562	131680
有效发明专利数(件)	Number of Patents In Force (piece)	1443	6658	115884	147927	199728	257234
技术改造、技术获取情况	**Statistics on Technology Acquisition and Technology Reconstruction**						
技术改造经费支出(万元)	Expenditure for Technical Renovation (10000 yuan)	1047478	1590214	3671266	3165342	3355721	4028069
引进技术经费支出(万元)	Expenditure for Acquisition of Foreign Technology (10000 yuan)	470463	848184	532130	566978	717421	997959
消化吸收经费支出(万元)	Expenditure for Assimilation of Technology (10000 yuan)	33685	274972	130081	149184	129261	77945
购买国内技术经费支出(万元)	Expenditure for Purchase of Domestic Technology (10000 yuan)	72099	95359	312567	467082	633058	774624
企业办研发机构情况	**Statistics on R&D Institutions**						
机构数(个)	Number of R&D Institutions in Enterprises (unit)	1379	1619	4583	4763	5572	6456
机构人员(人)	Personnel in R&D Institutions (person)	90187	156789	510507	531339	637299	719363
机构经费支出(万元)	Expenditure in R&D Institutions (10000 yuan)	961000	2607837	13594544	14736915	19487514	22901165

注：2010年及以前年份数据口径为从业人员年平均人数300人及以上并且年主营业务收入3000万元及以上并且年资产合计4000万元及以上的法人工业企业。2011年及以后年份数据口径为从业人员年平均人数300人及以上且年主营业务收入2000万元及以上的法人工业企业。以下至2-1-12表相同。

2-1-2　大中型制造业企业R&D及相关活动情况
Statistics on R&D and Related Activities in Large and Medium-sized Manufacturing Enterprises

指　标	Indicator	2000	2005	2013	2014	2015	2016
R&D活动情况	**Statitstics on R&D Activities**						
R&D人员折合全时当量(人年)	Full-time Equivalent of R&D Personnel (man-year)	296697	545026	1861263	1927137	1888103	1867312
R&D经费内部支出(万元)	Intramural Expenditure on R&D (10000 yuan)	3230543	11845186	64073415	69906623	74760429	79731212
新产品开发及销售情况	**Statitstics on New Products Development and Production**						
新产品开发经费支出(万元)	Expenditure on New Products Development (10000 yuan)	3791305	14222522	72725501	77961941	78386388	87485685
新产品销售收入(万元)	Sales Revenue of New Products (10000 yuan)	76076657	238042145	1112218465	1226242599	1280917612	1462578913
专利情况	**Statistics on Patents**						
专利申请数(件)	Patent Applications (piece)	11139	53843	351087	369889	371326	414209
有效发明专利数(件)	Number of Patents In Force (piece)	6054	21870	238501	303855	391732	510834
技术改造、技术获取情况	**Statistics on Technology Acquisition and Technology Reconstruction**						
技术改造经费支出(万元)	Expenditure for Technical Renovation (10000 yuan)	9950798	25122468	30773509	27880994	23599933	23262074
引进技术经费支出(万元)	Expenditure for Acquisition of Foreign Technology (10000 yuan)	2355387	2884886	3659155	3565451	3644672	4540004
消化吸收经费支出(万元)	Expenditure for Assimilation of Technology (10000 yuan)	176927	653496	1276875	1220560	936484	983096
购买国内技术经费支出(万元)	Expenditure for Purchase of Domestic Technology (10000 yuan)	245781	784587	1811323	1785022	1749869	1717460
企业办研发机构情况	**Statistics on R&D Institutions**						
机构数(个)	Number of R&D Institutions in Enterprises (unit)	7093	8659	22682	23048	24878	27584
机构人员(人)	Personnel in R&D Institutions (person)	399060	579427	1789653	1805452	1942375	2102549
机构经费支出(万元)	Expenditure in R&D Institutions (10000 yuan)	3075258	9678739	47968557	49837893	54201567	60557508

2-1-3 分行业大中型企业R&D及相关活动情况

Statistics on R&D and Related Activities in Large and Medium-sized Enterprises by Industrial Sector

行业	Industry	R&D人员折合全时当量（人年） Full-time Equivalent of R&D Personnel (man-year)					
		2000	2005	2013	2014	2015	2016
合计	**Total**	**91573**	**173161**	**559229**	**572537**	**590016**	**580248**
医药制造业	**Manufacture of Medicines**	**12238**	**19584**	**94133**	**100381**	**92414**	**92173**
#化学药品制造	Manufacture of Chemical Medicine	7794	12574	53702	57750	53487	52476
中成药生产	Production of Finished Traditional Chinese Herbal Medicine	2797	4976	22236	23041	19801	19908
生物药品制造	Manufacture of Biological Medicine	1406	1534	9701	10723	11088	11374
航空、航天器及设备制造业	**Manufacture of Aircrafts and Spacecrafts and Related Equipment**	**30835**	**29870**	**44440**	**36249**	**42113**	**35296**
#飞机制造	Manufacture of Airplanes	27704	27720	35938	27964	30216	24452
航天器制造	Manufacture of Spacecrafts	3131	2150	3699	4198	4789	4691
电子及通信设备制造业	**Manufacture of Electronic Equipment and Communication Equipment**	**36625**	**95091**	**311390**	**327262**	**344997**	**351498**
#通信设备制造	Manufacture of Communication Equipment	18505	49679	120627	124216	137376	138771
#通信系统设备制造	Manufacture of Communication System Equipment	15728	37954	100535	104189	108548	101720
通信终端设备制造	Manufacture of Communication Terminal Equipment	1023	3983	20092	20028	28828	37050
广播电视设备制造	Manufacture of Broadcasting and TV Equipment	448	1740	9927	9625	9289	10045
雷达及配套设备制造	Manufacture of Radar and Its Fittings	1794	1810	5419	6420	5587	5284
视听设备制造	Manufacture of TV Set and Radio Receiver	4117	11573	31316	25403	28589	25438
电子器件制造	Manufacture of Electronic Appliances	5083	15211	52220	59329	60548	65613
#电子真空器件制造	Manufacture of Electronic Vacuum Appliance	1814	3839	747	1389	1271	727
半导体分立器件制造	Manufacture of Semiconductor Discreting Appliances	1948	1832	3408	4021	3849	4412
集成电路制造	Manufacture of Integrate Circuit	1321	3908	16725	18716	18070	18299
电子元件制造	Manufacture of Electronic Components	4669	13672	64257	67082	67003	66336
其他电子设备制造	Manufacture of Other Electronic Equipment	2009	1407	11274	17524	16290	17279
计算机及办公设备制造业	**Manufacture of Computers and Office Equipment**	**3941**	**17484**	**55047**	**54907**	**51727**	**41712**
#计算机整机制造	Manufacture of Entired Computer	2950	7452	19427	23351	27164	18910
计算机零部件制造	Manufacture of Computer Components and Parts	806	8943	18119	8285	5482	5707
计算机外围设备制造	Manufacture of Computer Peripheral Equipment			7853	11738	5908	6699
办公设备制造	Manufacture of Office Equipment	185	1089	3794	4121	4301	2702
医疗仪器设备及仪器仪表制造业	**Manufacture of Medical Equipments and Measuring Instrument**	**7934**	**11132**	**54219**	**53738**	**51146**	**51067**
1.医疗仪器设备及器械制造	Manufacture of Medical Equipment and Appliance	796	1262	10028	9075	12219	12712
2.仪器仪表制造	Manufacture of Measuring Instrument	7138	9870	44191	44664	38928	38355
信息化学品制造业	**Manufacture of Electronic Chemicals**					**7618**	**8503**

2-1-3 续表 1 continued

行 业	Industry	R&D经费内部支出（万元） Intramural Expenditure on R&D (10000 yuan)					
		2000	2005	2013	2014	2015	2016
合计	**Total**	**1110410**	**3624985**	**17343666**	**19221544**	**22196591**	**24376050**
医药制造业	**Manufacture of Medicines**	**135888**	**399510**	**2588803**	**2897090**	**3262105**	**3598556**
#化学药品制造	Manufacture of Chemical Medicine	88357	273832	1532980	1693918	1917865	2078484
中成药生产	Production of Finished Traditional Chinese Herbal Medicine	29227	91512	518065	550035	573991	678393
生物药品制造	Manufacture of Biological Medicine	16571	22955	329758	402687	458219	510471
航空、航天器及设备制造业	**Manufacture of Aircrafts and Spacecrafts and Related Equipment**	**137932**	**277969**	**1671450**	**1847872**	**1680023**	**1714573**
#飞机制造	Manufacture of Airplanes	119250	239156	1371839	1475849	1303782	1240375
航天器制造	Manufacture of Spacecrafts	18682	38813	219876	265160	219353	255421
电子及通信设备制造业	**Manufacture of Electronic Equipment and Communication Equipment**	**679441**	**2347164**	**10459083**	**11764875**	**13790569**	**15558671**
#通信设备制造	Manufacture of Communication Equipment	397600	1196585	4857306	5552234	6561563	7479367
#通信系统设备制造	Manufacture of Communication System Equipment	345463	914102	4068716	4672628	5533998	6084357
通信终端设备制造	Manufacture of Communication Terminal Equipment	11693	54847	788589	879606	1027565	1395010
广播电视设备制造	Manufacture of Broadcasting and TV Equipment	2036	18105	215389	226547	290846	349150
雷达及配套设备制造	Manufacture of Radar and Its Fittings	7003	24472	157894	151067	118319	159459
视听设备制造	Manufacture of TV Set and Radio Receiver	86682	500884	1206752	1149662	1202894	1190486
电子器件制造	Manufacture of Electronic Appliances	85820	328721	1882363	2221284	2673051	3131990
#电子真空器件制造	Manufacture of Electronic Vacuum Appliance	58896	42632	13439	25363	28335	18889
半导体分立器件制造	Manufacture of Semiconductor Discreting Appliances	9102	23160	67728	102277	113127	148570
集成电路制造	Manufacture of Integrate Circuit	17823	145065	636123	794938	908188	1106753
电子元件制造	Manufacture of Electronic Components	79182	257997	1342084	1459287	1682146	1791205
其他电子设备制造	Manufacture of Other Electronic Equipment	21118	20401	403986	451296	535969	550116
计算机及办公设备制造业	**Manufacture of Computers and Office Equipment**	**115541**	**434480**	**1378372**	**1421122**	**1588082**	**1576677**
#计算机整机制造	Manufacture of Entired Computer	101235	211999	661926	744271	872340	812430
计算机零部件制造	Manufacture of Computer Components and Parts	12777	207560	264713	218476	178012	199707
计算机外围设备制造	Manufacture of Computer Peripheral Equipment			236763	209855	208639	265727
办公设备制造	Manufacture of Office Equipment	1529	14921	84112	96109	103134	102282
医疗仪器设备及仪器仪表制造业	**Manufacture of Medical Equipments and Measuring Instrument**	**41607**	**165862**	**1245959**	**1290585**	**1503751**	**1501186**
1.医疗仪器设备及器械制造	Manufacture of Medical Equipment and Appliance	6274	34481	324508	285337	439378	461401
2.仪器仪表制造	Manufacture of Measuring Instrument	35334	131381	921451	1005249	1064373	1039785
信息化学品制造业	**Manufacture of Electronic Chemicals**					**372061**	**426388**

2-1-3 续表 2 continued

行 业	Industry	新产品开发经费支出（万元） Expenditure on New Products Development (10000 yuan)					
		2000	2005	2013	2014	2015	2016
合计	**Total**	**1177940**	**4156916**	**20694975**	**23505812**	**25746024**	**30003555**
医药制造业	**Manufacture of Medicines**	**149276**	**447725**	**2669404**	**3033372**	**3149432**	**3682217**
#化学药品制造	Manufacture of Chemical Medicine	91707	300482	1536796	1737541	1796571	2099441
中成药生产	Production of Finished Traditional Chinese Herbal Medicine	38556	97048	523000	571590	573748	718069
生物药品制造	Manufacture of Biological Medicine	15925	28373	363044	466113	467876	512619
航空、航天器及设备制造业	**Manufacture of Aircrafts and Spacecrafts and Related Equipment**	**114280**	**301632**	**1776157**	**1912557**	**1693328**	**1786457**
#飞机制造	Manufacture of Airplanes	95570	270864	1363744	1497594	1317311	1221228
航天器制造	Manufacture of Spacecrafts	18709	30769	317290	297813	232607	270657
电子及通信设备制造业	**Manufacture of Electronic Equipment and Communication Equipment**	**736736**	**2611326**	**12855333**	**15056275**	**17181848**	**20155734**
#通信设备制造	Manufacture of Communication Equipment	363991	1267879	5775787	7049353	8536406	10040472
#通信系统设备制造	Manufacture of Communication System Equipment	303007	859024	4798164	6013958	7298021	8461988
通信终端设备制造	Manufacture of Communication Terminal Equipment	18365	66003	977623	1035395	1238384	1578484
广播电视设备制造	Manufacture of Broadcasting and TV Equipment	1117	27438	311659	311664	358938	392326
雷达及配套设备制造	Manufacture of Radar and Its Fittings	11129	27487	184152	230923	141110	224733
视听设备制造	Manufacture of TV Set and Radio Receiver	142278	589840	1435162	1397303	1312972	1454302
电子器件制造	Manufacture of Electronic Appliances	102543	355849	2412205	2814515	3306846	3784025
#电子真空器件制造	Manufacture of Electronic Vacuum Appliance	73629	48067	18495	29017	30671	25213
半导体分立器件制造	Manufacture of Semiconductor Discreting Appliances	9795	30538	98755	115287	127512	179952
集成电路制造	Manufacture of Integrate Circuit	19119	129635	833661	994898	1013022	1228566
电子元件制造	Manufacture of Electronic Components	97668	315540	1593648	1755811	1874910	2263070
其他电子设备制造	Manufacture of Other Electronic Equipment	18010	27294	564598	791106	777819	814752
计算机及办公设备制造业	**Manufacture of Computers and Office Equipment**	**133132**	**617788**	**1892254**	**1859230**	**1739336**	**2173659**
#计算机整机制造	Manufacture of Entired Computer	100730	271034	932923	969035	890613	1206902
计算机零部件制造	Manufacture of Computer Components and Parts	28414	307709	391651	344350	216357	265997
计算机外围设备制造	Manufacture of Computer Peripheral Equipment			285730	230727	260858	297321
办公设备制造	Manufacture of Office Equipment	3989	39045	107107	115585	118022	133304
医疗仪器设备及仪器仪表制造业	**Manufacture of Medical Equipments and Measuring Instrument**	**44516**	**178445**	**1501827**	**1644378**	**1675423**	**1819330**
1.医疗仪器设备及器械制造	Manufacture of Medical Equipment and Appliance	7174	33142	415948	416442	525419	600244
2.仪器仪表制造	Manufacture of Measuring Instrument	37342	145303	1085880	1227936	1150003	1219086
信息化学品制造业	**Manufacture of Electronic Chemicals**					**306657**	**386160**

2-1-3 续表 3 continued

行 业	Industry	新产品销售收入（万元） Sales Revenue of New Products (10000 yuan)					
		2000	2005	2013	2014	2015	2016
合计	**Total**	**24838202**	**69146633**	**290288371**	**328451936**	**381114794**	**435592444**
医药制造业	**Manufacture of Medicines**	**1720272**	**4693608**	**29908269**	**36253991**	**39407601**	**44311703**
#化学药品制造	Manufacture of Chemical Medicine	1348607	3327695	17841904	20841163	22296183	25200221
中成药生产	Production of Finished Traditional Chinese Herbal Medicine	251856	1045794	6469151	8540698	9196399	10606575
生物药品制造	Manufacture of Biological Medicine	95979	171308	2324121	3085270	3672188	3935299
航空、航天器及设备制造业	**Manufacture of Aircrafts and Spacecrafts and Related Equipment**	**813277**	**3373540**	**7161535**	**10809047**	**12649593**	**14881474**
#飞机制造	Manufacture of Airplanes	696006	3335683	6522618	9653610	10878098	12803421
航天器制造	Manufacture of Spacecrafts	117272	37857	434640	453585	579453	672860
电子及通信设备制造业	**Manufacture of Electronic Equipment and Communication Equipment**	**16308150**	**38520369**	**184246208**	**210593441**	**252079537**	**295952123**
#通信设备制造	Manufacture of Communication Equipment	6717290	16431725	89291716	100226932	132540473	149932271
#通信系统设备制造	Manufacture of Communication System Equipment	2171794	5727443	29338496	35181646	47311492	55897433
通信终端设备制造	Manufacture of Communication Terminal Equipment	1288981	994193	59953219	65045286	85228981	94034838
广播电视设备制造	Manufacture of Broadcasting and TV Equipment	6198	161757	3247486	2462737	2858581	3846231
雷达及配套设备制造	Manufacture of Radar and Its Fittings	102849	258585	1081781	1498916	1337974	1882368
视听设备制造	Manufacture of TV Set and Radio Receiver	6376889	13313107	32703041	27308512	28919975	29913221
电子器件制造	Manufacture of Electronic Appliances	1910948	5127979	26182984	37892695	38844026	48585817
#电子真空器件制造	Manufacture of Electronic Vacuum Appliance	1512257	1205662	547929	133387	225396	250821
半导体分立器件制造	Manufacture of Semiconductor Discreting Appliances	62650	161634	775002	848099	970254	1367459
集成电路制造	Manufacture of Integrate Circuit	336040	2150651	5326118	7535770	6623905	6671328
电子元件制造	Manufacture of Electronic Components	973788	3023700	20132929	22995979	27501756	33777026
其他电子设备制造	Manufacture of Other Electronic Equipment	220190	203515	4451996	8769519	8774752	9512823
计算机及办公设备制造业	**Manufacture of Computers and Office Equipment**	**5369985**	**20700912**	**56534632**	**56113670**	**53452720**	**52572011**
#计算机整机制造	Manufacture of Entired Computer	2707176	12278252	25927238	29095160	41659660	35985398
计算机零部件制造	Manufacture of Computer Components and Parts	2560950	7750678	22013363	18204774	2476187	5903172.9
计算机外围设备制造	Manufacture of Computer Peripheral Equipment			5710976	5521373	5517905	5591148
办公设备制造	Manufacture of Office Equipment	101858	671983	1284539	1477955	1604205	1776407
医疗仪器设备及仪器仪表制造业	**Manufacture of Medical Equipments and Measuring Instrument**	**626518**	**1858204**	**12437727**	**14681788**	**15192887**	**17044875**
1.医疗仪器设备及器械制造	Manufacture of Medical Equipment and Appliance	101634	319050	2139910	2279340	2505385	3054061
2.仪器仪表制造	Manufacture of Measuring Instrument	524884	1539155	10297817	12402449	12687502	13990814
信息化学品制造业	**Manufacture of Electronic Chemicals**					**8332456**	**10830258**

2-1-3　续表 4　continued

行　业	Industry	专利申请数（件） Patent Applications (piece)					
		2000	2005	2013	2014	2015	2016
合计	**Total**	**2245**	**16823**	**102532**	**120077**	**114562**	**131680**
医药制造业	**Manufacture of Medicines**	**579**	**2708**	**10043**	**11514**	**9260**	**9633**
#化学药品制造	Manufacture of Chemical Medicine	215	1133	4501	4689	4707	4475
中成药生产	Production of Finished Traditional Chinese Herbal Medicine	286	1288	3114	3655	1892	2193
生物药品制造	Manufacture of Biological Medicine	43	242	1062	1546	1338	1348
航空、航天器及设备制造业	**Manufacture of Aircrafts and Spacecrafts and Related Equipment**	**79**	**328**	**3828**	**4772**	**5276**	**7040**
#飞机制造	Manufacture of Airplanes	74	314	2845	3842	3952	3691
航天器制造	Manufacture of Spacecrafts	5	14	584	526	607	632
电子及通信设备制造业	**Manufacture of Electronic Equipment and Communication Equipment**	**1099**	**11022**	**64478**	**75590**	**76612**	**89315**
#通信设备制造	Manufacture of Communication Equipment	570	6602	24086	30069	29217	32361
#通信系统设备制造	Manufacture of Communication System Equipment	529	5718	17240	22499	20563	23236
通信终端设备制造	Manufacture of Communication Terminal Equipment	29	177	6846	7570	8654	9125
广播电视设备制造	Manufacture of Broadcasting and TV Equipment	4	101	2729	2284	2648	3107
雷达及配套设备制造	Manufacture of Radar and Its Fittings	22	9	622	800	691	1208
视听设备制造	Manufacture of TV Set and Radio Receiver	331	2434	6088	5188	6037	7480
电子器件制造	Manufacture of Electronic Appliances	65	812	15599	19937	20650	21444
#电子真空器件制造	Manufacture of Electronic Vacuum Appliance	47	110	184	143	119	139
半导体分立器件制造	Manufacture of Semiconductor Discreting Appliances	6	10	391	662	771	1033
集成电路制造	Manufacture of Integrate Circuit	12	457	4115	5184	4203	4402
电子元件制造	Manufacture of Electronic Components	85	947	9320	9609	8142	10338
其他电子设备制造	Manufacture of Other Electronic Equipment	22	117	2243	2711	4036	5547
计算机及办公设备制造业	**Manufacture of Computers and Office Equipment**	**263**	**1863**	**11348**	**12088**	**10147**	**11247**
#计算机整机制造	Manufacture of Entired Computer	166	1020	6806	6817	6686	6488
计算机零部件制造	Manufacture of Computer Components and Parts	93	796	1277	1582	632	1274
计算机外围设备制造	Manufacture of Computer Peripheral Equipment			1364	1681	1387	1577
办公设备制造	Manufacture of Office Equipment	4	47	924	921	737	1002
医疗仪器设备及仪器仪表制造业	**Manufacture of Medical Equipments and Measuring Instrument**	**225**	**902**	**12835**	**16113**	**12068**	**12880**
1.医疗仪器设备及器械制造	Manufacture of Medical Equipment and Appliance	68	401	3295	4126	3670	3985
2.仪器仪表制造	Manufacture of Measuring Instrument	157	501	9540	11987	8398	8895
信息化学品制造业	**Manufacture of Electronic Chemicals**					**1199**	**1565**

2-1-3 续表 5 continued

行 业	Industry	有效发明专利数（件） Number of Patents In Force (piece)					
		2000	2005	2013	2014	2015	2016
合计	**Total**	**1443**	**6658**	**115884**	**147927**	**199728**	**257234**
医药制造业	**Manufacture of Medicines**	**460**	**1134**	**12795**	**16161**	**21563**	**24640**
#化学药品制造	Manufacture of Chemical Medicine	165	495	6302	7973	11448	12828
中成药生产	Production of Finished Traditional Chinese Herbal Medicine	211	497	4661	5513	6114	6839
生物药品制造	Manufacture of Biological Medicine	37	49	1197	1746	2342	3265
航空、航天器及设备制造业	**Manufacture of Aircrafts and Spacecrafts and Related Equipment**	**139**	**192**	**2778**	**3485**	**5535**	**6188**
#飞机制造	Manufacture of Airplanes	102	185	2111	2645	3558	3733
航天器制造	Manufacture of Spacecrafts	37	7	483	502	1111	1532
电子及通信设备制造业	**Manufacture of Electronic Equipment and Communication Equipment**	**589**	**4268**	**79689**	**105307**	**150004**	**197820**
#通信设备制造	Manufacture of Communication Equipment	372	2959	52769	67469	101991	131264
#通信系统设备制造	Manufacture of Communication System Equipment	346	2660	50551	64817	95406	123986
通信终端设备制造	Manufacture of Communication Terminal Equipment	9	110	2218	2652	6585	7278
广播电视设备制造	Manufacture of Broadcasting and TV Equipment	2	13	1699	2091	1878	2903
雷达及配套设备制造	Manufacture of Radar and Its Fittings	15	5	900	968	907	1380
视听设备制造	Manufacture of TV Set and Radio Receiver	118	371	4614	4079	5664	6930
电子器件制造	Manufacture of Electronic Appliances	29	540	9007	16546	23477	31745
#电子真空器件制造	Manufacture of Electronic Vacuum Appliance	19	346	158	134	202	298
半导体分立器件制造	Manufacture of Semiconductor Discreting Appliances	6	14	550	465	674	1104
集成电路制造	Manufacture of Integrate Circuit	4	115	2797	4800	7241	6956
电子元件制造	Manufacture of Electronic Components	44	369	5148	7220	8500	11862
其他电子设备制造	Manufacture of Other Electronic Equipment	9	11	2059	2859	3615	5063
计算机及办公设备制造业	**Manufacture of Computers and Office Equipment**	**131**	**473**	**13302**	**12288**	**7721**	**10720**
#计算机整机制造	Manufacture of Entired Computer	69	146	9992	7709	3048	4786
计算机零部件制造	Manufacture of Computer Components and Parts	57	323	910	960	566	1298
计算机外围设备制造	Manufacture of Computer Peripheral Equipment			1018	1761	2141	1917
办公设备制造	Manufacture of Office Equipment	5	4	323	509	644	1398
医疗仪器设备及仪器仪表制造业	**Manufacture of Medical Equipments and Measuring Instrument**	**124**	**591**	**7320**	**10686**	**13470**	**15818**
1.医疗仪器设备及器械制造	Manufacture of Medical Equipment and Appliance	52	90	2346	3080	4973	6283
2.仪器仪表制造	Manufacture of Measuring Instrument	72	501	4974	7606	8497	9535
信息化学品制造业	**Manufacture of Electronic Chemicals**					**1435**	**2048**

2-1-3　续表 6　continued

行　业	Industry	技术改造经费支出（万元） Expenditure for Technical Renovation (10000 yuan)					
		2000	2005	2013	2014	2015	2016
合计	**Total**	**1047478**	**1590214**	**3671266**	**3165342**	**3355721**	**4028069**
医药制造业	**Manufacture of Medicines**	**288150**	**441007**	**1007416**	**1013484**	**943098**	**752829**
#化学药品制造	Manufacture of Chemical Medicine	240426	299639	632456	616380	561554	494616
中成药生产	Production of Finished Traditional Chinese Herbal Medicine	41244	115426	202612	250418	255940	184570
生物药品制造	Manufacture of Biological Medicine	4751	14754	66729	57327	58877	31184
航空、航天器及设备制造业	**Manufacture of Aircrafts and Spacecrafts and Related Equipment**	**154666**	**368919**	**488046**	**702318**	**555231**	**459005**
#飞机制造	Manufacture of Airplanes	128203	353441	440456	680518	472918	378494
航天器制造	Manufacture of Spacecrafts	26464	15478	33914	9573	34505	19980
电子及通信设备制造业	**Manufacture of Electronic Equipment and Communication Equipment**	**520752**	**611919**	**1724147**	**1086323**	**1357630**	**2294636**
#通信设备制造	Manufacture of Communication Equipment	79122	80990	187618	68499	117303	287674
#通信系统设备制造	Manufacture of Communication System Equipment	44764	32707	158589	44152	40022	64926
通信终端设备制造	Manufacture of Communication Terminal Equipment	31322	12728	29029	24347	77282	222749
广播电视设备制造	Manufacture of Broadcasting and TV Equipment	3394	12355	14117	19456	30488	41136
雷达及配套设备制造	Manufacture of Radar and Its Fittings	8482	17859	40340	45603	34503	26996
视听设备制造	Manufacture of TV Set and Radio Receiver	72331	102632	245918	104604	109928	101524
电子器件制造	Manufacture of Electronic Appliances	142873	160201	826130	315120	391842	1113033
#电子真空器件制造	Manufacture of Electronic Vacuum Appliance	86502	42193	4248	15875	13556	8720
半导体分立器件制造	Manufacture of Semiconductor Discreting Appliances	21303	12241	23826	11335	17381	29540
集成电路制造	Manufacture of Integrate Circuit	35068	76839	58244	111195	112898	126894
电子元件制造	Manufacture of Electronic Components	192458	233566	217781	316952	344431	389696
其他电子设备制造	Manufacture of Other Electronic Equipment	22092	4316	21399	33224	39637	32884
计算机及办公设备制造业	**Manufacture of Computers and Office Equipment**	**28852**	**53753**	**83123**	**88666**	**151604**	**248368**
#计算机整机制造	Manufacture of Entired Computer	10885	15313	41787	39697	122940	169372
计算机零部件制造	Manufacture of Computer Components and Parts	17915	35001	23646	10032	5282	16075
计算机外围设备制造	Manufacture of Computer Peripheral Equipment			9546	10782	10737	51467
办公设备制造	Manufacture of Office Equipment	52	3439	1190	21758	9100	8879
医疗仪器设备及仪器仪表制造业	**Manufacture of Medical Equipments and Measuring Instrument**	**55058**	**114617**	**368535**	**274550**	**234668**	**210712**
1.医疗仪器设备及器械制造	Manufacture of Medical Equipment and Appliance	7423	12635	75642	72112	74234	57693
2.仪器仪表制造	Manufacture of Measuring Instrument	47635	101982	292893	202438	160434	153020
信息化学品制造业	**Manufacture of Electronic Chemicals**					**113490**	**62519**

2-1-3 续表 7 continued

行　业	Industry	引进技术经费支出（万元） Expenditure for Acquisition of Foreign Technology (10000 yuan)					
		2000	2005	2013	2014	2015	2016
合计	**Total**	**470463**	**848184**	**532130**	**566978**	**717421**	**997959**
医药制造业	**Manufacture of Medicines**	**45441**	**35815**	**50838**	**40210**	**55800**	**41232**
#化学药品制造	Manufacture of Chemical Medicine	28040	28159	29884	26022	47092	30247
中成药生产	Production of Finished Traditional Chinese Herbal Medicine	9602	4874	5240	1354	181	1290
生物药品制造	Manufacture of Biological Medicine	7353	151	3312	3422	1252	3887
航空、航天器及设备制造业	**Manufacture of Aircrafts and Spacecrafts and Related Equipment**	**29793**	**30369**	**16257**	**13914**	**9557**	**20263**
#飞机制造	Manufacture of Airplanes	19970	28933	6741	13569	8979	19765
航天器制造	Manufacture of Spacecrafts	9823	1436		345	380	498
电子及通信设备制造业	**Manufacture of Electronic Equipment and Communication Equipment**	**305560**	**665035**	**362574**	**417867**	**589100**	**874281**
#通信设备制造	Manufacture of Communication Equipment	75927	198733	36920	78820	343553	670257
#通信系统设备制造	Manufacture of Communication System Equipment	24209	9472	4663	3813	13533	14037
通信终端设备制造	Manufacture of Communication Terminal Equipment	47938	2550	32257	75008	330021	656220
广播电视设备制造	Manufacture of Broadcasting and TV Equipment	152	833	3546	2890	4662	2967
雷达及配套设备制造	Manufacture of Radar and Its Fittings	769	14	2887	907	522	515
视听设备制造	Manufacture of TV Set and Radio Receiver	42840	155500	67013	107281	71015	40172
电子器件制造	Manufacture of Electronic Appliances	81345	200662	125948	135123	92304	59095
#电子真空器件制造	Manufacture of Electronic Vacuum Appliance	40312	79691				
半导体分立器件制造	Manufacture of Semiconductor Discreting Appliances	7838	236	716	1466	794	
集成电路制造	Manufacture of Integrate Circuit	33195	56049	28593	30240	14326	15426
电子元件制造	Manufacture of Electronic Components	102500	106226	85737	64406	33523	52150
其他电子设备制造	Manufacture of Other Electronic Equipment	2028	3067	2490	2501	2655	3474
计算机及办公设备制造业	**Manufacture of Computers and Office Equipment**	**77839**	**114665**	**19682**	**4878**	**3550**	**1271**
#计算机整机制造	Manufacture of Entired Computer	34399	41904	6753	588		12
计算机零部件制造	Manufacture of Computer Components and Parts	43048	52436	2994	3177	2693	213
计算机外围设备制造	Manufacture of Computer Peripheral Equipment			9156	1061	858	939
办公设备制造	Manufacture of Office Equipment	392	20325	779	52		
医疗仪器设备及仪器仪表制造业	**Manufacture of Medical Equipments and Measuring Instrument**	**11829**	**2300**	**82779**	**90110**	**54205**	**60732**
1.医疗仪器设备及器械制造	Manufacture of Medical Equipment and Appliance	1890	30	49385	42963	34879	35703
2.仪器仪表制造	Manufacture of Measuring Instrument	9940	2270	33394	47146	19325	25029
信息化学品制造业	**Manufacture of Electronic Chemicals**					**5210**	**180**

2-1-3 续表 8 continued

行 业	Industry	消化吸收经费支出（万元） Expenditure for Assimilation of Technology (10000 yuan)					
		2000	2005	2013	2014	2015	2016
合计	**Total**	**33685**	**274972**	**130081**	**149184**	**129261**	**77945**
医药制造业	**Manufacture of Medicines**	**12121**	**34971**	**58841**	**67368**	**32034**	**27492**
#化学药品制造	Manufacture of Chemical Medicine	11034	31449	40469	49824	20800	23828
中成药生产	Production of Finished Traditional Chinese Herbal Medicine	226	3417	5721	5007	5544	1643
生物药品制造	Manufacture of Biological Medicine	771	55	2851	4386	3842	443
航空、航天器及设备制造业	**Manufacture of Aircrafts and Spacecrafts and Related Equipment**	**1943**	**1438**	**1521**	**188**	**5**	
#飞机制造	Manufacture of Airplanes	1943	1438	1521	70	5	
航天器制造	Manufacture of Spacecrafts						
电子及通信设备制造业	**Manufacture of Electronic Equipment and Communication Equipment**	**12716**	**226463**	**58834**	**73957**	**64845**	**39028**
#通信设备制造	Manufacture of Communication Equipment	2508	166912	971	2400	1404	1752
#通信系统设备制造	Manufacture of Communication System Equipment	1611	473	198	1061	1025	1635
通信终端设备制造	Manufacture of Communication Terminal Equipment	656	85	774	1339	378	117
广播电视设备制造	Manufacture of Broadcasting and TV Equipment		326	1289	1147	2236	1502
雷达及配套设备制造	Manufacture of Radar and Its Fittings	1			907		
视听设备制造	Manufacture of TV Set and Radio Receiver	5442	34519	5754	35499	37327	20603
电子器件制造	Manufacture of Electronic Appliances	2746	15915	30655	19395	9395	1762
#电子真空器件制造	Manufacture of Electronic Vacuum Appliance	2541	176	1540	1356	1320	1059
半导体分立器件制造	Manufacture of Semiconductor Discreting Appliances	87	43	848			
集成电路制造	Manufacture of Integrate Circuit	118	4375	9020	15041	1816	
电子元件制造	Manufacture of Electronic Components	1978	8779	4550	5080	1934	1600
其他电子设备制造	Manufacture of Other Electronic Equipment	41	11	5283	1700	1639	2113
计算机及办公设备制造业	**Manufacture of Computers and Office Equipment**	**6136**	**8795**	**3212**	**906**	**4576**	**6469**
#计算机整机制造	Manufacture of Entired Computer	1413	5447	430	569	3707	5717
计算机零部件制造	Manufacture of Computer Components and Parts	4708	1533		319	869	752
计算机外围设备制造	Manufacture of Computer Peripheral Equipment				16		
办公设备制造	Manufacture of Office Equipment	15	1815	2761			
医疗仪器设备及仪器仪表制造业	**Manufacture of Medical Equipments and Measuring Instrument**	**768**	**3306**	**7674**	**6764**	**2043**	**4019**
1.医疗仪器设备及器械制造	Manufacture of Medical Equipment and Appliance	180	49	384	1260	756	693
2.仪器仪表制造	Manufacture of Measuring Instrument	588	3257	7290	5504	1288	3326
信息化学品制造业	**Manufacture of Electronic Chemicals**					**25759**	**938**

2-1-3 续表 9 continued

行业	Industry	购买国内技术经费支出 Expenditure on Purchase of Domestic Technology (10000 yuan)					
		2000	2005	2013	2014	2015	2016
合计	**Total**	**72099**	**95359**	**312567**	**467082**	**633058**	**774624**
医药制造业	**Manufacture of Medicines**	**61208**	**56041**	**184830**	**162309**	**156549**	**155415**
#化学药品制造	Manufacture of Chemical Medicine	19286	46206	142386	115038	113443	119207
中成药生产	Production of Finished Traditional Chinese Herbal Medicine	37713	8399	27832	28733	25166	23281
生物药品制造	Manufacture of Biological Medicine	3691	897	3834	6884	8441	9289
航空、航天器及设备制造业	**Manufacture of Aircrafts and Spacecrafts and Related Equipment**	**4437**	**10751**	**8448**	**102695**	**14368**	**6364**
#飞机制造	Manufacture of Airplanes	2421	10751	7895	102232	14368	6159
航天器制造	Manufacture of Spacecrafts	2016			463		
电子及通信设备制造业	**Manufacture of Electronic Equipment and Communication Equipment**	**3013**	**23056**	**102482**	**183889**	**443552**	**594089**
#通信设备制造	Manufacture of Communication Equipment	1019	6046	11115	53975	376351	542585
#通信系统设备制造	Manufacture of Communication System Equipment	745	1100	2720	5620	17535	14284
通信终端设备制造	Manufacture of Communication Terminal Equipment	154	199	8395	48355	358816	528301
广播电视设备制造	Manufacture of Broadcasting and TV Equipment	10	4300	4945	2411	67	5299
雷达及配套设备制造	Manufacture of Radar and Its Fittings	2	488	5314	12420	2	180
视听设备制造	Manufacture of TV Set and Radio Receiver	470	2287	30732	30590	18808	7479
电子器件制造	Manufacture of Electronic Appliances	584	4064	12594	25398	14990	8487
#电子真空器件制造	Manufacture of Electronic Vacuum Appliance	224	1163		1327		
半导体分立器件制造	Manufacture of Semiconductor Discreting Appliances	357	2159	743	180	429	1663
集成电路制造	Manufacture of Integrate Circuit	3	70	992	6907	6035	3426
电子元件制造	Manufacture of Electronic Components	897	5429	31927	32473	21787	7887
其他电子设备制造	Manufacture of Other Electronic Equipment	31	442	1593	551	1116	2652
计算机及办公设备制造业	**Manufacture of Computers and Office Equipment**	**251**	**2191**	**5847**	**5442**	**5067**	**5003**
#计算机整机制造	Manufacture of Entired Computer	243	1933	118		2372	3223
计算机零部件制造	Manufacture of Computer Components and Parts	9	152	160	572	1141	361
计算机外围设备制造	Manufacture of Computer Peripheral Equipment			20	2258	710	571
办公设备制造	Manufacture of Office Equipment		106			133	136
医疗仪器设备及仪器仪表制造业	**Manufacture of Medical Equipments and Measuring Instrument**	**3190**	**3320**	**10961**	**12747**	**12845**	**13659**
1.医疗仪器设备及器械制造	Manufacture of Medical Equipment and Appliance	2806	15	1225	1604	1339	850
2.仪器仪表制造	Manufacture of Measuring Instrument	384	3305	9736	11144	11506	12809
信息化学品制造业	**Manufacture of Electronic Chemicals**					**678**	**95**

2-1-3　续表 10　continued

行　业	Industry	研发机构数（个）Number of R&D Institutions in Enterprises (unit)					
		2000	2005	2013	2014	2015	2016
合计	**Total**	**1379**	**1619**	**4583**	**4763**	**5572**	**6456**
医药制造业	**Manufacture of Medicines**	**512**	**581**	**1217**	**1217**	**1326**	**1418**
#化学药品制造	Manufacture of Chemical Medicine	308	339	639	630	665	733
中成药生产	Production of Finished Traditional Chinese Herbal Medicine	145	176	327	318	339	344
生物药品制造	Manufacture of Biological Medicine	43	31	134	154	171	168
航空、航天器及设备制造业	**Manufacture of Aircrafts and Spacecrafts and Related Equipment**	**161**	**103**	**105**	**113**	**128**	**124**
#飞机制造	Manufacture of Airplanes	128	98	71	78	92	83
航天器制造	Manufacture of Spacecrafts	33	5	9	10	11	9
电子及通信设备制造业	**Manufacture of Electronic Equipment and Communication Equipment**	**482**	**643**	**2332**	**2446**	**2892**	**3583**
#通信设备制造	Manufacture of Communication Equipment	168	141	278	295	420	531
#通信系统设备制造	Manufacture of Communication System Equipment	103	65	163	181	249	288
通信终端设备制造	Manufacture of Communication Terminal Equipment	22	28	115	114	171	243
广播电视设备制造	Manufacture of Broadcasting and TV Equipment	8	17	96	104	136	153
雷达及配套设备制造	Manufacture of Radar and Its Fittings	30	25	23	34	30	38
视听设备制造	Manufacture of TV Set and Radio Receiver	80	104	187	178	198	240
电子器件制造	Manufacture of Electronic Appliances	49	118	495	559	647	755
#电子真空器件制造	Manufacture of Electronic Vacuum Appliance	23	36	9	8	12	15
半导体分立器件制造	Manufacture of Semiconductor Discreting Appliances	17	19	59	70	59	73
集成电路制造	Manufacture of Integrate Circuit	9	29	103	114	123	131
电子元件制造	Manufacture of Electronic Components	132	220	870	869	965	1225
其他电子设备制造	Manufacture of Other Electronic Equipment	15	18	152	145	186	221
计算机及办公设备制造业	**Manufacture of Computers and Office Equipment**	**63**	**101**	**256**	**277**	**323**	**404**
#计算机整机制造	Manufacture of Entired Computer	44	32	44	42	53	56
计算机零部件制造	Manufacture of Computer Components and Parts	16	61	76	89	82	118
计算机外围设备制造	Manufacture of Computer Peripheral Equipment			64	60	103	117
办公设备制造	Manufacture of Office Equipment	3	8	33	34	34	49
医疗仪器设备及仪器仪表制造业	**Manufacture of Medical Equipments and Measuring Instrument**	**161**	**191**	**673**	**710**	**786**	**806**
1.医疗仪器设备及器械制造	Manufacture of Medical Equipment and Appliance	22	25	138	154	203	204
2.仪器仪表制造	Manufacture of Measuring Instrument	139	166	535	556	583	602
信息化学品制造业	**Manufacture of Electronic Chemicals**					**117**	**121**

2-1-3 续表 11 continued

行 业	Industry	机构人员（人） Personnel in the R&D Institutions (person)					
		2000	2005	2013	2014	2015	2016
合计	**Total**	**90187**	**156789**	**510507**	**531339**	**637299**	**719363**
医药制造业	**Manufacture of Medicines**	**16366**	**22081**	**86986**	**89156**	**92964**	**99002**
#化学药品制造	Manufacture of Chemical Medicine	10749	13181	48302	49881	50167	54835
中成药生产	Production of Finished Traditional Chinese Herbal Medicine	3593	6340	21378	23023	24257	25100
生物药品制造	Manufacture of Biological Medicine	1507	1577	9204	9337	10872	11494
航空、航天器及设备制造业	**Manufacture of Aircrafts and Spacecrafts and Related Equipment**	**15017**	**14518**	**30000**	**30371**	**28116**	**30376**
#飞机制造	Manufacture of Airplanes	12281	14414	24896	25664	20171	23045
航天器制造	Manufacture of Spacecrafts	2736	104	2028	1471	1602	1443
电子及通信设备制造业	**Manufacture of Electronic Equipment and Communication Equipment**	**44988**	**87031**	**297756**	**311914**	**398688**	**457624**
#通信设备制造	Manufacture of Communication Equipment	23216	46175	110659	118468	173574	194108
#通信系统设备制造	Manufacture of Communication System Equipment	18937	37026	93579	101655	139529	148081
通信终端设备制造	Manufacture of Communication Terminal Equipment	1280	3367	17080	16813	34045	46027
广播电视设备制造	Manufacture of Broadcasting and TV Equipment	455	1390	8428	8217	9298	10947
雷达及配套设备制造	Manufacture of Radar and Its Fittings	2811	1983	5407	9007	6306	6851
视听设备制造	Manufacture of TV Set and Radio Receiver	4802	14930	20154	20597	22365	25274
电子器件制造	Manufacture of Electronic Appliances	3531	8028	53329	55798	65799	71415
#电子真空器件制造	Manufacture of Electronic Vacuum Appliance	1857	1998	475	1081	1250	888
半导体分立器件制造	Manufacture of Semiconductor Discreting Appliances	764	1600	4002	4943	3960	4885
集成电路制造	Manufacture of Integrate Circuit	910	1747	13071	14086	14410	14881
电子元件制造	Manufacture of Electronic Components	8173	12689	65816	64875	75382	90575
其他电子设备制造	Manufacture of Other Electronic Equipment	2000	1836	15594	17082	25851	27451
计算机及办公设备制造业	**Manufacture of Computers and Office Equipment**	**6715**	**21628**	**46063**	**47309**	**50678**	**58950**
#计算机整机制造	Manufacture of Entired Computer	4850	5524	21776	23824	25077	25739
计算机零部件制造	Manufacture of Computer Components and Parts	1678	14911	7512	5659	5138	9200
计算机外围设备制造	Manufacture of Computer Peripheral Equipment			7294	6590	8785	9149
办公设备制造	Manufacture of Office Equipment	187	1193	3471	3934	3906	5553
医疗仪器设备及仪器仪表制造业	**Manufacture of Medical Equipments and Measuring Instrument**	**7101**	**11531**	**49702**	**52589**	**59133**	**64106**
1.医疗仪器设备及器械制造	Manufacture of Medical Equipment and Appliance	957	1789	8637	8720	12581	14466
2.仪器仪表制造	Manufacture of Measuring Instrument	6144	9742	41065	43869	46552	49640
信息化学品制造业	**Manufacture of Electronic Chemicals**					**7720**	**9305**

2-1-3　续表 12　continued

行　业	Industry	机构经费支出（万元） Expenditure in the R&D Institutions (10000 yuan)					
		2000	2005	2013	2014	2015	2016
合计	**Total**	**961000**	**2607837**	**13594544**	**14736915**	**19487514**	**22901165**
医药制造业	**Manufacture of Medicines**	**121593**	**337652**	**2034537**	**2120424**	**2326326**	**2610464**
#化学药品制造	Manufacture of Chemical Medicine	76463	219877	1230922	1311379	1416064	1603059
中成药生产	Production of Finished Traditional Chinese Herbal Medicine	30744	90525	414568	428814	466991	519897
生物药品制造	Manufacture of Biological Medicine	10305	16358	243229	265217	308588	315641
航空、航天器及设备制造业	**Manufacture of Aircrafts and Spacecrafts and Related Equipment**	**83791**	**130860**	**521512**	**517100**	**593859**	**712726**
#飞机制造	Manufacture of Airplanes	77214	130334	422511	410991	430273	480475
航天器制造	Manufacture of Spacecrafts	6577	527	42257	34903	52977	58195
电子及通信设备制造业	**Manufacture of Electronic Equipment and Communication Equipment**	**596823**	**1749116**	**8928142**	**10125306**	**13853771**	**16418016**
#通信设备制造	Manufacture of Communication Equipment	359866	971936	4426222	5545498	8423184	9762067
#通信系统设备制造	Manufacture of Communication System Equipment	299900	764386	3925443	5114367	7629084	8698424
通信终端设备制造	Manufacture of Communication Terminal Equipment	13079	50443	500779	431131	794100	1063643
广播电视设备制造	Manufacture of Broadcasting and TV Equipment	1374	15044	178163	161584	235987	269505
雷达及配套设备制造	Manufacture of Radar and Its Fittings	8941	16808	147690	193402	100125	156487
视听设备制造	Manufacture of TV Set and Radio Receiver	93887	461781	736742	741443	791292	871460
电子器件制造	Manufacture of Electronic Appliances	62900	100552	1566790	1454439	1889313	2273999
#电子真空器件制造	Manufacture of Electronic Vacuum Appliance	43653	27702	6949	12192	12208	12911
半导体分立器件制造	Manufacture of Semiconductor Discreting Appliances	4259	12893	54585	70846	70979	105192
集成电路制造	Manufacture of Integrate Circuit	14988	24668	421016	492468	542420	615180
电子元件制造	Manufacture of Electronic Components	51177	171325	1169265	1196383	1378044	1766702
其他电子设备制造	Manufacture of Other Electronic Equipment	18680	11668	330877	434553	582513	539399
计算机及办公设备制造业	**Manufacture of Computers and Office Equipment**	**125045**	**288173**	**1160869**	**984552**	**1207087**	**1521726**
#计算机整机制造	Manufacture of Entired Computer	95462	121762	576155	543771	705560	800540
计算机零部件制造	Manufacture of Computer Components and Parts	29057	159259	213522	88662	99130	188853
计算机外围设备制造	Manufacture of Computer Peripheral Equipment			200020	161764	176122	211441
办公设备制造	Manufacture of Office Equipment	526	7153	64585	74023	85664	121065
医疗仪器设备及仪器仪表制造业	**Manufacture of Medical Equipments and Measuring Instrument**	**33748**	**102036**	**949484**	**989534**	**1266157**	**1353584**
1.医疗仪器设备及器械制造	Manufacture of Medical Equipment and Appliance	5519	12949	201421	222171	347399	402858
2.仪器仪表制造	Manufacture of Measuring Instrument	28229	89087	748063	767363	918759	950727
信息化学品制造业	**Manufacture of Electronic Chemicals**					**240314**	**284649**

2-1-4 大中型国有及国有控股企业分行业R&D及相关活动情况

Statistics on R&D and Related Activities of State-owned and State-controlled Enterprises in Large and Medium-sized Enterprises by Industrial Sector

行业	Industry	R&D人员折合全时当量（人年） Full-time Equivalent of R&D Personnel (man-year)					
		2000	2005	2013	2014	2015	2016
合计	**Total**	**58427**	**91740**	**162636**	**159782**	**171170**	**151085**
医药制造业	**Manufacture of Medicines**	**5875**	**8813**	**23745**	**23117**	**19922**	**19122**
#化学药品制造	Manufacture of Chemical Medicine	4347	6234	15130	15086	12760	12052
中成药生产	Production of Finished Traditional Chinese Herbal Medicine	790	1712	4477	5174	4119	4649
生物药品制造	Manufacture of Biological Medicine	722	668	2892	1894	1981	1401
航空、航天器及设备制造业	**Manufacture of Aircrafts and Spacecrafts and Related Equipment**	**29634**	**29869**	**42660**	**35139**	**40385**	**31998**
#飞机制造	Manufacture of Airplanes	26503	27719	35219	27196	29582	23045
航天器制造	Manufacture of Spacecrafts	3131	2150	3699	4198	4789	4691
电子及通信设备制造业	**Manufacture of Electronic Equipment and Communication Equipment**	**15673**	**42179**	**71242**	**72568**	**80663**	**72524**
#通信设备制造	Manufacture of Communication Equipment	6286	21703	34297	35137	37243	33633
#通信系统设备制造	Manufacture of Communication System Equipment	5025	16931	29395	31818	33593	30888
通信终端设备制造	Manufacture of Communication Terminal Equipment	541	2363	4902	3320	3650	2745
广播电视设备制造	Manufacture of Broadcasting and TV Equipment	358	227	917	1408	1390	1147
雷达及配套设备制造	Manufacture of Radar and Its Fittings	1428	1782	5017	5696	5156	4664
视听设备制造	Manufacture of TV Set and Radio Receiver	1894	7790	12304	8217	12109	9924
电子器件制造	Manufacture of Electronic Appliances	3463	7051	11011	13544	13866	14646
#电子真空器件制造	Manufacture of Electronic Vacuum Appliance	1330	2876	242	221	330	418
半导体分立器件制造	Manufacture of Semiconductor Discreting Appliances	1670	1095	607	488	587	520
集成电路制造	Manufacture of Integrate Circuit	463	721	2225	2549	2631	2074
电子元件制造	Manufacture of Electronic Components	2019	3288	4839	5570	6558	4334
其他电子设备制造	Manufacture of Other Electronic Equipment	225	339	933	1143	2091	1987
计算机及办公设备制造业	**Manufacture of Computers and Office Equipment**	**984**	**4721**	**10960**	**16358**	**16145**	**13813**
#计算机整机制造	Manufacture of Entired Computer	898	2380	5611	7875	9955	7011
计算机零部件制造	Manufacture of Computer Components and Parts	81	2202	295	306	253	504
计算机外围设备制造	Manufacture of Computer Peripheral Equipment			1112	3894	1386	2109
办公设备制造	Manufacture of Office Equipment	6	140	1212	1344	1136	628
医疗仪器设备及仪器仪表制造业	**Manufacture of Medical Equipments and Measuring Instrument**	**6261**	**6158**	**14030**	**12600**	**10882**	**9902**
1.医疗仪器设备及器械制造	Manufacture of Medical Equipment and Appliance	401	321	1067	1039	1069	1082
2.仪器仪表制造	Manufacture of Measuring Instrument	5860	5836	12963	11561	9813	8820
信息化学品制造业	**Manufacture of Electronic Chemicals**					**3173**	**3726**

2-1-4 续表 1 continued

行 业	Industry	R&D经费内部支出（万元） Intramural Expenditure on R&D (10000 yuan)					
		2000	2005	2013	2014	2015	2016
合计	**Total**	**384700**	**1475400**	**5425509**	**5660870**	**6133060**	**6066398**
医药制造业	**Manufacture of Medicines**	**42131**	**145225**	**512722**	**535036**	**542405**	**547940**
#化学药品制造	Manufacture of Chemical Medicine	30935	103304	299149	302081	314813	322798
中成药生产	Production of Finished Traditional Chinese Herbal Medicine	6627	32040	113054	128806	115097	132703
生物药品制造	Manufacture of Biological Medicine	4320	6280	71425	81584	88475	62660
航空、航天器及设备制造业	**Manufacture of Aircrafts and Spacecrafts and Related Equipment**	**130627**	**277954**	**1628898**	**1794731**	**1626186**	**1580635**
#飞机制造	Manufacture of Airplanes	111945	239141	1342703	1436931	1269933	1187375
航天器制造	Manufacture of Spacecrafts	18682	38813	219876	265160	219353	255421
电子及通信设备制造业	**Manufacture of Electronic Equipment and Communication Equipment**	**185141**	**872394**	**2682122**	**2742469**	**3181919**	**3178893**
#通信设备制造	Manufacture of Communication Equipment	103769	411782	1096132	1103374	1239014	1288374
#通信系统设备制造	Manufacture of Communication System Equipment	92380	330041	1007063	1033244	1166975	1221660
通信终端设备制造	Manufacture of Communication Terminal Equipment	5849	31199	89069	70130	72040	66714
广播电视设备制造	Manufacture of Broadcasting and TV Equipment	1878	1598	18209	28696	46732	45796
雷达及配套设备制造	Manufacture of Radar and Its Fittings	3859	23932	151543	142322	108804	147481
视听设备制造	Manufacture of TV Set and Radio Receiver	36242	303240	568158	560312	622133	574162
电子器件制造	Manufacture of Electronic Appliances	24247	85600	611108	660184	827346	779057
#电子真空器件制造	Manufacture of Electronic Vacuum Appliance	13568	25333	2776	3045	5475	5402
半导体分立器件制造	Manufacture of Semiconductor Discreting Appliances	7753	7541	9824	12150	13252	16485
集成电路制造	Manufacture of Integrate Circuit	2926	10232	128700	187546	174052	99006
电子元件制造	Manufacture of Electronic Components	12962	44262	134244	125509	135286	132495
其他电子设备制造	Manufacture of Other Electronic Equipment	2186	1980	41739	36961	108372	114532
计算机及办公设备制造业	**Manufacture of Computers and Office Equipment**	**9180**	**114519**	**319272**	**321640**	**420523**	**441481**
#计算机整机制造	Manufacture of Entired Computer	7236	91644	198669	203298	277747	251445
计算机零部件制造	Manufacture of Computer Components and Parts	1655	20412	7056	8000	3890	9436
计算机外围设备制造	Manufacture of Computer Peripheral Equipment			42711	34554	41557	75209
办公设备制造	Manufacture of Office Equipment	289	2462	24496	26339	30605	30763
医疗仪器设备及仪器仪表制造业	**Manufacture of Medical Equipments and Measuring Instrument**	**17619**	**65308**	**282496**	**266995**	**276145**	**216585**
1.医疗仪器设备及器械制造	Manufacture of Medical Equipment and Appliance	1790	6070	31107	25338	22586	16113
2.仪器仪表制造	Manufacture of Measuring Instrument	15830	59237	251388	241657	253559	200472
信息化学品制造业	**Manufacture of Electronic Chemicals**					**85883**	**100865**

2-1-4 续表 2 continued

行　业	Industry	新产品开发经费支出（万元） Expenditure on New Products Development (10000 yuan)					
		2000	2005	2013	2014	2015	2016
合计	**Total**	**436906**	**1583476**	**5971617**	**6358044**	**6460818**	**7009065**
医药制造业	**Manufacture of Medicines**	**48657**	**149858**	**476746**	**514206**	**500992**	**537032**
#化学药品制造	Manufacture of Chemical Medicine	36158	106835	257925	287350	290836	308312
中成药生产	Production of Finished Traditional Chinese Herbal Medicine	6390	32650	117215	127519	99345	133021
生物药品制造	Manufacture of Biological Medicine	5744	5844	77218	80907	91411	68384
航空、航天器及设备制造业	**Manufacture of Aircrafts and Spacecrafts and Related Equipment**	**108459**	**300918**	**1719959**	**1828983**	**1623761**	**1613075**
#飞机制造	Manufacture of Airplanes	89750	270149	1333160	1433980	1275303	1164298
航天器制造	Manufacture of Spacecrafts	18709	30769	317290	297813	232607	270657
电子及通信设备制造业	**Manufacture of Electronic Equipment and Communication Equipment**	**249388**	**948548**	**3126174**	**3428955**	**3610598**	**3986990**
#通信设备制造	Manufacture of Communication Equipment	111117	429979	1265391	1335160	1334265	1681359
#通信系统设备制造	Manufacture of Communication System Equipment	95725	284084	1168143	1232872	1258298	1587428
通信终端设备制造	Manufacture of Communication Terminal Equipment	6996	39851	97248	102288	75968	93930
广播电视设备制造	Manufacture of Broadcasting and TV Equipment	991	3662	20802	29797	45281	45796
雷达及配套设备制造	Manufacture of Radar and Its Fittings	6426	26180	177802	221425	127395	210252
视听设备制造	Manufacture of TV Set and Radio Receiver	83449	329126	633549	645017	645076	597121
电子器件制造	Manufacture of Electronic Appliances	24885	93897	749162	849400	1088156	1013953
#电子真空器件制造	Manufacture of Electronic Vacuum Appliance	13790	28755	2998	2420	4866	4550
半导体分立器件制造	Manufacture of Semiconductor Discreting Appliances	6876	10776	16191	18592	12129	14532
集成电路制造	Manufacture of Integrate Circuit	4219	10977	196159	219497	191397	103678
电子元件制造	Manufacture of Electronic Components	20389	56681	147259	149753	147722	180296
其他电子设备制造	Manufacture of Other Electronic Equipment	2132	9022	59955	102901	122875	139264
计算机及办公设备制造业	**Manufacture of Computers and Office Equipment**	**11245**	**115916**	**344463**	**278192**	**424108**	**562509**
#计算机整机制造	Manufacture of Entired Computer	9359	87774	209818	139869	245699	345854
计算机零部件制造	Manufacture of Computer Components and Parts	1593	25251	7056	8315	4779	10193
计算机外围设备制造	Manufacture of Computer Peripheral Equipment			53908	51150	75320	94978
办公设备制造	Manufacture of Office Equipment	293	2891	27557	29409	33252	38348
医疗仪器设备及仪器仪表制造业	**Manufacture of Medical Equipments and Measuring Instrument**	**19157**	**68236**	**304275**	**307708**	**251736**	**221604**
1.医疗仪器设备及器械制造	Manufacture of Medical Equipment and Appliance	1973	5869	34147	30114	25091	22257
2.仪器仪表制造	Manufacture of Measuring Instrument	17183	62367	270128	277595	226645	199347
信息化学品制造业	**Manufacture of Electronic Chemicals**					**49624**	**87856**

2-1-4 续表 3 continued

行 业	Industry	新产品销售收入（万元） Sales Revenue of New Products (10000 yuan)					
		2000	2005	2013	2014	2015	2016
合计	**Total**	**5884034**	**20608590**	**49393828**	**57913831**	**65147112**	**76238055**
医药制造业	**Manufacture of Medicines**	**660791**	**1495400**	**5069973**	**5655185**	**6099730**	**6884447**
#化学药品制造	Manufacture of Chemical Medicine	598623	1016304	2881728	3040150	3258134	3739414
中成药生产	Production of Finished Traditional Chinese Herbal Medicine	49137	378861	1315105	1572865	1788373	2259312
生物药品制造	Manufacture of Biological Medicine	12316	48681	325980	508217	467925	307176
航空、航天器及设备制造业	**Manufacture of Aircrafts and Spacecrafts and Related Equipment**	**799533**	**3371379**	**6001133**	**6692221**	**7774263**	**9151130**
#飞机制造	Manufacture of Airplanes	682261	3333522	5437547	5949038	6567245	7783286
航天器制造	Manufacture of Spacecrafts	117272	37857	434640	453585	579453	672860
电子及通信设备制造业	**Manufacture of Electronic Equipment and Communication Equipment**	**4063063**	**13374188**	**32237543**	**38261284**	**42982066**	**50923513**
#通信设备制造	Manufacture of Communication Equipment	1252911	4897255	10830338	12057712	13911954	20861726
#通信系统设备制造	Manufacture of Communication System Equipment	861797	3324418	9733986	11238354	12712946	19638911
通信终端设备制造	Manufacture of Communication Terminal Equipment	279880	292399	1096352	819358	1199007	1222815
广播电视设备制造	Manufacture of Broadcasting and TV Equipment	3789	16144	219924	224496	247511	256151
雷达及配套设备制造	Manufacture of Radar and Its Fittings	39160	245404	1059598	1437272	1192151	1695565
视听设备制造	Manufacture of TV Set and Radio Receiver	2179853	6231810	11501981	12444285	13284014	13465376
电子器件制造	Manufacture of Electronic Appliances	292590	1397602	6425147	9597730	11526547	11458670
#电子真空器件制造	Manufacture of Electronic Vacuum Appliance	213187	591650	11760	3748	12271	11930
半导体分立器件制造	Manufacture of Semiconductor Discreting Appliances	21285	80094	102587	114695	118375	160890
集成电路制造	Manufacture of Integrate Circuit	58118	64397	757167	762065	814007	856893
电子元件制造	Manufacture of Electronic Components	288863	515825	966407	1317784	1120434	1014508
其他电子设备制造	Manufacture of Other Electronic Equipment	5897	70148	238298	315881	339777	573811
计算机及办公设备制造业	**Manufacture of Computers and Office Equipment**	**176921**	**1729158**	**4077140**	**5012525**	**5623558**	**6091040**
#计算机整机制造	Manufacture of Entired Computer	158285	1405272	3191113	3612702	4140447	4491592
计算机零部件制造	Manufacture of Computer Components and Parts	5807	268740	121637	81468	97926	115467
计算机外围设备制造	Manufacture of Computer Peripheral Equipment			316630	771449	707299	677953
办公设备制造	Manufacture of Office Equipment	12829	55147	191761	258907	323650	351015
医疗仪器设备及仪器仪表制造业	**Manufacture of Medical Equipments and Measuring Instrument**	**183726**	**638465**	**2008039**	**2292615**	**1582709**	**1735244**
1.医疗仪器设备及器械制造	Manufacture of Medical Equipment and Appliance	42674	77978	77349	211565	155873	169385
2.仪器仪表制造	Manufacture of Measuring Instrument	141052	560487	1930690	2081050	1426837	1565859
信息化学品制造业	**Manufacture of Electronic Chemicals**					**1084786**	**1452681**

2-1-4 续表 4 continued

行业	Industry	专利申请数（件） Patent Applications (piece)					
		2000	2005	2013	2014	2015	2016
合计	**Total**	**734**	**5474**	**24997**	**33952**	**38028**	**36634**
医药制造业	**Manufacture of Medicines**	**128**	**859**	**1479**	**1567**	**1179**	**1513**
#化学药品制造	Manufacture of Chemical Medicine	68	467	686	683	597	621
中成药生产	Production of Finished Traditional Chinese Herbal Medicine	52	336	568	641	397	667
生物药品制造	Manufacture of Biological Medicine	8	45	166	192	135	100
航空、航天器及设备制造业	**Manufacture of Aircrafts and Spacecrafts and Related Equipment**	**79**	**305**	**3636**	**4237**	**5116**	**4989**
#飞机制造	Manufacture of Airplanes	74	291	2727	3367	3891	3619
航天器制造	Manufacture of Spacecrafts	5	14	584	526	607	632
电子及通信设备制造业	**Manufacture of Electronic Equipment and Communication Equipment**	**462**	**3794**	**15489**	**22664**	**24972**	**22371**
#通信设备制造	Manufacture of Communication Equipment	251	2143	4329	8816	8253	7576
#通信系统设备制造	Manufacture of Communication System Equipment	242	1681	3614	8249	7806	7069
通信终端设备制造	Manufacture of Communication Terminal Equipment	2	43	715	567	447	507
广播电视设备制造	Manufacture of Broadcasting and TV Equipment	4	1	215	221	136	176
雷达及配套设备制造	Manufacture of Radar and Its Fittings	8	2	611	716	628	1127
视听设备制造	Manufacture of TV Set and Radio Receiver	141	1200	2727	2583	3507	4227
电子器件制造	Manufacture of Electronic Appliances	23	227	5993	8250	10431	6812
#电子真空器件制造	Manufacture of Electronic Vacuum Appliance	14	102	65	48	28	31
半导体分立器件制造	Manufacture of Semiconductor Discreting Appliances	2	3	37	58	99	99
集成电路制造	Manufacture of Integrate Circuit	7	38	1146	1247	952	838
电子元件制造	Manufacture of Electronic Components	33	212	753	943	809	969
其他电子设备制造	Manufacture of Other Electronic Equipment	2	9	444	756	651	715
计算机及办公设备制造业	**Manufacture of Computers and Office Equipment**	**2**	**233**	**2123**	**3173**	**4275**	**5297**
#计算机整机制造	Manufacture of Entired Computer	2	168	1093	2075	3169	4081
计算机零部件制造	Manufacture of Computer Components and Parts		58	28	51	19	76
计算机外围设备制造	Manufacture of Computer Peripheral Equipment			372	500	427	449
办公设备制造	Manufacture of Office Equipment		7	383	296	444	469
医疗仪器设备及仪器仪表制造业	**Manufacture of Medical Equipments and Measuring Instrument**	**63**	**283**	**2270**	**2311**	**2034**	**1925**
1.医疗仪器设备及器械制造	Manufacture of Medical Equipment and Appliance	23	30	264	377	395	365
2.仪器仪表制造	Manufacture of Measuring Instrument	40	253	2006	1934	1639	1560
信息化学品制造业	**Manufacture of Electronic Chemicals**					**452**	**539**

2-1-4 续表 5 continued

行业	Industry	有效发明专利数（件） Number of Patents In Force (piece)					
		2000	2005	2013	2014	2015	2016
合计	**Total**	**616**	**1650**	**30781**	**48575**	**69634**	**90317**
医药制造业	**Manufacture of Medicines**	**129**	**370**	**2923**	**3230**	**3955**	**3889**
#化学药品制造	Manufacture of Chemical Medicine	101	206	1311	1712	1946	2183
中成药生产	Production of Finished Traditional Chinese Herbal Medicine	16	148	1235	1007	1428	1216
生物药品制造	Manufacture of Biological Medicine	12	16	319	412	462	362
航空、航天器及设备制造业	**Manufacture of Aircrafts and Spacecrafts and Related Equipment**	**139**	**188**	**2676**	**3230**	**5339**	**5920**
#飞机制造	Manufacture of Airplanes	102	181	2046	2432	3450	3663
航天器制造	Manufacture of Spacecrafts	37	7	483	502	1111	1532
电子及通信设备制造业	**Manufacture of Electronic Equipment and Communication Equipment**	**318**	**844**	**22122**	**37881**	**55525**	**73608**
#通信设备制造	Manufacture of Communication Equipment	249	527	14455	24031	37039	51517
#通信系统设备制造	Manufacture of Communication System Equipment	242	388	13948	23524	36674	51006
通信终端设备制造	Manufacture of Communication Terminal Equipment	2	20	507	507	365	511
广播电视设备制造	Manufacture of Broadcasting and TV Equipment	2		189	237	61	87
雷达及配套设备制造	Manufacture of Radar and Its Fittings	4	5	900	856	667	1257
视听设备制造	Manufacture of TV Set and Radio Receiver	40	75	2077	2341	3359	3596
电子器件制造	Manufacture of Electronic Appliances	3	142	3111	7959	11143	12541
#电子真空器件制造	Manufacture of Electronic Vacuum Appliance		89	39	54	98	105
半导体分立器件制造	Manufacture of Semiconductor Discreting Appliances	3	2	27	24	93	205
集成电路制造	Manufacture of Integrate Circuit		15	819	1086	1218	1646
电子元件制造	Manufacture of Electronic Components	17	95	668	978	1163	1676
其他电子设备制造	Manufacture of Other Electronic Equipment	3		529	1155	1545	2172
计算机及办公设备制造业	**Manufacture of Computers and Office Equipment**	**4**	**146**	**1192**	**1677**	**1976**	**3051**
#计算机整机制造	Manufacture of Entired Computer		127	286	348	473	759
计算机零部件制造	Manufacture of Computer Components and Parts	4	19	5	19	8	26
计算机外围设备制造	Manufacture of Computer Peripheral Equipment			257	464	500	424
办公设备制造	Manufacture of Office Equipment			103	210	363	962
医疗仪器设备及仪器仪表制造业	**Manufacture of Medical Equipments and Measuring Instrument**	**26**	**102**	**1868**	**2557**	**2232**	**2863**
1.医疗仪器设备及器械制造	Manufacture of Medical Equipment and Appliance	1	5	252	279	275	512
2.仪器仪表制造	Manufacture of Measuring Instrument	25	97	1616	2278	1957	2351
信息化学品制造业	**Manufacture of Electronic Chemicals**					**607**	**986**

2-1-4 续表 6 continued

行 业	Industry	技术改造经费支出（万元） Expenditure for Technical Renovation (10000 yuan)					
		2000	2005	2013	2014	2015	2016
合计	**Total**	**511340**	**892924**	**1539532**	**1271550**	**1055269**	**1584961**
医药制造业	**Manufacture of Medicines**	**110643**	**151727**	**217482**	**237937**	**150752**	**121028**
#化学药品制造	Manufacture of Chemical Medicine	104095	121544	167126	149496	108915	87472
中成药生产	Production of Finished Traditional Chinese Herbal Medicine	4988	28015	34509	70774	23988	13848
生物药品制造	Manufacture of Biological Medicine	1483	1850	3276	4140	3776	4267
航空、航天器及设备制造业	**Manufacture of Aircrafts and Spacecrafts and Related Equipment**	**153555**	**368895**	**435613**	**686818**	**533319**	**436031**
#飞机制造	Manufacture of Airplanes	127092	353417	389456	667376	454494	359949
航天器制造	Manufacture of Spacecrafts	26464	15478	33914	9573	34505	19980
电子及通信设备制造业	**Manufacture of Electronic Equipment and Communication Equipment**	**214112**	**298441**	**805020**	**248107**	**179305**	**818332**
#通信设备制造	Manufacture of Communication Equipment	30530	55435	27478	30047	21556	25312
#通信系统设备制造	Manufacture of Communication System Equipment	27856	32306	9632	14932	17780	19952
通信终端设备制造	Manufacture of Communication Terminal Equipment	770	11527	17846	15115	3776	5360
广播电视设备制造	Manufacture of Broadcasting and TV Equipment	3372	384			4166	
雷达及配套设备制造	Manufacture of Radar and Its Fittings	4772	17400	40127	45603	34325	26814
视听设备制造	Manufacture of TV Set and Radio Receiver	44731	61929	40572	43186	23035	24365
电子器件制造	Manufacture of Electronic Appliances	56573	68123	671363	52600	54158	703123
#电子真空器件制造	Manufacture of Electronic Vacuum Appliance	27870	34838	172	106	1119	1264
半导体分立器件制造	Manufacture of Semiconductor Discreting Appliances	7504	6923	1527	5459	15098	15618
集成电路制造	Manufacture of Integrate Circuit	21198	13478	6058	7250	7689	1822
电子元件制造	Manufacture of Electronic Components	73930	94233	20352	67463	36348	35813
其他电子设备制造	Manufacture of Other Electronic Equipment	204	938	3289	6701	4375	853
计算机及办公设备制造业	**Manufacture of Computers and Office Equipment**	**6596**	**12233**	**43531**	**60981**	**123114**	**168090**
#计算机整机制造	Manufacture of Entired Computer	6489	6904	36941	39344	112328	132374
计算机零部件制造	Manufacture of Computer Components and Parts	55	3755	430	498		119
计算机外围设备制造	Manufacture of Computer Peripheral Equipment			3060	1356	4636	31524
办公设备制造	Manufacture of Office Equipment	52	1573		19782	6150	3190
医疗仪器设备及仪器仪表制造业	**Manufacture of Medical Equipments and Measuring Instrument**	**26433**	**61629**	**37886**	**37707**	**22440**	**20697**
1.医疗仪器设备及器械制造	Manufacture of Medical Equipment and Appliance	2480	5104	7053	8129	7464	7610
2.仪器仪表制造	Manufacture of Measuring Instrument	23953	56525	30833	29577	14976	13087
信息化学品制造业	**Manufacture of Electronic Chemicals**					**46340**	**20783**

2-1-4 续表 7 continued

行业	Industry	引进技术经费支出（万元）Expenditure for Acquisition of Foreign Technology (10000 yuan)					
		2000	2005	2013	2014	2015	2016
合计	**Total**	**125120**	**150492**	**64909**	**94793**	**75971**	**89964**
医药制造业	**Manufacture of Medicines**	**16437**	**12056**	**14161**	**13356**	**9621**	**15043**
#化学药品制造	Manufacture of Chemical Medicine	14811	11320	8166	4571	2425	6272
中成药生产	Production of Finished Traditional Chinese Herbal Medicine	1220	584	206	178	181	1163
生物药品制造	Manufacture of Biological Medicine	406	151	199	2176	68	2070
航空、航天器及设备制造业	**Manufacture of Aircrafts and Spacecrafts and Related Equipment**	**29743**	**30369**	**12585**	**11364**	**6465**	**17103**
#飞机制造	Manufacture of Airplanes	19920	28933	5241	11019	5919	16605
航天器制造	Manufacture of Spacecrafts	9823	1436		345	380	498
电子及通信设备制造业	**Manufacture of Electronic Equipment and Communication Equipment**	**69882**	**96517**	**36700**	**69215**	**59235**	**55626**
#通信设备制造	Manufacture of Communication Equipment	4075	27368	1136	589		100
#通信系统设备制造	Manufacture of Communication System Equipment	2128	3528	216	589		
通信终端设备制造	Manufacture of Communication Terminal Equipment	147	2510	920			100
广播电视设备制造	Manufacture of Broadcasting and TV Equipment	152		1467		2319	
雷达及配套设备制造	Manufacture of Radar and Its Fittings	304		2887	907		
视听设备制造	Manufacture of TV Set and Radio Receiver	8113	10194	8136	11840	7884	1978
电子器件制造	Manufacture of Electronic Appliances	26465	18799	16439	47268	26843	28789
#电子真空器件制造	Manufacture of Electronic Vacuum Appliance	10084	5051				
半导体分立器件制造	Manufacture of Semiconductor Discreting Appliances	4996	39				
集成电路制造	Manufacture of Integrate Circuit	11385	162	15589	6861	1300	1724
电子元件制造	Manufacture of Electronic Components	30508	40152	2639	6892	3503	6252
其他电子设备制造	Manufacture of Other Electronic Equipment	265	5	1792	1719	2103	2493
计算机及办公设备制造业	**Manufacture of Computers and Office Equipment**	**1821**	**9867**	**1228**			
#计算机整机制造	Manufacture of Entired Computer	1821	9297	1198			
计算机零部件制造	Manufacture of Computer Components and Parts		570				
计算机外围设备制造	Manufacture of Computer Peripheral Equipment			30			
办公设备制造	Manufacture of Office Equipment						
医疗仪器设备及仪器仪表制造业	**Manufacture of Medical Equipments and Measuring Instrument**	**7237**	**1683**	**235**	**859**	**552**	**2076**
1.医疗仪器设备及器械制造	Manufacture of Medical Equipment and Appliance	234		61	503	31	
2.仪器仪表制造	Manufacture of Measuring Instrument	7003	1683	174	356	521	2076
信息化学品制造业	**Manufacture of Electronic Chemicals**					**98**	**117**

2-1-4 续表 8 continued

行 业	Industry	消化吸收经费支出（万元） Expenditure for Assimilation of Technology (10000 yuan)					
		2000	2005	2013	2014	2015	2016
合计	**Total**	**15787**	**31659**	**36189**	**37839**	**39530**	**14313**
医药制造业	**Manufacture of Medicines**	**8848**	**10721**	**12655**	**18636**	**8354**	**9647**
#化学药品制造	Manufacture of Chemical Medicine	8609	10292	10538	16283	7022	7925
中成药生产	Production of Finished Traditional Chinese Herbal Medicine	45	377	629	872	48	565
生物药品制造	Manufacture of Biological Medicine	194	52	229	200		
航空、航天器及设备制造业	**Manufacture of Aircrafts and Spacecrafts and Related Equipment**	**1943**	**1438**	**321**	**70**	**5**	
#飞机制造	Manufacture of Airplanes	1943	1438	321	70	5	
航天器制造	Manufacture of Spacecrafts						
电子及通信设备制造业	**Manufacture of Electronic Equipment and Communication Equipment**	**4150**	**17916**	**21258**	**18430**	**6542**	**4226**
#通信设备制造	Manufacture of Communication Equipment	577	1323	447	416	300	100
#通信系统设备制造	Manufacture of Communication System Equipment	488	466	149	156		
通信终端设备制造	Manufacture of Communication Terminal Equipment	1		298	260	300	100
广播电视设备制造	Manufacture of Broadcasting and TV Equipment		226	272		1065	
雷达及配套设备制造	Manufacture of Radar and Its Fittings				907		
视听设备制造	Manufacture of TV Set and Radio Receiver	36	2280	3260	3640	5056	3180
电子器件制造	Manufacture of Electronic Appliances	2265	11553	16910	10151		
#电子真空器件制造	Manufacture of Electronic Vacuum Appliance	2215	176				
半导体分立器件制造	Manufacture of Semiconductor Discreting Appliances	20					
集成电路制造	Manufacture of Integrate Circuit	30	83	1051	10151		
电子元件制造	Manufacture of Electronic Components	1231	2523	228	15	121	686
其他电子设备制造	Manufacture of Other Electronic Equipment	41	11				261
计算机及办公设备制造业	**Manufacture of Computers and Office Equipment**	**513**	**943**	**430**	**582**	**450**	**262**
#计算机整机制造	Manufacture of Entired Computer	513	405	430	566	450	262
计算机零部件制造	Manufacture of Computer Components and Parts		539				
计算机外围设备制造	Manufacture of Computer Peripheral Equipment				16		
办公设备制造	Manufacture of Office Equipment						
医疗仪器设备及仪器仪表制造业	**Manufacture of Medical Equipments and Measuring Instrument**	**334**	**641**	**1525**	**122**	**297**	
1.医疗仪器设备及器械制造	Manufacture of Medical Equipment and Appliance	20				195	
2.仪器仪表制造	Manufacture of Measuring Instrument	314	641	1525	122	102	
信息化学品制造业	**Manufacture of Electronic Chemicals**					**23883**	**178**

2-1-4 续表 9 continued

行 业	Industry	购买国内技术经费支出（万元） Expenditure on Purchase of Domestic Technology (10000 yuan)					
		2000	2005	2013	2014	2015	2016
合计	**Total**	**14799**	**41679**	**56998**	**187895**	**63871**	**41143**
医药制造业	**Manufacture of Medicines**	**9273**	**20216**	**23689**	**27213**	**15799**	**17445**
#化学药品制造	Manufacture of Chemical Medicine	7374	17437	19857	21894	13516	15828
中成药生产	Production of Finished Traditional Chinese Herbal Medicine	1390	2154	2590	3864	523	830
生物药品制造	Manufacture of Biological Medicine	510	423	954	374	1442	8
航空、航天器及设备制造业	**Manufacture of Aircrafts and Spacecrafts and Related Equipment**	**4437**	**10751**	**8448**	**102395**	**14018**	**6014**
#飞机制造	Manufacture of Airplanes	2421	10751	7895	101932	14018	5809
航天器制造	Manufacture of Spacecrafts	2016			463		
电子及通信设备制造业	**Manufacture of Electronic Equipment and Communication Equipment**	**683**	**8166**	**19540**	**49275**	**27206**	**10462**
#通信设备制造	Manufacture of Communication Equipment	238	5537	1666	3045	3636	2350
#通信系统设备制造	Manufacture of Communication System Equipment	120	1020	893	686	1145	381
通信终端设备制造	Manufacture of Communication Terminal Equipment	53	192	774	2359	2492	1969
广播电视设备制造	Manufacture of Broadcasting and TV Equipment	10		383			
雷达及配套设备制造	Manufacture of Radar and Its Fittings	2	333	5314	12420	2	175
视听设备制造	Manufacture of TV Set and Radio Receiver	5	374	46	110	284	751
电子器件制造	Manufacture of Electronic Appliances	98	943	5284	14985	12134	4222
#电子真空器件制造	Manufacture of Electronic Vacuum Appliance	40	160		1327		
半导体分立器件制造	Manufacture of Semiconductor Discreting Appliances	55	88	309	180	429	1663
集成电路制造	Manufacture of Integrate Circuit	3	44		1520	3717	2406
电子元件制造	Manufacture of Electronic Components	299	957	6478	18716	11149	2963
其他电子设备制造	Manufacture of Other Electronic Equipment	31	21	260			
计算机及办公设备制造业	**Manufacture of Computers and Office Equipment**	**106**	**156**	**20**	**3700**		**106**
#计算机整机制造	Manufacture of Entired Computer	106					
计算机零部件制造	Manufacture of Computer Components and Parts		50				
计算机外围设备制造	Manufacture of Computer Peripheral Equipment			20	1788		106
办公设备制造	Manufacture of Office Equipment		106				
医疗仪器设备及仪器仪表制造业	**Manufacture of Medical Equipments and Measuring Instrument**	**300**	**2390**	**5301**	**5311**	**6520**	**7022**
1.医疗仪器设备及器械制造	Manufacture of Medical Equipment and Appliance	89		585	506	502	512
2.仪器仪表制造	Manufacture of Measuring Instrument	212	2390	4716	4805	6018	6510
信息化学品制造业	**Manufacture of Electronic Chemicals**					**328**	**95**

2-1-4 续表 10 continued

行　业	Industry	研发机构数（个） Number of R&D Institutions in Enterprises (unit)					
		2000	2005	2013	2014	2015	2016
合计	**Total**	**744**	**712**	**746**	**707**	**846**	**873**
医药制造业	**Manufacture of Medicines**	**209**	**216**	**225**	**202**	**233**	**239**
#化学药品制造	Manufacture of Chemical Medicine	140	130	110	103	123	120
中成药生产	Production of Finished Traditional Chinese Herbal Medicine	48	63	84	75	82	86
生物药品制造	Manufacture of Biological Medicine	17	15	22	16	19	20
航空、航天器及设备制造业	**Manufacture of Aircrafts and Spacecrafts and Related Equipment**	**160**	**101**	**93**	**91**	**107**	**100**
#飞机制造	Manufacture of Airplanes	127	96	63	67	76	69
航天器制造	Manufacture of Spacecrafts	33	5	9	10	11	9
电子及通信设备制造业	**Manufacture of Electronic Equipment and Communication Equipment**	**253**	**279**	**289**	**284**	**339**	**361**
#通信设备制造	Manufacture of Communication Equipment	91	75	69	54	91	89
#通信系统设备制造	Manufacture of Communication System Equipment	53	43	44	34	64	75
通信终端设备制造	Manufacture of Communication Terminal Equipment	11	14	25	20	27	14
广播电视设备制造	Manufacture of Broadcasting and TV Equipment	6	7	6	8	8	7
雷达及配套设备制造	Manufacture of Radar and Its Fittings	17	20	17	24	23	21
视听设备制造	Manufacture of TV Set and Radio Receiver	42	41	32	27	36	32
电子器件制造	Manufacture of Electronic Appliances	25	65	75	66	64	92
#电子真空器件制造	Manufacture of Electronic Vacuum Appliance	10	30	1	2	3	4
半导体分立器件制造	Manufacture of Semiconductor Discreting Appliances	10	11	8	9	3	6
集成电路制造	Manufacture of Integrate Circuit	5	5	17	9	5	11
电子元件制造	Manufacture of Electronic Components	66	65	59	70	75	79
其他电子设备制造	Manufacture of Other Electronic Equipment	6	6	15	15	18	22
计算机及办公设备制造业	**Manufacture of Computers and Office Equipment**	**28**	**29**	**40**	**48**	**55**	**63**
#计算机整机制造	Manufacture of Entired Computer	23	19	15	17	14	14
计算机零部件制造	Manufacture of Computer Components and Parts	3	9	2	3	3	3
计算机外围设备制造	Manufacture of Computer Peripheral Equipment			11	11	18	26
办公设备制造	Manufacture of Office Equipment	2	1	6	9	11	11
医疗仪器设备及仪器仪表制造业	**Manufacture of Medical Equipments and Measuring Instrument**	**94**	**87**	**99**	**82**	**92**	**86**
1.医疗仪器设备及器械制造	Manufacture of Medical Equipment and Appliance	10	3	5	5	4	4
2.仪器仪表制造	Manufacture of Measuring Instrument	84	84	94	77	88	82
信息化学品制造业	**Manufacture of Electronic Chemicals**					**20**	**24**

2-1-4　续表 11　continued

行　业	Industry	机构人员（人） Personnel in the R&D Institutions (person)					
		2000	2005	2013	2014	2015	2016
合计	**Total**	**48076**	**77435**	**110728**	**114609**	**146921**	**159619**
医药制造业	**Manufacture of Medicines**	**6359**	**8261**	**15574**	**15097**	**17477**	**17144**
#化学药品制造	Manufacture of Chemical Medicine	4779	5476	8708	8090	9445	9328
中成药生产	Production of Finished Traditional Chinese Herbal Medicine	996	1989	4011	4703	5212	5549
生物药品制造	Manufacture of Biological Medicine	544	522	1780	1147	1533	1001
航空、航天器及设备制造业	**Manufacture of Aircrafts and Spacecrafts and Related Equipment**	**14838**	**14463**	**28501**	**28776**	**26406**	**26663**
#飞机制造	Manufacture of Airplanes	12102	14359	23813	24709	19068	21637
航天器制造	Manufacture of Spacecrafts	2736	104	2028	1471	1602	1443
电子及通信设备制造业	**Manufacture of Electronic Equipment and Communication Equipment**	**20272**	**43682**	**43602**	**44440**	**71297**	**80012**
#通信设备制造	Manufacture of Communication Equipment	9305	23434	13081	11126	36926	43931
#通信系统设备制造	Manufacture of Communication System Equipment	6952	18069	10005	8928	33032	40387
通信终端设备制造	Manufacture of Communication Terminal Equipment	700	2270	3076	2198	3894	3544
广播电视设备制造	Manufacture of Broadcasting and TV Equipment	371	365	1248	1194	1537	1196
雷达及配套设备制造	Manufacture of Radar and Its Fittings	1187	1836	5112	8612	5892	6007
视听设备制造	Manufacture of TV Set and Radio Receiver	2611	8202	4105	4395	6616	5407
电子器件制造	Manufacture of Electronic Appliances	2386	4423	11241	10082	11470	14378
#电子真空器件制造	Manufacture of Electronic Vacuum Appliance	1172	1797	86	186	481	513
半导体分立器件制造	Manufacture of Semiconductor Discreting Appliances	566	941	805	1116	534	602
集成电路制造	Manufacture of Integrate Circuit	648	247	1475	1523	366	1443
电子元件制造	Manufacture of Electronic Components	4255	4398	4625	4648	5139	4915
其他电子设备制造	Manufacture of Other Electronic Equipment	157	1024	1720	2322	2203	2693
计算机及办公设备制造业	**Manufacture of Computers and Office Equipment**	**1776**	**5408**	**11788**	**15811**	**19799**	**22896**
#计算机整机制造	Manufacture of Entired Computer	1616	2629	5154	8444	11265	13055
计算机零部件制造	Manufacture of Computer Components and Parts	109	2675	275	272	331	402
计算机外围设备制造	Manufacture of Computer Peripheral Equipment			1850	2038	2675	3825
办公设备制造	Manufacture of Office Equipment	51	104	1404	1703	1603	1549
医疗仪器设备及仪器仪表制造业	**Manufacture of Medical Equipments and Measuring Instrument**	**4831**	**5621**	**11263**	**10485**	**9903**	**9984**
1.医疗仪器设备及器械制造	Manufacture of Medical Equipment and Appliance	652	555	1127	1027	855	767
2.仪器仪表制造	Manufacture of Measuring Instrument	4179	5066	10136	9458	9048	9217
信息化学品制造业	**Manufacture of Electronic Chemicals**					**2039**	**2920**

2-1-4 续表 12 continued

行 业	Industry	机构经费支出（万元） Expenditure in the R&D Institutions (10000 yuan)					
		2000	2005	2013	2014	2015	22016
合计	**Total**	**325230**	**1241169**	**2695986**	**2459296**	**3769597**	**4477420**
医药制造业	**Manufacture of Medicines**	**41990**	**125836**	**373424**	**366802**	**442410**	**417018**
#化学药品制造	Manufacture of Chemical Medicine	29328	85074	193413	184063	249155	237153
中成药生产	Production of Finished Traditional Chinese Herbal Medicine	7428	31355	111524	115477	122032	121122
生物药品制造	Manufacture of Biological Medicine	3627	4935	45182	47431	48527	30385
航空、航天器及设备制造业	**Manufacture of Aircrafts and Spacecrafts and Related Equipment**	**83240**	**130150**	**487409**	**481035**	**548766**	**575098**
#飞机制造	Manufacture of Airplanes	76663	129623	392747	383837	396036	430358
航天器制造	Manufacture of Spacecrafts	6577	527	42257	34903	52977	58195
电子及通信设备制造业	**Manufacture of Electronic Equipment and Communication Equipment**	**172235**	**822647**	**1361186**	**1131787**	**2180234**	**2767191**
#通信设备制造	Manufacture of Communication Equipment	79568	405311	264965	250236	1186803	1498515
#通信系统设备制造	Manufacture of Communication System Equipment	65211	287001	214524	216594	1130599	1439235
通信终端设备制造	Manufacture of Communication Terminal Equipment	6567	37704	50441	33642	56204	59280
广播电视设备制造	Manufacture of Broadcasting and TV Equipment	1196	4193	20053	22280	35943	45252
雷达及配套设备制造	Manufacture of Radar and Its Fittings	4671	16147	142890	187535	94417	142115
视听设备制造	Manufacture of TV Set and Radio Receiver	52182	299670	304910	273016	317230	306425
电子器件制造	Manufacture of Electronic Appliances	12075	51263	452083	229022	396059	554230
#电子真空器件制造	Manufacture of Electronic Vacuum Appliance	3076	23579	1265	1730	2182	4698
半导体分立器件制造	Manufacture of Semiconductor Discreting Appliances	2955	6643	6391	11554	11134	12582
集成电路制造	Manufacture of Integrate Circuit	6043	6001	46802	34413	20713	41372
电子元件制造	Manufacture of Electronic Components	21368	38662	84626	56057	64440	94471
其他电子设备制造	Manufacture of Other Electronic Equipment	1176	7401	32298	58491	55398	85589
计算机及办公设备制造业	**Manufacture of Computers and Office Equipment**	**10528**	**124130**	**285692**	**294077**	**377850**	**486733**
#计算机整机制造	Manufacture of Entired Computer	8891	103799	182956	184601	229851	313860
计算机零部件制造	Manufacture of Computer Components and Parts	1348	18807	3320	4546	5796	6308
计算机外围设备制造	Manufacture of Computer Peripheral Equipment			29874	33288	44685	57029
办公设备制造	Manufacture of Office Equipment	289	1525	23694	25500	32103	36085
医疗仪器设备及仪器仪表制造业	**Manufacture of Medical Equipments and Measuring Instrument**	**17238**	**38407**	**188275**	**185595**	**177644**	**167910**
1.医疗仪器设备及器械制造	Manufacture of Medical Equipment and Appliance	2726	4250	17888	19163	19628	17943
2.仪器仪表制造	Manufacture of Measuring Instrument	14512	34157	170387	166432	158016	149967
信息化学品制造业	**Manufacture of Electronic Chemicals**					**42694**	**63471**

2-1-5 大中型内资企业分行业R&D及相关活动情况

Statistics on R&D and Related Activities of Domestic Funded Enterprises in Large and Medium-sized Enterprises by Industrial Sector

行 业	Industry	R&D人员折合全时当量（人年） Full-time Equivalent of R&D Personnel (man-year)					
		2000	2005	2013	2014	2015	2016
合计	**Total**	**78771**	**121421**	**361065**	**375108**	**398576**	**388834**
医药制造业	**Manufacture of Medicines**	**10677**	**16539**	**69892**	**74851**	**70388**	**70988**
#化学药品制造	Manufacture of Chemical Medicine	6855	10352	38000	41109	39372	39436
中成药生产	Production of Finished Traditional Chinese Herbal Medicine	2376	4354	18756	19152	16257	16358
生物药品制造	Manufacture of Biological Medicine	1222	1413	6727	7387	7777	7830
航空、航天器及设备制造业	**Manufacture of Aircrafts and Spacecrafts and Related Equipment**	**29951**	**29837**	**42836**	**34967**	**40867**	**33372**
#飞机制造	Manufacture of Airplanes	26820	27688	35867	27686	30130	23960
航天器制造	Manufacture of Spacecrafts	3131	2150	3699	4198	4789	4691
电子及通信设备制造业	**Manufacture of Electronic Equipment and Communication Equipment**	**28317**	**60818**	**192031**	**202869**	**220367**	**219871**
#通信设备制造	Manufacture of Communication Equipment	14889	37702	95523	97040	101895	98161
#通信系统设备制造	Manufacture of Communication System Equipment	13291	33246	85744	86635	90180	83548
通信终端设备制造	Manufacture of Communication Terminal Equipment	690	2922	9779	10405	11716	14613
广播电视设备制造	Manufacture of Broadcasting and TV Equipment	448	1463	7251	7524	6985	6961
雷达及配套设备制造	Manufacture of Radar and Its Fittings	1794	1810	5419	6416	5587	5281
视听设备制造	Manufacture of TV Set and Radio Receiver	2540	6955	17993	13773	17925	15524
电子器件制造	Manufacture of Electronic Appliances	4270	7331	25693	31052	33354	36065
#电子真空器件制造	Manufacture of Electronic Vacuum Appliance	1676	1388	520	1370	1221	685
半导体分立器件制造	Manufacture of Semiconductor Discreting Appliances	1778	1448	2053	2627	2606	2755
集成电路制造	Manufacture of Integrate Circuit	816	1054	6725	7431	7559	8628
电子元件制造	Manufacture of Electronic Components	3576	4726	23698	25863	29901	29619
其他电子设备制造	Manufacture of Other Electronic Equipment	798	833	5071	9657	8747	11008
计算机及办公设备制造业	**Manufacture of Computers and Office Equipment**	**2509**	**5288**	**15678**	**23393**	**22931**	**19092**
#计算机整机制造	Manufacture of Entired Computer	2111	2684	6537	9128	11746	8134
计算机零部件制造	Manufacture of Computer Components and Parts	392	2394	2462	2713	1737	2006
计算机外围设备制造	Manufacture of Computer Peripheral Equipment			2474	5705	3818	4822
办公设备制造	Manufacture of Office Equipment	6	211	2266	2871	2898	1714
医疗仪器设备及仪器仪表制造业	**Manufacture of Medical Equipments and Measuring Instrument**	**7317**	**8939**	**40628**	**39028**	**38639**	**39015**
1.医疗仪器设备及器械制造	Manufacture of Medical Equipment and Appliance	655	796	7088	5719	8913	9202
2.仪器仪表制造	Manufacture of Measuring Instrument	6662	8143	33540	33309	29726	29813
信息化学品制造业	**Manufacture of Electronic Chemicals**					**5384**	**6497**

2-1-5 续表 1 continued

行业	Industry	R&D经费内部支出（万元） Intramural Expenditure on R&D (10000 yuan)					
		2000	2005	2013	2014	2015	2016
合计	**Total**	**790317**	**2099137**	**11548301**	**13114379**	**15381634**	**17182053**
医药制造业	**Manufacture of Medicines**	**105252**	**306401**	**1865599**	**2095151**	**2406149**	**2611739**
#化学药品制造	Manufacture of Chemical Medicine	64927	203950	1029722	1139337	1334066	1399592
中成药生产	Production of Finished Traditional Chinese Herbal Medicine	24645	76775	425519	447477	475659	569693
生物药品制造	Manufacture of Biological Medicine	14090	19148	233892	288512	316983	356914
航空、航天器及设备制造业	**Manufacture of Aircrafts and Spacecrafts and Related Equipment**	**132595**	**275677**	**1631902**	**1791448**	**1627408**	**1614696**
#飞机制造	Manufacture of Airplanes	113913	236864	1357121	1442405	1275347	1203790
航天器制造	Manufacture of Spacecrafts	18682	38813	219876	265160	219353	255421
电子及通信设备制造业	**Manufacture of Electronic Equipment and Communication Equipment**	**470519**	**1274838**	**6740840**	**7840723**	**9444245**	**10998240**
#通信设备制造	Manufacture of Communication Equipment	291761	793048	3940224	4503034	5366809	6151334
#通信系统设备制造	Manufacture of Communication System Equipment	277127	733409	3601371	4155704	4903874	5407382
通信终端设备制造	Manufacture of Communication Terminal Equipment	7175	34042	338853	347330	462935	743952
广播电视设备制造	Manufacture of Broadcasting and TV Equipment	2036	12572	127876	168013	204468	246949
雷达及配套设备制造	Manufacture of Radar and Its Fittings	7003	24472	157894	150874	118319	159257
视听设备制造	Manufacture of TV Set and Radio Receiver	41554	272004	720148	726620	785960	807863
电子器件制造	Manufacture of Electronic Appliances	57716	95675	919887	1102136	1415792	1698648
#电子真空器件制造	Manufacture of Electronic Vacuum Appliance	42000	16478	9217	24242	26212	17110
半导体分立器件制造	Manufacture of Semiconductor Discreting Appliances	8669	11355	35881	55814	63736	84763
集成电路制造	Manufacture of Integrate Circuit	7047	17355	280185	343147	401124	517389
电子元件制造	Manufacture of Electronic Components	54914	69216	504038	565972	737942	887664
其他电子设备制造	Manufacture of Other Electronic Equipment	15536	7851	122968	224326	279119	356226
计算机及办公设备制造业	**Manufacture of Computers and Office Equipment**	**47653**	**124477**	**446083**	**510751**	**624341**	**632173**
#计算机整机制造	Manufacture of Entired Computer	40350	94082	239533	244059	329233	297534
计算机零部件制造	Manufacture of Computer Components and Parts	7013	27048	43247	62096	61431	56925
计算机外围设备制造	Manufacture of Computer Peripheral Equipment			56794	75298	97234	137093
办公设备制造	Manufacture of Office Equipment	289	3347	45931	56434	61684	59822
医疗仪器设备及仪器仪表制造业	**Manufacture of Medical Equipments and Measuring Instrument**	**34299**	**117744**	**863877**	**876307**	**1067900**	**1070318**
1.医疗仪器设备及器械制造	Manufacture of Medical Equipment and Appliance	3686	12954	182450	147572	284850	293446
2.仪器仪表制造	Manufacture of Measuring Instrument	30613	104791	681427	728735	783050	776872
信息化学品制造业	**Manufacture of Electronic Chemicals**					**211591**	**254887**

2-1-5 续表 2 continued

行 业	Industry	新产品开发经费支出（万元） Expenditure on New Products Development (10000 yuan)					
		2000	2005	2013	2014	2015	2016
合计	**Total**	**808228**	**2237723**	**13422766**	**15719432**	**17942362**	**21181031**
医药制造业	**Manufacture of Medicines**	**118340**	**335802**	**1951942**	**2222787**	**2357781**	**2676742**
#化学药品制造	Manufacture of Chemical Medicine	71081	217035	1050724	1196405	1273062	1393590
中成药生产	Production of Finished Traditional Chinese Herbal Medicine	31824	77861	440609	475858	486258	611831
生物药品制造	Manufacture of Biological Medicine	12492	24091	257535	324434	322971	370481
航空、航天器及设备制造业	**Manufacture of Aircrafts and Spacecrafts and Related Equipment**	**108942**	**296293**	**1721988**	**1831131**	**1631006**	**1659123**
#飞机制造	Manufacture of Airplanes	90233	265524	1350108	1452258	1291277	1184641
航天器制造	Manufacture of Spacecrafts	18709	30769	317290	297813	232607	270657
电子及通信设备制造业	**Manufacture of Electronic Equipment and Communication Equipment**	**504817**	**1347212**	**8199919**	**10043193**	**11971939**	**14470133**
#通信设备制造	Manufacture of Communication Equipment	261902	781128	4647467	5789365	7236046	8517544
#通信系统设备制造	Manufacture of Communication System Equipment	242007	684949	4200482	5351444	6599917	7636998
通信终端设备制造	Manufacture of Communication Terminal Equipment	9094	41760	446986	437921	636129	880547
广播电视设备制造	Manufacture of Broadcasting and TV Equipment	1117	20566	190939	206476	236770	275277
雷达及配套设备制造	Manufacture of Radar and Its Fittings	11129	27487	184152	230731	140896	224531
视听设备制造	Manufacture of TV Set and Radio Receiver	87768	311046	818400	834654	819038	856949
电子器件制造	Manufacture of Electronic Appliances	58356	111855	1183319	1394431	1727655	2114860
#电子真空器件制造	Manufacture of Electronic Vacuum Appliance	42174	19476	14667	26402	27599	22020
半导体分立器件制造	Manufacture of Semiconductor Discreting Appliances	7670	15058	57688	71648	76579	96319
集成电路制造	Manufacture of Integrate Circuit	8512	23109	380590	397033	429285	570072
电子元件制造	Manufacture of Electronic Components	67393	81050	607736	654569	809189	1072405
其他电子设备制造	Manufacture of Other Electronic Equipment	17152	14081	183516	394042	351334	486670
计算机及办公设备制造业	**Manufacture of Computers and Office Equipment**	**40953**	**136348**	**540762**	**526411**	**692910**	**875374**
#计算机整机制造	Manufacture of Entired Computer	30484	92085	259828	195295	302317	408294
计算机零部件制造	Manufacture of Computer Components and Parts	10176	38698	52645	68755	82338	69645
计算机外围设备制造	Manufacture of Computer Peripheral Equipment			84459	93941	149120	171018
办公设备制造	Manufacture of Office Equipment	293	5565	55196	64586	70627	82791
医疗仪器设备及仪器仪表制造业	**Manufacture of Medical Equipments and Measuring Instrument**	**35176**	**122068**	**1008155**	**1095912**	**1126643**	**1275643**
1.医疗仪器设备及器械制造	Manufacture of Medical Equipment and Appliance	4205	13166	228992	210757	307672	386483
2.仪器仪表制造	Manufacture of Measuring Instrument	30971	108902	779163	885155	818971	889160
信息化学品制造业	**Manufacture of Electronic Chemicals**					**162083**	**224015**

2-1-5 续表 3 continued

行 业	Industry	新产品销售收入（万元） Sales Revenue of New Products (10000 yuan)					
		2000	2005	2013	2014	2015	2016
合计	**Total**	**9880026**	**22804873**	**110671980**	**145726741**	**176578076**	**225674681**
医药制造业	**Manufacture of Medicines**	**1382686**	**3827635**	**23092736**	**27103052**	**29213886**	**33965933**
#化学药品制造	Manufacture of Chemical Medicine	1082852	2592266	12684404	13878247	14933248	17616413
中成药生产	Production of Finished Traditional Chinese Herbal Medicine	213073	926895	5676796	7136273	7873226	9226800
生物药品制造	Manufacture of Biological Medicine	70466	164505	1884620	2571625	2754715	3206424
航空、航天器及设备制造业	**Manufacture of Aircrafts and Spacecrafts and Related Equipment**	**813277**	**3366753**	**7063489**	**7848115**	**8601276**	**10590317**
#飞机制造	Manufacture of Airplanes	696006	3328896	6436680	7084942	7301353	9150946
航天器制造	Manufacture of Spacecrafts	117272	37857	434640	453585	579453	672860
电子及通信设备制造业	**Manufacture of Electronic Equipment and Communication Equipment**	**6212548**	**12261940**	**65755004**	**92577744**	**115303423**	**153310436**
#通信设备制造	Manufacture of Communication Equipment	2508581	4815723	27518235	39771079	56868266	78221458
#通信系统设备制造	Manufacture of Communication System Equipment	2028201	3483039	24110882	30482692	40212012	45827388
通信终端设备制造	Manufacture of Communication Terminal Equipment	356827	322889	3407353	9288387	16656254	32394071
广播电视设备制造	Manufacture of Broadcasting and TV Equipment	6198	143250	1654436	1634770	1693066	2348228
雷达及配套设备制造	Manufacture of Radar and Its Fittings	102849	258585	1081781	1498916	1337974	1882265
视听设备制造	Manufacture of TV Set and Radio Receiver	2519020	5213165	14235843	15308490	15580626	15538040
电子器件制造	Manufacture of Electronic Appliances	443258	917332	10187348	16307405	19539018	23466046
#电子真空器件制造	Manufacture of Electronic Vacuum Appliance	308024	303425	77630	83116	146574	178110
半导体分立器件制造	Manufacture of Semiconductor Discreting Appliances	37007	106341	525046	618682	623561	858922
集成电路制造	Manufacture of Integrate Circuit	98227	145452	1722480	2108300	2412039	3287645
电子元件制造	Manufacture of Electronic Components	442934	796187	5816707	6803662	9587703	14160342
其他电子设备制造	Manufacture of Other Electronic Equipment	189708	117698	1165241	4475682	2347882	3757616
计算机及办公设备制造业	**Manufacture of Computers and Office Equipment**	**1012211**	**2009549**	**5653412**	**7052733**	**8711027**	**10463952**
#计算机整机制造	Manufacture of Entired Computer	838867	1571203	3825786	4367860	5499050	5868056
计算机零部件制造	Manufacture of Computer Components and Parts	160317	353399	352354	521384	672331	896809
计算机外围设备制造	Manufacture of Computer Peripheral Equipment			665862	1249323	1309376	1487274
办公设备制造	Manufacture of Office Equipment	13027	84947	334638	373287	547199	819771
医疗仪器设备及仪器仪表制造业	**Manufacture of Medical Equipments and Measuring Instrument**	**459304**	**1338995**	**9107339**	**11145096**	**11342615**	**12169531**
1.医疗仪器设备及器械制造	Manufacture of Medical Equipment and Appliance	80040	173972	1837545	1931031	1732144	2084754
2.仪器仪表制造	Manufacture of Measuring Instrument	379264	1165023	7269795	9214064	9610471	10084777
信息化学品制造业	**Manufacture of Electronic Chemicals**					**3405848**	**5174512**

2-1-5 续表 4 continued

行 业	Industry	专利申请数（件） Patent Applications (piece)					
		2000	2005	2013	2014	2015	2016
合计	**Total**	**1663**	**10787**	**65045**	**79769**	**79197**	**95713**
医药制造业	**Manufacture of Medicines**	**492**	**2114**	**7939**	**9181**	**6985**	**7630**
#化学药品制造	Manufacture of Chemical Medicine	200	870	3152	3531	3315	3327
中成药生产	Production of Finished Traditional Chinese Herbal Medicine	242	1033	2898	3401	1639	1946
生物药品制造	Manufacture of Biological Medicine	15	171	778	950	825	925
航空、航天器及设备制造业	**Manufacture of Aircrafts and Spacecrafts and Related Equipment**	**79**	**305**	**3730**	**4275**	**5173**	**5142**
#飞机制造	Manufacture of Airplanes	74	291	2822	3394	3923	3657
航天器制造	Manufacture of Spacecrafts	5	14	584	526	607	632
电子及通信设备制造业	**Manufacture of Electronic Equipment and Communication Equipment**	**795**	**7387**	**40217**	**49581**	**51013**	**64405**
#通信设备制造	Manufacture of Communication Equipment	504	5595	16962	22730	20568	22998
#通信系统设备制造	Manufacture of Communication System Equipment	490	5440	15077	19778	16582	19052
通信终端设备制造	Manufacture of Communication Terminal Equipment	4	65	1885	2952	3986	3946
广播电视设备制造	Manufacture of Broadcasting and TV Equipment	4	61	1650	1662	2056	2476
雷达及配套设备制造	Manufacture of Radar and Its Fittings	22	9	622	800	691	1208
视听设备制造	Manufacture of TV Set and Radio Receiver	145	1005	3960	3756	4743	5842
电子器件制造	Manufacture of Electronic Appliances	38	285	8751	9614	10411	13416
#电子真空器件制造	Manufacture of Electronic Vacuum Appliance	22	55	128	135	109	130
半导体分立器件制造	Manufacture of Semiconductor Discreting Appliances	6	10	303	574	613	772
集成电路制造	Manufacture of Integrate Circuit	10	50	1717	2013	1565	2185
电子元件制造	Manufacture of Electronic Components	60	354	4086	5034	4849	6886
其他电子设备制造	Manufacture of Other Electronic Equipment	22	78	1298	1966	3276	4884
计算机及办公设备制造业	**Manufacture of Computers and Office Equipment**	**85**	**378**	**3461**	**4950**	**5772**	**7223**
#计算机整机制造	Manufacture of Entired Computer	22	177	1193	2245	3456	4264
计算机零部件制造	Manufacture of Computer Components and Parts	62	154	208	263	336	431
计算机外围设备制造	Manufacture of Computer Peripheral Equipment			622	944	949	1080
办公设备制造	Manufacture of Office Equipment	1	47	757	734	584	805
医疗仪器设备及仪器仪表制造业	**Manufacture of Medical Equipments and Measuring Instrument**	**212**	**603**	**9698**	**11782**	**9279**	**10007**
1.医疗仪器设备及器械制造	Manufacture of Medical Equipment and Appliance	66	247	2569	3416	2792	3038
2.仪器仪表制造	Manufacture of Measuring Instrument	146	356	7129	8366	6487	6969
信息化学品制造业	**Manufacture of Electronic Chemicals**					**975**	**1306**

2-1-5 续表 5 continued

行 业	Industry	有效发明专利数（件） Number of Patents In Force (piece)					
		2000	2005	2013	2014	2015	2016
合计	**Total**	**1008**	**4745**	**82650**	**108559**	**149629**	**196618**
医药制造业	**Manufacture of Medicines**	**292**	**861**	**10037**	**12294**	**17012**	**19131**
#化学药品制造	Manufacture of Chemical Medicine	154	427	4458	5652	8490	9201
中成药生产	Production of Finished Traditional Chinese Herbal Medicine	77	366	4194	4658	5391	6043
生物药品制造	Manufacture of Biological Medicine	14	40	872	1200	1618	2401
航空、航天器及设备制造业	**Manufacture of Aircrafts and Spacecrafts and Related Equipment**	**139**	**188**	**2743**	**3253**	**5387**	**6006**
#飞机制造	Manufacture of Airplanes	102	181	2088	2436	3456	3704
航天器制造	Manufacture of Spacecrafts	37	7	483	502	1111	1532
电子及通信设备制造业	**Manufacture of Electronic Equipment and Communication Equipment**	**401**	**3068**	**62730**	**82731**	**113179**	**152849**
#通信设备制造	Manufacture of Communication Equipment	277	2604	48211	61551	85697	113118
#通信系统设备制造	Manufacture of Communication System Equipment	262	2523	47345	60497	84491	111529
通信终端设备制造	Manufacture of Communication Terminal Equipment	2	36	866	1054	1206	1589
广播电视设备制造	Manufacture of Broadcasting and TV Equipment	2	10	874	930	606	1251
雷达及配套设备制造	Manufacture of Radar and Its Fittings	15	5	900	968	907	1380
视听设备制造	Manufacture of TV Set and Radio Receiver	44	87	2440	2881	3793	3926
电子器件制造	Manufacture of Electronic Appliances	13	157	4377	8321	12303	17102
#电子真空器件制造	Manufacture of Electronic Vacuum Appliance	5	85	79	130	187	211
半导体分立器件制造	Manufacture of Semiconductor Discreting Appliances	6	9	462	387	473	813
集成电路制造	Manufacture of Integrate Circuit	2	16	1196	1628	3207	3238
电子元件制造	Manufacture of Electronic Components	41	197	2304	3435	4368	6680
其他电子设备制造	Manufacture of Other Electronic Equipment	9	8	1174	2011	2684	3871
计算机及办公设备制造业	**Manufacture of Computers and Office Equipment**	**66**	**197**	**1623**	**2617**	**3308**	**4486**
#计算机整机制造	Manufacture of Entired Computer	11	134	397	497	644	1305
计算机零部件制造	Manufacture of Computer Components and Parts	55	59	81	110	139	644
计算机外围设备制造	Manufacture of Computer Peripheral Equipment			492	1035	1392	1048
办公设备制造	Manufacture of Office Equipment		4	160	299	518	1193
医疗仪器设备及仪器仪表制造业	**Manufacture of Medical Equipments and Measuring Instrument**	**110**	**431**	**5517**	**7664**	**9629**	**12544**
1.医疗仪器设备及器械制造	Manufacture of Medical Equipment and Appliance	46	60	1738	2172	3715	4910
2.仪器仪表制造	Manufacture of Measuring Instrument	64	371	3779	5492	5914	7634
信息化学品制造业	**Manufacture of Electronic Chemicals**					**1114**	**1602**

2-1-5 续表 6 continued

行 业	Industry	技术改造经费支出（万元） Expenditure for Technical Renovation (10000 yuan)					
		2000	2005	2013	2014	2015	2016
合计	**Total**	**924581**	**1183084**	**2870736**	**2677315**	**2577437**	**3143474**
医药制造业	**Manufacture of Medicines**	**263464**	**363380**	**873390**	**862731**	**779219**	**638813**
#化学药品制造	Manufacture of Chemical Medicine	223744	257301	522857	506005	451177	401306
中成药生产	Production of Finished Traditional Chinese Herbal Medicine	34240	81966	189416	229248	243210	173570
生物药品制造	Manufacture of Biological Medicine	3751	13554	58944	40388	28960	22744
航空、航天器及设备制造业	**Manufacture of Aircrafts and Spacecrafts and Related Equipment**	**154666**	**364356**	**483533**	**697584**	**546755**	**457977**
#飞机制造	Manufacture of Airplanes	128203	348878	435943	675783	466010	378494
航天器制造	Manufacture of Spacecrafts	26464	15478	33914	9573	34505	19980
电子及通信设备制造业	**Manufacture of Electronic Equipment and Communication Equipment**	**435972**	**337168**	**1174366**	**821217**	**856625**	**1637572**
#通信设备制造	Manufacture of Communication Equipment	46178	56507	43280	51877	66291	83087
#通信系统设备制造	Manufacture of Communication System Equipment	40793	27960	23237	31661	33561	63194
通信终端设备制造	Manufacture of Communication Terminal Equipment	2900	11727	20044	20215	32730	19893
广播电视设备制造	Manufacture of Broadcasting and TV Equipment	3394	7981	9725	8835	18794	23398
雷达及配套设备制造	Manufacture of Radar and Its Fittings	8482	17859	40340	45603	34503	26996
视听设备制造	Manufacture of TV Set and Radio Receiver	48867	47562	62387	84014	54622	33537
电子器件制造	Manufacture of Electronic Appliances	120232	89982	731221	177133	158303	943181
#电子真空器件制造	Manufacture of Electronic Vacuum Appliance	75414	24045	4248	15875	13556	6801
半导体分立器件制造	Manufacture of Semiconductor Discreting Appliances	10473	10359	22098	9260	15946	28674
集成电路制造	Manufacture of Integrate Circuit	34345	44123	12952	30693	14484	92516
电子元件制造	Manufacture of Electronic Components	186727	115214	110902	249585	230304	242529
其他电子设备制造	Manufacture of Other Electronic Equipment	22092	2063	18103	30637	20607	27557
计算机及办公设备制造业	**Manufacture of Computers and Office Equipment**	**19277**	**14873**	**49856**	**71939**	**135882**	**184346**
#计算机整机制造	Manufacture of Entired Computer	10369	6904	36941	39697	112336	132606
计算机零部件制造	Manufacture of Computer Components and Parts	8856	6396	605	2802	4270	1315
计算机外围设备制造	Manufacture of Computer Peripheral Equipment			7520	6734	10018	43832
办公设备制造	Manufacture of Office Equipment	52	1573	936	20641	6647	5318
医疗仪器设备及仪器仪表制造业	**Manufacture of Medical Equipments and Measuring Instrument**	**51202**	**103307**	**289591**	**223845**	**189058**	**187465**
1.医疗仪器设备及器械制造	Manufacture of Medical Equipment and Appliance	6210	11972	72571	59375	69956	53198
2.仪器仪表制造	Manufacture of Measuring Instrument	44992	91335	217020	164469	119102	134266
信息化学品制造业	**Manufacture of Electronic Chemicals**					**69898**	**37302**

2-1-5 续表 7 continued

行　业	Industry	引进技术经费支出（万元） Expenditure for Acquisition of Foreign Technology (10000 yuan)					
		2000	2005	2013	2014	2015	2016
合计	**Total**	**235804**	**96198**	**132821**	**174745**	**470530**	**806322**
医药制造业	**Manufacture of Medicines**	**36257**	**22772**	**36042**	**24908**	**48821**	**35797**
#化学药品制造	Manufacture of Chemical Medicine	25613	15551	18573	11636	40391	25350
中成药生产	Production of Finished Traditional Chinese Herbal Medicine	9202	4440	3436	1354	181	1251
生物药品制造	Manufacture of Biological Medicine	1120	151	2261	2856	974	3441
航空、航天器及设备制造业	**Manufacture of Aircrafts and Spacecrafts and Related Equipment**	**29793**	**27419**	**14085**	**13914**	**9525**	**20263**
#飞机制造	Manufacture of Airplanes	19970	25982	6741	13569	8979	19765
航天器制造	Manufacture of Spacecrafts	9823	1436		345	380	498
电子及通信设备制造业	**Manufacture of Electronic Equipment and Communication Equipment**	**155175**	**33696**	**67359**	**124741**	**407483**	**739481**
#通信设备制造	Manufacture of Communication Equipment	7653	8556	1649	22437	337742	665636
#通信系统设备制造	Manufacture of Communication System Equipment	3256	2613	1049	2043	11527	12944
通信终端设备制造	Manufacture of Communication Terminal Equipment	2292	2510	600	20394	326215	652692
广播电视设备制造	Manufacture of Broadcasting and TV Equipment	152	300	1467	687	2351	135
雷达及配套设备制造	Manufacture of Radar and Its Fittings	769	14	2887	907	522	515
视听设备制造	Manufacture of TV Set and Radio Receiver	8501	5719	13676	16293	11713	5636
电子器件制造	Manufacture of Electronic Appliances	45516	6795	24104	65539	41721	40800
#电子真空器件制造	Manufacture of Electronic Vacuum Appliance	14892	4109				
半导体分立器件制造	Manufacture of Semiconductor Discreting Appliances	6978	126	42	100		
集成电路制造	Manufacture of Integrate Circuit	23646		16186	22438	10950	11033
电子元件制造	Manufacture of Electronic Components	90808	10715	7060	14490	7206	8333
其他电子设备制造	Manufacture of Other Electronic Equipment	1778	1597	2490	2108	1971	3117
计算机及办公设备制造业	**Manufacture of Computers and Office Equipment**	**5492**	**10348**	**7081**	**842**	**253**	**236**
#计算机整机制造	Manufacture of Entired Computer	2994	9297	6753	588		12
计算机零部件制造	Manufacture of Computer Components and Parts	2498	570		202	203	213
计算机外围设备制造	Manufacture of Computer Peripheral Equipment			30		50	11
办公设备制造	Manufacture of Office Equipment		481	297	52		
医疗仪器设备及仪器仪表制造业	**Manufacture of Medical Equipments and Measuring Instrument**	**9087**	**1963**	**8254**	**10341**	**4351**	**10365**
1.医疗仪器设备及器械制造	Manufacture of Medical Equipment and Appliance	1709	30	239	3922	263	1765
2.仪器仪表制造	Manufacture of Measuring Instrument	7377	1933	8015	6419	4087	8600
信息化学品制造业	**Manufacture of Electronic Chemicals**					**98**	**180**

2-1-5 续表 8 continued

行 业	Industry	消化吸收经费支出（万元） Expenditure for Assimilation of Technology (10000 yuan)					
		2000	2005	2013	2014	2015	2016
合计	**Total**	**21260**	**31699**	**84939**	**86063**	**72743**	**46277**
医药制造业	**Manufacture of Medicines**	**11140**	**21741**	**45769**	**51977**	**27476**	**22805**
#化学药品制造	Manufacture of Chemical Medicine	10054	18575	28314	35345	16308	19194
中成药生产	Production of Finished Traditional Chinese Herbal Medicine	225	3061	5073	4186	5544	1643
生物药品制造	Manufacture of Biological Medicine	771	55	2851	4386	3821	443
航空、航天器及设备制造业	**Manufacture of Aircrafts and Spacecrafts and Related Equipment**	**1943**	**1438**	**1521**	**70**	**5**	
#飞机制造	Manufacture of Airplanes	1943	1438	1521	70	5	
航天器制造	Manufacture of Spacecrafts						
电子及通信设备制造业	**Manufacture of Electronic Equipment and Communication Equipment**	**4926**	**7337**	**34056**	**29678**	**18765**	**18793**
#通信设备制造	Manufacture of Communication Equipment	666	561	472	1666	1325	1652
#通信系统设备制造	Manufacture of Communication System Equipment	523	466	192	1061	1025	1635
通信终端设备制造	Manufacture of Communication Terminal Equipment	1	85	280	605	300	17
广播电视设备制造	Manufacture of Broadcasting and TV Equipment		100	337	52	1134	
雷达及配套设备制造	Manufacture of Radar and Its Fittings	1			907		
视听设备制造	Manufacture of TV Set and Radio Receiver	50	1226	5096	7348	6731	5050
电子器件制造	Manufacture of Electronic Appliances	2342	361	18853	11377	1579	703
#电子真空器件制造	Manufacture of Electronic Vacuum Appliance	2215	10				
半导体分立器件制造	Manufacture of Semiconductor Discreting Appliances	87	43	692			
集成电路制造	Manufacture of Integrate Circuit	40		1056	10649	316	
电子元件制造	Manufacture of Electronic Components	1826	5078	1259	1486	765	864
其他电子设备制造	Manufacture of Other Electronic Equipment	41	11	4075	1700	1639	2113
计算机及办公设备制造业	**Manufacture of Computers and Office Equipment**	**2825**	**577**	**570**	**903**	**770**	**590**
#计算机整机制造	Manufacture of Entired Computer	1413	405	430	566	450	262
计算机零部件制造	Manufacture of Computer Components and Parts	1412	157		319	320	328
计算机外围设备制造	Manufacture of Computer Peripheral Equipment				16		
办公设备制造	Manufacture of Office Equipment		15	119			
医疗仪器设备及仪器仪表制造业	**Manufacture of Medical Equipments and Measuring Instrument**	**426**	**606**	**3023**	**3435**	**1219**	**3503**
1.医疗仪器设备及器械制造	Manufacture of Medical Equipment and Appliance	20	49	380	67	240	437
2.仪器仪表制造	Manufacture of Measuring Instrument	406	557	2642	3367	980	3066
信息化学品制造业	**Manufacture of Electronic Chemicals**					**24508**	**588**

2-1-5 续表 9 continued

行 业	Industry	购买国内技术经费支出（万元）Expenditure on Purchase of Domestic Technology (10000 yuan)					
		2000	2005	2013	2014	2015	2016
合计	**Total**	**63674**	**69133**	**192927**	**339868**	**564958**	**708154**
医药制造业	**Manufacture of Medicines**	**56493**	**45482**	**128658**	**124797**	**119897**	**118198**
#化学药品制造	Manufacture of Chemical Medicine	15849	37349	94721	86992	79984	85232
中成药生产	Production of Finished Traditional Chinese Herbal Medicine	36570	7138	20633	21993	22507	20270
生物药品制造	Manufacture of Biological Medicine	3556	605	2921	5878	8057	9289
航空、航天器及设备制造业	**Manufacture of Aircrafts and Spacecrafts and Related Equipment**	**4437**	**10751**	**8448**	**102695**	**14368**	**6364**
#飞机制造	Manufacture of Airplanes	2421	10751	7895	102232	14368	6159
航天器制造	Manufacture of Spacecrafts	2016			463		
电子及通信设备制造业	**Manufacture of Electronic Equipment and Communication Equipment**	**2030**	**9553**	**39914**	**97302**	**416359**	**568687**
#通信设备制造	Manufacture of Communication Equipment	918	1535	4945	10299	375374	542485
#通信系统设备制造	Manufacture of Communication System Equipment	745	1097	2464	5620	17535	14284
通信终端设备制造	Manufacture of Communication Terminal Equipment	53	102	2481	4679	357839	528201
广播电视设备制造	Manufacture of Broadcasting and TV Equipment	10	4300	3838	2129	67	1408
雷达及配套设备制造	Manufacture of Radar and Its Fittings	2	488	5314	12420	2	180
视听设备制造	Manufacture of TV Set and Radio Receiver	150	139	4434	915	452	1225
电子器件制造	Manufacture of Electronic Appliances	444	1136	8479	25382	14612	6277
#电子真空器件制造	Manufacture of Electronic Vacuum Appliance	84	150		1327		
半导体分立器件制造	Manufacture of Semiconductor Discreting Appliances	357	337	709	180	429	1663
集成电路制造	Manufacture of Integrate Circuit	3			6907	6035	3031
电子元件制造	Manufacture of Electronic Components	475	1714	10389	26631	20489	6278
其他电子设备制造	Manufacture of Other Electronic Equipment	31	241	1593	551	1116	2537
计算机及办公设备制造业	**Manufacture of Computers and Office Equipment**	**243**	**252**	**5827**	**3060**	**1558**	**1314**
#计算机整机制造	Manufacture of Entired Computer	243		118		10	
计算机零部件制造	Manufacture of Computer Components and Parts		146	160	572	591	361
计算机外围设备制造	Manufacture of Computer Peripheral Equipment				1788	112	106
办公设备制造	Manufacture of Office Equipment		106			133	136
医疗仪器设备及仪器仪表制造业	**Manufacture of Medical Equipments and Measuring Instrument**	**471**	**3095**	**10081**	**12014**	**12448**	**13496**
1.医疗仪器设备及器械制造	Manufacture of Medical Equipment and Appliance	99		1223	1422	1339	850
2.仪器仪表制造	Manufacture of Measuring Instrument	372	3095	8858	10592	11109	12646
信息化学品制造业	**Manufacture of Electronic Chemicals**					**328**	**95**

2-1-5　续表 10　continued

行　业	Industry	研发机构数（个） Number of R&D Institutions in Enterprises (unit)					
		2000	2005	2013	2014	2015	2016
合计	**Total**	**1190**	**1168**	**2960**	**3116**	**3801**	**4441**
医药制造业	**Manufacture of Medicines**	**452**	**483**	**959**	**973**	**1056**	**1132**
#化学药品制造	Manufacture of Chemical Medicine	278	268	494	491	520	579
中成药生产	Production of Finished Traditional Chinese Herbal Medicine	124	153	279	275	279	291
生物药品制造	Manufacture of Biological Medicine	35	29	98	113	126	119
航空、航天器及设备制造业	**Manufacture of Aircrafts and Spacecrafts and Related Equipment**	**161**	**100**	**96**	**101**	**111**	**112**
#飞机制造	Manufacture of Airplanes	128	95	68	73	81	76
航天器制造	Manufacture of Spacecrafts	33	5	9	10	11	9
电子及通信设备制造业	**Manufacture of Electronic Equipment and Communication Equipment**	**380**	**385**	**1287**	**1397**	**1770**	**2275**
#通信设备制造	Manufacture of Communication Equipment	131	85	187	185	289	402
#通信系统设备制造	Manufacture of Communication System Equipment	84	51	129	128	188	224
通信终端设备制造	Manufacture of Communication Terminal Equipment	15	16	58	57	101	178
广播电视设备制造	Manufacture of Broadcasting and TV Equipment	8	14	53	61	78	104
雷达及配套设备制造	Manufacture of Radar and Its Fittings	30	25	23	34	30	37
视听设备制造	Manufacture of TV Set and Radio Receiver	55	38	97	105	109	132
电子器件制造	Manufacture of Electronic Appliances	39	76	254	298	388	460
#电子真空器件制造	Manufacture of Electronic Vacuum Appliance	16	26	7	7	8	11
半导体分立器件制造	Manufacture of Semiconductor Discreting Appliances	15	14	34	39	33	41
集成电路制造	Manufacture of Integrate Circuit	8	16	49	46	57	63
电子元件制造	Manufacture of Electronic Components	109	135	398	406	491	655
其他电子设备制造	Manufacture of Other Electronic Equipment	8	12	97	101	133	154
计算机及办公设备制造业	**Manufacture of Computers and Office Equipment**	**50**	**46**	**110**	**114**	**172**	**220**
#计算机整机制造	Manufacture of Entired Computer	40	20	26	26	32	37
计算机零部件制造	Manufacture of Computer Components and Parts	8	23	23	26	31	46
计算机外围设备制造	Manufacture of Computer Peripheral Equipment			24	24	58	66
办公设备制造	Manufacture of Office Equipment	2	3	22	21	25	38
医疗仪器设备及仪器仪表制造业	**Manufacture of Medical Equipments and Measuring Instrument**	**147**	**154**	**508**	**531**	**623**	**620**
1.医疗仪器设备及器械制造	Manufacture of Medical Equipment and Appliance	18	21	96	104	140	147
2.仪器仪表制造	Manufacture of Measuring Instrument	129	133	412	427	483	473
信息化学品制造业	**Manufacture of Electronic Chemicals**					**69**	**82**

2-1-5 续表 11 continued

行业	Industry	机构人员（人） Personnel in the R&D Institutions (person)					
		2000	2005	2013	2014	2015	2016
合计	**Total**	**76168**	**109651**	**324035**	**347623**	**423308**	**482385**
医药制造业	**Manufacture of Medicines**	**14513**	**18434**	**64217**	**67605**	**71571**	**75130**
#化学药品制造	Manufacture of Chemical Medicine	9796	10562	34365	36053	36398	39909
中成药生产	Production of Finished Traditional Chinese Herbal Medicine	3005	5623	17979	19761	20793	21224
生物药品制造	Manufacture of Biological Medicine	1209	1358	5753	6127	7804	7674
航空、航天器及设备制造业	**Manufacture of Aircrafts and Spacecrafts and Related Equipment**	**15017**	**14176**	**29076**	**29381**	**26521**	**28325**
#飞机制造	Manufacture of Airplanes	12281	14072	24574	25271	19730	22476
航天器制造	Manufacture of Spacecrafts	2736	104	2028	1471	1602	1443
电子及通信设备制造业	**Manufacture of Electronic Equipment and Communication Equipment**	**36493**	**63054**	**179460**	**194480**	**250078**	**292732**
#通信设备制造	Manufacture of Communication Equipment	19033	37640	87285	91914	131272	144696
#通信系统设备制造	Manufacture of Communication System Equipment	16312	33371	80603	84562	117072	125361
通信终端设备制造	Manufacture of Communication Terminal Equipment	842	2327	6682	7352	14200	19335
广播电视设备制造	Manufacture of Broadcasting and TV Equipment	455	1080	5523	5064	6275	7349
雷达及配套设备制造	Manufacture of Radar and Its Fittings	2811	1983	5407	9007	6306	6823
视听设备制造	Manufacture of TV Set and Radio Receiver	3113	8252	9867	10408	11820	11931
电子器件制造	Manufacture of Electronic Appliances	3172	5080	25476	27236	33526	40643
#电子真空器件制造	Manufacture of Electronic Vacuum Appliance	1601	1600	311	990	1162	769
半导体分立器件制造	Manufacture of Semiconductor Discreting Appliances	722	1195	2723	3699	2651	3006
集成电路制造	Manufacture of Integrate Circuit	849	762	4747	4495	5748	7174
电子元件制造	Manufacture of Electronic Components	6366	7409	24436	27178	32558	39278
其他电子设备制造	Manufacture of Other Electronic Equipment	1543	1610	7384	9317	12181	17627
计算机及办公设备制造业	**Manufacture of Computers and Office Equipment**	**3343**	**5310**	**14086**	**18187**	**24803**	**30779**
#计算机整机制造	Manufacture of Entired Computer	2463	2565	5703	9452	12965	15016
计算机零部件制造	Manufacture of Computer Components and Parts	829	2570	1249	1171	1433	2622
计算机外围设备制造	Manufacture of Computer Peripheral Equipment			3342	3151	5572	6541
办公设备制造	Manufacture of Office Equipment	51	175	2092	2487	2622	3478
医疗仪器设备及仪器仪表制造业	**Manufacture of Medical Equipments and Measuring Instrument**	**6802**	**8677**	**37196**	**37970**	**44682**	**48772**
1.医疗仪器设备及器械制造	Manufacture of Medical Equipment and Appliance	912	1358	5465	5699	8656	11035
2.仪器仪表制造	Manufacture of Measuring Instrument	5890	7319	31731	32271	36026	37737
信息化学品制造业	**Manufacture of Electronic Chemicals**					**5653**	**6647**

2-1-5 续表 12 continued

行 业	Industry	机构经费支出（万元） Expenditure in the R&D Institutions (10000 yuan)					
		2000	2005	2013	2014	2015	2016
合计	**Total**	**669580**	**1817148**	**8599141**	**9893613**	**13631883**	**16465754**
医药制造业	**Manufacture of Medicines**	**98836**	**275045**	**1415999**	**1520382**	**1655452**	**1791508**
#化学药品制造	Manufacture of Chemical Medicine	60200	171180	793763	889149	934056	1036163
中成药生产	Production of Finished Traditional Chinese Herbal Medicine	26239	81481	340405	360199	401957	425581
生物药品制造	Manufacture of Biological Medicine	8803	14143	168852	180176	207109	191143
航空、航天器及设备制造业	**Manufacture of Aircrafts and Spacecrafts and Related Equipment**	**83791**	**125611**	**495017**	**488879**	**561969**	**611092**
#飞机制造	Manufacture of Airplanes	77214	125084	414220	403386	414827	452334
航天器制造	Manufacture of Spacecrafts	6577	527	42257	34903	52977	58195
电子及通信设备制造业	**Manufacture of Electronic Equipment and Communication Equipment**	**426296**	**1217536**	**5733429**	**6902696**	**9969196**	**12259015**
#通信设备制造	Manufacture of Communication Equipment	263185	769444	3617968	4712934	7311912	8581147
#通信系统设备制造	Manufacture of Communication System Equipment	244223	690664	3484343	4585327	6968538	7914312
通信终端设备制造	Manufacture of Communication Terminal Equipment	8205	37090	133625	127607	343375	666835
广播电视设备制造	Manufacture of Broadcasting and TV Equipment	1374	11304	96110	93585	128489	164558
雷达及配套设备制造	Manufacture of Radar and Its Fittings	8941	16808	147690	193402	100125	156285
视听设备制造	Manufacture of TV Set and Radio Receiver	55069	304221	436376	409344	437287	425934
电子器件制造	Manufacture of Electronic Appliances	45422	44889	603113	529140	841347	1195014
#电子真空器件制造	Manufacture of Electronic Vacuum Appliance	30876	10506	5251	11412	10627	10726
半导体分立器件制造	Manufacture of Semiconductor Discreting Appliances	3478	8433	29239	38174	35873	57942
集成电路制造	Manufacture of Integrate Circuit	11068	10055	107111	97543	134297	232384
电子元件制造	Manufacture of Electronic Components	36142	60191	429027	430086	565147	779386
其他电子设备制造	Manufacture of Other Electronic Equipment	16163	10680	127474	224800	230954	321359
计算机及办公设备制造业	**Manufacture of Computers and Office Equipment**	**29880**	**124338**	**321607**	**323977**	**477430**	**677719**
#计算机整机制造	Manufacture of Entired Computer	20735	102219	203937	201660	278220	371074
计算机零部件制造	Manufacture of Computer Components and Parts	8856	19515	12350	15948	28636	45298
计算机外围设备制造	Manufacture of Computer Peripheral Equipment			43487	42440	79097	108940
办公设备制造	Manufacture of Office Equipment	289	2604	31897	34713	48591	68739
医疗仪器设备及仪器仪表制造业	**Manufacture of Medical Equipments and Measuring Instrument**	**30777**	**74619**	**633089**	**657680**	**851397**	**999507**
1.医疗仪器设备及器械制造	Manufacture of Medical Equipment and Appliance	4649	11433	82660	90461	185653	288073
2.仪器仪表制造	Manufacture of Measuring Instrument	26128	63186	550429	567219	665744	711434
信息化学品制造业	**Manufacture of Electronic Chemicals**					**116439**	**126913**

2-1-6 大中型港澳台资企业分行业R&D及相关活动情况

Statistics on R&D and Related Activities of Hong Kong, Macau and Taiwan Funded Enterprises in Large and Medium-sized Enterprises by Industry Sector

行业	Industry	R&D人员折合全时当量（人年） Full-time Equivalent of R&D Personnel (man-year)					
		2000	2005	2013	2014	2015	2016
合计	**Total**	**3428**	**17880**	**81905**	**89290**	**99023**	**99497**
医药制造业	**Manufacture of Medicines**	**438**	**622**	**11009**	**11429**	**10437**	**11057**
#化学药品制造	Manufacture of Chemical Medicine	274	328	5702	6417	5947	6450
中成药生产	Production of Finished Traditional Chinese Herbal Medicine	89	289	1905	2259	1928	1943
生物药品制造	Manufacture of Biological Medicine	75		1735	1866	2136	2283
航空、航天器及设备制造业	**Manufacture of Aircrafts and Spacecrafts and Related Equipment**			**457**	**519**	**603**	**962**
#飞机制造	Manufacture of Airplanes				100		
航天器制造	Manufacture of Spacecrafts						
电子及通信设备制造业	**Manufacture of Electronic Equipment and Communication Equipment**	**2050**	**11216**	**58665**	**62416**	**72276**	**72832**
#通信设备制造	Manufacture of Communication Equipment	329	3012	11925	15358	25203	26314
#通信系统设备制造	Manufacture of Communication System Equipment	43	355	9318	11305	13823	12730
通信终端设备制造	Manufacture of Communication Terminal Equipment	251	503	2607	4054	11380	13584
广播电视设备制造	Manufacture of Broadcasting and TV Equipment		77	743	923	1254	1877
雷达及配套设备制造	Manufacture of Radar and Its Fittings						
视听设备制造	Manufacture of TV Set and Radio Receiver	959	2892	9787	7713	7246	6915
电子器件制造	Manufacture of Electronic Appliances	111	2421	9242	9342	11146	13405
#电子真空器件制造	Manufacture of Electronic Vacuum Appliance	18	1854	84	10	11	8
半导体分立器件制造	Manufacture of Semiconductor Discreting Appliances	14	108	275	181	258	727
集成电路制造	Manufacture of Integrate Circuit	80	197	2916	2891	3593	3691
电子元件制造	Manufacture of Electronic Components	515	2636	22166	23652	18931	18665
其他电子设备制造	Manufacture of Other Electronic Equipment	135	179	1612	1924	5990	2371
计算机及办公设备制造业	**Manufacture of Computers and Office Equipment**	**884**	**4942**	**6639**	**9812**	**10021**	**9385**
#计算机整机制造	Manufacture of Entired Computer	702	1998	1410	3443	4764	4674
计算机零部件制造	Manufacture of Computer Components and Parts	82	2879	892	1058	1754	2171
计算机外围设备制造	Manufacture of Computer Peripheral Equipment			3971	5038	1704	1370
办公设备制造	Manufacture of Office Equipment	100	65	293	156	227	629
医疗仪器设备及仪器仪表制造业	**Manufacture of Medical Equipments and Measuring Instrument**	**56**	**1100**	**5136**	**5115**	**4520**	**4156**
1.医疗仪器设备及器械制造	Manufacture of Medical Equipment and Appliance			680	789	731	1248
2.仪器仪表制造	Manufacture of Measuring Instrument	56	1100	4456	4327	3790	2909
信息化学品制造业	**Manufacture of Electronic Chemicals**					**1166**	**1105**

2-1-6　续表 1　continued

行　业	Industry	R&D经费内部支出（万元） Intramural Expenditure on R&D (10000 yuan)					
		2000	2005	2013	2014	2015	2016
合计	**Total**	**117433**	**506685**	**2277974**	**2578846**	**3281046**	**3684780**
医药制造业	**Manufacture of Medicines**	**6145**	**18666**	**320022**	**368839**	**419093**	**508000**
#化学药品制造	Manufacture of Chemical Medicine	4546	10180	205941	235485	246953	323452
中成药生产	Production of Finished Traditional Chinese Herbal Medicine	1033	8394	42455	50513	49609	53726
生物药品制造	Manufacture of Biological Medicine	566		51866	69103	107654	111072
航空、航天器及设备制造业	**Manufacture of Aircrafts and Spacecrafts and Related Equipment**			**9636**	**23096**	**10137**	**51586**
#飞机制造	Manufacture of Airplanes				15158		
航天器制造	Manufacture of Spacecrafts						
电子及通信设备制造业	**Manufacture of Electronic Equipment and Communication Equipment**	**48793**	**299025**	**1580928**	**1754152**	**2153992**	**2336048**
#通信设备制造	Manufacture of Communication Equipment	4884	63417	409522	444713	673628	872223
#通信系统设备制造	Manufacture of Communication System Equipment	759	9773	281303	288110	402028	478071
通信终端设备制造	Manufacture of Communication Terminal Equipment	2245	14261	128219	156602	271600	394153
广播电视设备制造	Manufacture of Broadcasting and TV Equipment		1407	23434	31573	38995	55730
雷达及配套设备制造	Manufacture of Radar and Its Fittings						
视听设备制造	Manufacture of TV Set and Radio Receiver	22108	151939	289884	296432	308881	267449
电子器件制造	Manufacture of Electronic Appliances	9315	29280	299737	383343	377687	511805
#电子真空器件制造	Manufacture of Electronic Vacuum Appliance	7089	11657	622	535	693	626
半导体分立器件制造	Manufacture of Semiconductor Discreting Appliances	240	2700	7510	7562	9853	26898
集成电路制造	Manufacture of Integrate Circuit	1987	9771	91310	128835	119540	207946
电子元件制造	Manufacture of Electronic Components	11629	46720	443747	483981	482113	439535
其他电子设备制造	Manufacture of Other Electronic Equipment	858	6262	47012	38916	169132	64435
计算机及办公设备制造业	**Manufacture of Computers and Office Equipment**	**61029**	**174549**	**284137**	**339511**	**496082**	**579676**
#计算机整机制造	Manufacture of Entired Computer	59794	94137	93692	178504	265829	332561
计算机零部件制造	Manufacture of Computer Components and Parts	1055	80222	25252	42004	72736	93478
计算机外围设备制造	Manufacture of Computer Peripheral Equipment			159010	113636	90657	109619
办公设备制造	Manufacture of Office Equipment	180	190	4947	3799	5780	32194
医疗仪器设备及仪器仪表制造业	**Manufacture of Medical Equipments and Measuring Instrument**	**1466**	**14446**	**83252**	**93248**	**100802**	**106416**
1.医疗仪器设备及器械制造	Manufacture of Medical Equipment and Appliance			27851	25083	14789	30858
2.仪器仪表制造	Manufacture of Measuring Instrument	1466	14446	55400	68165	86013	75558
信息化学品制造业	**Manufacture of Electronic Chemicals**					**100940**	**103054**

2-1-6 续表 2 continued

行业	Industry	新产品开发经费支出（万元） Expenditure on New Products Development (10000 yuan)					
		2000	2005	2013	2014	2015	2016
合计	**Total**	**147684**	**702806**	**2784040**	**3121618**	**3531764**	**4186597**
医药制造业	**Manufacture of Medicines**	**6992**	**21745**	**330550**	**404897**	**419987**	**490435**
#化学药品制造	Manufacture of Chemical Medicine	4842	13129	213095	270639	250821	308410
中成药生产	Production of Finished Traditional Chinese Herbal Medicine	1031	8189	40248	47974	44836	56433
生物药品制造	Manufacture of Biological Medicine	1118		54002	73444	107398	102603
航空、航天器及设备制造业	**Manufacture of Aircrafts and Spacecrafts and Related Equipment**		**540**	**14860**	**23651**	**10774**	**65487**
#飞机制造	Manufacture of Airplanes		540		16248		
航天器制造	Manufacture of Spacecrafts						
电子及通信设备制造业	**Manufacture of Electronic Equipment and Communication Equipment**	**69510**	**386800**	**1947167**	**2190837**	**2439155**	**2797583**
#通信设备制造	Manufacture of Communication Equipment	3488	80721	460390	522989	691811	908184
#通信系统设备制造	Manufacture of Communication System Equipment	765	13444	319819	342751	376998	502032
通信终端设备制造	Manufacture of Communication Terminal Equipment	843	15084	140571	180238	314813	406153
广播电视设备制造	Manufacture of Broadcasting and TV Equipment		1911	41496	53227	43473	53964
雷达及配套设备制造	Manufacture of Radar and Its Fittings						
视听设备制造	Manufacture of TV Set and Radio Receiver	29094	176521	364048	402456	362298	385279
电子器件制造	Manufacture of Electronic Appliances	20146	49280	402426	483842	491351	637857
#电子真空器件制造	Manufacture of Electronic Vacuum Appliance	18214	9728	863	742	931	1429
半导体分立器件制造	Manufacture of Semiconductor Discreting Appliances	1932	3520	9487	7632	9709	37607
集成电路制造	Manufacture of Integrate Circuit		18220	105800	164986	132436	238373
电子元件制造	Manufacture of Electronic Components	15923	71955	520656	580554	547044	572307
其他电子设备制造	Manufacture of Other Electronic Equipment	858	6414	72833	67743	189828	89377
计算机及办公设备制造业	**Manufacture of Computers and Office Equipment**	**70522**	**276098**	**367384**	**366968**	**445043**	**593714**
#计算机整机制造	Manufacture of Entired Computer	69730	135150	153822	199812	213399	341771
计算机零部件制造	Manufacture of Computer Components and Parts	612	134239	32329	44408	70987	105699
计算机外围设备制造	Manufacture of Computer Peripheral Equipment			169317	103928	88218	99089
办公设备制造	Manufacture of Office Equipment	180	6709	6703	8374	6827	30509
医疗仪器设备及仪器仪表制造业	**Manufacture of Medical Equipments and Measuring Instrument**	**661**	**17623**	**124080**	**135265**	**130524**	**145344**
1.医疗仪器设备及器械制造	Manufacture of Medical Equipment and Appliance			41134	43132	36828	42403
2.仪器仪表制造	Manufacture of Measuring Instrument	661	17623	82946	92133	93696	102941
信息化学品制造业	**Manufacture of Electronic Chemicals**					**86281**	**94034**

2-1-6　续表 3　continued

行　业	Industry	新产品销售收入（万元） Sales Revenue of New Products (10000 yuan)					
		2000	2005	2013	2014	2015	2016
合计	**Total**	**4687313**	**18624925**	**58237693**	**68386538**	**105044296**	**107959448**
医药制造业	**Manufacture of Medicines**	**64247**	**124649**	**2813873**	**4448436**	**5316766**	**5279800**
#化学药品制造	Manufacture of Chemical Medicine	51719	77245	1930933	3024196	3206780	3243814
中成药生产	Production of Finished Traditional Chinese Herbal Medicine	10373	45363	328366	895736	1058382	1179269
生物药品制造	Manufacture of Biological Medicine	2155		338064	356480	662210	414537
航空、航天器及设备制造业	**Manufacture of Aircrafts and Spacecrafts and Related Equipment**		**1854**		**118748**		**109795**
#飞机制造	Manufacture of Airplanes		1854		118748		
航天器制造	Manufacture of Spacecrafts						
电子及通信设备制造业	**Manufacture of Electronic Equipment and Communication Equipment**	**2807445**	**7652261**	**46430032**	**54811157**	**80164960**	**85620421**
#通信设备制造	Manufacture of Communication Equipment	142288	1094951	22713779	30717086	50090072	49760002
#通信系统设备制造	Manufacture of Communication System Equipment	2200	87501	2418027	3053204	5440258	6022260
通信终端设备制造	Manufacture of Communication Terminal Equipment	110607	150594	20295751	27663882	44649814	43737741
广播电视设备制造	Manufacture of Broadcasting and TV Equipment		7566	485045	524158	626509	804889
雷达及配套设备制造	Manufacture of Radar and Its Fittings						
视听设备制造	Manufacture of TV Set and Radio Receiver	1811294	4753213	7778364	6774171	8493744	7845932
电子器件制造	Manufacture of Electronic Appliances	600997	1320316	5964565	7153268	7448545	10236028
#电子真空器件制造	Manufacture of Electronic Vacuum Appliance	586654	421945	19091		16960	15746
半导体分立器件制造	Manufacture of Semiconductor Discreting Appliances	14342	22183	92833	69295	110118	206040
集成电路制造	Manufacture of Integrate Circuit		248761	1038567	1736498	1400906	1372032
电子元件制造	Manufacture of Electronic Components	222384	460137	7167478	7666323	8699697	10115587
其他电子设备制造	Manufacture of Other Electronic Equipment	30482	16077	650141	598192	3456071	4039814
计算机及办公设备制造业	**Manufacture of Computers and Office Equipment**	**1801450**	**10751823**	**7809707**	**7938102**	**15346976**	**11655289**
#计算机整机制造	Manufacture of Entired Computer	1750498	5966348	3132585	3573715	9934576	5375363
计算机零部件制造	Manufacture of Computer Components and Parts	30158	4502705	492099	203152	1318343	2064750
计算机外围设备制造	Manufacture of Computer Peripheral Equipment			4071194	3944271	3936795	3823474
办公设备制造	Manufacture of Office Equipment	20794	282770	23129	200662	154011	263694
医疗仪器设备及仪器仪表制造业	**Manufacture of Medical Equipments and Measuring Instrument**	**14171**	**94338**	**1184081**	**1070096**	**1205661**	**1560662**
1.医疗仪器设备及器械制造	Manufacture of Medical Equipment and Appliance			150187	110245	194327	247796
2.仪器仪表制造	Manufacture of Measuring Instrument	14171	94338	1033894	959851	1011334	1312866
信息化学品制造业	**Manufacture of Electronic Chemicals**					**3009933**	**3733481**

2-1-6 续表 4 continued

行 业	Industry	专利申请数（件） Patent Applications (piece)					
		2000	2005	2013	2014	2015	2016
合计	**Total**	**451**	**3203**	**13648**	**16214**	**16062**	**18034**
医药制造业	**Manufacture of Medicines**	**39**	**135**	**968**	**889**	**1269**	**1026**
#化学药品制造	Manufacture of Chemical Medicine	2	75	665	551	819	539
中成药生产	Production of Finished Traditional Chinese Herbal Medicine	15	60	132	145	106	141
生物药品制造	Manufacture of Biological Medicine	22		148	151	318	289
航空、航天器及设备制造业	**Manufacture of Aircrafts and Spacecrafts and Related Equipment**		**23**	**26**	**433**	**22**	**1814**
#飞机制造	Manufacture of Airplanes		23		424		
航天器制造	Manufacture of Spacecrafts						
电子及通信设备制造业	**Manufacture of Electronic Equipment and Communication Equipment**	**257**	**1637**	**8538**	**9355**	**10255**	**11138**
#通信设备制造	Manufacture of Communication Equipment	26	488	2079	2700	4746	4895
#通信系统设备制造	Manufacture of Communication System Equipment	2	172	1752	2297	3489	3590
通信终端设备制造	Manufacture of Communication Terminal Equipment	24	59	327	403	1257	1305
广播电视设备制造	Manufacture of Broadcasting and TV Equipment		1	304	270	333	370
雷达及配套设备制造	Manufacture of Radar and Its Fittings						
视听设备制造	Manufacture of TV Set and Radio Receiver	181	579	1411	1083	1100	1098
电子器件制造	Manufacture of Electronic Appliances	25	221	1644	1679	1468	1626
#电子真空器件制造	Manufacture of Electronic Vacuum Appliance	25	54	7		9	4
半导体分立器件制造	Manufacture of Semiconductor Discreting Appliances			32	10	23	31
集成电路制造	Manufacture of Integrate Circuit		158	603	536	379	432
电子元件制造	Manufacture of Electronic Components	25	312	2225	2863	1952	2098
其他电子设备制造	Manufacture of Other Electronic Equipment		36	317	246	300	313
计算机及办公设备制造业	**Manufacture of Computers and Office Equipment**	**148**	**1339**	**2994**	**3806**	**3379**	**2798**
#计算机整机制造	Manufacture of Entired Computer	144	837	2363	3095	2854	1826
计算机零部件制造	Manufacture of Computer Components and Parts	3	502	146	174	142	431
计算机外围设备制造	Manufacture of Computer Peripheral Equipment			458	473	367	365
办公设备制造	Manufacture of Office Equipment	1		1	41	3	169
医疗仪器设备及仪器仪表制造业	**Manufacture of Medical Equipments and Measuring Instrument**	**7**	**69**	**1122**	**1731**	**1033**	**1125**
1.医疗仪器设备及器械制造	Manufacture of Medical Equipment and Appliance			190	154	196	303
2.仪器仪表制造	Manufacture of Measuring Instrument	7	69	932	1577	837	822
信息化学品制造业	**Manufacture of Electronic Chemicals**					**104**	**133**

2-1-6 续表 5 continued

行 业	Industry	有效发明专利数（件） Number of Patents In Force (piece)					
		2000	2005	2013	2014	2015	2016
合计	**Total**	**265**	**719**	**12150**	**16309**	**25685**	**29709**
医药制造业	**Manufacture of Medicines**	**101**	**21**	**1413**	**1657**	**2474**	**3115**
#化学药品制造	Manufacture of Chemical Medicine	6	12	915	1067	1629	2029
中成药生产	Production of Finished Traditional Chinese Herbal Medicine	73	9	277	364	338	409
生物药品制造	Manufacture of Biological Medicine	22		165	172	458	605
航空、航天器及设备制造业	**Manufacture of Aircrafts and Spacecrafts and Related Equipment**		**4**	**4**	**174**	**14**	**131**
#飞机制造	Manufacture of Airplanes		4		166		
航天器制造	Manufacture of Spacecrafts						
电子及通信设备制造业	**Manufacture of Electronic Equipment and Communication Equipment**	**99**	**467**	**8028**	**10621**	**18228**	**21066**
#通信设备制造	Manufacture of Communication Equipment	8	182	2827	3695	9951	11391
#通信系统设备制造	Manufacture of Communication System Equipment	2	65	2551	3430	9427	10661
通信终端设备制造	Manufacture of Communication Terminal Equipment	6	63	276	265	524	730
广播电视设备制造	Manufacture of Broadcasting and TV Equipment			39	276	205	306
雷达及配套设备制造	Manufacture of Radar and Its Fittings						
视听设备制造	Manufacture of TV Set and Radio Receiver	74	155	1776	962	1438	1690
电子器件制造	Manufacture of Electronic Appliances	14	16	1050	2788	3693	3853
#电子真空器件制造	Manufacture of Electronic Vacuum Appliance	14	10	1	4		71
半导体分立器件制造	Manufacture of Semiconductor Discreting Appliances		3	37	18	12	70
集成电路制造	Manufacture of Integrate Circuit		1	311	1264	1875	873
电子元件制造	Manufacture of Electronic Components	3	112	1594	1919	2222	2934
其他电子设备制造	Manufacture of Other Electronic Equipment		2	75	94	241	342
计算机及办公设备制造业	**Manufacture of Computers and Office Equipment**	**61**	**113**	**2028**	**2610**	**2963**	**4017**
#计算机整机制造	Manufacture of Entired Computer	58	11	1567	1843	2190	3051
计算机零部件制造	Manufacture of Computer Components and Parts		102	64	146	202	293
计算机外围设备制造	Manufacture of Computer Peripheral Equipment			394	555	547	537
办公设备制造	Manufacture of Office Equipment	3			50	12	136
医疗仪器设备及仪器仪表制造业	**Manufacture of Medical Equipments and Measuring Instrument**	**4**	**114**	**677**	**1247**	**1864**	**1118**
1.医疗仪器设备及器械制造	Manufacture of Medical Equipment and Appliance			163	65	145	546
2.仪器仪表制造	Manufacture of Measuring Instrument	4	114	514	1182	1719	572
信息化学品制造业	**Manufacture of Electronic Chemicals**					**142**	**262**

2-1-6 续表 6 continued

行业	Industry	技术改造经费支出（万元）Expenditure for Technical Renovation (10000 yuan)					
		2000	2005	2013	2014	2015	2016
合计	**Total**	**42477**	**128312**	**476872**	**199632**	**374340**	**581717**
医药制造业	**Manufacture of Medicines**	**8708**	**25435**	**56712**	**82505**	**68688**	**35873**
#化学药品制造	Manufacture of Chemical Medicine	8202	12367	41529	49597	42343	22805
中成药生产	Production of Finished Traditional Chinese Herbal Medicine	506	12899	5510	16375	9404	9476
生物药品制造	Manufacture of Biological Medicine			7573	16412	12348	3410
航空、航天器及设备制造业	**Manufacture of Aircrafts and Spacecrafts and Related Equipment**						
#飞机制造	Manufacture of Airplanes						
航天器制造	Manufacture of Spacecrafts						
电子及通信设备制造业	**Manufacture of Electronic Equipment and Communication Equipment**	**31860**	**85330**	**376478**	**86205**	**242825**	**511937**
#通信设备制造	Manufacture of Communication Equipment	793	3667	120993	3916	34179	198129
#通信系统设备制造	Manufacture of Communication System Equipment	198	10	116891	3855	1399	1732
通信终端设备制造	Manufacture of Communication Terminal Equipment	137	500	4102	61	32781	196397
广播电视设备制造	Manufacture of Broadcasting and TV Equipment		4344	4391	8522	11352	16194
雷达及配套设备制造	Manufacture of Radar and Its Fittings						
视听设备制造	Manufacture of TV Set and Radio Receiver	18570	26584	181145	16011	45405	65230
电子器件制造	Manufacture of Electronic Appliances	7733	20758	10138	14464	89134	96124
#电子真空器件制造	Manufacture of Electronic Vacuum Appliance	4903	11415				1920
半导体分立器件制造	Manufacture of Semiconductor Discreting Appliances	2830	60	1473	448	259	
集成电路制造	Manufacture of Integrate Circuit		619	6482	950	16414	28671
电子元件制造	Manufacture of Electronic Components	4764	27844	57090	37689	38091	91210
其他电子设备制造	Manufacture of Other Electronic Equipment		2132	1864	2587	19030	5301
计算机及办公设备制造业	**Manufacture of Computers and Office Equipment**	**157**	**12470**	**19792**	**5686**	**3490**	**11730**
#计算机整机制造	Manufacture of Entired Computer		7834			1949	2381
计算机零部件制造	Manufacture of Computer Components and Parts	157	3702	19732		1012	821
计算机外围设备制造	Manufacture of Computer Peripheral Equipment			60	1402	530	7635
办公设备制造	Manufacture of Office Equipment		935				731
医疗仪器设备及仪器仪表制造业	**Manufacture of Medical Equipments and Measuring Instrument**	**1752**	**5077**	**23890**	**25237**	**22920**	**5181**
1.医疗仪器设备及器械制造	Manufacture of Medical Equipment and Appliance			1240	5222	370	2407
2.仪器仪表制造	Manufacture of Measuring Instrument	1752	5077	22650	20015	22551	2773
信息化学品制造业	**Manufacture of Electronic Chemicals**					**36417**	**16996**

2-1-6 续表 7 continued

行 业	Industry	引进技术经费支出（万元） Expenditure for Acquisition of Foreign Technology (10000 yuan)					
		2000	2005	2013	2014	2015	2016
合计	**Total**	**20698**	**129886**	**127709**	**134621**	**86627**	**36529**
医药制造业	**Manufacture of Medicines**	**287**	**3660**	**4572**	**8043**	**3252**	**3443**
#化学药品制造	Manufacture of Chemical Medicine	287	3426	2145	7477	3208	2957
中成药生产	Production of Finished Traditional Chinese Herbal Medicine		234	1804			40
生物药品制造	Manufacture of Biological Medicine			623	566	44	446
航空、航天器及设备制造业	**Manufacture of Aircrafts and Spacecrafts and Related Equipment**			**2072**			
#飞机制造	Manufacture of Airplanes						
航天器制造	Manufacture of Spacecrafts						
电子及通信设备制造业	**Manufacture of Electronic Equipment and Communication Equipment**	**20136**	**124567**	**114647**	**115570**	**72926**	**27458**
#通信设备制造	Manufacture of Communication Equipment	538	8922	2347	534		100
#通信系统设备制造	Manufacture of Communication System Equipment		7	700			
通信终端设备制造	Manufacture of Communication Terminal Equipment	77	40	1647	534		100
广播电视设备制造	Manufacture of Broadcasting and TV Equipment						720
雷达及配套设备制造	Manufacture of Radar and Its Fittings						
视听设备制造	Manufacture of TV Set and Radio Receiver	8160	42020	652	37980	7598	101
电子器件制造	Manufacture of Electronic Appliances	6979	70892	77027	42655	40220	7746
#电子真空器件制造	Manufacture of Electronic Vacuum Appliance	6119	57859				
半导体分立器件制造	Manufacture of Semiconductor Discreting Appliances	860	110				
集成电路制造	Manufacture of Integrate Circuit		11854	4700	1657	149	213
电子元件制造	Manufacture of Electronic Components	4459	2384	12517	11984	4902	7175
其他电子设备制造	Manufacture of Other Electronic Equipment		350			468	357
计算机及办公设备制造业	**Manufacture of Computers and Office Equipment**	**91**	**1323**	**791**	**1061**	**809**	**927**
#计算机整机制造	Manufacture of Entired Computer						
计算机零部件制造	Manufacture of Computer Components and Parts	9	1273			2	
计算机外围设备制造	Manufacture of Computer Peripheral Equipment			791	1061	807	927
办公设备制造	Manufacture of Office Equipment	82	50				
医疗仪器设备及仪器仪表制造业	**Manufacture of Medical Equipments and Measuring Instrument**	**184**	**336**	**5628**	**9948**	**4529**	**4701**
1.医疗仪器设备及器械制造	Manufacture of Medical Equipment and Appliance			363	1139		
2.仪器仪表制造	Manufacture of Measuring Instrument	184	336	5265	8809	4529	4701
信息化学品制造业	**Manufacture of Electronic Chemicals**					**5112**	

2-1-6 续表 8 continued

行 业	Industry	消化吸收经费支出（万元） Expenditure for Assimilation of Technology (10000 yuan)					
		2000	2005	2013	2014	2015	2016
合计	**Total**	**689**	**51254**	**24473**	**14816**	**19579**	**11453**
医药制造业	**Manufacture of Medicines**	**20**	**9825**	**7085**	**8664**	**3770**	**3769**
#化学药品制造	Manufacture of Chemical Medicine	20	9825	7063	8525	3770	3769
中成药生产	Production of Finished Traditional Chinese Herbal Medicine			22	94		
生物药品制造	Manufacture of Biological Medicine						
航空、航天器及设备制造业	**Manufacture of Aircrafts and Spacecrafts and Related Equipment**				**118**		
#飞机制造	Manufacture of Airplanes						
航天器制造	Manufacture of Spacecrafts						
电子及通信设备制造业	**Manufacture of Electronic Equipment and Communication Equipment**	**554**	**36335**	**15802**	**5014**	**10752**	**1455**
#通信设备制造	Manufacture of Communication Equipment	3	863	38			100
#通信系统设备制造	Manufacture of Communication System Equipment		6				
通信终端设备制造	Manufacture of Communication Terminal Equipment	3		38			100
广播电视设备制造	Manufacture of Broadcasting and TV Equipment		226				
雷达及配套设备制造	Manufacture of Radar and Its Fittings						
视听设备制造	Manufacture of TV Set and Radio Receiver	173	31405	266	110		
电子器件制造	Manufacture of Electronic Appliances	326	3838	6929	3742	4967	
#电子真空器件制造	Manufacture of Electronic Vacuum Appliance	326	166				
半导体分立器件制造	Manufacture of Semiconductor Discreting Appliances						
集成电路制造	Manufacture of Integrate Circuit		3645	6929	3742		
电子元件制造	Manufacture of Electronic Components	52	3	995	1081	467	71
其他电子设备制造	Manufacture of Other Electronic Equipment			1208			
计算机及办公设备制造业	**Manufacture of Computers and Office Equipment**	**115**	**5047**		**3**	**3806**	**5879**
#计算机整机制造	Manufacture of Entired Computer		5042		3	3257	5455
计算机零部件制造	Manufacture of Computer Components and Parts	100	5			549	424
计算机外围设备制造	Manufacture of Computer Peripheral Equipment						
办公设备制造	Manufacture of Office Equipment	15					
医疗仪器设备及仪器仪表制造业	**Manufacture of Medical Equipments and Measuring Instrument**		**47**	**1587**	**1016**		
1.医疗仪器设备及器械制造	Manufacture of Medical Equipment and Appliance			4	558		
2.仪器仪表制造	Manufacture of Measuring Instrument		47	1583	458		
信息化学品制造业	**Manufacture of Electronic Chemicals**					**1251**	**350**

2-1-6　续表 9　continued

行　业	Industry	购买国内技术经费支出（万元） Expenditure on Purchase of Domestic Technology (10000 yuan)					
		2000	2005	2013	2014	2015	2016
合计	**Total**	**4047**	**13067**	**89113**	**56672**	**41052**	**31491**
医药制造业	**Manufacture of Medicines**	**3158**	**3751**	**35371**	**18079**	**12592**	**8835**
#化学药品制造	Manufacture of Chemical Medicine	2875	3258	29519	12626	11393	6144
中成药生产	Production of Finished Traditional Chinese Herbal Medicine	163	343	5354	3156	1122	2521
生物药品制造	Manufacture of Biological Medicine	120		443	634		
航空、航天器及设备制造业	**Manufacture of Aircrafts and Spacecrafts and Related Equipment**						
#飞机制造	Manufacture of Airplanes						
航天器制造	Manufacture of Spacecrafts						
电子及通信设备制造业	**Manufacture of Electronic Equipment and Communication Equipment**	**880**	**9069**	**52892**	**38131**	**24600**	**18968**
#通信设备制造	Manufacture of Communication Equipment		4426	502	2100	889	100
#通信系统设备制造	Manufacture of Communication System Equipment		4	250			
通信终端设备制造	Manufacture of Communication Terminal Equipment		97	252	2100	889	100
广播电视设备制造	Manufacture of Broadcasting and TV Equipment			282	282		3891
雷达及配套设备制造	Manufacture of Radar and Its Fittings						
视听设备制造	Manufacture of TV Set and Radio Receiver	320	1464	24350	23363	16172	1974
电子器件制造	Manufacture of Electronic Appliances	140	22	3504	4	378	1946
#电子真空器件制造	Manufacture of Electronic Vacuum Appliance	140					
半导体分立器件制造	Manufacture of Semiconductor Discreting Appliances						
集成电路制造	Manufacture of Integrate Circuit			992			144
电子元件制造	Manufacture of Electronic Components	420	3157	21020	5318	1097	
其他电子设备制造	Manufacture of Other Electronic Equipment						114
计算机及办公设备制造业	**Manufacture of Computers and Office Equipment**	**9**	**95**	**20**		**3510**	**3688**
#计算机整机制造	Manufacture of Entired Computer		89			2362	3223
计算机零部件制造	Manufacture of Computer Components and Parts	9	6			550	
计算机外围设备制造	Manufacture of Computer Peripheral Equipment			20		598	465
办公设备制造	Manufacture of Office Equipment						
医疗仪器设备及仪器仪表制造业	**Manufacture of Medical Equipments and Measuring Instrument**		**152**	**830**	**462**		
1.医疗仪器设备及器械制造	Manufacture of Medical Equipment and Appliance			2	5		
2.仪器仪表制造	Manufacture of Measuring Instrument		152	828	457		
信息化学品制造业	**Manufacture of Electronic Chemicals**					**350**	

2-1-6 续表 10 continued

行业	Industry	研发机构数（个） Number of R&D Institutions in Enterprises (unit)					
		2000	2005	2013	2014	2015	2016
合计	**Total**	**74**	**177**	**696**	**694**	**857**	**1012**
医药制造业	**Manufacture of Medicines**	**24**	**36**	**119**	**117**	**147**	**148**
#化学药品制造	Manufacture of Chemical Medicine	14	25	67	66	72	78
中成药生产	Production of Finished Traditional Chinese Herbal Medicine	7	11	28	26	44	36
生物药品制造	Manufacture of Biological Medicine	3		15	18	25	24
航空、航天器及设备制造业	**Manufacture of Aircrafts and Spacecrafts and Related Equipment**		**1**	**1**	**1**	**1**	**2**
#飞机制造	Manufacture of Airplanes		1				
航天器制造	Manufacture of Spacecrafts						
电子及通信设备制造业	**Manufacture of Electronic Equipment and Communication Equipment**	**39**	**91**	**460**	**459**	**542**	**666**
#通信设备制造	Manufacture of Communication Equipment	5	15	31	38	54	53
#通信系统设备制造	Manufacture of Communication System Equipment	1	1	12	13	21	26
通信终端设备制造	Manufacture of Communication Terminal Equipment	3	7	19	25	33	27
广播电视设备制造	Manufacture of Broadcasting and TV Equipment		2	24	24	42	33
雷达及配套设备制造	Manufacture of Radar and Its Fittings						
视听设备制造	Manufacture of TV Set and Radio Receiver	17	26	45	37	51	64
电子器件制造	Manufacture of Electronic Appliances	5	16	71	86	101	115
#电子真空器件制造	Manufacture of Electronic Vacuum Appliance	4	5	1		1	2
半导体分立器件制造	Manufacture of Semiconductor Discreting Appliances	1	2	4	5	8	10
集成电路制造	Manufacture of Integrate Circuit		1	9	16	22	31
电子元件制造	Manufacture of Electronic Components	12	28	237	233	242	305
其他电子设备制造	Manufacture of Other Electronic Equipment		4	30	21	23	39
计算机及办公设备制造业	**Manufacture of Computers and Office Equipment**	**6**	**32**	**59**	**54**	**77**	**95**
#计算机整机制造	Manufacture of Entired Computer	2	2	7	7	10	8
计算机零部件制造	Manufacture of Computer Components and Parts	3	26	21	24	28	36
计算机外围设备制造	Manufacture of Computer Peripheral Equipment			25	17	34	37
办公设备制造	Manufacture of Office Equipment	1	4	1	3	1	4
医疗仪器设备及仪器仪表制造业	**Manufacture of Medical Equipments and Measuring Instrument**	**5**	**17**	**57**	**63**	**59**	**73**
1.医疗仪器设备及器械制造	Manufacture of Medical Equipment and Appliance			16	17	18	26
2.仪器仪表制造	Manufacture of Measuring Instrument	5	17	41	46	41	47
信息化学品制造业	**Manufacture of Electronic Chemicals**					**31**	**28**

2-1-6 续表 11 continued

行 业	Industry	机构人员（人） Personnel in the R&D Institutions (person)					
		2000	2005	2013	2014	2015	2016
合计	**Total**	**6846**	**21584**	**74388**	**78980**	**108528**	**123220**
医药制造业	**Manufacture of Medicines**	**772**	**952**	**11014**	**10213**	**11328**	**13714**
#化学药品制造	Manufacture of Chemical Medicine	466	660	6459	6530	6995	8308
中成药生产	Production of Finished Traditional Chinese Herbal Medicine	129	292	1881	1720	1990	2287
生物药品制造	Manufacture of Biological Medicine	177		1609	1289	1796	2550
航空、航天器及设备制造业	**Manufacture of Aircrafts and Spacecrafts and Related Equipment**		**34**	**115**	**7**	**732**	**956**
#飞机制造	Manufacture of Airplanes		34				
航天器制造	Manufacture of Spacecrafts						
电子及通信设备制造业	**Manufacture of Electronic Equipment and Communication Equipment**	**2971**	**8952**	**50957**	**54678**	**80362**	**91110**
#通信设备制造	Manufacture of Communication Equipment	383	2392	8891	13409	26294	29781
#通信系统设备制造	Manufacture of Communication System Equipment	3	59	6930	9590	15499	16224
通信终端设备制造	Manufacture of Communication Terminal Equipment	345	388	1961	3819	10795	13557
广播电视设备制造	Manufacture of Broadcasting and TV Equipment		60	1126	1234	1507	1787
雷达及配套设备制造	Manufacture of Radar and Its Fittings						
视听设备制造	Manufacture of TV Set and Radio Receiver	1369	3759	6497	7486	7610	8610
电子器件制造	Manufacture of Electronic Appliances	219	1230	9043	9936	17545	13230
#电子真空器件制造	Manufacture of Electronic Vacuum Appliance	185	184	63		25	43
半导体分立器件制造	Manufacture of Semiconductor Discreting Appliances	34	254	142	160	256	415
集成电路制造	Manufacture of Integrate Circuit		12	1726	1954	3523	3059
电子元件制造	Manufacture of Electronic Components	1000	1328	20815	18830	20873	26670
其他电子设备制造	Manufacture of Other Electronic Equipment		183	2717	2322	3993	5900
计算机及办公设备制造业	**Manufacture of Computers and Office Equipment**	**2955**	**10044**	**8213**	**8679**	**9766**	**10072**
#计算机整机制造	Manufacture of Entired Computer	2247	302	3869	4480	5079	3002
计算机零部件制造	Manufacture of Computer Components and Parts	572	9525	1362	1359	1703	3125
计算机外围设备制造	Manufacture of Computer Peripheral Equipment			2748	2381	2525	1700
办公设备制造	Manufacture of Office Equipment	136	217	86	118	58	1550
医疗仪器设备及仪器仪表制造业	**Manufacture of Medical Equipments and Measuring Instrument**	**148**	**1602**	**4089**	**5403**	**5056**	**5768**
1.医疗仪器设备及器械制造	Manufacture of Medical Equipment and Appliance			534	666	932	1161
2.仪器仪表制造	Manufacture of Measuring Instrument	148	1602	3555	4737	4124	4607
信息化学品制造业	**Manufacture of Electronic Chemicals**					**1284**	**1600**

2-1-6 续表 12 continued

行业	Industry	机构经费支出（万元） Expenditure in the R&D Institutions (10000 yuan)					
		2000	2005	2013	2014	2015	2016
合计	**Total**	**142452**	**314620**	**1888652**	**2165082**	**2819047**	**3033710**
医药制造业	**Manufacture of Medicines**	**5239**	**20590**	**259870**	**282684**	**325152**	**425021**
#化学药品制造	Manufacture of Chemical Medicine	3772	15708	166499	204311	217789	280576
中成药生产	Production of Finished Traditional Chinese Herbal Medicine	650	4882	34321	34463	26192	43093
生物药品制造	Manufacture of Biological Medicine	817		39583	33424	68964	87699
航空、航天器及设备制造业	**Manufacture of Aircrafts and Spacecrafts and Related Equipment**		**536**	**5628**	**5556**	**10281**	**65464**
#飞机制造	Manufacture of Airplanes		536				
航天器制造	Manufacture of Spacecrafts						
电子及通信设备制造业	**Manufacture of Electronic Equipment and Communication Equipment**	**56750**	**201132**	**1273724**	**1452515**	**1903057**	**1942777**
#通信设备制造	Manufacture of Communication Equipment	2546	45460	290088	367090	563326	618792
#通信系统设备制造	Manufacture of Communication System Equipment	5	335	245711	293032	363638	501575
通信终端设备制造	Manufacture of Communication Terminal Equipment	690	4553	44378	74058	199688	117217
广播电视设备制造	Manufacture of Broadcasting and TV Equipment		2055	30268	33226	41475	50659
雷达及配套设备制造	Manufacture of Radar and Its Fittings						
视听设备制造	Manufacture of TV Set and Radio Receiver	30480	112339	178322	267974	279318	273190
电子器件制造	Manufacture of Electronic Appliances	12532	22249	288468	327463	388647	363701
#电子真空器件制造	Manufacture of Electronic Vacuum Appliance	11764	11107	856		670	1459
半导体分立器件制造	Manufacture of Semiconductor Discreting Appliances	768	828	3934	6806	9100	9949
集成电路制造	Manufacture of Integrate Circuit		326	42990	98065	114513	135546
电子元件制造	Manufacture of Electronic Components	11192	18319	405661	401423	394824	463602
其他电子设备制造	Manufacture of Other Electronic Equipment		710	47942	25410	170643	67326
计算机及办公设备制造业	**Manufacture of Computers and Office Equipment**	**79157**	**74073**	**286683**	**336542**	**412430**	**416640**
#计算机整机制造	Manufacture of Entired Computer	73937	6347	119414	203640	292100	227939
计算机零部件制造	Manufacture of Computer Components and Parts	4983	64976	21960	25835	33885	64478
计算机外围设备制造	Manufacture of Computer Peripheral Equipment			140384	98448	80409	81261
办公设备制造	Manufacture of Office Equipment	237	2749	1129	3003	762	32827
医疗仪器设备及仪器仪表制造业	**Manufacture of Medical Equipments and Measuring Instrument**	**1307**	**18289**	**62748**	**87786**	**94404**	**97104**
1.医疗仪器设备及器械制造	Manufacture of Medical Equipment and Appliance			10672	12959	14184	20010
2.仪器仪表制造	Manufacture of Measuring Instrument	1307	18289	52076	74827	80221	77094
信息化学品制造业	**Manufacture of Electronic Chemicals**					**73724**	**86704**

2-1-7 大中型外资企业分行业R&D及相关活动情况

Statistics on R&D and Related Activities of Foreign Funded Enterprises in Large and Medium-sized Enterprises by Region

行 业	Industry	R&D人员折合全时当量（人年） Full-time Equivalent of R&D Personnel (man-year)					
		2000	2005	2013	2014	2015	2016
合计	**Total**	**9375**	**33860**	**116260**	**108139**	**92417**	**91917**
医药制造业	**Manufacture of Medicines**	**1123**	**2424**	**13232**	**14102**	**11589**	**10128**
#化学药品制造	Manufacture of Chemical Medicine	665	1894	10000	10223	8168	6590
中成药生产	Production of Finished Traditional Chinese Herbal Medicine	332	333	1575	1629	1616	1607
生物药品制造	Manufacture of Biological Medicine	109	121	1239	1471	1176	1262
航空、航天器及设备制造业	**Manufacture of Aircrafts and Spacecrafts and Related Equipment**	**884**	**33**	**1147**	**764**	**644**	**962**
#飞机制造	Manufacture of Airplanes	884	33	71	178	86	492
航天器制造	Manufacture of Spacecrafts						
电子及通信设备制造业	**Manufacture of Electronic Equipment and Communication Equipment**	**6258**	**23056**	**60694**	**61978**	**52355**	**58795**
#通信设备制造	Manufacture of Communication Equipment	3287	8964	13179	11818	10278	14296
#通信系统设备制造	Manufacture of Communication System Equipment	2394	4353	5473	6249	4546	5442
通信终端设备制造	Manufacture of Communication Terminal Equipment	83	557	7707	5570	5732	8854
广播电视设备制造	Manufacture of Broadcasting and TV Equipment		200	1933	1179	1051	1207
雷达及配套设备制造	Manufacture of Radar and Its Fittings				4		2
视听设备制造	Manufacture of TV Set and Radio Receiver	617	1726	3536	3916	3417	2999
电子器件制造	Manufacture of Electronic Appliances	702	5460	17284	18936	16049	16144
#电子真空器件制造	Manufacture of Electronic Vacuum Appliance	120	597	143	10	39	34
半导体分立器件制造	Manufacture of Semiconductor Discreting Appliances	157	277	1080	1212	985	929
集成电路制造	Manufacture of Integrate Circuit	425	2657	7084	8393	6918	5979
电子元件制造	Manufacture of Electronic Components	578	6311	18393	17568	18171	18052
其他电子设备制造	Manufacture of Other Electronic Equipment	1075	395	4591	5944	1553	3901
计算机及办公设备制造业	**Manufacture of Computers and Office Equipment**	**549**	**7254**	**32730**	**21701**	**18775**	**13234**
#计算机整机制造	Manufacture of Entired Computer	138	2771	11480	10780	10654	6102
计算机零部件制造	Manufacture of Computer Components and Parts	332	3670	14765	4514	1992	1530
计算机外围设备制造	Manufacture of Computer Peripheral Equipment			1408	996	386	506
办公设备制造	Manufacture of Office Equipment	79	814	1236	1094	1176	359
医疗仪器设备及仪器仪表制造业	**Manufacture of Medical Equipments and Measuring Instrument**	**562**	**1093**	**8455**	**9595**	**7987**	**7897**
1.医疗仪器设备及器械制造	Manufacture of Medical Equipment and Appliance	141	466	2259	2567	2575	2263
2.仪器仪表制造	Manufacture of Measuring Instrument	420	627	6196	7028	5412	5634
信息化学品制造业	**Manufacture of Electronic Chemicals**					**1069**	**901**

2-1-7 续表 1 continued

行业	Industry	R&D经费内部支出（万元） Intramural Expenditure on R&D (10000 yuan)					
		2000	2005	2013	2014	2015	2016
合计	**Total**	**202661**	**1019163**	**3517391**	**3528319**	**3533911**	**3509217**
医药制造业	**Manufacture of Medicines**	**24491**	**74443**	**403182**	**433100**	**436863**	**478817**
#化学药品制造	Manufacture of Chemical Medicine	18884	59703	297316	319096	336846	355440
中成药生产	Production of Finished Traditional Chinese Herbal Medicine	3549	6344	50091	52045	48723	54973
生物药品制造	Manufacture of Biological Medicine	1915	3807	44000	45072	33583	42486
航空、航天器及设备制造业	**Manufacture of Aircrafts and Spacecrafts and Related Equipment**	**5337**	**2292**	**29912**	**33328**	**42478**	**48291**
#飞机制造	Manufacture of Airplanes	5337	2292	14718	18285	28435	36584
航天器制造	Manufacture of Spacecrafts						
电子及通信设备制造业	**Manufacture of Electronic Equipment and Communication Equipment**	**160130**	**773302**	**2137315**	**2170001**	**2192331**	**2224383**
#通信设备制造	Manufacture of Communication Equipment	100956	340120	507560	604488	521127	455809
#通信系统设备制造	Manufacture of Communication System Equipment	67578	170920	186043	228814	228096	198904
通信终端设备制造	Manufacture of Communication Terminal Equipment	2273	6544	321518	375674	293031	256906
广播电视设备制造	Manufacture of Broadcasting and TV Equipment		4126	64078	26961	47383	46472
雷达及配套设备制造	Manufacture of Radar and Its Fittings				193		202
视听设备制造	Manufacture of TV Set and Radio Receiver	23021	76941	196721	126609	108054	115175
电子器件制造	Manufacture of Electronic Appliances	18790	203766	662739	735805	879573	921537
#电子真空器件制造	Manufacture of Electronic Vacuum Appliance	9807	14497	3601	586	1430	1153
半导体分立器件制造	Manufacture of Semiconductor Discreting Appliances	193	9105	24337	38901	39538	36909
集成电路制造	Manufacture of Integrate Circuit	8789	117939	264628	322956	387525	381419
电子元件制造	Manufacture of Electronic Components	12639	142061	394300	409333	462092	464006
其他电子设备制造	Manufacture of Other Electronic Equipment	4725	6288	234006	188054	87718	129454
计算机及办公设备制造业	**Manufacture of Computers and Office Equipment**	**6859**	**135454**	**648152**	**570860**	**467660**	**364828**
#计算机整机制造	Manufacture of Entired Computer	1091	23780	328701	321708	277279	182336
计算机零部件制造	Manufacture of Computer Components and Parts	4708	100290	196215	114376	43844	49305
计算机外围设备制造	Manufacture of Computer Peripheral Equipment			20959	20921	20748	19014
办公设备制造	Manufacture of Office Equipment	1060	11384	33233	35876	35669	10266
医疗仪器设备及仪器仪表制造业	**Manufacture of Medical Equipments and Measuring Instrument**	**5843**	**33672**	**298830**	**321031**	**335049**	**324452**
1.医疗仪器设备及器械制造	Manufacture of Medical Equipment and Appliance	2588	21527	114207	112682	139739	137097
2.仪器仪表制造	Manufacture of Measuring Instrument	3255	12145	184624	208349	195310	187354
信息化学品制造业	**Manufacture of Electronic Chemicals**					**59531**	**68446**

2-1-7　续表 2　continued

行　业	Industry	新产品开发经费支出（万元） Expenditure on New Products Development (10000 yuan)					
		2000	2005	2013	2014	2015	2016
合计	**Total**	**222028**	**1216386**	**4488169**	**4664762**	**4271899**	**4635928**
医药制造业	**Manufacture of Medicines**	**23945**	**90178**	**386912**	**405689**	**371664**	**515040**
#化学药品制造	Manufacture of Chemical Medicine	15784	70318	272977	270497	272687	397441
中成药生产	Production of Finished Traditional Chinese Herbal Medicine	5701	10997	42142	47758	42655	49805
生物药品制造	Manufacture of Biological Medicine	2315	4282	51507	68235	37506	39535
航空、航天器及设备制造业	**Manufacture of Aircrafts and Spacecrafts and Related Equipment**	**5337**	**4800**	**39310**	**57776**	**51549**	**61846**
#飞机制造	Manufacture of Airplanes	5337	4800	13636	29088	26035	36587
航天器制造	Manufacture of Spacecrafts						
电子及通信设备制造业	**Manufacture of Electronic Equipment and Communication Equipment**	**162410**	**877314**	**2708247**	**2822246**	**2770754**	**2888018**
#通信设备制造	Manufacture of Communication Equipment	98600	406031	667931	736999	608548	614743
#通信系统设备制造	Manufacture of Communication System Equipment	60236	160631	277864	319764	321106	322958
通信终端设备制造	Manufacture of Communication Terminal Equipment	8428	9159	390067	417235	287442	291785
广播电视设备制造	Manufacture of Broadcasting and TV Equipment		4961	79224	51961	78695	63086
雷达及配套设备制造	Manufacture of Radar and Its Fittings				193	214	202
视听设备制造	Manufacture of TV Set and Radio Receiver	25416	102273	252714	160193	131636	212074
电子器件制造	Manufacture of Electronic Appliances	24041	194714	826460	936242	1087840	1031308
#电子真空器件制造	Manufacture of Electronic Vacuum Appliance	13241	18863	2965	1874	2141	1764
半导体分立器件制造	Manufacture of Semiconductor Discreting Appliances	193	11959	31580	36007	41224	46026
集成电路制造	Manufacture of Integrate Circuit	10608	88306	347271	432879	451300	420121
电子元件制造	Manufacture of Electronic Components	14352	162535	465256	520688	518677	618358
其他电子设备制造	Manufacture of Other Electronic Equipment		6800	308250	329321	236658	238704
计算机及办公设备制造业	**Manufacture of Computers and Office Equipment**	**21658**	**205341**	**984108**	**965851**	**601383**	**704570**
#计算机整机制造	Manufacture of Entired Computer	516	43798	519272	573928	374898	456838
计算机零部件制造	Manufacture of Computer Components and Parts	17626	134773	306677	231188	63032	90653
计算机外围设备制造	Manufacture of Computer Peripheral Equipment			31954	32859	23520	27214
办公设备制造	Manufacture of Office Equipment	3516	26770	45208	42625	40569	20005
医疗仪器设备及仪器仪表制造业	**Manufacture of Medical Equipments and Measuring Instrument**	**8679**	**38754**	**369592**	**413201**	**418256**	**398343**
1.医疗仪器设备及器械制造	Manufacture of Medical Equipment and Appliance	2969	19976	145822	162553	180919	171358
2.仪器仪表制造	Manufacture of Measuring Instrument	5710	18778	223770	250648	237337	226984
信息化学品制造业	**Manufacture of Electronic Chemicals**					**58293**	**68111**

2-1-7 续表 3 continued

行 业	Industry	新产品销售收入（万元） Sales Revenue of New Products (10000 yuan)					
		2000	2005	2013	2014	2015	2016
合计	**Total**	**10270862**	**27716836**	**121378698**	**114338658**	**99492422**	**101958315**
医药制造业	**Manufacture of Medicines**	**273340**	**741324**	**4001660**	**4702503**	**4876949**	**5065970**
#化学药品制造	Manufacture of Chemical Medicine	214036	658184	3226567	3938720	4156155	4339994
中成药生产	Production of Finished Traditional Chinese Herbal Medicine	28409	73537	463989	508689	264792	200506
生物药品制造	Manufacture of Biological Medicine	23358	6803	101438	157165	255264	314338
航空、航天器及设备制造业	**Manufacture of Aircrafts and Spacecrafts and Related Equipment**		**4933**	**98046**	**2842184**	**4048317**	**4181361**
#飞机制造	Manufacture of Airplanes		4933	85938	2449920	3576745	3652475
航天器制造	Manufacture of Spacecrafts						
电子及通信设备制造业	**Manufacture of Electronic Equipment and Communication Equipment**	**7288157**	**18606168**	**72061172**	**63204540**	**56611154**	**57021266**
#通信设备制造	Manufacture of Communication Equipment	4066420	10521050	39059702	29738767	25582134	21950811
#通信系统设备制造	Manufacture of Communication System Equipment	141393	2156903	2809587	1645750	1659222	4047785
通信终端设备制造	Manufacture of Communication Terminal Equipment	821547	520710	36250115	28093017	23922913	17903026
广播电视设备制造	Manufacture of Broadcasting and TV Equipment		10942	1108005	303809	539006	693114
雷达及配套设备制造	Manufacture of Radar and Its Fittings						103
视听设备制造	Manufacture of TV Set and Radio Receiver	2046575	3346729	10688835	5225851	4845606	6529250
电子器件制造	Manufacture of Electronic Appliances	866693	2890331	10031072	14432022	11856463	14883743
#电子真空器件制造	Manufacture of Electronic Vacuum Appliance	617579	480293	451208	50271	61863	56965
半导体分立器件制造	Manufacture of Semiconductor Discreting Appliances	11301	33110	157124	160122	236575	302498
集成电路制造	Manufacture of Integrate Circuit	237813	1756438	2565071	3690972	2810961	2011651
电子元件制造	Manufacture of Electronic Components	308469	1767376	7148744	8525994	9214357	9501097
其他电子设备制造	Manufacture of Other Electronic Equipment		69740	2636614	3695645	2970800	1715394
计算机及办公设备制造业	**Manufacture of Computers and Office Equipment**	**2556323**	**7939540**	**43071513**	**41122835**	**29394717**	**30452771**
#计算机整机制造	Manufacture of Entired Computer	117812	4740700	18968867	21153585	26226034	24741979
计算机零部件制造	Manufacture of Computer Components and Parts	2370475	2894574	21168911	17480237	485513	2941613
计算机外围设备制造	Manufacture of Computer Peripheral Equipment			973920	327779	271734	280399
办公设备制造	Manufacture of Office Equipment	68037	304266	926772	904006	902995	692942
医疗仪器设备及仪器仪表制造业	**Manufacture of Medical Equipments and Measuring Instrument**	**153043**	**424870**	**2146307**	**2466597**	**2644611**	**3314683**
1.医疗仪器设备及器械制造	Manufacture of Medical Equipment and Appliance	21594	145078	152179	238064	578914	721512
2.仪器仪表制造	Manufacture of Measuring Instrument	131449	279793	1994129	2228533	2065698	2593171
信息化学品制造业	**Manufacture of Electronic Chemicals**					**1916675**	**1922265**

2-1-7 续表 4 continued

行业	Industry	专利申请数（件） Patent Applications (piece)					
		2000	2005	2013	2014	2015	2016
合计	**Total**	**131**	**2833**	**23839**	**24094**	**19303**	**17933**
医药制造业	**Manufacture of Medicines**	**48**	**459**	**1136**	**1444**	**1006**	**977**
#化学药品制造	Manufacture of Chemical Medicine	13	188	684	607	573	609
中成药生产	Production of Finished Traditional Chinese Herbal Medicine	29	195	84	109	147	106
生物药品制造	Manufacture of Biological Medicine	6	71	136	445	195	134
航空、航天器及设备制造业	**Manufacture of Aircrafts and Spacecrafts and Related Equipment**			**72**	**64**	**81**	**84**
#飞机制造	Manufacture of Airplanes			23	24	29	34
航天器制造	Manufacture of Spacecrafts						
电子及通信设备制造业	**Manufacture of Electronic Equipment and Communication Equipment**	**47**	**1998**	**15723**	**16654**	**15344**	**13772**
#通信设备制造	Manufacture of Communication Equipment	40	519	5045	4639	3903	4468
#通信系统设备制造	Manufacture of Communication System Equipment	37	106	411	424	492	594
通信终端设备制造	Manufacture of Communication Terminal Equipment	1	53	4634	4215	3411	3874
广播电视设备制造	Manufacture of Broadcasting and TV Equipment		39	775	352	259	261
雷达及配套设备制造	Manufacture of Radar and Its Fittings						
视听设备制造	Manufacture of TV Set and Radio Receiver	5	850	717	349	194	540
电子器件制造	Manufacture of Electronic Appliances	2	306	5204	8644	8771	6402
#电子真空器件制造	Manufacture of Electronic Vacuum Appliance		1	49	8	1	5
半导体分立器件制造	Manufacture of Semiconductor Discreting Appliances			56	78	135	230
集成电路制造	Manufacture of Integrate Circuit	2	249	1795	2635	2259	1785
电子元件制造	Manufacture of Electronic Components		281	3009	1712	1341	1354
其他电子设备制造	Manufacture of Other Electronic Equipment		3	628	499	460	350
计算机及办公设备制造业	**Manufacture of Computers and Office Equipment**	**30**	**146**	**4893**	**3332**	**996**	**1226**
#计算机整机制造	Manufacture of Entired Computer		6	3250	1477	376	398
计算机零部件制造	Manufacture of Computer Components and Parts	28	140	923	1145	154	412
计算机外围设备制造	Manufacture of Computer Peripheral Equipment			284	264	71	132
办公设备制造	Manufacture of Office Equipment	2		166	146	150	28
医疗仪器设备及仪器仪表制造业	**Manufacture of Medical Equipments and Measuring Instrument**	**6**	**230**	**2015**	**2600**	**1756**	**1748**
1.医疗仪器设备及器械制造	Manufacture of Medical Equipment and Appliance	2	154	536	556	682	644
2.仪器仪表制造	Manufacture of Measuring Instrument	4	76	1479	2044	1074	1104
信息化学品制造业	**Manufacture of Electronic Chemicals**					**120**	**126**

2-1-7 续表 5 continued

行 业	Industry	有效发明专利数（件） Number of Patents In Force (piece)					
		2000	2005	2013	2014	2015	2016
合计	**Total**	**170**	**1194**	**21084**	**23059**	**24414**	**30907**
医药制造业	**Manufacture of Medicines**	**67**	**252**	**1345**	**2210**	**2077**	**2394**
#化学药品制造	Manufacture of Chemical Medicine	5	56	929	1254	1329	1598
中成药生产	Production of Finished Traditional Chinese Herbal Medicine	61	122	190	491	385	387
生物药品制造	Manufacture of Biological Medicine	1	9	160	374	266	259
航空、航天器及设备制造业	**Manufacture of Aircrafts and Spacecrafts and Related Equipment**			**31**	**58**	**134**	**51**
#飞机制造	Manufacture of Airplanes			23	43	102	29
航天器制造	Manufacture of Spacecrafts						
电子及通信设备制造业	**Manufacture of Electronic Equipment and Communication Equipment**	**89**	**733**	**8931**	**11955**	**18597**	**23905**
#通信设备制造	Manufacture of Communication Equipment	87	173	1731	2223	6343	6755
#通信系统设备制造	Manufacture of Communication System Equipment	82	72	655	890	1488	1796
通信终端设备制造	Manufacture of Communication Terminal Equipment	1	11	1076	1333	4855	4959
广播电视设备制造	Manufacture of Broadcasting and TV Equipment		3	786	885	1067	1346
雷达及配套设备制造	Manufacture of Radar and Its Fittings						
视听设备制造	Manufacture of TV Set and Radio Receiver		129	398	236	433	1314
电子器件制造	Manufacture of Electronic Appliances	2	367	3580	5437	7481	10790
#电子真空器件制造	Manufacture of Electronic Vacuum Appliance		251	78		15	16
半导体分立器件制造	Manufacture of Semiconductor Discreting Appliances		2	51	60	189	221
集成电路制造	Manufacture of Integrate Circuit	2	98	1290	1908	2159	2845
电子元件制造	Manufacture of Electronic Components		60	1250	1866	1910	2248
其他电子设备制造	Manufacture of Other Electronic Equipment		1	810	754	690	850
计算机及办公设备制造业	**Manufacture of Computers and Office Equipment**	**4**	**163**	**9651**	**7061**	**1450**	**2217**
#计算机整机制造	Manufacture of Entired Computer		1	8028	5369	214	430
计算机零部件制造	Manufacture of Computer Components and Parts	2	162	765	704	225	361
计算机外围设备制造	Manufacture of Computer Peripheral Equipment			132	171	202	332
办公设备制造	Manufacture of Office Equipment	2		163	160	114	69
医疗仪器设备及仪器仪表制造业	**Manufacture of Medical Equipments and Measuring Instrument**	**10**	**46**	**1126**	**1775**	**1977**	**2156**
1.医疗仪器设备及器械制造	Manufacture of Medical Equipment and Appliance	6	30	445	843	1113	827
2.仪器仪表制造	Manufacture of Measuring Instrument	4	16	681	932	864	1329
信息化学品制造业	**Manufacture of Electronic Chemicals**					**179**	**184**

2-1-7 续表 6 continued

行 业	Industry	技术改造经费支出（万元）Expenditure for Technical Renovation (10000 yuan)					
		2000	2005	2013	2014	2015	2016
合计	**Total**	**80420**	**278819**	**323658**	**288395**	**403944**	**302878**
医药制造业	**Manufacture of Medicines**	**15978**	**52192**	**77313**	**68248**	**95191**	**78143**
#化学药品制造	Manufacture of Chemical Medicine	8480	29971	68070	60778	68035	70505
中成药生产	Production of Finished Traditional Chinese Herbal Medicine	6498	20560	7686	4795	3326	1524
生物药品制造	Manufacture of Biological Medicine	1000	1200	211	527	17569	5030
航空、航天器及设备制造业	**Manufacture of Aircrafts and Spacecrafts and Related Equipment**		**4564**	**4513**	**4735**	**8476**	**1028**
#飞机制造	Manufacture of Airplanes		4564	4513	4735	6908	
航天器制造	Manufacture of Spacecrafts						
电子及通信设备制造业	**Manufacture of Electronic Equipment and Communication Equipment**	**52920**	**189421**	**173303**	**178901**	**258179**	**145127**
#通信设备制造	Manufacture of Communication Equipment	32151	20815	23344	12707	16833	6458
#通信系统设备制造	Manufacture of Communication System Equipment	3772	4737	18461	8636	5062	
通信终端设备制造	Manufacture of Communication Terminal Equipment	28286	501	4883	4071	11771	6458
广播电视设备制造	Manufacture of Broadcasting and TV Equipment		30		2100	342	1545
雷达及配套设备制造	Manufacture of Radar and Its Fittings						
视听设备制造	Manufacture of TV Set and Radio Receiver	4894	28486	2386	4579	9901	2757
电子器件制造	Manufacture of Electronic Appliances	14908	49460	84772	123523	144404	73729
#电子真空器件制造	Manufacture of Electronic Vacuum Appliance	6185	6733				
半导体分立器件制造	Manufacture of Semiconductor Discreting Appliances	8000	1822	255	1627	1177	866
集成电路制造	Manufacture of Integrate Circuit	723	32097	38810	79552	82000	5707
电子元件制造	Manufacture of Electronic Components	967	90508	49789	29677	76036	55957
其他电子设备制造	Manufacture of Other Electronic Equipment		121	1432			26
计算机及办公设备制造业	**Manufacture of Computers and Office Equipment**	**9417**	**26410**	**13475**	**11042**	**12233**	**52292**
#计算机整机制造	Manufacture of Entired Computer	516	575	4846		8655	34384
计算机零部件制造	Manufacture of Computer Components and Parts	8902	24903	3310	7230		13939
计算机外围设备制造	Manufacture of Computer Peripheral Equipment			1966	2646	189	
办公设备制造	Manufacture of Office Equipment		932	254	1118	2453	2830
医疗仪器设备及仪器仪表制造业	**Manufacture of Medical Equipments and Measuring Instrument**	**2105**	**6233**	**55054**	**25469**	**22690**	**18067**
1.医疗仪器设备及器械制造	Manufacture of Medical Equipment and Appliance	1213	663	1831	7515	3908	2087
2.仪器仪表制造	Manufacture of Measuring Instrument	892	5570	53223	17954	18781	15980
信息化学品制造业	**Manufacture of Electronic Chemicals**					**7175**	**8222**

2-1-7 续表 7 continued

行业	Industry	引进技术经费支出（万元） Expenditure for Acquisition of Foreign Technology (10000 yuan)					
		2000	2005	2013	2014	2015	2016
合计	**Total**	**213961**	**622099**	**271601**	**257612**	**160264**	**155108**
医药制造业	**Manufacture of Medicines**	**8898**	**9383**	**10224**	**7259**	**3727**	**1992**
#化学药品制造	Manufacture of Chemical Medicine	2140	9183	9166	6909	3492	1941
中成药生产	Production of Finished Traditional Chinese Herbal Medicine	400	200				
生物药品制造	Manufacture of Biological Medicine	6233		428		235	
航空、航天器及设备制造业	**Manufacture of Aircrafts and Spacecrafts and Related Equipment**		**2950**	**100**		**32**	
#飞机制造	Manufacture of Airplanes		2950				
航天器制造	Manufacture of Spacecrafts						
电子及通信设备制造业	**Manufacture of Electronic Equipment and Communication Equipment**	**130248**	**506772**	**180568**	**177556**	**108691**	**107343**
#通信设备制造	Manufacture of Communication Equipment	67737	181256	32924	55850	5811	4521
#通信系统设备制造	Manufacture of Communication System Equipment	20953	6852	2914	1770	2005	1094
通信终端设备制造	Manufacture of Communication Terminal Equipment	45569		30010	54080	3806	3428
广播电视设备制造	Manufacture of Broadcasting and TV Equipment		533	2079	2203	2311	2112
雷达及配套设备制造	Manufacture of Radar and Its Fittings						
视听设备制造	Manufacture of TV Set and Radio Receiver	26179	107761	52685	53008	51704	34435
电子器件制造	Manufacture of Electronic Appliances	28850	122975	24817	26930	10364	10548
#电子真空器件制造	Manufacture of Electronic Vacuum Appliance	19300	17723				
半导体分立器件制造	Manufacture of Semiconductor Discreting Appliances			674	1366	794	
集成电路制造	Manufacture of Integrate Circuit	9549	44195	7707	6145	3228	4181
电子元件制造	Manufacture of Electronic Components	7233	93128	66159	37932	21415	36642
其他电子设备制造	Manufacture of Other Electronic Equipment	250	1120		393	216	
计算机及办公设备制造业	**Manufacture of Computers and Office Equipment**	**72256**	**102994**	**11811**	**2976**	**2488**	**108**
#计算机整机制造	Manufacture of Entired Computer	31405	32607				
计算机零部件制造	Manufacture of Computer Components and Parts	40540	50593	2994	2976	2488	
计算机外围设备制造	Manufacture of Computer Peripheral Equipment			8336			
办公设备制造	Manufacture of Office Equipment	310	19794	482			
医疗仪器设备及仪器仪表制造业	**Manufacture of Medical Equipments and Measuring Instrument**	**2559**		**68898**	**69821**	**45326**	**45665**
1.医疗仪器设备及器械制造	Manufacture of Medical Equipment and Appliance	180		48784	37903	34616	33938
2.仪器仪表制造	Manufacture of Measuring Instrument	2379		20114	31919	10709	11728
信息化学品制造业	**Manufacture of Electronic Chemicals**						

2-1-7 续表 8 continued

行 业	Industry	消化吸收经费支出（万元）Expenditure for Assimilation of Technology (10000 yuan)					
		2000	2005	2013	2014	2015	2016
合计	**Total**	**11736**	**192020**	**20669**	**48305**	**36940**	**20215**
医药制造业	**Manufacture of Medicines**	**961**	**3405**	**5986**	**6727**	**788**	**919**
#化学药品制造	Manufacture of Chemical Medicine	960	3049	5093	5954	721	866
中成药生产	Production of Finished Traditional Chinese Herbal Medicine	1	356	627	727		
生物药品制造	Manufacture of Biological Medicine					22	
航空、航天器及设备制造业	**Manufacture of Aircrafts and Spacecrafts and Related Equipment**						
#飞机制造	Manufacture of Airplanes						
航天器制造	Manufacture of Spacecrafts						
电子及通信设备制造业	**Manufacture of Electronic Equipment and Communication Equipment**	**7236**	**182791**	**8976**	**39265**	**35328**	**18780**
#通信设备制造	Manufacture of Communication Equipment	1839	165488	462	734	78	
#通信系统设备制造	Manufacture of Communication System Equipment	1088		6			
通信终端设备制造	Manufacture of Communication Terminal Equipment	652		456	734	78	
广播电视设备制造	Manufacture of Broadcasting and TV Equipment			952	1095	1102	1502
雷达及配套设备制造	Manufacture of Radar and Its Fittings						
视听设备制造	Manufacture of TV Set and Radio Receiver	5219	1889	392	28041	30596	15553
电子器件制造	Manufacture of Electronic Appliances	78	11716	4873	4276	2849	1059
#电子真空器件制造	Manufacture of Electronic Vacuum Appliance			1540	1356	1320	1059
半导体分立器件制造	Manufacture of Semiconductor Discreting Appliances			156			
集成电路制造	Manufacture of Integrate Circuit	78	730	1035	650	1500	
电子元件制造	Manufacture of Electronic Components	100	3698	2296	2513	702	665
其他电子设备制造	Manufacture of Other Electronic Equipment						
计算机及办公设备制造业	**Manufacture of Computers and Office Equipment**	**3197**	**3171**	**2642**			
#计算机整机制造	Manufacture of Entired Computer						
计算机零部件制造	Manufacture of Computer Components and Parts	3197	1371				
计算机外围设备制造	Manufacture of Computer Peripheral Equipment						
办公设备制造	Manufacture of Office Equipment		1800	2642			
医疗仪器设备及仪器仪表制造业	**Manufacture of Medical Equipments and Measuring Instrument**	**342**	**2653**	**3065**	**2313**	**824**	**516**
1.医疗仪器设备及器械制造	Manufacture of Medical Equipment and Appliance	160			635	516	256
2.仪器仪表制造	Manufacture of Measuring Instrument	182	2653	3065	1678	308	260
信息化学品制造业	**Manufacture of Electronic Chemicals**						

2-1-7 续表 9 continued

行 业	Industry	购买国内技术经费支出（万元） Expenditure on Purchase of Domestic Technology (10000 yuan)					
		2000	2005	2013	2014	2015	2016
合计	**Total**	**4379**	**13159**	**30527**	**70542**	**27049**	**34979**
医药制造业	**Manufacture of Medicines**	**1557**	**6808**	**20801**	**19433**	**24059**	**28382**
#化学药品制造	Manufacture of Chemical Medicine	562	5598	18146	15420	22067	27831
中成药生产	Production of Finished Traditional Chinese Herbal Medicine	980	918	1844	3584	1537	490
生物药品制造	Manufacture of Biological Medicine	15	292	470	373	384	
航空、航天器及设备制造业	**Manufacture of Aircrafts and Spacecrafts and Related Equipment**						
#飞机制造	Manufacture of Airplanes						
航天器制造	Manufacture of Spacecrafts						
电子及通信设备制造业	**Manufacture of Electronic Equipment and Communication Equipment**	**102**	**4434**	**9676**	**48455**	**2593**	**6434**
#通信设备制造	Manufacture of Communication Equipment	101	85	5668	41576	88	
#通信系统设备制造	Manufacture of Communication System Equipment			6			
通信终端设备制造	Manufacture of Communication Terminal Equipment	101		5662	41576	88	
广播电视设备制造	Manufacture of Broadcasting and TV Equipment			825			
雷达及配套设备制造	Manufacture of Radar and Its Fittings						
视听设备制造	Manufacture of TV Set and Radio Receiver		684	1947	6313	2185	4280
电子器件制造	Manufacture of Electronic Appliances		2906	611	13		264
#电子真空器件制造	Manufacture of Electronic Vacuum Appliance		1013				
半导体分立器件制造	Manufacture of Semiconductor Discreting Appliances		1822	34			
集成电路制造	Manufacture of Integrate Circuit		70				251
电子元件制造	Manufacture of Electronic Components	2	558	518	524	201	1609
其他电子设备制造	Manufacture of Other Electronic Equipment		200				
计算机及办公设备制造业	**Manufacture of Computers and Office Equipment**		**1844**		**2382**		
#计算机整机制造	Manufacture of Entired Computer		1844				
计算机零部件制造	Manufacture of Computer Components and Parts						
计算机外围设备制造	Manufacture of Computer Peripheral Equipment				470		
办公设备制造	Manufacture of Office Equipment						
医疗仪器设备及仪器仪表制造业	**Manufacture of Medical Equipments and Measuring Instrument**	**2720**	**74**	**50**	**272**	**397**	**163**
1.医疗仪器设备及器械制造	Manufacture of Medical Equipment and Appliance	2707	15		177		
2.仪器仪表制造	Manufacture of Measuring Instrument	12	59	50	95	397	163
信息化学品制造业	**Manufacture of Electronic Chemicals**						

2-1-7 续表 10 continued

行 业	Industry	研发机构数（个） Number of R&D Institutions in Enterprises (unit)					
		2000	2005	2013	2014	2015	2016
合计	**Total**	**115**	**274**	**927**	**953**	**914**	**1003**
医药制造业	**Manufacture of Medicines**	**36**	**62**	**139**	**127**	**123**	**138**
#化学药品制造	Manufacture of Chemical Medicine	16	46	78	73	73	76
中成药生产	Production of Finished Traditional Chinese Herbal Medicine	14	12	20	17	16	17
生物药品制造	Manufacture of Biological Medicine	5	2	21	23	20	25
航空、航天器及设备制造业	**Manufacture of Aircrafts and Spacecrafts and Related Equipment**		**2**	**8**	**11**	**16**	**10**
#飞机制造	Manufacture of Airplanes		2	3	5	11	7
航天器制造	Manufacture of Spacecrafts						
电子及通信设备制造业	**Manufacture of Electronic Equipment and Communication Equipment**	**63**	**167**	**585**	**590**	**580**	**642**
#通信设备制造	Manufacture of Communication Equipment	32	41	60	72	77	76
#通信系统设备制造	Manufacture of Communication System Equipment	18	13	22	40	40	38
通信终端设备制造	Manufacture of Communication Terminal Equipment	4	5	38	32	37	38
广播电视设备制造	Manufacture of Broadcasting and TV Equipment		1	19	19	16	16
雷达及配套设备制造	Manufacture of Radar and Its Fittings						1
视听设备制造	Manufacture of TV Set and Radio Receiver	8	40	45	36	38	44
电子器件制造	Manufacture of Electronic Appliances	5	26	170	175	158	180
#电子真空器件制造	Manufacture of Electronic Vacuum Appliance	3	5	1	1	3	2
半导体分立器件制造	Manufacture of Semiconductor Discreting Appliances	1	3	21	26	18	22
集成电路制造	Manufacture of Integrate Circuit	1	12	45	52	44	37
电子元件制造	Manufacture of Electronic Components	11	57	235	230	232	265
其他电子设备制造	Manufacture of Other Electronic Equipment	7	2	25	23	30	28
计算机及办公设备制造业	**Manufacture of Computers and Office Equipment**	**7**	**23**	**87**	**109**	**74**	**89**
#计算机整机制造	Manufacture of Entired Computer	2	10	11	9	11	11
计算机零部件制造	Manufacture of Computer Components and Parts	5	12	32	39	23	36
计算机外围设备制造	Manufacture of Computer Peripheral Equipment			15	19	11	14
办公设备制造	Manufacture of Office Equipment		1	10	10	8	7
医疗仪器设备及仪器仪表制造业	**Manufacture of Medical Equipments and Measuring Instrument**	**9**	**20**	**108**	**116**	**104**	**113**
1.医疗仪器设备及器械制造	Manufacture of Medical Equipment and Appliance	4	4	26	33	45	31
2.仪器仪表制造	Manufacture of Measuring Instrument	5	16	82	83	59	82
信息化学品制造业	**Manufacture of Electronic Chemicals**					**17**	**11**

2-1-7 续表 11 continued

行 业	Industry	机构人员（人） Personnel in the R&D Institutions (person)					
		2000	2005	2013	2014	2015	2016
合计	**Total**	**7173**	**25554**	**112084**	**104736**	**105463**	**113758**
医药制造业	**Manufacture of Medicines**	**1081**	**2695**	**11755**	**11338**	**10065**	**10158**
#化学药品制造	Manufacture of Chemical Medicine	487	1959	7478	7298	6774	6618
中成药生产	Production of Finished Traditional Chinese Herbal Medicine	459	425	1518	1542	1474	1589
生物药品制造	Manufacture of Biological Medicine	121	219	1842	1921	1272	1270
航空、航天器及设备制造业	**Manufacture of Aircrafts and Spacecrafts and Related Equipment**		**308**	**809**	**983**	**863**	**1095**
#飞机制造	Manufacture of Airplanes		308	322	393	441	569
航天器制造	Manufacture of Spacecrafts						
电子及通信设备制造业	**Manufacture of Electronic Equipment and Communication Equipment**	**5524**	**15025**	**67339**	**62756**	**68248**	**73782**
#通信设备制造	Manufacture of Communication Equipment	3800	6143	14483	13145	16008	19631
#通信系统设备制造	Manufacture of Communication System Equipment	2622	3596	6046	7503	6958	6496
通信终端设备制造	Manufacture of Communication Terminal Equipment	93	652	8437	5642	9050	13135
广播电视设备制造	Manufacture of Broadcasting and TV Equipment		250	1779	1919	1516	1811
雷达及配套设备制造	Manufacture of Radar and Its Fittings						28
视听设备制造	Manufacture of TV Set and Radio Receiver	320	2919	3790	2703	2935	4733
电子器件制造	Manufacture of Electronic Appliances	140	1718	18810	18626	14728	17542
#电子真空器件制造	Manufacture of Electronic Vacuum Appliance	71	214	101	91	63	76
半导体分立器件制造	Manufacture of Semiconductor Discreting Appliances	8	151	1137	1084	1053	1464
集成电路制造	Manufacture of Integrate Circuit	61	973	6598	7637	5139	4648
电子元件制造	Manufacture of Electronic Components	807	3952	20565	18867	21951	24627
其他电子设备制造	Manufacture of Other Electronic Equipment	457	43	5493	5443	9677	3924
计算机及办公设备制造业	**Manufacture of Computers and Office Equipment**	**417**	**6274**	**23764**	**20443**	**16109**	**18099**
#计算机整机制造	Manufacture of Entired Computer	140	2657	12204	9892	7033	7721
计算机零部件制造	Manufacture of Computer Components and Parts	277	2816	4901	3129	2002	3453
计算机外围设备制造	Manufacture of Computer Peripheral Equipment			1204	1058	688	908
办公设备制造	Manufacture of Office Equipment		801	1293	1329	1226	525
医疗仪器设备及仪器仪表制造业	**Manufacture of Medical Equipments and Measuring Instrument**	**151**	**1252**	**8417**	**9216**	**9395**	**9566**
1.医疗仪器设备及器械制造	Manufacture of Medical Equipment and Appliance	45	431	2638	2355	2993	2270
2.仪器仪表制造	Manufacture of Measuring Instrument	106	821	5779	6861	6402	7296
信息化学品制造业	**Manufacture of Electronic Chemicals**					**783**	**1058**

2-1-7 续表 12 continued

行 业	Industry	机构经费支出（万元） Expenditure in the R&D Institutions (10000 yuan)					
		2000	2005	2013	2014	2015	2016
合计	**Total**	**148968**	**476070**	**3106750**	**2678219**	**3036584**	**3401702**
医药制造业	**Manufacture of Medicines**	**17518**	**42017**	**358668**	**317358**	**345722**	**393935**
#化学药品制造	Manufacture of Chemical Medicine	12491	32989	270660	217920	264219	286320
中成药生产	Production of Finished Traditional Chinese Herbal Medicine	3856	4162	39842	34152	38842	51223
生物药品制造	Manufacture of Biological Medicine	685	2216	34794	51616	32516	36799
航空、航天器及设备制造业	**Manufacture of Aircrafts and Spacecrafts and Related Equipment**		**4713**	**20867**	**22665**	**21609**	**36170**
#飞机制造	Manufacture of Airplanes		4713	8291	7605	15447	28141
航天器制造	Manufacture of Spacecrafts						
电子及通信设备制造业	**Manufacture of Electronic Equipment and Communication Equipment**	**113778**	**330448**	**1920989**	**1770095**	**1981518**	**2216225**
#通信设备制造	Manufacture of Communication Equipment	94135	157033	518166	465475	547946	562128
#通信系统设备制造	Manufacture of Communication System Equipment	55672	73388	195390	236008	296909	282537
通信终端设备制造	Manufacture of Communication Terminal Equipment	4185	8799	322776	229467	251038	279592
广播电视设备制造	Manufacture of Broadcasting and TV Equipment		1686	51786	34774	66023	54288
雷达及配套设备制造	Manufacture of Radar and Its Fittings						202
视听设备制造	Manufacture of TV Set and Radio Receiver	8339	45221	122045	64126	74687	172337
电子器件制造	Manufacture of Electronic Appliances	4946	33415	675209	597836	659319	715283
#电子真空器件制造	Manufacture of Electronic Vacuum Appliance	1013	6088	843	780	911	727
半导体分立器件制造	Manufacture of Semiconductor Discreting Appliances	13	3632	21412	25866	26007	37301
集成电路制造	Manufacture of Integrate Circuit	3920	14287	270915	296859	293609	247249
电子元件制造	Manufacture of Electronic Components	3843	92816	334577	364873	418073	523714
其他电子设备制造	Manufacture of Other Electronic Equipment	2516	278	155460	184344	180917	150714
计算机及办公设备制造业	**Manufacture of Computers and Office Equipment**	**16008**	**89763**	**552579**	**324034**	**317227**	**427367**
#计算机整机制造	Manufacture of Entired Computer	791	13195	252804	138471	135240	201527
计算机零部件制造	Manufacture of Computer Components and Parts	15218	74768	179212	46880	36608	79078
计算机外围设备制造	Manufacture of Computer Peripheral Equipment			16148	20876	16615	21240
办公设备制造	Manufacture of Office Equipment		1800	31559	36308	36311	19499
医疗仪器设备及仪器仪表制造业	**Manufacture of Medical Equipments and Measuring Instrument**	**1664**	**9128**	**253647**	**244068**	**320357**	**256974**
1.医疗仪器设备及器械制造	Manufacture of Medical Equipment and Appliance	870	1516	108090	118751	147562	94775
2.仪器仪表制造	Manufacture of Measuring Instrument	794	7612	145558	125317	172794	162198
信息化学品制造业	**Manufacture of Electronic Chemicals**					**50151**	**71033**

2-1-8 各地区大中型企业R&D及相关活动情况

Statistics on R&D and Related Activities of Enterprises in Large and Medium-sized Enterprises by Region

地 区	Region	R&D人员折合全时当量（人年） Full-time Equivalent of R&D Personnel (man-year)					
		2000	2005	2013	2014	2015	2016
全 国	**Total**	**91573**	**173161**	**559229**	**572537**	**590016**	**580248**
东部地区	Eastern Region	45397	112545	431848	437833	447861	440233
中部地区	Middle Region	13932	23154	59078	65711	72855	71174
西部地区	Western Region	25138	25244	51675	51878	53195	56271
东北地区	Northeastern Region	7106	12219	16629	17115	16104	12571
北 京	Beijing	4374	8591	17562	16132	15671	16335
天 津	Tianjin	1895	3464	10042	12051	20169	13194
河 北	Hebei	1768	3469	7146	8513	11454	11743
山 西	Shanxi	286	302	2593	1502	1670	3044
内蒙古	Inner Mongolia	20	108	274	275	726	915
辽 宁	Liaoning	3725	6089	7844	8456	7648	5491
吉 林	Jilin	1136	630	2762	2628	2480	2446
黑龙江	Heilongjiang	2245	5500	6022	6030	5976	4634
上 海	Shanghai	7128	7045	22873	20108	22756	22862
江 苏	Jiangsu	6272	18901	78316	81963	82845	86976
浙 江	Zhejiang	1724	11571	37902	43809	49555	50265
安 徽	Anhui	1136	1404	7215	8819	10476	13447
福 建	Fujian	1595	5277	24392	27388	20536	21874
江 西	Jiangxi	6493	5441	8665	7497	6415	6552
山 东	Shandong	3195	5836	39141	40741	40719	41215
河 南	Henan	1217	3826	13219	15143	17108	17358
湖 北	Hubei	2704	8461	21146	22229	19848	15864
湖 南	Hunan	2077	3611	6241	10521	17340	14909
广 东	Guangdong	16915	47488	193281	186133	183027	174650
广 西	Guangxi	491	870	1146	1532	1253	1366
海 南	Hainan	39	33	1193	995	1131	1118
重 庆	Chongqing	1379	2094	4054	4177	7739	8179
四 川	Sichuan	2425	9401	18038	15555	15599	18034
贵 州	Guizhou	2393	2451	6398	5168	6017	4152
云 南	Yunnan	118	246	1295	1174	1215	1072
西 藏	Tibet			5	2	3	15
陕 西	Shaanxi	17561	9686	19221	22371	18957	19945
甘 肃	Gansu	1116	848	708	939	799	1239
青 海	Qinghai	61	12	170	108	54	121
宁 夏	Ningxia	85	480	347	542	694	990
新 疆	Xinjiang		25	19	36	140	245

2-1-8 续表 1 continued

地区	Region	R&D经费内部支出（万元） Intramural Expenditure on R&D (10000 yuan)					
		2000	2005	2013	2014	2015	2016
全 国	**Total**	**1110410**	**3624985**	**17343666**	**19221544**	**22196591**	**24376050**
东部地区	Eastern Region	815839	3008915	13584120	15098129	17360421	18857294
中部地区	Middle Region	86856	179047	1593392	1808203	2230327	2490573
西部地区	Western Region	161628	288813	1459007	1592100	2057436	2408105
东北地区	Northeastern Region	46087	148210	707148	723113	548407	620079
北 京	Beijing	107059	207216	877623	877398	960033	1047674
天 津	Tianjin	60429	90124	330655	373686	667565	522245
河 北	Hebei	15687	34702	178067	244539	333367	330794
山 西	Shanxi	1577	2949	45194	28051	32701	68931
内蒙古	Inner Mongolia	73	1174	7315	11817	52442	79410
辽 宁	Liaoning	19875	78649	469878	449082	319552	308125
吉 林	Jilin	7870	13897	46340	65039	61242	92629
黑龙江	Heilongjiang	18342	55664	190929	208992	167613	219325
上 海	Shanghai	119707	341939	936529	1128705	1129356	1173197
江 苏	Jiangsu	68974	381402	2199586	2429476	2681658	2960489
浙 江	Zhejiang	43078	328463	953002	1129758	1413372	1668176
安 徽	Anhui	8765	18711	210635	258069	372402	452857
福 建	Fujian	28198	139019	596365	664780	779116	944743
江 西	Jiangxi	17724	43024	185063	235593	188888	222364
山 东	Shandong	49329	267923	1251546	1429067	1675038	1776055
河 南	Henan	11431	29571	200216	267973	366205	493997
湖 北	Hubei	40537	63366	637199	701624	804045	843276
湖 南	Hunan	6749	20253	315085	316895	466087	409148
广 东	Guangdong	319979	1206178	6228787	6789803	7691587	8406913
广 西	Guangxi	2827	11391	41843	53703	51668	58476
海 南	Hainan	573	560	31961	30919	29330	27009
重 庆	Chongqing	7960	24712	130567	135309	253742	350013
四 川	Sichuan	24759	109765	564865	562162	718102	861826
贵 州	Guizhou	7274	22100	102611	110978	151521	171362
云 南	Yunnan	1701	2846	45509	55415	47654	30807
西 藏	Tibet			97	585	137	110
陕 西	Shaanxi	116030	119312	527461	617530	725448	776562
甘 肃	Gansu	3464	4496	22697	30714	24296	27630
青 海	Qinghai	284	38	4919	1263	3335	3738
宁 夏	Ningxia	157	5165	10341	11774	21986	28413
新 疆	Xinjiang		380	782	851	7104	19757

2-1-8 续表 2 continued

地 区	Region	新产品开发经费支出（万元） Expenditure on New Products Development (10000 yuan)					
		2000	2005	2013	2014	2015	2016
全 国	**Total**	**1177940**	**4156916**	**20694975**	**23505812**	**25746024**	**30003555**
东部地区	Eastern Region	875860	3472865	16439492	18778829	20617511	24006967
中部地区	Middle Region	87719	196713	1745130	2046030	2424890	2777048
西部地区	Western Region	170484	305893	1777411	1970181	2086124	2566501
东北地区	Northeastern Region	43877	181445	732942	710772	617500	653039
北 京	Beijing	96740	222839	1193114	1195552	1138142	1211024
天 津	Tianjin	65426	73238	314430	326229	551127	380229
河 北	Hebei	17761	29647	158885	246375	289893	318049
山 西	Shanxi	1983	4845	53290	33169	38796	41441
内蒙古	Inner Mongolia	181	1314	32210	9526	18290	47740
辽 宁	Liaoning	20382	88205	465670	387079	356270	335681
吉 林	Jilin	10559	25342	72064	104953	88088	102730
黑龙江	Heilongjiang	12936	67898	195208	218740	173142	214628
上 海	Shanghai	142679	340142	1245459	1551824	1460630	1582497
江 苏	Jiangsu	97846	534778	3327767	3444359	3346580	3936810
浙 江	Zhejiang	38881	384648	1089171	1245484	1470600	1846161
安 徽	Anhui	6208	25874	289836	376956	555214	574809
福 建	Fujian	28892	190738	612343	630331	770263	930536
江 西	Jiangxi	13422	45405	178872	239851	203133	342955
山 东	Shandong	104224	323607	1339139	1408281	1586154	1811545
河 南	Henan	16914	29634	193891	250373	336498	369679
湖 北	Hubei	41304	56204	685579	726683	817301	1022786
湖 南	Hunan	7708	33438	343663	418998	473947	425378
广 东	Guangdong	278654	1360287	7119026	8697841	9976229	11959040
广 西	Guangxi	3683	12147	40634	57332	42398	51715
海 南	Hainan	1073	794	40158	32553	27895	31078
重 庆	Chongqing	8571	28943	133097	156079	258772	356238
四 川	Sichuan	41501	112205	734959	780924	783297	981957
贵 州	Guizhou	10049	30087	130715	136477	167779	196088
云 南	Yunnan	4217	4330	48713	56238	37589	48575
西 藏	Tibet			240	687	137	200
陕 西	Shaanxi	99505	117805	608083	713276	725612	814038
甘 肃	Gansu	5582	6771	37584	44319	26295	26445
青 海	Qinghai	3	58	681	372	4278	7874
宁 夏	Ningxia	951	4288	9431	10746	16981	20372
新 疆	Xinjiang	105	1407	1067	4206	4695	15260

2-1-8 续表 3 continued

地区	Region	新产品销售收入（万元） Sales Revenue of New Products (10000 yuan)					
		2000	2005	2013	2014	2015	2016
全国	**Total**	**24838202**	**69146633**	**290288371**	**328451936**	**381114794**	**435592444**
东部地区	Eastern Region	21149400	60959695	236262483	260850631	292105745	340598514
中部地区	Middle Region	726582	1604267	36563110	43755866	55418648	59712386
西部地区	Western Region	1991396	4199611	12435948	18773383	28414578	28786605
东北地区	Northeastern Region	970824	2383061	5026831	5072057	5175824	6494939
北京	Beijing	3830492	3777312	14056165	16418367	13400051	15238215
天津	Tianjin	2561451	8959529	17131319	17484215	16309935	14394283
河北	Hebei	223976	233586	1828836	2418797	3073880	3346161
山西	Shanxi	22065	74075	424625	489230	547273	412312
内蒙古	Inner Mongolia	777	17420	167885	129088	391715	817921
辽宁	Liaoning	476716	1344617	3497457	3259061	3383298	4060606
吉林	Jilin	55312	97961	964346	1126608	1165910	1638346
黑龙江	Heilongjiang	438796	940483	565028	686388	626616	795986
上海	Shanghai	3174322	12571834	7203905	8444879	9402618	10057384
江苏	Jiangsu	2824340	5294970	57469853	64456269	71949991	83199454
浙江	Zhejiang	1003813	2779731	14119542	16211286	21683228	25472453
安徽	Anhui	43246	348387	3231999	4166301	7296841	9157767
福建	Fujian	1529296	6120112	11606813	11111937	11645365	14810636
江西	Jiangxi	130176	356989	2606500	2998757	3091488	4751424
山东	Shandong	1229598	3971258	16925532	18195422	25569389	27527798
河南	Henan	313657	460775	19521946	23325830	28556126	28121404
湖北	Hubei	125908	142090	4804486	5691077	6882257	6602382
湖南	Hunan	90753	204531	5973554	7084671	9044662	10667098
广东	Guangdong	4726973	17159425	95786435	106037036	118951839	146512470
广西	Guangxi	43301	91789	776694	663495	626346	894679
海南	Hainan	1838	150	134082	72424	119448	39662
重庆	Chongqing	84774	513508	1270422	4101706	12616627	10001040
四川	Sichuan	1289807	2235391	6797871	9312255	9270832	9807109
贵州	Guizhou	82183	229843	618334	925395	807488	1162987
云南	Yunnan	43546	60538	444579	356297	256140	242518
西藏	Tibet						
陕西	Shaanxi	377599	1038495	1975150	2748567	3282118	4216196
甘肃	Gansu	91462	38676	261351	378691	459900	573710
青海	Qinghai	5	1300			44396	109080
宁夏	Ningxia	22019	44660	121989	156216	434161	614544
新疆	Xinjiang		37200	1673	1673	224856	346822

2-1-8 续表 4 continued

地 区	Region	专利申请数（件） Patent Applications (piece)					
		2000	2005	2013	2014	2015	2016
全 国	**Total**	**2245**	**16823**	**102532**	**120077**	**114562**	**131680**
东部地区	Eastern Region	1550	14150	83489	98541	91426	104714
中部地区	Middle Region	181	903	9005	10242	11303	13773
西部地区	Western Region	410	1085	7414	8412	9200	10535
东北地区	Northeastern Region	104	685	2624	2882	2633	2658
北 京	Beijing	7	777	6693	6803	5940	4887
天 津	Tianjin	73	393	2395	2359	2005	1642
河 北	Hebei	27	118	534	788	817	1041
山 西	Shanxi	4	18	258	118	89	85
内 蒙 古	Inner Mongolia	1	13	22	26	91	75
辽 宁	Liaoning	30	445	1404	1483	1614	1645
吉 林	Jilin	27	126	554	466	277	241
黑 龙 江	Heilongjiang	47	114	666	933	742	772
上 海	Shanghai	118	1445	5223	6206	5691	5905
江 苏	Jiangsu	129	1000	11194	15941	13672	15489
浙 江	Zhejiang	54	838	5676	5948	7109	8231
安 徽	Anhui	3	43	2255	2591	3190	3380
福 建	Fujian	50	233	2692	3174	3091	4065
江 西	Jiangxi	17	202	1155	1585	1265	1567
山 东	Shandong	155	991	5709	7443	9599	11940
河 南	Henan	26	141	1363	1301	1474	1812
湖 北	Hubei	81	409	2480	2380	2985	4438
湖 南	Hunan	49	77	1494	2267	2300	2491
广 东	Guangdong	922	8268	43176	49603	43384	51414
广 西	Guangxi	11	87	188	189	121	244
海 南	Hainan	4		197	276	118	100
重 庆	Chongqing	54	80	641	802	1278	1445
四 川	Sichuan	146	261	3599	4320	4643	5407
贵 州	Guizhou	38	98	645	1207	968	878
云 南	Yunnan	40	167	166	148	145	160
西 藏	Tibet			2	1	2	
陕 西	Shaanxi	53	395	1867	1576	1673	1873
甘 肃	Gansu	4	48	167	100	111	145
青 海	Qinghai	13	1	1	2	14	75
宁 夏	Ningxia	62	20	114	37	51	160
新 疆	Xinjiang		15	2	4	103	73

2-1-8 续表 5 continued

地 区	Region	有效发明专利数（件） Number of Patents In Force (piece)					
		2000	2005	2013	2014	2015	2016
全 国	**Total**	**1443**	**6658**	**115884**	**147927**	**199728**	**257234**
东部地区	Eastern Region	941	5648	100969	128176	173799	224597
中部地区	Middle Region	125	375	6414	8909	11393	16154
西部地区	Western Region	232	462	6554	8684	11283	12862
东北地区	Northeastern Region	145	173	1947	2158	3253	3621
北 京	Beijing	18	500	6877	8085	9995	12496
天 津	Tianjin	6	113	1850	2039	2873	3292
河 北	Hebei	12	42	784	1018	1497	2046
山 西	Shanxi	1	8	146	226	335	436
内 蒙 古	Inner Mongolia		13	21	16	58	98
辽 宁	Liaoning	62	92	1178	1324	2062	2234
吉 林	Jilin	15	30	410	399	578	597
黑 龙 江	Heilongjiang	68	51	359	435	613	790
上 海	Shanghai	110	264	3861	6133	8618	10698
江 苏	Jiangsu	84	489	9979	12792	14844	19908
浙 江	Zhejiang	50	333	4559	5900	7548	9115
安 徽	Anhui	1	34	1568	1981	2414	4436
福 建	Fujian	1	434	2206	2907	3325	4935
江 西	Jiangxi	12	42	845	942	1065	1248
山 东	Shandong	97	247	3591	5050	7424	9279
河 南	Henan	32	47	687	870	1133	1979
湖 北	Hubei	28	160	2476	3136	4490	6268
湖 南	Hunan	51	71	692	1754	1956	1787
广 东	Guangdong	552	3197	67038	83902	117296	152506
广 西	Guangxi	9	29	241	227	267	447
海 南	Hainan	2		224	350	379	322
重 庆	Chongqing	15	38	684	682	873	1063
四 川	Sichuan	81	91	2848	4475	5195	5762
贵 州	Guizhou	33	84	672	927	1381	1470
云 南	Yunnan	17	73	499	323	708	409
西 藏	Tibet			1		19	19
陕 西	Shaanxi	68	154	1503	1847	2393	3016
甘 肃	Gansu	5	3	58	70	225	305
青 海	Qinghai	4	1		4	10	52
宁 夏	Ningxia	9	15	25	91	102	147
新 疆	Xinjiang		3	2	22	52	74

2-1-8 续表 6 continued

地 区	Region	技术改造经费支出（万元） Expenditure for Technical Renovation (10000 yuan)					
		2000	2005	2013	2014	2015	2016
全 国	**Total**	**1047478**	**1590214**	**3671266**	**3165342**	**3355721**	**4028069**
东部地区	Eastern Region	569560	919104	2680806	1809778	2122649	2951597
中部地区	Middle Region	95484	158537	402335	397443	489269	473352
西部地区	Western Region	231467	295319	382434	590420	574459	431240
东北地区	Northeastern Region	150967	217254	205692	367701	169344	171880
北 京	Beijing	7625	18144	11830	9548	30256	34915
天 津	Tianjin	51416	47343	4550	27012	11772	5157
河 北	Hebei	33335	17614	44677	49194	45833	27124
山 西	Shanxi	4632	3975	12176	22943	11130	1307
内蒙古	Inner Mongolia	3961	210			17959	5184
辽 宁	Liaoning	76013	51994	65411	291621	97827	104035
吉 林	Jilin	14919	21988	53854	10634	41288	23279
黑龙江	Heilongjiang	60035	143272	86426	65446	30230	44567
上 海	Shanghai	58546	53656	48673	29233	43453	13700
江 苏	Jiangsu	107929	216469	1002907	734517	828695	901652
浙 江	Zhejiang	86613	212220	256292	302120	307257	275925
安 徽	Anhui	10450	32871	57383	65085	53729	47154
福 建	Fujian	16177	33522	154140	99458	116573	832795
江 西	Jiangxi	15333	34012	93355	21800	21609	24206
山 东	Shandong	92982	132152	349669	342176	405462	416129
河 南	Henan	21323	44723	50961	41871	72741	61098
湖 北	Hubei	32884	15126	63737	115235	155269	49578
湖 南	Hunan	6903	27620	124722	130509	174791	290009
广 东	Guangdong	110504	173141	793371	212422	325993	441757
广 西	Guangxi	3867	14845	18434	16845	5969	10386
海 南	Hainan	566		14699	4098	7355	2444
重 庆	Chongqing	5901	32133	34663	42120	46327	32540
四 川	Sichuan	38775	63437	145690	175901	178045	163395
贵 州	Guizhou	27235	35210	25910	39907	56987	28541
云 南	Yunnan	3973	9228	13317	10136	29985	10268
西 藏	Tibet						
陕 西	Shaanxi	133595	129342	123583	265960	220421	165380
甘 肃	Gansu	5495	18726	88	19489	900	3662
青 海	Qinghai	1002				21	805
宁 夏	Ningxia	15407	963	15540	16946	15400	7042
新 疆	Xinjiang	85	6281	5210	3117	2446	4038

2-1-8 续表 7 continued

地 区	Region	引进技术经费支出（万元） Expenditure for Acquisition of Foreign Technology (10000 yuan)					
		2000	2005	2013	2014	2015	2016
全 国	**Total**	**470463**	**848184**	**532130**	**566978**	**717421**	**997959**
东部地区	Eastern Region	320932	797643	489658	537142	683531	945207
中部地区	Middle Region	27460	11339	24961	11456	22808	27622
西部地区	Western Region	102037	24803	14975	13276	10890	25130
东北地区	Northeastern Region	20034	14399	2537	5104	192	
北 京	Beijing	2904	31155	76812	54241	42859	40381
天 津	Tianjin	6088	248797	42877	38229	44105	30738
河 北	Hebei	8208	1882	949	3357	4142	3426
山 西	Shanxi	315		387		600	
内蒙古	Inner Mongolia	2263					5
辽 宁	Liaoning	12396	5813	2537	4739	70	
吉 林	Jilin	3071	706		100		
黑龙江	Heilongjiang	4567	7880		265	122	
上 海	Shanghai	153586	141906	38339	36519	17676	22820
江 苏	Jiangsu	54830	168260	139866	174171	113200	86809
浙 江	Zhejiang	8306	9197	19743	11353	12326	9195
安 徽	Anhui	1906	3374	2236	3211	298	1692
福 建	Fujian	11572	27311	66064	81529	44798	52792
江 西	Jiangxi	3365	4442	450	509	541	1258
山 东	Shandong	5957	7565	41613	24497	47187	14400
河 南	Henan	3786	498	470	1434	225	508
湖 北	Hubei	13060	1672	20595	5809	19204	24163
湖 南	Hunan	2765	1354	823	493	1940	
广 东	Guangdong	68671	161527	62095	112966	356940	684648
广 西	Guangxi	239	42				
海 南	Hainan	573		1300	281	300	
重 庆	Chongqing	609	2490	424	978	777	1184
四 川	Sichuan	21569	4069	13011	11127	7119	19247
贵 州	Guizhou	11654	7223		40	3	160
云 南	Yunnan	427	217	55			949
西 藏	Tibet						
陕 西	Shaanxi	64595	10804	1485	1095	2923	3585
甘 肃	Gansu	3058				68	
青 海	Qinghai	2					
宁 夏	Ningxia	64					
新 疆	Xinjiang	60			37		

2-1-8 续表 8 continued

地 区	Region	消化吸收经费支出（万元） Expenditure for Assimilation of Technology (10000 yuan)					
		2000	2005	2013	2014	2015	2016
全 国	**Total**	**33685**	**274972**	**130081**	**149184**	**129261**	**77945**
东部地区	Eastern Region	20561	265981	109378	115900	89006	64800
中部地区	Middle Region	1960	3603	13748	25762	7778	9380
西部地区	Western Region	2345	2471	3730	6552	27779	2996
东北地区	Northeastern Region	8819	2917	3226	970	4698	770
北 京	Beijing	4538	196	851	671	450	262
天 津	Tianjin	816	158030	1360	1260	756	2000
河 北	Hebei	1806	785	5729	6031	4677	4141
山 西	Shanxi	13	30	2932	891	474	
内蒙古	Inner Mongolia						5
辽 宁	Liaoning	2240	43	33	56		346
吉 林	Jilin		252	3062	900	4687	54
黑龙江	Heilongjiang	6579	2622	130	14	11	370
上 海	Shanghai	1637	9373	14185	32344	30742	15557
江 苏	Jiangsu	2373	11721	37600	27000	20728	18997
浙 江	Zhejiang	1129	7904	13248	14190	7570	7413
安 徽	Anhui	749	280	394	494	3529	5455
福 建	Fujian	858	3328	11715	4721	7776	7104
江 西	Jiangxi	22	1309	138	82	164	190
山 东	Shandong	1315	2581	14188	18203	7405	5212
河 南	Henan	53	820	1082	3376	1179	669
湖 北	Hubei	794	280	6582	17592	1880	2780
湖 南	Hunan	330	884	2621	3327	552	286
广 东	Guangdong	5972	71581	9576	9432	8753	4114
广 西	Guangxi	15	423	30	123		219
海 南	Hainan	102	60	926	2048	150	
重 庆	Chongqing	400	1025	49	680	133	95
四 川	Sichuan	532	899	2593	4508	3119	2023
贵 州	Guizhou	35	44	3	50	4	211
云 南	Yunnan	654		426	432	23883	178
西 藏	Tibet						
陕 西	Shaanxi	702	504	149	244	166	
甘 肃	Gansu						
青 海	Qinghai						
宁 夏	Ningxia	12		480	465		
新 疆	Xinjiang	10			50	475	265

2-1-8 续表 9 continued

地 区	Region	购买国内技术经费支出（万元） Expenditure on Purchase of Domestic Technology (10000 yuan)					
		2000	2005	2013	2014	2015	2016
全 国	**Total**	**72099**	**95359**	**312567**	**467082**	**633058**	**774624**
东部地区	Eastern Region	27678	70402	262407	311660	583696	716136
中部地区	Middle Region	7373	11196	19090	113345	24151	17388
西部地区	Western Region	3143	12246	27770	32118	22005	38559
东北地区	Northeastern Region	33905	1515	3299	9960	3207	2541
北 京	Beijing	86	3274	1837	2808	3012	4208
天 津	Tianjin	2231	1254	113	228	110	2131
河 北	Hebei	2066	1637	7051	10885	9436	5281
山 西	Shanxi	145	181	964	917	314	15
内蒙古	Inner Mongolia	2018		800			1722
辽 宁	Liaoning	327	592	986	8143	782	1810
吉 林	Jilin	32722	323	1874	462	2100	49
黑龙江	Heilongjiang	856	600	439	1355	325	683
上 海	Shanghai	4683	5669	16499	32578	23822	7060
江 苏	Jiangsu	8472	16724	40089	48602	53781	54277
浙 江	Zhejiang	3303	11229	31820	31569	33687	20868
安 徽	Anhui	1511	348	1647	2258	3310	6920
福 建	Fujian	540	9702	62322	76352	46094	24420
江 西	Jiangxi	173	5129	60	98797	3308	729
山 东	Shandong	4205	3812	60052	51529	34379	43719
河 南	Henan	82	4653	4560	4207	2157	1824
湖 北	Hubei	2952	774	7179	1920	4830	5117
湖 南	Hunan	493	110	4681	5246	10232	2784
广 东	Guangdong	1329	16220	18868	53232	376515	550664
广 西	Guangxi	388	602	3438	2947		572
海 南	Hainan	375	280	23757	3877	2862	3508
重 庆	Chongqing	1024	2488	6426	3412	6690	8004
四 川	Sichuan	887	1705	15504	15241	10435	14014
贵 州	Guizhou	100	6102		260	702	4964
云 南	Yunnan	40	297	572	269	1038	2395
西 藏	Tibet						
陕 西	Shaanxi	1001	1484	1010	9889	2767	6429
甘 肃	Gansu	41	100			323	
青 海	Qinghai						85
宁 夏	Ningxia	10	56	20			
新 疆	Xinjiang	40	15		100	50	375

2-1-8 续表 10 continued

地 区	Region	研发机构数（个） Number of R&D Institutions in Enterprises (unit)					
		2000	2005	2013	2014	2015	2016
全 国	**Total**	**1379**	**1619**	**4583**	**4763**	**5572**	**6456**
东部地区	Eastern Region	762	1042	3507	3650	4249	5026
中部地区	Middle Region	212	214	571	590	741	841
西部地区	Western Region	277	268	380	419	473	480
东北地区	Northeastern Region	128	95	125	104	109	109
北 京	Beijing	49	32	130	131	136	130
天 津	Tianjin	38	41	74	57	63	59
河 北	Hebei	35	27	60	57	71	65
山 西	Shanxi	18	23	19	15	16	23
内 蒙 古	Inner Mongolia	3	3	3	5	11	10
辽 宁	Liaoning	56	34	52	37	44	43
吉 林	Jilin	41	29	36	28	31	33
黑 龙 江	Heilongjiang	31	32	37	39	34	33
上 海	Shanghai	82	74	102	97	98	80
江 苏	Jiangsu	193	225	1506	1608	1615	1682
浙 江	Zhejiang	68	193	460	461	499	534
安 徽	Anhui	27	33	135	126	176	236
福 建	Fujian	25	43	149	149	158	166
江 西	Jiangxi	27	39	84	102	129	144
山 东	Shandong	81	123	280	270	283	309
河 南	Henan	43	49	146	161	213	218
湖 北	Hubei	62	37	99	92	107	103
湖 南	Hunan	32	30	88	94	100	117
广 东	Guangdong	168	264	727	804	1305	1992
广 西	Guangxi	17	17	36	37	37	23
海 南	Hainan	6	3	19	16	21	9
重 庆	Chongqing	25	43	61	81	95	108
四 川	Sichuan	75	54	102	110	120	137
贵 州	Guizhou	45	41	34	38	46	39
云 南	Yunnan	6	9	24	17	20	19
西 藏	Tibet			1	1		
陕 西	Shaanxi	106	89	103	109	108	117
甘 肃	Gansu	11	23	8	9	7	7
青 海	Qinghai	3	2	1	1	7	3
宁 夏	Ningxia	5	6	5	5	11	11
新 疆	Xinjiang	1	1	2	6	11	6

2-1-8 续表 11 continued

地区	Region	机构人员（人） Personnel in the R&D Institutions (person)					
		2000	2005	2013	2014	2015	2016
全国	**Total**	**90187**	**156789**	**510507**	**531339**	**637299**	**719363**
东部地区	Eastern Region	54377	112007	403699	421937	516862	587063
中部地区	Middle Region	11253	13989	55590	55816	61063	72557
西部地区	Western Region	16145	21814	37761	39646	40071	42715
东北地区	Northeastern Region	8412	8979	13457	13940	19303	17028
北京	Beijing	4556	1983	16060	16641	15185	13362
天津	Tianjin	1865	2401	10697	10333	11778	9871
河北	Hebei	1805	3058	6668	8436	10247	9038
山西	Shanxi	643	756	2078	1158	1588	1828
内蒙古	Inner Mongolia	59	124	154	161	495	418
辽宁	Liaoning	3803	4252	7333	7259	12490	10620
吉林	Jilin	1956	2087	2535	2602	2938	3208
黑龙江	Heilongjiang	2653	2640	3589	4079	3875	3200
上海	Shanghai	4789	8518	20182	16302	19734	17959
江苏	Jiangsu	9033	14095	111110	114261	111663	115459
浙江	Zhejiang	2790	11397	41782	43754	50416	54454
安徽	Anhui	1191	1417	8102	8560	11743	16136
福建	Fujian	1414	4896	17889	18813	18611	23953
江西	Jiangxi	2614	3257	8404	9988	6366	11256
山东	Shandong	6824	8134	36016	39711	42736	45381
河南	Henan	2851	2241	12753	14351	18291	18415
湖北	Hubei	2352	4651	18089	14684	13802	12753
湖南	Hunan	1543	1543	6164	7075	9273	12169
广东	Guangdong	20702	56472	141854	152574	235247	296777
广西	Guangxi	503	989	1579	1501	1675	1469
海南	Hainan	96	64	1441	1112	1245	809
重庆	Chongqing	1427	2041	3361	4502	6594	7060
四川	Sichuan	4800	8446	12384	12705	11465	12912
贵州	Guizhou	2568	2447	3821	4383	5010	4237
云南	Yunnan	277	365	1380	1539	1331	1056
西藏	Tibet			8	12		
陕西	Shaanxi	6060	7305	13139	12840	10422	12143
甘肃	Gansu	764	770	877	917	1061	1134
青海	Qinghai	68	26	12	15	119	106
宁夏	Ningxia	181	391	1011	967	1487	1744
新疆	Xinjiang		23	35	104	412	436

2-1-8 续表 12 continued

地 区	Region	机构经费支出（万元） Expenditure in the R&D Institutions (10000 yuan)					
		2000	2005	2013	2014	2015	2016
全 国	**Total**	**961000**	**2607837**	**13594544**	**14736915**	**19487514**	**22901165**
东部地区	Eastern Region	763576	2147524	11608944	12763623	17105516	20253342
中部地区	Middle Region	68174	147760	1053765	1035867	1358212	1489315
西部地区	Western Region	94504	242990	662130	703928	733480	854805
东北地区	Northeastern Region	34747	69564	269705	233497	290307	303704
北 京	Beijing	93430	34981	529756	572166	722854	651839
天 津	Tianjin	51922	51146	179277	196315	259860	227156
河 北	Hebei	10559	21291	121910	161373	181696	177609
山 西	Shanxi	2250	3822	31535	26416	38872	39554
内 蒙 古	Inner Mongolia	331	1251	6067	16498	14033	18947
辽 宁	Liaoning	12920	21392	187344	161910	213891	198324
吉 林	Jilin	5227	23316	31709	29282	27105	59751
黑 龙 江	Heilongjiang	16600	24856	50653	42305	49311	45629
上 海	Shanghai	87868	170503	748833	626561	813602	851513
江 苏	Jiangsu	79704	245943	2692739	2728518	2885253	3166119
浙 江	Zhejiang	35530	180522	925526	1036811	1270711	1581419
安 徽	Anhui	4467	22432	193691	156258	317732	397860
福 建	Fujian	22457	115969	500424	469814	540759	602044
江 西	Jiangxi	20987	50582	134360	153391	94218	185350
山 东	Shandong	69872	242094	1004674	981191	1136623	1264249
河 南	Henan	14745	23778	175639	210838	264465	314174
湖 北	Hubei	17648	34510	433629	325510	327466	369882
湖 南	Hunan	7746	11387	84912	163454	315460	182495
广 东	Guangdong	307542	1073765	4873330	5966484	9268737	11721013
广 西	Guangxi	3076	10784	30810	32319	24079	19662
海 南	Hainan	1615	526	32475	24389	25422	10381
重 庆	Chongqing	8234	14299	59487	79294	137901	183237
四 川	Sichuan	25813	134953	247327	233379	202696	230523
贵 州	Guizhou	7037	22470	77311	68678	119543	130405
云 南	Yunnan	3681	2697	49872	49111	33648	24852
西 藏	Tibet			98	185		
陕 西	Shaanxi	45287	58724	166386	192810	163077	192624
甘 肃	Gansu	3150	5742	14561	20009	13646	20988
青 海	Qinghai	284	54	232	334	4009	1784
宁 夏	Ningxia	1019	3672	9322	9142	17603	23431
新 疆	Xinjiang		380	658	2170	3245	8352

2-1-9 各地区大中型国有及国有控股企业R&D及相关活动情况

Statistics on R&D and Related Activities of State-owned and State-controlled Enterprises in Large and Medium-sized Enterprises by Region

地区	Region	R&D人员折合全时当量（人年） Full-time Equivalent of R&D Personnel (man-year)					
		2000	2005	2013	2014	2015	2016
全国	**Total**	**58427**	**91740**	**162636**	**159782**	**171170**	**151085**
东部地区	Eastern Region	19305	40860	84220	86201	101102	86579
中部地区	Middle Region	12404	19913	26612	24093	24041	22243
西部地区	Western Region	21734	21995	40297	38831	35986	35302
东北地区	Northeastern Region	4985	8972	11507	10658	10041	6961
北京	Beijing	2750	4139	9473	9543	8065	8007
天津	Tianjin	616	1598	4034	4342	11966	5950
河北	Hebei	1501	3105	3076	3632	4201	4668
山西	Shanxi	96	213	1238	217	377	489
内蒙古	Inner Mongolia	14	48	58	54	310	455
辽宁	Liaoning	2337	3526	6652	6065	5401	3783
吉林	Jilin	624	320	400	250	204	201
黑龙江	Heilongjiang	2024	5126	4455	4343	4437	2977
上海	Shanghai	3218	1902	7529	5572	7137	6019
江苏	Jiangsu	3885	3421	8799	6942	8195	6852
浙江	Zhejiang	246	2761	4078	3395	4152	10607
安徽	Anhui	993	806	2410	2858	3585	4407
福建	Fujian	213	3301	5876	6220	5188	5982
江西	Jiangxi	6443	4941	4263	2269	387	870
山东	Shandong	1939	3523	11448	13573	16064	13459
河南	Henan	923	3125	3743	3024	4501	4035
湖北	Hubei	2149	7333	12468	13355	12895	9365
湖南	Hunan	1785	3448	2490	2370	2297	3077
广东	Guangdong	4581	16641	29484	32717	35834	24794
广西	Guangxi	351	461	62	127	213	235
海南	Hainan	6	7	424	265	301	243
重庆	Chongqing	731	1674	2218	1999	3118	2784
四川	Sichuan	1617	8206	13950	11365	9582	11033
贵州	Guizhou	2301	2252	5440	4409	5537	3068
云南	Yunnan	37	180	267	296	637	494
西藏	Tibet			5	1	3	15
陕西	Shaanxi	16053	8574	17859	20133	16145	16833
甘肃	Gansu	971	644	436	447	442	386
青海	Qinghai	24	12			1	
宁夏	Ningxia		453				
新疆	Xinjiang			3			

2-1-9 续表 1 continued

地区	Region	R&D经费内部支出（万元） Intramural Expenditure on R&D (10000 yuan)					
		2000	2005	2013	2014	2015	2016
全 国	**Total**	**384700**	**1475400**	**5425509**	**5660870**	**6133060**	**6066398**
东部地区	Eastern Region	188894	978804	2917760	3061808	3501796	3407903
中部地区	Middle Region	67043	142244	800847	850161	902841	841174
西部地区	Western Region	96156	248303	1132853	1183880	1323486	1372689
东北地区	Northeastern Region	32607	106049	574049	565021	404938	444631
北 京	Beijing	18721	77902	522168	505194	399905	444880
天 津	Tianjin	3402	19501	99194	124762	378129	207940
河 北	Hebei	13477	30614	61521	97005	121183	113167
山 西	Shanxi	466	2234	18650	7226	9814	18130
内蒙古	Inner Mongolia	70	340	1685	1980	36485	60936
辽 宁	Liaoning	13236	43072	401811	377245	259469	247159
吉 林	Jilin	2903	10435	8310	6530	5036	10697
黑龙江	Heilongjiang	16468	52542	163929	181246	140432	186775
上 海	Shanghai	13517	43938	272652	420001	359105	361776
江 苏	Jiangsu	33122	59117	220522	210417	202336	233550
浙 江	Zhejiang	3100	59118	80650	76583	90893	329180
安 徽	Anhui	7844	13335	71306	90637	149769	128818
福 建	Fujian	1613	61989	86031	92878	152295	209981
江 西	Jiangxi	17363	37738	95955	127851	7032	14292
山 东	Shandong	27191	190681	498304	530870	619447	598294
河 南	Henan	5898	22667	54436	60217	95158	100144
湖 北	Hubei	31081	50205	453074	463413	560053	463810
湖 南	Hunan	4321	15725	107426	100817	81014	115981
广 东	Guangdong	73325	429998	1072559	996947	1171942	904455
广 西	Guangxi	1332	5553	6487	8337	8437	5272
海 南	Hainan	94	392	4160	7153	6563	4680
重 庆	Chongqing	3697	15656	52133	45867	72758	93010
四 川	Sichuan	16294	101893	453126	414233	483046	504574
贵 州	Guizhou	6386	20428	83513	89666	135997	135392
云 南	Yunnan	379	2039	21497	26391	30856	9402
西 藏	Tibet			97	227	137	110
陕 西	Shaanxi	66870	101395	501364	579018	544929	553422
甘 肃	Gansu	2487	2005	12805	18160	10237	10571
青 海	Qinghai	43	38			603	
宁 夏	Ningxia		4850				
新 疆	Xinjiang			147			

2-1-9 续表 2 continued

地 区	Region	新产品开发经费支出（万元） Expenditure on New Products Development (10000 yuan)					
		2000	2005	2013	2014	2015	2016
全 国	**Total**	**436906**	**1583476**	**5971617**	**6358044**	**6460818**	**7009065**
东部地区	Eastern Region	254847	1052655	3298269	3553792	3680256	4083275
中部地区	Middle Region	54411	138483	852413	936516	1094022	1057481
西部地区	Western Region	93387	265044	1301495	1389668	1282185	1440617
东北地区	Northeastern Region	34261	127294	519441	478068	404355	427692
北 京	Beijing	15608	85880	664477	632472	478573	513938
天 津	Tianjin	3348	23235	90769	117945	353072	147418
河 北	Hebei	15190	22403	49604	95614	82778	105931
山 西	Shanxi	1209	3922	22309	1276	10219	11425
内 蒙 古	Inner Mongolia	149	80	1822	518	5295	36510
辽 宁	Liaoning	19065	50126	341900	282550	252483	228848
吉 林	Jilin	3479	14896	12054	10724	8709	11308
黑 龙 江	Heilongjiang	11717	62272	165488	184794	143163	187536
上 海	Shanghai	10156	56606	326177	560583	397633	438108
江 苏	Jiangsu	49369	72772	284882	271487	241747	307267
浙 江	Zhejiang	3510	88534	75221	76283	91755	345089
安 徽	Anhui	5642	9604	103400	136570	290217	196274
福 建	Fujian	2270	73515	75907	86848	151372	210715
江 西	Jiangxi	12925	37148	83884	90765	6818	22053
山 东	Shandong	76047	224405	502578	450175	563127	680121
河 南	Henan	6670	22120	60900	71848	87017	92926
湖 北	Hubei	23727	43682	461005	495965	594832	624709
湖 南	Hunan	4089	21927	120915	140093	104919	110093
广 东	Guangdong	77120	398347	1222204	1253845	1313607	1329341
广 西	Guangxi	1915	6959	6640	8381	4923	5311
海 南	Hainan	313		6449	8540	6593	5348
重 庆	Chongqing	3623	19859	46667	58872	64661	89139
四 川	Sichuan	24699	102835	553511	551431	486478	536395
贵 州	Guizhou	7461	27610	107827	110404	147192	157206
云 南	Yunnan	619	2909	19021	18556	15130	21245
西 藏	Tibet			240	330	137	200
陕 西	Shaanxi	53380	103884	553159	620959	547436	583393
甘 肃	Gansu	3585	4153	12482	17242	9227	10108
青 海	Qinghai	3	53			603	1111
宁 夏	Ningxia	18	3743				
新 疆	Xinjiang			127	2977	1101	

2-1-9 续表 3 continued

地区	Region	新产品销售收入（万元） Sales Revenue of New Products (10000 yuan)					
		2000	2005	2013	2014	2015	2016
全国	**Total**	**5884034**	**20608590**	**49393828**	**57913831**	**65147112**	**76238055**
东部地区	Eastern Region	3120003	13943711	31437028	36273690	41372015	48395212
中部地区	Middle Region	284722	998485	6630047	7555574	8373841	9944316
西部地区	Western Region	1605769	3508823	7952732	10567793	11905477	13779115
东北地区	Northeastern Region	873540	2157570	3374020	3516775	3495778	4119412
北京	Beijing	201276	1107350	3005983	3531074	3138967	3676380
天津	Tianjin	56644	171574	1080889	1156204	1947144	1959710
河北	Hebei	202721	170976	445833	842278	931340	930607
山西	Shanxi	16053	55780	253950	246067	235797	246455
内蒙古	Inner Mongolia	732	3001	20807	28652	250630	529498
辽宁	Liaoning	425003	1229677	2962295	2966907	3068526	3560545
吉林	Jilin	10145	31468	35883	49497	30857	37149
黑龙江	Heilongjiang	438392	896425	375843	500371	396395	521718
上海	Shanghai	128874	554157	818692	968484	1080607	1213624
江苏	Jiangsu	855881	1788730	3158978	4554418	4751528	3932879
浙江	Zhejiang	53273	1054020	912116	1686782	3198410	5422265
安徽	Anhui	21125	105266	1571850	2219823	3138807	3549622
福建	Fujian	9397	1536275	469492	626175	1208520	1781677
江西	Jiangxi	129799	273934	1038226	794398	198451	1050913
山东	Shandong	859098	3338496	8321847	8755496	9502590	10563808
河南	Henan	46509	346317	371499	491729	802418	810749
湖北	Hubei	47327	97695	2441204	2812973	3364770	3362950
湖南	Hunan	23177	116493	953319	990584	633598	923629
广东	Guangdong	734653	4208028	13203717	14152779	15612280	18914261
广西	Guangxi	16346	14108	27289	29694	114924	126560
海南	Hainan	1838		19482		631	
重庆	Chongqing	28148	199673	627655	656105	1290752	1788993
四川	Sichuan	1212226	2049251	5336827	7596326	7532705	7691929
贵州	Guizhou	63662	214228	230740	439445	580494	723207
云南	Yunnan	1859	41476	42888	41366	51815	51518
西藏	Tibet						
陕西	Shaanxi	278677	925690	1626711	1744655	2040444	2801839
甘肃	Gansu	9730	33834	39817	31550	43713	65439
青海	Qinghai	5					
宁夏	Ningxia	11462	44617				
新疆	Xinjiang		54				132

2-1-9　续表 4　continued

地　区	Region	专利申请数（件） Patent Applications (piece)					
		2000	2005	2013	2014	2015	2016
全　国	**Total**	**734**	**5474**	**24997**	**33952**	**38028**	**36634**
东部地区	Eastern Region	407	3966	15036	23316	26303	23236
中部地区	Middle Region	98	481	3986	4116	4631	6149
西部地区	Western Region	177	582	4539	4962	5311	5799
东北地区	Northeastern Region	52	445	1436	1558	1783	1450
北　京	Beijing	7	509	2637	2204	1615	1542
天　津	Tianjin	10	60	738	668	1293	1006
河　北	Hebei	15	72	184	179	315	314
山　西	Shanxi	4	15	126	11	33	21
内蒙古	Inner Mongolia	1				54	28
辽　宁	Liaoning	15	328	864	995	1176	775
吉　林	Jilin	8	41	97	48	46	35
黑龙江	Heilongjiang	29	76	475	515	561	640
上　海	Shanghai	14	299	1599	1770	1910	2417
江　苏	Jiangsu	46	152	1302	1784	1535	2086
浙　江	Zhejiang	1	118	163	164	207	1062
安　徽	Anhui	3	30	985	910	1584	1275
福　建	Fujian	4	113	442	588	806	1053
江　西	Jiangxi	17	107	278	536	4	120
山　东	Shandong	65	548	2725	3788	5467	7470
河　南	Henan	21	114	464	455	668	753
湖　北	Hubei	42	160	1610	1586	1725	3372
湖　南	Hunan	10	55	523	618	617	608
广　东	Guangdong	241	2076	5240	12162	13138	6263
广　西	Guangxi	4	19	40	24	52	114
海　南	Hainan			6	9	17	23
重　庆	Chongqing	6	44	195	266	333	331
四　川	Sichuan	114	206	2345	2601	2611	2980
贵　州	Guizhou	10	72	436	717	856	784
云　南	Yunnan		63	57	57	65	85
西　藏	Tibet			2	1	2	
陕　西	Shaanxi	44	181	1458	1292	1324	1468
甘　肃	Gansu	3	9	6	4	2	8
青　海	Qinghai		1			12	1
宁　夏	Ningxia		6				
新　疆	Xinjiang						

2-1-9 续表 5 continued

地 区	Region	有效发明专利数（件） Number of Patents In Force (piece)					
		2000	2005	2013	2014	2015	2016
全 国	**Total**	**616**	**1650**	**30781**	**48575**	**69634**	**90317**
东部地区	Eastern Region	358	1033	22621	38767	56698	74020
中部地区	Middle Region	41	256	3317	4110	5190	7896
西部地区	Western Region	138	232	4019	4796	5908	6419
东北地区	Northeastern Region	79	129	824	902	1838	1982
北 京	Beijing	13	293	3245	3865	4609	5407
天 津	Tianjin	1	21	534	618	1100	1390
河 北	Hebei	11	21	191	240	555	952
山 西	Shanxi	1	6	64	7	36	24
内 蒙 古	Inner Mongolia					6	29
辽 宁	Liaoning	49	77	540	588	1249	1288
吉 林	Jilin	11	10	40	31	141	144
黑 龙 江	Heilongjiang	19	42	244	283	448	550
上 海	Shanghai	3	85	1146	1404	2614	3850
江 苏	Jiangsu	32	82	1318	2448	2403	2701
浙 江	Zhejiang	5	36	391	692	641	952
安 徽	Anhui	1	24	506	687	930	2006
福 建	Fujian		23	721	858	909	1352
江 西	Jiangxi	12	30	332	226	72	138
山 东	Shandong	55	103	1222	1760	2389	3283
河 南	Henan	12	25	247	381	539	691
湖 北	Hubei	10	129	1844	2238	3289	4531
湖 南	Hunan	5	42	324	571	324	506
广 东	Guangdong	235	360	13851	26882	41451	54085
广 西	Guangxi	3	9	23	21	40	114
海 南	Hainan			2		27	48
重 庆	Chongqing	6	21	170	210	336	391
四 川	Sichuan	60	42	2024	2446	2282	2413
贵 州	Guizhou	10	30	218	481	904	968
云 南	Yunnan		53	281	164	481	179
西 藏	Tibet			1		19	19
陕 西	Shaanxi	56	77	1275	1452	1811	2269
甘 肃	Gansu	5	1	26	22	21	27
青 海	Qinghai	1	1			8	9
宁 夏	Ningxia		7				
新 疆	Xinjiang			1			1

2-1-9 续表 6 continued

地 区	Region	技术改造经费支出（万元） Expenditure for Technical Renovation (10000 yuan)					
		2000	2005	2013	2014	2015	2016
全 国	**Total**	**511340**	**892924**	**1539532**	**1271550**	**1055269**	**1584961**
东部地区	Eastern Region	223929	329980	928917	313577	337162	1004361
中部地区	Middle Region	56908	115505	204453	184687	154689	120750
西部地区	Western Region	95077	251719	278915	429601	448661	318081
东北地区	Northeastern Region	135426	195720	127247	343686	114757	141769
北 京	Beijing	6935	17515	7301	9149	30178	34089
天 津	Tianjin	2269	9983	3189	25890	11175	2901
河 北	Hebei	31532	13209	17285	16493	15799	12110
山 西	Shanxi	3321	3734	5280		187	
内 蒙 古	Inner Mongolia	3569	210				2030
辽 宁	Liaoning	71355	48217	62202	285674	90495	99702
吉 林	Jilin	7683	7851	46	78		1723
黑 龙 江	Heilongjiang	56388	139652	64999	57935	24262	40344
上 海	Shanghai	4835	24259	12354	2413	10932	9067
江 苏	Jiangsu	45602	87015	29703	19952	5742	20461
浙 江	Zhejiang	10970	44219	71785	61765	50352	43409
安 徽	Anhui	9601	26550	28762	22457	16017	6880
福 建	Fujian	1646	22251	15825	5218	1427	652735
江 西	Jiangxi	15321	27979	67817	3467	5433	1219
山 东	Shandong	49770	40325	103868	120517	176529	195812
河 南	Henan	14540	22809	31448	26050	56927	45167
湖 北	Hubei	6766	11594	33974	83635	50808	37813
湖 南	Hunan	3792	22629	37172	49079	25317	29670
广 东	Guangdong	69533	67420	665086	51146	33773	33724
广 西	Guangxi	588	3783	2881	287	365	20
海 南	Hainan	250		2522	1034	1256	53
重 庆	Chongqing	2085	27037	13925	9120	6855	7307
四 川	Sichuan	17290	56224	118910	130024	145916	134754
贵 州	Guizhou	14838	31569	24516	36880	50565	22790
云 南	Yunnan	49	9228	3067	3455	29075	3120
西 藏	Tibet						
陕 西	Shaanxi	58062	122538	111982	245075	215865	147254
甘 肃	Gansu	2710	4371		2204		
青 海	Qinghai	2				21	805
宁 夏	Ningxia	18	753				
新 疆	Xinjiang	24		3635	2557		

2-1-9 续表 7 continued

地区	Region	引进技术经费支出（万元） Expenditure for Acquisition of Foreign Technology (10000 yuan)					
		2000	2005	2013	2014	2015	2016
全国	**Total**	**125120**	**150492**	**64909**	**94793**	**75971**	**89964**
东部地区	Eastern Region	50750	107980	30909	76391	48851	50438
中部地区	Middle Region	12031	10313	17553	3431	17202	16991
西部地区	Western Region	44885	18488	13981	10018	9796	22535
东北地区	Northeastern Region	17454	13711	2467	4954	122	
北京	Beijing	654	19754	3482	4830	2745	2721
天津	Tianjin	1903	3309	1259	43	31	
河北	Hebei	7727	1822	655	1019	1169	797
山西	Shanxi	260					
内蒙古	Inner Mongolia	2151					
辽宁	Liaoning	12284	5780	2467	4689		
吉林	Jilin	803	151				
黑龙江	Heilongjiang	4367	7780		265	122	
上海	Shanghai	282	1962	2380	8364	2577	7499
江苏	Jiangsu	21110	29905				
浙江	Zhejiang	12	5006	6221	3389	1479	4993
安徽	Anhui	1906	3360	250	52	177	
福建	Fujian	180	21727	666	40310	25543	23784
江西	Jiangxi	3355	4229		3		
山东	Shandong	3108	3100	13950	18437	14830	7595
河南	Henan	1196	448				
湖北	Hubei	2073	1672	17303	3376	17025	16991
湖南	Hunan	1090	604				
广东	Guangdong	15704	21355	2295		477	3050
广西	Guangxi	39	42				
海南	Hainan	33					
重庆	Chongqing	434	73	230	451	181	189
四川	Sichuan	19416	2492	12267	8432	6624	17714
贵州	Guizhou	11025	4902		40		160
云南	Yunnan	369	217				949
西藏	Tibet						
陕西	Shaanxi	10987	10804	1485	1095	2923	3523
甘肃	Gansu	2653				68	
青海	Qinghai	2					
宁夏	Ningxia						
新疆	Xinjiang						

2-1-9 续表 8 continued

地 区	Region	消化吸收经费支出（万元） Expenditure for Assimilation of Technology (10000 yuan)					
		2000	2005	2013	2014	2015	2016
全 国	**Total**	**15787**	**31659**	**36189**	**37839**	**39530**	**14313**
东部地区	Eastern Region	5561	25737	33681	21838	14308	13462
中部地区	Middle Region	1206	2090	2307	14939	107	
西部地区	Western Region	803	1314	39	1002	25105	480
东北地区	Northeastern Region	8218	2517	163	60	11	370
北 京	Beijing	37	110	702	566	450	262
天 津	Tianjin	13	90	1360	1260	495	
河 北	Hebei	1745	642	1038	1240	1200	1080
山 西	Shanxi	13					
内蒙古	Inner Mongolia						
辽 宁	Liaoning	2225		33	46		
吉 林	Jilin		52				
黑龙江	Heilongjiang	5993	2465	130	14	11	370
上 海	Shanghai		686	772			
江 苏	Jiangsu	1221	1380	16905	112		160
浙 江	Zhejiang		5619	7761	9404	5822	6845
安 徽	Anhui	749	215	136			
福 建	Fujian	463	2327	10			
江 西	Jiangxi	20	1306	108	70		
山 东	Shandong	667	1220	5069	9189	6340	4336
河 南	Henan	53	370	149	1156		
湖 北	Hubei	365	65	1914	12452	107	
湖 南	Hunan	6	134		1262		
广 东	Guangdong	1357	13485	64	68	1	779
广 西	Guangxi	15	179				
海 南	Hainan	42					
重 庆	Chongqing	380	875	39	45	37	35
四 川	Sichuan	11	249		907	1065	261
贵 州	Guizhou		3		50		6
云 南	Yunnan	10				23883	178
西 藏	Tibet						
陕 西	Shaanxi	402	188			120	
甘 肃	Gansu						
青 海	Qinghai						
宁 夏	Ningxia						
新 疆	Xinjiang						

2-1-9 续表 9 continued

地　区	Region	购买国内技术经费支出（万元） Expenditure on Purchase of Domestic Technology (10000 yuan)					
		2000	2005	2013	2014	2015	2016
全　国	**Total**	**14799**	**41679**	**56998**	**187895**	**63871**	**41143**
东部地区	Eastern Region	8678	25190	36070	58174	43075	24840
中部地区	Middle Region	4435	6193	5227	99378	9703	1508
西部地区	Western Region	1100	9080	14276	21197	10245	12611
东北地区	Northeastern Region	586	1215	1425	9146	849	2184
北　京	Beijing	25	2867	351			583
天　津	Tianjin	1375	434	13	112		47
河　北	Hebei	2016	829	2055	1870	1490	1345
山　西	Shanxi	10					
内蒙古	Inner Mongolia	2018					
辽　宁	Liaoning	285	592	986	7791	524	1453
吉　林	Jilin		123				49
黑龙江	Heilongjiang	301	500	439	1355	325	683
上　海	Shanghai	81	5492	11788	25250	20088	7010
江　苏	Jiangsu	2263	819	2429	1224	556	272
浙　江	Zhejiang	1687	3941	13570	12669	6072	9659
安　徽	Anhui	1511	206	387	1010		645
福　建	Fujian	75	4952	2335	14184	7989	535
江　西	Jiangxi	168	4597		93979		
山　东	Shandong	538	78	3034	2732	4124	3595
河　南	Henan	81	1044	272	1560	111	
湖　北	Hubei	563	236	3212	290	2347	
湖　南	Hunan	85	110	1357	2539	7245	862
广　东	Guangdong	336	5426	497	133	2758	1796
广　西	Guangxi	8	352				
海　南	Hainan	275					
重　庆	Chongqing	104	908	348	1118	1077	1079
四　川	Sichuan	257	503	13597	11296	6566	5538
贵　州	Guizhou	17	6029				54
云　南	Yunnan	40	43			328	
西　藏	Tibet						
陕　西	Shaanxi	642	1484	331	8784	1951	5855
甘　肃	Gansu	41	100			323	
青　海	Qinghai						85
宁　夏	Ningxia						
新　疆	Xinjiang		15				

2-1-9 续表 10 continued

地 区	Region	研发机构数（个） Number of R&D Institutions in Enterprises (unit)					
		2000	2005	2013	2014	2015	2016
全 国	**Total**	**744**	**712**	**746**	**707**	**846**	**873**
东部地区	Eastern Region	328	340	413	375	455	470
中部地区	Middle Region	149	121	124	120	141	164
西部地区	Western Region	189	200	163	170	209	196
东北地区	Northeastern Region	78	51	46	42	41	43
北 京	Beijing	38	21	54	48	46	45
天 津	Tianjin	17	27	35	30	24	22
河 北	Hebei	17	17	17	12	15	15
山 西	Shanxi	13	15	5	1	3	5
内蒙古	Inner Mongolia	3	1			3	3
辽 宁	Liaoning	34	20	28	24	26	26
吉 林	Jilin	20	10	3	3		
黑龙江	Heilongjiang	24	21	15	15	15	17
上 海	Shanghai	25	35	26	22	26	25
江 苏	Jiangsu	114	96	90	82	93	92
浙 江	Zhejiang	9	31	37	34	42	37
安 徽	Anhui	20	17	22	27	36	47
福 建	Fujian	8	10	24	24	25	28
江 西	Jiangxi	24	29	15	13	9	13
山 东	Shandong	35	25	46	34	38	42
河 南	Henan	26	19	23	27	29	37
湖 北	Hubei	38	23	39	29	42	40
湖 南	Hunan	25	17	20	23	22	22
广 东	Guangdong	56	72	78	81	141	164
广 西	Guangxi	8	6	2	4	7	3
海 南	Hainan	1		6	8	5	
重 庆	Chongqing	17	33	21	17	26	27
四 川	Sichuan	37	35	33	31	37	45
贵 州	Guizhou	36	31	21	25	35	22
云 南	Yunnan	1	5	3	3	8	6
西 藏	Tibet			1			
陕 西	Shaanxi	87	74	79	87	86	88
甘 肃	Gansu	7	16	2	2	2	1
青 海	Qinghai	2	1			4	1
宁 夏	Ningxia	1	5				
新 疆	Xinjiang	1		1	1	1	

2-1-9 续表 11 continued

地 区	Region	机构人员（人） Personnel in the R&D Institutions (person)					
		2000	2005	2013	2014	2015	2016
全 国	**Total**	**48076**	**77435**	**110728**	**114609**	**146921**	**159619**
东部地区	Eastern Region	22333	40814	54817	57012	91508	103083
中部地区	Middle Region	7994	10284	24079	23555	21441	21598
西部地区	Western Region	11676	19035	23877	25363	24456	25442
东北地区	Northeastern Region	6073	7302	7955	8679	9516	9496
北 京	Beijing	1935	1477	6609	7035	5790	5113
天 津	Tianjin	797	1239	3278	3076	3767	3246
河 北	Hebei	1177	2215	2049	2255	2758	2987
山 西	Shanxi	271	659	635	142	508	479
内 蒙 古	Inner Mongolia	59	33			178	183
辽 宁	Liaoning	2778	3810	5504	6250	7120	7375
吉 林	Jilin	829	1068	237	161		
黑 龙 江	Heilongjiang	2466	2424	2214	2268	2396	2121
上 海	Shanghai	963	1467	4445	3833	4304	4530
江 苏	Jiangsu	5826	4256	10349	9767	9755	9047
浙 江	Zhejiang	304	3500	3199	1918	3921	11551
安 徽	Anhui	1077	781	2148	3044	3897	4580
福 建	Fujian	318	2810	3834	4005	5167	6343
江 西	Jiangxi	2411	2956	4180	4706	648	2650
山 东	Shandong	3729	5314	12467	15469	18984	21528
河 南	Henan	1448	1150	2362	3134	3703	3359
湖 北	Hubei	1530	3725	12111	9790	10099	7912
湖 南	Hunan	1198	980	2643	2739	2586	2618
广 东	Guangdong	7015	18257	8392	9423	36839	38738
广 西	Guangxi	251	279	35	118	428	478
海 南	Hainan	18		195	231	223	
重 庆	Chongqing	658	1813	1589	1426	2525	2637
四 川	Sichuan	2828	7544	6852	7615	6405	6937
贵 州	Guizhou	2274	2232	2729	3586	4341	3388
云 南	Yunnan	21	292	259	426	728	596
西 藏	Tibet			8			
陕 西	Shaanxi	5171	6339	12058	11842	9443	10857
甘 肃	Gansu	678	459	344	346	348	326
青 海	Qinghai	31	15			56	40
宁 夏	Ningxia	15	341				
新 疆	Xinjiang			3	4	4	

2-1-9 续表 12 continued

地 区	Region	机构经费支出（万元） Expenditure in the R&D Institutions (10000 yuan)					
		2000	2005	2013	2014	2015	2016
全 国	**Total**	**325230**	**1241169**	**2695986**	**2459296**	**3769597**	**4477420**
东部地区	Eastern Region	197183	864078	1552889	1420273	2556771	3184365
中部地区	Middle Region	42659	103943	544449	451437	565997	578931
西部地区	Western Region	60162	220669	417294	424599	450193	509897
东北地区	Northeastern Region	25227	52479	181354	162987	196636	204227
北 京	Beijing	12922	25829	188455	202983	195747	221846
天 津	Tianjin	3864	18241	64813	66829	75212	80165
河 北	Hebei	8435	16350	26882	46201	51859	52960
山 西	Shanxi	821	3442	8382	7173	15015	12803
内 蒙 古	Inner Mongolia	331	403			1948	2826
辽 宁	Liaoning	8322	17114	149444	142507	164126	172782
吉 林	Jilin	1715	13266	1807	1648		
黑 龙 江	Heilongjiang	15190	22099	30104	18833	32510	31445
上 海	Shanghai	7971	41605	151143	96112	139171	160740
江 苏	Jiangsu	47321	54701	224362	219434	205586	246164
浙 江	Zhejiang	2181	82767	74501	57360	95073	338605
安 徽	Anhui	4070	6197	69163	37346	132165	131386
福 建	Fujian	2306	62757	60324	59026	114848	122286
江 西	Jiangxi	20387	46217	78359	80251	6694	41294
山 东	Shandong	43008	208074	448808	457454	561522	662881
河 南	Henan	4981	15823	36924	47587	72357	84772
湖 北	Hubei	8372	27731	329747	234389	262342	269457
湖 南	Hunan	3699	4132	21875	44691	77424	39219
广 东	Guangdong	67699	350209	308356	207994	1112640	1298719
广 西	Guangxi	1163	3546	201	762	2374	2263
海 南	Hainan	313		5245	6880	5114	
重 庆	Chongqing	4088	11347	24904	25881	44696	76205
四 川	Sichuan	12564	128729	150003	148525	127542	137824
贵 州	Guizhou	5528	21050	59864	50797	98069	99391
云 南	Yunnan	38	1862	18950	19892	23386	12782
西 藏	Tibet			98			
陕 西	Shaanxi	35884	49571	152827	163882	142372	170007
甘 肃	Gansu	1981	4930	10446	14829	9062	7504
青 海	Qinghai	43	53			300	1096
宁 夏	Ningxia	36	3127				
新 疆	Xinjiang			3	31	444	

2-1-10 各地区大中型内资企业R&D及相关活动情况

Statistics on R&D and Related Activities of Domestic Funded Enterprises in Large and Medium-sized Enterprises by Region

地 区	Region	R&D人员折合全时当量（人年） Full-time Equivalent of R&D Personnel (man-year)					
		2000	2005	2013	2014	2015	2016
全 国	**Total**	**78771**	**121421**	**361065**	**375108**	**398576**	**388834**
东部地区	Eastern Region	35160	65010	246109	256423	284539	274196
中部地区	Middle Region	13732	21194	50893	54683	53820	54048
西部地区	Western Region	24005	24665	49648	49658	46844	49654
东北地区	Northeastern Region	5874	10553	14415	14344	13374	10937
北 京	Beijing	3787	4678	12736	12107	11211	12108
天 津	Tianjin	1010	1875	6362	7113	14628	8013
河 北	Hebei	1666	3388	5322	6716	9111	10145
山 西	Shanxi	286	283	2427	1352	1581	1445
内 蒙 古	Inner Mongolia	20	108	264	275	538	703
辽 宁	Liaoning	2533	4964	7610	7806	6964	4909
吉 林	Jilin	1110	621	2708	2573	2231	2243
黑 龙 江	Heilongjiang	2231	4968	4097	3965	4178	3785
上 海	Shanghai	3911	1337	9054	7450	10259	8471
江 苏	Jiangsu	5501	5627	33533	36878	38857	40791
浙 江	Zhejiang	1658	6962	24460	28045	32246	33287
安 徽	Anhui	1088	1342	6318	7122	9412	12283
福 建	Fujian	977	729	6144	7545	8328	10026
江 西	Jiangxi	6489	5435	7629	6547	4969	5596
山 东	Shandong	2950	5129	28725	30269	31983	31540
河 南	Henan	1210	2012	10245	10503	12102	11927
湖 北	Hubei	2562	8434	18952	20516	18764	14687
湖 南	Hunan	2077	3579	5322	8643	6993	8111
广 东	Guangdong	13180	34408	118957	119617	127091	118950
广 西	Guangxi	488	870	919	1115	1128	884
海 南	Hainan	33	7	816	684	825	865
重 庆	Chongqing	964	2070	3599	3604	5240	5857
四 川	Sichuan	2255	9212	17405	15056	13923	16336
贵 州	Guizhou	2380	2437	6276	5067	5982	4089
云 南	Yunnan	101	205	1105	991	974	891
西 藏	Tibet			5	2	3	15
陕 西	Shaanxi	17068	9375	18913	22028	17538	18473
甘 肃	Gansu	1091	848	708	939	799	1239
青 海	Qinghai	61	12	170	108	54	105
宁 夏	Ningxia	85	480	265	437	591	915
新 疆	Xinjiang		25	19	36	74	147

2-1-10 续表 1 continued

地区	Region	R&D经费内部支出（万元） Intramural Expenditure on R&D (10000 yuan)					
		2000	2005	2013	2014	2015	2016
全 国	**Total**	**790317**	**2099137**	**11548301**	**13114379**	**15381634**	**17182053**
东部地区	Eastern Region	523864	1538978	8179966	9387621	11396768	12636106
中部地区	Middle Region	77389	164548	1337264	1543980	1742785	1990630
西部地区	Western Region	148102	279373	1377348	1519466	1754688	2006781
东北地区	Northeastern Region	40962	116239	653723	663313	487393	548536
北 京	Beijing	47504	87864	598570	565854	513249	607205
天 津	Tianjin	24203	40977	154095	178012	445923	319600
河 北	Hebei	14469	33103	100749	159689	210776	235992
山 西	Shanxi	1577	2888	41289	21882	29677	36463
内蒙古	Inner Mongolia	73	1174	4840	11817	49208	71546
辽 宁	Liaoning	14810	53654	447647	420255	280465	271646
吉 林	Jilin	7838	13399	45737	62413	58476	77569
黑龙江	Heilongjiang	18314	49186	160340	180645	148453	199321
上 海	Shanghai	21368	31845	332732	476437	465611	463404
江 苏	Jiangsu	52975	122828	969220	1107527	1297268	1480006
浙 江	Zhejiang	42272	146358	524852	662165	855305	999624
安 徽	Anhui	8134	18472	167145	209203	315771	391791
福 建	Fujian	14634	19391	119337	178383	254180	422239
江 西	Jiangxi	17702	42928	161469	213348	140576	183009
山 东	Shandong	43570	215452	951798	1086789	1347225	1400551
河 南	Henan	7315	17520	151961	208519	286243	337768
湖 北	Hubei	35839	62963	568875	628162	729714	760894
湖 南	Hunan	6749	18603	246527	262867	240804	280705
广 东	Guangdong	259559	829378	4409136	4949357	5986975	6689130
广 西	Guangxi	2810	11391	35202	44054	43974	44238
海 南	Hainan	501	392	19477	23409	20256	18356
重 庆	Chongqing	6491	23842	90009	111039	188204	270102
四 川	Sichuan	24048	108754	548211	542698	632713	726639
贵 州	Guizhou	7250	21950	100052	109692	150764	170386
云 南	Yunnan	1628	2314	40283	47426	40244	26107
西 藏	Tibet			97	585	137	110
陕 西	Shaanxi	104894	112435	522387	609137	599197	627577
甘 肃	Gansu	3352	4496	22697	30714	24296	27630
青 海	Qinghai	284	38	4919	1263	3335	3716
宁 夏	Ningxia	157	5165	7870	10190	20408	26057
新 疆	Xinjiang		380	782	851	2208	12673

2-1-10 续表 2 continued

地 区	Region	新产品开发经费支出 (万元) Expenditure on New Products Development (10000 yuan)					
		2000	2005	2013	2014	2015	2016
全 国	**Total**	**808228**	**2237723**	**13422766**	**15719432**	**17942362**	**21181031**
东部地区	Eastern Region	532331	1616896	9676056	11482962	13692400	16102498
中部地区	Middle Region	73270	175275	1480727	1782130	1949394	2374558
西部地区	Western Region	159145	298194	1631435	1840684	1773297	2111406
东北地区	Northeastern Region	43482	147358	634548	613656	527271	592570
北 京	Beijing	23308	64983	804243	758927	631579	702733
天 津	Tianjin	24517	25532	136371	150070	404007	238395
河 北	Hebei	16571	25923	93227	159079	172522	228242
山 西	Shanxi	1909	4635	49177	27588	34432	39136
内 蒙 古	Inner Mongolia	181	1314	4622	9526	18290	47135
辽 宁	Liaoning	20156	60689	399244	324994	279604	296962
吉 林	Jilin	10407	24800	70942	103228	86987	97815
黑 龙 江	Heilongjiang	12919	61869	164362	185434	160680	197792
上 海	Shanghai	19477	41794	405638	626610	508615	570298
江 苏	Jiangsu	71677	152407	1340205	1470430	1553272	1830484
浙 江	Zhejiang	35780	195521	611401	714572	871655	1114405
安 徽	Anhui	5834	25320	232441	316689	489212	489666
福 建	Fujian	15135	24643	126940	187463	253269	414583
江 西	Jiangxi	13400	45150	155030	210742	153179	289262
山 东	Shandong	97741	262757	1026506	1053507	1279050	1464817
河 南	Henan	8414	20142	161885	220483	260961	327117
湖 北	Hubei	35825	54359	615504	662563	760166	949954
湖 南	Hunan	7708	24355	266691	344065	251444	279422
广 东	Guangdong	223644	810564	5103073	6336526	7995865	9512935
广 西	Guangxi	3628	12147	33959	43493	32706	36991
海 南	Hainan	854	626	28453	25780	22566	25606
重 庆	Chongqing	7522	28084	82736	120100	190949	264093
四 川	Sichuan	39881	110981	718487	762608	691254	803192
贵 州	Guizhou	10021	29937	128742	134872	165205	193154
云 南	Yunnan	4144	3184	40023	44742	28795	42088
西 藏	Tibet			240	687	137	200
陕 西	Shaanxi	90947	113490	576428	666647	596321	661092
甘 肃	Gansu	5571	6771	37584	44319	26295	26445
青 海	Qinghai	3	53	681	372	4278	7508
宁 夏	Ningxia	951	4288	6867	9111	15403	18016
新 疆	Xinjiang	105	1407	1067	4206	3665	11492

2-1-10 续表 3 continued

地 区	Region	新产品销售收入（万元） Sales Revenue of New Products (10000 yuan)					
		2000	2005	2013	2014	2015	2016
全 国	**Total**	**9880026**	**22804873**	**110671980**	**145726741**	**176578076**	**225674681**
东部地区	Eastern Region	6601650	15137702	80718236	108078571	136216392	175034047
中部地区	Middle Region	426147	1331792	13752459	18135738	18767725	22444692
西部地区	Western Region	1898184	4118064	11541266	14699281	16777658	22249775
东北地区	Northeastern Region	954045	2217314	4660020	4813151	4816302	5946168
北 京	Beijing	507966	1161045	3564951	4471693	4300243	6705907
天 津	Tianjin	67238	215575	1878125	1871461	2713255	2776999
河 北	Hebei	223424	196163	804562	1321871	1691971	2260839
山 西	Shanxi	22065	68953	287833	271482	495890	376541
内 蒙 古	Inner Mongolia	777	17420	167885	129088	273715	716168
辽 宁	Liaoning	461266	1312466	3330949	3202593	3269109	3810999
吉 林	Jilin	53986	94760	936703	1125972	1101176	1595054
黑 龙 江	Heilongjiang	438793	810088	392368	484586	446017	540115
上 海	Shanghai	336024	361061	1357020	1601173	2034611	2148789
江 苏	Jiangsu	1426725	1915941	14450817	20648321	24576654	28861861
浙 江	Zhejiang	979752	2183048	7785716	9655222	13322167	16499545
安 徽	Anhui	21851	348366	2440667	3358729	4938501	6001658
福 建	Fujian	309753	267586	1002469	1509395	2092072	4990410
江 西	Jiangxi	130139	356647	2387780	2672025	2341470	3804642
山 东	Shandong	1126820	3722466	13362924	14931443	16609852	18310242
河 南	Henan	75657	236226	1747433	2050692	2246347	2675750
湖 北	Hubei	84905	138356	3638555	4480945	5225604	4776979
湖 南	Hunan	90753	165825	3250192	5301866	3519912	4809122
广 东	Guangdong	1580373	5022878	36483329	52062190	68823613	92443158
广 西	Guangxi	41739	91789	620301	615672	552700	738147
海 南	Hainan	1838	150	28323	5803	51954	36298
重 庆	Chongqing	68225	512141	1047539	1185818	2549329	4412282
四 川	Sichuan	1288848	2203986	6675467	9106470	8906288	9617160
贵 州	Guizhou	81254	229843	527468	829895	807488	1162987
云 南	Yunnan	43546	58564	362787	288109	148839	158079
西 藏	Tibet						
陕 西	Shaanxi	302977	993022	1782302	2041287	2413299	3987751
甘 肃	Gansu	91310	38648	261351	378691	459900	573710
青 海	Qinghai	5				44396	105960
宁 夏	Ningxia	22019	44660	94494	122578	396851	561009
新 疆	Xinjiang		37200	1673	1673	224856	216522

2-1-10 续表 4 continued

地 区	Region	专利申请数（件） Patent Applications (piece)					
		2000	2005	2013	2014	2015	2016
全 国	**Total**	**1663**	**10787**	**65045**	**79769**	**79197**	**95713**
东部地区	Eastern Region	1005	8510	47786	59888	58574	71233
中部地区	Middle Region	177	848	8067	9415	9588	11965
西部地区	Western Region	381	1025	6962	7902	8778	10041
东北地区	Northeastern Region	100	404	2230	2564	2257	2474
北 京	Beijing	7	279	2785	2872	2872	2960
天 津	Tianjin	67	305	2021	1938	1698	1334
河 北	Hebei	27	99	467	549	702	949
山 西	Shanxi	4	18	240	106	89	79
内 蒙 古	Inner Mongolia	1	13	16	20	85	64
辽 宁	Liaoning	26	182	1115	1310	1314	1500
吉 林	Jilin	27	126	540	445	261	237
黑 龙 江	Heilongjiang	47	96	575	809	682	737
上 海	Shanghai	49	217	1860	2253	2432	3025
江 苏	Jiangsu	125	472	6357	7835	7985	9368
浙 江	Zhejiang	49	393	3072	3042	3918	5142
安 徽	Anhui	3	43	2043	2373	2943	2993
福 建	Fujian	8	21	1142	1631	1716	2766
江 西	Jiangxi	17	202	1084	1456	1120	1391
山 东	Shandong	149	711	5144	6872	9036	11326
河 南	Henan	24	97	1269	1205	1407	1570
湖 北	Hubei	79	406	2160	2230	2468	4102
湖 南	Hunan	49	69	1271	2045	1561	1830
广 东	Guangdong	510	5926	24751	32623	28101	34281
广 西	Guangxi	10	87	166	154	113	226
海 南	Hainan	4		187	273	114	82
重 庆	Chongqing	54	80	529	654	1207	1263
四 川	Sichuan	144	257	3410	4098	4438	5272
贵 州	Guizhou	13	93	643	1203	951	868
云 南	Yunnan	39	160	145	124	127	148
西 藏	Tibet			2	1	2	
陕 西	Shaanxi	52	351	1829	1513	1615	1799
甘 肃	Gansu	4	48	167	100	111	145
青 海	Qinghai	13	1	1	2	3	43
宁 夏	Ningxia	62	20	52	29	44	153
新 疆	Xinjiang		15	2	4	82	60

2-1-10 续表 5 continued

地 区	Region	有效发明专利数（件） Number of Patents In Force (piece)					
		2000	2005	2013	2014	2015	2016
全 国	**Total**	**1008**	**4745**	**82650**	**108559**	**149629**	**196618**
东部地区	Eastern Region	549	3814	69121	91493	126268	167168
中部地区	Middle Region	121	366	5802	7705	10035	14600
西部地区	Western Region	197	400	6126	7517	10633	11757
东北地区	Northeastern Region	141	165	1601	1844	2693	3093
北 京	Beijing	14	317	3634	4598	5449	6645
天 津	Tianjin	6	76	1731	1667	2544	2781
河 北	Hebei	12	40	413	603	1089	1661
山 西	Shanxi	1	8	143	219	329	359
内 蒙 古	Inner Mongolia		13	18	13	44	83
辽 宁	Liaoning	59	88	941	1134	1691	1955
吉 林	Jilin	14	30	401	387	564	579
黑 龙 江	Heilongjiang	68	47	259	323	438	559
上 海	Shanghai	10	74	1288	1722	2886	5199
江 苏	Jiangsu	84	232	5506	6810	7075	9996
浙 江	Zhejiang	14	304	1793	2388	3431	4724
安 徽	Anhui	1	34	1404	1830	2367	4177
福 建	Fujian		28	642	979	1439	1963
江 西	Jiangxi	12	42	750	817	957	1050
山 东	Shandong	93	177	2804	3820	6247	7547
河 南	Henan	30	42	647	799	1065	1764
湖 北	Hubei	26	160	2272	2903	4170	5717
湖 南	Hunan	51	67	586	1137	1147	1533
广 东	Guangdong	306	2537	51102	68582	95755	126390
广 西	Guangxi	8	29	195	212	234	402
海 南	Hainan	2		208	324	353	262
重 庆	Chongqing	15	38	566	535	808	1002
四 川	Sichuan	72	87	2686	3722	4917	5011
贵 州	Guizhou	13	53	644	843	1303	1440
云 南	Yunnan	15	68	487	293	687	388
西 藏	Tibet			1		19	19
陕 西	Shaanxi	64	132	1446	1751	2280	2892
甘 肃	Gansu	5	3	58	70	225	305
青 海	Qinghai	4	1		4	8	49
宁 夏	Ningxia	9	15	23	52	61	106
新 疆	Xinjiang		3	2	22	47	60

2-1-10 续表 6 continued

地区	Region	技术改造经费支出（万元） Expenditure for Technical Renovation (10000 yuan)					
		2000	2005	2013	2014	2015	2016
全国	**Total**	**924581**	**1183084**	**2870736**	**2677315**	**2577437**	**3143474**
东部地区	Eastern Region	465138	560319	1956291	1395689	1479672	2283554
中部地区	Middle Region	92480	145573	362788	366343	417216	278123
西部地区	Western Region	217146	291226	365866	561828	516715	411907
东北地区	Northeastern Region	149817	185966	185792	353456	163834	169889
北京	Beijing	7295	17769	8122	9214	30256	34915
天津	Tianjin	50463	21211	4434	26664	11703	5110
河北	Hebei	33285	17433	25407	36023	34705	21875
山西	Shanxi	4632	3050	11754	22943	11130	1307
内蒙古	Inner Mongolia	3961	210				2150
辽宁	Liaoning	75062	50193	64223	289421	96057	102149
吉林	Jilin	14917	11896	53854	10634	41288	23279
黑龙江	Heilongjiang	59838	123877	67715	53401	26490	44461
上海	Shanghai	17439	7729	15329	8492	6184	7387
江苏	Jiangsu	98094	116979	575976	562862	547130	651140
浙江	Zhejiang	82185	180377	223067	281959	246364	256227
安徽	Anhui	10045	32612	44089	57776	49771	39626
福建	Fujian	3372	9319	53958	43186	55337	739396
江西	Jiangxi	15333	33832	93355	20220	18171	22157
山东	Shandong	85169	100021	324999	304590	361553	349481
河南	Henan	18823	35659	46079	37312	68752	61098
湖北	Hubei	32784	14023	61076	114245	155004	49578
湖南	Hunan	6903	26188	106436	113847	114388	104357
广东	Guangdong	83703	74637	712686	120253	181500	215943
广西	Guangxi	3867	14845	16033	9364	1209	10386
海南	Hainan	266		12313	2446	4941	2083
重庆	Chongqing	5901	29370	29860	38402	35564	30449
四川	Sichuan	28270	63298	141177	160768	158795	156228
贵州	Guizhou	27235	35210	25910	39907	56987	28541
云南	Yunnan	3973	9226	9917	9310	29391	9548
西藏	Tibet						
陕西	Shaanxi	129836	128152	122680	264576	217398	162928
甘肃	Gansu	5484	18726	88	19489	900	3662
青海	Qinghai	1002				21	805
宁夏	Ningxia	15407	963	14992	16894	15400	7042
新疆	Xinjiang	39	6281	5210	3117	1051	168

2-1-10 续表 7 continued

地 区	Region	引进技术经费支出（万元） Expenditure for Acquisition of Foreign Technology (10000 yuan)					
		2000	2005	2013	2014	2015	2016
全 国	**Total**	**235804**	**96198**	**132821**	**174745**	**470530**	**806322**
东部地区	Eastern Region	95979	46023	92894	147520	453486	769818
中部地区	Middle Region	18287	11340	22583	11396	6223	11374
西部地区	Western Region	101587	24803	14877	10775	10698	25130
东北地区	Northeastern Region	19952	14033	2467	5054	122	
北 京	Beijing	2202	6139	9042	4830	2277	2364
天 津	Tianjin	4690	3309	1200	2	77	
河 北	Hebei	7858	1882	655	1019	1169	884
山 西	Shanxi	315		387		600	
内蒙古	Inner Mongolia	2263					5
辽 宁	Liaoning	12314	5813	2467	4689		
吉 林	Jilin	3071	706		100		
黑龙江	Heilongjiang	4567	7514		265	122	
上 海	Shanghai	1766	485	2977	8364	2577	7499
江 苏	Jiangsu	39073	5076	13939	14810	8093	15491
浙 江	Zhejiang	7903	6123	17857	7290	11474	9195
安 徽	Anhui	1906	3374	2236	3211	298	1692
福 建	Fujian	1901	9472	4466	48543	34408	48566
江 西	Jiangxi	3365	4442	450	509	539	1258
山 东	Shandong	4757	6359	31395	21067	45596	14154
河 南	Henan	1336	498	42	1374	225	274
湖 北	Hubei	6337	1672	18691	5809	2622	8149
湖 南	Hunan	2765	1354	777	493	1940	
广 东	Guangdong	25018	7136	10065	41574	347516	671666
广 西	Guangxi	239	42				
海 南	Hainan	573		1300	22	300	
重 庆	Chongqing	559	2490	381	785	709	1184
四 川	Sichuan	21169	4069	13011	8819	6995	19247
贵 州	Guizhou	11654	7223		40	3	160
云 南	Yunnan	427	217				949
西 藏	Tibet						
陕 西	Shaanxi	64595	10804	1485	1095	2923	3585
甘 肃	Gansu	3058				68	
青 海	Qinghai	2					
宁 夏	Ningxia	64					
新 疆	Xinjiang	60			37		

2-1-10 续表 8 continued

地区	Region	消化吸收经费支出（万元） Expenditure for Assimilation of Technology (10000 yuan)					
		2000	2005	2013	2014	2015	2016
全国	**Total**	**21260**	**31699**	**84939**	**86063**	**72743**	**46277**
东部地区	Eastern Region	8488	25714	64493	55691	35886	38934
中部地区	Middle Region	1624	3437	13517	23198	4521	3925
西部地区	Western Region	2344	2131	3704	6215	27638	2996
东北地区	Northeastern Region	8804	417	3226	960	4698	424
北京	Beijing	37	109	702	566	450	262
天津	Tianjin	67	390	1360	1260	300	2000
河北	Hebei	1759	785	1038	1240	1390	1277
山西	Shanxi	13	30	2932	891	474	
内蒙古	Inner Mongolia						5
辽宁	Liaoning	2225	43	33	46		
吉林	Jilin		252	3062	900	4687	54
黑龙江	Heilongjiang	6579	122	130	14	11	370
上海	Shanghai	53	71	832	60	94	4
江苏	Jiangsu	1514	9159	30190	19306	15295	15225
浙江	Zhejiang	1109	7152	12687	13785	7518	7413
安徽	Anhui	749	280	394	490	271	
福建	Fujian	508	1466	2260	550	1429	5154
江西	Jiangxi	22	1309	138	82	164	190
山东	Shandong	715	2106	14064	16539	6856	4654
河南	Henan	53	654	882	3116	1179	669
湖北	Hubei	457	280	6581	15291	1880	2780
湖南	Hunan	330	884	2591	3327	552	286
广东	Guangdong	2610	3992	1360	2035	2403	2945
广西	Guangxi	15	423	30	123		219
海南	Hainan	102	60		350	150	
重庆	Chongqing	400	1010	49	670	133	95
四川	Sichuan	531	890	2593	4424	3024	2023
贵州	Guizhou	35	44	3	50	4	211
云南	Yunnan	654		400	432	23883	178
西藏	Tibet						
陕西	Shaanxi	702	188	149		120	
甘肃	Gansu						
青海	Qinghai						
宁夏	Ningxia	12		480	465		
新疆	Xinjiang	10			50	475	265

2-1-10　续表 9　continued

地　区	Region	购买国内技术经费支出（万元） Expenditure on Purchase of Domestic Technology (10000 yuan)					
		2000	2005	2013	2014	2015	2016
全　国	**Total**	**63674**	**69133**	**192927**	**339868**	**564958**	**708154**
东部地区	Eastern Region	19987	44954	143421	185600	519432	653963
中部地区	Middle Region	7138	11018	18787	113115	21787	13850
西部地区	Western Region	2763	12246	27749	32058	20852	38399
东北地区	Northeastern Region	33785	915	2970	9095	2887	1942
北　京	Beijing	86	3167	1394	2365	3012	4208
天　津	Tianjin	2204	434	113	228	100	2122
河　北	Hebei	2066	1117	2530	2425	3211	1710
山　西	Shanxi	10	181	964	917	314	
内蒙古	Inner Mongolia	2018		800			1562
辽　宁	Liaoning	327	592	986	8143	782	1810
吉　林	Jilin	32602	323	1874	462	2100	49
黑龙江	Heilongjiang	856		110	490	5	83
上　海	Shanghai	1846	5568	11875	27300	23548	6860
江　苏	Jiangsu	7821	12581	25696	21579	25205	18702
浙　江	Zhejiang	2848	7176	30666	30357	33108	18936
安　徽	Anhui	1511	348	1627	2258	948	3697
福　建	Fujian	200	4783	6809	45101	22624	11294
江　西	Jiangxi	173	5129	60	98797	3306	729
山　东	Shandong	1275	2470	30103	44128	31517	39456
河　南	Henan	82	4653	4560	4177	2157	1824
湖　北	Hubei	2852	596	7072	1920	4830	5117
湖　南	Hunan	493	110	4505	5046	10232	2484
广　东	Guangdong	879	6776	13611	8650	374246	548980
广　西	Guangxi	388	602	3438	2930		572
海　南	Hainan	375	280	20625	3469	2862	1696
重　庆	Chongqing	1024	2488	6426	3382	6142	8004
四　川	Sichuan	507	1705	15504	15229	10420	14014
贵　州	Guizhou	100	6102		260	702	4964
云　南	Yunnan	40	297	551	269	685	2395
西　藏	Tibet						
陕　西	Shaanxi	1001	1484	1010	9889	2531	6429
甘　肃	Gansu	41	100			323	
青　海	Qinghai						85
宁　夏	Ningxia	10	56	20			
新　疆	Xinjiang	40	15		100	50	375

2-1-10 续表 10 continued

地 区	Region	研发机构数（个） Number of R&D Institutions in Enterprises (unit)					
		2000	2005	2013	2014	2015	2016
全 国	**Total**	**1190**	**1168**	**2960**	**3116**	**3801**	**4441**
东部地区	Eastern Region	608	645	2025	2129	2615	3158
中部地区	Middle Region	203	192	491	518	668	758
西部地区	Western Region	266	255	340	382	428	439
东北地区	Northeastern Region	113	76	104	87	90	86
北 京	Beijing	44	24	85	82	90	95
天 津	Tianjin	29	32	55	45	39	39
河 北	Hebei	33	24	50	47	57	55
山 西	Shanxi	16	19	17	13	15	21
内蒙古	Inner Mongolia	3	3	2	4	9	7
辽 宁	Liaoning	44	28	43	33	37	38
吉 林	Jilin	39	27	35	26	29	30
黑龙江	Heilongjiang	30	21	26	28	24	18
上 海	Shanghai	43	30	34	27	33	31
江 苏	Jiangsu	174	158	725	801	859	895
浙 江	Zhejiang	61	147	341	351	393	420
安 徽	Anhui	24	30	121	116	164	216
福 建	Fujian	17	17	82	81	93	102
江 西	Jiangxi	27	38	69	85	106	122
山 东	Shandong	72	92	240	230	227	256
河 南	Henan	41	43	120	134	191	193
湖 北	Hubei	60	34	87	85	101	98
湖 南	Hunan	32	25	77	85	91	108
广 东	Guangdong	114	102	397	452	807	1259
广 西	Guangxi	17	17	30	33	35	22
海 南	Hainan	4	2	16	13	17	6
重 庆	Chongqing	24	41	48	64	82	96
四 川	Sichuan	71	50	97	103	108	125
贵 州	Guizhou	44	40	33	38	46	39
云 南	Yunnan	6	6	15	13	16	14
西 藏	Tibet			1	1		
陕 西	Shaanxi	102	87	99	106	103	110
甘 肃	Gansu	10	23	8	9	7	7
青 海	Qinghai	3	1	1	1	3	3
宁 夏	Ningxia	5	6	4	4	11	11
新 疆	Xinjiang	1	1	2	6	8	5

2-1-10 续表 11 continued

地 区	Region	机构人员（人） Personnel in the R&D Institutions (person)					
		2000	2005	2013	2014	2015	2016
全 国	**Total**	**76168**	**109651**	**324035**	**347623**	**423308**	**482385**
东部地区	Eastern Region	42181	66824	229673	250805	322872	369088
中部地区	Middle Region	10995	13281	47042	46493	49282	57374
西部地区	Western Region	15243	21140	35628	37707	37350	40221
东北地区	Northeastern Region	7749	8406	11692	12618	13804	15702
北 京	Beijing	2772	1441	9515	9990	9524	8837
天 津	Tianjin	1078	1513	6577	6644	6864	6957
河 北	Hebei	1469	2865	4631	6127	7774	7045
山 西	Shanxi	620	718	1665	754	1463	1624
内蒙古	Inner Mongolia	59	124	135	141	437	276
辽 宁	Liaoning	3194	4095	6312	6753	7609	10178
吉 林	Jilin	1914	2029	2485	2542	2823	3040
黑龙江	Heilongjiang	2641	2282	2895	3323	3372	2484
上 海	Shanghai	2307	1159	5098	4465	6124	4859
江 苏	Jiangsu	8060	7335	43185	47666	50562	55005
浙 江	Zhejiang	2609	8924	27611	27783	32307	34763
安 徽	Anhui	1140	1310	7384	8143	10704	14426
福 建	Fujian	791	731	5191	4909	6471	10228
江 西	Jiangxi	2614	3251	7498	9077	5100	9961
山 东	Shandong	6279	7261	25342	29144	33363	35279
河 南	Henan	2752	2102	8709	8777	12699	11927
湖 北	Hubei	2267	4566	16562	13878	13309	12071
湖 南	Hunan	1543	1210	5224	5864	6007	7365
广 东	Guangdong	16239	34568	101495	113271	168972	205624
广 西	Guangxi	503	989	1177	1138	1420	1229
海 南	Hainan	74	38	1028	806	911	491
重 庆	Chongqing	835	2018	2947	3949	5392	6070
四 川	Sichuan	4661	8185	12032	12369	11185	12678
贵 州	Guizhou	2555	2419	3641	4383	5010	4237
云 南	Yunnan	277	306	1091	1280	975	791
西 藏	Tibet			8	12		
陕 西	Shaanxi	5918	7013	12767	12555	10108	11822
甘 肃	Gansu	748	770	877	917	1061	1134
青 海	Qinghai	68	15	12	15	63	106
宁 夏	Ningxia	181	391	906	844	1487	1744
新 疆	Xinjiang		23	35	104	212	134

2-1-10 续表 12 continued

地 区	Region	机构经费支出（万元） Expenditure in the R&D Institutions (10000 yuan)					
		2000	2005	2013	2014	2015	2016
全 国	**Total**	**669580**	**1817148**	**8599141**	**9893613**	**13631883**	**16465754**
东部地区	Eastern Region	487593	1385094	6847832	8123285	11654093	14167836
中部地区	Middle Region	59928	132383	894691	886599	1047286	1234062
西部地区	Western Region	90256	238459	624452	661472	700608	803068
东北地区	Northeastern Region	31803	61212	232167	222258	229896	260788
北 京	Beijing	21511	25519	243594	266606	281075	306946
天 津	Tianjin	22919	33237	104147	108048	110579	157048
河 北	Hebei	9423	19876	66264	96165	110835	106363
山 西	Shanxi	2162	3682	23909	17844	37928	37456
内 蒙 古	Inner Mongolia	331	1251	3667	5548	10999	4089
辽 宁	Liaoning	10146	19685	162874	154886	171325	184756
吉 林	Jilin	5075	22810	31525	28837	26489	46029
黑 龙 江	Heilongjiang	16582	18717	37768	38536	32082	30003
上 海	Shanghai	14194	35527	178233	115230	194380	178305
江 苏	Jiangsu	66936	107408	995508	1108066	1263863	1439291
浙 江	Zhejiang	33749	155967	512441	570660	732834	896250
安 徽	Anhui	4262	21656	161078	138808	264850	318934
福 建	Fujian	8103	17920	91924	82620	134715	253627
江 西	Jiangxi	20987	50414	122274	138509	72243	158339
山 东	Shandong	60396	231089	781105	768684	904865	1015197
河 南	Henan	7025	14611	126676	152043	193450	235483
湖 北	Hubei	17417	32497	393075	292220	317076	343937
湖 南	Hunan	7746	8272	67680	147175	161739	139914
广 东	Guangdong	245812	747409	3855419	4991093	7903767	9807135
广 西	Guangxi	3076	10784	24367	25706	21278	17315
海 南	Hainan	1473	358	19197	16113	17182	7673
重 庆	Chongqing	6400	14142	50412	71186	121475	169431
四 川	Sichuan	24972	132132	242547	230673	201008	228190
贵 州	Guizhou	6968	22415	75591	68678	119543	130405
云 南	Yunnan	3681	2162	40344	39164	28415	18779
西 藏	Tibet			98	185		
陕 西	Shaanxi	43965	57762	164252	189886	159692	187388
甘 肃	Gansu	2968	5742	14561	20009	13646	20988
青 海	Qinghai	284	53	232	334	3709	1784
宁 夏	Ningxia	1019	3672	7722	7934	17603	23431
新 疆	Xinjiang		380	658	2170	3240	1268

2-1-11 各地区大中型港澳台资企业R&D及相关活动情况
Statistics on R&D and Related Activities of Hong Kong,Macau and Taiwan Funded Enterprises in Large and Medium-sized Enterprises by Region

地区	Region	R&D人员折合全时当量（人年） Full-time Equivalent of R&D Personnel (man-year)					
		2000	2005	2013	2014	2015	2016
全国	**Total**	**3428**	**17880**	**81905**	**89290**	**99023**	**99497**
东部地区	Eastern Region	3300	15879	75038	79043	77918	82222
中部地区	Middle Region	17	1842	6004	8523	16883	13157
西部地区	Western Region	10	72	585	1009	3652	3484
东北地区	Northeastern Region	101	87	278	715	571	634
北京	Beijing	532	1867	1398	1638	2266	2081
天津	Tianjin	13	43	591	2343	3075	3162
河北	Hebei	96		1172	1089	871	763
山西	Shanxi		19	90	45	55	5
内蒙古	Inner Mongolia			10		189	212
辽宁	Liaoning	101	49	175	545	341	377
吉林	Jilin		9	6	24	176	190
黑龙江	Heilongjiang		29	96	146	54	67
上海	Shanghai	212	717	4330	3770	4359	5747
江苏	Jiangsu	126	3300	16600	14059	15575	17247
浙江	Zhejiang	66	1707	6984	9074	11686	11481
安徽	Anhui			537	1267	803	839
福建	Fujian	447	2734	8110	9368	5127	6042
江西	Jiangxi	4	6	649	566	704	188
山东	Shandong	95	69	737	882	445	868
河南	Henan	6	1758	2310	3642	4405	4668
湖北	Hubei	7	27	1748	1298	776	831
湖南	Hunan		32	670	1705	10141	6625
广东	Guangdong	1708	5416	34975	36712	34384	34771
广西	Guangxi			202	415	98	475
海南	Hainan	6	26	142	108	131	61
重庆	Chongqing		19	179	332	1627	1422
四川	Sichuan	10	45	1	10	1208	968
贵州	Guizhou						1
云南	Yunnan		8	90	122	182	135
西藏	Tibet						
陕西	Shaanxi			21	26	246	197
甘肃	Gansu						
青海	Qinghai						
宁夏	Ningxia			82	105	103	74
新疆	Xinjiang						

2-1-11 续表 1 continued

地 区	Region	R&D经费内部支出（万元）Intramural Expenditure on R&D (10000 yuan)					
		2000	2005	2013	2014	2015	2016
全 国	**Total**	**117433**	**506685**	**2277974**	**2578846**	**3281046**	**3684780**
东部地区	Eastern Region	112939	490670	2074782	2329170	2744728	3072644
中部地区	Middle Region	4242	12980	162136	199802	403204	389844
西部地区	Western Region	53	1485	24304	24178	111906	179053
东北地区	Northeastern Region	199	1551	16752	25697	21209	43239
北 京	Beijing	55730	68996	106155	195435	222227	277671
天 津	Tianjin	322	970	8389	78418	110074	113023
河 北	Hebei	1190		54260	62754	70993	68762
山 西	Shanxi		61	2059	621	875	1065
内 蒙 古	Inner Mongolia			2475		3234	7865
辽 宁	Liaoning	199	753	15150	23121	17491	23252
吉 林	Jilin		498	159	560	2126	14657
黑 龙 江	Heilongjiang		300	1443	2015	1593	5330
上 海	Shanghai	3805	54103	147662	168282	199825	270644
江 苏	Jiangsu	5125	63352	403805	381401	504395	528260
浙 江	Zhejiang	807	61150	282583	301886	359315	457467
安 徽	Anhui			32315	42140	51632	52026
福 建	Fujian	9839	73592	209532	216314	277253	322259
江 西	Jiangxi	22	96	15934	11648	18760	8363
山 东	Shandong	1750	2349	30201	50897	49488	55629
河 南	Henan	4116	10770	36405	49700	70908	143945
湖 北	Hubei	104	402	42963	44804	45235	61823
湖 南	Hunan		1651	32459	50889	215793	122622
广 东	Guangdong	34300	165991	829598	871653	947684	974537
广 西	Guangxi			6291	7826	5051	14005
海 南	Hainan	72	168	2599	2132	3472	4393
重 庆	Chongqing		805	8883	7381	36381	52042
四 川	Sichuan	53	502	152	337	57149	95022
贵 州	Guizhou						51
云 南	Yunnan		178	3384	5976	5294	4200
西 藏	Tibet						
陕 西	Shaanxi			649	1074	3219	3513
甘 肃	Gansu						
青 海	Qinghai						
宁 夏	Ningxia			2471	1585	1578	2356
新 疆	Xinjiang						

2-1-11 续表 2 continued

地区	Region	新产品开发经费支出（万元） Expenditure on New Products Development (10000 yuan)					
		2000	2005	2013	2014	2015	2016
全国	**Total**	**147684**	**702806**	**2784040**	**3121618**	**3531764**	**4186597**
东部地区	Eastern Region	138315	687944	2540325	2879415	3002999	3628927
中部地区	Middle Region	8925	10567	162831	186858	387131	299043
西部地区	Western Region	125	2084	58707	36915	117145	231154
东北地区	Northeastern Region	319	2211	22176	18430	24489	27472
北京	Beijing	69369	104785	165890	252099	244008	307786
天津	Tianjin	371	1050	14301	62084	49050	56718
河北	Hebei	1190		52199	70533	72025	68762
山西	Shanxi	74	100	4049	3242	1684	1086
内蒙古	Inner Mongolia			27588			605
辽宁	Liaoning	199	1558	20723	16300	23323	17973
吉林	Jilin	120	503	228	343	461	3260
黑龙江	Heilongjiang		150	1225	1787	704	6239
上海	Shanghai	11653	58931	196764	232458	235307	326334
江苏	Jiangsu	7263	86795	598997	561266	570666	619308
浙江	Zhejiang	1799	64905	312873	362315	384624	500861
安徽	Anhui	79	90	40836	48751	58252	72674
福建	Fujian	10031	102513	212836	185521	277605	322428
江西	Jiangxi	22	255	16452	14701	19016	15398
山东	Shandong	1754	5950	37022	47092	37898	39576
河南	Henan	8500	8200	21583	20609	68388	31966
湖北	Hubei	250	1751	37682	32647	28011	35181
湖南	Hunan		172	42229	66908	211780	142740
广东	Guangdong	34665	262848	949445	1106048	1131816	1387155
广西	Guangxi			6311	11251	6716	14491
海南	Hainan	220	168				
重庆	Chongqing		794	10616	9568	38039	62710
四川	Sichuan	125	498	1068	1720	58292	138544
贵州	Guizhou					1500	868
云南	Yunnan		792	7145	9483	6678	5949
西藏	Tibet						
陕西	Shaanxi			3417	3259	4342	5631
甘肃	Gansu						
青海	Qinghai						
宁夏	Ningxia			2564	1635	1578	2356
新疆	Xinjiang						

2-1-11 续表 3 continued

地 区	Region	新产品销售收入（万元） Sales Revenue of New Products (10000 yuan)					
		2000	2005	2013	2014	2015	2016
全 国	**Total**	**4687313**	**18624925**	**58237693**	**68386538**	**105044296**	**107959448**
东部地区	Eastern Region	4435932	18353382	38062656	43427002	63595311	70989177
中部地区	Middle Region	238037	245677	19665580	24551642	35083820	35468299
西部地区	Western Region	929	3056	408361	324725	6221473	1259039
东北地区	Northeastern Region	12415	22811	101096	83170	143692	242933
北 京	Beijing	1410749	1841038	5253538	8369512	8222131	7747131
天 津	Tianjin	4672	167283	133493	2310611	1683690	1408914
河 北	Hebei	552		563016	625715	717041	712634
山 西	Shanxi		20			51383	35771
内 蒙 古	Inner Mongolia					118000	101753
辽 宁	Liaoning	12415	19610	78319	49047	103812	199487
吉 林	Jilin		3201	2160	636	39880	43292
黑 龙 江	Heilongjiang			20617	33487		154
上 海	Shanghai	378021	4613506	1696037	1586186	2306183	2669751
江 苏	Jiangsu	50799	860875	8872172	10053217	13096756	16477061
浙 江	Zhejiang	14058	106152	3193194	3245065	3398340	3634658
安 徽	Anhui		21	735697	738048	2294104	2761753
福 建	Fujian	543311	4668466	4401237	4316189	6089634	6896335
江 西	Jiangxi	37	342	65137	149438	138951	234733
山 东	Shandong	44682	64898	313050	349114	536542	339093
河 南	Henan	238000	207809	17704843	21180793	26227922	25366803
湖 北	Hubei			758820	790239	1231125	1344606
湖 南	Hunan		37485	401083	1693123	5140336	5724632
广 东	Guangdong	1989087	6031162	13565011	12507117	27480999	31103601
广 西	Guangxi			138209	30296	61574	150171
海 南	Hainan			71911	64278	63995	
重 庆	Chongqing		1053	123110	131898	5829310	778726
四 川	Sichuan	929		17557	37674	29663	26464
贵 州	Guizhou						
云 南	Yunnan		1974	81792	67816	106435	84439
西 藏	Tibet						
陕 西	Shaanxi			20198	23404	39182	63952
甘 肃	Gansu		28				
青 海	Qinghai						
宁 夏	Ningxia			27495	33638	37311	53534
新 疆	Xinjiang						

2-1-11 续表 4 continued

地区	Region	专利申请数（件） Patent Applications (piece)					
		2000	2005	2013	2014	2015	2016
全 国	**Total**	**451**	**3203**	**13648**	**16214**	**16062**	**18034**
东部地区	Eastern Region	448	3145	12663	15300	14468	16385
中部地区	Middle Region	2	47	705	611	1437	1394
西部地区	Western Region		4	169	167	121	226
东北地区	Northeastern Region	1	7	111	136	36	29
北 京	Beijing		195	2366	3282	2708	1586
天 津	Tianjin			131	188	159	192
河 北	Hebei			46	193	52	32
山 西	Shanxi			16	10		1
内蒙古	Inner Mongolia			6	6	6	11
辽 宁	Liaoning	1	7	97	89	28	22
吉 林	Jilin			9	12	4	4
黑龙江	Heilongjiang			5	35	4	3
上 海	Shanghai	27	318	784	878	950	758
江 苏	Jiangsu	1	404	1885	2991	2503	2585
浙 江	Zhejiang	2	274	1860	2033	2218	2049
安 徽	Anhui			192	193	207	317
福 建	Fujian	42	116	482	429	462	764
江 西	Jiangxi			30	57	67	86
山 东	Shandong	2	2	143	179	124	55
河 南	Henan	2	38	48	52	58	136
湖 北	Hubei		3	212	96	370	203
湖 南	Hunan		6	207	203	735	651
广 东	Guangdong	374	1836	4964	5127	5290	8362
广 西	Guangxi			14	13	7	18
海 南	Hainan			2		2	2
重 庆	Chongqing			48	76	31	112
四 川	Sichuan		3	8	13	25	11
贵 州	Guizhou						
云 南	Yunnan		1	18	23	16	10
西 藏	Tibet						
陕 西	Shaanxi			13	28	29	57
甘 肃	Gansu						
青 海	Qinghai						
宁 夏	Ningxia			62	8	7	7
新 疆	Xinjiang						

2-1-11 续表 5 continued

地 区	Region	有效发明专利数（件） Number of Patents In Force (piece)					
		2000	2005	2013	2014	2015	2016
全 国	**Total**	**265**	**719**	**12150**	**16309**	**25685**	**29709**
东部地区	Eastern Region	258	705	11597	15152	24317	28445
中部地区	Middle Region	2	5	351	898	1065	827
西部地区	Western Region	2	5	105	137	166	238
东北地区	Northeastern Region	3	4	97	122	137	199
北 京	Beijing	4	61	1639	2523	3263	4546
天 津	Tianjin			15	116	110	259
河 北	Hebei			303	339	328	306
山 西	Shanxi			1	2	4	8
内蒙古	Inner Mongolia			3	3	14	15
辽 宁	Liaoning	3	4	79	92	94	107
吉 林	Jilin			9	12	14	18
黑龙江	Heilongjiang			9	18	29	74
上 海	Shanghai	13	11	693	1905	2454	1439
江 苏	Jiangsu		113	1923	2113	3167	4357
浙 江	Zhejiang	8	17	2357	2940	3432	3700
安 徽	Anhui			140	119	14	59
福 建	Fujian	1	104	313	384	503	653
江 西	Jiangxi			13	20	11	18
山 东	Shandong	2	2	90	126	241	299
河 南	Henan	2	4	23	31	55	143
湖 北	Hubei			80	120	183	376
湖 南	Hunan		1	94	606	798	223
广 东	Guangdong	230	397	4251	4690	10803	12863
广 西	Guangxi			27	14	14	45
海 南	Hainan			13	16	16	23
重 庆	Chongqing			25	33	24	28
四 川	Sichuan	2	4	39	34	35	51
贵 州	Guizhou						
云 南	Yunnan		1	3	10	11	16
西 藏	Tibet						
陕 西	Shaanxi			6	4	27	42
甘 肃	Gansu						
青 海	Qinghai						
宁 夏	Ningxia			2	39	41	41
新 疆	Xinjiang						

2-1-11 续表 6 continued

地区	Region	技术改造经费支出（万元） Expenditure for Technical Renovation (10000 yuan)					
		2000	2005	2013	2014	2015	2016
全 国	**Total**	**42477**	**128312**	**476872**	**199632**	**374340**	**581717**
东部地区	Eastern Region	39184	106927	429296	148835	275859	377928
中部地区	Middle Region	2600	9432	34615	26599	66963	192870
西部地区	Western Region	475	463	10890	20798	29749	9034
东北地区	Northeastern Region	218	11490	2072	3400	1770	1886
北 京	Beijing	328	44				
天 津	Tianjin	105				52	
河 北	Hebei	50		2124	1827	1974	2537
山 西	Shanxi		125				
内蒙古	Inner Mongolia					17959	3034
辽 宁	Liaoning	21	1162	1189	2200	1770	1886
吉 林	Jilin		10093				
黑龙江	Heilongjiang	197	235	883	1200		
上 海	Shanghai	3722	9213	7146	4968	1155	1563
江 苏	Jiangsu	3333	13393	308930	71238	153823	154059
浙 江	Zhejiang	4338	13751	15325	5802	18754	1338
安 徽	Anhui		259	13072	6993	3603	7528
福 建	Fujian	11447	21203	26368	13367	23028	84084
江 西	Jiangxi		160			1	274
山 东	Shandong	2000	9730	6523	1487	4083	4296
河 南	Henan	2500	6353	3500	3600	3900	
湖 北	Hubei	100	1103	1473			
湖 南	Hunan		1432	16570	16006	59459	185068
广 东	Guangdong	13562	39593	60895	49917	70634	130051
广 西	Guangxi			2251	7316	4683	
海 南	Hainan	300		1985	231	2356	
重 庆	Chongqing		263	4803	3642	255	23
四 川	Sichuan	475			9788	6853	5565
贵 州	Guizhou						
云 南	Yunnan			3288			413
西 藏	Tibet						
陕 西	Shaanxi		200				
甘 肃	Gansu						
青 海	Qinghai						
宁 夏	Ningxia			548	52		
新 疆	Xinjiang						

2-1-11 续表 7 continued

地　区	Region	引进技术经费支出（万元） Expenditure for Acquisition of Foreign Technology (10000 yuan)					
		2000	2005	2013	2014	2015	2016
全　国	**Total**	**20698**	**129886**	**127709**	**134621**	**86627**	**36529**
东部地区	Eastern Region	17966	129886	127593	134275	86431	36529
中部地区	Middle Region	2650		46		2	
西部地区	Western Region				296	124	
东北地区	Northeastern Region	82		70	50	70	
北　京	Beijing		239	9	538	483	803
天　津	Tianjin		28534	18971	15260	16074	9007
河　北	Hebei	350		294	2339	2973	2542
山　西	Shanxi						
内蒙古	Inner Mongolia						
辽　宁	Liaoning	82		70	50	70	
吉　林	Jilin						
黑龙江	Heilongjiang						
上　海	Shanghai	4343	15737	11635	5806	4597	4701
江　苏	Jiangsu	1892	2845	42592	71796	45243	12023
浙　江	Zhejiang	381	51	1485	2873		
安　徽	Anhui						
福　建	Fujian	7761	9479	42598	16494	8184	2562
江　西	Jiangxi					2	
山　东	Shandong		300	300	966	165	246
河　南	Henan	2450					
湖　北	Hubei	200					
湖　南	Hunan			46			
广　东	Guangdong	3239	72702	9710	18203	8711	4646
广　西	Guangxi						
海　南	Hainan						
重　庆	Chongqing				98		
四　川	Sichuan				198	124	
贵　州	Guizhou						
云　南	Yunnan						
西　藏	Tibet						
陕　西	Shaanxi						
甘　肃	Gansu						
青　海	Qinghai						
宁　夏	Ningxia						
新　疆	Xinjiang						

2-1-11　续表 8　continued

地　区	Region	消化吸收经费支出（万元） Expenditure for Assimilation of Technology (10000 yuan)					
		2000	2005	2013	2014	2015	2016
全　国	**Total**	**689**	**51254**	**24473**	**14816**	**19579**	**11453**
东部地区	Eastern Region	664	50988	24243	14519	16227	5652
中部地区	Middle Region	10	166	230	203	3257	5455
西部地区	Western Region				84	95	
东北地区	Northeastern Region	15	100		10		346
北　京	Beijing						
天　津	Tianjin						
河　北	Hebei	18		4118	4118	3287	2865
山　西	Shanxi						
内蒙古	Inner Mongolia						
辽　宁	Liaoning	15			10		346
吉　林	Jilin						
黑龙江	Heilongjiang		100				
上　海	Shanghai	124	3645	7240	4170		
江　苏	Jiangsu	326	82	1227	266	1800	834
浙　江	Zhejiang	20		124	110		
安　徽	Anhui				3	3257	5455
福　建	Fujian	173	1857	7012	1108	5626	1284
江　西	Jiangxi						
山　东	Shandong		300	70	976	483	558
河　南	Henan		166	200	200		
湖　北	Hubei	10					
湖　南	Hunan			30			
广　东	Guangdong	3	45104	4453	3771	5031	110
广　西	Guangxi						
海　南	Hainan						
重　庆	Chongqing						
四　川	Sichuan				84	95	
贵　州	Guizhou						
云　南	Yunnan						
西　藏	Tibet						
陕　西	Shaanxi						
甘　肃	Gansu						
青　海	Qinghai						
宁　夏	Ningxia						
新　疆	Xinjiang						

2-1-11 续表 9 continued

地 区	Region	购买国内技术经费支出（万元） Expenditure on Purchase of Domestic Technology (10000 yuan)					
		2000	2005	2013	2014	2015	2016
全 国	**Total**	**4047**	**13067**	**89113**	**56672**	**41052**	**31491**
东部地区	Eastern Region	3692	12789	88937	56460	37862	27793
中部地区	Middle Region	235	178	176	200	2364	3538
西部地区	Western Region				12	826	160
东北地区	Northeastern Region	120	100				
北 京	Beijing			443	443		
天 津	Tianjin					10	
河 北	Hebei			3921	5860	3329	3258
山 西	Shanxi	135					15
内 蒙 古	Inner Mongolia						160
辽 宁	Liaoning						
吉 林	Jilin	120					
黑 龙 江	Heilongjiang		100				
上 海	Shanghai	39			5268	270	200
江 苏	Jiangsu	180	84	1957	7214	6673	3760
浙 江	Zhejiang	453	100	871	1212	378	1802
安 徽	Anhui					2362	3223
福 建	Fujian	340	4917	48953	28841	23386	13096
江 西	Jiangxi					2	
山 东	Shandong	2330	200	27720	5088	1932	4087
河 南	Henan						
湖 北	Hubei	100	178				
湖 南	Hunan			176	200		300
广 东	Guangdong	350	7487	4673	2534	1885	1589
广 西	Guangxi						
海 南	Hainan			400			
重 庆	Chongqing					548	
四 川	Sichuan				12	15	
贵 州	Guizhou						
云 南	Yunnan					263	
西 藏	Tibet						
陕 西	Shaanxi						
甘 肃	Gansu						
青 海	Qinghai						
宁 夏	Ningxia						
新 疆	Xinjiang						

2-1-11 续表 10 continued

地 区	Region	研发机构数（个） Number of R&D Institutions in Enterprises (unit)					
		2000	2005	2013	2014	2015	2016
全 国	**Total**	**74**	**177**	**696**	**694**	**857**	**1012**
东部地区	Eastern Region	64	156	624	630	775	927
中部地区	Middle Region	6	13	38	38	44	48
西部地区	Western Region	2	4	24	20	30	27
东北地区	Northeastern Region	2	4	10	6	8	10
北 京	Beijing	4	2	10	14	14	15
天 津	Tianjin	2	1	5	4	11	10
河 北	Hebei	1		5	5	5	1
山 西	Shanxi	2	2	1	1		1
内 蒙 古	Inner Mongolia			1	1	2	3
辽 宁	Liaoning	1	2	6	2	4	4
吉 林	Jilin	1	2	1	1	2	3
黑 龙 江	Heilongjiang			3	3	2	3
上 海	Shanghai	6	9	19	28	27	21
江 苏	Jiangsu	4	19	284	272	303	314
浙 江	Zhejiang	5	12	49	52	49	58
安 徽	Anhui	1	1	6	4	7	9
福 建	Fujian	6	16	36	35	30	37
江 西	Jiangxi		1	7	9	11	9
山 东	Shandong	4	4	8	10	9	12
河 南	Henan	2	4	13	16	15	17
湖 北	Hubei	1	2	4	2	4	5
湖 南	Hunan		3	7	6	7	7
广 东	Guangdong	30	92	207	209	326	458
广 西	Guangxi			4	3	2	1
海 南	Hainan	2	1	1	1	1	1
重 庆	Chongqing		1	12	9	10	9
四 川	Sichuan	2	1	1	3	11	9
贵 州	Guizhou						
云 南	Yunnan		2	3	3	4	4
西 藏	Tibet						
陕 西	Shaanxi			2		1	1
甘 肃	Gansu						
青 海	Qinghai						
宁 夏	Ningxia			1	1		
新 疆	Xinjiang						

2-1-11 续表 11 continued

地 区	Region	机构人员（人） Personnel in the R&D Institutions (person)					
		2000	2005	2013	2014	2015	2016
全 国	**Total**	**6846**	**21584**	**74388**	**78980**	**108528**	**123220**
东部地区	Eastern Region	6479	20907	66557	70179	95500	107787
中部地区	Middle Region	205	458	5980	7151	10569	13120
西部地区	Western Region	16	86	1168	1209	1962	1634
东北地区	Northeastern Region	146	133	683	441	497	679
北 京	Beijing	1628	16	2176	3312	3007	3114
天 津	Tianjin	23	25	1934	2485	3137	1365
河 北	Hebei	326		1394	1613	1845	1368
山 西	Shanxi	23	18	271	262		90
内蒙古	Inner Mongolia			19	20	58	142
辽 宁	Liaoning	136	75	400	120	277	321
吉 林	Jilin	10	58	50	50	115	168
黑龙江	Heilongjiang			233	271	105	190
上 海	Shanghai	266	523	3766	2516	3200	3439
江 苏	Jiangsu	190	2051	22050	19234	21686	21580
浙 江	Zhejiang	141	400	7463	10115	12227	13402
安 徽	Anhui	28	5	276	262	898	1183
福 建	Fujian	544	2646	4892	5743	4305	7184
江 西	Jiangxi		6	370	447	632	355
山 东	Shandong	306	303	530	542	288	635
河 南	Henan	99	78	3384	4690	5406	6170
湖 北	Hubei	55	76	905	328	411	682
湖 南	Hunan		275	774	1162	3222	4640
广 东	Guangdong	3033	14917	22191	24544	45706	55573
广 西	Guangxi			348	327	255	240
海 南	Hainan	22	26	161	75	99	127
重 庆	Chongqing		13	374	389	1080	874
四 川	Sichuan	16	41	90	138	205	122
贵 州	Guizhou						
云 南	Yunnan		32	151	212	356	248
西 藏	Tibet						
陕 西	Shaanxi			81		8	8
甘 肃	Gansu						
青 海	Qinghai						
宁 夏	Ningxia			105	123		
新 疆	Xinjiang						

2-1-11 续表 12 continued

地 区	Region	机构经费支出（万元） Expenditure in the R&D Institutions (10000 yuan)					
		2000	2005	2013	2014	2015	2016
全 国	**Total**	**142452**	**314620**	**1888652**	**2165082**	**2819047**	**3033710**
东部地区	Eastern Region	133988	298301	1751336	2035901	2491518	2754862
中部地区	Middle Region	8047	13154	93240	90889	287643	215560
西部地区	Western Region	60	1298	26863	34252	27093	35738
东北地区	Northeastern Region	357	1868	17213	4040	12793	27550
北 京	Beijing	71514	52	131077	186719	226668	233012
天 津	Tianjin	70	311	2701	53482	102432	31502
河 北	Hebei	1109		35359	46836	47930	45329
山 西	Shanxi	88	55	1540	1400		1362
内蒙古	Inner Mongolia			2400	10950	3034	14858
辽 宁	Liaoning	237	1362	15172	1950	10584	11077
吉 林	Jilin	120	506	184	245	616	13722
黑龙江	Heilongjiang			1858	1845	1593	2752
上 海	Shanghai	5353	9404	105153	122871	119483	176987
江 苏	Jiangsu	4416	30307	529791	508841	549335	593107
浙 江	Zhejiang	1531	6047	285924	328180	349367	469985
安 徽	Anhui	79	72	17943	12284	50775	66778
福 建	Fujian	12226	70337	172765	162212	190602	214544
江 西	Jiangxi		168	5336	6928	8367	7389
山 东	Shandong	6182	6042	30137	30220	29997	28579
河 南	Henan	7720	8175	40898	50159	67532	73335
湖 北	Hubei	160	1828	12659	6513	8902	25946
湖 南	Hunan		2857	14865	13605	152068	40751
广 东	Guangdong	31446	175632	455579	593040	872278	961805
广 西	Guangxi			6143	6513	2801	2347
海 南	Hainan	142	168	2849	3499	3426	11
重 庆	Chongqing		92	8282	6006	15261	12534
四 川	Sichuan	60	1000	303	697	763	604
贵 州	Guizhou						
云 南	Yunnan		206	7707	8878	5233	5393
西 藏	Tibet						
陕 西	Shaanxi			429		2	2
甘 肃	Gansu						
青 海	Qinghai						
宁 夏	Ningxia			1600	1208		
新 疆	Xinjiang						

2-1-12 各地区大中型外资企业R&D及相关活动情况

Statistics on R&D and Related Activities of Foreign Funded Enterprises in Large and Medium-sized Enterprises by Region

地区	Region	R&D人员折合全时当量（人年） Full-time Equivalent of R&D Personnel (man-year)					
		2000	2005	2013	2014	2015	2016
全国	**Total**	**9375**	**33860**	**116260**	**108139**	**92417**	**91917**
东部地区	Eastern Region	6938	31656	110700	102366	85405	83815
中部地区	Middle Region	183	118	2181	2506	2152	3969
西部地区	Western Region	1123	506	1442	1211	2700	3133
东北地区	Northeastern Region	1131	1579	1936	2056	2160	1000
北京	Beijing	55	2046	3428	2387	2194	2146
天津	Tianjin	873	1546	3089	2595	2466	2019
河北	Hebei	6	81	652	708	1473	835
山西	Shanxi			76	105	34	1594
内蒙古	Inner Mongolia						
辽宁	Liaoning	1091	1076	60	105	343	204
吉林	Jilin	27		48	31	73	13
黑龙江	Heilongjiang	13	503	1829	1920	1744	783
上海	Shanghai	3006	4991	9489	8889	8137	8645
江苏	Jiangsu	645	9975	28183	31026	28413	28939
浙江	Zhejiang		2902	6457	6691	5623	5497
安徽	Anhui	48	62	360	430	261	326
福建	Fujian	171	1814	10138	10475	7082	5806
江西	Jiangxi			387	384	743	768
山东	Shandong	151	638	9680	9589	8291	8807
河南	Henan		56	663	998	601	763
湖北	Hubei	135		446	416	309	346
湖南	Hunan			250	173	206	173
广东	Guangdong	2028	7664	39349	29804	21552	20929
广西	Guangxi	4		24	2	28	7
海南	Hainan			235	203	175	192
重庆	Chongqing	414	5	277	241	872	900
四川	Sichuan	160	144	632	489	467	730
贵州	Guizhou	13	14	122	101	35	62
云南	Yunnan	17	32	100	61	59	45
西藏	Tibet						
陕西	Shaanxi	493	311	288	317	1173	1275
甘肃	Gansu	25					
青海	Qinghai						16
宁夏	Ningxia						
新疆	Xinjiang					66	98

2-1-12 续表 1 continued

地 区	Region	R&D经费内部支出（万元） Intramural Expenditure on R&D (10000 yuan)					
		2000	2005	2013	2014	2015	2016
全 国	**Total**	**202661**	**1019163**	**3517391**	**3528319**	**3533911**	**3509217**
东部地区	Eastern Region	179037	979268	3329372	3381339	3218925	3148543
中部地区	Middle Region	5225	1520	93992	64422	84339	110099
西部地区	Western Region	13473	7955	57355	48457	190843	222271
东北地区	Northeastern Region	4926	30420	36672	34102	39804	28304
北 京	Beijing	3826	50356	172897	116109	224557	162798
天 津	Tianjin	35904	48177	168171	117256	111568	89622
河 北	Hebei	27	1599	23059	22097	51597	26040
山 西	Shanxi			1846	5548	2149	31403
内 蒙 古	Inner Mongolia						
辽 宁	Liaoning	4866	24242	7081	5705	21597	13227
吉 林	Jilin	32		445	2066	640	403
黑 龙 江	Heilongjiang	28	6178	29146	26332	17568	14674
上 海	Shanghai	94533	255992	456134	483985	463921	439148
江 苏	Jiangsu	10874	195222	826560	940548	879995	952223
浙 江	Zhejiang		120955	145567	165707	198752	211085
安 徽	Anhui	631	239	11175	6726	4998	9040
福 建	Fujian	3726	46036	267497	270083	247682	200246
江 西	Jiangxi			7660	10597	29552	30991
山 东	Shandong	4009	50122	269547	291382	278325	319875
河 南	Henan		1281	11851	9754	9055	12284
湖 北	Hubei	4594		25360	28658	29096	20559
湖 南	Hunan			36099	3139	9489	5821
广 东	Guangdong	26121	210810	990053	968794	756927	743247
广 西	Guangxi	17		350	1823	2644	233
海 南	Hainan			9886	5378	5602	4260
重 庆	Chongqing	1469	65	31675	16889	29158	27870
四 川	Sichuan	658	509	16502	19128	28241	40166
贵 州	Guizhou	24	150	2559	1285	757	925
云 南	Yunnan	74	354	1843	2013	2116	500
西 藏	Tibet						
陕 西	Shaanxi	11136	6878	4426	7318	123032	145472
甘 肃	Gansu	112					
青 海	Qinghai						21
宁 夏	Ningxia						
新 疆	Xinjiang					4896	7084

2-1-12 续表 2 continued

地 区	Region	新产品开发经费支出（万元）Expenditure on New Products Development (10000 yuan)					
		2000	2005	2013	2014	2015	2016
全 国	**Total**	**222028**	**1216386**	**4488169**	**4664762**	**4271899**	**4635928**
东部地区	Eastern Region	205214	1168024	4223110	4416452	3922113	4275542
中部地区	Middle Region	5524	10870	101572	77042	88365	103447
西部地区	Western Region	11214	5615	87269	92582	195681	223942
东北地区	Northeastern Region	76	31877	76218	78686	65740	32997
北 京	Beijing	4064	53072	222982	184526	262555	200505
天 津	Tianjin	40538	46656	163759	114075	98069	85116
河 北	Hebei		3724	13459	16763	45345	21046
山 西	Shanxi		110	64	2339	2680	1219
内蒙古	Inner Mongolia						
辽 宁	Liaoning	27	25958	45703	45785	53343	20745
吉 林	Jilin	32	40	894	1382	640	1655
黑龙江	Heilongjiang	17	5879	29621	31519	11757	10596
上 海	Shanghai	111550	239418	643056	692756	716708	685864
江 苏	Jiangsu	18905	295576	1388565	1412663	1222642	1487019
浙 江	Zhejiang	1303	124222	164897	168598	214321	230895
安 徽	Anhui	296	464	16559	11516	7751	12470
福 建	Fujian	3726	63583	272568	257347	239389	193525
江 西	Jiangxi			7389	14408	30938	38295
山 东	Shandong	4730	54899	275612	307683	269206	307152
河 南	Henan		1292	10423	9281	7149	10597
湖 北	Hubei	5228	93	32393	31474	29124	37651
湖 南	Hunan		8911	34743	8024	10723	3216
广 东	Guangdong	20345	286875	1066508	1255267	848549	1058949
广 西	Guangxi	55		365	2588	2976	233
海 南	Hainan			11705	6773	5329	5471
重 庆	Chongqing	1049	65	39745	26411	29785	29435
四 川	Sichuan	1496	726	15404	16596	33752	40220
贵 州	Guizhou	28	150	1973	1604	1074	2066
云 南	Yunnan	74	354	1545	2013	2116	538
西 藏	Tibet						
陕 西	Shaanxi	8558	4316	28238	43370	124950	147315
甘 肃	Gansu	11					
青 海	Qinghai		5				366
宁 夏	Ningxia						
新 疆	Xinjiang					1030	3768

2-1-12 续表 3 continued

地 区	Region	新产品销售收入（万元） Sales Revenue of New Products (10000 yuan)					
		2000	2005	2013	2014	2015	2016
全 国	**Total**	**10270862**	**27716836**	**121378698**	**114338658**	**99492422**	**101958315**
东部地区	Eastern Region	10111817	27468611	117481591	109345059	92294043	94575290
中部地区	Middle Region	62398	26796	3145071	1068486	1567103	1799395
西部地区	Western Region	92282	78491	486321	3749377	5415446	5277792
东北地区	Northeastern Region	4365	142937	265715	175736	215830	305838
北 京	Beijing	1911777	775229	5237676	3577162	877676	785177
天 津	Tianjin	2489541	8576670	15119701	13302143	11912989	10208371
河 北	Hebei		37423	461258	471211	664869	372689
山 西	Shanxi		5102	136792	217748		
内 蒙 古	Inner Mongolia						
辽 宁	Liaoning	3035	12541	88189	7421	10377	50120
吉 林	Jilin	1327		25483		24854	
黑 龙 江	Heilongjiang	3	130396	152043	168315	180599	255718
上 海	Shanghai	2460277	7597266	4150848	5257520	5061824	5238844
江 苏	Jiangsu	1346817	2518154	34146864	33754731	34276582	37860532
浙 江	Zhejiang	10003	490531	3140632	3311000	4962721	5338250
安 徽	Anhui	21396		55635	69525	64236	394356
福 建	Fujian	676232	1184060	6203108	5286354	3463659	2923891
江 西	Jiangxi			153583	177293	611067	712048
山 东	Shandong	58096	183894	3249559	2914866	8422995	8878463
河 南	Henan		16740	69670	94345	81857	78851
湖 北	Hubei	41003	3734	407111	419894	425528	480796
湖 南	Hunan		1221	2322280	89682	384415	133344
广 东	Guangdong	1157513	6105385	45738096	41467729	22647228	22965710
广 西	Guangxi	1562		18185	17527	12073	6361
海 南	Hainan			33848	2343	3499	3364
重 庆	Chongqing	16549	313	99774	2783990	4237988	4810032
四 川	Sichuan	30	31406	104846	168111	334882	163486
贵 州	Guizhou	929		90866	95501		
云 南	Yunnan				372	866	
西 藏	Tibet						
陕 西	Shaanxi	74622	45473	172651	683877	829637	164493
甘 肃	Gansu	152					
青 海	Qinghai		1300				3120
宁 夏	Ningxia						
新 疆	Xinjiang						130300

2-1-12 续表 4 continued

地 区	Region	专利申请数（件） Patent Applications (piece)					
		2000	2005	2013	2014	2015	2016
全 国	**Total**	**131**	**2833**	**23839**	**24094**	**19303**	**17933**
东部地区	Eastern Region	97	2495	23040	23353	18384	17096
中部地区	Middle Region	2	8	233	216	278	414
西部地区	Western Region	29	56	283	343	301	268
东北地区	Northeastern Region	3	274	283	182	340	155
北 京	Beijing		303	1542	649	360	341
天 津	Tianjin	6	88	243	233	148	116
河 北	Hebei		19	21	46	63	60
山 西	Shanxi			2	2		5
内 蒙 古	Inner Mongolia						
辽 宁	Liaoning	3	256	192	84	272	123
吉 林	Jilin			5	9	12	
黑 龙 江	Heilongjiang		18	86	89	56	32
上 海	Shanghai	42	910	2579	3075	2309	2122
江 苏	Jiangsu	3	124	2952	5115	3184	3536
浙 江	Zhejiang	3	171	744	873	973	1040
安 徽	Anhui			20	25	40	70
福 建	Fujian		96	1068	1114	913	535
江 西	Jiangxi			41	72	78	90
山 东	Shandong	4	278	422	392	439	559
河 南	Henan		6	46	44	9	106
湖 北	Hubei	2		108	54	147	133
湖 南	Hunan		2	16	19	4	10
广 东	Guangdong	38	506	13461	11853	9993	8771
广 西	Guangxi	1		8	22	1	
海 南	Hainan			8	3	2	16
重 庆	Chongqing			64	72	40	70
四 川	Sichuan	2	1	181	209	180	124
贵 州	Guizhou	25	5	2	4	17	10
云 南	Yunnan	1	6	3	1	2	2
西 藏	Tibet						
陕 西	Shaanxi	1	44	25	35	29	17
甘 肃	Gansu						
青 海	Qinghai					11	32
宁 夏	Ningxia						
新 疆	Xinjiang					21	13

2-1-12 续表 5 continued

地 区	Region	有效发明专利数（件） Number of Patents In Force (piece)					
		2000	2005	2013	2014	2015	2016
全 国	**Total**	**170**	**1194**	**21084**	**23059**	**24414**	**30907**
东部地区	Eastern Region	134	1129	20251	21531	23214	28984
中部地区	Middle Region	2	4	261	306	293	727
西部地区	Western Region	33	57	323	1030	484	867
东北地区	Northeastern Region	1	4	249	192	423	329
北 京	Beijing		122	1604	964	1283	1305
天 津	Tianjin		37	104	256	219	252
河 北	Hebei		2	68	76	80	79
山 西	Shanxi			2	5	2	69
内 蒙 古	Inner Mongolia						
辽 宁	Liaoning			158	98	277	172
吉 林	Jilin	1					
黑 龙 江	Heilongjiang		4	91	94	146	157
上 海	Shanghai	87	179	1880	2506	3278	4060
江 苏	Jiangsu		144	2550	3869	4602	5555
浙 江	Zhejiang	28	12	409	572	685	691
安 徽	Anhui			24	32	33	200
福 建	Fujian		302	1251	1544	1383	2319
江 西	Jiangxi			82	105	97	180
山 东	Shandong	2	68	697	1104	936	1433
河 南	Henan		1	17	40	13	72
湖 北	Hubei	2		124	113	137	175
湖 南	Hunan		3	12	11	11	31
广 东	Guangdong	16	263	11685	10630	10738	13253
广 西	Guangxi	1		19	1	19	
海 南	Hainan			3	10	10	37
重 庆	Chongqing			93	114	41	33
四 川	Sichuan	7		123	719	243	700
贵 州	Guizhou	20	31	28	84	78	30
云 南	Yunnan	2	4	9	20	10	5
西 藏	Tibet						
陕 西	Shaanxi	4	22	51	92	86	82
甘 肃	Gansu						
青 海	Qinghai					2	3
宁 夏	Ningxia						
新 疆	Xinjiang					5	14

2-1-12 续表 6 continued

地区	Region	技术改造经费支出（万元） Expenditure for Technical Renovation (10000 yuan)					
		2000	2005	2013	2014	2015	2016
全国	**Total**	**80420**	**278819**	**323658**	**288395**	**403944**	**302878**
东部地区	Eastern Region	65237	251858	295220	265254	367118	290115
中部地区	Middle Region	405	3530	4932	4501	5091	2359
西部地区	Western Region	13846	3631	5678	7795	27996	10299
东北地区	Northeastern Region	932	19801	17828	10845	3740	105
北京	Beijing	2	331	3708	333		
天津	Tianjin	848	26132	116	348	17	47
河北	Hebei		181	17146	11344	9154	2712
山西	Shanxi		800	422			
内蒙古	Inner Mongolia						
辽宁	Liaoning	930	640				
吉林	Jilin	2					
黑龙江	Heilongjiang		19161	17828	10845	3740	105
上海	Shanghai	37385	36715	26197	15773	36114	4750
江苏	Jiangsu	6502	86097	118001	100418	127742	96454
浙江	Zhejiang	90	18092	17899	14359	42139	18360
安徽	Anhui	405		222	316	355	
福建	Fujian	1358	2999	73814	42906	38208	9315
江西	Jiangxi		20		1580	3437	1775
山东	Shandong	5813	22400	18148	36100	39825	62352
河南	Henan		2710	1383	959	89	
湖北	Hubei			1189	989	266	
湖南	Hunan			1716	657	944	584
广东	Guangdong	13240	58911	19790	42253	73859	95764
广西	Guangxi			150	165	78	
海南	Hainan			402	1421	58	362
重庆	Chongqing		2500		75	10509	2068
四川	Sichuan	10030	139	4513	5345	12398	1602
贵州	Guizhou						
云南	Yunnan		2	112	826	594	307
西藏	Tibet						
陕西	Shaanxi	3759	990	903	1384	3023	2452
甘肃	Gansu	11					
青海	Qinghai						
宁夏	Ningxia						
新疆	Xinjiang	47				1394	3870

2-1-12 续表 7 continued

地区	Region	引进技术经费支出（万元） Expenditure for Acquisition of Foreign Technology (10000 yuan)					
		2000	2005	2013	2014	2015	2016
全国	**Total**	**213961**	**622099**	**271601**	**257612**	**160264**	**155108**
东部地区	Eastern Region	206988	621734	269171	255347	143614	138860
中部地区	Middle Region	6523		2332	60	16583	16248
西部地区	Western Region	450		98	2205	67	
东北地区	Northeastern Region		366				
北京	Beijing	702	24778	67761	48873	40099	37214
天津	Tianjin	1398	216953	22706	22967	27954	21731
河北	Hebei						
山西	Shanxi						
内蒙古	Inner Mongolia						
辽宁	Liaoning						
吉林	Jilin						
黑龙江	Heilongjiang		366				
上海	Shanghai	147477	125685	23727	22349	10502	10620
江苏	Jiangsu	13865	160340	83336	87565	59863	59296
浙江	Zhejiang	22	3022	402	1191	852	
安徽	Anhui						
福建	Fujian	1910	8360	19000	16491	2205	1663
江西	Jiangxi						
山东	Shandong	1200	906	9918	2464	1426	
河南	Henan			428	60		234
湖北	Hubei	6523		1904		16583	16014
湖南	Hunan						
广东	Guangdong	40414	81690	42321	53189	713	8336
广西	Guangxi						
海南	Hainan				258		
重庆	Chongqing	50		43	96	67	
四川	Sichuan	400			2109		
贵州	Guizhou						
云南	Yunnan			55			
西藏	Tibet						
陕西	Shaanxi						
甘肃	Gansu						
青海	Qinghai						
宁夏	Ningxia						
新疆	Xinjiang						

2-1-12 续表 8 continued

地 区	Region	消化吸收经费支出（万元） Expenditure for Assimilation of Technology (10000 yuan)					
		2000	2005	2013	2014	2015	2016
全 国	**Total**	**11736**	**192020**	**20669**	**48305**	**36940**	**20215**
东部地区	Eastern Region	11408	189280	20642	45690	36894	20215
中部地区	Middle Region	327		1	2361		
西部地区	Western Region	1	340	26	254	46	
东北地区	Northeastern Region		2400				
北 京	Beijing	4501	86	150	105		
天 津	Tianjin	749	157640			455	
河 北	Hebei	29		573	673		
山 西	Shanxi						
内 蒙 古	Inner Mongolia						
辽 宁	Liaoning						
吉 林	Jilin						
黑 龙 江	Heilongjiang		2400				
上 海	Shanghai	1460	5657	6113	28114	30648	15553
江 苏	Jiangsu	534	2479	6183	7428	3633	2937
浙 江	Zhejiang		752	437	295	52	
安 徽	Anhui						
福 建	Fujian	177	5	2444	3064	721	665
江 西	Jiangxi						
山 东	Shandong	600	175	54	689	65	
河 南	Henan				60		
湖 北	Hubei	327		1	2301		
湖 南	Hunan						
广 东	Guangdong	3360	22485	3763	3626	1320	1059
广 西	Guangxi						
海 南	Hainan			926	1698		
重 庆	Chongqing		15		10		
四 川	Sichuan	1	9				
贵 州	Guizhou						
云 南	Yunnan			26			
西 藏	Tibet						
陕 西	Shaanxi		316		244	46	
甘 肃	Gansu						
青 海	Qinghai						
宁 夏	Ningxia						
新 疆	Xinjiang						

2-1-12 续表 9 continued

地 区	Region	购买国内技术经费支出（万元） Expenditure on Purchase of Domestic Technology (10000 yuan)					
		2000	2005	2013	2014	2015	2016
全 国	**Total**	**4379**	**13159**	**30527**	**70542**	**27049**	**34979**
东部地区	Eastern Region	3999	12659	30049	69600	26402	34379
中部地区	Middle Region			128	30		
西部地区	Western Region	380		21	48	327	
东北地区	Northeastern Region		500	329	864	320	600
北 京	Beijing		107				
天 津	Tianjin	27	820		1		9
河 北	Hebei		520	600	2600	2897	313
山 西	Shanxi						
内蒙古	Inner Mongolia						
辽 宁	Liaoning						
吉 林	Jilin						
黑龙江	Heilongjiang		500	329	864	320	600
上 海	Shanghai	2798	101	4624	10	4	
江 苏	Jiangsu	472	4059	12436	19809	21904	31815
浙 江	Zhejiang	2	3953	284		200	130
安 徽	Anhui			20			
福 建	Fujian		2	6561	2410	84	30
江 西	Jiangxi						
山 东	Shandong	600	1142	2230	2313	930	177
河 南	Henan				30		
湖 北	Hubei			108			
湖 南	Hunan						
广 东	Guangdong	100	1956	584	42049	384	95
广 西	Guangxi				18		
海 南	Hainan			2732	408		1811
重 庆	Chongqing				30		
四 川	Sichuan	380					
贵 州	Guizhou						
云 南	Yunnan			21		90	
西 藏	Tibet						
陕 西	Shaanxi					237	
甘 肃	Gansu						
青 海	Qinghai						
宁 夏	Ningxia						
新 疆	Xinjiang						

2-1-12 续表 10 continued

地 区	Region	研发机构数（个） Number of R&D Institutions in Enterprises (unit)					
		2000	2005	2013	2014	2015	2016
全 国	**Total**	**115**	**274**	**927**	**953**	**914**	**1003**
东部地区	Eastern Region	90	241	858	891	859	941
中部地区	Middle Region	3	9	42	34	29	35
西部地区	Western Region	9	9	16	17	15	14
东北地区	Northeastern Region	13	15	11	11	11	13
北 京	Beijing	1	6	35	35	32	20
天 津	Tianjin	7	8	14	8	13	10
河 北	Hebei	1	3	5	5	9	9
山 西	Shanxi		2	1	1	1	1
内 蒙 古	Inner Mongolia						
辽 宁	Liaoning	11	4	3	2	3	1
吉 林	Jilin	1			1		
黑 龙 江	Heilongjiang	1	11	8	8	8	12
上 海	Shanghai	33	35	49	42	38	28
江 苏	Jiangsu	15	48	497	535	453	473
浙 江	Zhejiang	2	34	70	58	57	56
安 徽	Anhui	2	2	8	6	5	11
福 建	Fujian	2	10	31	33	35	27
江 西	Jiangxi			8	8	12	13
山 东	Shandong	5	27	32	30	47	41
河 南	Henan		2	13	11	7	8
湖 北	Hubei	1	1	8	5	2	
湖 南	Hunan		2	4	3	2	2
广 东	Guangdong	24	70	123	143	172	275
广 西	Guangxi			2	1		
海 南	Hainan			2	2	3	2
重 庆	Chongqing	1	1	1	8	3	3
四 川	Sichuan	2	3	4	4	1	3
贵 州	Guizhou	1	1	1			
云 南	Yunnan		1	6	1		1
西 藏	Tibet						
陕 西	Shaanxi	4	2	2	3	4	6
甘 肃	Gansu	1					
青 海	Qinghai		1			4	
宁 夏	Ningxia						
新 疆	Xinjiang					3	1

2-1-12 续表 11 continued

地 区	Region	机构人员（人） Personnel in the R&D Institutions (person)					
		2000	2005	2013	2014	2015	2016
全 国	**Total**	**7173**	**25554**	**112084**	**104736**	**105463**	**113758**
东部地区	Eastern Region	5717	24276	107469	100953	98490	110188
中部地区	Middle Region	53	250	2568	2172	1212	2063
西部地区	Western Region	886	588	965	730	759	860
东北地区	Northeastern Region	517	440	1082	881	5002	647
北 京	Beijing	156	526	4369	3339	2654	1411
天 津	Tianjin	764	863	2186	1204	1777	1549
河 北	Hebei	10	193	643	696	628	625
山 西	Shanxi		20	142	142	125	114
内 蒙 古	Inner Mongolia						
辽 宁	Liaoning	473	82	621	386	4604	121
吉 林	Jilin	32			10		
黑 龙 江	Heilongjiang	12	358	461	485	398	526
上 海	Shanghai	2216	6836	11318	9321	10410	9661
江 苏	Jiangsu	783	4709	45875	47361	39415	38874
浙 江	Zhejiang	40	2073	6708	5856	5882	6289
安 徽	Anhui	23	102	442	155	141	527
福 建	Fujian	79	1519	7806	8161	7835	6541
江 西	Jiangxi			536	464	634	940
山 东	Shandong	239	570	10144	10025	9085	9467
河 南	Henan		61	660	884	186	318
湖 北	Hubei	30	9	622	478	82	
湖 南	Hunan		58	166	49	44	164
广 东	Guangdong	1430	6987	18168	14759	20569	35580
广 西	Guangxi			54	36		
海 南	Hainan			252	231	235	191
重 庆	Chongqing	592	10	40	164	122	116
四 川	Sichuan	123	220	262	198	75	112
贵 州	Guizhou	13	28	180			
云 南	Yunnan		27	138	47		17
西 藏	Tibet						
陕 西	Shaanxi	142	292	291	285	306	313
甘 肃	Gansu	16					
青 海	Qinghai		11			56	
宁 夏	Ningxia						
新 疆	Xinjiang					200	302

2-1-12 续表 12 continued

地 区	Region	机构经费支出（万元） Expenditure in the R&D Institutions (10000 yuan)					
		2000	2005	2013	2014	2015	2016
全 国	**Total**	**148968**	**476070**	**3106750**	**2678219**	**3036584**	**3401702**
东部地区	Eastern Region	141995	464129	3009776	2604437	2959905	3330645
中部地区	Middle Region	198	2225	65833	58379	23282	39693
西部地区	Western Region	4188	3233	10816	8204	5778	15998
东北地区	Northeastern Region	2588	6483	20325	7198	47618	15366
北 京	Beijing	406	9410	155085	118841	215112	111882
天 津	Tianjin	28933	17597	72429	34784	46849	38605
河 北	Hebei	27	1415	20287	18373	22931	25918
山 西	Shanxi		85	6085	7173	944	736
内 蒙 古	Inner Mongolia						
辽 宁	Liaoning	2537	345	9298	5074	31982	2492
吉 林	Jilin	32			200		
黑 龙 江	Heilongjiang	19	6138	11027	1924	15636	12875
上 海	Shanghai	68321	125571	465447	388460	499740	496221
江 苏	Jiangsu	8352	108229	1167440	1111611	1072054	1133720
浙 江	Zhejiang	250	18508	127161	137971	188510	215183
安 徽	Anhui	126	704	14670	5165	2106	12148
福 建	Fujian	2128	27711	235735	224982	215442	133874
江 西	Jiangxi			6751	7954	13609	19622
山 东	Shandong	3295	4962	193432	182287	201762	220473
河 南	Henan		992	8065	8636	3482	5357
湖 北	Hubei	72	185	27895	26777	1488	
湖 南	Hunan		259	2367	2675	1653	1830
广 东	Guangdong	30284	150725	562332	382352	492691	952073
广 西	Guangxi			300	100		
海 南	Hainan			10428	4777	4815	2697
重 庆	Chongqing	1834	65	793	2103	1165	1271
四 川	Sichuan	781	1822	4477	2009	926	1728
贵 州	Guizhou	69	55	1720			
云 南	Yunnan		329	1821	1070		680
西 藏	Tibet						
陕 西	Shaanxi	1322	962	1705	2923	3383	5234
甘 肃	Gansu	182					
青 海	Qinghai		1			300	
宁 夏	Ningxia						
新 疆	Xinjiang					5	7084

2-2-1 按行业分高技术产业R&D人员情况(2016年)
R&D Personnel in High-tech Industry by Industrial Sector(2016)

行　业	Industry	有R&D活动的企业数（个）Number of Enterprises Having R&D Activities (unit)	R&D人员（人）R&D Personnel (person)	#全时人员 Full-time Personnel	#研究人员 Researchers	R&D人员折合全时当量（人年）Full-time Equivalent (man-year)
合计	**Total**	**14830**	**988100**	**778666**	**368683**	**730681**
医药制造业	**Manufacture of Medicines**	**3607**	**187542**	**134885**	**71909**	**130570**
#化学药品制造	Manufacture of Chemical Medicine	1389	93043	67374	36768	66477
中成药生产	Production of Finished Traditional Chinese Herbal Medicine	803	42526	29162	15307	27624
生物药品制造	Manufacture of Biological Medicine	601	27490	20524	11193	20107
航空、航天器及设备制造业	**Manufacture of Aircrafts and Spacecrafts and Related Equipment**	**250**	**50408**	**36627**	**21319**	**37397**
#飞机制造	Manufacture of Airplanes	106	34441	24054	14238	24961
航天器制造	Manufacture of Spacecrafts	19	5679	4275	2619	4721
电子及通信设备制造业	**Manufacture of Electronic Equipment and Communication Equipment**	**7120**	**550907**	**449284**	**199751**	**416806**
#通信设备制造	Manufacture of Communication Equipment	853	179798	156486	75080	148024
#通信系统设备制造	Manufacture of Communication System Equipment	465	120393	105240	57517	107074
通信终端设备制造	Manufacture of Communication Terminal Equipment	388	59405	51246	17563	40950
广播电视设备制造	Manufacture of Broadcasting and TV Equipment	335	18375	14511	6760	13670
雷达及配套设备制造	Manufacture of Radar and Its Fittings	49	7756	6449	3426	5770
视听设备制造	Manufacture of TV Set and Radio Receiver	409	37915	31718	14033	28632
电子器件制造	Manufacture of Electronic Appliances	1598	111151	88418	40227	80484
#电子真空器件制造	Manufacture of Electronic Vacuum Appliance	43	1689	1199	546	1069
半导体分立器件制造	Manufacture of Semiconductor Discreting Appliances	184	9323	6788	2953	6080
集成电路制造	Manufacture of Integrate Circuit	283	28570	23572	12106	22528
电子元件制造	Manufacture of Electronic Components	2409	117593	90048	32205	85007
其他电子设备制造	Manufacture of Other Electronic Equipment	570	32819	27050	12067	24113
计算机及办公设备制造业	**Manufacture of Computers and Office Equipment**	**753**	**67312**	**56222**	**26726**	**49005**
#计算机整机制造	Manufacture of Entired Computer	94	27102	22965	12210	19732
计算机零部件制造	Manufacture of Computer Components and Parts	214	9810	8006	2837	7045
计算机外围设备制造	Manufacture of Computer Peripheral Equipment	221	12002	9840	4297	9178
办公设备制造	Manufacture of Office Equipment	123	6853	5547	2242	3910
医疗仪器设备及仪器仪表制造业	**Manufacture of Medical Equipments and Measuring Instrument**	**2864**	**117227**	**91511**	**44415**	**86292**
1.医疗仪器设备及器械制造	Manufacture of Medical Equipment and Appliance	762	28560	22108	10574	20715
2.仪器仪表制造	Manufacture of Measuring Instrument	2102	88667	69403	33841	65576
信息化学品制造业	**Manufacture of Electronic Chemicals**	**236**	**14704**	**10137**	**4563**	**10612**

注：本表数据口径范围为年主营业务收入2000万元及以上的法人工业企业。以下至2-7-9表相同。

2-2-2 各地区高技术产业R&D人员情况(2016年)
R&D Personnel in High-tech Industry by Region(2016)

地 区	Region	有R&D活动的企业数(个) Number of Enterprises Having R&D Activities (unit)	R&D人员(人) R&D Personnel (person)	#全时人员 Full-time Personnel	#研究人员 Researchers	R&D人员折合全时当量(人年) Full-time Equivalent (man-year)
全 国	**Total**	**14830**	**988100**	**778666**	**368683**	**730681**
东部地区	Eastern Region	10555	716049	574376	265023	551566
中部地区	Middle Region	2464	142124	109432	50770	94699
西部地区	Western Region	1423	104536	75297	41776	67386
东北地区	Northeaastern Region	388	25391	19561	11114	17030
北 京	Beijing	476	29802	24761	13248	23138
天 津	Tianjin	276	24384	19120	9832	17609
河 北	Hebei	240	18512	13978	7217	14151
山 西	Shanxi	67	5161	4054	2170	3774
内蒙古	Inner Mongolia	38	2076	1236	840	1267
辽 宁	Liaoning	185	11762	9364	5431	7653
吉 林	Jilin	108	5385	3945	2096	3123
黑龙江	Heilongjiang	95	8244	6252	3587	6254
上 海	Shanghai	425	34123	28078	14768	28283
江 苏	Jiangsu	3024	147558	111628	47811	115597
浙 江	Zhejiang	1636	85178	66921	30540	69990
安 徽	Anhui	596	27634	21160	10670	19258
福 建	Fujian	503	38588	31972	15474	27895
江 西	Jiangxi	440	17319	13046	5956	8807
山 东	Shandong	904	73479	58400	31902	51955
河 南	Henan	390	29525	22177	10678	21161
湖 北	Hubei	470	30174	23282	12212	21218
湖 南	Hunan	501	32311	25713	9084	20480
广 东	Guangdong	3029	262122	217821	93288	201218
广 西	Guangxi	88	3584	2505	1356	2387
海 南	Hainan	42	2303	1697	943	1731
重 庆	Chongqing	276	15487	11726	5847	10314
四 川	Sichuan	446	35851	27525	15261	21368
贵 州	Guizhou	114	7783	5625	2946	4805
云 南	Yunnan	103	3490	2320	1260	2007
西 藏	Tibet	4	68	54	30	39
陕 西	Shaanxi	248	30793	20679	12144	21725
甘 肃	Gansu	47	2358	1487	1060	1728
青 海	Qinghai	18	341	258	148	221
宁 夏	Ningxia	22	1876	1418	613	1135
新 疆	Xinjiang	19	829	464	271	390

2-2-3 按行业和企业规模分高技术产业R&D人员情况(2016年)

R&D Personnel in High-tech Industry by Industrial Sector and Scale of Enterprises (2016)

行业	Industry	大型企业 Large-size Enterprises				
		有R&D活动的企业数(个) Number of Enterprises Having R&D Activities (unit)	R&D人员(人) R&D Personnel (person)	#全时人员 Full-time Personnel	#研究人员 Researchers	R&D人员折合全时当量(人年) Full-time Equivalent (man-year)
合计	**Total**	**1396**	**507587**	**411024**	**204751**	**394680**
医药制造业	**Manufacture of Medicines**	**266**	**65867**	**47740**	**27874**	**48318**
#化学药品制造	Manufacture of Chemical Medicine	142	39984	28913	17587	29947
中成药生产	Production of Finished Traditional Chinese Herbal Medicine	76	16865	11680	6396	11687
生物药品制造	Manufacture of Biological Medicine	26	3978	2942	1859	3029
航空、航天器及设备制造业	**Manufacture of Aircrafts and Spacecrafts and Related Equipment**	**69**	**40405**	**28709**	**17119**	**30543**
#飞机制造	Manufacture of Airplanes	39	30379	20873	12547	22273
航天器制造	Manufacture of Spacecrafts	10	4313	3168	1904	3691
电子及通信设备制造业	**Manufacture of Electronic Equipment and Communication Equipment**	**808**	**323853**	**272157**	**127426**	**257393**
#通信设备制造	Manufacture of Communication Equipment	125	144986	127790	62346	122727
#通信系统设备制造	Manufacture of Communication System Equipment	57	100872	89315	50105	92465
通信终端设备制造	Manufacture of Communication Terminal Equipment	68	44114	38475	12241	30262
广播电视设备制造	Manufacture of Broadcasting and TV Equipment	25	6468	5423	2647	5249
雷达及配套设备制造	Manufacture of Radar and Its Fittings	11	5400	4598	2520	4312
视听设备制造	Manufacture of TV Set and Radio Receiver	65	25249	21693	10383	19801
电子器件制造	Manufacture of Electronic Appliances	208	60382	48101	23252	45388
#电子真空器件制造	Manufacture of Electronic Vacuum Appliance	1	167	125	63	29
半导体分立器件制造	Manufacture of Semiconductor Discreting Appliances	22	3893	2810	1171	2353
集成电路制造	Manufacture of Integrate Circuit	44	16664	13689	7346	13488
电子元件制造	Manufacture of Electronic Components	265	50527	39176	14305	37372
其他电子设备制造	Manufacture of Other Electronic Equipment	39	13489	11640	5068	10283
计算机及办公设备制造业	**Manufacture of Computers and Office Equipment**	**118**	**43767**	**36844**	**18892**	**32275**
#计算机整机制造	Manufacture of Entired Computer	30	24285	20601	11142	17679
计算机零部件制造	Manufacture of Computer Components and Parts	34	3973	3206	1072	2955
计算机外围设备制造	Manufacture of Computer Peripheral Equipment	28	5273	4397	2076	4336
办公设备制造	Manufacture of Office Equipment	12	3371	2748	1211	1483
医疗仪器设备及仪器仪表制造业	**Manufacture of Medical Equipments and Measuring Instrument**	**101**	**26169**	**20479**	**11086**	**20384**
1.医疗仪器设备及器械制造	Manufacture of Medical Equipment and Appliance	27	6114	4639	2669	4557
2.仪器仪表制造	Manufacture of Measuring Instrument	74	20055	15840	8417	15827
信息化学品制造业	**Manufacture of Electronic Chemicals**	**34**	**7526**	**5095**	**2354**	**5767**

2-2-3 续表 continued

行 业	Industry	中型企业 Medium-sized Enterprises				
		有R&D活动的企业数（个）Number of Enterprises Having R&D Activities (unit)	R&D人员（人）R&D Personnel (person)	#全时人员 Full-time Personnel	#研究人员 Researchers	R&D人员折合全时当量（人年）Full-time Equivalent (man-year)
合计	**Total**	**4034**	**260863**	**200017**	**89283**	**185568**
医药制造业	**Manufacture of Medicines**	**993**	**64234**	**46407**	**23921**	**43855**
#化学药品制造	Manufacture of Chemical Medicine	453	32266	23386	11990	22528
中成药生产	Production of Finished Traditional Chinese Herbal Medicine	247	13188	8916	4730	8222
生物药品制造	Manufacture of Biological Medicine	134	11589	8903	4673	8345
航空、航天器及设备制造业	**Manufacture of Aircrafts and Spacecrafts and Related Equipment**	**61**	**6968**	**5510**	**3007**	**4753**
#飞机制造	Manufacture of Airplanes	33	3257	2519	1387	2179
航天器制造	Manufacture of Spacecrafts	7	1320	1067	691	1000
电子及通信设备制造业	**Manufacture of Electronic Equipment and Communication Equipment**	**2108**	**131575**	**102486**	**41624**	**94104**
#通信设备制造	Manufacture of Communication Equipment	240	21214	17511	7773	16043
#通信系统设备制造	Manufacture of Communication System Equipment	129	11856	9647	4561	9255
通信终端设备制造	Manufacture of Communication Terminal Equipment	111	9358	7864	3212	6788
广播电视设备制造	Manufacture of Broadcasting and TV Equipment	89	6439	4893	2210	4796
雷达及配套设备制造	Manufacture of Radar and Its Fittings	15	1657	1278	619	971
视听设备制造	Manufacture of TV Set and Radio Receiver	129	7920	6154	2257	5638
电子器件制造	Manufacture of Electronic Appliances	474	29090	22897	9772	20226
#电子真空器件制造	Manufacture of Electronic Vacuum Appliance	13	936	619	288	699
半导体分立器件制造	Manufacture of Semiconductor Discreting Appliances	43	2982	2160	983	2059
集成电路制造	Manufacture of Integrate Circuit	81	6315	5122	2469	4811
电子元件制造	Manufacture of Electronic Components	787	40341	30689	10403	28964
其他电子设备制造	Manufacture of Other Electronic Equipment	141	9679	7705	3502	6996
计算机及办公设备制造业	**Manufacture of Computers and Office Equipment**	**208**	**12663**	**10550**	**4130**	**9437**
#计算机整机制造	Manufacture of Entired Computer	17	1484	1338	552	1231
计算机零部件制造	Manufacture of Computer Components and Parts	67	3685	3048	1158	2752
计算机外围设备制造	Manufacture of Computer Peripheral Equipment	59	3143	2553	992	2363
办公设备制造	Manufacture of Office Equipment	33	1828	1438	561	1219
医疗仪器设备及仪器仪表制造业	**Manufacture of Medical Equipments and Measuring Instrument**	**600**	**41306**	**32269**	**15298**	**30683**
1.医疗仪器设备及器械制造	Manufacture of Medical Equipment and Appliance	170	10889	8505	3782	8155
2.仪器仪表制造	Manufacture of Measuring Instrument	430	30417	23764	11516	22528
信息化学品制造业	**Manufacture of Electronic Chemicals**	**64**	**4117**	**2795**	**1303**	**2736**

2-2-4　按行业分国有及国有控股企业高技术产业R&D人员情况(2016年)

R&D Personnel in High-tech Industry of State-owned and State-controlled Enterprises by Industrial Sector (2016)

行　业	Industry	有R&D活动的企业数(个) Number of Enterprises Having R&D Activities (unit)	R&D人员(人) R&D Personnel (person)	#全时人员 Full-time Personnel	#研究人员 Researchers	R&D人员折合全时当量(人年) Full-time Equivalent (man-year)
合计	**Total**	**1149**	**210604**	**167212**	**96222**	**162194**
医药制造业	**Manufacture of Medicines**	**294**	**28604**	**19482**	**11809**	**21451**
#化学药品制造	Manufacture of Chemical Medicine	139	17110	11866	6993	13043
中成药生产	Production of Finished Traditional Chinese Herbal Medicine	91	6755	4428	2845	5034
生物药品制造	Manufacture of Biological Medicine	40	3057	1963	1363	2185
航空、航天器及设备制造业	**Manufacture of Aircrafts and Spacecrafts and Related Equipment**	**130**	**43783**	**31560**	**19002**	**32574**
#飞机制造	Manufacture of Airplanes	67	31915	22222	13506	23204
航天器制造	Manufacture of Spacecrafts	17	5633	4235	2595	4691
电子及通信设备制造业	**Manufacture of Electronic Equipment and Communication Equipment**	**459**	**96482**	**82206**	**45655**	**76833**
#通信设备制造	Manufacture of Communication Equipment	88	38251	33853	19575	34505
#通信系统设备制造	Manufacture of Communication	66	34945	30956	18040	31629
	System Equipment	22	3306	2897	1535	2876
通信终端设备制造	Manufacture of Communication					
	Terminal Equipment	16	1846	1591	800	1457
广播电视设备制造	Manufacture of Broadcasting and TV					
	Equipment	22	6437	5440	2905	4862
雷达及配套设备制造	Manufacture of Radar and Its Fittings	17	12501	10966	6157	9987
视听设备制造	Manufacture of TV Set and Radio Receiver	155	22532	18588	10213	16025
电子器件制造	Manufacture of Electronic Appliances	7	724	383	242	457
#电子真空器件制造	Manufacture of Electronic Vacuum Appliance	16	1436	1043	623	620
半导体分立器件制造	Manufacture of Semiconductor					
	Discreting Appliances	37	3110	2307	1228	2610.4
集成电路制造	Manufacture of Integrate Circuit	84	7656	5769	2809	4971
电子元件制造	Manufacture of Electronic Components	30	3246	2818	1502	2460
其他电子设备制造	Manufacture of Other Electronic Equipment	49	20401	17983	10398	14701
计算机及办公设备制造业	**Manufacture of Computers and Office Equipment**					
#计算机整机制造	Manufacture of Entired Computer	14	11103	9867	5817	7246
计算机零部件制造	Manufacture of Computer Components and Parts	3	657	592	305	581
计算机外围设备制造	Manufacture of Computer Peripheral Equipment	16	3020	2616	1385	2409
办公设备制造	Manufacture of Office Equipment	8	1317	1053	642	679
医疗仪器设备及仪器仪表制造业	**Manufacture of Medical Equipments and Measuring Instrument**	**190**	**16696**	**13015**	**7923**	**12777**
1.医疗仪器设备及器械制造	Manufacture of Medical Equipment and Appliance	16	1450	815	653	1202
2.仪器仪表制造	Manufacture of Measuring Instrument	174	15246	12200	7270	11576
信息化学品制造业	**Manufacture of Electronic Chemicals**	**27**	**4638**	**2966**	**1435**	**3858**

2-2-5 按行业和登记注册类型分高技术产业R&D人员情况(2016年)

R&D Personnel in High-tech Industry by Industrial Sector and Registration Status(2016)

行业	Industry	内资企业 Domestic Funded 有R&D活动的企业数(个) Number of Enterprises Having R&D Activities (unit)	R&D人员(人) R&D Personnel (person)	#全时人员 Full-time Personnel	#研究人员 Researchers	R&D人员折合全时当量(人年) Full-time Equivalent (man-year)
合计	**Total**	**11607**	**706521**	**551179**	**275110**	**515116**
医药制造业	**Manufacture of Medicines**	**3113**	**152494**	**107283**	**57145**	**104069**
#化学药品制造	Manufacture of Chemical Medicine	1155	72169	51090	27618	50901
中成药生产	Production of Finished Traditional Chinese Herbal Medicine	723	36877	24728	13004	23228
生物药品制造	Manufacture of Biological Medicine	501	21190	15461	8658	15181
航空、航天器及设备制造业	**Manufacture of Aircrafts and Spacecrafts and Related Equipment**	**218**	**47792**	**34384**	**20152**	**35268**
#飞机制造	Manufacture of Airplanes	88	33621	23350	13905	24329
航天器制造	Manufacture of Spacecrafts	19	5679	4275	2619	4721
电子及通信设备制造业	**Manufacture of Electronic Equipment and Communication Equipment**	**5204**	**363192**	**296474**	**142613**	**273136**
#通信设备制造	Manufacture of Communication Equipment	687	124569	108845	57971	106263
#通信系统设备制造	Manufacture of Communication Equipment	390	98769	87030	48018	88216
通信终端设备制造	Manufacture of Communication Terminal Equipment	297	25800	21815	9953	18047
广播电视设备制造	Manufacture of Broadcasting and TV Equipment	267	13771	10699	5428	10047
雷达及配套设备制造	Manufacture of Radar and Its Fittings	46	7649	6353	3388	5688
视听设备制造	Manufacture of TV Set and Radio Receiver	275	24327	20621	10111	18193
电子器件制造	Manufacture of Electronic Appliances	1140	69502	56125	25480	47673
#电子真空器件制造	Manufacture of Electronic Vacuum Appliance	35	1531	1060	488	996
半导体分立器件制造	Manufacture of Semiconductor Discreting Appliances	128	6859	4898	2248	4055
集成电路制造	Manufacture of Integrate Circuit	182	14740	11960	6275	11544
电子元件制造	Manufacture of Electronic Components	1619	64907	48726	18701	44440
其他电子设备制造	Manufacture of Other Electronic Equipment	434	22893	18550	9108	16739
计算机及办公设备制造业	**Manufacture of Computers and Office Equipment**	**507**	**36728**	**31239**	**15318**	**25183**
#计算机整机制造	Manufacture of Entired Computer	65	13539	11962	6631	8926
计算机零部件制造	Manufacture of Computer Components and Parts	114	4270	3517	1386	2942
计算机外围设备制造	Manufacture of Computer Peripheral Equipment	158	9034	7519	3358	6912
办公设备制造	Manufacture of Office Equipment	96	4497	3606	1526	2714
医疗仪器设备及仪器仪表制造业	**Manufacture of Medical Equipments and Measuring Instrument**	**2389**	**95123**	**74279**	**36385**	**69255**
1.医疗仪器设备及器械制造	Manufacture of Medical Equipment and Appliance	617	21952	16803	8045	15641
2.仪器仪表制造	Manufacture of Measuring Instrument	1772	73171	57476	28340	53614
信息化学品制造业	**Manufacture of Electronic Chemicals**	**176**	**11192**	**7520**	**3497**	**8205**

2-2-5　续表 1　continued

行　业	Industry	#国有企业 State-owned Enterprises 有R&D活动的企业数（个） Number of Enterprises Having R&D Activities (unit)	R&D人员（人） R&D Personnel (person)	#全时人员 Full-time Personnel	#研究人员 Researchers	R&D人员折合全时当量（人年） Full-time Equivalent (man-year)
合计	**Total**	**112**	**26849**	**21740**	**12270**	**21953**
医药制造业	**Manufacture of Medicines**	**18**	**960**	**707**	**397**	**755**
#化学药品制造	Manufacture of Chemical Medicine	3	59	54	29	56
中成药生产	Production of Finished Traditional Chinese Herbal Medicine	8	194	130	83	104
生物药品制造	Manufacture of Biological Medicine	3	448	324	210	399
航空、航天器及设备制造业	**Manufacture of Aircrafts and Spacecrafts and Related Equipment**	**37**	**11681**	**9122**	**5191**	**9612**
#飞机制造	Manufacture of Airplanes	16	5096	4233	2261	4344
航天器制造	Manufacture of Spacecrafts	10	3371	2418	1473	2743
电子及通信设备制造业	**Manufacture of Electronic Equipment and Communication Equipment**	**27**	**7882**	**6883**	**3599**	**6696**
#通信设备制造	Manufacture of Communication Equipment	9	3315	2893	1680	2994
#通信系统设备制造	Manufacture of Communication Equipment	8	3160	2753	1598	2839
通信终端设备制造	Manufacture of Communication Terminal Equipment	1	155	140	82	155
广播电视设备制造	Manufacture of Broadcasting and TV Equipment					
雷达及配套设备制造	Manufacture of Radar and Its Fittings	4	3187	2864	1366	2774
视听设备制造	Manufacture of TV Set and Radio Receiver					
电子器件制造	Manufacture of Electronic Appliances	4	301	226	148	214
#电子真空器件制造	Manufacture of Electronic Vacuum Appliance	1	140	80	74	113
半导体分立器件制造	Manufacture of Semiconductor Discreting Appliances					
集成电路制造	Manufacture of Integrate Circuit	1	35	32	19	16
电子元件制造	Manufacture of Electronic Components	10	1079	900	405	714
其他电子设备制造	Manufacture of Other Electronic Equipment					
计算机及办公设备制造业	**Manufacture of Computers and Office Equipment**	**2**	**1063**	**957**	**552**	**924**
#计算机整机制造	Manufacture of Entired Computer					
计算机零部件制造	Manufacture of Computer Components and Parts					
计算机外围设备制造	Manufacture of Computer Peripheral Equipment	1	1033	930	547	896
办公设备制造	Manufacture of Office Equipment	1	30	27	5	28
医疗仪器设备及仪器仪表制造业	**Manufacture of Medical Equipments and Measuring Instrument**	**25**	**5127**	**3981**	**2471**	**3920**
1.医疗仪器设备及器械制造	Manufacture of Medical Equipment and Appliance	2	988	531	440	905
2.仪器仪表制造	Manufacture of Measuring Instrument	23	4139	3450	2031	3015
信息化学品制造业	**Manufacture of Electronic Chemicals**	**3**	**136**	**90**	**60**	**45**

2-2-5 续表 2 continued

行 业	Industry	港澳台投资企业 Enterprises with Funds from Hong Kong, Macau and Taiwan 有R&D活动的企业数(个) Number of Enterprises Having R&D Activities (unit)	R&D人员(人) R&D Personnel (person)	#全时人员 Full-time Personnel	#研究人员 Researchers	R&D人员折合全时当量(人年) Full-time Equivalent (man-year)
合计	**Total**	**1489**	**149491**	**122912**	**48107**	**110259**
医药制造业	**Manufacture of Medicines**	**231**	**18158**	**14438**	**7442**	**13666**
#化学药品制造	Manufacture of Chemical Medicine	101	10209	8133	4436	7548
中成药生产	Production of Finished Traditional Chinese Herbal Medicine	53	3291	2588	1232	2548
生物药品制造	Manufacture of Biological Medicine	45	3696	2908	1441	2894
航空、航天器及设备制造业	**Manufacture of Aircrafts and Spacecrafts and Related Equipment**	**8**	**1276**	**1148**	**628**	**1054**
#飞机制造	Manufacture of Airplanes	4	101	91	41	70
航天器制造	Manufacture of Spacecrafts					
电子及通信设备制造业	**Manufacture of Electronic Equipment and Communication Equipment**	**933**	**106808**	**88486**	**32428**	**78257**
#通信设备制造	Manufacture of Communication Equipment	67	37472	33397	11421	26739
#通信系统设备制造	Manufacture of Communication Equipment	28	15238	13511	6743	12923
通信终端设备制造	Manufacture of Communication Terminal Equipment	39	22234	19886	4678	13816
广播电视设备制造	Manufacture of Broadcasting and TV Equipment	37	2710	2324	729	2022
雷达及配套设备制造	Manufacture of Radar and Its Fittings	2	91	82	33	79
视听设备制造	Manufacture of TV Set and Radio Receiver	79	9716	7989	2479	7206
电子器件制造	Manufacture of Electronic Appliances	194	19250	14277	7124	14907
#电子真空器件制造	Manufacture of Electronic Vacuum Appliance	2	65	58	15	23
半导体分立器件制造	Manufacture of Semiconductor Discreting Appliances	19	971	828	252	808
集成电路制造	Manufacture of Integrate Circuit	39	5772	5134	2625	4440
电子元件制造	Manufacture of Electronic Components	406	27166	21666	7411	20455
其他电子设备制造	Manufacture of Other Electronic Equipment	71	4630	3866	1229	2896
计算机及办公设备制造业	**Manufacture of Computers and Office Equipment**	**121**	**13590**	**11300**	**4511**	**9968**
#计算机整机制造	Manufacture of Entired Computer	12	5984	5278	2215	4674
计算机零部件制造	Manufacture of Computer Components and Parts	49	3186	2469	837	2384
计算机外围设备制造	Manufacture of Computer Peripheral Equipment	39	2086	1672	712	1611
办公设备制造	Manufacture of Office Equipment	13	1720	1495	521	758
医疗仪器设备及仪器仪表制造业	**Manufacture of Medical Equipments and Measuring Instrument**	**163**	**7631**	**6088**	**2505**	**5940**
1.医疗仪器设备及器械制造	Manufacture of Medical Equipment and Appliance	51	2135	1730	679	1772
2.仪器仪表制造	Manufacture of Measuring Instrument	112	5496	4358	1826	4169
信息化学品制造业	**Manufacture of Electronic Chemicals**	**33**	**2028**	**1452**	**593**	**1374**

2-2-5　续表 3　continued

行　业	Industry	外商投资企业 Foreign Funded Enterprises 有R&D活动的企业数(个) Number of Enterprises Having R&D Activities (unit)	R&D人员(人) R&D Personnel (person)	#全时人员 Full-time Personnel	#研究人员 Researchers	R&D人员折合全时当量(人年) Full-time Equivalent (man-year)
合计	**Total**	**1734**	**132088**	**104575**	**45466**	**105306**
医药制造业	**Manufacture of Medicines**	**263**	**16890**	**13164**	**7322**	**12835**
#化学药品制造	Manufacture of Chemical Medicine	133	10665	8151	4714	8027
中成药生产	Production of Finished Traditional Chinese Herbal Medicine	27	2358	1846	1071	1847
生物药品制造	Manufacture of Biological Medicine	55	2604	2155	1094	2032
航空、航天器及设备制造业	**Manufacture of Aircrafts and Spacecrafts and Related Equipment**	**24**	**1340**	**1095**	**539**	**1075**
#飞机制造	Manufacture of Airplanes	14	719	613	292	562
航天器制造	Manufacture of Spacecrafts					
电子及通信设备制造业	**Manufacture of Electronic Equipment and Communication Equipment**	**983**	**80907**	**64324**	**24710**	**65414**
#通信设备制造	Manufacture of Communication Equipment	99	17757	14244	5688	15022
#通信系统设备制造	Manufacture of Communication Equipment	47	6386	4699	2756	5935
通信终端设备制造	Manufacture of Communication Terminal Equipment	52	11371	9545	2932	9087
广播电视设备制造	Manufacture of Broadcasting and TV Equipment	31	1894	1488	603	1601
雷达及配套设备制造	Manufacture of Radar and Its Fittings	1	16	14	5	2
视听设备制造	Manufacture of TV Set and Radio Receiver	55	3872	3108	1443	3232
电子器件制造	Manufacture of Electronic Appliances	264	22399	18016	7623	17904
#电子真空器件制造	Manufacture of Electronic Vacuum Appliance	6	93	81	43	50
半导体分立器件制造	Manufacture of Semiconductor Discreting Appliances	37	1493	1062	453	1217
集成电路制造	Manufacture of Integrate Circuit	62	8058	6478	3206	6545
电子元件制造	Manufacture of Electronic Components	384	25520	19656	6093	20111
其他电子设备制造	Manufacture of Other Electronic Equipment	65	5296	4634	1730	4478
计算机及办公设备制造业	**Manufacture of Computers and Office Equipment**	**125**	**16994**	**13683**	**6897**	**13854**
#计算机整机制造	Manufacture of Entired Computer	17	7579	5725	3364	6132
计算机零部件制造	Manufacture of Computer Components and Parts	51	2354	2020	614	1719
计算机外围设备制造	Manufacture of Computer Peripheral Equipment	24	882	649	227	655
办公设备制造	Manufacture of Office Equipment	14	636	446	195	439
医疗仪器设备及仪器仪表制造业	**Manufacture of Medical Equipments and Measuring Instrument**	**312**	**14473**	**11144**	**5525**	**11096**
1.医疗仪器设备及器械制造	Manufacture of Medical Equipment and Appliance	94	4473	3575	1850	3303
2.仪器仪表制造	Manufacture of Measuring Instrument	218	10000	7569	3675	7793
信息化学品制造业	**Manufacture of Electronic Chemicals**	**27**	**1484**	**1165**	**473**	**1033**

2-2-6 按地区和企业规模分高技术产业R&D人员情况(2016年)
R&D Personnel in High-tech Industry by Region and Industrial Sector(2016)

地区	Region	大型企业 Large-sized Enterprises				
		有R&D活动的企业数(个) Number of Enterprises Having R&D Activities (unit)	R&D人员(人) R&D Personnel (person)	#全时人员 Full-time Personnel	#研究人员 Researchers	R&D人员折合全时当量(人年) Full-time Equivalent (man-year)
全国	**Total**	**1396**	**507587**	**411024**	**204751**	**394680**
东部地区	Eastern Region	1033	372236	305832	151809	300644
中部地区	Middle Region	185	68997	56578	24302	46944
西部地区	Western Region	139	54389	39171	22936	38726
东北地区	Northeastern Region	39	11965	9443	5704	8365
北京	Beijing	33	11060	8786	5234	8961
天津	Tianjin	27	12848	10321	5145	9147
河北	Hebei	16	9922	7794	4292	7817
山西	Shanxi	6	2579	2299	1166	2189
内蒙古	Inner Mongolia	6	843	396	329	626
辽宁	Liaoning	16	6019	4991	3121	3870
吉林	Jilin	12	1845	1407	781	1239
黑龙江	Heilongjiang	11	4101	3045	1802	3256
上海	Shanghai	50	17895	14851	8294	15080
江苏	Jiangsu	308	61277	47485	20408	50720
浙江	Zhejiang	77	33866	27409	15172	29129
安徽	Anhui	30	11113	9199	4946	8353
福建	Fujian	43	18761	16199	8170	13596
江西	Jiangxi	46	8187	6719	3103	3946
山东	Shandong	81	42066	34613	19740	31322
河南	Henan	51	14868	11792	5607	10856
湖北	Hubei	33	14477	11500	6306	11281
湖南	Hunan	19	17773	15069	3174	10319
广东	Guangdong	397	164463	138331	65313	134826
广西	Guangxi	7	990	580	450	719
海南	Hainan	1	78	43	41	48
重庆	Chongqing	26	5777	4527	2453	4480
四川	Sichuan	38	17666	14422	8307	12117
贵州	Guizhou	17	3828	3050	1626	2486
云南	Yunnan	3	428	385	176	342
西藏	Tibet					
陕西	Shaanxi	34	22247	14217	8526	16209
甘肃	Gansu	2	1133	640	600	887
青海	Qinghai	1	20	18	11	16
宁夏	Ningxia	3	929	693	313	638
新疆	Xinjiang	2	528	243	145	207

2-2-6 续表 continued

地 区	Region	中型企业 Medium-sized Enterprises				
		有R&D活动的企业数（个） Number of Enterprises Having R&D Activities (unit)	R&D人员（人） R&D Personnel (person)	#全时人员 Full-time Personnel	#研究人员 Researchers	R&D人员折合全时当量（人年） Full-time Equivalent (man-year)
全 国	**Total**	**4034**	**260863**	**200017**	**89283**	**185568**
东部地区	Eastern Region	2888	187341	147586	62168	139588
中部地区	Middle Region	635	36945	26273	13399	24229
西部地区	Western Region	410	30081	21344	11200	17545
东北地区	Norheastern Region	101	6496	4814	2516	4206
北 京	Beijing	114	9832	8458	4176	7373
天 津	Tianjin	56	5279	4019	2145	4047
河 北	Hebei	52	4788	3301	1617	3927
山 西	Shanxi	18	1457	961	571	855
内 蒙 古	Inner Mongolia	9	642	395	286	289
辽 宁	Liaoning	41	2403	1756	939	1620
吉 林	Jilin	33	2142	1537	768	1207
黑 龙 江	Heilongjiang	27	1951	1521	809	1379
上 海	Shanghai	110	9431	7895	3899	7783
江 苏	Jiangsu	887	47294	35396	15133	36256
浙 江	Zhejiang	375	26103	20181	8250	21137
安 徽	Anhui	108	7370	5209	2646	5094
福 建	Fujian	128	11225	8914	4166	8278
江 西	Jiangxi	125	4828	3170	1463	2606
山 东	Shandong	188	14586	11562	5855	9894
河 南	Henan	158	9413	6637	3224	6502
湖 北	Hubei	100	7314	5592	2835	4583
湖 南	Hunan	126	6563	4704	2660	4590
广 东	Guangdong	963	57452	46909	16331	39824
广 西	Guangxi	28	1010	786	359	648
海 南	Hainan	15	1351	951	596	1070
重 庆	Chongqing	98	6249	4596	2106	3699
四 川	Sichuan	128	11184	7775	4128	5917
贵 州	Guizhou	34	2848	1790	1009	1666
云 南	Yunnan	21	1202	639	439	729
西 藏	Tibet	1	15	6	2	15
陕 西	Shaanxi	66	5495	4238	2346	3736
甘 肃	Gansu	11	507	369	203	352
青 海	Qinghai	4	129	108	64	105
宁 夏	Ningxia	7	703	570	211	352
新 疆	Xinjiang	3	97	72	47	38

2-2-7 各地区国有及国有控股企业高技术产业R&D人员情况(2016年)
R&D Personnel in High-tech Industry of State-owned and State-controlled Enterprises by Region (2016)

地　区	Region	有R&D活动的企业数(个) Number of Enterprises Having R&D Activities (unit)	R&D人员(人) R&D Personnel (person)	#全时人员 Full-time Personnel	#研究人员 Researchers	R&D人员折合全时当量(人年) Full-time Equivalent (man-year)
全　国	**Total**	**1149**	**210604**	**167212**	**96222**	**162194**
东部地区	Eastern Region	628	115149	95792	54492	93670
中部地区	Middle Region	193	31806	24767	14206	23971
西部地区	Western Region	273	52495	37849	22194	36844
东北地区	Northeastern Region	55	11154	8804	5330	7709
北　京	Beijing	121	12209	9836	5929	9689
天　津	Tianjin	82	8783	7090	3994	7170
河　北	Hebei	31	5765	4345	2493	5082
山　西	Shanxi	12	865	722	347	577
内蒙古	Inner Mongolia	8	706	294	237	515
辽　宁	Liaoning	28	6295	4960	3120	3934
吉　林	Jilin	12	462	369	232	274
黑龙江	Heilongjiang	15	4397	3475	1978	3502
上　海	Shanghai	75	8168	6889	3646	6878
江　苏	Jiangsu	91	10725	8214	4747	7683
浙　江	Zhejiang	45	12516	10488	6242	11139
安　徽	Anhui	46	7885	6018	3347	4951
福　建	Fujian	26	7026	6250	3482	6195
江　西	Jiangxi	17	1669	1274	730	923
山　东	Shandong	43	19634	17024	9657	13976
河　南	Henan	25	5202	3665	2179	4381
湖　北	Hubei	57	12119	9988	5699	9791
湖　南	Hunan	36	4066	3100	1904	3347
广　东	Guangdong	111	30020	25450	14152	25615
广　西	Guangxi	8	436	195	177	281
海　南	Hainan	3	303	206	150	243
重　庆	Chongqing	40	4274	3289	1941	2987
四　川	Sichuan	78	16529	13642	7864	11499
贵　州	Guizhou	33	4792	3586	1909	3076
云　南	Yunnan	15	1059	767	492	641
西　藏	Tibet	1	15	6	2	15
陕　西	Shaanxi	78	24072	15641	9276	17315
甘　肃	Gansu	6	496	362	252	420
青　海	Qinghai					
宁　夏	Ningxia	1	29		8	20
新　疆	Xinjiang	5	87	67	36	77

2-2-8　按地区和登记注册类型分高技术产业R&D人员情况(2016年)

R&D Personnel in High-tech Industry by Region and Registration Status(2016)

地　区	Region	内资企业 Domestic Funded				
		有R&D活动的企业数（个） Number of Enterprises Having R&D Activities (unit)	R&D人员（人） R&D Personnel (person)	#全时人员 Full-time Personnel	#研究人员 Researchers	R&D人员折合全时当量（人年） Full-time Equivalent (man-year)
全　国	**Total**	**11607**	**706521**	**551179**	**275110**	**515116**
东部地区	Eastern Region	7688	478427	383506	184449	364063
中部地区	Middle Region	2272	110975	82936	43156	75806
西部地区	Western Region	1305	94709	67452	37719	60149
东北地区	Northeastern Region	342	22410	17285	9786	15099
北　京	Beijing	380	23046	19085	10483	17951
天　津	Tianjin	221	17256	13615	7205	12034
河　北	Hebei	222	15916	12044	5898	12412
山　西	Shanxi	63	3369	2470	1225	2144
内蒙古	Inner Mongolia	36	1801	1088	739	1056
辽　宁	Liaoning	158	10562	8320	4923	6877
吉　林	Jilin	98	5020	3624	1959	2870
黑龙江	Heilongjiang	86	6828	5341	2904	5353
上　海	Shanghai	243	14709	12199	6308	12236
江　苏	Jiangsu	1922	82798	60162	28421	62333
浙　江	Zhejiang	1382	61386	47094	21084	49624
安　徽	Anhui	567	25651	19638	9987	17741
福　建	Fujian	361	20667	16896	8000	14730
江　西	Jiangxi	390	14859	11194	5189	7575
山　东	Shandong	785	59727	47990	25966	41271
河　南	Henan	353	21372	15220	7817	15367
湖　北	Hubei	433	27740	21432	11316	19502
湖　南	Hunan	466	17984	12982	7622	13478
广　东	Guangdong	2139	181274	153189	70442	140136
广　西	Guangxi	77	2956	2111	1121	1878
海　南	Hainan	33	1648	1232	642	1336
重　庆	Chongqing	245	12479	9270	4733	7912
四　川	Sichuan	402	32746	24993	13857	19352
贵　州	Guizhou	110	7634	5519	2906	4717
云　南	Yunnan	95	3052	1995	1086	1713
西　藏	Tibet	4	68	54	30	39
陕　西	Shaanxi	234	28937	19106	11270	20200
甘　肃	Gansu	47	2358	1487	1060	1728
青　海	Qinghai	17	321	240	137	205
宁　夏	Ningxia	21	1751	1326	580	1061
新　疆	Xinjiang	17	606	263	200	288

2-2-8 续表 1 continued

地 区	Region	#国有企业 State-owned Enterprises 有R&D活动的企业数(个) Number of Enterprises Having R&D Activities (unit)	R&D人员(人) R&D Personnel (person)	#全时人员 Full-time Personnel	#研究人员 Researchers	R&D人员折合全时当量(人年) Full-time Equivalent (man-year)
全 国	**Total**	**112**	**26849**	**21740**	**12270**	**21953**
东部地区	Eastern Region	36	7445	5580	3611	5920
中部地区	Middle Region	21	6746	5852	3226	6019
西部地区	Western Region	48	11566	9417	4934	9154
东北地区	Northeastern Region	7	1092	891	499	860
北 京	Beijing	9	1028	565	527	811
天 津	Tianjin	4	2516	2209	1333	2235
河 北	Hebei	3	549	366	220	532
山 西	Shanxi	3	165	142	84	117
内蒙古	Inner Mongolia	1	44	7	13	22
辽 宁	Liaoning	1	188	169	91	179
吉 林	Jilin	1	54	49	29	2
黑龙江	Heilongjiang	5	850	673	379	680
上 海	Shanghai	6	803	585	345	466
江 苏	Jiangsu	5	783	705	400	339
浙 江	Zhejiang	1	102	48	32	91
安 徽	Anhui	4	2033	1814	783	1864
福 建	Fujian	1	35	32	19	16
江 西	Jiangxi	2	28	20	8	19
山 东	Shandong	3	1315	795	595	1199
河 南	Henan	3	776	594	373	605
湖 北	Hubei	8	3724	3264	1971	3394
湖 南	Hunan	1	20	18	7	19
广 东	Guangdong	3	159	135	58	76
广 西	Guangxi	3	69	21	27	53
海 南	Hainan	1	155	140	82	155
重 庆	Chongqing	4	369	286	173	303
四 川	Sichuan	12	2545	2097	1098	1962
贵 州	Guizhou	7	889	735	358	585
云 南	Yunnan	1	56	50	27	45
西 藏	Tibet					
陕 西	Shaanxi	19	7583	6211	3232	6175
甘 肃	Gansu	1	11	10	6	9
青 海	Qinghai					
宁 夏	Ningxia					
新 疆	Xinjiang					

2-2-8 续表 2 continued

地 区	Region	港澳台投资企业 Enterprises with Funds from Hong Kong, Macau and Taiwan				
		有R&D活动的企业数 (个) Number of Enterprises Having R&D Activities (unit)	R&D人员 (人) R&D Personnel (person)	#全时人员 Full-time Personnel	#研究人员 Researchers	R&D人员折合全时当量 (人年) Full-time Equivalent (man-year)
全 国	**Total**	**1489**	**149491**	**122912**	**48107**	**110259**
东部地区	Eastern Region	1307	118833	96820	40431	91747
中部地区	Middle Region	110	24483	21114	5165	13968
西部地区	Western Region	48	4873	3829	1983	3763
东北地区	Northeastern Region	24	1302	1149	528	782
北 京	Beijing	31	3329	2846	1401	2439
天 津	Tianjin	14	4241	3671	1419	3224
河 北	Hebei	5	1236	1078	630	805
山 西	Shanxi	1	6	5	1	5
内 蒙 古	Inner Mongolia	2	275	148	101	212
辽 宁	Liaoning	15	849	749	333	512
吉 林	Jilin	5	277	241	105	191
黑 龙 江	Heilongjiang	4	176	159	90	79
上 海	Shanghai	67	7943	6924	3392	6500
江 苏	Jiangsu	402	24618	19289	7307	19912
浙 江	Zhejiang	124	14893	12598	6411	13009
安 徽	Anhui	18	1328	1033	490	999
福 建	Fujian	83	10005	8239	3799	6721
江 西	Jiangxi	27	840	648	256	380
山 东	Shandong	28	1713	1400	579	1154
河 南	Henan	23	6908	5956	2530	4835
湖 北	Hubei	16	1522	1112	551	1038
湖 南	Hunan	25	13879	12360	1337	6711
广 东	Guangdong	550	50637	40639	15393	37878
广 西	Guangxi	8	584	363	217	479
海 南	Hainan	3	218	136	100	105
重 庆	Chongqing	14	1743	1392	623	1457
四 川	Sichuan	12	1618	1393	801	1134
贵 州	Guizhou	3	37	30	17	26
云 南	Yunnan	4	240	192	112	167
西 藏	Tibet					
陕 西	Shaanxi	4	251	219	79	215
甘 肃	Gansu					
青 海	Qinghai					
宁 夏	Ningxia	1	125	92	33	74
新 疆	Xinjiang					

2-2-8 续表 3 continued

地 区	Region	外商投资企业 Foreign Funded Enterprises				
		有R&D活动的企业数 (个) Number of Enterprises Having R&D Activities (unit)	R&D人员 (人) R&D Personnel (person)	#全时人员 Full-time Personnel	#研究人员 Researchers	R&D人员折合全时当量 (人年) Full-time Equivalent (man-year)
全 国	**Total**	**1734**	**132088**	**104575**	**45466**	**105306**
东部地区	Eastern Region	1560	118789	94050	40143	95757
中部地区	Middle Region	82	6666	5382	2449	4926
西部地区	Western Region	70	4954	4016	2074	3475
东北地区	Northeastern Region	22	1679	1127	800	1149
北 京	Beijing	65	3427	2830	1364	2747
天 津	Tianjin	41	2887	1834	1208	2352
河 北	Hebei	13	1360	856	689	933
山 西	Shanxi	3	1786	1579	944	1625
内蒙古	Inner Mongolia					
辽 宁	Liaoning	12	351	295	175	264
吉 林	Jilin	5	88	80	32	62
黑龙江	Heilongjiang	5	1240	752	593	823
上 海	Shanghai	115	11471	8955	5068	9547
江 苏	Jiangsu	700	40142	32177	12083	33352
浙 江	Zhejiang	130	8899	7229	3045	7357
安 徽	Anhui	11	655	489	193	518
福 建	Fujian	59	7916	6837	3675	6445
江 西	Jiangxi	23	1620	1204	511	852
山 东	Shandong	91	12039	9010	5357	9530
河 南	Henan	14	1245	1001	331	959
湖 北	Hubei	21	912	738	345	679
湖 南	Hunan	10	448	371	125	292
广 东	Guangdong	340	30211	23993	7453	23204
广 西	Guangxi	3	44	31	18	31
海 南	Hainan	6	437	329	201	291
重 庆	Chongqing	17	1265	1064	491	945
四 川	Sichuan	32	1487	1139	603	881
贵 州	Guizhou	1	112	76	23	62
云 南	Yunnan	4	198	133	62	128
西 藏	Tibet					
陕 西	Shaanxi	10	1605	1354	795	1310
甘 肃	Gansu					
青 海	Qinghai	1	20	18	11	16
宁 夏	Ningxia					
新 疆	Xinjiang	2	223	201	71	101

2-2-9 按地区和行业分高技术产业R&D人员情况(2016年)
R&D Personnel in High-tech Industry by Region and Industrial Sector(2016)

地区	Region	医药制造业 Medical and Pharmaceutical Products Manufacturing				
		有R&D活动的企业数(个) Number of Enterprises Having R&D Activities (unit)	R&D人员(人) R&D Personnel (person)	#全时人员 Full-time Personnel	#研究人员 Researchers	R&D人员折合全时当量(人年) Full-time Equivalent (man-year)
全国	**Total**	**3607**	**187542**	**134885**	**71909**	**130570**
东部地区	Eastern Region	1896	115136	86169	45448	85168
中部地区	Middle Region	916	36812	24153	12537	24520
西部地区	Western Region	599	24977	17289	9625	14189
东北地区	Northeastern Region	196	10617	7274	4299	6692
北京	Beijing	124	7063	5446	2977	5468
天津	Tianjin	67	7730	5546	2865	4442
河北	Hebei	97	7620	5300	3376	5563
山西	Shanxi	42	2401	1695	777	1527
内蒙古	Inner Mongolia	24	1242	896	518	738
辽宁	Liaoning	57	3033	2035	1262	2120
吉林	Jilin	84	4474	3154	1720	2671
黑龙江	Heilongjiang	55	3110	2085	1317	1901
上海	Shanghai	114	6193	4896	2584	4893
江苏	Jiangsu	443	23322	17387	9084	18588
浙江	Zhejiang	321	18325	13814	6890	14628
安徽	Anhui	178	6150	3975	2064	3956
福建	Fujian	84	3378	2368	1375	2331
江西	Jiangxi	174	4362	2892	1342	2110
山东	Shandong	348	26538	20760	10912	18305
河南	Henan	166	8625	5599	2837	6101
湖北	Hubei	183	9231	6085	3167	6373
湖南	Hunan	173	6043	3907	2350	4453
广东	Guangdong	257	12819	9095	4524	9375
广西	Guangxi	48	1571	1030	632	1122
海南	Hainan	41	2148	1557	861	1576
重庆	Chongqing	83	4279	3264	1707	2698
四川	Sichuan	155	7659	5170	3016	3444
贵州	Guizhou	53	2395	1573	853	1367
云南	Yunnan	74	2492	1661	828	1428
西藏	Tibet	4	68	54	30	39
陕西	Shaanxi	80	2498	1770	979	1618
甘肃	Gansu	43	1406	948	567	1049
青海	Qinghai	12	142	89	55	98
宁夏	Ningxia	10	966	640	330	437
新疆	Xinjiang	13	259	194	110	151

2-2-9 续表 1 continued

地 区	Region	航空、航天器及设备制造业 Manufacture of Aircrafts and Spacecrafts and Related Equipment				
		有R&D活动的企业数（个） Number of Enterprises Having R&D Activities (unit)	R&D人员（人） R&D Personnel (person)	#全时人员 Full-time Personnel	#研究人员 Researchers	R&D人员折合全时当量（人年） Full-time Equivalent (man-year)
全 国	**Total**	**250**	**50408**	**36627**	**21319**	**37397**
东部地区	Eastern Region	111	14410	11529	6485	11795
中部地区	Middle Region	39	6077	4977	2994	5030
西部地区	Western Region	82	23831	14850	8854	16436
东北地区	Northeastern Region	18	6090	5271	2986	4136
北 京	Beijing	24	3896	3020	1848	3156
天 津	Tianjin	13	2400	2034	1260	2015
河 北	Hebei	5	984	752	453	919
山 西	Shanxi	1	17	9	3	11
内 蒙 古	Inner Mongolia					
辽 宁	Liaoning	9	3192	2872	1676	1658
吉 林	Jilin					
黑 龙 江	Heilongjiang	9	2898	2399	1310	2478
上 海	Shanghai	6	2613	2278	1321	2177
江 苏	Jiangsu	34	2172	1423	552	1622
浙 江	Zhejiang	9	173	145	61	145
安 徽	Anhui	4	112	99	43	37
福 建	Fujian	2	92	83	4	57
江 西	Jiangxi	5	721	632	382	302
山 东	Shandong	8	693	595	283	538
河 南	Henan	10	2381	2096	1092	2106
湖 北	Hubei	10	1331	1181	688	1141
湖 南	Hunan	9	1515	960	786	1433
广 东	Guangdong	10	1387	1199	703	1167
广 西	Guangxi					
海 南	Hainan					
重 庆	Chongqing	1	28	25	10	16
四 川	Sichuan	25	3368	2299	1509	1801
贵 州	Guizhou	23	3621	2890	1547	2479
云 南	Yunnan	1	10	9	3	3
西 藏	Tibet					
陕 西	Shaanxi	32	16804	9627	5785	12137
甘 肃	Gansu					
青 海	Qinghai					
宁 夏	Ningxia					
新 疆	Xinjiang					

2-2-9 续表 2 continued

地 区	Region	电子及通信设备制造业 Manufacture of Electronic Equipment and Communication Equipment				
		有R&D活动的企业数(个) Number of Enterprises Having R&D Activities (unit)	R&D人员(人) R&D Personnel (person)	#全时人员 Full-time Personnel	#研究人员 Researchers	R&D人员折合全时当量(人年) Full-time Equivalent (man-year)
全 国	**Total**	**7120**	**550907**	**449284**	**199751**	**416806**
东部地区	Eastern Region	5592	432349	352936	155426	340233
中部地区	Middle Region	1008	76830	63513	26801	49458
西部地区	Western Region	432	37633	29591	15755	24311
东北地区	Northeastern Region	88	4095	3244	1769	2804
北 京	Beijing	142	11462	9833	5116	9037
天 津	Tianjin	118	7936	6187	3360	6168
河 北	Hebei	84	6777	5349	2165	5069
山 西	Shanxi	11	2299	1988	1179	1906
内 蒙 古	Inner Mongolia	3	112	94	60	84
辽 宁	Liaoning	54	2474	1954	1051	1617
吉 林	Jilin	19	721	631	336	403
黑 龙 江	Heilongjiang	15	900	659	382	784
上 海	Shanghai	176	17868	14692	7569	15241
江 苏	Jiangsu	1556	80307	61399	24178	63483
浙 江	Zhejiang	783	47689	38077	17746	39729
安 徽	Anhui	302	18137	14567	7327	12994
福 建	Fujian	300	24214	20251	9292	17615
江 西	Jiangxi	184	9754	7598	3410	5059
山 东	Shandong	303	21134	17167	9105	15587
河 南	Henan	107	11223	9268	3971	7505
湖 北	Hubei	180	15069	12773	6846	10847
湖 南	Hunan	224	20348	17319	4068	11147
广 东	Guangdong	2129	214807	179841	76813	168151
广 西	Guangxi	17	828	666	235	475
海 南	Hainan	1	155	140	82	155
重 庆	Chongqing	98	5455	4163	1922	3343
四 川	Sichuan	186	20661	16635	8882	13435
贵 州	Guizhou	31	1626	1061	484	881
云 南	Yunnan	9	209	129	86	107
西 藏	Tibet					
陕 西	Shaanxi	80	7734	6239	3569	5293
甘 肃	Gansu	2	843	461	443	594
青 海	Qinghai	4	154	137	70	93
宁 夏	Ningxia	1	6	5	1	5
新 疆	Xinjiang	1	5	1	3	1

2-2-9 续表 3 continued

地区	Region	计算机及办公设备制造业 Manufacture of Computer and Office Equipments 有R&D活动的企业数(个) Number of Enterprises Having R&D Activities (unit)	R&D人员(人) R&D Personnel (person)	#全时人员 Full-time Personnel	#研究人员 Researchers	R&D人员折合全时当量(人年) Full-time Equivalent (man-year)
全　国	**Total**	**753**	**67312**	**56222**	**26726**	**49005**
东部地区	Eastern Region	622	57222	47981	22554	41293
中部地区	Middle Region	62	4186	3472	1608	3308
西部地区	Western Region	62	5586	4507	2418	4234
东北地区	Northeastern Region	7	318	262	146	170
北　京	Beijing	23	1549	1388	767	1117
天　津	Tianjin	8	2774	2489	774	2107
河　北	Hebei	5	244	214	94	222
山　西	Shanxi	1	118	106	63	102
内蒙古	Inner Mongolia	2	25	17	13	14
辽　宁	Liaoning	5	161	121	74	62
吉　林	Jilin					
黑龙江	Heilongjiang	2	157	141	72	108
上　海	Shanghai	21	2088	1770	1014	1965
江　苏	Jiangsu	158	8146	6403	2337	6614
浙　江	Zhejiang	62	2373	1831	675	1784
安　徽	Anhui	19	1354	1140	587	1059
福　建	Fujian	40	8190	7232	3888	5981
江　西	Jiangxi	13	248	192	79	145
山　东	Shandong	21	15225	12550	7651	10535
河　南	Henan	11	589	453	174	477
湖　北	Hubei	7	407	304	131	249
湖　南	Hunan	11	1470	1277	574	1277
广　东	Guangdong	284	16633	14104	5354	10967
广　西	Guangxi	7	472	263	207	404
海　南	Hainan					
重　庆	Chongqing	30	2785	2225	1055	2288
四　川	Sichuan	19	2052	1816	1045	1426
贵　州	Guizhou					
云　南	Yunnan	3	221	158	89	89
西　藏	Tibet					
陕　西	Shaanxi	1	31	28	9	13
甘　肃	Gansu					
青　海	Qinghai					
宁　夏	Ningxia					
新　疆	Xinjiang					

2-2-9　续表 4　continued

地　区	Region	医疗仪器设备及仪器仪表制造业 Manufacture of Medical Equipments and Measuring Instrument				
		有R&D活动的企业数(个) Number of Enterprises Having R&D Activities (unit)	R&D人员(人) R&D Personnel (person)	#全时人员 Full-time Personnel	#研究人员 Researchers	R&D人员折合全时当量(人年) Full-time Equivalent (man-year)
全　国	**Total**	**2864**	**117227**	**91511**	**44415**	**86292**
东部地区	Eastern Region	2176	88781	69480	32485	66664
中部地区	Middle Region	397	14412	11009	5792	9838
西部地区	Western Region	217	9973	7688	4289	6632
东北地区	Northeastern Region	74	4061	3334	1849	3158
北　京	Beijing	159	5688	4948	2496	4250
天　津	Tianjin	66	3351	2690	1492	2696
河　北	Hebei	41	1866	1554	733	1450
山　西	Shanxi	11	265	201	116	205
内蒙古	Inner Mongolia	4	92	74	25	52
辽　宁	Liaoning	55	2692	2206	1303	2125
吉　林	Jilin	5	190	160	40	49
黑龙江	Heilongjiang	14	1179	968	506	983
上　海	Shanghai	104	5078	4191	2158	3824
江　苏	Jiangsu	765	30008	22334	10527	22452
浙　江	Zhejiang	435	15687	12300	4972	12985
安　徽	Anhui	88	1761	1271	608	1173
福　建	Fujian	72	2583	1927	867	1807
江　西	Jiangxi	50	1569	1237	506	800
山　东	Shandong	205	8765	6460	3557	6221
河　南	Henan	88	5497	4141	2286	4045
湖　北	Hubei	79	2454	1971	1004	1509
湖　南	Hunan	81	2866	2188	1272	2105
广　东	Guangdong	329	15755	13076	5683	10980
广　西	Guangxi	15	706	542	279	379
海　南	Hainan					
重　庆	Chongqing	63	2831	2003	1107	1913
四　川	Sichuan	55	1833	1493	729	1113
贵　州	Guizhou	7	141	101	62	77
云　南	Yunnan	15	462	339	203	304
西　藏	Tibet					
陕　西	Shaanxi	49	3500	2820	1714	2495
甘　肃	Gansu	2	109	78	50	85
青　海	Qinghai	1	25	14	12	14
宁　夏	Ningxia	4	249	202	97	176
新　疆	Xinjiang	2	25	22	11	25

2-2-9 续表 5 continued

地 区	Region	信息化学品制造业 Manufacture of Electronic Chemicals				
		有R&D活动的企业数(个) Number of Enterprises Having R&D Activities (unit)	R&D人员(人) R&D Personnel (person)	#全时人员 Full-time Personnel	#研究人员 Researchers	R&D人员折合全时当量(人年) Full-time Equivalent (man-year)
全 国	**Total**	**236**	**14704**	**10137**	**4563**	**10612**
东部地区	Eastern Region	158	8151	6281	2625	6413
中部地区	Middle Region	42	3807	2308	1038	2546
西部地区	Western Region	31	2536	1372	835	1584
东北地区	Northeastern Region	5	210	176	65	69
北 京	Beijing	4	144	126	44	110
天 津	Tianjin	4	193	174	81	183
河 北	Hebei	8	1021	809	396	927
山 西	Shanxi	1	61	55	32	22
内 蒙 古	Inner Mongolia	5	605	155	224	380
辽 宁	Liaoning	5	210	176	65	69
吉 林	Jilin					
黑 龙 江	Heilongjiang					
上 海	Shanghai	4	283	251	122	183
江 苏	Jiangsu	68	3603	2682	1133	2838
浙 江	Zhejiang	26	931	754	196	719
安 徽	Anhui	5	120	108	41	38
福 建	Fujian	5	131	111	48	106
江 西	Jiangxi	14	665	495	237	392
山 东	Shandong	19	1124	868	394	770
河 南	Henan	8	1210	620	318	928
湖 北	Hubei	11	1682	968	376	1099
湖 南	Hunan	3	69	62	34	66
广 东	Guangdong	20	721	506	211	578
广 西	Guangxi	1	7	4	3	7
海 南	Hainan					
重 庆	Chongqing	1	109	46	46	57
四 川	Sichuan	6	278	112	80	149
贵 州	Guizhou					
云 南	Yunnan	1	96	24	51	77
西 藏	Tibet					
陕 西	Shaanxi	6	226	195	88	169
甘 肃	Gansu					
青 海	Qinghai	1	20	18	11	16
宁 夏	Ningxia	7	655	571	185	517
新 疆	Xinjiang	3	540	247	147	212

2-3-1 按行业分高技术产业R&D经费情况(2016年)

R&D Expenditure in High-tech Industry by Industrial Sector(2016)

单位：万元 (10000 yuan)

行业	Industry	R&D经费内部支出 Intramural Expenditure on R&D	#人员劳务费 Labor Cost	#仪器和设备 Equip-ment	#政府资金 Govern-ment Funds	#企业资金 Self-raised Funds by Enterprises	R&D经费外部支出 External Expenditure on R&D
合计	**Total**	**29157462**	**11338740**	**2554138**	**2130532**	**26606437**	**2685902**
医药制造业	**Manufacture of Medicines**	**4884712**	**1413371**	**602626**	**223677**	**4621319**	**600518**
#化学药品制造	Manufacture of Chemical Medicine	2522862	749864	302189	104572	2399303	354151
中成药生产	Production of Finished Traditional Chinese Herbal Medicine	927503	265387	120014	55301	866563	117401
生物药品制造	Manufacture of Biological Medicine	831891	230477	100468	45004	778373	97569
航空、航天器及设备制造业	**Manufacture of Aircrafts and Spacecrafts and Related Equipment**	**1803214**	**457672**	**130826**	**834053**	**903171**	**412472**
#飞机制造	Manufacture of Airplanes	1272791	288540	98214	736616	520993	287661
航天器制造	Manufacture of Spacecrafts	256885	79300	14989	75366	132321	117889
电子及通信设备制造业	**Manufacture of Electronic Equipment and Communication Equipment**	**17670281**	**7573714**	**1468101**	**848147**	**16630605**	**1505335**
#通信设备制造	Manufacture of Communication Equipment	7780852	4172436	412739	151852	7601358	1223805
#通信系统设备制造	Manufacture of Communication Equipment	6243380	3528098	310459	133464	6101832	601739
通信终端设备制造	Manufacture of Communication Terminal Equipment	1537472	644338	102280	18387	1499527	622066
广播电视设备制造	Manufacture of Broadcasting and TV Equipment	480139	172037	32947	6954	470734	25720
雷达及配套设备制造	Manufacture of Radar and Its Fittings	180443	57253	19068	34447	143705	6248
视听设备制造	Manufacture of TV Set and Radio Receiver	1290209	452724	55474	39104	1215527	53051
电子器件制造	Manufacture of Electronic Appliances	3599953	1206462	513777	400052	3125554	102910
#电子真空器件制造	Manufacture of Electronic Vacuum Appliance	30467	9380	1919	479	29627	276
半导体分立器件制造	Manufacture of Semiconductor Discreting Appliances	197085	65829	35696	6810	183681	8559
集成电路制造	Manufacture of Integrate Circuit	1261453	466877	225548	201992	1019909	49230
电子元件制造	Manufacture of Electronic Components	2366864	836610	248530	49300	2284681	39442
其他电子设备制造	Manufacture of Other Electronic Equipment	758520	315628	63087	108218	642740	28302
计算机及办公设备制造业	**Manufacture of Computers and Office Equipment**	**1786469**	**777650**	**103195**	**68927**	**1640267**	**49560**
#计算机整机制造	Manufacture of Entired Computer	845519	356875	55984	15245	758603	26425
计算机零部件制造	Manufacture of Computer Components and Parts	240395	93446	16186	1470	237666	3629
计算机外围设备制造	Manufacture of Computer Peripheral Equipment	334965	114918	16761	40609	291559	13585
办公设备制造	Manufacture of Office Equipment	133699	68585	7068	5381	127896	2604
医疗仪器设备及仪器仪表制造业	**Manufacture of Medical Equipments and Measuring Instrument**	**2499046**	**1006881**	**212875**	**145956**	**2308182**	**115304**
1.医疗仪器设备及器械制造	Manufacture of Medical Equipment and Appliance	726982	286276	68750	42351	667425	30817
2.仪器仪表制造	Manufacture of Measuring Instrument	1772064	720605	144125	103605	1640757	84488
信息化学品制造业	**Manufacture of Electronic Chemicals**	**513741**	**109452**	**36516**	**9773**	**502894**	**2713**

2-3-2 各地区高技术产业R&D经费情况(2016年)
R&D Expenditure in High-tech Industry by Region(2016)

单位：万元 (10000 yuan)

地区	Region	R&D经费内部支出 Intramural Expenditure on R&D	#人员劳务费 Labor Cost	#仪器和设备 Equipment	#政府资金 Government Funds	#企业资金 Self-raised Funds by Enterprises	R&D经费外部支出 External Expenditure on R&D
全 国	**Total**	**29157462**	**11338740**	**2554138**	**2130532**	**26606437**	**2685902**
东部地区	Eastern Region	22345137	9303242	1781960	1001298	20984763	2278504
中部地区	Middle Region	3264036	1022658	463166	340342	2892186	147729
西部地区	Western Region	2826319	830086	235363	565413	2238470	178805
东北地区	Northeaastern Region	721970	182755	73648	223479	491018	80865
北 京	Beijing	1299264	514753	87065	171646	1066144	165164
天 津	Tianjin	698875	260656	79945	31609	582137	132687
河 北	Hebei	409416	116065	63547	28858	378148	39996
山 西	Shanxi	83719	36494	1765	1522	81041	6301
内蒙古	Inner Mongolia	90426	17272	8272	1980	87844	1396
辽 宁	Liaoning	361213	100272	16763	146106	209222	30384
吉 林	Jilin	117146	28460	10515	9925	106785	20936
黑龙江	Heilongjiang	243612	54024	46370	67448	175011	29545
上 海	Shanghai	1338172	564143	103032	240370	1071465	182338
江 苏	Jiangsu	3882343	1278809	427720	73875	3741545	198714
浙 江	Zhejiang	2132658	930812	132148	51399	2068592	120968
安 徽	Anhui	635542	212927	102760	62825	566988	47263
福 建	Fujian	1117716	424963	109110	70493	1038168	29956
江 西	Jiangxi	300891	90550	31476	7970	287941	13071
山 东	Shandong	2224899	701651	237491	83089	2077513	100537
河 南	Henan	575937	178193	73276	18265	551238	19276
湖 北	Hubei	1030278	307055	203680	163918	860281	27192
湖 南	Hunan	637668	197439	50209	85842	544698	34625
广 东	Guangdong	9201115	4497037	538636	245845	8925390	1277765
广 西	Guangxi	85092	25314	6648	5218	79612	6889
海 南	Hainan	40681	14355	3267	4116	35661	30378
重 庆	Chongqing	442088	147224	65358	18278	418188	24031
四 川	Sichuan	1006821	366541	64012	174967	822234	68777
贵 州	Guizhou	192664	39673	15199	28868	160131	12520
云 南	Yunnan	63001	19648	8143	3882	58311	8239
西 藏	Tibet	1972	532	64	110	1781	134
陕 西	Shaanxi	837638	191808	56521	321929	514027	46930
甘 肃	Gansu	39084	12333	3668	4474	34575	6808
青 海	Qinghai	9619	1833	1851	2573	7047	1213
宁 夏	Ningxia	34421	5941	3126	2003	32357	1329
新 疆	Xinjiang	23494	1967	2500	1131	22363	538

2-3-3 按行业和企业规模分高技术产业R&D经费情况(2016年)

R&D Expenditure in High-tech Industry by Industrial Sector and Scale of Enterprises(2016)

单位：万元 (10000 yuan)

行 业	Industry	大型企业 Large-sized Enterprises					
		R&D经费内部支出 Intramural Expenditure on R&D	#人员劳务费 Labor Cost	#仪器和设备 Equipment	#政府资金 Government Funds	#企业资金 Self-raised Funds by Enterprises	R&D经费外部支出 External Expenditure on R&D
合计	**Total**	**18288081**	**7612582**	**1443487**	**1561608**	**16485900**	**1965477**
医药制造业	**Manufacture of Medicines**	**1953878**	**596830**	**208171**	**94082**	**1850864**	**271793**
#化学药品制造	Manufacture of Chemical Medicine	1283477	388174	135995	61210	1217008	193455
中成药生产	Production of Finished Traditional Chinese Herbal Medicine	377938	115836	43180	24768	352179	46553
生物药品制造	Manufacture of Biological Medicine	131787	41256	14139	5964	123143	20849
航空、航天器及设备制造业	**Manufacture of Aircrafts and Spacecrafts and Related Equipment**	**1541727**	**389366**	**104467**	**785794**	**701025**	**217338**
#飞机制造	Manufacture of Airplanes	1158919	266344	79746	724506	428944	210437
航天器制造	Manufacture of Spacecrafts	219375	67315	12821	45834	124970	4887
电子及通信设备制造业	**Manufacture of Electronic Equipment and Communication Equipment**	**12619458**	**5744963**	**998955**	**570194**	**11954974**	**1386859**
#通信设备制造	Manufacture of Communication Equipment	7005486	3819799	363204	125212	6878888	1195156
#通信系统设备制造	Manufacture of Communication Equipment	5805621	3320690	283307	114636	5690018	584136
通信终端设备制造	Manufacture of Communication Terminal Equipment	1199865	499108	79897	10577	1188870	611019
广播电视设备制造	Manufacture of Broadcasting and TV Equipment	212391	72720	14309	1716	210675	19561
雷达及配套设备制造	Manufacture of Radar and Its Fittings	136540	42642	15654	32493	104047	4625
视听设备制造	Manufacture of TV Set and Radio Receiver	967086	347941	29459	33495	901780	37698
电子器件制造	Manufacture of Electronic Appliances	2435563	755748	408536	326405	2066045	82073
#电子真空器件制造	Manufacture of Electronic Vacuum Appliance	2305	762	672		2305	62
半导体分立器件制造	Manufacture of Semiconductor Discreting Appliances	73911	26197	21283	1445	71622	5881
集成电路制造	Manufacture of Integrate Circuit	913396	299494	204072	172840	703686	43217
电子元件制造	Manufacture of Electronic Components	1034015	389710	98336	13981	1004379	26233
其他电子设备制造	Manufacture of Other Electronic Equipment	283546	141927	22670	9301	273080	10380
计算机及办公设备制造业	**Manufacture of Computers and Office Equipment**	**1326888**	**591099**	**72259**	**54472**	**1198194**	**38769**
#计算机整机制造	Manufacture of Entired Computer	754612	333147	49798	10629	672621	25725
计算机零部件制造	Manufacture of Computer Components and Parts	134203	45195	8071	515	132799	2926
计算机外围设备制造	Manufacture of Computer Peripheral Equipment	201348	60883	6696	34382	165941	8164
办公设备制造	Manufacture of Office Equipment	73691	42622	3993	4102	69208	880
医疗仪器设备及仪器仪表制造业	**Manufacture of Medical Equipments and Measuring Instrument**	**542265**	**227566**	**43219**	**52600**	**481544**	**49500**
1.医疗仪器设备及器械制造	Manufacture of Medical Equipment and Appliance	128471	62954	7563	11435	117036	5111
2.仪器仪表制造	Manufacture of Measuring Instrument	413794	164612	35656	41165	364508	44389
信息化学品制造业	**Manufacture of Electronic Chemicals**	**303865**	**62759**	**16416**	**4466**	**299298**	**1218**

2-3-3 续表 continued

单位：万元 (10000 yuan)

行 业	Industry	中型企业 Medium-sized Enterprises					
		R&D经费内部支出 Intramural Expenditure on R&D	#人员劳务费 Labor Cost	#仪器和设备 Equip-ment	#政府资金 Govern-ment Funds	#企业资金 Self-raised Funds by Enterprises	R&D经费外部支出 External Expenditure on R&D
合计	**Total**	**6087970**	**2140185**	**571409**	**371460**	**5600189**	**499782**
医药制造业	**Manufacture of Medicines**	**1644678**	**463660**	**196673**	**73121**	**1558298**	**212588**
#化学药品制造	Manufacture of Chemical Medicine	795007	230132	106534	28578	760144	110919
中成药生产	Production of Finished Traditional Chinese Herbal Medicine	300455	82575	30902	19492	279627	36476
生物药品制造	Manufacture of Biological Medicine	378683	103160	39486	19868	356843	55426
航空、航天器及设备制造业	**Manufacture of Aircrafts and Spacecrafts and Related Equipment**	**172847**	**45245**	**13272**	**41109**	**121404**	**190311**
#飞机制造	Manufacture of Airplanes	81455	16803	9767	6868	65251	76273
航天器制造	Manufacture of Spacecrafts	36046	11375	1953	29231	6186	112942
电子及通信设备制造业	**Manufacture of Electronic Equipment and Communication Equipment**	**2939213**	**1106127**	**255455**	**197381**	**2674078**	**66066**
#通信设备制造	Manufacture of Communication Equipment	473881	229918	27606	17061	434067	16421
#通信系统设备制造	Manufacture of Communication Equipment	278736	137586	16895	13681	259511	11321
通信终端设备制造	Manufacture of Communication Terminal Equipment	195145	92332	10711	3380	174557	5099
广播电视设备制造	Manufacture of Broadcasting and TV Equipment	136760	58744	8040	2319	132945	3308.5
雷达及配套设备制造	Manufacture of Radar and Its Fittings	22919	7695	1550	1247	21632	557
视听设备制造	Manufacture of TV Set and Radio Receiver	223400	69291	19143	4281	216995	10418
电子器件制造	Manufacture of Electronic Appliances	696427	266023	58232	44068	628360	8478
#电子真空器件制造	Manufacture of Electronic Vacuum Appliance	16584	4633	598	241	16343	89
半导体分立器件制造	Manufacture of Semiconductor Discreting Appliances	74659	21584	8052	2527	68166	278
集成电路制造	Manufacture of Integrate Circuit	193357	89283	10480	16040	175886	1671
电子元件制造	Manufacture of Electronic Components	757191	273572	79294	19376	727144	7905
其他电子设备制造	Manufacture of Other Electronic Equipment	266570	98054	16306	92272	172983	12271
计算机及办公设备制造业	**Manufacture of Computers and Office Equipment**	**249789**	**105142**	**14972**	**6449**	**241952**	**2284**
#计算机整机制造	Manufacture of Entired Computer	57818	13310	3349	3940	53878	165
计算机零部件制造	Manufacture of Computer Components and Parts	65504	33717	4658	237	65105	27
计算机外围设备制造	Manufacture of Computer Peripheral Equipment	64379	27006	4175	1275	62369	234
办公设备制造	Manufacture of Office Equipment	28591	14497	1134	540	28051	913
医疗仪器设备及仪器仪表制造业	**Manufacture of Medical Equipments and Measuring Instrument**	**958921**	**395245**	**79317**	**50738**	**884776**	**27618**
1.医疗仪器设备及器械制造	Manufacture of Medical Equipment and Appliance	332930	129730	30730	18183	300443	7463
2.仪器仪表制造	Manufacture of Measuring Instrument	625991	265515	48587	32555	584333	20155
信息化学品制造业	**Manufacture of Electronic Chemicals**	**122522**	**24766**	**11720**	**2662**	**119681**	**914**

2-3-4 按行业分国有及国有控股企业高技术产业R&D经费情况(2016年)

R&D Expenditure in High-tech Industry of State-owned and State-controlled Enterprises by Industrial Sector (2016)

单位：万元 (10000 yuan)

行业	Industry	R&D经费内部支出 Intramural Expenditure on R&D	#人员劳务费 Labor Cost	#仪器和设备 Equip-ment	#政府资金 Govern-ment Funds	#企业资金 Self-raised Funds by Enterprises	R&D经费外部支出 External Expenditure on R&D
合计	**Total**	**6456471**	**2397739**	**457972**	**1346276**	**4989986**	**570423**
医药制造业	**Manufacture of Medicines**	**618189**	**219020**	**70347**	**38695**	**577196**	**101980**
#化学药品制造	Manufacture of Chemical Medicine	348731	120086	49716	17602	330548	67509
中成药生产	Production of Finished Traditional Chinese Herbal Medicine	141143	57368	11060	8210	132158	16548
生物药品制造	Manufacture of Biological Medicine	92914	30715	8772	11619	80718	14747
航空、航天器及设备制造业	**Manufacture of Aircrafts and Spacecrafts and Related Equipment**	**1606369**	**388386**	**111318**	**830783**	**716834**	**332076**
#飞机制造	Manufacture of Airplanes	1202617	263908	85416	735235	458898	211551
航天器制造	Manufacture of Spacecrafts	255421	78690	14774	75066	131157	117829
电子及通信设备制造业	**Manufacture of Electronic Equipment and Communication Equipment**	**3356737**	**1398798**	**212999**	**378890**	**2948133**	**89213**
#通信设备制造	Manufacture of Communication Equipment	1312878	727325	79524	93897	1215087	16612
#通信系统设备制造	Manufacture of Communication System Equipment	1241740	692118	74783	91740	1148177	15025
通信终端设备制造	Manufacture of Communication Terminal Equipment	71137	35207	4741	2158	66910	1587
广播电视设备制造	Manufacture of Broadcasting and TV Equipment	54912	20850	5260	690	54222	7651
雷达及配套设备制造	Manufacture of Radar and Its Fittings	160067	49485	17309	33716	124099	5797
视听设备制造	Manufacture of TV Set and Radio Receiver	576693	191759	16243	25558	541039	15353
电子器件制造	Manufacture of Electronic Appliances	844361	276024	59971	112427	721904	27625
#电子真空器件制造	Manufacture of Electronic Vacuum Appliance	7395	3712	714		7395	62
半导体分立器件制造	Manufacture of Semiconductor Discreting Appliances	20084	5650	1297	905	18411	1698
集成电路制造	Manufacture of Integrate Circuit	131272	54856	4435	14846	113155	3133
电子元件制造	Manufacture of Electronic Components	164493	56732	21976	14120	149549	2622
其他电子设备制造	Manufacture of Other Electronic Equipment	129543	42267	3242	78660	49175	11998
计算机及办公设备制造业	**Manufacture of Computers and Office Equipment**	**468210**	**236477**	**34714**	**55383**	**390505**	**13399**
#计算机整机制造	Manufacture of Entired Computer	259453	116665	29128	13478	223722	1542
计算机零部件制造	Manufacture of Computer Components and Parts	10583	6991	75	26	10557	8
计算机外围设备制造	Manufacture of Computer Peripheral Equipment	86304	34227	3712	34735	51501	10914
办公设备制造	Manufacture of Office Equipment	31531	18792	298	3996	27535	798
医疗仪器设备及仪器仪表制造业	**Manufacture of Medical Equipments and Measuring Instrument**	**300403**	**124823**	**20609**	**40239**	**253140**	**32716**
1.医疗仪器设备及器械制造	Manufacture of Medical Equipment and Appliance	19195	9363	2632	2122	17051	690
2.仪器仪表制造	Manufacture of Measuring Instrument	281207	115460	17977	38117	236089	32026
信息化学品制造业	**Manufacture of Electronic Chemicals**	**106564**	**30236**	**7986**	**2285**	**104178**	**1040**

2-3-5 按行业和登记注册类型分高技术产业R&D经费情况(2016年)

R&D Expenditure in High-tech Industry by Industrial Sector and Registration Status(2016)

单位：万元 (10000 yuan)

行业	Industry	内资企业 Domestic Funded R&D经费内部支出 Intramural Expenditure on R&D	#人员劳务费 Labor Cost	#仪器和设备 Equip-ment	#政府资金 Govern-ment Funds	#企业资金 Self-raised Funds by Enterprises	R&D经费外部支出 External Expenditure on R&D
合计	**Total**	**21209256**	**8306415**	**1891977**	**1916988**	**19074326**	**2234505**
医药制造业	**Manufacture of Medicines**	**3745150**	**1053858**	**488718**	**175152**	**3535210**	**435577**
#化学药品制造	Manufacture of Chemical Medicine	1773577	516251	224916	78259	1679333	242808
中成药生产	Production of Finished Traditional Chinese Herbal Medicine	800760	224797	109304	47440	747984	93932
生物药品制造	Manufacture of Biological Medicine	630812	165192	80101	32023	591620	68795
航空、航天器及设备制造业	**Manufacture of Aircrafts and Spacecrafts and Related Equipment**	**1691659**	**411478**	**119063**	**833962**	**800195**	**337261**
#飞机制造	Manufacture of Airplanes	1226976	273703	88653	736564	483713	212916
航天器制造	Manufacture of Spacecrafts	256885	79300	14989	75366	132321	117889
电子及通信设备制造业	**Manufacture of Electronic Equipment and Communication Equipment**	**12727751**	**5667987**	**1029890**	**708097**	**11942437**	**1358245**
#通信设备制造	Manufacture of Communication Equipment	6414091	3554635	342692	140666	6262684	1177667
#通信系统设备制造	Manufacture of Communication System Equipment	5547433	3185386	271469	126062	5415173	584098
通信终端设备制造	Manufacture of Communication Terminal Equipment	866658	369249	71223	14604	847512	593569
广播电视设备制造	Manufacture of Broadcasting and TV Equipment	362171	123418	21751	6815	352905	23935
雷达及配套设备制造	Manufacture of Radar and Its Fittings	178547	55975	19068	34447	141809	6235
视听设备制造	Manufacture of TV Set and Radio Receiver	891782	303834	42145	33128	845948	21872
电子器件制造	Manufacture of Electronic Appliances	2068151	694380	304825	309353	1739999	64404
#电子真空器件制造	Manufacture of Electronic Vacuum Appliance	27003	8004	1827	479	26489	276
半导体分立器件制造	Manufacture of Semiconductor Discreting Appliances	121178	42636	17612	6234	112590	2344
集成电路制造	Manufacture of Integrate Circuit	629203	231180	160661	184637	440342	31873
电子元件制造	Manufacture of Electronic Components	1341655	440227	157903	41260	1284786	19894
其他电子设备制造	Manufacture of Other Electronic Equipment	525386	229266	47451	95330	423607	21830
计算机及办公设备制造业	**Manufacture of Computers and Office Equipment**	**810078**	**355555**	**57886**	**64010**	**722223**	**19158**
#计算机整机制造	Manufacture of Entired Computer	329581	139105	32870	15189	291832	1843
计算机零部件制造	Manufacture of Computer Components and Parts	88710	36682	5244	898	87778	547
计算机外围设备制造	Manufacture of Computer Peripheral Equipment	194710	80979	13539	39429	154328	12289
办公设备制造	Manufacture of Office Equipment	86401	41716	3022	5335	81025	2302
医疗仪器设备及仪器仪表制造业	**Manufacture of Medical Equipments and Measuring Instrument**	**1908292**	**737762**	**169792**	**127583**	**1756843**	**82414**
1.医疗仪器设备及器械制造	Manufacture of Medical Equipment and Appliance	503812	181706	51500	29765	469591	20547
2.仪器仪表制造	Manufacture of Measuring Instrument	1404480	556055	118293	97818	1287253	61867
信息化学品制造业	**Manufacture of Electronic Chemicals**	**326325**	**79774**	**26628**	**8185**	**317418**	**1851**

2-3-5 续表 1 continued

单位：万元 (10000 yuan)

行 业	Industry	#国有企业 State-owned Enterprises					
		R&D经费内部支出 Intramural Expenditure on R&D	#人员劳务费 Labor Cost	#仪器和设备 Equip-ment	#政府资金 Govern-ment Funds	#企业资金 Self-raised Funds by Enterprises	R&D经费外部支出 External Expenditure on R&D
合计	**Total**	**744428**	**260693**	**83557**	**164526**	**572593**	**47244**
医药制造业	**Manufacture of Medicines**	**28157**	**10281**	**4160**	**5722**	**22070**	**3186**
#化学药品制造	Manufacture of Chemical Medicine	2097	864	187		2097	868
中成药生产	Production of Finished Traditional Chinese Herbal Medicine	2092	1100	161	256	1836	320
生物药品制造	Manufacture of Biological Medicine	18867	7201	3760	5051	13816	1999
航空、航天器及设备制造业	**Manufacture of Aircrafts and Spacecrafts and Related Equipment**	**323708**	**87701**	**21123**	**65940**	**253149**	**9613**
#飞机制造	Manufacture of Airplanes	111865	35729	4682	4679	104617	2012
航天器制造	Manufacture of Spacecrafts	129392	31173	7348	52716	75473	5139
电子及通信设备制造业	**Manufacture of Electronic Equipment and Communication Equipment**	**267359**	**117114**	**50902**	**36025**	**229678**	**5522**
#通信设备制造	Manufacture of Communication Equipment	195284	95998	38272	6996	186632	5026
#通信系统设备制造	Manufacture of Communication System Equipment	192024	93586	38256	6996	184053	5026
通信终端设备制造	Manufacture of Communication Terminal Equipment	3260	2412	16		2579	
广播电视设备制造	Manufacture of Broadcasting and TV Equipment						
雷达及配套设备制造	Manufacture of Radar and Its Fittings	49771	13621	10580	26474	23297	418
视听设备制造	Manufacture of TV Set and Radio Receiver						
电子器件制造	Manufacture of Electronic Appliances	8220	2643	557		8220	22
#电子真空器件制造	Manufacture of Electronic Vacuum Appliance	1336	1269			1336	
半导体分立器件制造	Manufacture of Semiconductor Discreting Appliances						
集成电路制造	Manufacture of Integrate Circuit	2973	399	73		2973	
电子元件制造	Manufacture of Electronic Components	14083	4852	1493	2555	11529	56
其他电子设备制造	Manufacture of Other Electronic Equipment						
计算机及办公设备制造业	**Manufacture of Computers and Office Equipment**	**44774**	**14035**	**2715**	**32551**	**12223**	**6114**
#计算机整机制造	Manufacture of Entired Computer						
计算机零部件制造	Manufacture of Computer Components and Parts						
计算机外围设备制造	Manufacture of Computer Peripheral Equipment	44606	13900	2714	32551	12055	6114
办公设备制造	Manufacture of Office Equipment	168	135	1		168	
医疗仪器设备及仪器仪表制造业	**Manufacture of Medical Equipments and Measuring Instrument**	**75054**	**29814**	**4587**	**24287**	**50097**	**22363**
1.医疗仪器设备及器械制造	Manufacture of Medical Equipment and Appliance	12685	6484	2346	1406	11279	470
2.仪器仪表制造	Manufacture of Measuring Instrument	62370	23330	2241	22881	38819	21893
信息化学品制造业	**Manufacture of Electronic Chemicals**	**5377**	**1749**	**70**		**5377**	**445**

2-3-5 续表 2 continued

单位：万元 (10000 yuan)

行业	Industry	港澳台投资企业 Enterprises with Funds from Hong Kong, Macau and Taiwan					
		R&D经费内部支出 Intramural Expenditure on R&D	#人员劳务费 Labor Cost	#仪器和设备 Equipment	#政府资金 Government Funds	#企业资金 Self-raised Funds by Enterprises	R&D经费外部支出 External Expenditure on R&D
合计	**Total**	**4022322**	**1537843**	**326727**	**74780**	**3841374**	**152210**
医药制造业	**Manufacture of Medicines**	**583373**	**165962**	**54551**	**28103**	**552979**	**84624**
#化学药品制造	Manufacture of Chemical Medicine	360582	97885	33289	14720	345053	46572
中成药生产	Production of Finished Traditional Chinese Herbal Medicine	64825	20900	4692	2907	61777	10109
生物药品制造	Manufacture of Biological Medicine	132185	39393	15319	9759	121361	27121
航空、航天器及设备制造业	**Manufacture of Aircrafts and Spacecrafts and Related Equipment**	**60989**	**27818**	**4204**	**73**	**60916**	**362**
#飞机制造	Manufacture of Airplanes	8201	1404	3513	35	8166	
航天器制造	Manufacture of Spacecrafts						
电子及通信设备制造业	**Manufacture of Electronic Equipment and Communication Equipment**	**2515463**	**1030955**	**219177**	**37859**	**2429778**	**34618**
#通信设备制造	Manufacture of Communication Equipment	886303	390947	49592	6364	878943	11280
#通信系统设备制造	Manufacture of Communication System Equipment	482590	234896	26445	5655	476471	10100
通信终端设备制造	Manufacture of Communication Terminal Equipment	403713	156052	23146	709	402472	1181
广播电视设备制造	Manufacture of Broadcasting and TV Equipment	61951	20347	6647	13	61938	50
雷达及配套设备制造	Manufacture of Radar and Its Fittings	1695	1088			1695	14
视听设备制造	Manufacture of TV Set and Radio Receiver	278211	96645	9559	4205	271877	1047
电子器件制造	Manufacture of Electronic Appliances	557766	230731	87957	18961	503413	12498
#电子真空器件制造	Manufacture of Electronic Vacuum Appliance	811	344	27		811	
半导体分立器件制造	Manufacture of Semiconductor Discreting Appliances	30081	9708	5466	550	29393	101
集成电路制造	Manufacture of Integrate Circuit	229975	121586	39254	13633	182892	59
电子元件制造	Manufacture of Electronic Components	495972	195613	41821	6275	481121	7558
其他电子设备制造	Manufacture of Other Electronic Equipment	85447	38804	6213	1172	83938	1400
计算机及办公设备制造业	**Manufacture of Computers and Office Equipment**	**595269**	**221292**	**32405**	**1273**	**542201**	**28813**
#计算机整机制造	Manufacture of Entired Computer	332561	130064	18031	6	284179	24582
计算机零部件制造	Manufacture of Computer Components and Parts	100118	39864	7796	238	98832	2949
计算机外围设备制造	Manufacture of Computer Peripheral Equipment	115823	23836	2330	1025	113110	1185
办公设备制造	Manufacture of Office Equipment	34944	19825	3783	5	34562	98
医疗仪器设备及仪器仪表制造业	**Manufacture of Medical Equipments and Measuring Instrument**	**156115**	**73067**	**11595**	**6410**	**145788**	**2950**
1.医疗仪器设备及器械制造	Manufacture of Medical Equipment and Appliance	48375	23019	3770	3100	44660	1059
2.仪器仪表制造	Manufacture of Measuring Instrument	107740	50048	7825	3310	101127	1891
信息化学品制造业	**Manufacture of Electronic Chemicals**	**111112**	**18748**	**4795**	**1062**	**109713**	**843**

2-3-5 续表 3 continued

单位：万元 (10000 yuan)

行业	Industry	外商投资企业 Foreign Funded Enterprises					
		R&D经费内部支出 Intramural Expenditure on R&D	#人员劳务费 Labor Cost	#仪器和设备 Equipment	#政府资金 Government Funds	#企业资金 Self-raised Funds by Enterprises	R&D经费外部支出 External Expenditure on R&D
合计	**Total**	**3925884**	**1494483**	**335434**	**138764**	**3690737**	**299187**
医药制造业	**Manufacture of Medicines**	**556189**	**193550**	**59358**	**20423**	**533131**	**80317**
#化学药品制造	Manufacture of Chemical Medicine	388703	135728	43985	11594	374917	64772
中成药生产	Production of Finished Traditional Chinese Herbal Medicine	61918	19690	6018	4954	56802	13361
生物药品制造	Manufacture of Biological Medicine	68894	25893	5047	3223	65392	1653
航空、航天器及设备制造业	**Manufacture of Aircrafts and Spacecrafts and Related Equipment**	**50566**	**18376**	**7559**	**18**	**42060**	**74849**
#飞机制造	Manufacture of Airplanes	37614	13433	6048	18	29114	74745
航天器制造	Manufacture of Spacecrafts						
电子及通信设备制造业	**Manufacture of Electronic Equipment and Communication Equipment**	**2427067**	**874772**	**219034**	**102192**	**2258389**	**112472**
#通信设备制造	Manufacture of Communication Equipment	480459	226853	20456	4822	459731	34858
#通信系统设备制造	Manufacture of Communication System Equipment	213358	107816	12545	1748	210188	7542
通信终端设备制造	Manufacture of Communication Terminal Equipment	267101	119037	7911	3074	249543	27316
广播电视设备制造	Manufacture of Broadcasting and TV Equipment	56017	28272	4548	126	55891	1736
雷达及配套设备制造	Manufacture of Radar and Its Fittings	202	191			202	
视听设备制造	Manufacture of TV Set and Radio Receiver	120217	52245	3770	1772	97701	30131
电子器件制造	Manufacture of Electronic Appliances	974035	281351	120995	71737	882142	26008
#电子真空器件制造	Manufacture of Electronic Vacuum Appliance	2652	1032	66		2327	
半导体分立器件制造	Manufacture of Semiconductor Discreting Appliances	45827	13485	12618	27	41698	6114
集成电路制造	Manufacture of Integrate Circuit	402275	114111	25633	3722	396674	17299
电子元件制造	Manufacture of Electronic Components	529238	200770	48806	1765	518774	11990
其他电子设备制造	Manufacture of Other Electronic Equipment	147687	47558	9423	11716	135195	5072
计算机及办公设备制造业	**Manufacture of Computers and Office Equipment**	**381121**	**200803**	**12904**	**3644**	**375842**	**1590**
#计算机整机制造	Manufacture of Entired Computer	183376	87705	5082	50	182591	
计算机零部件制造	Manufacture of Computer Components and Parts	51568	16900	3145	334	51056	134
计算机外围设备制造	Manufacture of Computer Peripheral Equipment	24432	10103	892	155	24122	111
办公设备制造	Manufacture of Office Equipment	12355	7043	263	42	12309	205
医疗仪器设备及仪器仪表制造业	**Manufacture of Medical Equipments and Measuring Instrument**	**434638**	**196052**	**31488**	**11963**	**405551**	**29941**
1.医疗仪器设备及器械制造	Manufacture of Medical Equipment and Appliance	174795	81551	13480	9486	153175	9211
2.仪器仪表制造	Manufacture of Measuring Instrument	259844	114501	18008	2477	252377	20730
信息化学品制造业	**Manufacture of Electronic Chemicals**	**76303**	**10930**	**5092**	**525**	**75764**	**18**

2-3-6 按地区和企业规模分高技术产业R&D经费情况(2016年)
R&D Expenditure in High-tech Industry by Region and Industrial Sector(2016)

单位：万元 (10000 yuan)

地区	Region	大型企业 Large-sized Enterprises					
		R&D经费内部支出 Intramural Expenditure on R&D	#人员劳务费 Labor Cost	#仪器和设备 Equipment	#政府资金 Government Funds	#企业资金 Self-raised Funds by Enterprises	R&D经费外部支出 External Expenditure on R&D
全国	**Total**	**18288081**	**7612582**	**1443487**	**1561608**	**16485900**	**1965477**
东部地区	Eastern Region	14358840	6406655	1011283	602527	13533777	1734370
中部地区	Middle Region	1667725	577909	263022	254720	1407110	74050
西部地区	Western Region	1773451	511068	114707	499200	1267600	111121
东北地区	Northeaastern Region	488065	116950	54476	205162	277413	45935
北京	Beijing	681936	248879	62967	71612	559926	20089
天津	Tianjin	376606	158902	39420	13177	279927	29097
河北	Hebei	250693	77832	35238	21145	228952	35344
山西	Shanxi	45030	24364	290	283	44747	2136
内蒙古	Inner Mongolia	66248	11275	4990	1020	65228	480
辽宁	Liaoning	249419	67874	9831	135673	108922	12464
吉林	Jilin	47724	13690	5847	5196	42529	9849
黑龙江	Heilongjiang	190922	35385	38798	64293	125963	23623
上海	Shanghai	811823	335822	71393	167438	629860	157653
江苏	Jiangsu	1795649	587572	175663	34576	1742309	123911
浙江	Zhejiang	1110518	526982	59159	19818	1087604	72135
安徽	Anhui	272779	124689	36447	35159	236484	23963
福建	Fujian	728100	261298	69915	52537	671889	14863
江西	Jiangxi	136936	43942	7462	3711	131591	7960
山东	Shandong	1330475	475818	101688	45982	1246365	60580
河南	Henan	313658	99434	45226	8821	303332	9504
湖北	Hubei	669306	204498	169592	147412	521260	14999
湖南	Hunan	230016	80983	4005	59334	169694	15488
广东	Guangdong	7271949	3733403	395774	176002	7086095	1220520
广西	Guangxi	19016	8968	885	1089	17927	5059
海南	Hainan	1091	146	66	240	851	180
重庆	Chongqing	166412	70225	23165	9639	154756	9324
四川	Sichuan	646666	234407	32753	147248	496257	43714
贵州	Guizhou	130075	26378	6735	22166	106589	7618
云南	Yunnan	13308	4719	543	547	12705	2030
西藏	Tibet						
陕西	Shaanxi	680573	144552	42918	313920	366610	36885
甘肃	Gansu	19579	7193	980	2443	17136	4858
青海	Qinghai	21	1	20	5	16	
宁夏	Ningxia	13252	2553	623	752	12448	1155
新疆	Xinjiang	18300	798	1096	372	17927	

2-3-6　续表　continued

单位：万元　(10000 yuan)

地　区	Region	中型企业 Medium-sized Enterprises R&D经费内部支出 Intramural Expenditure on R&D	#人员劳务费 Labor Cost	#仪器和设备 Equipment	#政府资金 Government Funds	#企业资金 Self-raised Funds by Enterprises	R&D经费外部支出 External Expenditure on R&D
全　国	**Total**	**6087970**	**2140185**	**571409**	**371460**	**5600189**	**499782**
东部地区	Eastern Region	4498454	1684879	398227	284106	4120990	398314
中部地区	Middle Region	822848	228869	94543	46434	762320	36316
西部地区	Western Region	634654	192424	66245	32642	593974	38800
东北地区	Northeaastern Region	132014	34013	12395	8278	122905	26352
北　京	Beijing	365738	149397	14480	90374	270890	127695
天　津	Tianjin	145638	44539	9418	13047	132438	83005
河　北	Hebei	80102	18865	13240	3717	75882	1670
山　西	Shanxi	23901	6682	826	701	22331	2608
内 蒙 古	Inner Mongolia	13162	2986	2100	522	12092	668
辽　宁	Liaoning	58706	16065	3647	4874	53814	13986
吉　林	Jilin	44905	8495	3346	2617	41955	7330
黑 龙 江	Heilongjiang	28403	9453	5402	788	27137	5036
上　海	Shanghai	361374	153709	24879	63099	287694	19416
江　苏	Jiangsu	1164840	399892	132211	22840	1104170	48058
浙　江	Zhejiang	557658	218688	43593	19707	533144	24949
安　徽	Anhui	180078	40622	27879	11435	167069	10751
福　建	Fujian	216643	102771	14476	8500	204624	9400
江　西	Jiangxi	85428	26958	13698	2231	80427	2532
山　东	Shandong	445580	120241	59687	16136	409989	26758
河　南	Henan	180339	52434	18489	6308	169612	7046
湖　北	Hubei	173970	51422	14462	9270	161574	4534
湖　南	Hunan	179132	50752	19187	16489	161309	8845
广　东	Guangdong	1134964	467510	83982	43318	1080294	32700
广　西	Guangxi	39459	9520	2909	2267	37193	279
海　南	Hainan	25918	9267	2262	3368	21865	24662
重　庆	Chongqing	183601	49819	27742	5820	176342	10418
四　川	Sichuan	215160	80656	19944	10887	200893	15470
贵　州	Guizhou	41287	9540	3463	4851	35145	3102
云　南	Yunnan	17499	5829	671	542	16561	1605
西　藏	Tibet	110	11	33	110		121
陕　西	Shaanxi	95989	28322	6295	5352	89687	4737
甘　肃	Gansu	8051	2159	760	1245	6771	1780
青　海	Qinghai	3716	1233	199	112	3604	231
宁　夏	Ningxia	15161	2105	1788	497	14664	73
新　疆	Xinjiang	1458	245	342	437	1021	316

2-3-7 各地区国有及国有控股企业高技术产业R&D经费情况(2016年)
R&D Expenditure in High-tech Industry of State-owned and State-controlled Enterprises by Region (2016)

单位：万元 (10000 yuan)

地 区	Region	R&D经费内部支出 Intramural Expenditure on R&D	#人员劳务费 Labor Cost	#仪器和设备 Equipment	#政府资金 Government Funds	#企业资金 Self-raised Funds by Enterprises	R&D经费外部支出 External Expenditure on R&D
全 国	**Total**	**6456471**	**2397739**	**457972**	**1346276**	**4989986**	**570423**
东部地区	Eastern Region	3658228	1559486	230858	512296	3048821	408732
中部地区	Middle Region	905063	315758	94862	120354	777420	35688
西部地区	Western Region	1436426	415706	84692	515300	910629	92623
东北地区	Northeaastern Region	456753	106789	47560	198326	253117	33380
北 京	Beijing	521013	203180	11879	100349	365398	128253
天 津	Tianjin	245307	84890	17291	22258	222218	14858
河 北	Hebei	131038	39133	33004	14859	115108	2116
山 西	Shanxi	19394	4556	139	196	18043	339
内 蒙 古	Inner Mongolia	62262	10406	1794	524	61738	416
辽 宁	Liaoning	252479	66136	7691	136752	111561	8415
吉 林	Jilin	13668	5264	112	1247	12420	5942
黑 龙 江	Heilongjiang	190606	35389	39758	60327	129136	19024
上 海	Shanghai	386094	144793	15838	187022	194870	152987
江 苏	Jiangsu	265166	96969	18278	6554	258309	30213
浙 江	Zhejiang	344438	193730	20554	12326	330811	38488
安 徽	Anhui	150831	43886	27535	32822	115914	12042
福 建	Fujian	214676	102774	19410	44493	169620	11624
江 西	Jiangxi	15784	5414	2614	873	14911	1504
山 东	Shandong	618574	232411	49844	22566	564776	17830
河 南	Henan	106944	42239	7088	4190	101445	3593
湖 北	Hubei	480048	184121	53808	20283	457828	9448
湖 南	Hunan	132063	35542	3678	61991	69279	8763
广 东	Guangdong	927243	458623	44609	101870	823713	10428
广 西	Guangxi	5724	3383	272	1089	4635	3043
海 南	Hainan	4680	2982	151		3999	1935
重 庆	Chongqing	99608	42658	13212	8136	90245	3245
四 川	Sichuan	535803	182535	17401	161172	369019	32717
贵 州	Guizhou	135577	29193	5815	24717	108633	7798
云 南	Yunnan	15771	7081	1877	1345	14030	889
西 藏	Tibet	110	11	33	110		121
陕 西	Shaanxi	567854	135833	42693	317180	249639	39886
甘 肃	Gansu	11782	4113	866	813	10968	4439
青 海	Qinghai						
宁 夏	Ningxia	147	90			147	58
新 疆	Xinjiang	1789	404	730	214	1576	11

2-3-8 按地区和登记注册类型分高技术产业R&D经费情况(2016年)
R&D Expenditure in High-tech Industry by Region and Registration Status(2016)

单位：万元 (10000 yuan)

地区	Region	内资企业 Domestic Funded					
		R&D经费内部支出 Intramural Expenditure on R&D	#人员劳务费 Labor Cost	#仪器和设备 Equipment	#政府资金 Government Funds	#企业资金 Self-raised Funds by Enterprises	R&D经费外部支出 External Expenditure on R&D
全　国	**Total**	**21209256**	**8306415**	**1891977**	**1916988**	**19074326**	**2234505**
东部地区	Eastern Region	15435058	6622847	1200302	807441	14462484	1873739
中部地区	Middle Region	2721750	835856	421386	331941	2363449	126587
西部地区	Western Region	2408253	685869	204791	562038	1827011	166935
东北地区	Northeaastern Region	644194	161842	65499	215567	421382	67245
北　京	Beijing	809727	337974	25153	111000	639627	150539
天　津	Tianjin	479593	156958	62418	30993	444345	31826
河　北	Hebei	311337	92372	56783	20313	288617	8235
山　西	Shanxi	51022	14963	1722	1126	48740	5704
内蒙古	Inner Mongolia	82561	16676	3484	960	81000	1333
辽　宁	Liaoning	320310	88280	13864	144971	169576	18718
吉　林	Jilin	101325	27219	10021	9725	91209	19575
黑龙江	Heilongjiang	222559	46343	41614	60872	160597	28952
上　海	Shanghai	566122	222511	22507	200227	361217	154000
江　苏	Jiangsu	2188327	669564	264787	59745	2110028	98585
浙　江	Zhejiang	1376066	613673	92790	38604	1329904	87390
安　徽	Anhui	564529	180020	98935	61894	499340	30573
福　建	Fujian	553497	210015	64793	60798	487514	26874
江　西	Jiangxi	253532	75397	25640	6630	244495	12210
山　东	Shandong	1802303	552883	202397	72039	1682453	78016
河　南	Henan	413305	131316	53908	16933	390047	18070
湖　北	Hubei	937846	292000	197674	161589	770208	25808
湖　南	Hunan	501518	142159	43507	83769	410620	34223
广　东	Guangdong	7318891	3756274	406620	211244	7092962	1224061
广　西	Guangxi	69687	17858	6532	4926	64500	6886
海　南	Hainan	29196	10624	2055	2477	25818	14214
重　庆	Chongqing	359151	108865	53905	17748	336756	22574
四　川	Sichuan	862992	299724	52790	174566	681017	60303
贵　州	Guizhou	191202	39020	15199	28718	158820	12378
云　南	Yunnan	56301	16275	7558	3353	52139	6556
西　藏	Tibet	1972	532	64	110	1781	134
陕　西	Shaanxi	687567	165893	54498	321710	364222	46882
甘　肃	Gansu	39084	12333	3668	4474	34575	6808
青　海	Qinghai	9598	1832	1831	2568	7030	1213
宁　夏	Ningxia	32065	5147	3039	2002	30002	1329
新　疆	Xinjiang	16074	1714	2225	904	15170	538

2-3-8 续表 1 continued

单位：万元 (10000 yuan)

地 区	Region	#国有企业 State-owned Enterprises R&D经费内部支出 Intramural Expenditure on R&D	#人员劳务费 Labor Cost	#仪器和设备 Equipment	#政府资金 Government Funds	#企业资金 Self-raised Funds by Enterprises	R&D经费外部支出 External Expenditure on R&D
全 国	**Total**	**744428**	**260693**	**83557**	**164526**	**572593**	**47244**
东部地区	Eastern Region	199210	67971	16936	29588	166479	29758
中部地区	Middle Region	259146	106339	48236	30590	227512	5913
西部地区	Western Region	274602	81162	18286	102042	171955	11574
东北地区	Northeaastern Region	11469	5221	100	2306	6647	
北 京	Beijing	36750	10469	774	6249	29492	3880
天 津	Tianjin	63346	19269	912	8606	54590	252
河 北	Hebei	12711	4581	6246	6967	5744	86
山 西	Shanxi	5991	1998	90		5121	283
内 蒙 古	Inner Mongolia	1192	550			1192	
辽 宁	Liaoning	5101	3434			2584	
吉 林	Jilin	265	201			265	
黑 龙 江	Heilongjiang	6104	1586	100	2306	3798	
上 海	Shanghai	24168	10289	1337	530	22798	918
江 苏	Jiangsu	20824	7604	679	620	20106	22376
浙 江	Zhejiang	3298	585	635		3298	
安 徽	Anhui	26738	5291	10020	23792	2947	
福 建	Fujian	2973	399	73		2973	
江 西	Jiangxi	169	86			169	
山 东	Shandong	27375	11617	5726	6456	20919	2223
河 南	Henan	10739	3896	424	1754	8810	990
湖 北	Hubei	215204	94947	37702	5014	210190	4640
湖 南	Hunan	306	121		31	275	
广 东	Guangdong	4506	748	539	160	3981	22
广 西	Guangxi	475	274	66	95	381	20
海 南	Hainan	3260	2412	16		2579	
重 庆	Chongqing	4997	1840	366	145	4852	210
四 川	Sichuan	73215	21050	4254	36580	36584	7810
贵 州	Guizhou	11471	3510	506	957	10400	815
云 南	Yunnan	852	501		60	396	44
西 藏	Tibet						
陕 西	Shaanxi	182136	53347	13034	64205	117887	2674
甘 肃	Gansu	264	90	61		264	
青 海	Qinghai						
宁 夏	Ningxia						
新 疆	Xinjiang						

2-3-8 续表 2 continued

单位：万元 (10000 yuan)

地区	Region	港澳台投资企业 Enterprises with Funds from Hong Kong, Macau and Taiwan					
		R&D经费内部支出 Intramural Expenditure on R&D	#人员劳务费 Labor Cost	#仪器和设备 Equipment	#政府资金 Government Funds	#企业资金 Self-raised Funds by Enterprises	R&D经费外部支出 External Expenditure on R&D
全　国	**Total**	**4022322**	**1537843**	**326727**	**74780**	**3841374**	**152210**
东部地区	Eastern Region	3377627	1306497	277185	66624	3206375	118555
中部地区	Middle Region	411738	136579	25258	4551	405870	10964
西部地区	Western Region	186206	85849	20254	2372	183656	10913
东北地区	Northeaastern Region	46751	8917	4029	1233	45473	11778
北　京	Beijing	299669	110100	10832	1510	296410	14218
天　津	Tianjin	114985	68239	6700	459	45939	425
河　北	Hebei	69371	15109	3929	5633	63735	22980
山　西	Shanxi	1065	378		95	970	597
内蒙古	Inner Mongolia	7865	596	4789	1020	6845	64
辽　宁	Liaoning	26441	7254	284	945	25497	11666
吉　林	Jilin	14745	941	178	44	14658	104
黑龙江	Heilongjiang	5564	723	3567	245	5319	8
上　海	Shanghai	295730	133717	46092	15950	269481	2349
江　苏	Jiangsu	614837	200085	54434	7470	598427	25259
浙　江	Zhejiang	494251	218784	26802	5560	486567	12711
安　徽	Anhui	57908	27688	1444	126	56575	9005
福　建	Fujian	347943	107620	38939	5682	340356	1506
江　西	Jiangxi	13420	4593	1107	98	13323	217
山　东	Shandong	63597	12061	4868	2360	60916	10381
河　南	Henan	146453	40772	16273	1222	145122	535
湖　北	Hubei	65748	10870	1501	972	64776	279
湖　南	Hunan	127143	52278	4933	2038	125105	331
广　东	Guangdong	1070788	438513	84325	22000	1038087	28474
广　西	Guangxi	14027	7053	112	252	13775	
海　南	Hainan	6458	2270	264		6458	253
重　庆	Chongqing	53703	27665	6333	222	53482	1232
四　川	Sichuan	98818	46169	8337	149	98532	8374
贵　州	Guizhou	537	207			537	94
云　南	Yunnan	4981	2527	428	510	4470	1149
西　藏	Tibet						
陕　西	Shaanxi	3920	839	167	218	3660	
甘　肃	Gansu						
青　海	Qinghai						
宁　夏	Ningxia	2356	794	88	0	2356	
新　疆	Xinjiang						

2-3-8 续表 3 continued

单位：万元 (10000 yuan)

地　区	Region	外商投资企业 Foreign Funded Enterprises					
		R&D经费内部支出 Intramural Expenditure on R&D	#人员劳务费 Labor Cost	#仪器和设备 Equipment	#政府资金 Government Funds	#企业资金 Self-raised Funds by Enterprises	R&D经费外部支出 External Expenditure on R&D
全　国	**Total**	**3925884**	**1494483**	**335434**	**138764**	**3690737**	**299187**
东部地区	Eastern Region	3532452	1373897	304473	127233	3315904	286209
中部地区	Middle Region	130548	50223	16522	3850	122867	10178
西部地区	Western Region	231859	58367	10318	1003	227803	957
东北地区	Northeaastern Region	31025	11996	4121	6679	24163	1842
北　京	Beijing	189868	66679	51081	59136	130107	406
天　津	Tianjin	104297	35459	10828	157	91853	100437
河　北	Hebei	28708	8583	2835	2912	25797	8781
山　西	Shanxi	31632	21153	43	301	31331	
内蒙古	Inner Mongolia						
辽　宁	Liaoning	14461	4738	2615	191	14150	
吉　林	Jilin	1076	299	317	157	919	1258
黑龙江	Heilongjiang	15489	6959	1190	6331	9095	585
上　海	Shanghai	476320	207916	34433	24192	440766	25990
江　苏	Jiangsu	1079180	409159	108499	6661	1033091	74870
浙　江	Zhejiang	262341	98356	12556	7235	252121	20867
安　徽	Anhui	13105	5219	2382	805	11073	7685
福　建	Fujian	216276	107329	5378	4012	210298	1576
江　西	Jiangxi	33940	10560	4729	1243	30124	645
山　东	Shandong	358999	136707	30225	8689	334144	12140
河　南	Henan	16179	6104	3095	110	16069	671
湖　北	Hubei	26684	4185	4505	1357	25297	1106
湖　南	Hunan	9008	3002	1769	35	8973	71
广　东	Guangdong	811435	302249	47691	12600	794341	25230
广　西	Guangxi	1378	403	5	40	1338	3
海　南	Hainan	5027	1460	948	1638	3385	15912
重　庆	Chongqing	29233	10693	5120	309	27951	225
四　川	Sichuan	45010	20649	2885	252	42685	100
贵　州	Guizhou	925	447		150	775	48
云　南	Yunnan	1720	846	157	19	1702	534
西　藏	Tibet						
陕　西	Shaanxi	146152	25076	1855	1	146144	48
甘　肃	Gansu						
青　海	Qinghai	21	1	20	5	16	
宁　夏	Ningxia						
新　疆	Xinjiang	7419	253	275	227	7192	

2-3-9　按地区和行业分高技术产业R&D经费情况(2016年)

R&D Expenditure in High-tech Industry by Region and Industrial Sector(2016)

单位：万元　(10000 yuan)

地　区	Region	医药制造业 Medical and Pharmaceutical Products Manufacturing					
		R&D经费内部支出 Intramural Expenditure on R&D	#人员劳务费 Labor Cost	#仪器和设备 Equipment	#政府资金 Government Funds	#企业资金 Self-raised Funds by Enterprises	R&D经费外部支出 External Expenditure on R&D
全　国	**Total**	**4884712**	**1413371**	**602626**	**223677**	**4621319**	**600518**
东部地区	Eastern Region	3328294	1000213	403328	148221	3157588	404311
中部地区	Middle Region	787435	206389	103726	36226	738597	75115
西部地区	Western Region	585310	152064	75871	27964	553193	68080
东北地区	Northeaastern Region	183673	54704	19701	11267	171942	53012
北　京	Beijing	206074	72590	16734	7961	195069	25849
天　津	Tianjin	176125	65001	38213	7502	168622	21406
河　北	Hebei	214492	51600	32031	13875	199750	37912
山　西	Shanxi	33153	9131	1425	824	32329	5844
内蒙古	Inner Mongolia	27965	6362	7332	1449	25947	975
辽　宁	Liaoning	42287	16566	3961	1959	40026	21904
吉　林	Jilin	101751	23339	9377	8188	93472	20719
黑龙江	Heilongjiang	39636	14799	6362	1120	38444	10390
上　海	Shanghai	223924	93081	22711	10971	212716	16032
江　苏	Jiangsu	760940	206775	96510	15212	741642	85099
浙　江	Zhejiang	372045	129780	38443	17692	351873	70929
安　徽	Anhui	116502	30020	22642	11947	102188	15740
福　建	Fujian	71929	26549	6613	5298	64512	9408
江　西	Jiangxi	70772	20318	8618	3630	67013	4673
山　东	Shandong	910163	237643	105257	44981	858502	61455
河　南	Henan	180593	45549	27118	6569	170268	14145
湖　北	Hubei	206410	56594	20621	6239	197642	15647
湖　南	Hunan	180006	44778	23302	7016	169156	19066
广　东	Guangdong	355180	105250	43565	20612	331821	45844
广　西	Guangxi	37062	7107	4270	2285	34728	6193
海　南	Hainan	37421	11943	3251	4116	33082	30378
重　庆	Chongqing	130926	36644	16219	6391	123477	13404
四　川	Sichuan	165626	46580	23954	6393	157954	21096
贵　州	Guizhou	48319	7755	7574	3726	44562	4473
云　南	Yunnan	46509	13027	5145	2471	43626	7507
西　藏	Tibet	1972	532	64	110	1781	134
陕　西	Shaanxi	81396	21996	4066	1223	79595	6172
甘　肃	Gansu	24378	7108	3337	2043	22300	6248
青　海	Qinghai	3026	587	700	502	2525	83
宁　夏	Ningxia	14553	3496	1975	706	13787	1256
新　疆	Xinjiang	3579	871	1235	666	2913	538

2-3-9 续表 1 continued

单位：万元 (10000 yuan)

地　区	Region	航空、航天器及设备制造业 Manufacture of Aircrafts and Spacecrafts and Related Equipment					
		R&D经费内部支出 Intramural Expenditure on R&D	#人员劳务费 Labor Cost	#仪器和设备 Equipment	#政府资金 Government Funds	#企业资金 Self-raised Funds by Enterprises	R&D经费外部支出 External Expenditure on R&D
全　国	**Total**	**1803214**	**457672**	**130826**	**834053**	**903171**	**412472**
东部地区	Eastern Region	587248	216333	35077	174189	355896	334479
中部地区	Middle Region	181959	47456	10591	61209	120490	8289
西部地区	Western Region	681505	128820	44078	407191	270160	47726
东北地区	Northeaastern Region	352502	65063	41079	191464	156625	21978
北　京	Beijing	170928	61286	7429	27995	93863	114547
天　津	Tianjin	88391	24321	1952	7658	80583	75236
河　北	Hebei	22610	7495	6236	7703	14577	
山　西	Shanxi	1001	182		20	981	
内蒙古	Inner Mongolia						
辽　宁	Liaoning	176225	36835	2296	133552	39342	3301
吉　林	Jilin						
黑龙江	Heilongjiang	176277	28228	38784	57912	117283	18677
上　海	Shanghai	160719	64174	3406	129545	30421	136533
江　苏	Jiangsu	65186	22272	13450	1186	57208	4129
浙　江	Zhejiang	2288	804	469		2288	
安　徽	Anhui	5486	703	3508	1206	4280	
福　建	Fujian	438	396		39	399	
江　西	Jiangxi	6433	825	2628	891	5540	887
山　东	Shandong	11762	5473	1110	18	11744	93
河　南	Henan	62488	24961	3909	2429	60041	532
湖　北	Hubei	46202	8578	532	444	45519	266
湖　南	Hunan	60350	12208	14	56220	4130	6604
广　东	Guangdong	64926	30112	1025	46	64814	3941
广　西	Guangxi						
海　南	Hainan						
重　庆	Chongqing	626	240	303		626	58
四　川	Sichuan	138352	21256	4003	91488	44955	5946
贵　州	Guizhou	108274	20883	4892	22960	83119	7382
云　南	Yunnan	111	25	16	64	47	
西　藏	Tibet						
陕　西	Shaanxi	434142	86416	34864	292679	141414	34340
甘　肃	Gansu						
青　海	Qinghai						
宁　夏	Ningxia						
新　疆	Xinjiang						

2-3-9 续表 2 continued

单位：万元 (10000 yuan)

地区	Region	电子及通信设备制造业 Manufacture of Electronic Equipment and Communication Equipment					
		R&D经费内部支出 Intramural Expenditure on R&D	#人员劳务费 Labor Cost	#仪器和设备 Equipment	#政府资金 Government Funds	#企业资金 Self-raised Funds by Enterprises	R&D经费外部支出 External Expenditure on R&D
全　国	**Total**	**17670281**	**7573714**	**1468101**	**848147**	**16630605**	**1505335**
东部地区	Eastern Region	14634721	6525369	1074110	545646	13925039	1424150
中部地区	Middle Region	1830806	608831	306862	224972	1590586	40621
西部地区	Western Region	1085385	397836	76518	67673	1006959	37841
东北地区	Northeaastern Region	119369	41679	10610	9856	108021	2722
北　京	Beijing	537834	224134	48223	126661	408931	11004
天　津	Tianjin	270493	115319	29994	8399	213843	28245
河　北	Hebei	127202	40538	20082	4316	121760	1071
山　西	Shanxi	39764	23438	167	195	38446	393
内蒙古	Inner Mongolia	26797	6312	13		26797	416
辽　宁	Liaoning	91569	32430	9003	2352	88070	2164
吉　林	Jilin	13318	4129	1050	1069	11905	176
黑龙江	Heilongjiang	14483	5120	557	6436	8047	382
上　海	Shanghai	774131	314160	70590	84594	673479	23271
江　苏	Jiangsu	1961024	668438	217366	34932	1897204	62230
浙　江	Zhejiang	1371000	638678	71041	20556	1342376	37687
安　徽	Anhui	426155	143558	67821	44858	378831	12861
福　建	Fujian	767091	262663	90645	56736	705597	17020
江　西	Jiangxi	178692	56505	14885	2933	171344	7100
山　东	Shandong	757042	217884	68649	16900	705550	29888
河　南	Henan	229786	68825	33196	6781	221555	2505
湖　北	Hubei	654441	210419	174181	156239	494959	10329
湖　南	Hunan	301968	106086	16613	13966	285450	7435
广　东	Guangdong	8065644	4041144	457505	192553	7853720	1213734
广　西	Guangxi	13973	6289	560	1675	12086	418
海　南	Hainan	3260	2412	16		2579	
重　庆	Chongqing	187713	54667	35634	7895	177090	4213
四　川	Sichuan	569417	260112	22397	42612	520527	25778
贵　州	Guizhou	35034	10595	2664	2018	31609	597
云　南	Yunnan	6331	1207	2375	1006	5325	552
西　藏	Tibet						
陕　西	Shaanxi	226604	52921	11500	8310	218166	4178
甘　肃	Gansu	12374	4391	316	1931	10444	559
青　海	Qinghai	6440	1200	1059	2026	4414	1130
宁　夏	Ningxia	691	136		200	491	
新　疆	Xinjiang	11	6			11	

2-3-9 续表 3 continued

单位：万元 (10000 yuan)

地区	Region	计算机及办公设备制造业 Manufacture of Computer and Office Equipments					
		R&D经费内部支出 Intramural Expenditure on R&D	#人员劳务费 Labor Cost	#仪器和设备 Equipment	#政府资金 Government Funds	#企业资金 Self-raised Funds by Enterprises	R&D经费外部支出 External Expenditure on R&D
全　国	**Total**	**1786469**	**777650**	**103195**	**68927**	**1640267**	**49560**
东部地区	Eastern Region	1478098	662602	78714	31093	1371035	22568
中部地区	Middle Region	114908	45919	5631	4560	110257	10122
西部地区	Western Region	187501	66328	18823	33101	153186	16066
东北地区	Northeaastern Region	5962	2801	26	173	5789	803
北　京	Beijing	201432	68348	7315	259	201174	12164
天　津	Tianjin	78738	32192	3446	3516	38513	
河　北	Hebei	2011	959	37		2011	453
山　西	Shanxi	1439	645			1439	13
内蒙古	Inner Mongolia	95	53	1	1	60	
辽　宁	Liaoning	2795	1454	18	173	2622	803
吉　林	Jilin						
黑龙江	Heilongjiang	3167	1347	8		3167	
上　海	Shanghai	43011	24853	995	188	34790	172
江　苏	Jiangsu	180908	79005	11378	829	178166	3448
浙　江	Zhejiang	48763	16006	1751	1074	46957	533
安　徽	Anhui	47171	26940	3656	3777	43375	9835
福　建	Fujian	229915	114888	5524	5064	224852	1087
江　西	Jiangxi	3822	896	232	11	3739	69
山　东	Shandong	312002	162097	30302	10514	278894	1924
河　南	Henan	8233	3633	281	101	8132	
湖　北	Hubei	26898	2370	1170	13	26885	83
湖　南	Hunan	27345	11435	293	658	26688	123
广　东	Guangdong	381318	164255	17966	9649	365680	2786
广　西	Guangxi	17812	6875	210		17812	
海　南	Hainan						
重　庆	Chongqing	65801	32862	7576	177	64452	1541
四　川	Sichuan	100935	24510	11034	32780	68147	14525
贵　州	Guizhou						
云　南	Yunnan	2385	1793	2		2385	
西　藏	Tibet						
陕　西	Shaanxi	472	236		143	330	
甘　肃	Gansu						
青　海	Qinghai						
宁　夏	Ningxia						
新　疆	Xinjiang						

2-3-9 续表 4 continued

单位：万元 (10000 yuan)

地区	Region	医疗仪器设备及仪器仪表制造业 Manufacture of Medical Equipments and Measuring Instrument					
		R&D经费内部支出 Intramural Expenditure on R&D	#人员劳务费 Labor Cost	#仪器和设备 Equipment	#政府资金 Government Funds	#企业资金 Self-raised Funds by Enterprises	R&D经费外部支出 External Expenditure on R&D
全国	**Total**	**2499046**	**1006881**	**212875**	**145956**	**2308182**	**115304**
东部地区	Eastern Region	2004331	823680	168086	95310	1870469	90974
中部地区	Middle Region	269226	93083	30012	12861	253273	12967
西部地区	Western Region	174729	72537	12545	27066	145502	9013
东北地区	Northeaastern Region	50760	17582	2233	10718	38938	2350
北京	Beijing	178964	87522	7344	8767	163080	1599
天津	Tianjin	78395	23200	5398	3496	74882	7801
河北	Hebei	27305	9491	4039	2365	24940	424
山西	Shanxi	4514	2092	103	483	3998	51
内蒙古	Inner Mongolia	2712	798	14	29	2683	5
辽宁	Liaoning	38633	12060	1485	8070	29459	2211
吉林	Jilin	2077	992	88	668	1409	42
黑龙江	Heilongjiang	10050	4530	660	1980	8070	97
上海	Shanghai	128173	64971	5102	14995	111923	6330
江苏	Jiangsu	737025	261411	77611	19758	692077	42781
浙江	Zhejiang	291483	139590	19072	11443	278958	11537
安徽	Anhui	37699	10808	4844	966	35856	8703
福建	Fujian	44164	19488	5716	3318	38668	2441
江西	Jiangxi	21978	8058	2298	284	21535	327
山东	Shandong	201305	67114	25717	8357	192619	6620
河南	Henan	79473	29851	7811	2359	75906	2095
湖北	Hubei	59003	19755	4968	787	58147	393
湖南	Hunan	66558	22519	9988	7983	57832	1398
广东	Guangdong	317516	150894	18089	22812	293323	11441
广西	Guangxi	16012	4970	1609	1258	14753	277
海南	Hainan						
重庆	Chongqing	52008	22017	4640	3806	47540	4815
四川	Sichuan	26465	12584	1852	1597	24723	1367
贵州	Guizhou	1037	440	69	164	842	69
云南	Yunnan	6915	3586	532	282	6237	179
西藏	Tibet						
陕西	Shaanxi	63016	25958	3254	19062	43027	2230
甘肃	Gansu	2332	834	15	500	1832	
青海	Qinghai	132	45	73	40	92	
宁夏	Ningxia	3486	1103	475	235	3251	73
新疆	Xinjiang	615	201	13	93	522	

2-3-9 续表 5 continued

单位：万元 (10000 yuan)

地区	Region	信息化学品制造业 Manufacture of Electronic Chemicals					
		R&D经费内部支出 Intramural Expenditure on R&D	#人员劳务费 Labor Cost	#仪器和设备 Equipment	#政府资金 Government Funds	#企业资金 Self-raised Funds by Enterprises	R&D经费外部支出 External Expenditure on R&D
全国	**Total**	**513741**	**109452**	**36516**	**9773**	**502894**	**2713**
东部地区	Eastern Region	312446	75046	22645	6839	304736	2022
中部地区	Middle Region	79702	20979	6343	514	78984	613
西部地区	Western Region	111889	12501	7528	2419	109469	78
东北地区	Northeaastern Region	9704	927			9704	
北京	Beijing	4032	873	21	4	4028	
天津	Tianjin	6733	624	942	1038	5695	
河北	Hebei	15796	5982	1122	598	15111	137
山西	Shanxi	3849	1006	70		3849	
内蒙古	Inner Mongolia	32857	3747	913	500	32357	1
辽宁	Liaoning	9704	927			9704	
吉林	Jilin						
黑龙江	Heilongjiang						
上海	Shanghai	8213	2904	228	76	8137	
江苏	Jiangsu	177259	40908	11405	1959	175249	1027
浙江	Zhejiang	47080	5954	1372	634	46140	282
安徽	Anhui	2530	897	290	72	2458	125
福建	Fujian	4179	980	612	39	4141	
江西	Jiangxi	19195	3949	2815	220	18771	15
山东	Shandong	32624	11440	6456	2319	30204	557
河南	Henan	15363	5374	961	27	15336	
湖北	Hubei	37324	9340	2208	195	37129	474
湖南	Hunan	1442	414			1442	
广东	Guangdong	16530	5382	487	173	16032	20
广西	Guangxi	233	73			233	
海南	Hainan						
重庆	Chongqing	5013	794	985	10	5003	
四川	Sichuan	6025	1499	773	97	5928	66
贵州	Guizhou						
云南	Yunnan	751	11	72	60	691	1
西藏	Tibet						
陕西	Shaanxi	32008	4280	2837	513	31495	11
甘肃	Gansu						
青海	Qinghai	21	1	20	5	16	
宁夏	Ningxia	15691	1207	676	862	14828	
新疆	Xinjiang	19290	889	1252	372	18917	

2-4-1 按行业分高技术产业新产品开发和销售情况(2016年)
New Products Development and Sale in High-tech Industry by Industrial Sector (2016)

单位：万元 (10000 yuan)

行 业	Industry	新产品开发项目数(项) New Products (item)	新产品开发经费支出 Expenditure on New Products Development	新产品销售收入 Sales Revenue of New Products	#出口 Exports
合计	**Total**	**93141**	**35589261**	**479242433**	**181663586**
医药制造业	**Manufacture of Medicines**	**25320**	**4978806**	**54227527**	**4896556**
#化学药品制造	Manufacture of Chemical Medicine	12642	2532006	28629123	3034577
中成药生产	Production of Finished Traditional Chinese Herbal Medicine	5431	966074	13037869	352638
生物药品制造	Manufacture of Biological Medicine	3720	827243	5807141	921789
航空、航天器及设备制造业	**Manufacture of Aircrafts and Spacecrafts and Related Equipment**	**1979**	**1909535**	**15336596**	**1373118**
#飞机制造	Manufacture of Airplanes	988	1260526	12922610	1054872
航天器制造	Manufacture of Spacecrafts	131	272181	683497	3627
电子及通信设备制造业	**Manufacture of Electronic Equipment and Communication Equipment**	**42592**	**22741770**	**318206468**	**138247189**
#通信设备制造	Manufacture of Communication Equipment	6120	10458336	154306437	77281533
#通信系统设备制造	Manufacture of Communication System Equipment	3303	8655639	57380024	21963791
通信终端设备制造	Manufacture of Communication Terminal Equipment	2817	1802698	96926413	55317742
广播电视设备制造	Manufacture of Broadcasting and TV Equipment	2143	544664	4884347	1224889
雷达及配套设备制造	Manufacture of Radar and Its Fittings	468	248229	2024145	151711
视听设备制造	Manufacture of TV Set and Radio Receiver	3427	1579534	31026890	10520891
电子器件制造	Manufacture of Electronic Appliances	10057	4387058	52854160	24546515
#电子真空器件制造	Manufacture of Electronic Vacuum Appliance	228	38105	321929	40351
半导体分立器件制造	Manufacture of Semiconductor Discreting Appliances	952	231864	1867813	520877
集成电路制造	Manufacture of Integrate Circuit	2181	1421568	7637921	3330992
电子元件制造	Manufacture of Electronic Components	11536	2912732	39478279	18011787
其他电子设备制造	Manufacture of Other Electronic Equipment	3641	1080824	11263320	2264788
计算机及办公设备制造业	**Manufacture of Computers and Office Equipment**	**5347**	**2457057**	**54641230**	**32686511**
#计算机整机制造	Manufacture of Entired Computer	1030	1254812	36421772	22503619
计算机零部件制造	Manufacture of Computer Components and Parts	1177	321298	6384728	3742710
计算机外围设备制造	Manufacture of Computer Peripheral Equipment	1482	388950	6149683	3795881
办公设备制造	Manufacture of Office Equipment	699	174011	2092145	875959
医疗仪器设备及仪器仪表制造业	**Manufacture of Medical Equipments and Measuring Instrument**	**16833**	**3034641**	**25014346**	**3109374**
1.医疗仪器设备及器械制造	Manufacture of Medical Equipment and Appliance	4515	933322	4628268	823536
2.仪器仪表制造	Manufacture of Measuring Instrument	12318	2101318	20386078	2285838
信息化学品制造业	**Manufacture of Electronic Chemicals**	**1070**	**467453**	**11816267**	**1350837**

2-4-2 各地区高技术产业新产品开发和销售情况(2016年)
New Products Development and Sale in High-tech Industry by Region(2016)

单位：万元 (10000 yuan)

地区	Region	新产品开发项目数(项) New Products (item)	新产品开发经费支出 Expenditure on New Products Development	新产品销售收入 Sales Revenue of New Products	#出口 Exports
全国	**Total**	**93141**	**35589261**	**479242433**	**181663586**
东部地区	Eastern Region	69616	28030964	372730880	142798995
中部地区	Middle Region	11811	3643281	67247835	31095783
西部地区	Western Region	8992	3131814	32003759	6856671
东北地区	Northeaastern Region	2722	783202	7259958	912137
北京	Beijing	4392	1572389	17684341	1832618
天津	Tianjin	2281	540257	15989132	6853332
河北	Hebei	1513	390058	3889455	697094
山西	Shanxi	411	59158	509415	66839
内蒙古	Inner Mongolia	192	56438	865188	41206
辽宁	Liaoning	1299	415614	4394298	348273
吉林	Jilin	689	125760	1897942	139444
黑龙江	Heilongjiang	734	241827	967718	424421
上海	Shanghai	3635	1819155	11463989	5278473
江苏	Jiangsu	14550	4929528	91082746	40260182
浙江	Zhejiang	10576	2353460	31928403	6945341
安徽	Anhui	3290	804959	11080797	1953505
福建	Fujian	2659	1088803	15729219	8386746
江西	Jiangxi	2187	473847	5662500	646283
山东	Shandong	7121	2220983	29452545	6003662
河南	Henan	1665	444462	28514336	25697372
湖北	Hubei	2518	1210998	8266544	941535
湖南	Hunan	1740	649858	13214244	1790248
广东	Guangdong	22541	13066861	155428245	66540147
广西	Guangxi	464	82957	1067959	315965
海南	Hainan	348	49469	82804	1400
重庆	Chongqing	2084	480639	11034041	5563185
四川	Sichuan	2797	1203952	10609341	427144
贵州	Guizhou	913	224756	1371352	18441
云南	Yunnan	666	90790	517995	23533
西藏	Tibet	13	1544	696	
陕西	Shaanxi	1265	895435	4693512	155898
甘肃	Gansu	201	36061	620541	179125
青海	Qinghai	37	15837	208856	1785
宁夏	Ningxia	274	24492	645101	130057
新疆	Xinjiang	86	18914	369177	332

2-4-3 按行业和企业规模分高技术产业新产品开发和销售情况(2016年)
New Products Development and Sale in High-tech Industry by Industrial Sector and Scale of Enterprises(2016)

单位：万元 (10000 yuan)

行业	Industry	大型企业 Large-sized Enterprises 新产品开发项目数(项) New Products (item)	新产品开发经费支出 Expenditure on New Products Development	新产品销售收入 Sales Revenue of New Products	#出口 Exports
合计	**Total**	**20997**	**22844873**	**352429518**	**161417744**
医药制造业	**Manufacture of Medicines**	**6548**	**1957350**	**26650602**	**2433600**
#化学药品制造	Manufacture of Chemical Medicine	4175	1284322	16000686	1740302
中成药生产	Production of Finished Traditional Chinese Herbal Medicine	1633	391603	7088236	271142
生物药品制造	Manufacture of Biological Medicine	314	124368	905672	225868
航空、航天器及设备制造业	**Manufacture of Aircrafts and Spacecrafts and Related Equipment**	**1035**	**1580840**	**10259175**	**1059645**
#飞机制造	Manufacture of Airplanes	637	1100587	9220625	1034089
航天器制造	Manufacture of Spacecrafts	90	243068	473007	2850
电子及通信设备制造业	**Manufacture of Electronic Equipment and Communication Equipment**	**10250**	**16560790**	**251830820**	**125055163**
#通信设备制造	Manufacture of Communication Equipment	1555	9407193	139345362	75491547
#通信系统设备制造	Manufacture of Communication System Equipment	719	8097784	49991985	21101658
通信终端设备制造	Manufacture of Communication Terminal Equipment	836	1309409	89353376	54389889
广播电视设备制造	Manufacture of Broadcasting and TV Equipment	369	225489	1501491	551898
雷达及配套设备制造	Manufacture of Radar and Its Fittings	207	198790	1634022	88486
视听设备制造	Manufacture of TV Set and Radio Receiver	1597	1170431	25830116	7979601
电子器件制造	Manufacture of Electronic Appliances	2516	2925927	39934273	21409458
#电子真空器件制造	Manufacture of Electronic Vacuum Appliance	22	1490	18631	5141
半导体分立器件制造	Manufacture of Semiconductor Discreting Appliances	143	81155	780487	347047
集成电路制造	Manufacture of Integrate Circuit	529	1004468	5199929	2448871
电子元件制造	Manufacture of Electronic Components	2331	1379081	23313019	14376130
其他电子设备制造	Manufacture of Other Electronic Equipment	601	476262	6751822	1598171
计算机及办公设备制造业	**Manufacture of Computers and Office Equipment**	**1516**	**1806508**	**47763075**	**30804577**
#计算机整机制造	Manufacture of Entired Computer	621	1132473	34048447	22035732
计算机零部件制造	Manufacture of Computer Components and Parts	235	167628	4761198	3246206
计算机外围设备制造	Manufacture of Computer Peripheral Equipment	306	207203	4880771	3350428
办公设备制造	Manufacture of Office Equipment	74	84514	1213585	651758
医疗仪器设备及仪器仪表制造业	**Manufacture of Medical Equipments and Measuring Instrument**	**1339**	**674338**	**7847451**	**1114243**
1.医疗仪器设备及器械制造	Manufacture of Medical Equipment and Appliance	268	191288	711410	91089
2.仪器仪表制造	Manufacture of Measuring Instrument	1071	483050	7136040	1023154
信息化学品制造业	**Manufacture of Electronic Chemicals**	**309**	**265048**	**8078396**	**950516**

2-4-3 续表 continued

单位：万元 (10000 yuan)

行 业	Industry	中型企业 Medium-sized Enterprises 新产品开发项目数(项) New Products (item)	新产品开发经费支出 Expenditure on New Products Development	新产品销售收入 Sales Revenue of New Products	#出口 Exports
合计	**Total**	**29440**	**7158683**	**83162926**	**14763496**
医药制造业	**Manufacture of Medicines**	**8643**	**1724867**	**17661101**	**1755997**
#化学药品制造	Manufacture of Chemical Medicine	4625	815119	9199535	963959
中成药生产	Production of Finished Traditional Chinese Herbal Medicine	1812	326466	3518338	43646
生物药品制造	Manufacture of Biological Medicine	1298	388251	3029627	505395
航空、航天器及设备制造业	**Manufacture of Aircrafts and Spacecrafts and Related Equipment**	**420**	**205617**	**4622299**	**288320**
#飞机制造	Manufacture of Airplanes	236	120641	3582796	10525
航天器制造	Manufacture of Spacecrafts	35	27589	199854	
电子及通信设备制造业	**Manufacture of Electronic Equipment and Communication Equipment**	**13653**	**3594944**	**44121303**	**9791794**
#通信设备制造	Manufacture of Communication Equipment	1881	633279	10586909	1319546
#通信系统设备制造	Manufacture of Communication System	1095	364203	5905448	756036
	Equipment	786	269075	4681461	563511
通信终端设备制造	Manufacture of Communication				
	Terminal Equipment	675	166837	2344740	438617
广播电视设备制造	Manufacture of Broadcasting and TV Equipment				
雷达及配套设备制造	Manufacture of Radar and Its Fittings	106	25944	248346	30194
视听设备制造	Manufacture of TV Set and Radio Receiver	794	283872	4083105	2157682
电子器件制造	Manufacture of Electronic Appliances	3292	858097	8651544	2329288
#电子真空器件制造	Manufacture of Electronic Vacuum Appliance	87	23723	232190	21103
半导体分立器件制造	Manufacture of Semiconductor Discreting Appliances	330	98797	586972	108516
集成电路制造	Manufacture of Integrate Circuit	671	224098	1471399	642772
电子元件制造	Manufacture of Electronic Components	4292	883989	10464007	2680966
其他电子设备制造	Manufacture of Other Electronic Equipment	1030	338490	2761002	421385
计算机及办公设备制造业	**Manufacture of Computers and Office Equipment**	**1464**	**367151**	**4808937**	**1424178**
#计算机整机制造	Manufacture of Entired Computer	137	74429	1936951	336816
计算机零部件制造	Manufacture of Computer Components and Parts	406	98369	1141975	342452
计算机外围设备制造	Manufacture of Computer Peripheral Equipment	425	90118	710377	376928
办公设备制造	Manufacture of Office Equipment	255	48791	562822	152331
医疗仪器设备及仪器仪表制造业	**Manufacture of Medical Equipments and Measuring Instrument**	**4958**	**1144992**	**9197424**	**1227367**
1.医疗仪器设备及器械制造	Manufacture of Medical Equipment and Appliance	1399	408956	2342651	402005
2.仪器仪表制造	Manufacture of Measuring Instrument	3559	736035	6854773	825361
信息化学品制造业	**Manufacture of Electronic Chemicals**	**302**	**121112**	**2751862**	**275841**

2-4-4 按行业分国有及国有控股企业高技术产业新产品开发和销售情况(2016年)

New Products Development and Sale in High-tech Industry of State-owned and State-controlled Enterprises by Industrial Sector (2016)

单位：万元 (10000 yuan)

行业	Industry	新产品开发项目数(项) New Products (item)	新产品开发经费支出 Expenditure on New Products Development	新产品销售收入 Sales Revenue of New Products	#出口 Exports
合计	**Total**	**13042**	**7477250**	**79598872**	**15439837**
医药制造业	**Manufacture of Medicines**	**3476**	**601361**	**7495639**	**806322**
#化学药品制造	Manufacture of Chemical Medicine	1982	331792	3941798	667268
中成药生产	Production of Finished Traditional Chinese Herbal Medicine	909	143360	2379816	12567
生物药品制造	Manufacture of Biological Medicine	392	90786	549665	46949
航空、航天器及设备制造业	**Manufacture of Aircrafts and Spacecrafts and Related Equipment**	**1319**	**1657824**	**9276720**	**469931**
#飞机制造	Manufacture of Airplanes	797	1179570	7847076	452066
航天器制造	Manufacture of Spacecrafts	125	270657	672860	2850
电子及通信设备制造业	**Manufacture of Electronic Equipment and Communication Equipment**	**5336**	**4207423**	**52408356**	**13552599**
#通信设备制造	Manufacture of Communication Equipment	1014	1720527	21146934	7037831
#通信系统设备制造	Manufacture of Communication System Equipment	722	1617662	19823209	6758654
通信终端设备制造	Manufacture of Communication Terminal Equipment	292	102866	1323725	279177
广播电视设备制造	Manufacture of Broadcasting and TV Equipment	259	57942	349189	26133
雷达及配套设备制造	Manufacture of Radar and Its Fittings	300	223061	1744565	88621
视听设备制造	Manufacture of TV Set and Radio Receiver	659	600147	13477060	2259902
电子器件制造	Manufacture of Electronic Appliances	1575	1099603	11911132	3839714
#电子真空器件制造	Manufacture of Electronic Vacuum Appliance	50	5961	23435	1149
半导体分立器件制造	Manufacture of Semiconductor Discreting Appliances	139	17315	226228	9262
集成电路制造	Manufacture of Integrate Circuit	360	155322	1036118	468357
电子元件制造	Manufacture of Electronic Components	822	210723	1264907	152967
其他电子设备制造	Manufacture of Other Electronic Equipment	300	160859	682886	33567
计算机及办公设备制造业	**Manufacture of Computers and Office Equipment**	**797**	**592419**	**6274023**	**261968**
#计算机整机制造	Manufacture of Entired Computer	358	356043	4557189	89999
计算机零部件制造	Manufacture of Computer Components and Parts	49	11376	115719	458
计算机外围设备制造	Manufacture of Computer Peripheral Equipment	249	107343	742523	85678
办公设备制造	Manufacture of Office Equipment	44	40240	359198	37701
医疗仪器设备及仪器仪表制造业	**Manufacture of Medical Equipments and Measuring Instrument**	**1894**	**324062**	**2596597**	**114231**
1.医疗仪器设备及器械制造	Manufacture of Medical Equipment and Appliance	156	26166	195175	8585
2.仪器仪表制造	Manufacture of Measuring Instrument	1738	297896	2401422	105646
信息化学品制造业	**Manufacture of Electronic Chemicals**	**220**	**94161**	**1547538**	**234786**

2-4-5 按行业和登记注册类型分高技术产业新产品开发和销售情况(2016年)

New Products Development and Sale in High-tech Industry by Industrial Sector and Registration Status(2016)

单位：万元 (10000 yuan)

行业	Industry	内资企业 Domestic Funded 新产品开发项目数(项) New Products (item)	新产品开发经费支出 Expenditure on New Products Development	新产品销售收入 Sales Revenue of New Products	#出口 Exports
合计	**Total**	**71685**	**25847456**	**262173511**	**53644195**
医药制造业	**Manufacture of Medicines**	**20518**	**3803932**	**42782114**	**3590451**
#化学药品制造	Manufacture of Chemical Medicine	9923	1753405	20592354	2280836
中成药生产	Production of Finished Traditional Chinese Herbal Medicine	4600	838123	11423501	170542
生物药品制造	Manufacture of Biological Medicine	2880	633908	4898484	774846
航空、航天器及设备制造业	**Manufacture of Aircrafts and Spacecrafts and Related Equipment**	**1698**	**1767643**	**10966210**	**910633**
#飞机制造	Manufacture of Airplanes	909	1213452	9205268	885697
航天器制造	Manufacture of Spacecrafts	131	272181	683497	3627
电子及通信设备制造业	**Manufacture of Electronic Equipment and Communication Equipment**	**31176**	**16582959**	**171158298**	**44685969**
#通信设备制造	Manufacture of Communication Equipment	4801	8884897	82055905	24819662
#通信系统设备制造	Manufacture of Communication System Equipment	2628	7810331	47120073	17320198
通信终端设备制造	Manufacture of Communication Terminal Equipment	2173	1074566	34935833	7499464
广播电视设备制造	Manufacture of Broadcasting and TV Equipment	1702	408590	3203185	484772
雷达及配套设备制造	Manufacture of Radar and Its Fittings	460	246357	1962392	118907
视听设备制造	Manufacture of TV Set and Radio Receiver	2195	961827	16454330	4256551
电子器件制造	Manufacture of Electronic Appliances	7052	2587077	26703981	7557097
#电子真空器件制造	Manufacture of Electronic Vacuum Appliance	189	32654	237138	19845
半导体分立器件制造	Manufacture of Semiconductor Discreting Appliances	650	133338	1264634	223612
集成电路制造	Manufacture of Integrate Circuit	1413	710916	3915245	1296658
电子元件制造	Manufacture of Electronic Components	7723	1582461	18571052	3977633
其他电子设备制造	Manufacture of Other Electronic Equipment	2905	702024	5075938	746015
计算机及办公设备制造业	**Manufacture of Computers and Office Equipment**	**3825**	**1117840**	**12197659**	**2096870**
#计算机整机制造	Manufacture of Entired Computer	694	455365	6303188	646647
计算机零部件制造	Manufacture of Computer Components and Parts	691	111915	1256941	212658
计算机外围设备制造	Manufacture of Computer Peripheral Equipment	1094	248261	1924891	512834
办公设备制造	Manufacture of Office Equipment	569	117255	1074913	147675
医疗仪器设备及仪器仪表制造业	**Manufacture of Medical Equipments and Measuring Instrument**	**13638**	**2284483**	**19072560**	**1542000**
1.医疗仪器设备及器械制造	Manufacture of Medical Equipment and Appliance	3380	648236	3362143	427927
2.仪器仪表制造	Manufacture of Measuring Instrument	10258	1636247	15710417	1114073
信息化学品制造业	**Manufacture of Electronic Chemicals**	**830**	**290598**	**5996669**	**818272**

2-4-5　续表 1　continued

单位：万元　　(10000 yuan)

行业	Industry	#国有企业 State-owned Enterprises 新产品开发项目数(项) New Products (item)	新产品开发经费支出 Expenditure on New Products Development	新产品销售收入 Sales Revenue of New Products	#出口 Exports
合计	**Total**	**1051**	**747936**	**2587142**	**75729**
医药制造业	**Manufacture of Medicines**	**151**	**22777**	**246304**	**15287**
#化学药品制造	Manufacture of Chemical Medicine	16	1832	54612	222
中成药生产	Production of Finished Traditional Chinese Herbal Medicine	32	3017	3134	
生物药品制造	Manufacture of Biological Medicine	55	11471	131155	15065
航空、航天器及设备制造业	**Manufacture of Aircrafts and Spacecrafts and Related Equipment**	**273**	**302083**	**1137298**	**3743**
#飞机制造	Manufacture of Airplanes	108	77538	329013	893
航天器制造	Manufacture of Spacecrafts	82	139394	465604	2850
电子及通信设备制造业	**Manufacture of Electronic Equipment and Communication Equipment**	**339**	**325564**	**484120**	**9294**
#通信设备制造	Manufacture of Communication Equipment	153	242433	196628	3697
#通信系统设备制造	Manufacture of Communication System Equipment	123	237787	196628	3697
通信终端设备制造	Manufacture of Communication Terminal Equipment	30	4646		
广播电视设备制造	Manufacture of Broadcasting and TV Equipment				
雷达及配套设备制造	Manufacture of Radar and Its Fittings	18	58932	172182	5316
视听设备制造	Manufacture of TV Set and Radio Receiver				
电子器件制造	Manufacture of Electronic Appliances	15	7302	17521	
#电子真空器件制造	Manufacture of Electronic Vacuum Appliance	5	1472	4307	
半导体分立器件制造	Manufacture of Semiconductor Discreting Appliances				
集成电路制造	Manufacture of Integrate Circuit	1	2973		
电子元件制造	Manufacture of Electronic Components	152	16742	97790	281
其他电子设备制造	Manufacture of Other Electronic Equipment	1	154		
计算机及办公设备制造业	**Manufacture of Computers and Office Equipment**	**11**	**44774**	**26513**	
#计算机整机制造	Manufacture of Entired Computer				
计算机零部件制造	Manufacture of Computer Components and Parts				
计算机外围设备制造	Manufacture of Computer Peripheral Equipment	8	44606	26513	
办公设备制造	Manufacture of Office Equipment	3	168		
医疗仪器设备及仪器仪表制造业	**Manufacture of Medical Equipments and Measuring Instrument**	**273**	**48555**	**686972**	**47309**
1.医疗仪器设备及器械制造	Manufacture of Medical Equipment and Appliance	34	11833	139275	6456
2.仪器仪表制造	Manufacture of Measuring Instrument	239	36723	547697	40853
信息化学品制造业	**Manufacture of Electronic Chemicals**	**4**	**4185**	**5935**	**96**

2-4-5 续表 2 continued

单位：万元 (10000 yuan)

行业	Industry	港澳台投资企业 Enterprises with Funds from Hong Kong, Macau and Taiwan			
		新产品开发项目数(项) New Products (item)	新产品开发经费支出 Expenditure on New Products Development	新产品销售收入 Sales Revenue of New Products	#出口 Exports
合计	**Total**	**10392**	**4588220**	**110945504**	**67823417**
医药制造业	**Manufacture of Medicines**	**2600**	**570553**	**5714599**	**499440**
#化学药品制造	Manufacture of Chemical Medicine	1429	342542	3375492	205626
中成药生产	Production of Finished Traditional Chinese Herbal Medicine	540	70505	1377077	179669
生物药品制造	Manufacture of Biological Medicine	465	126462	468572	62159
航空、航天器及设备制造业	**Manufacture of Aircrafts and Spacecrafts and Related Equipment**	**109**	**76822**	**145287**	**2516**
#飞机制造	Manufacture of Airplanes	19	9473	28848	
航天器制造	Manufacture of Spacecrafts				
电子及通信设备制造业	**Manufacture of Electronic Equipment and Communication Equipment**	**5610**	**3012222**	**87522372**	**59492445**
#通信设备制造	Manufacture of Communication Equipment	523	925210	49830187	39617315
#通信系统设备制造	Manufacture of Communication System Equipment	230	507757	6050427	3165232
通信终端设备制造	Manufacture of Communication Terminal Equipment	293	417454	43779761	36452083
广播电视设备制造	Manufacture of Broadcasting and TV Equipment	243	62748	896455	399439
雷达及配套设备制造	Manufacture of Radar and Its Fittings	7	1669	61650	32804
视听设备制造	Manufacture of TV Set and Radio Receiver	643	399112	7981362	3861677
电子器件制造	Manufacture of Electronic Appliances	1358	694328	10684647	6352091
#电子真空器件制造	Manufacture of Electronic Vacuum Appliance	15	1865	18284	1751
半导体分立器件制造	Manufacture of Semiconductor Discreting Appliances	109	41082	217604	74602
集成电路制造	Manufacture of Integrate Circuit	319	264171	1536573	964292
电子元件制造	Manufacture of Electronic Components	1961	636635	10768174	7123310
其他电子设备制造	Manufacture of Other Electronic Equipment	407	115469	4268543	920998
计算机及办公设备制造业	**Manufacture of Computers and Office Equipment**	**704**	**614727**	**11834752**	**7150440**
#计算机整机制造	Manufacture of Entired Computer	76	341771	5375363	2265712
计算机零部件制造	Manufacture of Computer Components and Parts	254	114609	2147936	1456804
计算机外围设备制造	Manufacture of Computer Peripheral Equipment	267	107109	3884804	3218450
办公设备制造	Manufacture of Office Equipment	63	33982	288426	75208
医疗仪器设备及仪器仪表制造业	**Manufacture of Medical Equipments and Measuring Instrument**	**1232**	**213585**	**1963060**	**451719**
1.医疗仪器设备及器械制造	Manufacture of Medical Equipment and Appliance	471	65871	414466	112469
2.仪器仪表制造	Manufacture of Measuring Instrument	761	147714	1548594	339250
信息化学品制造业	**Manufacture of Electronic Chemicals**	**137**	**100312**	**3765435**	**226857**

2-4-5 续表 3 continued

单位：万元 (10000 yuan)

行 业	Industry	外商投资企业 Foreign Funded Enterprises 新产品开发项目数(项) New Products (item)	新产品开发经费支出 Expenditure on New Products Development	新产品销售收入 Sales Revenue of New Products	#出口 Exports
合计	**Total**	**11064**	**5153585**	**106123418**	**60195975**
医药制造业	**Manufacture of Medicines**	**2202**	**604321**	**5730814**	**806665**
#化学药品制造	Manufacture of Chemical Medicine	1290	436059	4661277	548115
中成药生产	Production of Finished Traditional Chinese Herbal Medicine	291	57447	237291	2428
生物药品制造	Manufacture of Biological Medicine	375	66872	440085	84784
航空、航天器及设备制造业	**Manufacture of Aircrafts and Spacecrafts and Related Equipment**	**172**	**65070**	**4225099**	**459970**
#飞机制造	Manufacture of Airplanes	60	37602	3688494	169175
航天器制造	Manufacture of Spacecrafts				
电子及通信设备制造业	**Manufacture of Electronic Equipment and Communication Equipment**	**5806**	**3146589**	**59525798**	**34068775**
#通信设备制造	Manufacture of Communication Equipment	796	648229	22420344	12844556
#通信系统设备制造	Manufacture of Communication System Equipment	445	337551	4209525	1478361
通信终端设备制造	Manufacture of Communication Terminal Equipment	351	310678	18210819	11366195
广播电视设备制造	Manufacture of Broadcasting and TV Equipment	198	73327	784708	340678
雷达及配套设备制造	Manufacture of Radar and Its Fittings	1	202	103	
视听设备制造	Manufacture of TV Set and Radio Receiver	589	218595	6591199	2402663
电子器件制造	Manufacture of Electronic Appliances	1647	1105653	15465532	10637327
#电子真空器件制造	Manufacture of Electronic Vacuum Appliance	24	3587	66507	18755
半导体分立器件制造	Manufacture of Semiconductor Discreting Appliances	193	57444	385575	222662
集成电路制造	Manufacture of Integrate Circuit	449	446481	2186102	1070042
电子元件制造	Manufacture of Electronic Components	1852	693636	10139054	6910845
其他电子设备制造	Manufacture of Other Electronic Equipment	329	263331	1918839	597775
计算机及办公设备制造业	**Manufacture of Computers and Office Equipment**	**818**	**724490**	**30608819**	**23439201**
#计算机整机制造	Manufacture of Entired Computer	260	457676	24743221	19591259
计算机零部件制造	Manufacture of Computer Components and Parts	232	94774	2979852	2073248
计算机外围设备制造	Manufacture of Computer Peripheral Equipment	121	33580	339989	64596
办公设备制造	Manufacture of Office Equipment	67	22774	728806	653076
医疗仪器设备及仪器仪表制造业	**Manufacture of Medical Equipments and Measuring Instrument**	**1963**	**536573**	**3978725**	**1115655**
1.医疗仪器设备及器械制造	Manufacture of Medical Equipment and Appliance	664	219216	851659	283140
2.仪器仪表制造	Manufacture of Measuring Instrument	1299	317357	3127067	832515
信息化学品制造业	**Manufacture of Electronic Chemicals**	**103**	**76543**	**2054163**	**305709**

2-4-6 按地区和企业规模分高技术产业新产品开发和销售情况(2016年)
New Products Development and Sale in High-tech Industry by Region and Industrial Sector(2016)

单位：万元 (10000 yuan)

地区	Region	大型企业 Large-sized Enterprises			
		新产品开发项目数(项) New Products (item)	新产品开发经费支出 Expenditure on New Products Development	新产品销售收入 Sales Revenue of New Products	#出口 Exports
全国	**Total**	**20997**	**22844873**	**352429518**	**161417744**
东部地区	Eastern Region	15568	18624994	276063232	125013908
中部地区	Middle Region	2363	1843404	49243094	29876760
西部地区	Western Region	2262	1855333	22111183	5901851
东北地区	Northeaastern Region	804	521142	5012009	625225
北京	Beijing	728	730635	10128805	1067810
天津	Tianjin	572	236561	9256590	6477347
河北	Hebei	556	241321	2779679	592713
山西	Shanxi	62	12875	240469	51447
内蒙古	Inner Mongolia	50	36727	589891	40709
辽宁	Liaoning	308	270287	3436556	132213
吉林	Jilin	217	63258	857238	70744
黑龙江	Heilongjiang	279	187597	718216	422268
上海	Shanghai	805	1106178	7209271	4349993
江苏	Jiangsu	3032	2622245	64904303	36140609
浙江	Zhejiang	1269	1256781	15411384	3498200
安徽	Anhui	460	352807	6690245	1520327
福建	Fujian	542	721013	12899482	7785988
江西	Jiangxi	540	221397	3912859	478666
山东	Shandong	2912	1396042	24593537	5439561
河南	Henan	335	181523	27039959	25604415
湖北	Hubei	694	823543	4457901	683562
湖南	Hunan	272	251260	6901661	1538343
广东	Guangdong	5149	10312923	128880180	59661688
广西	Guangxi	78	21448	353641	104879
海南	Hainan	3	1295		
重庆	Chongqing	511	155874	7006660	5191513
四川	Sichuan	502	742370	8452069	164286
贵州	Guizhou	374	139307	933533	14032
云南	Yunnan	135	14652	30890	339
西藏	Tibet				
陕西	Shaanxi	464	706859	3587292	104763
甘肃	Gansu	61	16687	505897	153034
青海	Qinghai	1	366	3120	
宁夏	Ningxia	63	7778	316642	128297
新疆	Xinjiang	23	13266	331548	

2-4-6 续表 continued

单位：万元 (10000 yuan)

地区	Region	中型企业 Medium-sized Enterprises			
		新产品开发项目数（项） New Products (item)	新产品开发经费支出 Expenditure on New Products Development	新产品销售收入 Sales Revenue of New Products	#出口 Exports
全国	**Total**	**29440**	**7158683**	**83162926**	**14763496**
东部地区	Eastern Region	21956	5381973	64535282	12969488
中部地区	Middle Region	3586	933645	10469292	738012
西部地区	Western Region	3114	711168	6675422	812433
东北地区	Northeaastern Region	784	131897	1482930	243563
北京	Beijing	1461	480389	5109410	569393
天津	Tianjin	570	143667	5137693	315121
河北	Hebei	383	76729	566482	68324
山西	Shanxi	158	28566	171843	3005
内蒙古	Inner Mongolia	42	11012	228030	
辽宁	Liaoning	351	65394	624051	174304
吉林	Jilin	228	39472	781108	67611
黑龙江	Heilongjiang	205	27032	77771	1648
上海	Shanghai	1288	476318	2848112	701175
江苏	Jiangsu	4973	1314565	18295151	3088902
浙江	Zhejiang	3251	589380	10061068	2352205
安徽	Anhui	911	222003	2467522	313226
福建	Fujian	859	209523	1911153	511053
江西	Jiangxi	635	121558	838564	67398
山东	Shandong	1598	415504	2934261	460099
河南	Henan	707	188156	1081446	79465
湖北	Hubei	650	199243	2144481	159203
湖南	Hunan	525	174118	3765437	115716
广东	Guangdong	7378	1646116	17632289	4901817
广西	Guangxi	133	30268	541039	203997
海南	Hainan	195	29782	39662	1400
重庆	Chongqing	784	200365	2994380	327726
四川	Sichuan	1096	239586	1355040	213350
贵州	Guizhou	314	56781	229453	2248
云南	Yunnan	177	33923	211627	14644
西藏	Tibet	2	200		
陕西	Shaanxi	350	107180	628905	23003
甘肃	Gansu	73	9758	67813	26091
青海	Qinghai	17	7508	105960	
宁夏	Ningxia	106	12594	297902	1243
新疆	Xinjiang	20	1994	15274	132

2-4-7 各地区国有及国有控股企业高技术产业新产品开发和销售情况(2016年)

New Products Development and Sale in High-tech Industry of State-owned and State-controlled Enterprises by Region (2016)

单位：万元 (10000 yuan)

地区	Region	新产品开发项目数(项) New Products (item)	新产品开发经费支出 Expenditure on New Products Development	新产品销售收入 Sales Revenue of New Products	#出口 Exports
全国	**Total**	**13042**	**7477250**	**79598872**	**15439837**
东部地区	Eastern Region	7900	4377905	50987801	12754806
中部地区	Middle Region	1863	1117459	10252914	904673
西部地区	Western Region	2627	1538042	14183824	1123091
东北地区	Northeaastern Region	652	443845	4174334	657267
北京	Beijing	1316	619883	4647029	876238
天津	Tianjin	970	182938	2215134	124569
河北	Hebei	274	121873	1034436	205083
山西	Shanxi	56	12870	249552	51543
内蒙古	Inner Mongolia	53	38006	537195	32219
辽宁	Liaoning	350	239418	3594821	267812
吉林	Jilin	55	13060	53505	765
黑龙江	Heilongjiang	247	191367	526009	388690
上海	Shanghai	762	473789	1489913	144392
江苏	Jiangsu	1026	343159	4317507	882926
浙江	Zhejiang	586	360441	5641793	1018447
安徽	Anhui	586	221773	3696468	214193
福建	Fujian	233	214718	1811259	246097
江西	Jiangxi	131	24080	1063228	3814
山东	Shandong	1267	693039	10714466	1955995
河南	Henan	263	98289	829547	121957
湖北	Hubei	590	641368	3426317	472646
湖南	Hunan	237	119080	987801	40520
广东	Guangdong	1416	1362718	19116264	7301059
广西	Guangxi	35	6630	132816	
海南	Hainan	50	5348		
重庆	Chongqing	509	97279	1822541	866696
四川	Sichuan	722	588240	7825195	128258
贵州	Guizhou	518	157916	723506	15496
云南	Yunnan	120	31606	108976	4482
西藏	Tibet	2	200		
陕西	Shaanxi	598	603947	2921331	74023
甘肃	Gansu	50	11147	89259	
青海	Qinghai	2	1111	16549	1785
宁夏	Ningxia	7	147		
新疆	Xinjiang	11	1813	6456	132

2-4-8 按地区和登记注册类型分高技术产业新产品开发和销售情况(2016年)

New Products Development and Sale in High-tech Industry by Region and Registration Status (2016)

单位：万元 (10000 yuan)

地区	Region	内资企业 Domestic Funded			
		新产品开发项目数(项) New Products (item)	新产品开发经费支出 Expenditure on New Products Development	新产品销售收入 Sales Revenue of New Products	#出口 Exports
全国	**Total**	**71685**	**25847456**	**262173511**	**53644195**
东部地区	Eastern Region	50385	19305149	200509798	47801358
中部地区	Middle Region	10755	3184923	29761413	2690218
西部地区	Western Region	8196	2647158	25224857	2302128
东北地区	Northeaastern Region	2349	710226	6677443	850491
北京	Beijing	3372	994639	8668830	965509
天津	Tianjin	1929	381044	4120667	161252
河北	Hebei	1213	297189	2689080	641488
山西	Shanxi	405	56624	473644	66839
内蒙古	Inner Mongolia	188	55833	763435	39905
辽宁	Liaoning	1103	366275	4115426	323318
吉林	Jilin	659	120007	1854650	138715
黑龙江	Heilongjiang	587	223943	707367	388458
上海	Shanghai	1838	713578	3078382	440826
江苏	Jiangsu	9279	2598492	34740405	5675504
浙江	Zhejiang	8651	1524810	21906065	4276408
安徽	Anhui	3051	700614	7810295	711473
福建	Fujian	1784	534487	5631254	1204605
江西	Jiangxi	1944	406855	4702459	384614
山东	Shandong	6216	1832284	20049646	3325359
河南	Henan	1494	396861	3026959	551465
湖北	Hubei	2273	1125682	6394750	651227
湖南	Hunan	1588	498287	7353307	324601
广东	Guangdong	15831	10388101	99546028	31109008
广西	Guangxi	421	66947	907642	241907
海南	Hainan	272	40526	79440	1400
重庆	Chongqing	1835	383170	5415395	1204495
四川	Sichuan	2598	1012831	10345909	336378
贵州	Guizhou	892	221279	1361747	18441
云南	Yunnan	529	80574	327596	16333
西藏	Tibet	13	1544	696	
陕西	Shaanxi	1170	736996	4445717	133371
甘肃	Gansu	201	36061	620541	179125
青海	Qinghai	35	14643	205736	1785
宁夏	Ningxia	233	22136	591566	130057
新疆	Xinjiang	81	15146	238877	332

2-4-8 续表 1 continued

单位：万元 (10000 yuan)

地 区	Region	#国有企业 State-owned Enterprises 新产品开发项目数(项) New Products (item)	新产品开发经费支出 Expenditure on New Products Development	新 产 品 销售收入 Sales Revenue of New Products	#出口 Exports
全 国	**Total**	**1051**	**747936**	**2587142**	**75729**
东部地区	Eastern Region	468	136237	1153171	56650
中部地区	Middle Region	164	317971	454466	9005
西部地区	Western Region	362	282307	896286	10074
东北地区	Northeaastern Region	57	11422	83218	
北 京	Beijing	113	39020	266133	222
天 津	Tianjin	1	1186	16724	
河 北	Hebei	18	11913	48110	
山 西	Shanxi	7	5243	5519	96
内 蒙 古	Inner Mongolia				
辽 宁	Liaoning	24	5318	73960	
吉 林	Jilin				
黑 龙 江	Heilongjiang	33	6104	9258	
上 海	Shanghai	48	20208	214527	943
江 苏	Jiangsu	165	31078	305584	33965
浙 江	Zhejiang	5	2978	11485	
安 徽	Anhui	51	27410	21427	
福 建	Fujian	1	2973		
江 西	Jiangxi	9	1150	3125	
山 东	Shandong	78	19199	266847	21521
河 南	Henan	16	10664	83704	
湖 北	Hubei	73	271681	332546	8909
湖 南	Hunan	8	1823	8146	
广 东	Guangdong	9	3036	23762	
广 西	Guangxi	11	362		
海 南	Hainan	30	4646		
重 庆	Chongqing	46	4238	30040	451
四 川	Sichuan	131	69163	146834	281
贵 州	Guizhou	75	15041	137511	
云 南	Yunnan	6	852	4200	
西 藏	Tibet				
陕 西	Shaanxi	93	192652	577702	9342
甘 肃	Gansu				
青 海	Qinghai				
宁 夏	Ningxia				
新 疆	Xinjiang				

2-4-8 续表 2 continued

单位：万元 (10000 yuan)

地区	Region	港澳台投资企业 Enterprises with Funds from Hong Kong, Macau and Taiwan			
		新产品开发项目数(项) New Products (item)	新产品开发经费支出 Expenditure on New Products Development	新产品销售收入 Sales Revenue of New Products	#出口 Exports
全国	**Total**	**10392**	**4588220**	**110945504**	**67823417**
东部地区	Eastern Region	9194	3990305	73728885	39283425
中部地区	Middle Region	660	323702	35573322	28041897
西部地区	Western Region	342	243633	1391163	493584
东北地区	Northeaastern Region	196	30580	252134	4512
北京	Beijing	435	337610	7883668	494620
天津	Tianjin	149	59002	1442714	1259326
河北	Hebei	159	69155	713228	31524
山西	Shanxi	2	1086	35771	
内蒙古	Inner Mongolia	4	605	101753	1301
辽宁	Liaoning	156	20758	208081	3784
吉林	Jilin	4	3348	43292	728
黑龙江	Heilongjiang	36	6474	761	
上海	Shanghai	705	364924	2796139	1998149
江苏	Jiangsu	2014	708976	17225696	7535759
浙江	Zhejiang	905	541684	4142077	992596
安徽	Anhui	163	78951	2816866	1183684
福建	Fujian	537	344627	7007787	5006404
江西	Jiangxi	124	23656	242863	67173
山东	Shandong	209	46668	413874	7013
河南	Henan	115	34318	25396102	25129005
湖北	Hubei	137	40307	1357027	216987
湖南	Hunan	119	145385	5724693	1445048
广东	Guangdong	4056	1514971	32103701	21958036
广西	Guangxi	37	14632	152736	74058
海南	Hainan	25	2690		
重庆	Chongqing	81	65949	802613	395301
四川	Sichuan	33	142791	33533	5088
贵州	Guizhou	12	1412	9605	
云南	Yunnan	105	7696	167450	7201
西藏	Tibet				
陕西	Shaanxi	28	7364	69940	10636
甘肃	Gansu				
青海	Qinghai	1	828		
宁夏	Ningxia	41	2356	53534	
新疆	Xinjiang				

2-4-8 续表 3 continued

单位：万元 (10000 yuan)

地 区	Region	外商投资企业 Foreign Funded Enterprises			
		新产品开发项目数（项） New Products (item)	新产品开发经费支出 Expenditure on New Products Development	新产品销售收入 Sales Revenue of New Products	#出口 Exports
全 国	**Total**	**11064**	**5153585**	**106123418**	**60195975**
东部地区	Eastern Region	10037	4735510	98492197	55714212
中部地区	Middle Region	396	134656	1913100	363669
西部地区	Western Region	454	241023	5387739	4060960
东北地区	Northeaastern Region	177	42396	330381	57134
北 京	Beijing	585	240141	1131843	372489
天 津	Tianjin	203	100212	10425751	5432755
河 北	Hebei	141	23714	487146	24081
山 西	Shanxi	4	1449		
内蒙古	Inner Mongolia				
辽 宁	Liaoning	40	28580	70791	21171
吉 林	Jilin	26	2405		
黑龙江	Heilongjiang	111	11411	259590	35963
上 海	Shanghai	1092	740653	5589468	2839499
江 苏	Jiangsu	3257	1622061	39116645	27048919
浙 江	Zhejiang	1020	286966	5880262	1676338
安 徽	Anhui	76	25394	453636	58349
福 建	Fujian	338	209688	3090178	2175737
江 西	Jiangxi	119	43336	717178	194496
山 东	Shandong	696	342032	8989025	2671290
河 南	Henan	56	13283	91275	16903
湖 北	Hubei	108	45009	514767	73321
湖 南	Hunan	33	6186	136244	20600
广 东	Guangdong	2654	1163789	23778516	13473104
广 西	Guangxi	6	1378	7582	
海 南	Hainan	51	6254	3364	
重 庆	Chongqing	168	31520	4816033	3963390
四 川	Sichuan	166	48330	229899	85678
贵 州	Guizhou	9	2066		
云 南	Yunnan	32	2520	22950	
西 藏	Tibet				
陕 西	Shaanxi	67	151076	177855	11892
甘 肃	Gansu				
青 海	Qinghai	1	366	3120	
宁 夏	Ningxia				
新 疆	Xinjiang	5	3768	130300	

2-4-9 按地区和行业分高技术产业新产品开发和销售情况(2016年)

New Products Development and Sale in High-tech Industry by Region and Industrial Sector (2016)

单位：万元 (10000 yuan)

地区	Region	医药制造业 Medical and Pharmaceutical Products Manufacturing			
		新产品开发项目数(项) New Products (item)	新产品开发经费支出 Expenditure on New Products Development	新产品销售收入 Sales Revenue of New Products	#出口 Exports
全　国	**Total**	**25320**	**4978806**	**54227527**	**4896556**
东部地区	Eastern Region	15938	3344517	35811895	3612799
中部地区	Middle Region	4378	831657	10712393	814864
西部地区	Western Region	3595	604188	5315575	354591
东北地区	Northeaastern Region	1409	198443	2387663	114302
北　京	Beijing	1216	241191	1738715	20735
天　津	Tianjin	672	116450	1832149	212543
河　北	Hebei	790	205220	2008148	239727
山　西	Shanxi	273	35944	395815	60242
内蒙古	Inner Mongolia	129	20022	229653	8986
辽　宁	Liaoning	384	47789	471910	51959
吉　林	Jilin	564	106805	1684920	61173
黑龙江	Heilongjiang	461	43849	230833	1171
上　海	Shanghai	1069	244265	2144290	119129
江　苏	Jiangsu	2829	818234	9052097	669101
浙　江	Zhejiang	2743	324017	5092407	1242390
安　徽	Anhui	954	125062	1627341	141767
福　建	Fujian	520	70998	662398	34129
江　西	Jiangxi	857	123279	1217963	62844
山　东	Shandong	3259	842059	8990851	929699
河　南	Henan	617	169941	1201193	115516
湖　北	Hubei	1057	199243	3033463	370753
湖　南	Hunan	620	178188	3236618	63742
广　东	Guangdong	2531	446454	4216343	143946
广　西	Guangxi	229	38026	533594	36862
海　南	Hainan	309	35630	74498	1400
重　庆	Chongqing	739	112074	2049515	146122
四　川	Sichuan	933	186116	581660	26250
贵　州	Guizhou	308	59084	567994	1594
云　南	Yunnan	512	57690	323126	1842
西　藏	Tibet	13	1544	696	
陕　西	Shaanxi	341	88352	588342	2521
甘　肃	Gansu	149	22138	136342	
青　海	Qinghai	25	3943	21863	1785
宁　夏	Ningxia	162	10550	252933	128297
新　疆	Xinjiang	55	4649	29857	332

2-4-9 续表 1 continued

单位：万元 (10000 yuan)

地 区	Region	新产品开发项目数(项) New Products (item)	新产品开发经费支出 Expenditure on New Products Development	新产品销售收入 Sales Revenue of New Products	#出口 Exports
		航空、航天器及设备制造业 Manufacture of Aircrafts and Spacecrafts and Related Equipment			
全　国	**Total**	**1979**	**1909535**	**15336596**	**1373118**
东部地区	Eastern Region	842	639766	6950616	906766
中部地区	Middle Region	212	188831	1301866	1461
西部地区	Western Region	691	754537	3929644	62632
东北地区	Northeaastern Region	234	326400	3154470	402260
北　京	Beijing	223	184969	569182	4234
天　津	Tianjin	57	27254	3495544	2589
河　北	Hebei	20	20815	95943	
山　西	Shanxi	2	1001		
内蒙古	Inner Mongolia				
辽　宁	Liaoning	127	150836	2692407	15955
吉　林	Jilin				
黑龙江	Heilongjiang	107	175565	462063	386305
上　海	Shanghai	65	181290	343393	
江　苏	Jiangsu	251	87252	1767419	599653
浙　江	Zhejiang	33	2127	18764	5345
安　徽	Anhui	14	5608	23190	512
福　建	Fujian	4	438		
江　西	Jiangxi	40	11345	777307	
山　东	Shandong	65	11844	37072	14301
河　南	Henan	71	59124	252334	
湖　北	Hubei	54	51415	124291	947
湖　南	Hunan	31	60339	124744	2
广　东	Guangdong	124	123778	623298	280644
广　西	Guangxi				
海　南	Hainan				
重　庆	Chongqing	4	626	2759	
四　川	Sichuan	174	145348	1387564	7830
贵　州	Guizhou	245	127765	343426	15318
云　南	Yunnan	1	140		
西　藏	Tibet				
陕　西	Shaanxi	267	480658	2195896	39483
甘　肃	Gansu				
青　海	Qinghai				
宁　夏	Ningxia				
新　疆	Xinjiang				

2-4-9 续表 2 continued

单位：万元 (10000 yuan)

地 区	Region	电子及通信设备制造业 Manufacture of Electronic Equipment and Communication Equipment			
		新产品开发项目数 (项) New Products (item)	新产品开发经费支出 Expenditure on New Products Development	新产品销售收入 Sales Revenue of New Products	#出口 Exports
全 国	**Total**	**42592**	**22741770**	**318206468**	**138247189**
东部地区	Eastern Region	34190	19174130	254716908	107296566
中部地区	Middle Region	4912	2129885	48501184	28795964
西部地区	Western Region	2930	1271280	13693519	1781786
东北地区	Northeaastern Region	560	166476	1294857	372874
北 京	Beijing	1411	643457	10411375	1200697
天 津	Tianjin	976	275490	9175936	5978013
河 北	Hebei	353	114804	1314737	432051
山 西	Shanxi	70	10126	73118	6501
内蒙古	Inner Mongolia	35	26071	328847	2282
辽 宁	Liaoning	401	144582	897198	259377
吉 林	Jilin	94	15356	169761	78271
黑龙江	Heilongjiang	65	6537	227899	35226
上 海	Shanghai	1433	1094108	7129442	4314182
江 苏	Jiangsu	6771	2549418	44624664	18137406
浙 江	Zhejiang	4583	1583803	20695791	4218910
安 徽	Anhui	1826	559472	6958837	685611
福 建	Fujian	1461	742111	12204071	6798606
江 西	Jiangxi	963	282041	2877715	444580
山 东	Shandong	1882	733153	8874600	3717474
河 南	Henan	401	118835	26161665	25436094
湖 北	Hubei	963	854729	3883238	520041
湖 南	Hunan	689	304681	8546612	1703137
广 东	Guangdong	15289	11427797	140286292	62499228
广 西	Guangxi	117	16937	241853	70772
海 南	Hainan	31	9988		
重 庆	Chongqing	662	227445	3050434	1089433
四 川	Sichuan	1255	687891	8215113	361166
贵 州	Guizhou	322	34784	422112	1313
云 南	Yunnan	50	7668	83918	12484
西 藏	Tibet				
陕 西	Shaanxi	434	248962	780722	89298
甘 肃	Gansu	45	11746	458155	155038
青 海	Qinghai	7	9542	108852	
宁 夏	Ningxia				
新 疆	Xinjiang	3	236	3514	

2-4-9 续表 3 continued

单位：万元 (10000 yuan)

地区	Region	计算机及办公设备制造业 Manufacture of Computer and Office Equipments			
		新产品开发项目数(项) New Products (item)	新产品开发经费支出 Expenditure on New Products Development	新产品销售收入 Sales Revenue of New Products	#出口 Exports
全国	**Total**	**5347**	**2457057**	**54641230**	**32686511**
东部地区	Eastern Region	4574	2092119	47185627	27039618
中部地区	Middle Region	340	114278	2047252	1130567
西部地区	Western Region	374	239523	5368790	4512868
东北地区	Northeaastern Region	59	11137	39561	3458
北京	Beijing	228	237402	3071534	322932
天津	Tianjin	90	31437	983847	641300
河北	Hebei	26	1935	10484	17
山西	Shanxi	5	1570	5610	
内蒙古	Inner Mongolia	10	497	2000	
辽宁	Liaoning	39	7970	24561	3458
吉林	Jilin			15000	
黑龙江	Heilongjiang	20	3167		
上海	Shanghai	167	97695	828777	684983
江苏	Jiangsu	689	466121	21470991	19255666
浙江	Zhejiang	397	53675	1017102	739074
安徽	Anhui	106	56526	1688846	1093884
福建	Fujian	299	228705	2546344	1459685
江西	Jiangxi	53	6105	86832	32660
山东	Shandong	543	409918	9957489	1064702
河南	Henan	45	7902	70834	23
湖北	Hubei	17	10379	20455	
湖南	Hunan	114	31797	174676	4001
广东	Guangdong	2135	565233	7299058	2871258
广西	Guangxi	29	10339	208010	201245
海南	Hainan				
重庆	Chongqing	213	78221	5047540	4307992
四川	Sichuan	86	143175	64540	1416
贵州	Guizhou	1	262	32	
云南	Yunnan	23	5799	37156	2215
西藏	Tibet				
陕西	Shaanxi	12	1229	9513	
甘肃	Gansu				
青海	Qinghai				
宁夏	Ningxia				
新疆	Xinjiang				

2-4-9 续表 4 continued

单位：万元 (10000 yuan)

地区	Region	医疗仪器设备及仪器仪表制造业 Manufacture of Medical Equipments and Measuring Instrument			
		新产品开发项目数(项) New Products (item)	新产品开发经费支出 Expenditure on New Products Development	新产品销售收入 Sales Revenue of New Products	#出口 Exports
全国	**Total**	**16833**	**3034641**	**25014346**	**3109374**
东部地区	Eastern Region	13291	2464149	20398567	2792687
中部地区	Middle Region	1785	306214	3021238	210466
西部地区	Western Region	1307	184007	1266281	87494
东北地区	Northeaastern Region	450	80271	328259	18727
北京	Beijing	1281	260066	1826406	248391
天津	Tianjin	470	83139	346282	16988
河北	Hebei	272	31933	218943	22754
山西	Shanxi	57	6540	29353	
内蒙古	Inner Mongolia	10	1938	3060	2
辽宁	Liaoning	338	63961	253075	17008
吉林	Jilin	31	3600	28262	
黑龙江	Heilongjiang	81	12710	46923	1719
上海	Shanghai	866	194051	945667	105123
江苏	Jiangsu	3723	822742	8803733	877076
浙江	Zhejiang	2723	348833	4071143	632520
安徽	Anhui	370	55741	765415	31148
福建	Fujian	365	42957	295896	80344
江西	Jiangxi	226	31731	245147	45630
山东	Shandong	1242	192633	1251042	92830
河南	Henan	494	73324	467798	89545
湖北	Hubei	364	65600	413002	38827
湖南	Hunan	274	73279	1100525	5315
广东	Guangdong	2341	483943	2631148	716664
广西	Guangxi	88	17421	78141	7086
海南	Hainan	8	3851	8306	
重庆	Chongqing	466	62272	440823	19637
四川	Sichuan	332	35863	186898	11114
贵州	Guizhou	37	2861	37789	215
云南	Yunnan	74	12010	73796	6992
西藏	Tibet				
陕西	Shaanxi	194	41925	342304	18362
甘肃	Gansu	7	2178	26045	24087
青海	Qinghai	1	47		
宁夏	Ningxia	93	6729	77426	
新疆	Xinjiang	5	763		

2-4-9 续表 5 continued

单位：万元 (10000 yuan)

地区	Region	信息化学品制造业 Manufacture of Electronic Chemicals			
		新产品开发项目数(项) New Products (item)	新产品开发经费支出 Expenditure on New Products Development	新产品销售收入 Sales Revenue of New Products	#出口 Exports
全 国	**Total**	**1070**	**467453**	**11816267**	**1350837**
东部地区	Eastern Region	781	316282	7667268	1150559
中部地区	Middle Region	184	72416	1663902	142461
西部地区	Western Region	95	78278	2429950	57301
东北地区	Northeaastern Region	10	476	55147	516
北 京	Beijing	33	5305	67128	35629
天 津	Tianjin	16	6488	155375	1900
河 北	Hebei	52	15350	241200	2545
山 西	Shanxi	4	3978	5519	96
内蒙古	Inner Mongolia	8	7909	301629	29938
辽 宁	Liaoning	10	476	55147	516
吉 林	Jilin				
黑龙江	Heilongjiang				
上 海	Shanghai	35	7746	72419	55057
江 苏	Jiangsu	287	185762	5363843	721281
浙 江	Zhejiang	97	41004	1033196	107103
安 徽	Anhui	20	2550	17168	584
福 建	Fujian	10	3595	20510	13981
江 西	Jiangxi	48	19346	457537	60569
山 东	Shandong	130	31377	341491	184655
河 南	Henan	37	15336	360513	56195
湖 北	Hubei	63	29632	792095	10967
湖 南	Hunan	12	1575	31070	14051
广 东	Guangdong	121	19656	372107	28407
广 西	Guangxi	1	233	6361	
海 南	Hainan				
重 庆	Chongqing			442970	
四 川	Sichuan	17	5559	173567	19368
贵 州	Guizhou				
云 南	Yunnan	6	7484		
西 藏	Tibet				
陕 西	Shaanxi	17	34310	776736	6235
甘 肃	Gansu				
青 海	Qinghai	4	2305	78141	
宁 夏	Ningxia	19	7213	314742	1761
新 疆	Xinjiang	23	13266	335805	

2-5-1 按行业分高技术产业专利情况(2016年)
Statistics on Patents in High-tech Industry by Industrial Sector(2016)

单位：件 (piece)

行 业	Industry	专利申请数 Patent Applications	#发明专利 Invention Patents	有效发明专利数 Number of Patents In Force
合计	**Total**	**185913**	**101835**	**316694**
医药制造业	**Manufacture of Medicines**	**17785**	**10483**	**37463**
#化学药品制造	Manufacture of Chemical Medicine	7040	4639	16441
中成药生产	Production of Finished Traditional Chinese Herbal Medicine	3487	1958	10225
生物药品制造	Manufacture of Biological Medicine	2970	1814	5746
航空、航天器及设备制造业	**Manufacture of Aircrafts and Spacecrafts and Related Equipment**	**7897**	**3880**	**6852**
#飞机制造	Manufacture of Airplanes	3817	2296	3861
航天器制造	Manufacture of Spacecrafts	835	446	1543
电子及通信设备制造业	**Manufacture of Electronic Equipment and Communication Equipment**	**117749**	**68143**	**224917**
#通信设备制造	Manufacture of Communication Equipment	38585	29695	135458
#通信系统设备制造	Manufacture of Communication System Equipment	24760	19949	126291
通信终端设备制造	Manufacture of Communication Terminal Equipment	13825	9746	9167
广播电视设备制造	Manufacture of Broadcasting and TV Equipment	4441	1865	4747
雷达及配套设备制造	Manufacture of Radar and Its Fittings	1359	647	1568
视听设备制造	Manufacture of TV Set and Radio Receiver	8598	4622	7990
电子器件制造	Manufacture of Electronic Appliances	28096	16506	39170
#电子真空器件制造	Manufacture of Electronic Vacuum Appliance	342	114	546
半导体分立器件制造	Manufacture of Semiconductor Discreting Appliances	1748	756	1800
集成电路制造	Manufacture of Integrate Circuit	6107	4487	9758
电子元件制造	Manufacture of Electronic Components	16923	6246	17967
其他电子设备制造	Manufacture of Other Electronic Equipment	8117	3841	7885
计算机及办公设备制造业	**Manufacture of Computers and Office Equipment**	**13995**	**8056**	**14506**
#计算机整机制造	Manufacture of Entired Computer	6792	5103	5088
计算机零部件制造	Manufacture of Computer Components and Parts	1869	589	2253
计算机外围设备制造	Manufacture of Computer Peripheral Equipment	2636	1054	3527
办公设备制造	Manufacture of Office Equipment	1389	595	1926
医疗仪器设备及仪器仪表制造业	**Manufacture of Medical Equipments and Measuring Instrument**	**26393**	**10136**	**30104**
1.医疗仪器设备及器械制造	Manufacture of Medical Equipment and Appliance	7467	3106	10860
2.仪器仪表制造	Manufacture of Measuring Instrument	18926	7030	19244
信息化学品制造业	**Manufacture of Electronic Chemicals**	**2094**	**1137**	**2852**

2-5-2 各地区高技术产业专利情况(2016年)
Statistics on Patents in High-tech Industry by Region(2016)

单位：件 (piece)

地区	Region	专利申请数 Patent Applications	#发明专利 Invention Patents	有效发明专利数 Number of Patents In Force
全国	**Total**	**185913**	**101835**	**316694**
东部地区	Eastern Region	144211	81058	266274
中部地区	Middle Region	22476	11047	24945
西部地区	Western Region	15601	7486	19949
东北地区	Northeaastern Region	3625	2244	5526
北京	Beijing	6775	4114	16129
天津	Tianjin	2982	1547	6078
河北	Hebei	1553	709	2603
山西	Shanxi	195	121	813
内蒙古	Inner Mongolia	99	50	147
辽宁	Liaoning	2192	1376	3459
吉林	Jilin	368	235	950
黑龙江	Heilongjiang	1065	633	1117
上海	Shanghai	7645	5426	13930
江苏	Jiangsu	26383	11881	30880
浙江	Zhejiang	13831	5703	12900
安徽	Anhui	6816	3279	7514
福建	Fujian	5914	2681	6443
江西	Jiangxi	2799	807	2076
山东	Shandong	13983	8926	12298
河南	Henan	2743	1108	2868
湖北	Hubei	6045	3879	8487
湖南	Hunan	3878	1853	3187
广东	Guangdong	64880	39879	164338
广西	Guangxi	510	270	1077
海南	Hainan	265	192	675
重庆	Chongqing	2469	1012	1639
四川	Sichuan	7760	3733	9136
贵州	Guizhou	1122	599	1891
云南	Yunnan	446	240	898
西藏	Tibet	3	2	67
陕西	Shaanxi	2478	1200	4226
甘肃	Gansu	232	113	429
青海	Qinghai	177	118	94
宁夏	Ningxia	193	90	207
新疆	Xinjiang	112	59	138

2-5-3 按行业和企业规模分高技术产业专利情况(2016年)

Statistics on Patents in High-tech Industry by Industrial Sector and Scale of Enterprises(2016)

单位：件 (piece)

行业	Industry	大型企业 Large-sized Enterprises		
		专利申请数 Patent Applications	#发明专利 Invention Patents	有效发明专利数 Number of Patents In Force
合计	**Total**	**88417**	**60232**	**201649**
医药制造业	**Manufacture of Medicines**	**4284**	**3031**	**12085**
#化学药品制造	Manufacture of Chemical Medicine	2458	1852	7101
中成药生产	Production of Finished Traditional Chinese Herbal Medicine	1195	871	4007
生物药品制造	Manufacture of Biological Medicine	198	140	440
航空、航天器及设备制造业	**Manufacture of Aircrafts and Spacecrafts and Related Equipment**	**6139**	**3212**	**4850**
#飞机制造	Manufacture of Airplanes	3289	2060	3327
航天器制造	Manufacture of Spacecrafts	497	356	975
电子及通信设备制造业	**Manufacture of Electronic Equipment and Communication Equipment**	**63319**	**44624**	**168140**
#通信设备制造	Manufacture of Communication Equipment	29007	24096	126821
#通信系统设备制造	Manufacture of Communication System Equipment	21305	18367	120321
通信终端设备制造	Manufacture of Communication Terminal Equipment	7702	5729	6500
广播电视设备制造	Manufacture of Broadcasting and TV Equipment	1909	914	921
雷达及配套设备制造	Manufacture of Radar and Its Fittings	1053	505	1187
视听设备制造	Manufacture of TV Set and Radio Receiver	6543	4038	5830
电子器件制造	Manufacture of Electronic Appliances	13822	9801	22702
#电子真空器件制造	Manufacture of Electronic Vacuum Appliance	21	2	6
半导体分立器件制造	Manufacture of Semiconductor Discreting Appliances	304	148	234
集成电路制造	Manufacture of Integrate Circuit	3399	2794	4925
电子元件制造	Manufacture of Electronic Components	4318	2054	5764
其他电子设备制造	Manufacture of Other Electronic Equipment	1693	893	1007
计算机及办公设备制造业	**Manufacture of Computers and Office Equipment**	**9061**	**6346**	**8162**
#计算机整机制造	Manufacture of Entired Computer	6339	4933	4329
计算机零部件制造	Manufacture of Computer Components and Parts	728	251	377
计算机外围设备制造	Manufacture of Computer Peripheral Equipment	959	492	1193
办公设备制造	Manufacture of Office Equipment	630	392	1074
医疗仪器设备及仪器仪表制造业	**Manufacture of Medical Equipments and Measuring Instrument**	**4575**	**2374**	**7288**
1.医疗仪器设备及器械制造	Manufacture of Medical Equipment and Appliance	1373	794	3553
2.仪器仪表制造	Manufacture of Measuring Instrument	3202	1580	3735
信息化学品制造业	**Manufacture of Electronic Chemicals**	**1039**	**645**	**1124**

2-5-3 续表 continued

单位：件 (piece)

行业	Industry	中型企业 Medium-sized Enterprises		
		专利申请数 Patent Applications	#发明专利 Invention Patents	有效发明专利数 Number of Patents In Force
合计	**Total**	**43263**	**19474**	**55585**
医药制造业	**Manufacture of Medicines**	**5349**	**2996**	**12555**
#化学药品制造	Manufacture of Chemical Medicine	2017	1331	5727
中成药生产	Production of Finished Traditional Chinese Herbal Medicine	998	442	2832
生物药品制造	Manufacture of Biological Medicine	1150	653	2825
航空、航天器及设备制造业	**Manufacture of Aircrafts and Spacecrafts and Related Equipment**	**901**	**418**	**1338**
#飞机制造	Manufacture of Airplanes	402	183	406
航天器制造	Manufacture of Spacecrafts	135	84	557
电子及通信设备制造业	**Manufacture of Electronic Equipment and Communication Equipment**	**25996**	**11540**	**29680**
#通信设备制造	Manufacture of Communication Equipment	3354	1581	4443
#通信系统设备制造	Manufacture of Communication System Equipment	1931	1044	3665
通信终端设备制造	Manufacture of Communication Terminal Equipment	1423	537	778
广播电视设备制造	Manufacture of Broadcasting and TV Equipment	1198	504	1982
雷达及配套设备制造	Manufacture of Radar and Its Fittings	155	55	193
视听设备制造	Manufacture of TV Set and Radio Receiver	937	313	1100
电子器件制造	Manufacture of Electronic Appliances	7622	4072	9043
#电子真空器件制造	Manufacture of Electronic Vacuum Appliance	118	51	292
半导体分立器件制造	Manufacture of Semiconductor Discreting Appliances	729	351	870
集成电路制造	Manufacture of Integrate Circuit	1003	664	2031
电子元件制造	Manufacture of Electronic Components	6020	1954	6098
其他电子设备制造	Manufacture of Other Electronic Equipment	3854	1962	4056
计算机及办公设备制造业	**Manufacture of Computers and Office Equipment**	**2186**	**810**	**2558**
#计算机整机制造	Manufacture of Entired Computer	149	69	457
计算机零部件制造	Manufacture of Computer Components and Parts	546	136	921
计算机外围设备制造	Manufacture of Computer Peripheral Equipment	618	262	724
办公设备制造	Manufacture of Office Equipment	372	98	324
医疗仪器设备及仪器仪表制造业	**Manufacture of Medical Equipments and Measuring Instrument**	**8305**	**3413**	**8530**
1.医疗仪器设备及器械制造	Manufacture of Medical Equipment and Appliance	2612	1139	2730
2.仪器仪表制造	Manufacture of Measuring Instrument	5693	2274	5800
信息化学品制造业	**Manufacture of Electronic Chemicals**	**526**	**297**	**924**

2-5-4　按行业分国有及国有控股企业高技术产业专利情况(2016年)

Statistics on Patents in High-tech Industry of State-owned and State-controlled Enterprises by Industry (2016)

单位：件　(piece)

行　业	Industry	专利申请数 Patent Applications	#发明专利 Invention Patents	有效发明专利数 Number of Patents In Force
合计	**Total**	**39698**	**26863**	**95845**
医药制造业	**Manufacture of Medicines**	**1936**	**1188**	**4687**
#化学药品制造	Manufacture of Chemical Medicine	776	508	2476
中成药生产	Production of Finished Traditional Chinese Herbal Medicine	712	436	1417
生物药品制造	Manufacture of Biological Medicine	272	138	607
航空、航天器及设备制造业	**Manufacture of Aircrafts and Spacecrafts and Related Equipment**	**5251**	**3168**	**6201**
#飞机制造	Manufacture of Airplanes	3666	2256	3729
航天器制造	Manufacture of Spacecrafts	632	440	1532
电子及通信设备制造业	**Manufacture of Electronic Equipment and Communication Equipment**	**23861**	**16631**	**76505**
#通信设备制造	Manufacture of Communication Equipment	7853	6290	52319
#通信系统设备制造	Manufacture of Communication System Equipment	7311	6034	51713
通信终端设备制造	Manufacture of Communication Terminal Equipment	542	256	606
广播电视设备制造	Manufacture of Broadcasting and TV Equipment	299	169	302
雷达及配套设备制造	Manufacture of Radar and Its Fittings	1147	528	1288
视听设备制造	Manufacture of TV Set and Radio Receiver	4289	2872	3690
电子器件制造	Manufacture of Electronic Appliances	7288	5178	13304
#电子真空器件制造	Manufacture of Electronic Vacuum Appliance	35	20	128
半导体分立器件制造	Manufacture of Semiconductor Discreting Appliances	108	46	217
集成电路制造	Manufacture of Integrate Circuit	1077	849	2092
电子元件制造	Manufacture of Electronic Components	1200	519	2069
其他电子设备制造	Manufacture of Other Electronic Equipment	860	636	2540
计算机及办公设备制造业	**Manufacture of Computers and Office Equipment**	**5525**	**4087**	**3313**
#计算机整机制造	Manufacture of Entired Computer	4128	3274	807
计算机零部件制造	Manufacture of Computer Components and Parts	92	35	28
计算机外围设备制造	Manufacture of Computer Peripheral Equipment	523	267	548
办公设备制造	Manufacture of Office Equipment	488	276	1017
医疗仪器设备及仪器仪表制造业	**Manufacture of Medical Equipments and Measuring Instrument**	**2572**	**1371**	**4026**
1.医疗仪器设备及器械制造	Manufacture of Medical Equipment and Appliance	410	126	609
2.仪器仪表制造	Manufacture of Measuring Instrument	2162	1245	3417
信息化学品制造业	**Manufacture of Electronic Chemicals**	**553**	**418**	**1113**

2-5-5 按行业和登记注册类型分高技术产业专利情况(2016年)
Statistics on Patents in High-tech Industry by Industrial Sector and Registration Status(2016)

单位：件 (piece)

行 业	Industry	内资企业 Domestic Funded		
		专利申请数 Patent Applications	#发明专利 Invention Patents	有效发明专利数 Number of Patents In Force
合计	**Total**	**143476**	**77260**	**246538**
医药制造业	**Manufacture of Medicines**	**14963**	**8600**	**30390**
#化学药品制造	Manufacture of Chemical Medicine	5599	3540	12301
中成药生产	Production of Finished Traditional Chinese Herbal Medicine	3092	1770	9255
生物药品制造	Manufacture of Biological Medicine	2313	1340	4490
航空、航天器及设备制造业	**Manufacture of Aircrafts and Spacecrafts and Related Equipment**	**5958**	**3349**	**6631**
#飞机制造	Manufacture of Airplanes	3777	2292	3812
航天器制造	Manufacture of Spacecrafts	835	446	1543
电子及通信设备制造业	**Manufacture of Electronic Equipment and Communication Equipment**	**89120**	**50525**	**174601**
#通信设备制造	Manufacture of Communication Equipment	29025	22911	116941
#通信系统设备制造	Manufacture of Communication System	20453	17376	113685
	Equipment	8572	5535	3256
通信终端设备制造	Manufacture of Communication			
	Terminal Equipment	3652	1519	2888
广播电视设备制造	Manufacture of Broadcasting and TV Equipment			
雷达及配套设备制造	Manufacture of Radar and Its Fittings	1344	636	1544
视听设备制造	Manufacture of TV Set and Radio Receiver	6792	3772	4778
电子器件制造	Manufacture of Electronic Appliances	18708	9811	22431
#电子真空器件制造	Manufacture of Electronic Vacuum Appliance	329	114	446
半导体分立器件制造	Manufacture of Semiconductor Discreting Appliances	1379	583	1344
集成电路制造	Manufacture of Integrate Circuit	3373	2259	4910
电子元件制造	Manufacture of Electronic Components	12455	4429	11504
其他电子设备制造	Manufacture of Other Electronic Equipment	7140	3408	6238
计算机及办公设备制造业	**Manufacture of Computers and Office Equipment**	**9631**	**5360**	**7742**
#计算机整机制造	Manufacture of Entired Computer	4551	3401	1593
计算机零部件制造	Manufacture of Computer Components and Parts	902	260	1352
计算机外围设备制造	Manufacture of Computer Peripheral Equipment	1984	708	2508
办公设备制造	Manufacture of Office Equipment	1155	470	1630
医疗仪器设备及仪器仪表制造业	**Manufacture of Medical Equipments and Measuring Instrument**	**22029**	**8457**	**24888**
1.医疗仪器设备及器械制造	Manufacture of Medical Equipment and Appliance	5942	2341	8596
2.仪器仪表制造	Manufacture of Measuring Instrument	16087	6116	16292
信息化学品制造业	**Manufacture of Electronic Chemicals**	**1775**	**969**	**2286**

2-5-5 续表 1 continued

单位：件 (piece)

行 业	Industry	#国有企业 State-owned Enterprises		
		专利申请数 Patent Applications	#发明专利 Invention Patents	有效发明专利数 Number of Patents In Force
合计	**Total**	**3711**	**2263**	**6498**
医药制造业	**Manufacture of Medicines**	**102**	**82**	**236**
#化学药品制造	Manufacture of Chemical Medicine	2	2	32
中成药生产	Production of Finished Traditional Chinese Herbal Medicine	13	13	26
生物药品制造	Manufacture of Biological Medicine	82	65	164
航空、航天器及设备制造业	**Manufacture of Aircrafts and Spacecrafts and Related Equipment**	**1182**	**740**	**1866**
#飞机制造	Manufacture of Airplanes	379	259	443
航天器制造	Manufacture of Spacecrafts	394	278	942
电子及通信设备制造业	**Manufacture of Electronic Equipment and Communication Equipment**	**1593**	**994**	**2996**
#通信设备制造	Manufacture of Communication Equipment	838	684	1842
#通信系统设备制造	Manufacture of Communication System Equipment	826	683	1831
通信终端设备制造	Manufacture of Communication Terminal Equipment	12	1	11
广播电视设备制造	Manufacture of Broadcasting and TV Equipment			
雷达及配套设备制造	Manufacture of Radar and Its Fittings	488	220	886
视听设备制造	Manufacture of TV Set and Radio Receiver			
电子器件制造	Manufacture of Electronic Appliances	31	19	114
#电子真空器件制造	Manufacture of Electronic Vacuum Appliance	14	10	46
半导体分立器件制造	Manufacture of Semiconductor Discreting Appliances			
集成电路制造	Manufacture of Integrate Circuit	1	1	14
电子元件制造	Manufacture of Electronic Components	236	71	154
其他电子设备制造	Manufacture of Other Electronic Equipment			
计算机及办公设备制造业	**Manufacture of Computers and Office Equipment**	**80**	**74**	**94**
#计算机整机制造	Manufacture of Entired Computer			
计算机零部件制造	Manufacture of Computer Components and Parts			
计算机外围设备制造	Manufacture of Computer Peripheral Equipment	80	74	92
办公设备制造	Manufacture of Office Equipment			2
医疗仪器设备及仪器仪表制造业	**Manufacture of Medical Equipments and Measuring Instrument**	**729**	**349**	**1269**
1.医疗仪器设备及器械制造	Manufacture of Medical Equipment and Appliance	262	48	314
2.仪器仪表制造	Manufacture of Measuring Instrument	467	301	955
信息化学品制造业	**Manufacture of Electronic Chemicals**	**25**	**24**	**37**

2-5-5 续表 2 continued

单位：件 (piece)

行　业	Industry	港澳台投资企业 Enterprises with Funds from Hong Kong, Macau and Taiwan		
		专利申请数 Patent Applications	#发明专利 Invention Patents	有效发明专利数 Number of Patents In Force
合计	**Total**	**21154**	**10824**	**33931**
医药制造业	**Manufacture of Medicines**	**1417**	**986**	**3986**
#化学药品制造	Manufacture of Chemical Medicine	711	559	2272
中成药生产	Production of Finished Traditional Chinese Herbal Medicine	228	85	516
生物药品制造	Manufacture of Biological Medicine	349	296	803
航空、航天器及设备制造业	**Manufacture of Aircrafts and Spacecrafts and Related Equipment**	**1844**	**508**	**149**
#飞机制造	Manufacture of Airplanes	5	3	18
航天器制造	Manufacture of Spacecrafts			
电子及通信设备制造业	**Manufacture of Electronic Equipment and Communication Equipment**	**12968**	**6606**	**23355**
#通信设备制造	Manufacture of Communication Equipment	4941	3116	11457
#通信系统设备制造	Manufacture of Communication System	3620	2218	10679
	Equipment	1321	898	778
通信终端设备制造	Manufacture of Communication			
	Terminal Equipment	460	148	417
广播电视设备制造	Manufacture of Broadcasting and TV Equipment			
雷达及配套设备制造	Manufacture of Radar and Its Fittings	15	11	24
视听设备制造	Manufacture of TV Set and Radio Receiver	1182	556	1838
电子器件制造	Manufacture of Electronic Appliances	2303	1101	4657
#电子真空器件制造	Manufacture of Electronic Vacuum Appliance	4		73
半导体分立器件制造	Manufacture of Semiconductor Discreting Appliances	74	39	112
集成电路制造	Manufacture of Integrate Circuit	712	514	1307
电子元件制造	Manufacture of Electronic Components	2651	1122	3616
其他电子设备制造	Manufacture of Other Electronic Equipment	447	196	546
计算机及办公设备制造业	**Manufacture of Computers and Office Equipment**	**2967**	**1944**	**4351**
#计算机整机制造	Manufacture of Entired Computer	1826	1351	3051
计算机零部件制造	Manufacture of Computer Components and Parts	496	227	457
计算机外围设备制造	Manufacture of Computer Peripheral Equipment	449	257	636
办公设备制造	Manufacture of Office Equipment	188	108	207
医疗仪器设备及仪器仪表制造业	**Manufacture of Medical Equipments and Measuring Instrument**	**1792**	**690**	**1798**
1.医疗仪器设备及器械制造	Manufacture of Medical Equipment and Appliance	620	251	842
2.仪器仪表制造	Manufacture of Measuring Instrument	1172	439	956
信息化学品制造业	**Manufacture of Electronic Chemicals**	**166**	**90**	**292**

2-5-5 续表 3 continued

单位：件 (piece)

行业	Industry	外商投资企业 Foreign Funded Enterprises 专利申请数 Patent Applications	#发明专利 Invention Patents	有效发明专利数 Number of Patents In Force
合计	**Total**	**21283**	**13751**	**36225**
医药制造业	**Manufacture of Medicines**	**1405**	**897**	**3087**
#化学药品制造	Manufacture of Chemical Medicine	730	540	1868
中成药生产	Production of Finished Traditional Chinese Herbal Medicine	167	103	454
生物药品制造	Manufacture of Biological Medicine	308	178	453
航空、航天器及设备制造业	**Manufacture of Aircrafts and Spacecrafts and Related Equipment**	**95**	**23**	**72**
#飞机制造	Manufacture of Airplanes	35	1	31
航天器制造	Manufacture of Spacecrafts			
电子及通信设备制造业	**Manufacture of Electronic Equipment and Communication Equipment**	**15661**	**11012**	**26961**
#通信设备制造	Manufacture of Communication Equipment	4619	3668	7060
#通信系统设备制造	Manufacture of Communication System	687	355	1927
	Equipment	3932	3313	5133
通信终端设备制造	Manufacture of Communication			
	Terminal Equipment	329	198	1442
广播电视设备制造	Manufacture of Broadcasting and TV Equipment			
雷达及配套设备制造	Manufacture of Radar and Its Fittings			
视听设备制造	Manufacture of TV Set and Radio Receiver	624	294	1374
电子器件制造	Manufacture of Electronic Appliances	7085	5594	12082
#电子真空器件制造	Manufacture of Electronic Vacuum Appliance	9		27
半导体分立器件制造	Manufacture of Semiconductor Discreting Appliances	295	134	344
集成电路制造	Manufacture of Integrate Circuit	2022	1714	3541
电子元件制造	Manufacture of Electronic Components	1817	695	2847
其他电子设备制造	Manufacture of Other Electronic Equipment	530	237	1101
计算机及办公设备制造业	**Manufacture of Computers and Office Equipment**	**1397**	**752**	**2413**
#计算机整机制造	Manufacture of Entired Computer	415	351	444
计算机零部件制造	Manufacture of Computer Components and Parts	471	102	444
计算机外围设备制造	Manufacture of Computer Peripheral Equipment	203	89	383
办公设备制造	Manufacture of Office Equipment	46	17	89
医疗仪器设备及仪器仪表制造业	**Manufacture of Medical Equipments and Measuring Instrument**	**2572**	**989**	**3418**
1.医疗仪器设备及器械制造	Manufacture of Medical Equipment and Appliance	905	514	1422
2.仪器仪表制造	Manufacture of Measuring Instrument	1667	475	1996
信息化学品制造业	**Manufacture of Electronic Chemicals**	**153**	**78**	**274**

2-5-6　按地区和企业规模分高技术产业专利情况(2016年)
Statistics on Patents in High-tech Industry by Region and Industrial Sector(2016)

单位：件　(piece)

地　区	Region	大型企业 Large-sized Enterprises		
		专利申请数 Patent Applications	#发明专利 Invention Patents	有效发明专利数 Number of Patents In Force
全　国	**Total**	**88417**	**60232**	**201649**
东部地区	Eastern Region	72398	51233	183248
中部地区	Middle Region	7840	4203	9613
西部地区	Western Region	6133	3318	6625
东北地区	Northeaastern Region	2046	1478	2163
北　京	Beijing	2547	1831	7076
天　津	Tianjin	916	591	2093
河　北	Hebei	424	290	1373
山　西	Shanxi	39	22	196
内蒙古	Inner Mongolia	27	16	44
辽　宁	Liaoning	1321	1013	1506
吉　林	Jilin	120	86	266
黑龙江	Heilongjiang	605	379	391
上　海	Shanghai	4490	3775	6906
江　苏	Jiangsu	8221	4801	11303
浙　江	Zhejiang	4671	2733	5967
安　徽	Anhui	2111	908	2514
福　建	Fujian	2785	1564	3306
江　西	Jiangxi	920	354	684
山　东	Shandong	9911	7114	6712
河　南	Henan	925	473	854
湖　北	Hubei	2447	1812	4682
湖　南	Hunan	1398	634	683
广　东	Guangdong	38401	28502	138512
广　西	Guangxi	97	68	106
海　南	Hainan	32	32	
重　庆	Chongqing	407	229	516
四　川	Sichuan	3380	1693	2506
贵　州	Guizhou	446	282	867
云　南	Yunnan	77	55	151
西　藏	Tibet			
陕　西	Shaanxi	1447	828	2170
甘　肃	Gansu	110	54	134
青　海	Qinghai	32	21	3
宁　夏	Ningxia	42	33	69
新　疆	Xinjiang	68	39	59

2-5-6 续表 continued

单位：件 (piece)

地区	Region	中型企业 Medium-sized Enterprises 专利申请数 Patent Applications	#发明专利 Invention Patents	有效发明专利数 Number of Patents In Force
全国	**Total**	**43263**	**19474**	**55585**
东部地区	Eastern Region	32316	14084	41349
中部地区	Middle Region	5933	3235	6541
西部地区	Western Region	4402	1865	6237
东北地区	Northeaastern Region	612	290	1458
北京	Beijing	2340	1397	5420
天津	Tianjin	726	392	1199
河北	Hebei	617	271	673
山西	Shanxi	46	34	240
内蒙古	Inner Mongolia	48	27	54
辽宁	Liaoning	324	124	728
吉林	Jilin	121	62	331
黑龙江	Heilongjiang	167	104	399
上海	Shanghai	1415	881	3792
江苏	Jiangsu	7268	2940	8605
浙江	Zhejiang	3560	1281	3148
安徽	Anhui	1269	700	1922
福建	Fujian	1280	678	1629
江西	Jiangxi	647	155	564
山东	Shandong	2029	884	2567
河南	Henan	887	348	1125
湖北	Hubei	1991	1538	1586
湖南	Hunan	1093	460	1104
广东	Guangdong	13013	5318	13994
广西	Guangxi	147	78	341
海南	Hainan	68	42	322
重庆	Chongqing	1038	390	547
四川	Sichuan	2027	914	3256
贵州	Guizhou	432	209	603
云南	Yunnan	83	36	258
西藏	Tibet			19
陕西	Shaanxi	426	125	846
甘肃	Gansu	35	22	171
青海	Qinghai	43	21	49
宁夏	Ningxia	118	38	78
新疆	Xinjiang	5	5	15

2-5-7 各地区国有及国有控股企业高技术产业专利情况(2016年)
Statistics on Patents in High-tech Industry of State-owned and State-controlled Enterprises by Region (2016)

单位：件 (piece)

地 区	Region	专利申请数 Patent Applications	#发明专利 Invention Patents	有效发明专利数 Number of Patents In Force
全 国	**Total**	**39698**	**26863**	**95845**
东部地区	Eastern Region	25140	18179	77441
中部地区	Middle Region	6655	4280	8603
西部地区	Western Region	6361	3383	7470
东北地区	Northeaastern Region	1542	1021	2331
北 京	Beijing	1882	1286	6142
天 津	Tianjin	1354	705	1974
河 北	Hebei	361	238	1034
山 西	Shanxi	31	29	72
内 蒙 古	Inner Mongolia	33	9	42
辽 宁	Liaoning	829	537	1475
吉 林	Jilin	52	32	221
黑 龙 江	Heilongjiang	661	452	635
上 海	Shanghai	2663	2040	4388
江 苏	Jiangsu	2409	1397	3163
浙 江	Zhejiang	1208	681	1131
安 徽	Anhui	1467	603	2279
福 建	Fujian	1095	766	1381
江 西	Jiangxi	198	79	155
山 东	Shandong	7598	5909	3612
河 南	Henan	782	432	743
湖 北	Hubei	3479	2721	4788
湖 南	Hunan	698	416	566
广 东	Guangdong	6547	5148	54568
广 西	Guangxi	116	90	130
海 南	Hainan	23	9	48
重 庆	Chongqing	377	200	420
四 川	Sichuan	3300	1678	3006
贵 州	Guizhou	806	451	1000
云 南	Yunnan	113	55	217
西 藏	Tibet			19
陕 西	Shaanxi	1596	883	2554
甘 肃	Gansu	9	7	42
青 海	Qinghai	7	6	16
宁 夏	Ningxia			
新 疆	Xinjiang	4	4	24

2-5-8　按地区和登记注册类型分高技术产业专利情况(2016年)

Statistics on Patents in High-tech Industry by Region and Registration Status(2016)

单位：件　　(piece)

地　区	Region	内资企业 Domestic Funded 专利申请数 Patent Applications	#发明专利 Invention Patents	有效发明专利数 Number of Patents In Force
全　国	**Total**	**143476**	**77260**	**246538**
东部地区	Eastern Region	104866	57898	200376
中部地区	Middle Region	20335	10140	22895
西部地区	Western Region	14881	7153	18368
东北地区	Northeaastern Region	3394	2069	4899
北　京	Beijing	4430	2556	9513
天　津	Tianjin	2529	1294	5413
河　北	Hebei	1445	626	2152
山　西	Shanxi	189	117	734
内蒙古	Inner Mongolia	88	39	132
辽　宁	Liaoning	2008	1232	3103
吉　林	Jilin	356	229	915
黑龙江	Heilongjiang	1030	608	881
上　海	Shanghai	4199	2769	7575
江　苏	Jiangsu	18214	8192	17924
浙　江	Zhejiang	9963	3765	7519
安　徽	Anhui	6294	3039	7163
福　建	Fujian	4349	1821	3156
江　西	Jiangxi	2590	740	1824
山　东	Shandong	13311	8572	10376
河　南	Henan	2463	1023	2539
湖　北	Hubei	5600	3572	7727
湖　南	Hunan	3199	1649	2908
广　东	Guangdong	46248	28152	136161
广　西	Guangxi	475	254	1003
海　南	Hainan	178	151	587
重　庆	Chongqing	2263	955	1542
四　川	Sichuan	7485	3585	8102
贵　州	Guizhou	1111	588	1855
云　南	Yunnan	428	226	854
西　藏	Tibet	3	2	67
陕　西	Shaanxi	2370	1148	4018
甘　肃	Gansu	232	113	429
青　海	Qinghai	141	96	88
宁　夏	Ningxia	186	88	166
新　疆	Xinjiang	99	59	112

2-5-8 续表 1 continued

单位：件 (piece)

地区	Region	#国有企业 State-owned Enterprises 专利申请数 Patent Applications	#发明专利 Invention Patents	有效发明专利数 Number of Patents In Force
全国	**Total**	**3711**	**2263**	**6498**
东部地区	Eastern Region	1130	631	1724
中部地区	Middle Region	1521	1000	2996
西部地区	Western Region	1009	586	1659
东北地区	Northeaastern Region	51	46	119
北京	Beijing	98	75	448
天津	Tianjin	242	193	310
河北	Hebei	39	14	20
山西	Shanxi	14	14	20
内蒙古	Inner Mongolia	2	1	4
辽宁	Liaoning	12	7	3
吉林	Jilin			
黑龙江	Heilongjiang	39	39	116
上海	Shanghai	158	96	122
江苏	Jiangsu	222	142	333
浙江	Zhejiang	11	2	5
安徽	Anhui	431	153	790
福建	Fujian	1	1	14
江西	Jiangxi			
山东	Shandong	331	100	452
河南	Henan	62	36	81
湖北	Hubei	988	797	2045
湖南	Hunan	26		60
广东	Guangdong	16	7	9
广西	Guangxi	5	5	3
海南	Hainan	12	1	11
重庆	Chongqing	51	23	155
四川	Sichuan	242	131	270
贵州	Guizhou	179	80	226
云南	Yunnan	2	1	2
西藏	Tibet			
陕西	Shaanxi	528	345	999
甘肃	Gansu			
青海	Qinghai			
宁夏	Ningxia			
新疆	Xinjiang			

2-5-8　续表 2　continued

单位：件　　　　(piece)

地　区	Region	港澳台投资企业 Enterprises with Funds from Hong Kong, Macau and Taiwan		
		专利申请数 Patent Applications	#发明专利 Invention Patents	有效发明专利数 Number of Patents In Force
全　国	**Total**	**21154**	**10824**	**33931**
东部地区	Eastern Region	19225	10072	32345
中部地区	Middle Region	1520	605	971
西部地区	Western Region	361	123	379
东北地区	Northeaastern Region	48	24	236
北　京	Beijing	1864	1337	4981
天　津	Tianjin	237	183	294
河　北	Hebei	32	32	327
山　西	Shanxi	1	1	8
内蒙古	Inner Mongolia	11	11	15
辽　宁	Liaoning	41	20	139
吉　林	Jilin	4	3	18
黑龙江	Heilongjiang	3	1	79
上　海	Shanghai	1004	748	1918
江　苏	Jiangsu	3482	1743	5627
浙　江	Zhejiang	2363	1365	3917
安　徽	Anhui	373	188	84
福　建	Fujian	898	448	809
江　西	Jiangxi	113	27	52
山　东	Shandong	65	21	331
河　南	Henan	152	29	151
湖　北	Hubei	227	164	453
湖　南	Hunan	654	196	223
广　东	Guangdong	9210	4171	14094
广　西	Guangxi	29	11	64
海　南	Hainan	70	24	47
重　庆	Chongqing	136	41	47
四　川	Sichuan	98	30	103
贵　州	Guizhou	1	1	6
云　南	Yunnan	13	9	19
西　藏	Tibet			
陕　西	Shaanxi	62	17	81
甘　肃	Gansu			
青　海	Qinghai	4	1	3
宁　夏	Ningxia	7	2	41
新　疆	Xinjiang			

2-5-8 续表 3 continued

单位：件　　　　(piece)

地　区	Region	外商投资企业 Foreign Funded Enterprises		
		专利申请数 Patent Applications	#发明专利 Invention Patents	有效发明专利数 Number of Patents In Force
全　国	**Total**	**21283**	**13751**	**36225**
东部地区	Eastern Region	20120	13088	33553
中部地区	Middle Region	621	302	1079
西部地区	Western Region	359	210	1202
东北地区	Northeaastern Region	183	151	391
北　京	Beijing	481	221	1635
天　津	Tianjin	216	70	371
河　北	Hebei	76	51	124
山　西	Shanxi	5	3	71
内蒙古	Inner Mongolia			
辽　宁	Liaoning	143	124	217
吉　林	Jilin	8	3	17
黑龙江	Heilongjiang	32	24	157
上　海	Shanghai	2442	1909	4437
江　苏	Jiangsu	4687	1946	7329
浙　江	Zhejiang	1505	573	1464
安　徽	Anhui	149	52	267
福　建	Fujian	667	412	2478
江　西	Jiangxi	96	40	200
山　东	Shandong	607	333	1591
河　南	Henan	128	56	178
湖　北	Hubei	218	143	307
湖　南	Hunan	25	8	56
广　东	Guangdong	9422	7556	14083
广　西	Guangxi	6	5	10
海　南	Hainan	17	17	41
重　庆	Chongqing	70	16	50
四　川	Sichuan	177	118	931
贵　州	Guizhou	10	10	30
云　南	Yunnan	5	5	25
西　藏	Tibet			
陕　西	Shaanxi	46	35	127
甘　肃	Gansu			
青　海	Qinghai	32	21	3
宁　夏	Ningxia			
新　疆	Xinjiang	13		26

2-5-9 按地区和行业分高技术产业专利情况(2016年)

Statistics on Patents in High-tech Industry by Region and Industrial Sector(2016)

单位：件 (piece)

地区	Region	医药制造业 Medical and Pharmaceutical Products Manufacturing		
		专利申请数 Patent Applications	#发明专利 Invention Patents	有效发明专利数 Number of Patents In Force
全国	**Total**	**17785**	**10483**	**37463**
东部地区	Eastern Region	10344	6509	23824
中部地区	Middle Region	3814	2001	6065
西部地区	Western Region	3023	1590	5949
东北地区	Northeaastern Region	604	383	1625
北京	Beijing	369	262	1904
天津	Tianjin	688	457	3070
河北	Hebei	329	225	1225
山西	Shanxi	82	50	353
内蒙古	Inner Mongolia	58	38	93
辽宁	Liaoning	212	114	505
吉林	Jilin	215	153	663
黑龙江	Heilongjiang	177	116	457
上海	Shanghai	599	319	1457
江苏	Jiangsu	2729	1886	4262
浙江	Zhejiang	1482	821	2703
安徽	Anhui	968	524	1498
福建	Fujian	351	167	482
江西	Jiangxi	629	176	832
山东	Shandong	2128	1371	4766
河南	Henan	586	282	893
湖北	Hubei	746	418	1410
湖南	Hunan	803	551	1079
广东	Guangdong	1473	857	3410
广西	Guangxi	163	130	381
海南	Hainan	196	144	545
重庆	Chongqing	344	175	653
四川	Sichuan	1536	681	2267
贵州	Guizhou	176	104	730
云南	Yunnan	335	204	734
西藏	Tibet	3	2	67
陕西	Shaanxi	180	88	570
甘肃	Gansu	106	54	224
青海	Qinghai	48	48	47
宁夏	Ningxia	48	46	104
新疆	Xinjiang	26	20	79

2-5-9 续表 1 continued

单位：件 (piece)

地区	Region	航空、航天器及设备制造业 Manufacture of Aircrafts and Spacecrafts and Related Equipment 专利申请数 Patent Applications	#发明专利 Invention Patents	有效发明专利数 Number of Patents In Force
全　国	**Total**	**7897**	**3880**	**6852**
东部地区	Eastern Region	3449	1382	2029
中部地区	Middle Region	1253	644	950
西部地区	Western Region	2138	1180	2710
东北地区	Northeaastern Region	1057	674	1163
北　京	Beijing	527	320	886
天　津	Tianjin	334	210	460
河　北	Hebei	86	38	46
山　西	Shanxi	2	2	5
内蒙古	Inner Mongolia			
辽　宁	Liaoning	475	312	833
吉　林	Jilin			
黑龙江	Heilongjiang	582	362	330
上　海	Shanghai	311	199	262
江　苏	Jiangsu	200	71	148
浙　江	Zhejiang	41	4	32
安　徽	Anhui	35	13	8
福　建	Fujian			17
江　西	Jiangxi	101	57	41
山　东	Shandong	70	21	50
河　南	Henan	520	313	463
湖　北	Hubei	368	122	195
湖　南	Hunan	227	137	238
广　东	Guangdong	1880	519	128
广　西	Guangxi			
海　南	Hainan			
重　庆	Chongqing	11	3	26
四　川	Sichuan	548	207	440
贵　州	Guizhou	617	348	711
云　南	Yunnan			
西　藏	Tibet			
陕　西	Shaanxi	962	622	1533
甘　肃	Gansu			
青　海	Qinghai			
宁　夏	Ningxia			
新　疆	Xinjiang			

2-5-9 续表 2 continued

单位：件 (piece)

地区	Region	电子及通信设备制造业 Manufacture of Electronic Equipment and Communication Equipment 专利申请数 Patent Applications	#发明专利 Invention Patents	有效发明专利数 Number of Patents In Force
全 国	**Total**	**117749**	**68143**	**224917**
东部地区	Eastern Region	96489	57149	202491
中部地区	Middle Region	12756	6706	13204
西部地区	Western Region	7407	3608	7757
东北地区	Northeaastern Region	1097	680	1465
北 京	Beijing	2744	1677	7686
天 津	Tianjin	1226	523	1376
河 北	Hebei	776	288	462
山 西	Shanxi	57	36	163
内蒙古	Inner Mongolia	3	3	9
辽 宁	Liaoning	931	605	1184
吉 林	Jilin	124	67	204
黑龙江	Heilongjiang	42	8	77
上 海	Shanghai	5121	3960	9487
江 苏	Jiangsu	14258	6007	16469
浙 江	Zhejiang	8262	3659	7846
安 徽	Anhui	4663	2219	4715
福 建	Fujian	4157	1937	4244
江 西	Jiangxi	1553	461	844
山 东	Shandong	5731	3473	4449
河 南	Henan	720	248	687
湖 北	Hubei	4192	3065	5807
湖 南	Hunan	1571	677	988
广 东	Guangdong	54156	35578	150355
广 西	Guangxi	272	118	371
海 南	Hainan	58	47	117
重 庆	Chongqing	1056	515	372
四 川	Sichuan	4680	2390	5269
贵 州	Guizhou	279	133	394
云 南	Yunnan	36	8	45
西 藏	Tibet			
陕 西	Shaanxi	851	332	1111
甘 肃	Gansu	119	56	153
青 海	Qinghai	86	48	27
宁 夏	Ningxia			
新 疆	Xinjiang	25	5	6

2-5-9 续表 3 continued

单位：件 (piece)

地 区	Region	计算机及办公设备制造业 Manufacture of Computer and Office Equipments 专利申请数 Patent Applications	#发明专利 Invention Patents	有效发明专利数 Number of Patents In Force
全 国	**Total**	**13995**	**8056**	**14506**
东部地区	Eastern Region	12521	7460	13091
中部地区	Middle Region	936	396	845
西部地区	Western Region	531	200	498
东北地区	Northeaastern Region	7		72
北 京	Beijing	1766	1224	3350
天 津	Tianjin	133	116	227
河 北	Hebei	25	10	31
山 西	Shanxi			
内 蒙 古	Inner Mongolia			
辽 宁	Liaoning	5		61
吉 林	Jilin	2		
黑 龙 江	Heilongjiang			11
上 海	Shanghai	301	260	372
江 苏	Jiangsu	1314	669	2063
浙 江	Zhejiang	626	125	124
安 徽	Anhui	518	263	650
福 建	Fujian	840	451	1290
江 西	Jiangxi	40	8	1
山 东	Shandong	4410	3391	989
河 南	Henan	102	20	20
湖 北	Hubei	18	10	55
湖 南	Hunan	258	95	119
广 东	Guangdong	3106	1214	4645
广 西	Guangxi	5	5	14
海 南	Hainan			
重 庆	Chongqing	328	76	40
四 川	Sichuan	171	112	378
贵 州	Guizhou			
云 南	Yunnan	19	4	20
西 藏	Tibet			
陕 西	Shaanxi	8	3	46
甘 肃	Gansu			
青 海	Qinghai			
宁 夏	Ningxia			
新 疆	Xinjiang			

2-5-9 续表 4 continued

单位：件 (piece)

地 区	Region	医疗仪器设备及仪器仪表制造业 Manufacture of Medical Equipments and Measuring Instrument		
		专利申请数 Patent Applications	#发明专利 Invention Patents	有效发明专利数 Number of Patents In Force
全 国	**Total**	**26393**	**10136**	**30104**
东部地区	Eastern Region	19947	7663	22915
中部地区	Middle Region	3445	1173	3320
西部地区	Western Region	2144	795	2673
东北地区	Northeaastern Region	857	505	1196
北 京	Beijing	1307	576	2165
天 津	Tianjin	593	236	878
河 北	Hebei	245	82	351
山 西	Shanxi	40	19	279
内 蒙 古	Inner Mongolia	5		11
辽 宁	Liaoning	566	343	871
吉 林	Jilin	27	15	83
黑 龙 江	Heilongjiang	264	147	242
上 海	Shanghai	1282	669	2263
江 苏	Jiangsu	7229	2847	7314
浙 江	Zhejiang	3283	1054	2035
安 徽	Anhui	619	256	631
福 建	Fujian	484	98	398
江 西	Jiangxi	391	77	253
山 东	Shandong	1346	408	1869
河 南	Henan	725	206	659
湖 北	Hubei	656	225	751
湖 南	Hunan	1014	390	747
广 东	Guangdong	4167	1692	5629
广 西	Guangxi	70	17	311
海 南	Hainan	11	1	13
重 庆	Chongqing	724	241	537
四 川	Sichuan	760	322	705
贵 州	Guizhou	50	14	56
云 南	Yunnan	52	22	73
西 藏	Tibet			
陕 西	Shaanxi	361	137	848
甘 肃	Gansu	7	3	52
青 海	Qinghai	6		5
宁 夏	Ningxia	105	35	67
新 疆	Xinjiang	4	4	8

2-5-9 续表 5 continued

单位：件 (piece)

地区	Region	信息化学品制造业 Manufacture of Electronic Chemicals		
		专利申请数 Patent Applications	#发明专利 Invention Patents	有效发明专利数 Number of Patents In Force
全国	**Total**	**2094**	**1137**	**2852**
东部地区	Eastern Region	1461	895	1924
中部地区	Middle Region	272	127	561
西部地区	Western Region	358	113	362
东北地区	Northeaastern Region	3	2	5
北京	Beijing	62	55	138
天津	Tianjin	8	5	67
河北	Hebei	92	66	488
山西	Shanxi	14	14	13
内蒙古	Inner Mongolia	33	9	34
辽宁	Liaoning	3	2	5
吉林	Jilin			
黑龙江	Heilongjiang			
上海	Shanghai	31	19	89
江苏	Jiangsu	653	401	624
浙江	Zhejiang	137	40	160
安徽	Anhui	13	4	12
福建	Fujian	82	28	12
江西	Jiangxi	85	28	105
山东	Shandong	298	262	175
河南	Henan	90	39	146
湖北	Hubei	65	39	269
湖南	Hunan	5	3	16
广东	Guangdong	98	19	171
广西	Guangxi			
海南	Hainan			
重庆	Chongqing	6	2	11
四川	Sichuan	65	21	77
贵州	Guizhou			
云南	Yunnan	4	2	26
西藏	Tibet			
陕西	Shaanxi	116	18	118
甘肃	Gansu			
青海	Qinghai	37	22	15
宁夏	Ningxia	40	9	36
新疆	Xinjiang	57	30	45

2-6-1　按行业分高技术产业技术获取和技术改造情况(2016年)

Technology Acquisition and Renovation in High-tech Industry by Region (2016)

单位：万元　　(10000 yuan)

行　业	Industry	引进技术经费支出 Expenditure for Acquisition of Foreign Technology	消化吸收经费支出 Expenditure for Assimilation of Technology	购买境内技术经费支出 Expenditure for Purchase of Domestic Technology	技术改造经费支出 Expenditure for Technical Renovation
合计	**Total**	**1032126**	**93187**	**811233**	**4516529**
医药制造业	**Manufacture of Medicines**	**46608**	**32582**	**181129**	**934249**
#化学药品制造	Manufacture of Chemical Medicine	32186	24587	128098	565828
中成药生产	Production of Finished Traditional Chinese Herbal Medicine	2814	1709	25918	224742
生物药品制造	Manufacture of Biological Medicine	5485	1513	13333	75164
航空、航天器及设备制造业	**Manufacture of Aircrafts and Spacecrafts and Related Equipment**	**29697**	**3776**	**6364**	**464799**
#飞机制造	Manufacture of Airplanes	24145	1091	6159	379480
航天器制造	Manufacture of Spacecrafts	498			23701
电子及通信设备制造业	**Manufacture of Electronic Equipment and Communication Equipment**	**885742**	**44506**	**599137**	**2516940**
#通信设备制造	Manufacture of Communication Equipment	670257	1772	542772	297624
#通信系统设备制造	Manufacture of Communication System Equipment	14037	1635	14410	68699
通信终端设备制造	Manufacture of Communication Terminal Equipment	656220	137	528361	228925
广播电视设备制造	Manufacture of Broadcasting and TV Equipment	4389	1704	6046	45269
雷达及配套设备制造	Manufacture of Radar and Its Fittings	515		180	27064
视听设备制造	Manufacture of TV Set and Radio Receiver	40405	20615	7674	103234
电子器件制造	Manufacture of Electronic Appliances	65442	5402	9490	1171936
#电子真空器件制造	Manufacture of Electronic Vacuum Appliance	84	1059		9563
半导体分立器件制造	Manufacture of Semiconductor Discreting Appliances	418	1133	1664	35461
集成电路制造	Manufacture of Integrate Circuit	20525	2072	4079	133736
电子元件制造	Manufacture of Electronic Components	53703	1881	9615	489383
其他电子设备制造	Manufacture of Other Electronic Equipment	5026	2874	3071	42553
计算机及办公设备制造业	**Manufacture of Computers and Office Equipment**	**2960**	**6469**	**6156**	**264704**
#计算机整机制造	Manufacture of Entired Computer	978	5717	3430	171485
计算机零部件制造	Manufacture of Computer Components and Parts	213	752	364	17694
计算机外围设备制造	Manufacture of Computer Peripheral Equipment	1147		601	53354
办公设备制造	Manufacture of Office Equipment			802	19004
医疗仪器设备及仪器仪表制造业	**Manufacture of Medical Equipments and Measuring Instrument**	**66771**	**4876**	**18070**	**261769**
1.医疗仪器设备及器械制造	Manufacture of Medical Equipment and Appliance	39566	699	1643	71882
2.仪器仪表制造	Manufacture of Measuring Instrument	27205	4177	16427	189887
信息化学品制造业	**Manufacture of Electronic Chemicals**	**349**	**978**	**377**	**74068**

2-6-2 各地区高技术产业技术获取和技术改造情况(2016年)
Technology Acquisition and Renovation in High-tech Industry by Region (2016)

单位：万元 (10000 yuan)

地区	Region	引进技术经费支出 Expenditure for Acquisition of Foreign Technology	消化吸收经费支出 Expenditure for Assimilation of Technology	购买境内技术经费支出 Expenditure for Purchase of Domestic Technology	技术改造经费支出 Expenditure for Technical Renovation
全 国	**Total**	**1032126**	**93187**	**811233**	**4516529**
东部地区	Eastern Region	968343	76794	741388	3213146
中部地区	Middle Region	35041	11852	23198	638693
西部地区	Western Region	28502	3591	42620	484373
东北地区	Northeaastern Region	240	950	4027	180317
北 京	Beijing	42185	362	5817	40906
天 津	Tianjin	30738	2000	2906	10947
河 北	Hebei	3729	4341	7556	32259
山 西	Shanxi		200	70	1607
内蒙古	Inner Mongolia	5	5	1722	5235
辽 宁	Liaoning		346	2283	104665
吉 林	Jilin		54	1062	29386
黑龙江	Heilongjiang	240	550	683	46267
上 海	Shanghai	24501	16116	7330	19265
江 苏	Jiangsu	100121	28768	61793	1009461
浙 江	Zhejiang	9306	8105	25916	298952
安 徽	Anhui	6282	6685	10735	70675
福 建	Fujian	53598	7238	25416	858407
江 西	Jiangxi	1403	197	1270	34794
山 东	Shandong	14782	5643	46406	440998
河 南	Henan	508	681	1886	64008
湖 北	Hubei	24163	3111	5718	59409
湖 南	Hunan	2685	978	3519	408201
广 东	Guangdong	689384	4221	554609	498221
广 西	Guangxi	1073	219	572	18489
海 南	Hainan			3640	3731
重 庆	Chongqing	2643	165	11142	40384
四 川	Sichuan	19382	2023	14553	169392
贵 州	Guizhou	160	211	5087	36692
云 南	Yunnan	1310	442	2563	14560
西 藏	Tibet				140
陕 西	Shaanxi	3879	262	6449	180158
甘 肃	Gansu	50			4852
青 海	Qinghai			160	828
宁 夏	Ningxia				7550
新 疆	Xinjiang		265	375	6094

2-6-3 按行业和企业规模分高技术产业技术获取和技术改造情况(2016年)

Technology Acquisition and Renovation in High-tech Industry by Industrial Sector and Scale of Enterprises(2016)

单位：万元 (10000 yuan)

行业	Industry	大型企业 Large-sized Enterprises			
		引进技术经费支出 Expenditure for Acquisition of Foreign Technology	消化吸收经费支出 Expenditure for Assimilation of Technology	购买境内技术经费支出 Expenditure for Purchase of Domestic Technology	技术改造经费支出 Expenditure for Technical Renovation
合计	**Total**	**899246**	**53447**	**700326**	**3211860**
医药制造业	**Manufacture of Medicines**	**31806**	**24054**	**106710**	**482816**
#化学药品制造	Manufacture of Chemical Medicine	26033	22305	89173	322456
中成药生产	Production of Finished Traditional Chinese Herbal Medicine	214	405	15729	117418
生物药品制造	Manufacture of Biological Medicine	22	188	358	12724
航空、航天器及设备制造业	**Manufacture of Aircrafts and Spacecrafts and Related Equipment**	**20263**		**6298**	**405642**
#飞机制造	Manufacture of Airplanes	19765		6159	350048
航天器制造	Manufacture of Spacecrafts	498			14785
电子及通信设备制造业	**Manufacture of Electronic Equipment and Communication Equipment**	**831047**	**20598**	**574625**	**1946090**
#通信设备制造	Manufacture of Communication Equipment	665851	1652	541213	259599
#通信系统设备制造	Manufacture of Communication System	13159	1635	13465	55181
	Equipment	652692	17	527748	204417
通信终端设备制造	Manufacture of Communication				
	Terminal Equipment	2831	1502	317	31587
广播电视设备制造	Manufacture of Broadcasting and TV Equipment				
雷达及配套设备制造	Manufacture of Radar and Its Fittings			175	26562
视听设备制造	Manufacture of TV Set and Radio Receiver	34604	5050	5426	84879
电子器件制造	Manufacture of Electronic Appliances	43676	703	3360	1026819
#电子真空器件制造	Manufacture of Electronic Vacuum Appliance				3682
半导体分立器件制造	Manufacture of Semiconductor Discreting Appliances				12356
集成电路制造	Manufacture of Integrate Circuit	3325		2673	113173
电子元件制造	Manufacture of Electronic Components	41090	742	4215	276048
其他电子设备制造	Manufacture of Other Electronic Equipment	413	1442	1649	14078
计算机及办公设备制造业	**Manufacture of Computers and Office Equipment**	**1140**	**6045**	**3986**	**235196**
#计算机整机制造	Manufacture of Entired Computer		5717	3223	169370
计算机零部件制造	Manufacture of Computer Components and Parts	213	328	361	12899
计算机外围设备制造	Manufacture of Computer Peripheral Equipment	927		401	46425
办公设备制造	Manufacture of Office Equipment				5202
医疗仪器设备及仪器仪表制造业	**Manufacture of Medical Equipments and Measuring Instrument**	**14874**	**2486**	**8698**	**100147**
1.医疗仪器设备及器械制造	Manufacture of Medical Equipment and Appliance		219	789	30427
2.仪器仪表制造	Manufacture of Measuring Instrument	14874	2267	7909	69720
信息化学品制造业	**Manufacture of Electronic Chemicals**	**117**	**265**	**10**	**41969**

2-6-3 续表 continued

单位：万元 (10000 yuan)

行业	Industry	中型企业 Medium-sized Enterprises			
		引进技术经费支出 Expenditure for Acquisition of Foreign Technology	消化吸收经费支出 Expenditure for Assimilation of Technology	购买境内技术经费支出 Expenditure for Purchase of Domestic Technology	技术改造经费支出 Expenditure for Technical Renovation
合计	**Total**	**98713**	**24498**	**74298**	**816209**
医药制造业	**Manufacture of Medicines**	**9426**	**3439**	**48705**	**270013**
#化学药品制造	Manufacture of Chemical Medicine	4215	1524	30034	172159
中成药生产	Production of Finished Traditional Chinese Herbal Medicine	1076	1238	7552	67152
生物药品制造	Manufacture of Biological Medicine	3865	255	8931	18460
航空、航天器及设备制造业	**Manufacture of Aircrafts and Spacecrafts and Related Equipment**			**66**	**53363**
#飞机制造	Manufacture of Airplanes				28445
航天器制造	Manufacture of Spacecrafts				5195
电子及通信设备制造业	**Manufacture of Electronic Equipment and Communication Equipment**	**43234**	**18430**	**19464**	**348546**
#通信设备制造	Manufacture of Communication Equipment	4406	100	1372	28076
#通信系统设备制造	Manufacture of Communication System	878		819	9744
	Equipment	3528	100	553	18331
通信终端设备制造	Manufacture of Communication				
	Terminal Equipment	135		4983	9550
广播电视设备制造	Manufacture of Broadcasting and TV Equipment				
雷达及配套设备制造	Manufacture of Radar and Its Fittings	515		5	434
视听设备制造	Manufacture of TV Set and Radio Receiver	5569	15553	2053	16645
电子器件制造	Manufacture of Electronic Appliances	15418	1059	5127	86214
#电子真空器件制造	Manufacture of Electronic Vacuum Appliance		1059		5038
半导体分立器件制造	Manufacture of Semiconductor Discreting Appliances			1663	17184
集成电路制造	Manufacture of Integrate Circuit	12102		753	13722
电子元件制造	Manufacture of Electronic Components	11059	858	3673	113648
其他电子设备制造	Manufacture of Other Electronic Equipment	3061	671	1003	18806
计算机及办公设备制造业	**Manufacture of Computers and Office Equipment**	**131**	**424**	**1017**	**13172**
#计算机整机制造	Manufacture of Entired Computer	12			2
计算机零部件制造	Manufacture of Computer Components and Parts		424		3175
计算机外围设备制造	Manufacture of Computer Peripheral Equipment	11		170	5042
办公设备制造	Manufacture of Office Equipment			136	3677
医疗仪器设备及仪器仪表制造业	**Manufacture of Medical Equipments and Measuring Instrument**	**45858**	**1533**	**4961**	**110565**
1.医疗仪器设备及器械制造	Manufacture of Medical Equipment and Appliance	35703	474	61	27265
2.仪器仪表制造	Manufacture of Measuring Instrument	10155	1060	4900	83300
信息化学品制造业	**Manufacture of Electronic Chemicals**	**63**	**673**	**85**	**20551**

2-6-4　按行业分国有及国有控股企业高技术产业技术获取和技术改造情况(2016年)

Technology Acquisition and Renovation in High-tech Industry of State-owned and State-controlled Enterprises by Industrial Sector (2016)

单位：万元　　　　(10000 yuan)

行　业	Industry	引进技术经费支出 Expenditure for Acquisition of Foreign Technology	消化吸收经费支出 Expenditure for Assimilation of Technology	购买境内技术经费支出 Expenditure for Purchase of Domestic Technology	技术改造经费支出 Expenditure for Technical Renovation
合计	**Total**	**99197**	**17040**	**42607**	**1606460**
医药制造业	**Manufacture of Medicines**	**16385**	**9662**	**17903**	**130491**
#化学药品制造	Manufacture of Chemical Medicine	7602	7925	15858	89436
中成药生产	Production of Finished Traditional	1163	565	830	19583
	Chinese Herbal Medicine				
生物药品制造	Manufacture of Biological Medicine	2083	15	436	5961
航空、航天器及设备	**Manufacture of Aircrafts and Spacecrafts**	**21483**	**1091**	**6014**	**436907**
制造业	**and Related Equipment**				
#飞机制造	Manufacture of Airplanes	20985	1091	5809	360755
航天器制造	Manufacture of Spacecrafts	498			19980
电子及通信设备制造业	**Manufacture of Electronic Equipment**	**57931**	**5668**	**11120**	**825261**
	and Communication Equipment				
#通信设备制造	Manufacture of Communication Equipment	100	100	2350	25912
#通信系统设备制造	Manufacture of Communication System			381	20552
	Equipment	100	100	1969	5360
通信终端设备制造	Manufacture of Communication				
	Terminal Equipment	335		356	102
广播电视设备制造	Manufacture of Broadcasting and TV Equipment				
雷达及配套设备制造	Manufacture of Radar and Its Fittings			175	26814
视听设备制造	Manufacture of TV Set and Radio Receiver	1978	3180	751	24365
电子器件制造	Manufacture of Electronic Appliances	30755	1441	4222	703575
#电子真空器件制造	Manufacture of Electronic Vacuum Appliance	84			1264
半导体分立器件制造	Manufacture of Semiconductor			1663	15810
	Discreting Appliances				
集成电路制造	Manufacture of Integrate Circuit	3606	1441	2406	1822
电子元件制造	Manufacture of Electronic Components	6256	686	2963	40979
其他电子设备制造	Manufacture of Other Electronic Equipment	2493	261		994
计算机及办公设备	**Manufacture of Computers and Office**	**966**	**262**	**226**	**168090**
制造业	**Equipment**				
#计算机整机制造	Manufacture of Entired Computer	966	262	121	132374
计算机零部件制造	Manufacture of Computer Components and Parts				119
计算机外围设备制造	Manufacture of Computer Peripheral Equipment			106	31524
办公设备制造	Manufacture of Office Equipment				3190
医疗仪器设备及仪器仪表	**Manufacture of Medical Equipments**	**2316**	**180**	**7249**	**24930**
制造业	**and Measuring Instrument**				
1.医疗仪器设备及器械	Manufacture of Medical Equipment and			512	7615
制造	Appliance				
2.仪器仪表制造	Manufacture of Measuring Instrument	2316	180	6737	17315
信息化学品制造业	**Manufacture of Electronic Chemicals**	**117**	**178**	**95**	**20783**

2-6-5 按行业和登记注册类型分高技术产业技术获取和技术改造情况(2016年)

Technology Acquisition and Renovation in High-tech Industry by Industrial Sector and Registration Status(2016)

单位：万元 (10000 yuan)

行　业	Industry	内资企业 Domestic Funded			
		引进技术经费支出 Expenditure for Acquisition of Foreign Technology	消化吸收经费支出 Expenditure for Assimilation of Technology	购买境内技术经费支出 Expenditure for Purchase of Domestic Technology	技术改造经费支出 Expenditure for Technical Renovation
合计	**Total**	**829742**	**58351**	**741827**	**3593661**
医药制造业	**Manufacture of Medicines**	**38503**	**27627**	**141301**	**810491**
#化学药品制造	Manufacture of Chemical Medicine	25959	19952	93002	466751
中成药生产	Production of Finished Traditional Chinese Herbal Medicine	1451	1709	22907	210927
生物药品制造	Manufacture of Biological Medicine	5021	1245	11893	66224
航空、航天器及设备制造业	**Manufacture of Aircrafts and Spacecrafts and Related Equipment**	**29697**	**3776**	**6364**	**463771**
#飞机制造	Manufacture of Airplanes	24145	1091	6159	379480
航天器制造	Manufacture of Spacecrafts	498			23701
电子及通信设备制造业	**Manufacture of Electronic Equipment and Communication Equipment**	**745450**	**21607**	**573694**	**1836859**
#通信设备制造	Manufacture of Communication Equipment	665636	1672	542672	92962
#通信系统设备制造	Manufacture of Communication System	12944	1635	14410	66968
	Equipment	652692	37	528261	25995
通信终端设备制造	Manufacture of Communication				
	Terminal Equipment	1438	202	2155	27356
广播电视设备制造	Manufacture of Broadcasting and TV Equipment				
雷达及配套设备制造	Manufacture of Radar and Its Fittings	515		180	27064
视听设备制造	Manufacture of TV Set and Radio Receiver	5869	5061	1419	34931
电子器件制造	Manufacture of Electronic Appliances	44653	1678	7251	997484
#电子真空器件制造	Manufacture of Electronic Vacuum Appliance	84			7644
半导体分立器件制造	Manufacture of Semiconductor Discreting Appliances	150	260	1664	34200
集成电路制造	Manufacture of Integrate Circuit	14068	281	3654	98617
电子元件制造	Manufacture of Electronic Components	8610	1145	7995	328051
其他电子设备制造	Manufacture of Other Electronic Equipment	3194	2874	2957	35533
计算机及办公设备制造业	**Manufacture of Computers and Office Equipment**	**1716**	**590**	**2468**	**199125**
#计算机整机制造	Manufacture of Entired Computer	978	262	207	134720
计算机零部件制造	Manufacture of Computer Components and Parts	213	328	364	2394
计算机外围设备制造	Manufacture of Computer Peripheral Equipment	11		136	45250
办公设备制造	Manufacture of Office Equipment			802	14893
医疗仪器设备及仪器仪表制造业	**Manufacture of Medical Equipments and Measuring Instrument**	**14028**	**4124**	**17624**	**234639**
1.医疗仪器设备及器械制造	Manufacture of Medical Equipment and Appliance	3410	443	1642	66259
2.仪器仪表制造	Manufacture of Measuring Instrument	10618	3681	15982	168380
信息化学品制造业	**Manufacture of Electronic Chemicals**	**349**	**628**	**377**	**48776**

2-6-5 续表 1 continued

单位：万元 (10000 yuan)

行 业	Industry	#国有企业 State-owned Enterprises 引进技术经费支出 Expenditure for Acquisition of Foreign Technology	消化吸收经费支出 Expenditure for Assimilation of Technology	购买境内技术经费支出 Expenditure for Purchase of Domestic Technology	技术改造经费支出 Expenditure for Technical Renovation
合计	**Total**	**1064**	**195**	**1380**	**126638**
医药制造业	**Manufacture of Medicines**	**13**	**15**	**12**	**5497**
#化学药品制造	Manufacture of Chemical Medicine				1353
中成药生产	Production of Finished Traditional Chinese Herbal Medicine				2450
生物药品制造	Manufacture of Biological Medicine	13	15	12	1694
航空、航天器及设备制造业	**Manufacture of Aircrafts and Spacecrafts and Related Equipment**	**498**		**823**	**69512**
#飞机制造	Manufacture of Airplanes			618	15973
航天器制造	Manufacture of Spacecrafts	498			14785
电子及通信设备制造业	**Manufacture of Electronic Equipment and Communication Equipment**	**313**			**23484**
#通信设备制造	Manufacture of Communication Equipment				99
#通信系统设备制造	Manufacture of Communication System Equipment				99
通信终端设备制造	Manufacture of Communication Terminal Equipment				
广播电视设备制造	Manufacture of Broadcasting and TV Equipment				
雷达及配套设备制造	Manufacture of Radar and Its Fittings				5267
视听设备制造	Manufacture of TV Set and Radio Receiver				
电子器件制造	Manufacture of Electronic Appliances	313			394
#电子真空器件制造	Manufacture of Electronic Vacuum Appliance				
半导体分立器件制造	Manufacture of Semiconductor Discreting Appliances				
集成电路制造	Manufacture of Integrate Circuit				
电子元件制造	Manufacture of Electronic Components				17725
其他电子设备制造	Manufacture of Other Electronic Equipment				
计算机及办公设备制造业	**Manufacture of Computers and Office Equipment**			**33**	**17230**
#计算机整机制造	Manufacture of Entired Computer				
计算机零部件制造	Manufacture of Computer Components and Parts				
计算机外围设备制造	Manufacture of Computer Peripheral Equipment			33	17230
办公设备制造	Manufacture of Office Equipment				
医疗仪器设备及仪器仪表制造业	**Manufacture of Medical Equipments and Measuring Instrument**	**240**	**180**	**512**	**10915**
1.医疗仪器设备及器械制造	Manufacture of Medical Equipment and Appliance			512	7610
2.仪器仪表制造	Manufacture of Measuring Instrument	240	180		3305
信息化学品制造业	**Manufacture of Electronic Chemicals**				

2-6-5 续表 2 continued

单位：万元 (10000 yuan)

行 业	Industry	港澳台投资企业 Enterprises with Funds from Hong Kong, Macau and Taiwan			
		引进技术经费支出 Expenditure for Acquisition of Foreign Technology	消化吸收经费支出 Expenditure for Assimilation of Technology	购买境内技术经费支出 Expenditure for Purchase of Domestic Technology	技术改造经费支出 Expenditure for Technical Renovation
合计	**Total**	**39670**	**11889**	**32543**	**610107**
医药制造业	**Manufacture of Medicines**	**4767**	**3769**	**9825**	**43304**
#化学药品制造	Manufacture of Chemical Medicine	2957	3769	7094	27656
中成药生产	Production of Finished Traditional Chinese Herbal Medicine	1364		2521	11990
生物药品制造	Manufacture of Biological Medicine	446		40	3476
航空、航天器及设备制造业	**Manufacture of Aircrafts and Spacecrafts and Related Equipment**				
#飞机制造	Manufacture of Airplanes				
航天器制造	Manufacture of Spacecrafts				
电子及通信设备制造业	**Manufacture of Electronic Equipment and Communication Equipment**	**28024**	**1805**	**19000**	**531266**
#通信设备制造	Manufacture of Communication Equipment	100	100	100	198160
#通信系统设备制造	Manufacture of Communication System				1732
	Equipment	100	100	100	196428
通信终端设备制造	Manufacture of Communication				
	Terminal Equipment	720		3891	16365
广播电视设备制造	Manufacture of Broadcasting and TV Equipment				
雷达及配套设备制造	Manufacture of Radar and Its Fittings				
视听设备制造	Manufacture of TV Set and Radio Receiver	101		1974	65490
电子器件制造	Manufacture of Electronic Appliances	7909	350	1966	100071
#电子真空器件制造	Manufacture of Electronic Vacuum Appliance				1920
半导体分立器件制造	Manufacture of Semiconductor Discreting Appliances				192
集成电路制造	Manufacture of Integrate Circuit	213	350	164	29412
电子元件制造	Manufacture of Electronic Components	7579	71	12	104497
其他电子设备制造	Manufacture of Other Electronic Equipment	357		114	5726
计算机及办公设备制造业	**Manufacture of Computers and Office Equipment**	**927**	**5879**	**3688**	**12819**
#计算机整机制造	Manufacture of Entired Computer		5455	3223	2381
计算机零部件制造	Manufacture of Computer Components and Parts		424		1360
计算机外围设备制造	Manufacture of Computer Peripheral Equipment	927		465	7635
办公设备制造	Manufacture of Office Equipment				1280
医疗仪器设备及仪器仪表制造业	**Manufacture of Medical Equipments and Measuring Instrument**	**5952**	**87**	**29**	**5648**
1.医疗仪器设备及器械制造	Manufacture of Medical Equipment and Appliance	1092		1	2671
2.仪器仪表制造	Manufacture of Measuring Instrument	4860	87	28	2976
信息化学品制造业	**Manufacture of Electronic Chemicals**		**350**		**17070**

2-6-5 续表 3 continued

单位：万元 (10000 yuan)

行 业	Industry	外商投资企业 Foreign Funded Enterprises			
		引进技术经费支出 Expenditure for Acquisition of Foreign Technology	消化吸收经费支出 Expenditure for Assimilation of Technology	购买境内技术经费支出 Expenditure for Purchase of Domestic Technology	技术改造经费支出 Expenditure for Technical Renovation
合计	**Total**	**162714**	**22946**	**36863**	**312761**
医药制造业	**Manufacture of Medicines**	**3338**	**1187**	**30002**	**80454**
#化学药品制造	Manufacture of Chemical Medicine	3270	866	28001	71422
中成药生产	Production of Finished Traditional Chinese Herbal Medicine			490	1826
生物药品制造	Manufacture of Biological Medicine	17	268	1400	5464
航空、航天器及设备制造业	**Manufacture of Aircrafts and Spacecrafts and Related Equipment**				**1028**
#飞机制造	Manufacture of Airplanes				
航天器制造	Manufacture of Spacecrafts				
电子及通信设备制造业	**Manufacture of Electronic Equipment and Communication Equipment**	**112268**	**21094**	**6444**	**148816**
#通信设备制造	Manufacture of Communication Equipment	4521			6503
#通信系统设备制造	Manufacture of Communication System	1094			
	Equipment	3428			6503
通信终端设备制造	Manufacture of Communication				
	Terminal Equipment	2232	1502		1548
广播电视设备制造	Manufacture of Broadcasting and TV Equipment				
雷达及配套设备制造	Manufacture of Radar and Its Fittings				
视听设备制造	Manufacture of TV Set and Radio Receiver	34435	15553	4280	2813
电子器件制造	Manufacture of Electronic Appliances	12879	3373	274	74382
#电子真空器件制造	Manufacture of Electronic Vacuum Appliance		1059		
半导体分立器件制造	Manufacture of Semiconductor Discreting Appliances	268	873		1069
集成电路制造	Manufacture of Integrate Circuit	6244	1441	261	5707
电子元件制造	Manufacture of Electronic Components	37514	665	1609	56835
其他电子设备制造	Manufacture of Other Electronic Equipment	1475			1294
计算机及办公设备制造业	**Manufacture of Computers and Office Equipment**	**317**			**52760**
#计算机整机制造	Manufacture of Entired Computer				34384
计算机零部件制造	Manufacture of Computer Components and Parts				13939
计算机外围设备制造	Manufacture of Computer Peripheral Equipment	209			469
办公设备制造	Manufacture of Office Equipment				2830
医疗仪器设备及仪器仪表制造业	**Manufacture of Medical Equipments and Measuring Instrument**	**46791**	**665**	**417**	**21482**
1.医疗仪器设备及器械制造	Manufacture of Medical Equipment and Appliance	35063	256		2952
2.仪器仪表制造	Manufacture of Measuring Instrument	11728	409	417	18530
信息化学品制造业	**Manufacture of Electronic Chemicals**				**8222**

2-6-6 按地区和企业规模分高技术产业技术获取和技术改造情况(2016年)
Technology Acquisition and Renovation in High-tech Industry by Region and Scale of Enterprises(2016)

单位: 万元 (10000 yuan)

地区	Region	大型企业 Large-sized Enterprises 引进技术经费支出 Expenditure for Acquisition of Foreign Technology	消化吸收经费支出 Expenditure for Assimilation of Technology	购买境内技术经费支出 Expenditure for Purchase of Domestic Technology	技术改造经费支出 Expenditure for Technical Renovation
全　国	**Total**	**899246**	**53447**	**700326**	**3211860**
东部地区	Eastern Region	854452	42273	664302	2383205
中部地区	Middle Region	24381	8772	8452	371843
西部地区	Western Region	20414	2033	25087	295750
东北地区	Northeaastern Region		370	2485	161062
北　京	Beijing	231	262		946
天　津	Tianjin	24982	2000	2025	1890
河　北	Hebei	3338	3945	5281	18490
山　西	Shanxi				
内蒙古	Inner Mongolia	5	5	1722	3154
辽　宁	Liaoning			1803	98576
吉　林	Jilin				19905
黑龙江	Heilongjiang		370	683	42582
上　海	Shanghai	8873		2593	7177
江　苏	Jiangsu	72514	15350	42494	698201
浙　江	Zhejiang	8453	7273	11336	193838
安　徽	Anhui		5455	3223	25877
福　建	Fujian	42149	6763	20877	791514
江　西	Jiangxi			60	17923
山　东	Shandong	14235	5035	34450	380206
河　南	Henan	235	515	834	55177
湖　北	Hubei	24146	2549	3834	44749
湖　南	Hunan		253	501	228116
广　东	Guangdong	679676	1645	545246	290943
广　西	Guangxi		219	512	1072
海　南	Hainan				
重　庆	Chongqing	189	95	2477	12563
四　川	Sichuan	16537	1442	7229	123190
贵　州	Guizhou	160	6	4910	14934
云　南	Yunnan			2395	648
西　藏	Tibet				
陕　西	Shaanxi	3523		5843	130600
甘　肃	Gansu				
青　海	Qinghai				
宁　夏	Ningxia				5720
新　疆	Xinjiang		265		3870

2-6-6 续表 continued

单位：万元 (10000 yuan)

地 区	Region	中型企业 Medium-sized Enterprises 引进技术经费支出 Expenditure for Acquisition of Foreign Technology	消化吸收经费支出 Expenditure for Assimilation of Technology	购买境内技术经费支出 Expenditure for Purchase of Domestic Technology	技术改造经费支出 Expenditure for Technical Renovation
全 国	**Total**	**98713**	**24498**	**74298**	**816209**
东部地区	Eastern Region	90756	22527	51833	568392
中部地区	Middle Region	3241	608	8936	101509
西部地区	Western Region	4716	963	13473	135490
东北地区	Northeaastern Region		400	56	10818
北 京	Beijing	40150		4208	33969
天 津	Tianjin	5756		106	3267
河 北	Hebei	88	197		8634
山 西	Shanxi			15	1307
内蒙古	Inner Mongolia				2030
辽 宁	Liaoning		346	8	5459
吉 林	Jilin		54	49	3374
黑龙江	Heilongjiang				1985
上 海	Shanghai	13946	15557	4467	6522
江 苏	Jiangsu	14295	3646	11783	203451
浙 江	Zhejiang	742	140	9532	82086
安 徽	Anhui	1692		3697	21277
福 建	Fujian	10643	341	3543	41281
江 西	Jiangxi	1258	190	669	6283
山 东	Shandong	165	178	9269	35923
河 南	Henan	273	154	990	5920
湖 北	Hubei	18	232	1283	4829
湖 南	Hunan		33	2283	61893
广 东	Guangdong	4972	2469	5418	150814
广 西	Guangxi			60	9314
海 南	Hainan			3508	2444
重 庆	Chongqing	994		5527	19977
四 川	Sichuan	2710	581	6785	40205
贵 州	Guizhou		204	54	13607
云 南	Yunnan	949	178		9620
西 藏	Tibet				
陕 西	Shaanxi	62		586	34780
甘 肃	Gansu				3662
青 海	Qinghai			85	805
宁 夏	Ningxia				1322
新 疆	Xinjiang			375	168

2-6-7 各地区国有及国有控股企业高技术产业技术获取和技术改造情况(2016年)

Technology Acquisition and Renovation in High-tech Industry of State-owned and State-controlled Enterprises by Region (2016)

单位：万元 (10000 yuan)

地 区	Region	引进技术经费支出 Expenditure for Acquisition of Foreign Technology	消化吸收经费支出 Expenditure for Assimilation of Technology	购买境内技术经费支出 Expenditure for Purchase of Domestic Technology	技术改造经费支出 Expenditure for Technical Renovation
全 国	**Total**	**99197**	**17040**	**42607**	**1606460**
东部地区	Eastern Region	55051	14919	25793	1018502
中部地区	Middle Region	21371	1091	1778	121269
西部地区	Western Region	22535	480	12852	323220
东北地区	Northeaastern Region	240	550	2184	143469
北 京	Beijing	3771	262	859	38053
天 津	Tianjin			113	7206
河 北	Hebei	797	1080	1345	12110
山 西	Shanxi				
内蒙古	Inner Mongolia				2030
辽 宁	Liaoning			1453	99702
吉 林	Jilin			49	1723
黑龙江	Heilongjiang	240	550	683	42044
上 海	Shanghai	8828		7210	9725
江 苏	Jiangsu	1882	1601	272	22552
浙 江	Zhejiang	4998	6845	9659	43715
安 徽	Anhui	4380	1091	845	6880
福 建	Fujian	23784		535	652735
江 西	Jiangxi				1281
山 东	Shandong	7607	4351	3607	197536
河 南	Henan				45167
湖 北	Hubei	16991		11	37813
湖 南	Hunan			922	30127
广 东	Guangdong	3384	779	2195	34818
广 西	Guangxi				113
海 南	Hainan				53
重 庆	Chongqing	189	35	1306	8607
四 川	Sichuan	17714	261	5538	135126
贵 州	Guizhou	160	6	54	22890
云 南	Yunnan	949	178	14	5461
西 藏	Tibet				
陕 西	Shaanxi	3523		5855	147425
甘 肃	Gansu				
青 海	Qinghai			85	805
宁 夏	Ningxia				
新 疆	Xinjiang				763

2-6-8 按地区和登记注册类型分高技术产业技术获取和技术改造情况(2016年)

Technology Acquisition and Renovation in High-tech Industry by Region and Registration Status(2016)

单位：万元 (10000 yuan)

地区	Region	内资企业 Domestic Funded			
		引进技术经费支出 Expenditure for Acquisition of Foreign Technology	消化吸收经费支出 Expenditure for Assimilation of Technology	购买境内技术经费支出 Expenditure for Purchase of Domestic Technology	技术改造经费支出 Expenditure for Technical Renovation
全　国	**Total**	**829742**	**58351**	**741827**	**3593661**
东部地区	Eastern Region	783657	47759	676344	2521299
中部地区	Middle Region	18667	6397	19596	430240
西部地区	Western Region	27178	3591	42460	463851
东北地区	Northeaastern Region	240	604	3427	178272
北　京	Beijing	3445	362	4907	39285
天　津	Tianjin		2000	2897	10900
河　北	Hebei	1187	1477	3985	27010
山　西	Shanxi		200	55	1607
内蒙古	Inner Mongolia	5	5	1562	2201
辽　宁	Liaoning			2283	102725
吉　林	Jilin		54	1062	29386
黑龙江	Heilongjiang	240	550	83	46161
上　海	Shanghai	7499	4	7110	12455
江　苏	Jiangsu	25253	23166	24563	751868
浙　江	Zhejiang	9306	7413	23774	277724
安　徽	Anhui	6156	1229	7512	60978
福　建	Fujian	48873	5288	12290	763350
江　西	Jiangxi	1403	197	1220	32708
山　东	Shandong	14459	5085	42143	372210
河　南	Henan	274	681	1872	64008
湖　北	Hubei	8149	3111	5718	59199
湖　南	Hunan	2685	978	3219	211740
广　东	Guangdong	673636	2965	552846	264128
广　西	Guangxi	1073	219	572	17966
海　南	Hainan			1828	2369
重　庆	Chongqing	1319	165	11142	37813
四　川	Sichuan	19382	2023	14553	162214
贵　州	Guizhou	160	211	5087	36692
云　南	Yunnan	1310	442	2563	13840
西　藏	Tibet				140
陕　西	Shaanxi	3879	262	6449	177706
甘　肃	Gansu	50			4852
青　海	Qinghai			160	828
宁　夏	Ningxia				7550
新　疆	Xinjiang		265	375	2048

2-6-8 续表 1 continued

单位：万元 (10000 yuan)

地 区	Region	#国有企业 State-owned Enterprises 引进技术经费支出 Expenditure for Acquisition of Foreign Technology	消化吸收经费支出 Expenditure for Assimilation of Technology	购买境内技术经费支出 Expenditure for Purchase of Domestic Technology	技术改造经费支出 Expenditure for Technical Renovation
全 国	**Total**	**1064**	**195**	**1380**	**126638**
东部地区	Eastern Region	326	15	524	14717
中部地区	Middle Region				20695
西部地区	Western Region	498		238	89527
东北地区	Northeaastern Region	240	180	618	1700
北 京	Beijing				3783
天 津	Tianjin				
河 北	Hebei				376
山 西	Shanxi				
内蒙古	Inner Mongolia				
辽 宁	Liaoning			618	
吉 林	Jilin				
黑龙江	Heilongjiang	240	180		1700
上 海	Shanghai				
江 苏	Jiangsu				860
浙 江	Zhejiang				
安 徽	Anhui				
福 建	Fujian				
江 西	Jiangxi				
山 东	Shandong	13	15	524	9304
河 南	Henan				5097
湖 北	Hubei				15598
湖 南	Hunan				
广 东	Guangdong	313			394
广 西	Guangxi				20
海 南	Hainan				
重 庆	Chongqing				342
四 川	Sichuan			172	39045
贵 州	Guizhou			54	5295
云 南	Yunnan				
西 藏	Tibet				
陕 西	Shaanxi	498		12	44824
甘 肃	Gansu				
青 海	Qinghai				
宁 夏	Ningxia				
新 疆	Xinjiang				

2-6-8 续表 2 continued

单位：万元 (10000 yuan)

地区	Region	港澳台投资企业 Enterprises with Funds from Hong Kong, Macau and Taiwan			
		引进技术经费支出 Expenditure for Acquisition of Foreign Technology	消化吸收经费支出 Expenditure for Assimilation of Technology	购买境内技术经费支出 Expenditure for Purchase of Domestic Technology	技术改造经费支出 Expenditure for Technical Renovation
全　国	**Total**	**39670**	**11889**	**32543**	**610107**
东部地区	Eastern Region	38346	6088	28844	393768
中部地区	Middle Region		5455	3538	204885
西部地区	Western Region	1324		160	9514
东北地区	Northeaastern Region		346		1941
北　京	Beijing	803		900	1586
天　津	Tianjin	9007			
河　北	Hebei	2542	2865	3258	2537
山　西	Shanxi			15	
内蒙古	Inner Mongolia			160	3034
辽　宁	Liaoning		346		1941
吉　林	Jilin				
黑龙江	Heilongjiang				
上　海	Shanghai	4701	350	220	1952
江　苏	Jiangsu	12589	834	3773	156720
浙　江	Zhejiang			1843	2598
安　徽	Anhui		5455	3223	8566
福　建	Fujian	2562	1284	13096	85585
江　西	Jiangxi				295
山　东	Shandong	246	558	4087	5866
河　南	Henan				
湖　北	Hubei				167
湖　南	Hunan			300	195857
广　东	Guangdong	5897	197	1668	135924
广　西	Guangxi				
海　南	Hainan				1000
重　庆	Chongqing	1324			503
四　川	Sichuan				5565
贵　州	Guizhou				
云　南	Yunnan				413
西　藏	Tibet				
陕　西	Shaanxi				
甘　肃	Gansu				
青　海	Qinghai				
宁　夏	Ningxia				
新　疆	Xinjiang				

2-6-8 续表 3 continued

单位：万元 (10000 yuan)

地区	Region	外商投资企业 Foreign Funded Enterprises 引进技术经费支出 Expenditure for Acquisition of Foreign Technology	消化吸收经费支出 Expenditure for Assimilation of Technology	购买境内技术经费支出 Expenditure for Purchase of Domestic Technology	技术改造经费支出 Expenditure for Technical Renovation
全国	**Total**	**162714**	**22946**	**36863**	**312761**
东部地区	Eastern Region	146339	22946	36200	298079
中部地区	Middle Region	16375		64	3568
西部地区	Western Region				11008
东北地区	Northeaastern Region			600	105
北京	Beijing	37937		10	35
天津	Tianjin	21731		9	47
河北	Hebei			313	2712
山西	Shanxi				
内蒙古	Inner Mongolia				
辽宁	Liaoning				
吉林	Jilin				
黑龙江	Heilongjiang			600	105
上海	Shanghai	12301	15762		4857
江苏	Jiangsu	62278	4768	33456	100874
浙江	Zhejiang		692	299	18630
安徽	Anhui	127			1131
福建	Fujian	2163	665	30	9472
江西	Jiangxi			50	1790
山东	Shandong	77		177	62922
河南	Henan	234		14	
湖北	Hubei	16014			43
湖南	Hunan				605
广东	Guangdong	9851	1059	95	98169
广西	Guangxi				523
海南	Hainan			1811	362
重庆	Chongqing				2068
四川	Sichuan				1614
贵州	Guizhou				
云南	Yunnan				307
西藏	Tibet				
陕西	Shaanxi				2452
甘肃	Gansu				
青海	Qinghai				
宁夏	Ningxia				
新疆	Xinjiang				4045

2-6-9　按地区和行业分高技术产业技术获取和技术改造情况(2016年)
Technology Acquisition and Renovation in High-tech Industry by Region and Industrial Sector(2016)

单位：万元　　(10000 yuan)

地区	Region	医药制造业 Medical and Pharmaceutical Products Manufacturing			
		引进技术经费支出 Expenditure for Acquisition of Foreign Technology	消化吸收经费支出 Expenditure for Assimilation of Technology	购买境内技术经费支出 Expenditure for Purchase of Domestic Technology	技术改造经费支出 Expenditure for Technical Renovation
全　国	**Total**	**46608**	**32582**	**181129**	**934249**
东部地区	Eastern Region	31428	26985	134385	640089
中部地区	Middle Region	9054	3999	15324	161006
西部地区	Western Region	6127	829	28598	93394
东北地区	Northeaastern Region		770	2821	39760
北　京	Beijing	677	100	5623	7422
天　津	Tianjin	209	2000	2490	4726
河　北	Hebei	3328	4141	7004	20431
山　西	Shanxi		200	70	1607
内蒙古	Inner Mongolia	5	5	1722	3205
辽　宁	Liaoning		346	1077	9343
吉　林	Jilin		54	1062	29284
黑龙江	Heilongjiang		370	683	1134
上　海	Shanghai	1330		587	2494
江　苏	Jiangsu	6067	10617	44996	171391
浙　江	Zhejiang	5741	7273	17807	140923
安　徽	Anhui	1692	6	6758	21932
福　建	Fujian	728	315	1986	16100
江　西	Jiangxi	102		863	20196
山　东	Shandong	12602	2366	44725	213367
河　南	Henan	73	353	1217	15150
湖　北	Hubei	7155	2806	4615	20043
湖　南	Hunan	33	633	1802	82078
广　东	Guangdong	748	173	5528	59504
广　西	Guangxi			572	9851
海　南	Hainan			3640	3731
重　庆	Chongqing	2008	35	10528	24160
四　川	Sichuan	2692	320	7163	19265
贵　州	Guizhou		204	5032	12368
云　南	Yunnan	1310	265	2558	11240
西　藏	Tibet				140
陕　西	Shaanxi	62		574	4589
甘　肃	Gansu	50			1716
青　海	Qinghai			75	23
宁　夏	Ningxia				5909
新　疆	Xinjiang			375	931

2-6-9 续表 1 continued

单位：万元 (10000 yuan)

地 区	Region	航空、航天器及设备制造业 Manufacture of Aircrafts and Spacecrafts and Related Equipment			
		引进技术经费支出 Expenditure for Acquisition of Foreign Technology	消化吸收经费支出 Expenditure for Assimilation of Technology	购买境内技术经费支出 Expenditure for Purchase of Domestic Technology	技术改造经费支出 Expenditure for Technical Renovation
全 国	**Total**	**29697**	**3776**	**6364**	**464799**
东部地区	Eastern Region	8214	2685	350	47811
中部地区	Middle Region	4380	1091		62947
西部地区	Western Region	17103		5396	217341
东北地区	Northeaastern Region			618	136699
北 京	Beijing				19863
天 津	Tianjin				60
河 北	Hebei				1133
山 西	Shanxi				
内 蒙 古	Inner Mongolia				
辽 宁	Liaoning			618	94141
吉 林	Jilin				
黑 龙 江	Heilongjiang				42558
上 海	Shanghai				
江 苏	Jiangsu	8214	2685	350	23864
浙 江	Zhejiang				
安 徽	Anhui	4380	1091		
福 建	Fujian				
江 西	Jiangxi				9
山 东	Shandong				587
河 南	Henan				27255
湖 北	Hubei				15598
湖 南	Hunan				20085
广 东	Guangdong				2304
广 西	Guangxi				
海 南	Hainan				
重 庆	Chongqing				
四 川	Sichuan	15554		5330	84385
贵 州	Guizhou			54	12015
云 南	Yunnan				
西 藏	Tibet				
陕 西	Shaanxi	1549		12	120942
甘 肃	Gansu				
青 海	Qinghai				
宁 夏	Ningxia				
新 疆	Xinjiang				

2-6-9 续表 2 continued

单位：万元 (10000 yuan)

地 区	Region	电子及通信设备制造业 Manufacture of Electronic Equipment and Communication Equipment			
		引进技术经费支出 Expenditure for Acquisition of Foreign Technology	消化吸收经费支出 Expenditure for Assimilation of Technology	购买境内技术经费支出 Expenditure for Purchase of Domestic Technology	技术改造经费支出 Expenditure for Technical Renovation
全 国	**Total**	**885742**	**44506**	**599137**	**2516940**
东部地区	Eastern Region	864242	41630	592716	2039679
中部地区	Middle Region	19982	797	3198	355922
西部地区	Western Region	1518	2079	3059	120858
东北地区	Northeaastern Region			165	481
北 京	Beijing	6666		46	13361
天 津	Tianjin	30529		323	6146
河 北	Hebei	300	200	5	7466
山 西	Shanxi				
内蒙古	Inner Mongolia				
辽 宁	Liaoning			165	434
吉 林	Jilin				46
黑龙江	Heilongjiang				
上 海	Shanghai	10395	16088	5408	13348
江 苏	Jiangsu	75091	10971	13953	583153
浙 江	Zhejiang	1483	832	3981	129619
安 徽	Anhui	210	132	552	36646
福 建	Fujian	52325	6811	23396	824681
江 西	Jiangxi	193	52	396	10363
山 东	Shandong	2055	3225	1011	60464
河 南	Henan	40		307	7703
湖 北	Hubei	16892	305	1103	16308
湖 南	Hunan	2647	308	841	284903
广 东	Guangdong	685399	3503	544594	401443
广 西	Guangxi				5989
海 南	Hainan				
重 庆	Chongqing	135	109	387	6345
四 川	Sichuan	1073	1703	2027	46694
贵 州	Guizhou	160	6		10992
云 南	Yunnan			5	200
西 藏	Tibet				
陕 西	Shaanxi	150	260	639	46391
甘 肃	Gansu				3136
青 海	Qinghai				
宁 夏	Ningxia				
新 疆	Xinjiang				1111

2-6-9 续表 3 continued

单位：万元 (10000 yuan)

地 区	Region	计算机及办公设备制造业 Manufacture of Computer and Office Equipments			
		引进技术经费支出 Expenditure for Acquisition of Foreign Technology	消化吸收经费支出 Expenditure for Assimilation of Technology	购买境内技术经费支出 Expenditure for Purchase of Domestic Technology	技术改造经费支出 Expenditure for Technical Renovation
全 国	**Total**	**2960**	**6469**	**6156**	**264704**
东部地区	Eastern Region	2747	686	1644	233416
中部地区	Middle Region	213	5783	4479	12465
西部地区	Western Region			33	18823
东北地区	Northeaastern Region				
北 京	Beijing	966	262	121	120
天 津	Tianjin				
河 北	Hebei			270	
山 西	Shanxi				
内 蒙 古	Inner Mongolia				
辽 宁	Liaoning				
吉 林	Jilin				
黑 龙 江	Heilongjiang				
上 海	Shanghai	108			
江 苏	Jiangsu	220	424	252	54716
浙 江	Zhejiang	12		136	11938
安 徽	Anhui		5455	3407	2569
福 建	Fujian				6228
江 西	Jiangxi				335
山 东	Shandong			74	145904
河 南	Henan	213	328	361	727
湖 北	Hubei				
湖 南	Hunan			712	8834
广 东	Guangdong	1441		792	14510
广 西	Guangxi				
海 南	Hainan				
重 庆	Chongqing				804
四 川	Sichuan			33	17230
贵 州	Guizhou				
云 南	Yunnan				789
西 藏	Tibet				
陕 西	Shaanxi				
甘 肃	Gansu				
青 海	Qinghai				
宁 夏	Ningxia				
新 疆	Xinjiang				

2-6-9 续表 4 continued

单位：万元 (10000 yuan)

地 区	Region	医疗仪器设备及仪器仪表制造业 Manufacture of Medical Equipments and Measuring Instrument			
		引进技术经费支出 Expenditure for Acquisition of Foreign Technology	消化吸收经费支出 Expenditure for Assimilation of Technology	购买境内技术经费支出 Expenditure for Purchase of Domestic Technology	技术改造经费支出 Expenditure for Technical Renovation
全 国	**Total**	**66771**	**4876**	**18070**	**261769**
东部地区	Eastern Region	61662	4418	12001	208924
中部地区	Middle Region	1296	38	197	28247
西部地区	Western Region	3573	241	5450	21220
东北地区	Northeaastern Region	240	180	423	3377
北 京	Beijing	33876		27	141
天 津	Tianjin			93	15
河 北	Hebei	101		277	392
山 西	Shanxi				
内 蒙 古	Inner Mongolia				
辽 宁	Liaoning			423	747
吉 林	Jilin				56
黑 龙 江	Heilongjiang	240	180		2574
上 海	Shanghai	12668	28	1335	3423
江 苏	Jiangsu	10530	3681	1960	143129
浙 江	Zhejiang	2071		3992	16472
安 徽	Anhui			19	9402
福 建	Fujian	545	111	34	10815
江 西	Jiangxi	1108		12	2116
山 东	Shandong	125	53	587	20541
河 南	Henan	182		1	3147
湖 北	Hubei				1480
湖 南	Hunan	5	38	165	12102
广 东	Guangdong	1746	545	3695	13997
广 西	Guangxi	1073	219		2649
海 南	Hainan				
重 庆	Chongqing	500	20	227	7007
四 川	Sichuan				1397
贵 州	Guizhou				1317
云 南	Yunnan				79
西 藏	Tibet				
陕 西	Shaanxi	2000	2	5223	8236
甘 肃	Gansu				
青 海	Qinghai				
宁 夏	Ningxia				536
新 疆	Xinjiang				

2-6-9 续表 4 continued

单位：万元 (10000 yuan)

地 区	Region	信息化学品制造业 Manufacture of Electronic Chemicals			
		引进技术经费支出 Expenditure for Acquisition of Foreign Technology	消化吸收经费支出 Expenditure for Assimilation of Technology	购买境内技术经费支出 Expenditure for Purchase of Domestic Technology	技术改造经费支出 Expenditure for Technical Renovation
全 国	**Total**	**349**	**978**	**377**	**74068**
东部地区	Eastern Region	50	390	292	43227
中部地区	Middle Region	117	145		18107
西部地区	Western Region	182	443	85	12735
东北地区	Northeaastern Region				
北 京	Beijing				
天 津	Tianjin				
河 北	Hebei				2837
山 西	Shanxi				
内 蒙 古	Inner Mongolia				2030
辽 宁	Liaoning				
吉 林	Jilin				
黑 龙 江	Heilongjiang				
上 海	Shanghai				
江 苏	Jiangsu		390	282	33210
浙 江	Zhejiang				
安 徽	Anhui				125
福 建	Fujian				583
江 西	Jiangxi		145		1775
山 东	Shandong			10	135
河 南	Henan				10026
湖 北	Hubei	117			5981
湖 南	Hunan				200
广 东	Guangdong	50			6462
广 西	Guangxi				
海 南	Hainan				
重 庆	Chongqing				2068
四 川	Sichuan	63			422
贵 州	Guizhou				
云 南	Yunnan		178		2252
西 藏	Tibet				
陕 西	Shaanxi	118			
甘 肃	Gansu				
青 海	Qinghai			85	805
宁 夏	Ningxia				1106
新 疆	Xinjiang		265		4052

2-7-1　按行业分高技术产业企业办研发机构情况(2016年)
R&D Institutions in High-tech Industry by Industrial Sector (2016)

行　业	Industry	有研发机构的企业数(个) Number of Enterprises with R&D Institutions (unit)	机构数(个) R&D Institutions (unit)	机构人员(人) Personnel in R&D Institutions (person)	机构经费支出(万元) Expenditure in R&D Institutions (10000 yuan)	#仪器设备 Equipment
合计	**Total**	**10827**	**13741**	**879430**	**25870586**	**17750108**
医药制造业	**Manufacture of Medicines**	**2310**	**3043**	**133133**	**3294409**	**3230752**
#化学药品制造	Manufacture of Chemical Medicine	933	1299	66967	1841436	1747400
中成药生产	Production of Finished Traditional Chinese Herbal Medicine	479	623	32142	650422	565828
生物药品制造	Manufacture of Biological Medicine	380	504	19182	495203	539705
航空、航天器及设备制造业	**Manufacture of Aircrafts and Spacecrafts and Related Equipment**	**149**	**200**	**32043**	**751947**	**1136344**
#飞机制造	Manufacture of Airplanes	75	105	23430	496741	904380
航天器制造	Manufacture of Spacecrafts	8	10	1449	58423	94667
电子及通信设备制造业	**Manufacture of Electronic Equipment and Communication Equipment**	**5592**	**7059**	**533882**	**17811707**	**10100641**
#通信设备制造	Manufacture of Communication Equipment	655	933	206301	9992234	1957631
#通信系统设备制造	Manufacture of Communication System Equipment	351	512	154369	8819691	1347898
通信终端设备制造	Manufacture of Communication Terminal Equipment	304	421	51932	1172543	609734
广播电视设备制造	Manufacture of Broadcasting and TV Equipment	286	368	15689	352231	269633
雷达及配套设备制造	Manufacture of Radar and Its Fittings	37	59	7409	167762	169886
视听设备制造	Manufacture of TV Set and Radio Receiver	349	437	29537	953737	392717
电子器件制造	Manufacture of Electronic Appliances	1237	1514	87928	2593790	3304052
#电子真空器件制造	Manufacture of Electronic Vacuum Appliance	29	33	1154	18728	30479
半导体分立器件制造	Manufacture of Semiconductor Discreting Appliances	151	180	7099	143155	330968
集成电路制造	Manufacture of Integrate Circuit	186	249	18827	712798	828054
电子元件制造	Manufacture of Electronic Components	1955	2307	111308	2118034	2349439
其他电子设备制造	Manufacture of Other Electronic Equipment	449	538	35145	659721	639741
计算机及办公设备制造业	**Manufacture of Computers and Office Equipment**	**614**	**783**	**68371**	**1679883**	**1192272**
#计算机整机制造	Manufacture of Entired Computer	72	103	27101	827397	544900
计算机零部件制造	Manufacture of Computer Components and Parts	190	215	11239	225415	209959
计算机外围设备制造	Manufacture of Computer Peripheral Equipment	170	226	12083	258428	214210
办公设备制造	Manufacture of Office Equipment	93	109	6721	141261	83291
医疗仪器设备及仪器仪表制造业	**Manufacture of Medical Equipments and Measuring Instrument**	**1996**	**2423**	**100279**	**1997694**	**1645912**
1.医疗仪器设备及器械制造	Manufacture of Medical Equipment and Appliance	532	613	23077	561029	402800
2.仪器仪表制造	Manufacture of Measuring Instrument	1464	1810	77202	1436666	1243112
信息化学品制造业	**Manufacture of Electronic Chemicals**	**166**	**233**	**11722**	**334945**	**444187**

2-7-2 各地区高技术产业企业办研发机构情况(2016年)
R&D Institutions in High-tech Industry by Region(2016)

地 区	Region	有研发机构的企业数(个) Number of Enterprises with R&D Institutions (unit)	机构数(个) R&D Institutions (unit)	机构人员(人) Personnel in R&D Institutions (person)	机构经费支出(万元) Expenditure in R&D Institutions (10000 yuan)	#仪器设备 Equipment
全 国	**Total**	**10827**	**13741**	**879430**	**25870586**	**17750108**
东部地区	Eastern Region	8562	10731	714473	22742355	14175769
中部地区	Middle Region	1401	1867	92597	1789866	1929701
西部地区	Western Region	698	923	52099	990381	1245188
东北地区	Northeaastern Region	166	220	20261	347983	399450
北 京	Beijing	231	293	18818	800490	485752
天 津	Tianjin	106	133	12237	314412	492751
河 北	Hebei	159	182	11680	209161	231375
山 西	Shanxi	60	71	3086	50883	51755
内蒙古	Inner Mongolia	23	31	880	23620	19090
辽 宁	Liaoning	74	100	12465	225322	268167
吉 林	Jilin	42	57	3806	64334	53528
黑龙江	Heilongjiang	50	63	3990	58327	77754
上 海	Shanghai	137	163	20396	912981	906532
江 苏	Jiangsu	3187	3834	155033	3952620	5183440
浙 江	Zhejiang	1204	1393	73703	1948905	1197721
安 徽	Anhui	451	654	23348	515592	734065
福 建	Fujian	231	308	27094	654143	403276
江 西	Jiangxi	229	282	13720	222714	366860
山 东	Shandong	444	675	53355	1396821	1342908
河 南	Henan	249	336	21404	353630	275051
湖 北	Hubei	171	235	15192	397972	240262
湖 南	Hunan	241	289	15847	249075	261708
广 东	Guangdong	2848	3735	341017	12535645	3922258
广 西	Guangxi	44	50	2179	27240	28490
海 南	Hainan	15	15	1140	17176	9757
重 庆	Chongqing	165	202	8766	213179	183049
四 川	Sichuan	189	257	16306	281349	421756
贵 州	Guizhou	61	72	4721	133815	104974
云 南	Yunnan	51	61	1897	37999	26378
西 藏	Tibet	1	1	7	38	26
陕 西	Shaanxi	107	177	13194	209883	252312
甘 肃	Gansu	19	23	1399	23281	54786
青 海	Qinghai	12	16	260	4085	11520
宁 夏	Ningxia	13	17	1873	25171	77659
新 疆	Xinjiang	13	16	617	10722	65149

2-7-3 按行业和企业规模分高技术产业企业办研发机构情况(2016年)

R&D Institutions in High-tech Industry by Industrial Sector and Scale of Enterprises(2016)

行 业	Industry	大型企业 Large-sized Enterprises				
		有研发机构的企业数(个) Number of Enterprises with R&D Institutions (unit)	机构数(个) R&D Institutions (unit)	机构人员(人) Personnel in R&D Institutions (person)	机构经费支出(万元) Expenditure in R&D Institutions (10000 yuan)	#仪器设备 Equipment
合计	**Total**	**1204**	**2219**	**501747**	**18340104**	**9835817**
医药制造业	**Manufacture of Medicines**	**211**	**437**	**51436**	**1479779**	**1398788**
#化学药品制造	Manufacture of Chemical Medicine	119	277	30777	1012513	947151
中成药生产	Production of Finished Traditional Chinese Herbal Medicine	62	107	15407	337509	236690
生物药品制造	Manufacture of Biological Medicine	17	31	2936	73075	123843
航空、航天器及设备制造业	**Manufacture of Aircrafts and Spacecrafts and Related Equipment**	**50**	**74**	**26222**	**634227**	**930271**
#飞机制造	Manufacture of Airplanes	29	48	20214	427998	781701
航天器制造	Manufacture of Spacecrafts	6	8	1429	57852	92777
电子及通信设备制造业	**Manufacture of Electronic Equipment and Communication Equipment**	**725**	**1299**	**345469**	**14166557**	**6073855**
#通信设备制造	Manufacture of Communication Equipment	113	246	174956	9391336	1431575
#通信系统设备制造	Manufacture of Communication System	50	120	137351	8499003	1016565
	Equipment	63	126	37605	892333	415010
通信终端设备制造	Manufacture of Communication					
	Terminal Equipment	26	41	4365	139129	117044
广播电视设备制造	Manufacture of Broadcasting and TV Equipment					
雷达及配套设备制造	Manufacture of Radar and Its Fittings	10	17	5762	134704	131973
视听设备制造	Manufacture of TV Set and Radio Receiver	57	104	17484	717569	194789
电子器件制造	Manufacture of Electronic Appliances	176	272	48973	1779540	2000413
#电子真空器件制造	Manufacture of Electronic Vacuum Appliance	2	2	176	2190	3841
半导体分立器件制造	Manufacture of Semiconductor Discreting Appliances	17	28	2547	52827	59064
集成电路制造	Manufacture of Integrate Circuit	34	68	11228	521675	594162
电子元件制造	Manufacture of Electronic Components	250	388	56361	1171204	1276786
其他电子设备制造	Manufacture of Other Electronic Equipment	40	68	17948	311885	399853
计算机及办公设备制造业	**Manufacture of Computers and Office Equipment**	**103**	**188**	**46095**	**1289600**	**863396**
#计算机整机制造	Manufacture of Entired Computer	20	33	24378	760569	508915
计算机零部件制造	Manufacture of Computer Components and Parts	36	43	5393	129989	78947
计算机外围设备制造	Manufacture of Computer Peripheral Equipment	22	62	5626	149092	119313
办公设备制造	Manufacture of Office Equipment	10	17	3483	89062	54172
医疗仪器设备及仪器仪表制造业	**Manufacture of Medical Equipments and Measuring Instrument**	**86**	**160**	**26715**	**580952**	**374267**
1.医疗仪器设备及器械制造	Manufacture of Medical Equipment and Appliance	19	34	5306	146226	46668
2.仪器仪表制造	Manufacture of Measuring Instrument	67	126	21409	434726	327599
信息化学品制造业	**Manufacture of Electronic Chemicals**	**29**	**61**	**5810**	**188989**	**195239**

2-7-3 续表

行 业	Industry	中型企业 Medium-sized Enterprises				
		有研发机构的企业数（个）Number of Enterprises with R&D Institutions (unit)	机构数（个）R&D Institutions (unit)	机构人员（人）Personnel in R&D Institutions (person)	机构经费支出（万元）Expenditure in R&D Institutions (10000 yuan)	#仪器设备 Equipment
合计	**Total**	**3235**	**4237**	**217616**	**4561061**	**4745907**
医药制造业	**Manufacture of Medicines**	**706**	**981**	**47566**	**1130685**	**1129886**
#化学药品制造	Manufacture of Chemical Medicine	330	456	24058	590546	547219
中成药生产	Production of Finished Traditional Chinese Herbal Medicine	166	237	9693	182388	207423
生物药品制造	Manufacture of Biological Medicine	91	137	8558	242566	208870
航空、航天器及设备制造业	**Manufacture of Aircrafts and Spacecrafts and Related Equipment**	**41**	**50**	**4154**	**78499**	**153268**
#飞机制造	Manufacture of Airplanes	28	35	2831	52477	113119
航天器制造	Manufacture of Spacecrafts	1	1	14	343	26
电子及通信设备制造业	**Manufacture of Electronic Equipment and Communication Equipment**	**1774**	**2284**	**112155**	**2251459**	**2455746**
#通信设备制造	Manufacture of Communication Equipment	198	285	19152	370730	355733
#通信系统设备制造	Manufacture of Communication System	107	168	10730	199420	240892
	Equipment	91	117	8422	171310	114841
通信终端设备制造	Manufacture of Communication					
	Terminal Equipment	81	112	6582	130376	72079
广播电视设备制造	Manufacture of Broadcasting and TV Equipment					
雷达及配套设备制造	Manufacture of Radar and Its Fittings	11	21	1089	21782	20012
视听设备制造	Manufacture of TV Set and Radio Receiver	115	136	7790	153891	100592
电子器件制造	Manufacture of Electronic Appliances	387	483	22442	494459	799642
#电子真空器件制造	Manufacture of Electronic Vacuum Appliance	11	13	712	10721	22049
半导体分立器件制造	Manufacture of Semiconductor Discreting Appliances	36	45	2338	52364	214816
集成电路制造	Manufacture of Integrate Circuit	52	63	3653	93505	163180
电子元件制造	Manufacture of Electronic Components	685	837	34214	595497	680116
其他电子设备制造	Manufacture of Other Electronic Equipment	128	153	9503	227514	142606
计算机及办公设备制造业	**Manufacture of Computers and Office Equipment**	**179**	**216**	**12855**	**232126**	**184939**
#计算机整机制造	Manufacture of Entired Computer	15	23	1361	39970	24586
计算机零部件制造	Manufacture of Computer Components and Parts	63	75	3807	58864	100476
计算机外围设备制造	Manufacture of Computer Peripheral Equipment	51	55	3523	62349	31754
办公设备制造	Manufacture of Office Equipment	25	32	2070	32004	11153
医疗仪器设备及仪器仪表制造业	**Manufacture of Medical Equipments and Measuring Instrument**	**489**	**646**	**37391**	**772633**	**687206**
1.医疗仪器设备及器械制造	Manufacture of Medical Equipment and Appliance	135	170	9160	256631	198119
2.仪器仪表制造	Manufacture of Measuring Instrument	354	476	28231	516001	489087
信息化学品制造业	**Manufacture of Electronic Chemicals**	**46**	**60**	**3495**	**95660**	**134860**

2-7-4 按行业分国有及国有控股企业高技术产业企业办研发机构情况(2016年)

R&D Institutions in High-tech Industry of State-owned and State-controlled Enterprises by Industrial Sector (2016)

行业	Industry	有研发机构的企业数(个) Number of Enterprises with R&D Institutions (unit)	机构数(个) R&D Institutions (unit)	机构人员(人) Personnel in R&D Institutions (person)	机构经费支出(万元) Expenditure in R&D Institutions (10000 yuan)	#仪器设备 Equipment
合计	**Total**	**728**	**1180**	**169080**	**4677925**	**3773410**
医药制造业	**Manufacture of Medicines**	**206**	**323**	**19339**	**448114**	**433859**
#化学药品制造	Manufacture of Chemical Medicine	96	152	10129	251220	222509
中成药生产	Production of Finished Traditional Chinese Herbal Medicine	70	107	6100	125649	88896
生物药品制造	Manufacture of Biological Medicine	23	40	1647	37669	74060
航空、航天器及设备制造业	**Manufacture of Aircrafts and Spacecrafts and Related Equipment**	**78**	**108**	**26879**	**587024**	**952828**
#飞机制造	Manufacture of Airplanes	49	72	21722	439893	790034
航天器制造	Manufacture of Spacecrafts	7	9	1443	58195	92803
电子及通信设备制造业	**Manufacture of Electronic Equipment and Communication Equipment**	**288**	**488**	**84096**	**2859740**	**1460018**
#通信设备制造	Manufacture of Communication Equipment	60	116	44734	1514076	325345
#通信系统设备制造	Manufacture of Communication System Equipment	44	91	40984	1449590	264299
通信终端设备制造	Manufacture of Communication Terminal Equipment	16	25	3750	64486	61046
广播电视设备制造	Manufacture of Broadcasting and TV Equipment	12	17	1579	52831	22729
雷达及配套设备制造	Manufacture of Radar and Its Fittings	14	23	6103	146505	148931
视听设备制造	Manufacture of TV Set and Radio Receiver	14	37	5538	308525	59253
电子器件制造	Manufacture of Electronic Appliances	86	123	15341	580315	633378
#电子真空器件制造	Manufacture of Electronic Vacuum Appliance	5	5	545	4985	4020
半导体分立器件制造	Manufacture of Semiconductor Discreting Appliances	9	10	761	14815	38808
集成电路制造	Manufacture of Integrate Circuit	12	17	1691	50217	39243
电子元件制造	Manufacture of Electronic Components	60	108	5687	109928	141973
其他电子设备制造	Manufacture of Other Electronic Equipment	16	31	3207	93738	76898
计算机及办公设备制造业	**Manufacture of Computers and Office Equipment**	**36**	**84**	**23803**	**508624**	**558368**
#计算机整机制造	Manufacture of Entired Computer	9	20	13316	321718	434519
计算机零部件制造	Manufacture of Computer Components and Parts	2	3	402	6308	3891
计算机外围设备制造	Manufacture of Computer Peripheral Equipment	14	34	4295	66124	61544
办公设备制造	Manufacture of Office Equipment	7	15	1634	37920	39288
医疗仪器设备及仪器仪表制造业	**Manufacture of Medical Equipments and Measuring Instrument**	**99**	**147**	**11936**	**208898**	**274988**
1.医疗仪器设备及器械制造	Manufacture of Medical Equipment and Appliance	9	10	873	19368	25557
2.仪器仪表制造	Manufacture of Measuring Instrument	90	137	11063	189530	249431
信息化学品制造业	**Manufacture of Electronic Chemicals**	**21**	**30**	**3027**	**65526**	**93349**

2-7-5 按行业和登记注册类型分高技术产业企业办研发机构情况(2016年)
R&D Institutions in High-tech Industry by Industrial Sector and Registration Status(2016)

行　业	Industry	内资企业 Domestic Funded				
		有研发机构的企业数(个) Number of Enterprises with R&D Institutions (unit)	机构数(个) R&D Institutions (unit)	机构人员(人) Personnel in R&D Institutions (person)	机构经费支出(万元) Expenditure in R&D Institutions (10000 yuan)	#仪器设备 Equipment
合计	**Total**	**8148**	**10526**	**615616**	**18884684**	**10888141**
医药制造业	**Manufacture of Medicines**	**1968**	**2567**	**104574**	**2376792**	**2428439**
#化学药品制造	Manufacture of Chemical Medicine	774	1066	49926	1230365	1298758
中成药生产	Production of Finished Traditional Chinese Herbal Medicine	427	546	27600	544281	434583
生物药品制造	Manufacture of Biological Medicine	307	400	14059	339038	364299
航空、航天器及设备制造业	**Manufacture of Aircrafts and Spacecrafts and Related Equipment**	**129**	**178**	**29850**	**645590**	**1031120**
#飞机制造	Manufacture of Airplanes	63	92	22759	464147	814325
航天器制造	Manufacture of Spacecrafts	8	10	1449	58423	94667
电子及通信设备制造业	**Manufacture of Electronic Equipment and Communication Equipment**	**3897**	**5067**	**354326**	**13359586**	**5241530**
#通信设备制造	Manufacture of Communication Equipment	514	749	155378	8776997	1281187
#通信系统设备制造	Manufacture of Communication System Equipment	289	427	130875	8020105	855012
通信终端设备制造	Manufacture of Communication Terminal Equipment	225	322	24503	756892	426175
广播电视设备制造	Manufacture of Broadcasting and TV Equipment	221	292	11473	236265	166601
雷达及配套设备制造	Manufacture of Radar and Its Fittings	34	51	7266	165658	169614
视听设备制造	Manufacture of TV Set and Radio Receiver	220	288	15240	492600	219433
电子器件制造	Manufacture of Electronic Appliances	839	1060	53427	1435334	1389552
#电子真空器件制造	Manufacture of Electronic Vacuum Appliance	26	29	1035	16542	12486
半导体分立器件制造	Manufacture of Semiconductor Discreting Appliances	99	124	4788	84366	249009
集成电路制造	Manufacture of Integrate Circuit	112	152	9896	294861	209477
电子元件制造	Manufacture of Electronic Components	1247	1484	55414	1043022	998867
其他电子设备制造	Manufacture of Other Electronic Equipment	325	406	23856	413318	269110
计算机及办公设备制造业	**Manufacture of Computers and Office Equipment**	**392**	**523**	**38541**	**811035**	**742273**
#计算机整机制造	Manufacture of Entired Computer	55	82	16342	396934	465945
计算机零部件制造	Manufacture of Computer Components and Parts	91	110	4166	74416	35811
计算机外围设备制造	Manufacture of Computer Peripheral Equipment	115	154	9014	147818	139915
办公设备制造	Manufacture of Office Equipment	73	88	4419	84077	62060
医疗仪器设备及仪器仪表制造业	**Manufacture of Medical Equipments and Measuring Instrument**	**1635**	**2014**	**79527**	**1523013**	**1201507**
1.医疗仪器设备及器械制造	Manufacture of Medical Equipment and Appliance	423	490	18077	405164	230130
2.仪器仪表制造	Manufacture of Measuring Instrument	1212	1524	61450	1117849	971377
信息化学品制造业	**Manufacture of Electronic Chemicals**	**127**	**177**	**8798**	**168668**	**243271**

2-7-5 续表 1 continued

行 业	Industry	#国有企业 State-owned Enterprises				
		有研发机构的企业数（个）Number of Enterprises with R&D Institutions (unit)	机构数（个）R&D Institutions (unit)	机构人员（人）Personnel in R&D Institutions (person)	机构经费支出（万元）Expenditure in R&D Institutions (10000 yuan)	#仪器设备 Equipment
合计	**Total**	**75**	**141**	**16097**	**395835**	**492195**
医药制造业	**Manufacture of Medicines**	**14**	**21**	**671**	**8746**	**17536**
#化学药品制造	Manufacture of Chemical Medicine	3	3	65	2123	1824
中成药生产	Production of Finished Traditional Chinese Herbal Medicine	6	6	145	1715	1439
生物药品制造	Manufacture of Biological Medicine	3	9	390	4388	13803
航空、航天器及设备制造业	**Manufacture of Aircrafts and Spacecrafts and Related Equipment**	**25**	**37**	**5691**	**120914**	**164949**
#飞机制造	Manufacture of Airplanes	12	19	2413	37116	36897
航天器制造	Manufacture of Spacecrafts	5	7	1004	49404	92539
电子及通信设备制造业	**Manufacture of Electronic Equipment and Communication Equipment**	**20**	**56**	**7292**	**226049**	**209472**
#通信设备制造	Manufacture of Communication Equipment	5	14	4890	196385	84416
#通信系统设备制造	Manufacture of Communication System Equipment	5	14	4890	196385	84416
通信终端设备制造	Manufacture of Communication Terminal Equipment					
广播电视设备制造	Manufacture of Broadcasting and TV Equipment					
雷达及配套设备制造	Manufacture of Radar and Its Fittings	3	4	1250	10331	97864
视听设备制造	Manufacture of TV Set and Radio Receiver					
电子器件制造	Manufacture of Electronic Appliances	2	2	234	5448	2347
#电子真空器件制造	Manufacture of Electronic Vacuum Appliance	1	1	128	1336	148
半导体分立器件制造	Manufacture of Semiconductor Discreting Appliances					
集成电路制造	Manufacture of Integrate Circuit					
电子元件制造	Manufacture of Electronic Components	10	36	918	13885	24845
其他电子设备制造	Manufacture of Other Electronic Equipment					
计算机及办公设备制造业	**Manufacture of Computers and Office Equipment**	**2**	**5**	**759**	**5108**	**43292**
#计算机整机制造	Manufacture of Entired Computer					
计算机零部件制造	Manufacture of Computer Components and Parts					
计算机外围设备制造	Manufacture of Computer Peripheral Equipment	1	4	731	5000	43285
办公设备制造	Manufacture of Office Equipment	1	1	28	108	7
医疗仪器设备及仪器仪表制造业	**Manufacture of Medical Equipments and Measuring Instrument**	**13**	**21**	**1595**	**31328**	**56600**
1.医疗仪器设备及器械制造	Manufacture of Medical Equipment and Appliance	2	2	588	8713	18993
2.仪器仪表制造	Manufacture of Measuring Instrument	11	19	1007	22615	37608
信息化学品制造业	**Manufacture of Electronic Chemicals**	**1**	**1**	**89**	**3691**	**346**

2-7-5 续表 2 continued

行 业	Industry	港澳台投资企业 Enterprises with Funds from Hong Kong, Macau and Taiwan				
		有研发机构的企业数（个） Number of Enterprises with R&D Institutions (unit)	机构数（个） R&D Institutions (unit)	机构人员（人） Personnel in R&D Institutions (person)	机构经费支出（万元） Expenditure in R&D Institutions (10000 yuan)	#仪器设备 Equipment
合计	**Total**	**1250**	**1559**	**135576**	**3271483**	**2327564**
医药制造业	**Manufacture of Medicines**	**168**	**242**	**16064**	**472930**	**358087**
#化学药品制造	Manufacture of Chemical Medicine	74	112	9066	299877	173444
中成药生产	Production of Finished Traditional Chinese Herbal Medicine	37	54	2758	49417	38786
生物药品制造	Manufacture of Biological Medicine	35	54	3333	105250	124269
航空、航天器及设备制造业	**Manufacture of Aircrafts and Spacecrafts and Related Equipment**	**4**	**5**	**1008**	**68824**	**4325**
#飞机制造	Manufacture of Airplanes	2	3	52	3359	1854
航天器制造	Manufacture of Spacecrafts					
电子及通信设备制造业	**Manufacture of Electronic Equipment and Communication Equipment**	**823**	**997**	**97954**	**2076924**	**1523195**
#通信设备制造	Manufacture of Communication Equipment	57	73	30298	627678	262229
#通信系统设备制造	Manufacture of Communication System	26	34	16466	504368	203042
	Equipment	31	39	13832	123309	59188
通信终端设备制造	Manufacture of Communication					
	Terminal Equipment	37	46	2061	55640	93131
广播电视设备制造	Manufacture of Broadcasting and TV Equipment					
雷达及配套设备制造	Manufacture of Radar and Its Fittings	2	7	115	1902	191
视听设备制造	Manufacture of TV Set and Radio Receiver	74	85	9176	283234	104143
电子器件制造	Manufacture of Electronic Appliances	164	188	14781	399050	299941
#电子真空器件制造	Manufacture of Electronic Vacuum Appliance	1	2	43	1459	17970
半导体分立器件制造	Manufacture of Semiconductor Discreting Appliances	16	16	498	12417	16224
集成电路制造	Manufacture of Integrate Circuit	28	44	3616	152400	120825
电子元件制造	Manufacture of Electronic Components	368	441	29000	509157	584213
其他电子设备制造	Manufacture of Other Electronic Equipment	60	66	6544	78507	96981
计算机及办公设备制造业	**Manufacture of Computers and Office Equipment**	**106**	**131**	**11018**	**428868**	**217485**
#计算机整机制造	Manufacture of Entired Computer	6	8	3002	227939	18388
计算机零部件制造	Manufacture of Computer Components and Parts	50	54	3418	69959	116426
计算机外围设备制造	Manufacture of Computer Peripheral Equipment	30	47	1960	85156	62638
办公设备制造	Manufacture of Office Equipment	9	9	1668	34646	14524
医疗仪器设备及仪器仪表制造业	**Manufacture of Medical Equipments and Measuring Instrument**	**128**	**148**	**7799**	**134878**	**84470**
1.医疗仪器设备及器械制造	Manufacture of Medical Equipment and Appliance	35	44	1590	29271	38988
2.仪器仪表制造	Manufacture of Measuring Instrument	93	104	6209	105607	45482
信息化学品制造业	**Manufacture of Electronic Chemicals**	**21**	**36**	**1733**	**89058**	**140002**

2-7-5　续表 3　continued

行　业	Industry	外商投资企业 Foreign Funded Enterprises				
		有研发机构的企业数（个） Number of Enterprises with R&D Institutions (unit)	机构数（个） R&D Institutions (unit)	机构人员（人） Personnel in R&D Institutions (person)	机构经费支出（万元） Expenditure in R&D Institutions (10000 yuan)	#仪器设备 Equipment
合计	**Total**	**1429**	**1656**	**128238**	**3714419**	**4534403**
医药制造业	**Manufacture of Medicines**	**174**	**234**	**12495**	**444687**	**444225**
#化学药品制造	Manufacture of Chemical Medicine	85	121	7975	311194	275197
中成药生产	Production of Finished Traditional Chinese Herbal Medicine	15	23	1784	56724	92459
生物药品制造	Manufacture of Biological Medicine	38	50	1790	50915	51138
航空、航天器及设备制造业	**Manufacture of Aircrafts and Spacecrafts and Related Equipment**	**16**	**17**	**1185**	**37534**	**100899**
#飞机制造	Manufacture of Airplanes	10	10	619	29235	88201
航天器制造	Manufacture of Spacecrafts					
电子及通信设备制造业	**Manufacture of Electronic Equipment and Communication Equipment**	**872**	**995**	**81602**	**2375197**	**3335916**
#通信设备制造	Manufacture of Communication Equipment	84	111	20625	587560	414214
#通信系统设备制造	Manufacture of Communication System	36	51	7028	295218	289844
	Equipment	48	60	13597	292342	124371
通信终端设备制造	Manufacture of Communication					
	Terminal Equipment	28	30	2155	60327	9901
广播电视设备制造	Manufacture of Broadcasting and TV Equipment					
雷达及配套设备制造	Manufacture of Radar and Its Fittings	1	1	28	202	82
视听设备制造	Manufacture of TV Set and Radio Receiver	55	64	5121	177903	69141
电子器件制造	Manufacture of Electronic Appliances	234	266	19720	759405	1614559
#电子真空器件制造	Manufacture of Electronic Vacuum Appliance	2	2	76	727	22
半导体分立器件制造	Manufacture of Semiconductor Discreting Appliances	36	40	1813	46373	65735
集成电路制造	Manufacture of Integrate Circuit	46	53	5315	265538	497752
电子元件制造	Manufacture of Electronic Components	340	382	26894	565855	766358
其他电子设备制造	Manufacture of Other Electronic Equipment	64	66	4745	167897	273649
计算机及办公设备制造业	**Manufacture of Computers and Office Equipment**	**116**	**129**	**18812**	**439980**	**232514**
#计算机整机制造	Manufacture of Entired Computer	11	13	7757	202525	60567
计算机零部件制造	Manufacture of Computer Components and Parts	49	51	3655	81041	57722
计算机外围设备制造	Manufacture of Computer Peripheral Equipment	25	25	1109	25453	11657
办公设备制造	Manufacture of Office Equipment	11	12	634	22539	6707
医疗仪器设备及仪器仪表制造业	**Manufacture of Medical Equipments and Measuring Instrument**	**233**	**261**	**12953**	**339803**	**359935**
1.医疗仪器设备及器械制造	Manufacture of Medical Equipment and Appliance	74	79	3410	126594	133681
2.仪器仪表制造	Manufacture of Measuring Instrument	159	182	9543	213209	226254
信息化学品制造业	**Manufacture of Electronic Chemicals**	**18**	**20**	**1191**	**77219**	**60913**

2-7-6 按地区和企业规模分高技术产业企业办研发机构情况(2016年)
R&D Institutions in High-tech Industry by Region and Industrial Sector(2016)

地区	Region	大型企业 Large-sized Enterprises				
		有R&D机构的企业单位数(个) Number of Enterprises with R&D Institutions (unit)	机构数(个) R&D Institutions (unit)	机构人员(人) Personnel in R&D Institutions (person)	机构经费支出(万元) Expenditure in R&D Institutions (10000 yuan)	#仪器设备 Equipment
全国	**Total**	**1204**	**2219**	**501747**	**18340104**	**9835817**
东部地区	Eastern Region	959	1719	412577	16448707	7718499
中部地区	Middle Region	128	251	48578	1055242	1161556
西部地区	Western Region	89	191	27205	595846	665884
东北地区	Northeaastern Region	28	58	13387	240310	289879
北京	Beijing	19	34	5139	383093	271107
天津	Tianjin	17	32	8050	169158	361471
河北	Hebei	14	18	5534	127409	108656
山西	Shanxi	5	6	393	17672	15573
内蒙古	Inner Mongolia	3	3	209	14892	5137
辽宁	Liaoning	12	23	9338	177636	210198
吉林	Jilin	7	16	2003	28689	30882
黑龙江	Heilongjiang	9	19	2046	33984	48798
上海	Shanghai	28	37	13354	669849	713339
江苏	Jiangsu	332	549	66894	2017221	2306993
浙江	Zhejiang	68	123	31539	1075988	501049
安徽	Anhui	26	62	9950	292202	428085
福建	Fujian	31	64	17665	504878	237648
江西	Jiangxi	27	48	8268	134063	286632
山东	Shandong	52	138	36518	1075416	956066
河南	Henan	37	70	12408	211899	157131
湖北	Hubei	18	40	9674	315656	155646
湖南	Hunan	15	25	7885	83751	118489
广东	Guangdong	397	723	227786	10424400	2262092
广西	Guangxi	5	8	1028	15140	13837
海南	Hainan	1	1	98	1295	78
重庆	Chongqing	17	32	3658	100339	66949
四川	Sichuan	24	43	7555	159897	220159
贵州	Guizhou	7	11	2171	106417	32668
云南	Yunnan	3	5	411	13735	10472
西藏	Tibet					
陕西	Shaanxi	22	75	9785	151611	195744
甘肃	Gansu	2	4	982	18529	45568
青海	Qinghai					
宁夏	Ningxia	3	5	984	7138	12771
新疆	Xinjiang	3	5	422	8149	62578

2-7-6 续表 continued

地 区	Region	中型企业 Medium-sized Enterprises 有R&D机构的企业单位数(个) Number of Enterprises with R&D Institutions (unit)	机构数(个) R&D Institutions (unit)	机构人员(人) Personnel in R&D Institutions (person)	机构经费支出(万元) Expenditure in R&D Institutions (10000 yuan)	#仪器设备 Equipment
全 国	**Total**	**3235**	**4237**	**217616**	**4561061**	**4745907**
东部地区	Eastern Region	2551	3307	174486	3804635	3883384
中部地区	Middle Region	412	590	23979	434073	399734
西部地区	Western Region	227	289	15510	258959	422838
东北地区	Northeaastern Region	45	51	3641	63394	39951
北 京	Beijing	76	96	8223	268747	130569
天 津	Tianjin	20	27	1821	57999	33237
河 北	Hebei	42	47	3504	50201	74407
山 西	Shanxi	17	17	1435	21883	18217
内 蒙 古	Inner Mongolia	6	7	209	4055	6117
辽 宁	Liaoning	17	20	1282	20688	14120
吉 林	Jilin	15	17	1205	31062	13455
黑 龙 江	Heilongjiang	13	14	1154	11644	12376
上 海	Shanghai	42	43	4605	181665	148118
江 苏	Jiangsu	929	1133	48565	1148897	1656222
浙 江	Zhejiang	323	411	22915	505431	395377
安 徽	Anhui	93	174	6186	105659	130733
福 建	Fujian	67	102	6288	97167	125824
江 西	Jiangxi	77	96	2988	51287	46118
山 东	Shandong	104	171	8863	188833	255943
河 南	Henan	108	148	6007	102275	89389
湖 北	Hubei	44	63	3079	54227	50397
湖 南	Hunan	73	92	4284	98744	64881
广 东	Guangdong	940	1269	68991	1296613	1055202
广 西	Guangxi	13	15	441	4522	6855
海 南	Hainan	8	8	711	9086	8485
重 庆	Chongqing	63	76	3402	82898	74255
四 川	Sichuan	64	94	5357	70626	158996
贵 州	Guizhou	25	28	2066	23988	59731
云 南	Yunnan	11	14	645	11117	6854
西 藏	Tibet					
陕 西	Shaanxi	33	42	2358	41013	41082
甘 肃	Gansu	3	3	152	2459	2146
青 海	Qinghai	3	3	106	1784	2296
宁 夏	Ningxia	5	6	760	16293	64386
新 疆	Xinjiang	1	1	14	204	123

2-7-7 各地区国有及国有控股企业高技术产业企业办研发机构情况(2016年)

R&D Institutions in High-tech Industry of State-owned and State-controlled Enterprises by Region (2016)

地 区	Region	有研发机构的企业数(个) Number of Enterprises with R&D Institutions (unit)	机构数(个) R&D Institutions (unit)	机构人员(人) Personnel in R&D Institutions (person)	机构经费支出(万元) Expenditure in R&D Institutions (10000 yuan)	#仪器设备 Equipment
全 国	**Total**	**728**	**1180**	**169080**	**4677925**	**3773410**
东部地区	Eastern Region	422	677	109615	3328416	2093503
中部地区	Middle Region	123	206	22943	604108	778131
西部地区	Western Region	154	244	26735	537519	623009
东北地区	Northeaastern Region	29	53	9787	207881	278767
北 京	Beijing	56	76	6280	258869	111898
天 津	Tianjin	36	46	3939	96314	127387
河 北	Hebei	22	25	3237	59041	92339
山 西	Shanxi	8	8	533	12951	13083
内蒙古	Inner Mongolia	5	5	270	3390	7865
辽 宁	Liaoning	17	31	7561	173736	227211
吉 林	Jilin	1	1	24	695	307
黑龙江	Heilongjiang	11	21	2202	33450	51249
上 海	Shanghai	37	43	5281	179369	176931
江 苏	Jiangsu	93	139	10545	273123	547448
浙 江	Zhejiang	35	55	12066	349151	103050
安 徽	Anhui	42	67	5200	146979	266697
福 建	Fujian	10	28	6343	122286	46756
江 西	Jiangxi	11	16	2677	41579	237818
山 东	Shandong	24	55	21957	663866	586271
河 南	Henan	20	45	3682	90138	78612
湖 北	Hubei	22	42	7929	269517	117813
湖 南	Hunan	20	28	2922	42944	64108
广 东	Guangdong	109	210	39967	1326398	301424
广 西	Guangxi	6	6	513	2694	1599
海 南	Hainan					
重 庆	Chongqing	24	36	2863	78922	54493
四 川	Sichuan	38	54	7326	151756	210609
贵 州	Guizhou	22	23	3397	99408	86595
云 南	Yunnan	10	12	812	17464	11954
西 藏	Tibet					
陕 西	Shaanxi	42	99	11073	173441	225222
甘 肃	Gansu	2	2	337	7721	22118
青 海	Qinghai	3	4	64	1885	1365
宁 夏	Ningxia					
新 疆	Xinjiang	2	3	80	839	1190

2-7-8 按地区和登记注册类型分高技术产业企业办研发机构情况(2016年)
R&D Institutions in High-tech Industry by Region and Registration Status(2016)

地 区	Region	内资企业 Domestic Funded				
		有研发机构的企业数(个) Number of Enterprises with R&D Institutions (unit)	机构数(个) R&D Institutions (unit)	机构人员(人) Personnel in R&D Institutions (person)	机构经费支出(万元) Expenditure in R&D Institutions (10000 yuan)	#仪器设备 Equipment
全 国	**Total**	**8148**	**10526**	**615616**	**18884684**	**10888141**
东部地区	Eastern Region	6053	7741	471902	16139665	7605189
中部地区	Middle Region	1296	1728	75918	1514976	1735111
西部地区	Western Region	655	868	49194	933445	1170397
东北地区	Northeaastern Region	144	189	18602	296598	377443
北 京	Beijing	183	230	13236	414334	201569
天 津	Tianjin	88	105	9181	239694	249374
河 北	Hebei	145	165	9523	135172	199249
山 西	Shanxi	57	68	2840	48561	49522
内蒙古	Inner Mongolia	20	28	738	8762	15977
辽 宁	Liaoning	62	88	11716	203519	258132
吉 林	Jilin	39	54	3638	50613	51719
黑龙江	Heilongjiang	43	47	3248	42467	67592
上 海	Shanghai	76	90	6740	221706	203711
江 苏	Jiangsu	2020	2522	85314	2044432	2289243
浙 江	Zhejiang	1006	1168	50805	1191979	863995
安 徽	Anhui	426	614	21225	430661	709870
福 建	Fujian	161	210	12713	295563	205700
江 西	Jiangxi	201	251	12167	192426	338969
山 东	Shandong	391	594	42666	1137397	1084240
河 南	Henan	226	299	14483	269216	214754
湖 北	Hubei	159	221	14265	369663	225030
湖 南	Hunan	227	275	10938	204449	196966
广 东	Guangdong	1973	2647	241007	10445238	2299900
广 西	Guangxi	40	46	1861	23690	26317
海 南	Hainan	10	10	717	14150	8210
重 庆	Chongqing	152	187	7732	199069	147055
四 川	Sichuan	180	241	15905	277010	404698
贵 州	Guizhou	60	71	4707	133703	104786
云 南	Yunnan	44	53	1524	30354	19201
西 藏	Tibet	1	1	7	38	26
陕 西	Shaanxi	102	170	12873	204647	246372
甘 肃	Gansu	19	23	1399	23281	54786
青 海	Qinghai	12	16	260	4085	11520
宁 夏	Ningxia	13	17	1873	25171	77659
新 疆	Xinjiang	12	15	315	3637	62002

2-7-8 续表 1 continued

地 区	Region	#国有企业 State-owned Enterprises 有研发机构的企业数(个) Number of Enterprises with R&D Institutions (unit)	机构数(个) R&D Institutions (unit)	机构人员(人) Personnel in R&D Institutions (person)	机构经费支出(万元) Expenditure in R&D Institutions (10000 yuan)	#仪器设备 Equipment
全 国	**Total**	**75**	**141**	**16097**	**395835**	**492195**
东部地区	Eastern Region	21	30	3194	87441	152628
中部地区	Middle Region	16	32	7222	217651	184596
西部地区	Western Region	34	75	5573	88651	150122
东北地区	Northeaastern Region	4	4	108	2092	4848
北 京	Beijing	5	5	457	26889	6438
天 津	Tianjin					
河 北	Hebei	3	3	470	4767	5262
山 西	Shanxi	2	2	172	3692	887
内 蒙 古	Inner Mongolia					
辽 宁	Liaoning	1	1	61	1421	998
吉 林	Jilin					
黑 龙 江	Heilongjiang	3	3	47	672	3851
上 海	Shanghai	2	2	505	17255	81862
江 苏	Jiangsu	5	7	609	22943	24873
浙 江	Zhejiang	1	1	112	2429	786
安 徽	Anhui	4	6	878	966	91897
福 建	Fujian					
江 西	Jiangxi					
山 东	Shandong	2	8	880	8411	31161
河 南	Henan	3	3	610	10070	9678
湖 北	Hubei	6	20	5477	201100	79681
湖 南	Hunan	1	1	85	1823	2453
广 东	Guangdong	3	4	161	4746	2247
广 西	Guangxi	2	2	66	188	477
海 南	Hainan					
重 庆	Chongqing	3	4	145	1284	1838
四 川	Sichuan	11	20	2031	28773	73863
贵 州	Guizhou	6	7	688	9492	12043
云 南	Yunnan					
西 藏	Tibet					
陕 西	Shaanxi	11	41	2632	48697	61403
甘 肃	Gansu	1	1	11	217	498
青 海	Qinghai					
宁 夏	Ningxia					
新 疆	Xinjiang					

2-7-8 续表 2 continued

地区	Region	港澳台投资企业 Enterprises with Funds from Hong Kong, Macau and Taiwan				
		有研发机构的企业数(个) Number of Enterprises with R&D Institutions (unit)	机构数(个) R&D Institutions (unit)	机构人员(人) Personnel in R&D Institutions (person)	机构经费支出(万元) Expenditure in R&D Institutions (10000 yuan)	#仪器设备 Equipment
全国	**Total**	**1250**	**1559**	**135576**	**3271483**	**2327564**
东部地区	Eastern Region	1159	1441	119327	2981644	2115144
中部地区	Middle Region	56	73	13708	224028	159229
西部地区	Western Region	22	32	1742	36876	43954
东北地区	Northeaastern Region	13	13	799	28935	9237
北京	Beijing	17	22	3550	253547	27578
天津	Tianjin	7	13	1430	31906	14066
河北	Hebei	3	3	1423	45629	8231
山西	Shanxi	1	1	90	1362	1426
内蒙古	Inner Mongolia	3	3	142	14858	3113
辽宁	Liaoning	6	6	415	12227	5279
吉林	Jilin	3	3	168	13722	1809
黑龙江	Heilongjiang	4	4	216	2986	2148
上海	Shanghai	23	31	3688	185660	128409
江苏	Jiangsu	417	512	25294	662853	832533
浙江	Zhejiang	101	109	14808	496678	161555
安徽	Anhui	14	17	1331	69468	15031
福建	Fujian	42	59	7534	221029	111602
江西	Jiangxi	14	15	534	9415	10947
山东	Shandong	12	21	793	30501	19565
河南	Henan	11	22	6343	75477	56429
湖北	Hubei	8	10	755	27084	13500
湖南	Hunan	8	8	4655	41224	61896
广东	Guangdong	536	670	60680	1053830	811463
广西	Guangxi	2	2	268	2407	818
海南	Hainan	1	1	127	11	143
重庆	Chongqing	9	11	898	12789	32774
四川	Sichuan	2	9	122	604	742
贵州	Guizhou	1	1	14	113	188
云南	Yunnan	4	5	290	6103	6315
西藏	Tibet					
陕西	Shaanxi	1	1	8	2	5
甘肃	Gansu					
青海	Qinghai					
宁夏	Ningxia					
新疆	Xinjiang					

2-7-8 续表 3 continued

地 区	Region	外商投资企业 Foreign Funded Enterprises 有研发机构的企业数(个) Number of Enterprises with R&D Institutions (unit)	机构数(个) R&D Institutions (unit)	机构人员(人) Personnel in R&D Institutions (person)	机构经费支出(万元) Expenditure in R&D Institutions (10000 yuan)	#仪器设备 Equipment
全 国	**Total**	**1429**	**1656**	**128238**	**3714419**	**4534403**
东部地区	Eastern Region	1350	1549	123244	3621046	4455435
中部地区	Middle Region	49	66	2971	50862	35361
西部地区	Western Region	21	23	1163	20060	30837
东北地区	Northeaastern Region	9	18	860	22451	12770
北 京	Beijing	31	41	2032	132610	256606
天 津	Tianjin	11	15	1626	42812	229312
河 北	Hebei	11	14	734	28360	23895
山 西	Shanxi	2	2	156	961	807
内 蒙 古	Inner Mongolia					
辽 宁	Liaoning	6	6	334	9576	4756
吉 林	Jilin					
黑 龙 江	Heilongjiang	3	12	526	12875	8014
上 海	Shanghai	38	42	9968	505615	574412
江 苏	Jiangsu	750	800	44425	1245336	2061664
浙 江	Zhejiang	97	116	8090	260249	172171
安 徽	Anhui	11	23	792	15464	9164
福 建	Fujian	28	39	6847	137551	85975
江 西	Jiangxi	14	16	1019	20873	16943
山 东	Shandong	41	60	9896	228923	239103
河 南	Henan	12	15	578	8938	3869
湖 北	Hubei	4	4	172	1225	1731
湖 南	Hunan	6	6	254	3402	2847
广 东	Guangdong	339	418	39330	1036577	810895
广 西	Guangxi	2	2	50	1143	1355
海 南	Hainan	4	4	296	3015	1405
重 庆	Chongqing	4	4	136	1321	3221
四 川	Sichuan	7	7	279	3735	16317
贵 州	Guizhou					
云 南	Yunnan	3	3	83	1543	862
西 藏	Tibet					
陕 西	Shaanxi	4	6	313	5234	5936
甘 肃	Gansu					
青 海	Qinghai					
宁 夏	Ningxia					
新 疆	Xinjiang	1	1	302	7084	3146

2-7-9 按地区和行业分高技术产业企业办研发机构情况(2016年)
R&D Institutions in High-tech Industry by Region and Industrial Sector (2016)

地 区	Region	医药制造业 Medical and Pharmaceutical Products Manufacturing				
		有研发机构的企业数(个) Number of Enterprises with R&D Institutions (unit)	机构数(个) R&D Institutions (unit)	机构人员(人) Personnel in R&D Institutions (person)	机构经费支出(万元) Expenditure in R&D Institutions (10000 yuan)	#仪器设备 Equipment
全 国	**Total**	**2310**	**3043**	**133133**	**3294409**	**3230752**
东部地区	Eastern Region	1360	1804	88734	2452776	2286945
中部地区	Middle Region	567	756	25748	467182	483011
西部地区	Western Region	298	369	12501	266835	367003
东北地区	Northeaastern Region	85	114	6150	107615	93792
北 京	Beijing	70	74	4735	157916	131447
天 津	Tianjin	35	46	5565	117219	108265
河 北	Hebei	67	78	4921	131513	79858
山 西	Shanxi	35	38	1955	35073	39223
内蒙古	Inner Mongolia	15	17	588	22302	9201
辽 宁	Liaoning	23	26	1153	20685	18444
吉 林	Jilin	36	50	3457	60042	48297
黑龙江	Heilongjiang	26	38	1540	26888	27051
上 海	Shanghai	48	57	4002	137700	129695
江 苏	Jiangsu	449	573	21821	667286	522778
浙 江	Zhejiang	236	326	14721	334308	335534
安 徽	Anhui	139	220	5032	79979	133639
福 建	Fujian	46	62	2446	35635	35610
江 西	Jiangxi	104	123	3540	58428	39094
山 东	Shandong	191	289	16295	489630	555277
河 南	Henan	121	165	7013	117374	102397
湖 北	Hubei	81	104	4799	100367	85581
湖 南	Hunan	87	106	3409	75961	83077
广 东	Guangdong	204	285	13233	369737	378883
广 西	Guangxi	26	29	1423	19410	23882
海 南	Hainan	14	14	995	11834	9599
重 庆	Chongqing	57	66	3075	94749	76989
四 川	Sichuan	70	103	2458	36078	108244
贵 州	Guizhou	28	34	1096	32631	13884
云 南	Yunnan	37	45	1265	23814	17032
西 藏	Tibet	1	1	7	38	26
陕 西	Shaanxi	29	32	924	17465	16911
甘 肃	Gansu	17	19	680	10244	29129
青 海	Qinghai	6	7	73	1791	1587
宁 夏	Ningxia	6	9	738	6074	12254
新 疆	Xinjiang	6	7	174	2238	57865

2-7-9 续表 1 continued

地 区	Region	航空、航天器及设备制造业 Manufacture of Aircrafts and Spacecrafts and Related Equipment 有研发机构的企业数(个) Number of Enterprises with R&D Institutions (unit)	机构数(个) R&D Institutions (unit)	机构人员(人) Personnel in R&D Institutions (person)	机构经费支出(万元) Expenditure in R&D Institutions (10000 yuan)	#仪器设备 Equipment
全 国	**Total**	**149**	**200**	**32043**	**751947**	**1136344**
东部地区	Eastern Region	68	86	8048	261751	321138
中部地区	Middle Region	19	23	5265	105411	288346
西部地区	Western Region	49	76	13156	238249	293420
东北地区	Northeaastern Region	13	15	5574	146537	233440
北 京	Beijing	9	17	1352	43563	8699
天 津	Tianjin	2	2	390	4065	10771
河 北	Hebei	4	4	1020	8564	37854
山 西	Shanxi	1	1	17	10	31
内 蒙 古	Inner Mongolia					
辽 宁	Liaoning	7	9	4174	126837	194554
吉 林	Jilin					
黑 龙 江	Heilongjiang	6	6	1400	19699	38885
上 海	Shanghai	3	3	1394	44795	101854
江 苏	Jiangsu	35	43	1770	66463	120680
浙 江	Zhejiang	3	4	83	809	2855
安 徽	Anhui	4	4	101	1419	2337
福 建	Fujian					
江 西	Jiangxi	1	1	1566	25165	220964
山 东	Shandong	3	3	571	7958	26460
河 南	Henan	6	9	1977	58514	21160
湖 北	Hubei	4	5	853	13341	12152
湖 南	Hunan	3	3	751	6962	31702
广 东	Guangdong	9	10	1468	85535	11965
广 西	Guangxi					
海 南	Hainan					
重 庆	Chongqing	1	1	28	422	303
四 川	Sichuan	12	18	3152	59139	116187
贵 州	Guizhou	14	16	2477	82772	37576
云 南	Yunnan					
西 藏	Tibet					
陕 西	Shaanxi	22	41	7499	95916	139354
甘 肃	Gansu					
青 海	Qinghai					
宁 夏	Ningxia					
新 疆	Xinjiang					

2-7-9 续表 2 continued

地 区	Region	电子及通信设备制造业 Manufacture of Electronic Equipment and Communication Equipment				
		有研发机构的企业数（个） Number of Enterprises with R&D Institutions (unit)	机构数（个） R&D Institutions (unit)	机构人员（人） Personnel in R&D Institutions (person)	机构经费支出（万元） Expenditure in R&D Institutions (10000 yuan)	#仪器设备 Equipment
全 国	**Total**	**5592**	**7059**	**533882**	**17811707**	**10100641**
东部地区	Eastern Region	4789	5968	465593	16453889	8784885
中部地区	Middle Region	546	730	45980	933571	929304
西部地区	Western Region	220	311	17668	352812	335507
东北地区	Northeaastern Region	37	50	4641	71436	50945
北 京	Beijing	67	92	5529	263893	280958
天 津	Tianjin	45	53	5137	137531	300304
河 北	Hebei	53	58	2958	34423	66784
山 西	Shanxi	13	21	665	9760	9184
内 蒙 古	Inner Mongolia	2	2	61	666	785
辽 宁	Liaoning	25	37	4142	64496	41886
吉 林	Jilin	5	6	239	4233	5173
黑 龙 江	Heilongjiang	7	7	260	2706	3886
上 海	Shanghai	59	72	12597	668607	644452
江 苏	Jiangsu	1672	1985	86103	2054948	3347307
浙 江	Zhejiang	581	637	40570	1226133	592978
安 徽	Anhui	228	318	14831	346665	537563
福 建	Fujian	141	182	16868	413790	306797
江 西	Jiangxi	92	117	6997	115357	81788
山 东	Shandong	136	226	12793	420174	185287
河 南	Henan	59	78	8094	108854	78312
湖 北	Hubei	56	79	7850	248356	113208
湖 南	Hunan	98	117	7543	104579	109250
广 东	Guangdong	2034	2662	282893	11229049	3059862
广 西	Guangxi	10	13	617	4988	3434
海 南	Hainan	1	1	145	5342	158
重 庆	Chongqing	64	80	2896	75797	50777
四 川	Sichuan	83	107	8716	166912	142741
贵 州	Guizhou	15	18	978	16991	49375
云 南	Yunnan	6	6	155	4387	5273
西 藏	Tibet					
陕 西	Shaanxi	32	72	3379	68603	48398
甘 肃	Gansu	2	4	719	13037	25657
青 海	Qinghai	4	7	120	1060	8716
宁 夏	Ningxia					
新 疆	Xinjiang	2	2	27	372	350

2-7-9 续表 3 continued

地 区	Region	计算机及办公设备制造业 Manufacture of Computer and Office Equipments				
		有研发机构的企业数 (个) Number of Enterprises with R&D Institutions (unit)	机构数 (个) R&D Institutions (unit)	机构人员 (人) Personnel in R&D Institutions (person)	机构经费支出 (万元) Expenditure in R&D Institutions (10000 yuan)	#仪器设备 Equipment
全 国	**Total**	**614**	**783**	**68371**	**1679883**	**1192272**
东部地区	Eastern Region	555	702	62686	1573839	1078787
中部地区	Middle Region	32	47	3118	78196	41746
西部地区	Western Region	25	32	2411	24741	71582
东北地区	Northeaastern Region	2	2	156	3107	158
北 京	Beijing	13	19	2448	211668	12006
天 津	Tianjin	2	2	53	443	1359
河 北	Hebei	3	3	230	1784	526
山 西	Shanxi					
内蒙古	Inner Mongolia	2	4	53	86	41
辽 宁	Liaoning					
吉 林	Jilin					
黑龙江	Heilongjiang	2	2	156	3107	158
上 海	Shanghai	6	8	369	14594	2739
江 苏	Jiangsu	174	199	10294	294216	280872
浙 江	Zhejiang	52	52	2279	49118	30349
安 徽	Anhui	17	27	1416	50621	33781
福 建	Fujian	14	28	6735	195011	45833
江 西	Jiangxi	2	2	62	328	122
山 东	Shandong	9	15	18266	376734	466723
河 南	Henan	4	5	342	6815	2821
湖 北	Hubei	4	4	107	1482	201
湖 南	Hunan	5	9	1191	18950	4822
广 东	Guangdong	282	376	22012	430273	238380
广 西	Guangxi	1	1	6	53	182
海 南	Hainan					
重 庆	Chongqing	15	17	1288	13856	26742
四 川	Sichuan	4	7	852	6516	43927
贵 州	Guizhou					
云 南	Yunnan	3	3	212	4231	691
西 藏	Tibet					
陕 西	Shaanxi					
甘 肃	Gansu					
青 海	Qinghai					
宁 夏	Ningxia					
新 疆	Xinjiang					

2-7-9 续表 4 continued

地 区	Region	医疗仪器设备及仪器仪表制造业 Manufacture of Medical Equipments and Measuring Instrument 有研发机构的企业数（个）Number of Enterprises with R&D Institutions (unit)	机构数（个）R&D Institutions (unit)	机构人员（人）Personnel in R&D Institutions (person)	机构经费支出（万元）Expenditure in R&D Institutions (10000 yuan)	#仪器设备 Equipment
全 国	**Total**	**1996**	**2423**	**100279**	**1997694**	**1645912**
东部地区	Eastern Region	1665	2001	81830	1746305	1361857
中部地区	Middle Region	213	272	10235	155399	128813
西部地区	Western Region	89	111	4474	76701	134126
东北地区	Northeaastern Region	29	39	3740	19289	21116
北 京	Beijing	70	89	4636	121971	50985
天 津	Tianjin	20	28	917	48504	59147
河 北	Hebei	26	30	1594	20322	29377
山 西	Shanxi	10	10	360	2349	2971
内蒙古	Inner Mongolia	2	6	53	399	2618
辽 宁	Liaoning	19	28	2996	13303	13283
吉 林	Jilin	1	1	110	59	59
黑龙江	Heilongjiang	9	10	634	5926	7774
上 海	Shanghai	21	23	2034	47285	27791
江 苏	Jiangsu	790	928	30940	713857	656791
浙 江	Zhejiang	310	352	15387	293419	212406
安 徽	Anhui	59	78	1768	35633	26129
福 建	Fujian	28	34	1032	9550	14293
江 西	Jiangxi	25	29	1084	13763	16198
山 东	Shandong	95	130	4617	84624	89571
河 南	Henan	51	70	3252	45628	33163
湖 北	Hubei	21	32	864	16271	17693
湖 南	Hunan	47	53	2907	41756	32658
广 东	Guangdong	305	387	20673	406773	221496
广 西	Guangxi	7	7	133	2789	992
海 南	Hainan					
重 庆	Chongqing	27	37	1419	27969	25331
四 川	Sichuan	19	21	1061	11467	9169
贵 州	Guizhou	4	4	170	1421	4139
云 南	Yunnan	4	4	152	5419	3370
西 藏	Tibet					
陕 西	Shaanxi	21	27	1194	23365	42074
甘 肃	Gansu					
青 海	Qinghai					
宁 夏	Ningxia	3	3	259	3164	45756
新 疆	Xinjiang	2	2	33	708	677

2-7-9 续表 5 continued

地 区	Region	信息化学品制造业 Manufacture of Electronic Chemicals 有研发机构的企业数（个）Number of Enterprises with R&D Institutions (unit)	机构数（个）R&D Institutions (unit)	机构人员（人）Personnel in R&D Institutions (person)	机构经费支出（万元）Expenditure in R&D Institutions (10000 yuan)	#仪器设备 Equipment
全　国	**Total**	**166**	**233**	**11722**	**334945**	**444187**
东部地区	Eastern Region	125	170	7582	253795	342156
中部地区	Middle Region	24	39	2251	50107	58481
西部地区	Western Region	17	24	1889	31043	43550
东北地区	Northeaastern Region					
北　京	Beijing	2	2	118	1481	1658
天　津	Tianjin	2	2	175	6649	12907
河　北	Hebei	6	9	957	12556	16976
山　西	Shanxi	1	1	89	3691	346
内蒙古	Inner Mongolia	2	2	125	168	6444
辽　宁	Liaoning					
吉　林	Jilin					
黑龙江	Heilongjiang					
上　海	Shanghai					
江　苏	Jiangsu	67	106	4105	155852	255012
浙　江	Zhejiang	22	22	663	45120	23598
安　徽	Anhui	4	7	200	1276	616
福　建	Fujian	2	2	13	158	744
江　西	Jiangxi	5	10	471	9674	8694
山　东	Shandong	10	12	813	17702	19590
河　南	Henan	8	9	726	16446	37198
湖　北	Hubei	5	11	719	18155	11427
湖　南	Hunan	1	1	46	866	200
广　东	Guangdong	14	15	738	14278	11672
广　西	Guangxi					
海　南	Hainan					
重　庆	Chongqing	1	1	60	386	2907
四　川	Sichuan	1	1	67	1237	1489
贵　州	Guizhou					
云　南	Yunnan	1	3	113	149	12
西　藏	Tibet					
陕　西	Shaanxi	3	5	198	4534	5576
甘　肃	Gansu					
青　海	Qinghai	2	2	67	1233	1217
宁　夏	Ningxia	4	5	876	15933	19649
新　疆	Xinjiang	3	5	383	7403	6256

固定资产投资情况
Statistics on Investment in Fixed Assets

3-1-1　高技术产业固定资产投资基本情况
Statistics on Investment in Fixed Assets in High-tech Industry

指　　标	Indicator	2000	2005	2013	2014	2015	2016
施工项目个数（个）	Number of Projects under Construction (unit)	2734	7095	17691	18403	20028	23715
#新开工项目个数	Number of Projects Started This Year	1640	4460	11637	12039	14122	17498
全部建成投产项目个数（个）	Number of Projects Completed and Put into Use (unit)	1282	3158	10528	11914	14100	14949
项目建成投产率（%）	Rate of Projects Completed and Put into Use (%)	46.89	44.51	59.51	64.74	70.40	63.04
投资额（亿元）	Investment (100 million yuan)	562.95	2144.09	15557.6817	17451.72	19950.65	22786.67
新增固定资产（亿元）	Newly Increased Fixed Assets (100 million yuan)	421.02	1463.88	9874.2725	11790.74	14307.54	13140.26
固定资产交付使用率（%）	Rate of Fixed Assets Put into Use (%)	74.79	68.28	63.47	67.56	71.71	57.67

注：2000年数据口径为投资额在50万元以上的基本建设项目和更新改造项目，2005年的数据口径为投资额在50万元以上的城镇项目，2011年及以后年份数据口径为投资额在500万元以上的全部项目。以下至3-1-12表相同。

3-1-2　制造业固定资产投资基本情况
Statistics on Investment in Fixed Assets in Manufacturing Industry

指　　标	Indicator	2000	2005	2013	2014	2015	2016
施工项目个数（个）	Number of Projects under Construction (unit)	28463	90627	214681	228053	247943	280771
#新开工项目个数	Number of Projects Started This Year	19566	67686	153839	164543	189695	223097
全部建成投产项目个数（个）	Number of Projects Completed and Put into Use (unit)	16803	49335	142785	162735	191427	200653
项目建成投产率（%）	Rate of Projects Completed and Put into Use (%)	59.03	54.44	66.51	71.36	77.21	71.47
投资额（亿元）	Investment (100 million yuan)	3279.26	20406.58	147584.43	166897.74	180233.40	187835.98
新增固定资产（亿元）	Newly Increased Fixed Assets (100 million yuan)	2689.27	13276.49	103244.61	124992.02	144434.70	128756.09
固定资产交付使用率（%）	Rate of Fixed Assets Put into Use (%)	82.01	65.06	69.96	74.89	80.14	68.55

3-1-3 分行业固定资产投资情况
Statistics on Investment in Fixed Assets in High-tech Industry by Industrial Sector

行业	Industry	施工项目（个） Number of Projects under Construction (unit)					
		2000	2005	2013	2014	2015	2016
合计	**Total**	**2734**	**7095**	**17691**	**18403**	**20028**	**23715**
医药制造业	**Manufacture of Medicines**	**1261**	**3201**	**5755**	**6132**	**6468**	**7270**
#化学药品制造	Manufacture of Chemical Medicine	727	1185	1810	1845	1950	2202
中成药生产	Production of Finished Traditional Chinese Herbal Medicine	374	718	1131	1184	1205	1268
生物药品制造	Manufacture of Biological Medicine	120	405	1025	1056	1137	1268
航空、航天器及设备制造业	**Manufacture of Aircrafts and Spacecrafts and Related Equipment**	**331**	**181**	**370**	**375**	**422**	**462**
#飞机制造	Manufacture of Airplanes	274	159	127	141	141	195
航天器制造	Manufacture of Spacecrafts	57	22	31	21	25	28
电子及通信设备制造业	**Manufacture of Electronic Equipment and Communication Equipment**	**826**	**2524**	**7754**	**7941**	**8507**	**10498**
#通信设备制造	Manufacture of Communication Equipment	159	394	791	863	982	1238
#通信系统设备制造	Manufacture of Communication System Equipment	91	142	500	548	621	751
通信终端设备制造	Manufacture of Communication Terminal Equipment	36	49	291	315	361	487
广播电视设备制造	Manufacture of Broadcasting and TV Equipment	19	57	315	243	249	308
雷达及配套设备制造	Manufacture of Radar and Its Fittings	32	28	88	64	67	87
视听设备制造	Manufacture of TV Set and Radio Receiver	92	174	193	255	264	344
电子器件制造	Manufacture of Electronic Appliances	153	474	1608	1667	1689	2026
#电子真空器件制造	Manufacture of Electronic Vacuum Appliance	49	63	186	160	124	126
半导体分立器件制造	Manufacture of Semiconductor Discreting Appliances	57	54	117	116	132	213
集成电路制造	Manufacture of Integrate Circuit	47	139	249	241	241	305
电子元件制造	Manufacture of Electronic Components	291	1059	2606	2532	2714	3275
其他电子设备制造	Manufacture of Other Electronic Equipment	80	338	901	1057	1179	1367
计算机及办公设备制造业	**Manufacture of Computers and Office Equipment**	**72**	**298**	**799**	**849**	**1011**	**1104**
#计算机整机制造	Manufacture of Entired Computer	35	66	128	108	96	107
计算机零部件制造	Manufacture of Computer Components and Parts	32	184	276	313	396	387
计算机外围设备制造	Manufacture of Computer Peripheral Equipment			130	138	191	200
办公设备制造	Manufacture of Office Equipment	5	48	49	73	84	104
医疗仪器设备及仪器仪表制造业	**Manufacture of Medical Equipments and Measuring Instrument**	**244**	**891**	**3013**	**3106**	**3410**	**4033**
1.医疗仪器设备及器械制造	Manufacture of Medical Equipment and Appliance	72	238	1064	1101	1293	1616
2.仪器仪表制造	Manufacture of Measuring Instrument	172	653	1949	2005	2117	2417
信息化学品制造业	**Manufacture of Electronic Chemicals**					**210**	**348**

3-1-3　续表 1　continued

行　业	Industry	新开工项目（个） Number of Projects Started This Year (unit)					
		2000	2005	2013	2014	2015	2016
合计	**Total**	**1640**	**4460**	**11637**	**12039**	**14122**	**17498**
医药制造业	**Manufacture of Medicines**	**774**	**1983**	**3706**	**3931**	**4353**	**5158**
#化学药品制造	Manufacture of Chemical Medicine	450	720	1117	1123	1290	1528
中成药生产	Production of Finished Traditional Chinese Herbal Medicine	237	446	718	753	746	849
生物药品制造	Manufacture of Biological Medicine	65	245	642	625	753	866
航空、航天器及设备制造业	**Manufacture of Aircrafts and Spacecrafts and Related Equipment**	**196**	**68**	**206**	**215**	**250**	**325**
#飞机制造	Manufacture of Airplanes	160	61	63	79	70	136
航天器制造	Manufacture of Spacecrafts	36	7	14	10	16	20
电子及通信设备制造业	**Manufacture of Electronic Equipment and Communication Equipment**	**481**	**1632**	**5118**	**5157**	**6080**	**7790**
#通信设备制造	Manufacture of Communication Equipment	90	251	480	511	673	910
#通信系统设备制造	Manufacture of Communication System Equipment	48	82	313	325	438	551
通信终端设备制造	Manufacture of Communication Terminal Equipment	21	35	167	186	235	359
广播电视设备制造	Manufacture of Broadcasting and TV Equipment	13	40	192	159	188	239
雷达及配套设备制造	Manufacture of Radar and Its Fittings	18	12	45	43	41	67
视听设备制造	Manufacture of TV Set and Radio Receiver	54	104	131	178	185	251
电子器件制造	Manufacture of Electronic Appliances	73	284	1014	1060	1130	1437
#电子真空器件制造	Manufacture of Electronic Vacuum Appliance	27	36	108	115	95	96
半导体分立器件制造	Manufacture of Semiconductor Discreting Appliances	23	28	71	78	91	161
集成电路制造	Manufacture of Integrate Circuit	23	69	142	144	154	215
电子元件制造	Manufacture of Electronic Components	185	722	1858	1728	2024	2476
其他电子设备制造	Manufacture of Other Electronic Equipment	48	219	611	687	867	1018
计算机及办公设备制造业	**Manufacture of Computers and Office Equipment**	**34**	**164**	**524**	**559**	**755**	**806**
#计算机整机制造	Manufacture of Entired Computer	16	34	65	57	57	68
计算机零部件制造	Manufacture of Computer Components and Parts	15	97	184	218	315	291
计算机外围设备制造	Manufacture of Computer Peripheral Equipment			92	93	144	142
办公设备制造	Manufacture of Office Equipment	3	33	34	49	60	77
医疗仪器设备及仪器仪表制造业	**Manufacture of Medical Equipments and Measuring Instrument**	**155**	**613**	**2083**	**2177**	**2532**	**3159**
1.医疗仪器设备及器械制造	Manufacture of Medical Equipment and Appliance	42	165	771	786	975	1243
2.仪器仪表制造	Manufacture of Measuring Instrument	113	448	1312	1391	1557	1916
信息化学品制造业	**Manufacture of Electronic Chemicals**					**152**	**260**

3-1-3 续表 2 continued

行业	Industry	建成投产项目（个） Number of Projects Completed and Put into Use (unit)					
		2000	2005	2013	2014	2015	2016
合计	**Total**	**1282**	**3158**	**10528**	**11914**	**14100**	**14949**
医药制造业	**Manufacture of Medicines**	**602**	**1457**	**3335**	**3802**	**4438**	**4496**
#化学药品制造	Manufacture of Chemical Medicine	369	546	1048	1114	1343	1317
中成药生产	Production of Finished Traditional Chinese Herbal Medicine	173	356	652	693	777	762
生物药品制造	Manufacture of Biological Medicine	38	132	546	622	758	780
航空、航天器及设备制造业	**Manufacture of Aircrafts and Spacecrafts and Related Equipment**	**168**	**73**	**191**	**181**	**252**	**244**
#飞机制造	Manufacture of Airplanes	155	64	58	63	66	106
航天器制造	Manufacture of Spacecrafts	13	9	20	10	19	18
电子及通信设备制造业	**Manufacture of Electronic Equipment and Communication Equipment**	**374**	**1111**	**4586**	**5232**	**6077**	**6559**
#通信设备制造	Manufacture of Communication Equipment	64	166	399	520	643	759
#通信系统设备制造	Manufacture of Communication System Equipment	33	53	255	347	420	484
通信终端设备制造	Manufacture of Communication Terminal Equipment	19	26	144	173	223	275
广播电视设备制造	Manufacture of Broadcasting and TV Equipment	11	21	223	167	187	207
雷达及配套设备制造	Manufacture of Radar and Its Fittings	15	8	54	37	44	44
视听设备制造	Manufacture of TV Set and Radio Receiver	45	64	116	165	190	213
电子器件制造	Manufacture of Electronic Appliances	65	195	930	1034	1150	1237
#电子真空器件制造	Manufacture of Electronic Vacuum Appliance	23	24	129	122	94	85
半导体分立器件制造	Manufacture of Semiconductor Discreting Appliances	27	25	72	73	87	136
集成电路制造	Manufacture of Integrate Circuit	15	47	127	149	157	174
电子元件制造	Manufacture of Electronic Components	139	502	1600	1778	2042	2133
其他电子设备制造	Manufacture of Other Electronic Equipment	35	155	519	701	866	854
计算机及办公设备制造业	**Manufacture of Computers and Office Equipment**	**32**	**118**	**464**	**576**	**653**	**710**
#计算机整机制造	Manufacture of Entired Computer	12	25	71	68	54	58
计算机零部件制造	Manufacture of Computer Components and Parts	18	68	167	221	291	249
计算机外围设备制造	Manufacture of Computer Peripheral Equipment			85	93	116	132
办公设备制造	Manufacture of Office Equipment	2	25	26	48	55	77
医疗仪器设备及仪器仪表制造业	**Manufacture of Medical Equipments and Measuring Instrument**	**106**	**399**	**1952**	**2123**	**2543**	**2707**
1.医疗仪器设备及器械制造	Manufacture of Medical Equipment and Appliance	27	109	702	754	945	1059
2.仪器仪表制造	Manufacture of Measuring Instrument	79	290	1250	1369	1598	1648
信息化学品制造业	**Manufacture of Electronic Chemicals**					**137**	**233**

3-1-3　续表 3　continued

行　业	Industry	项目建成投产率 (%) Rate of Projects Completed and Put into Use (%)					
		2000	2005	2013	2014	2015	2016
合计	**Total**	**46.89**	**44.51**	**59.51**	**64.74**	**70.40**	**63.04**
医药制造业	**Manufacture of Medicines**	**47.74**	**45.52**	**57.95**	**62.00**	**68.61**	**61.84**
#化学药品制造	Manufacture of Chemical Medicine	50.76	46.08	57.90	60.38	68.87	59.81
中成药生产	Production of Finished Traditional Chinese Herbal Medicine	46.26	49.58	57.65	58.53	64.48	60.09
生物药品制造	Manufacture of Biological Medicine	31.67	32.59	53.27	58.90	66.67	61.51
航空、航天器及设备制造业	**Manufacture of Aircrafts and Spacecrafts and Related Equipment**	**50.76**	**40.33**	**51.62**	**48.27**	**59.72**	**52.81**
#飞机制造	Manufacture of Airplanes	56.57	40.25	45.67	44.68	46.81	54.36
航天器制造	Manufacture of Spacecrafts	22.81	40.91	64.52	47.62	76.00	64.29
电子及通信设备制造业	**Manufacture of Electronic Equipment and Communication Equipment**	**45.28**	**44.02**	**59.14**	**65.89**	**71.44**	**62.48**
#通信设备制造	Manufacture of Communication Equipment	40.25	42.13	50.44	60.25	65.48	61.31
#通信系统设备制造	Manufacture of Communication System Equipment	36.26	37.32	51.00	63.32	67.63	64.45
通信终端设备制造	Manufacture of Communication Terminal Equipment	52.78	53.06	49.48	54.92	61.77	56.47
广播电视设备制造	Manufacture of Broadcasting and TV Equipment	57.89	36.84	70.79	68.72	75.10	67.21
雷达及配套设备制造	Manufacture of Radar and Its Fittings	46.88	28.57	61.36	57.81	65.67	50.57
视听设备制造	Manufacture of TV Set and Radio Receiver	57.89	36.78	60.10	64.71	71.97	61.92
电子器件制造	Manufacture of Electronic Appliances	42.48	41.14	57.84	62.03	68.09	61.06
#电子真空器件制造	Manufacture of Electronic Vacuum Appliance	46.94	38.10	69.35	76.25	75.81	67.46
半导体分立器件制造	Manufacture of Semiconductor Discreting Appliances	47.37	46.30	61.54	62.93	65.91	63.85
集成电路制造	Manufacture of Integrate Circuit	31.91	33.81	51.00	61.83	65.15	57.05
电子元件制造	Manufacture of Electronic Components	47.77	47.40	61.40	70.22	75.24	65.13
其他电子设备制造	Manufacture of Other Electronic Equipment	43.75	45.86	57.60	66.32	73.45	62.47
计算机及办公设备制造业	**Manufacture of Computers and Office Equipment**	**44.44**	**39.60**	**58.07**	**67.84**	**64.59**	**64.31**
#计算机整机制造	Manufacture of Entired Computer	34.29	37.88	55.47	62.96	56.25	54.21
计算机零部件制造	Manufacture of Computer Components and Parts	56.25	36.96	60.51	70.61	73.48	64.34
计算机外围设备制造	Manufacture of Computer Peripheral Equipment			65.38	67.39	60.73	66.00
办公设备制造	Manufacture of Office Equipment	40.00	52.08	53.06	65.75	65.48	74.04
医疗仪器设备及仪器仪表制造业	**Manufacture of Medical Equipments and Measuring Instrument**	**43.44**	**44.78**	**64.79**	**68.35**	**74.57**	**67.12**
1.医疗仪器设备及器械制造	Manufacture of Medical Equipment and Appliance	37.50	45.80	65.98	68.48	73.09	65.53
2.仪器仪表制造	Manufacture of Measuring Instrument	45.93	44.41	64.14	68.28	75.48	68.18
信息化学品制造业	**Manufacture of Electronic Chemicals**					**65.24**	**66.95**

3-1-3 续表 4 continued

行 业	Industry	投资额(亿元) Investment (100 million yuan)					
		2000	2005	2013	2014	2015	2016
合计	**Total**	**562.95**	**2144.09**	**15557.68**	**17451.72**	**19950.65**	**22786.67**
医药制造业	**Manufacture of Medicines**	**133.62**	**696.05**	**4529.35**	**5191.93**	**5811.88**	**6299.15**
#化学药品制造	Manufacture of Chemical Medicine	81.50	289.30	1591.98	1702.85	1938.52	2192.83
中成药生产	Production of Finished Traditional Chinese Herbal Medicine	27.40	140.52	831.76	978.39	1075.51	1039.75
生物药品制造	Manufacture of Biological Medicine	20.74	116.50	994.84	1075.46	1146.24	1221.70
航空、航天器及设备制造业	**Manufacture of Aircrafts and Spacecrafts and Related Equipment**	**43.23**	**69.99**	**620.60**	**701.92**	**743.97**	**576.27**
#飞机制造	Manufacture of Airplanes	31.70	64.20	232.33	330.75	366.83	276.98
航天器制造	Manufacture of Spacecrafts	11.52	5.78	40.58	23.13	26.40	22.28
电子及通信设备制造业	**Manufacture of Electronic Equipment and Communication Equipment**	**335.98**	**1062.99**	**7573.37**	**8434.59**	**9425.24**	**11583.97**
#通信设备制造	Manufacture of Communication Equipment	55.36	139.89	897.01	1089.80	1189.15	1536.64
#通信系统设备制造	Manufacture of Communication System Equipment	35.04	32.96	454.70	520.01	573.26	835.24
通信终端设备制造	Manufacture of Communication Terminal Equipment	8.37	16.02	442.31	569.79	615.89	701.41
广播电视设备制造	Manufacture of Broadcasting and TV Equipment	2.06	9.96	215.90	200.69	218.93	215.85
雷达及配套设备制造	Manufacture of Radar and Its Fittings	3.04	8.86	66.95	72.94	93.45	80.37
视听设备制造	Manufacture of TV Set and Radio Receiver	32.25	70.19	210.10	228.14	243.89	290.42
电子器件制造	Manufacture of Electronic Appliances	159.65	399.08	2485.88	2831.93	3032.58	3719.05
#电子真空器件制造	Manufacture of Electronic Vacuum Appliance	67.89	17.48	121.71	104.65	87.15	90.11
半导体分立器件制造	Manufacture of Semiconductor Discreting Appliances	10.11	56.18	115.27	107.40	121.56	238.75
集成电路制造	Manufacture of Integrate Circuit	81.65	195.44	575.60	645.29	671.43	880.06
电子元件制造	Manufacture of Electronic Components	70.93	345.87	1655.82	1748.42	2032.24	2302.20
其他电子设备制造	Manufacture of Other Electronic Equipment	12.69	89.14	852.58	967.63	1127.67	1175.26
计算机及办公设备制造业	**Manufacture of Computers and Office Equipment**	**26.17**	**168.14**	**835.81**	**876.90**	**1169.13**	**1220.20**
#计算机整机制造	Manufacture of Entired Computer	12.41	49.66	282.67	185.05	184.52	199.18
计算机零部件制造	Manufacture of Computer Components and Parts	13.51	102.91	248.18	329.29	482.82	466.22
计算机外围设备制造	Manufacture of Computer Peripheral Equipment			124.86	121.85	160.27	157.70
办公设备制造	Manufacture of Office Equipment	0.25	15.57	32.87	43.63	70.98	75.56
医疗仪器设备及仪器仪表制造业	**Manufacture of Medical Equipments and Measuring Instrument**	**23.95**	**146.92**	**1998.55**	**2246.39**	**2530.51**	**2740.05**
1.医疗仪器设备及器械制造	Manufacture of Medical Equipment and Appliance	8.90	38.83	673.03	856.18	977.49	1099.41
2.仪器仪表制造	Manufacture of Measuring Instrument	15.05	108.09	1325.53	1390.21	1553.02	1640.65
信息化学品制造业	**Manufacture of Electronic Chemicals**					**269.93**	**367.02**

3-1-3　续表 5　continued

行　业	Industry	新增固定资产（亿元）Newly Increased Fixed Assets (100 million yuan)					
		2000	2005	2013	2014	2015	2016
合计	**Total**	**421.02**	**1463.88**	**9874.27**	**11790.74**	**14307.54**	**13140.26**
医药制造业	**Manufacture of Medicines**	**105.05**	**442.20**	**2989.45**	**3613.84**	**4201.55**	**3946.05**
#化学药品制造	Manufacture of Chemical Medicine	65.94	188.69	1131.58	1229.29	1330.22	1327.11
中成药生产	Production of Finished Traditional Chinese Herbal Medicine	19.32	96.50	522.25	615.58	765.29	665.79
生物药品制造	Manufacture of Biological Medicine	16.21	55.68	527.76	673.27	827.64	732.52
航空、航天器及设备制造业	**Manufacture of Aircrafts and Spacecrafts and Related Equipment**	**34.44**	**43.73**	**352.68**	**338.99**	**605.01**	**262.87**
#飞机制造	Manufacture of Airplanes	29.01	40.09	100.13	123.00	286.19	117.71
航天器制造	Manufacture of Spacecrafts	5.43	3.64	34.48	10.72	21.61	9.63
电子及通信设备制造业	**Manufacture of Electronic Equipment and Communication Equipment**	**239.78**	**742.71**	**4682.65**	**5632.40**	**6616.82**	**6132.47**
#通信设备制造	Manufacture of Communication Equipment	45.83	73.54	509.17	728.28	737.45	840.05
#通信系统设备制造	Manufacture of Communication System Equipment	27.51	14.56	232.09	386.86	414.82	536.55
通信终端设备制造	Manufacture of Communication Terminal Equipment	7.94	10.92	277.08	341.42	322.63	303.49
广播电视设备制造	Manufacture of Broadcasting and TV Equipment	2.06	10.06	150.95	130.74	176.35	157.20
雷达及配套设备制造	Manufacture of Radar and Its Fittings	2.17	1.35	37.68	23.19	59.89	25.30
视听设备制造	Manufacture of TV Set and Radio Receiver	28.42	40.98	148.82	163.72	175.03	161.21
电子器件制造	Manufacture of Electronic Appliances	99.07	304.49	1467.56	1781.90	1950.32	1591.31
#电子真空器件制造	Manufacture of Electronic Vacuum Appliance	45.46	12.09	88.30	93.66	74.44	48.34
半导体分立器件制造	Manufacture of Semiconductor Discreting Appliances	9.40	19.59	76.53	73.82	113.26	94.49
集成电路制造	Manufacture of Integrate Circuit	44.21	129.03	265.32	553.76	486.52	421.01
电子元件制造	Manufacture of Electronic Components	52.12	240.71	1110.15	1235.02	1583.56	1438.27
其他电子设备制造	Manufacture of Other Electronic Equipment	10.12	71.59	507.04	672.06	824.26	678.86
计算机及办公设备制造业	**Manufacture of Computers and Office Equipment**	**22.81**	**140.51**	**497.90**	**579.20**	**731.65**	**684.89**
#计算机整机制造	Manufacture of Entired Computer	9.43	33.44	155.25	139.93	84.52	94.02
计算机零部件制造	Manufacture of Computer Components and Parts	13.25	92.44	157.66	185.18	347.91	221.07
计算机外围设备制造	Manufacture of Computer Peripheral Equipment			77.30	111.19	94.14	126.67
办公设备制造	Manufacture of Office Equipment	0.13	14.62	18.25	37.68	38.27	50.58
医疗仪器设备及仪器仪表制造业	**Manufacture of Medical Equipments and Measuring Instrument**	**18.94**	**94.73**	**1351.60**	**1626.30**	**1998.70**	**1855.69**
1.医疗仪器设备及器械制造	Manufacture of Medical Equipment and Appliance	8.54	25.39	477.66	591.90	765.55	711.97
2.仪器仪表制造	Manufacture of Measuring Instrument	10.40	69.34	873.94	1034.40	1233.15	1143.72
信息化学品制造业	**Manufacture of Electronic Chemicals**					**153.81**	**258.28**

3-1-3 续表 6 continued

行 业	Industry	固定资产交付使用率 (%) Rate of Fixed Assets Put into Use (%)					
		2000	2005	2013	2014	2015	2016
合计	**Total**	**74.79**	**68.28**	**63.47**	**67.56**	**71.71**	**57.67**
医药制造业	**Manufacture of Medicines**	**78.62**	**63.53**	**66.00**	**69.60**	**72.29**	**62.64**
#化学药品制造	Manufacture of Chemical Medicine	80.90	65.22	71.08	72.19	68.62	60.52
中成药生产	Production of Finished Traditional Chinese Herbal Medicine	70.50	68.67	62.79	62.92	71.16	64.03
生物药品制造	Manufacture of Biological Medicine	78.14	47.79	53.05	62.60	72.20	59.96
航空、航天器及设备制造业	**Manufacture of Aircrafts and Spacecrafts and Related Equipment**	**79.67**	**62.48**	**56.83**	**48.29**	**81.32**	**45.62**
#飞机制造	Manufacture of Airplanes	91.51	62.45	43.10	37.19	78.02	42.50
航天器制造	Manufacture of Spacecrafts	47.10	62.98	84.97	46.35	81.86	43.22
电子及通信设备制造业	**Manufacture of Electronic Equipment and Communication Equipment**	**71.37**	**69.87**	**61.83**	**66.78**	**70.20**	**52.94**
#通信设备制造	Manufacture of Communication Equipment	82.78	52.57	56.76	66.83	62.01	54.67
#通信系统设备制造	Manufacture of Communication System Equipment	78.50	44.17	51.04	74.39	72.36	64.24
通信终端设备制造	Manufacture of Communication Terminal Equipment	94.90	68.16	62.64	59.92	52.38	43.27
广播电视设备制造	Manufacture of Broadcasting and TV Equipment	100.00	101.00	69.91	65.14	80.55	72.82
雷达及配套设备制造	Manufacture of Radar and Its Fittings	71.22	15.24	56.29	31.79	64.09	31.49
视听设备制造	Manufacture of TV Set and Radio Receiver	88.12	58.38	70.83	71.76	71.77	55.51
电子器件制造	Manufacture of Electronic Appliances	62.06	76.30	59.04	62.92	64.31	42.79
#电子真空器件制造	Manufacture of Electronic Vacuum Appliance	66.96	69.16	72.56	89.50	85.41	53.65
半导体分立器件制造	Manufacture of Semiconductor Discreting Appliances	93.00	34.87	66.39	68.74	93.17	39.58
集成电路制造	Manufacture of Integrate Circuit	54.15	66.02	46.09	85.82	72.46	47.84
电子元件制造	Manufacture of Electronic Components	73.47	69.60	67.05	70.64	77.92	62.47
其他电子设备制造	Manufacture of Other Electronic Equipment	79.76	80.31	59.47	69.45	73.09	57.76
计算机及办公设备制造业	**Manufacture of Computers and Office Equipment**	**87.14**	**83.57**	**59.57**	**66.05**	**62.58**	**56.13**
#计算机整机制造	Manufacture of Entired Computer	75.99	67.34	54.92	75.61	45.80	47.21
计算机零部件制造	Manufacture of Computer Components and Parts	98.08	89.83	63.52	56.24	72.06	47.42
计算机外围设备制造	Manufacture of Computer Peripheral Equipment			61.91	91.26	58.74	80.32
办公设备制造	Manufacture of Office Equipment	49.78	93.90	55.53	86.36	53.91	66.94
医疗仪器设备及仪器仪表制造业	**Manufacture of Medical Equipments and Measuring Instrument**	**79.08**	**64.48**	**67.63**	**72.40**	**78.98**	**67.72**
1.医疗仪器设备及器械制造	Manufacture of Medical Equipment and Appliance	95.94	65.39	70.97	69.13	78.32	64.76
2.仪器仪表制造	Manufacture of Measuring Instrument	69.11	64.15	65.93	74.41	79.40	69.71
信息化学品制造业	**Manufacture of Electronic Chemicals**					**56.98**	**70.37**

3-1-4　国有及国有控股企业固定资产投资情况

Statistics on Investment in Fixed Assets in State-owned and State-controlled Enterprises by Industrial Sector

行　业	Industry	施工项目（个） Number of Projects under Construction (unit)					
		2000	2005	2013	2014	2015	2016
合计	**Total**	**1321**	**1285**	**1304**	**1329**	**1354**	**1470**
医药制造业	**Manufacture of Medicines**	**478**	**553**	**345**	**339**	**334**	**348**
#化学药品制造	Manufacture of Chemical Medicine	310	269	119	109	105	108
中成药生产	Production of Finished Traditional Chinese Herbal Medicine	131	115	88	85	81	80
生物药品制造	Manufacture of Biological Medicine	29	65	70	69	66	59
航空、航天器及设备制造业	**Manufacture of Aircrafts and Spacecrafts and Related Equipment**	**328**	**169**	**162**	**140**	**148**	**137**
#飞机制造	Manufacture of Airplanes	273	148	83	68	72	80
航天器制造	Manufacture of Spacecrafts	55	21	9	5	4	9
电子及通信设备制造业	**Manufacture of Electronic Equipment and Communication Equipment**	**363**	**369**	**556**	**617**	**631**	**758**
#通信设备制造	Manufacture of Communication Equipment	74	103	143	166	183	213
#通信系统设备制造	Manufacture of Communication System t Equipmen	50	55	96	125	146	161
通信终端设备制造	Manufacture of Communication Terminal Equipment	11	10	47	41	37	52
广播电视设备制造	Manufacture of Broadcasting and TV Equipment	13	18	15	13	10	24
雷达及配套设备制造	Manufacture of Radar and Its Fittings	27	22	15	22	15	20
视听设备制造	Manufacture of TV Set and Radio Receiver	39	31	18	25	21	20
电子器件制造	Manufacture of Electronic Appliances	67	84	119	123	127	151
#电子真空器件制造	Manufacture of Electronic Vacuum Appliance	19	21	11	7	6	5
半导体分立器件制造	Manufacture of Semiconductor Discreting Appliances	35	13	8	8	8	12
集成电路制造	Manufacture of Integrate Circuit	13	19	30	25	17	24
电子元件制造	Manufacture of Electronic Components	111	91	103	99	120	134
其他电子设备制造	Manufacture of Other Electronic Equipment	32	20	84	97	94	103
计算机及办公设备制造业	**Manufacture of Computers and Office Equipment**	**19**	**41**	**73**	**67**	**86**	**79**
#计算机整机制造	Manufacture of Entired Computer	16	11	24	15	18	19
计算机零部件制造	Manufacture of Computer Components and Parts		26	17	22	31	15
计算机外围设备制造	Manufacture of Computer Peripheral Equipment			5	10	13	14
办公设备制造	Manufacture of Office Equipment	3	4	5	2	4	7
医疗仪器设备及仪器仪表制造业	**Manufacture of Medical Equipments and Measuring Instrument**	**133**	**153**	**168**	**166**	**144**	**128**
1.医疗仪器设备及器械制造	Manufacture of Medical Equipment and Appliance	27	16	33	30	32	39
2.仪器仪表制造	Manufacture of Measuring Instrument	106	137	135	136	112	89
信息化学品制造业	**Manufacture of Electronic Chemicals**					**11**	**20**

3-1-4 续表 1 continued

行 业	Industry	新开工项目（个） Number of Projects Started This Year (unit)					
		2000	2005	2013	2014	2015	2016
合计	**Total**	**803**	**636**	**670**	**649**	**786**	**884**
医药制造业	**Manufacture of Medicines**	**311**	**303**	**188**	**168**	**184**	**188**
#化学药品制造	Manufacture of Chemical Medicine	200	152	64	54	59	53
中成药生产	Production of Finished Traditional Chinese Herbal Medicine	92	60	56	43	36	35
生物药品制造	Manufacture of Biological Medicine	13	39	28	29	33	36
航空、航天器及设备制造业	**Manufacture of Aircrafts and Spacecrafts and Related Equipment**	**194**	**60**	**80**	**67**	**76**	**81**
#飞机制造	Manufacture of Airplanes	160	54	36	30	40	49
航天器制造	Manufacture of Spacecrafts	34	6	2		2	7
电子及通信设备制造业	**Manufacture of Electronic Equipment and Communication Equipment**	**212**	**181**	**282**	**301**	**365**	**472**
#通信设备制造	Manufacture of Communication Equipment	41	52	77	68	100	160
#通信系统设备制造	Manufacture of Communication System t Equipmen	27	21	52	53	75	127
通信终端设备制造	Manufacture of Communication Terminal Equipment	5	9	25	15	25	33
广播电视设备制造	Manufacture of Broadcasting and TV Equipment	8	14	6	9	8	20
雷达及配套设备制造	Manufacture of Radar and Its Fittings	14	7	6	13	7	15
视听设备制造	Manufacture of TV Set and Radio Receiver	23	12	13	14	10	9
电子器件制造	Manufacture of Electronic Appliances	34	36	54	62	77	69
#电子真空器件制造	Manufacture of Electronic Vacuum Appliance	11	6	4	6	5	1
半导体分立器件制造	Manufacture of Semiconductor Discreting Appliances	14	6	1	3	4	8
集成电路制造	Manufacture of Integrate Circuit	9	8	11	9	6	15
电子元件制造	Manufacture of Electronic Components	73	52	50	55	78	78
其他电子设备制造	Manufacture of Other Electronic Equipment	19	8	46	42	49	60
计算机及办公设备制造业	**Manufacture of Computers and Office Equipment**	**7**	**12**	**33**	**30**	**53**	**46**
#计算机整机制造	Manufacture of Entired Computer	6	4	7	4	8	8
计算机零部件制造	Manufacture of Computer Components and Parts		7	8	12	22	8
计算机外围设备制造	Manufacture of Computer Peripheral Equipment			1	6	8	7
办公设备制造	Manufacture of Office Equipment	1	1	2		3	4
医疗仪器设备及仪器仪表制造业	**Manufacture of Medical Equipments and Measuring Instrument**	**79**	**80**	**87**	**83**	**100**	**84**
1.医疗仪器设备及器械制造	Manufacture of Medical Equipment and Appliance	12	10	21	16	25	25
2.仪器仪表制造	Manufacture of Measuring Instrument	67	70	66	67	75	59
信息化学品制造业	**Manufacture of Electronic Chemicals**					**8**	**13**

3-1-4　续表 2　continued

行　业	Industry	建成投产项目（个）Number of Projects Completed and Put into Use (unit)					
		2000	2005	2013	2014	2015	2016
合计	**Total**	**627**	**503**	**568**	**685**	**757**	**730**
医药制造业	**Manufacture of Medicines**	**233**	**260**	**156**	**175**	**164**	**159**
#化学药品制造	Manufacture of Chemical Medicine	148	128	52	56	46	50
中成药生产	Production of Finished Traditional Chinese Herbal Medicine	70	60	41	37	47	38
生物药品制造	Manufacture of Biological Medicine	9	23	27	32	25	21
航空、航天器及设备制造业	**Manufacture of Aircrafts and Spacecrafts and Related Equipment**	**167**	**68**	**82**	**65**	**79**	**67**
#飞机制造	Manufacture of Airplanes	155	60	42	33	30	44
航天器制造	Manufacture of Spacecrafts	12	8	4	1	2	5
电子及通信设备制造业	**Manufacture of Electronic Equipment and Communication Equipment**	**159**	**128**	**212**	**306**	**359**	**385**
#通信设备制造	Manufacture of Communication Equipment	29	43	47	75	120	134
#通信系统设备制造	Manufacture of Communication System t Equipmen	16	24	33	51	99	115
通信终端设备制造	Manufacture of Communication Terminal Equipment	7	4	14	24	21	19
广播电视设备制造	Manufacture of Broadcasting and TV Equipment	9	8	10	8	6	12
雷达及配套设备制造	Manufacture of Radar and Its Fittings	11	6	1	13	9	9
视听设备制造	Manufacture of TV Set and Radio Receiver	18	8	7	13	11	10
电子器件制造	Manufacture of Electronic Appliances	27	24	41	61	63	62
#电子真空器件制造	Manufacture of Electronic Vacuum Appliance	7	4	8	4	3	2
半导体分立器件制造	Manufacture of Semiconductor Discreting Appliances	17	2	2	4	4	4
集成电路制造	Manufacture of Integrate Circuit	3	5	9	11	11	9
电子元件制造	Manufacture of Electronic Components	52	34	49	51	68	64
其他电子设备制造	Manufacture of Other Electronic Equipment	13	5	29	43	48	46
计算机及办公设备制造业	**Manufacture of Computers and Office Equipment**	**9**	**5**	**33**	**33**	**54**	**37**
#计算机整机制造	Manufacture of Entired Computer	7	2	13	4	14	4
计算机零部件制造	Manufacture of Computer Components and Parts		1	6	11	23	8
计算机外围设备制造	Manufacture of Computer Peripheral Equipment			1	6	5	5
办公设备制造	Manufacture of Office Equipment	2	2	3	1	2	5
医疗仪器设备及仪器仪表制造业	**Manufacture of Medical Equipments and Measuring Instrument**	**59**	**42**	**85**	**106**	**94**	**71**
1.医疗仪器设备及器械制造	Manufacture of Medical Equipment and Appliance	10	7	14	18	25	21
2.仪器仪表制造	Manufacture of Measuring Instrument	49	35	71	88	69	50
信息化学品制造业	**Manufacture of Electronic Chemicals**					**7**	**11**

3-1-4 续表 3 continued

行 业	Industry	项目建成投产率 (%) Rate of Projects Completed and Put into Use (%)					
		2000	2005	2013	2014	2015	2016
合计	**Total**	**47.46**	**39.14**	**43.56**	**51.54**	**55.91**	**49.66**
医药制造业	**Manufacture of Medicines**	**48.74**	**47.02**	**45.22**	**51.62**	**49.10**	**45.69**
#化学药品制造	Manufacture of Chemical Medicine	47.74	47.58	43.70	51.38	43.81	46.30
中成药生产	Production of Finished Traditional Chinese Herbal Medicine	53.44	52.17	46.59	43.53	58.02	47.50
生物药品制造	Manufacture of Biological Medicine	31.03	35.38	38.57	46.38	37.88	35.59
航空、航天器及设备制造业	**Manufacture of Aircrafts and Spacecrafts and Related Equipment**	**50.91**	**40.24**	**50.62**	**46.43**	**53.38**	**48.91**
#飞机制造	Manufacture of Airplanes	56.78	40.54	50.60	48.53	41.67	55.00
航天器制造	Manufacture of Spacecrafts	21.82	38.10	44.44	20.00	50.00	55.56
电子及通信设备制造业	**Manufacture of Electronic Equipment and Communication Equipment**	**43.80**	**34.69**	**38.13**	**49.59**	**56.89**	**50.79**
#通信设备制造	Manufacture of Communication Equipment	39.19	41.75	32.87	45.18	65.57	62.91
#通信系统设备制造	Manufacture of Communication System t Equipmen	32.00	43.64	34.38	40.80	67.81	71.43
通信终端设备制造	Manufacture of Communication Terminal Equipment	63.64	40.00	29.79	58.54	56.76	36.54
广播电视设备制造	Manufacture of Broadcasting and TV Equipment	69.23	44.44	66.67	61.54	60.00	50.00
雷达及配套设备制造	Manufacture of Radar and Its Fittings	40.74	27.27	6.67	59.09	60.00	45.00
视听设备制造	Manufacture of TV Set and Radio Receiver	46.15	25.81	38.89	52.00	52.38	50.00
电子器件制造	Manufacture of Electronic Appliances	40.30	28.57	34.45	49.59	49.61	41.06
#电子真空器件制造	Manufacture of Electronic Vacuum Appliance	36.84	19.05	72.73	57.14	50.00	40.00
半导体分立器件制造	Manufacture of Semiconductor Discreting Appliances	48.57	15.38	25.00	50.00	50.00	33.33
集成电路制造	Manufacture of Integrate Circuit	23.08	26.32	30.00	44.00	64.71	37.50
电子元件制造	Manufacture of Electronic Components	46.85	37.36	47.57	51.52	56.67	47.76
其他电子设备制造	Manufacture of Other Electronic Equipment	40.63	25.00	34.52	44.33	51.06	44.66
计算机及办公设备制造业	**Manufacture of Computers and Office Equipment**	**47.37**	**12.20**	**45.21**	**49.25**	**62.79**	**46.84**
#计算机整机制造	Manufacture of Entired Computer	43.75	18.18	54.17	26.67	77.78	21.05
计算机零部件制造	Manufacture of Computer Components and Parts		3.85	35.29	50.00	74.19	53.33
计算机外围设备制造	Manufacture of Computer Peripheral Equipment			20.00	60.00	38.46	35.71
办公设备制造	Manufacture of Office Equipment	66.67	50.00	60.00	50.00	50.00	71.43
医疗仪器设备及仪器仪表制造业	**Manufacture of Medical Equipments and Measuring Instrument**	**44.36**	**27.45**	**50.60**	**63.86**	**65.28**	**55.47**
1.医疗仪器设备及器械制造	Manufacture of Medical Equipment and Appliance	37.04	43.75	42.42	60.00	78.13	53.85
2.仪器仪表制造	Manufacture of Measuring Instrument	46.23	25.55	52.59	64.71	61.61	56.18
信息化学品制造业	**Manufacture of Electronic Chemicals**					**63.64**	**55.00**

3-1-4 续表 4 continued

行 业	Industry	投资额（亿元） Investment (100 million yuan)					
		2000	2005	2013	2014	2015	2016
合计	**Total**	**168.44**	**380.71**	**1892.79**	**2060.03**	**2328.63**	**2737.27**
医药制造业	**Manufacture of Medicines**	**39.66**	**137.69**	**305.59**	**339.05**	**389.95**	**391.11**
#化学药品制造	Manufacture of Chemical Medicine	28.85	61.14	107.35	93.90	128.22	122.62
中成药生产	Production of Finished Traditional Chinese Herbal Medicine	7.12	20.29	66.28	71.25	72.16	75.26
生物药品制造	Manufacture of Biological Medicine	3.25	30.03	82.01	128.77	104.34	84.65
航空、航天器及设备制造业	**Manufacture of Aircrafts and Spacecrafts and Related Equipment**	**41.21**	**67.20**	**317.72**	**300.60**	**403.07**	**232.69**
#飞机制造	Manufacture of Airplanes	30.33	61.46	150.65	145.67	233.15	150.33
航天器制造	Manufacture of Spacecrafts	10.89	5.74	19.78	8.00	13.64	5.70
电子及通信设备制造业	**Manufacture of Electronic Equipment and Communication Equipment**	**71.98**	**150.31**	**1012.32**	**1198.84**	**1198.48**	**1828.97**
#通信设备制造	Manufacture of Communication Equipment	17.20	42.09	194.09	144.00	200.31	375.89
#通信系统设备制造	Manufacture of Communication System t Equipmen	11.02	17.29	86.72	74.53	113.82	147.72
通信终端设备制造	Manufacture of Communication Terminal Equipment	3.14	4.04	107.37	69.47	86.48	228.16
广播电视设备制造	Manufacture of Broadcasting and TV Equipment	1.17	3.21	4.22	5.88	7.93	13.27
雷达及配套设备制造	Manufacture of Radar and Its Fittings	2.60	8.32	12.79	21.53	30.41	12.70
视听设备制造	Manufacture of TV Set and Radio Receiver	12.93	7.67	27.95	26.13	31.12	23.69
电子器件制造	Manufacture of Electronic Appliances	19.34	49.24	490.10	657.26	605.12	938.68
#电子真空器件制造	Manufacture of Electronic Vacuum Appliance	16.47	9.81	10.86	8.86	3.67	12.50
半导体分立器件制造	Manufacture of Semiconductor Discreting Appliances	1.34	5.73	4.02	10.67	8.23	10.74
集成电路制造	Manufacture of Integrate Circuit	1.53	10.85	65.60	59.67	43.99	95.58
电子元件制造	Manufacture of Electronic Components	15.51	27.95	95.20	78.30	100.41	139.23
其他电子设备制造	Manufacture of Other Electronic Equipment	3.24	11.82	98.70	155.96	127.19	149.55
计算机及办公设备制造业	**Manufacture of Computers and Office Equipment**	**4.84**	**8.11**	**116.78**	**80.73**	**133.42**	**144.37**
#计算机整机制造	Manufacture of Entired Computer	4.67	2.05	51.83	15.67	36.89	36.38
计算机零部件制造	Manufacture of Computer Components and Parts	0.14	5.79	22.13	26.20	39.19	24.63
计算机外围设备制造	Manufacture of Computer Peripheral Equipment			8.44	9.80	12.71	20.56
办公设备制造	Manufacture of Office Equipment	0.03	0.27	6.26	1.18	4.59	1.85
医疗仪器设备及仪器仪表制造业	**Manufacture of Medical Equipments and Measuring Instrument**	**10.75**	**17.40**	**140.39**	**140.80**	**171.54**	**117.46**
1.医疗仪器设备及器械制造	Manufacture of Medical Equipment and Appliance	2.53	2.18	18.31	27.83	41.66	45.73
2.仪器仪表制造	Manufacture of Measuring Instrument	8.22	15.22	122.08	112.97	129.88	71.72
信息化学品制造业	**Manufacture of Electronic Chemicals**					**32.16**	**22.67**

3-1-4 续表 5 continued

行业	Industry	新增固定资产（亿元） Newly Increased Fixed Assets (100 million yuan)					
		2000	2005	2013	2014	2015	2016
合计	**Total**	**130.94**	**213.70**	**1170.99**	**1096.25**	**1387.76**	**1089.84**
医药制造业	**Manufacture of Medicines**	**32.52**	**93.08**	**156.91**	**261.33**	**226.16**	**206.89**
#化学药品制造	Manufacture of Chemical Medicine	23.10	40.76	64.35	85.52	49.76	52.51
中成药生产	Production of Finished Traditional Chinese Herbal Medicine	5.27	19.02	31.94	30.89	68.44	42.30
生物药品制造	Manufacture of Biological Medicine	2.94	18.48	25.04	108.82	56.22	48.67
航空、航天器及设备制造业	**Manufacture of Aircrafts and Spacecrafts and Related Equipment**	**34.32**	**41.88**	**152.80**	**143.54**	**378.05**	**87.37**
#飞机制造	Manufacture of Airplanes	29.00	38.28	78.26	59.61	201.25	62.11
航天器制造	Manufacture of Spacecrafts	5.32	3.60	21.18	3.00	11.94	1.68
电子及通信设备制造业	**Manufacture of Electronic Equipment and Communication Equipment**	**53.38**	**66.12**	**649.69**	**545.82**	**562.17**	**640.57**
#通信设备制造	Manufacture of Communication Equipment	15.23	21.72	98.49	85.73	104.03	123.55
#通信系统设备制造	Manufacture of Communication System t Equipmen	9.29	7.27	34.36	61.54	86.08	85.12
通信终端设备制造	Manufacture of Communication Terminal Equipment	3.44	1.73	64.13	24.19	17.96	38.44
广播电视设备制造	Manufacture of Broadcasting and TV Equipment	1.23	1.98	2.30	3.41	3.67	5.98
雷达及配套设备制造	Manufacture of Radar and Its Fittings	1.47	0.98	0.91	7.42	19.51	3.79
视听设备制造	Manufacture of TV Set and Radio Receiver	11.77	2.49	18.13	6.43	9.15	11.50
电子器件制造	Manufacture of Electronic Appliances	8.51	20.59	324.29	256.39	213.82	225.07
#电子真空器件制造	Manufacture of Electronic Vacuum Appliance	6.16	4.35	8.58	14.84	1.10	1.29
半导体分立器件制造	Manufacture of Semiconductor Discreting Appliances	1.07	2.37	1.65	6.86	2.56	2.68
集成电路制造	Manufacture of Integrate Circuit	1.28	8.52	42.67	16.77	32.65	23.20
电子元件制造	Manufacture of Electronic Components	12.65	15.96	86.15	64.66	65.53	46.54
其他电子设备制造	Manufacture of Other Electronic Equipment	2.52	2.40	52.19	61.56	89.27	88.48
计算机及办公设备制造业	**Manufacture of Computers and Office Equipment**	**3.37**	**1.90**	**88.62**	**52.53**	**80.41**	**72.67**
#计算机整机制造	Manufacture of Entired Computer	3.30	0.53	61.44	16.76	25.83	11.26
计算机零部件制造	Manufacture of Computer Components and Parts	0.04	0.29	14.68	10.27	32.13	18.23
计算机外围设备制造	Manufacture of Computer Peripheral Equipment			0.91	9.81	2.46	12.91
办公设备制造	Manufacture of Office Equipment	0.04	1.09	5.45	0.76	4.85	2.02
医疗仪器设备及仪器仪表制造业	**Manufacture of Medical Equipments and Measuring Instrument**	**7.35**	**10.72**	**122.97**	**93.02**	**106.00**	**67.99**
1.医疗仪器设备及器械制造	Manufacture of Medical Equipment and Appliance	2.32	1.53	26.69	18.24	30.33	15.57
2.仪器仪表制造	Manufacture of Measuring Instrument	5.04	9.19	96.28	74.78	75.68	52.42
信息化学品制造业	**Manufacture of Electronic Chemicals**					**34.97**	**14.35**

3-1-4 续表 6 continued

行 业	Industry	固定资产交付使用率 (%) Rate of Fixed Assets Put into Use (%)					
		2000	2005	2013	2014	2015	2016
合计	**Total**	**77.74**	**56.13**	**61.87**	**53.22**	**59.60**	**39.81**
医药制造业	**Manufacture of Medicines**	**81.99**	**67.60**	**51.35**	**77.08**	**58.00**	**52.90**
#化学药品制造	Manufacture of Chemical Medicine	80.08	66.67	59.94	91.07	38.81	42.82
中成药生产	Production of Finished Traditional Chinese Herbal Medicine	74.01	93.74	48.19	43.35	94.85	56.20
生物药品制造	Manufacture of Biological Medicine	90.51	61.54	30.54	84.50	53.88	57.50
航空、航天器及设备制造业	**Manufacture of Aircrafts and Spacecrafts and Related Equipment**	**83.28**	**62.32**	**48.09**	**47.75**	**93.79**	**37.55**
#飞机制造	Manufacture of Airplanes	95.63	62.28	51.94	40.92	86.32	41.32
航天器制造	Manufacture of Spacecrafts	48.88	62.72	107.08	37.52	87.56	29.42
电子及通信设备制造业	**Manufacture of Electronic Equipment and Communication Equipment**	**74.16**	**43.99**	**64.18**	**45.53**	**46.91**	**35.02**
#通信设备制造	Manufacture of Communication Equipment	88.56	51.60	50.74	59.53	51.94	32.87
#通信系统设备制造	Manufacture of Communication System t Equipmen	84.31	42.05	39.62	82.57	75.62	57.62
通信终端设备制造	Manufacture of Communication Terminal Equipment	109.43	42.82	59.73	34.82	20.76	16.85
广播电视设备制造	Manufacture of Broadcasting and TV Equipment	105.66	61.68	54.62	57.92	46.26	45.10
雷达及配套设备制造	Manufacture of Radar and Its Fittings	56.52	11.78	7.11	34.46	64.16	29.80
视听设备制造	Manufacture of TV Set and Radio Receiver	91.01	32.46	64.85	24.61	29.42	48.55
电子器件制造	Manufacture of Electronic Appliances	44.00	41.82	66.17	39.01	35.33	23.98
#电子真空器件制造	Manufacture of Electronic Vacuum Appliance	37.40	44.34	79.00	167.59	29.85	10.35
半导体分立器件制造	Manufacture of Semiconductor Discreting Appliances	79.72	41.36	40.97	64.33	31.15	24.99
集成电路制造	Manufacture of Integrate Circuit	83.86	78.53	65.04	28.10	74.22	24.27
电子元件制造	Manufacture of Electronic Components	81.60	57.10	90.50	82.58	65.26	33.42
其他电子设备制造	Manufacture of Other Electronic Equipment	77.76	20.30	52.88	39.47	70.18	59.17
计算机及办公设备制造业	**Manufacture of Computers and Office Equipment**	**69.66**	**23.43**	**75.89**	**65.07**	**60.27**	**50.34**
#计算机整机制造	Manufacture of Entired Computer	70.70	25.85	118.53	106.92	70.01	30.95
计算机零部件制造	Manufacture of Computer Components and Parts	25.45	5.01	66.32	39.19	81.98	74.01
计算机外围设备制造	Manufacture of Computer Peripheral Equipment			10.76	100.10	19.36	62.82
办公设备制造	Manufacture of Office Equipment	105.39	403.70	86.94	64.51	105.49	109.03
医疗仪器设备及仪器仪表制造业	**Manufacture of Medical Equipments and Measuring Instrument**	**68.39**	**61.61**	**87.59**	**66.07**	**61.79**	**57.88**
1.医疗仪器设备及器械制造	Manufacture of Medical Equipment and Appliance	91.51	70.18	145.81	65.57	72.80	34.04
2.仪器仪表制造	Manufacture of Measuring Instrument	61.26	60.38	78.87	66.19	58.26	73.09
信息化学品制造业	**Manufacture of Electronic Chemicals**					**108.76**	**63.30**

3-1-5 内资企业固定资产投资情况
Statistics on Investment in Fixed Assets in Domestic Funded Enterprises by Industrial Sector

行业	Industry	施工项目（个）Number of Projects under Construction (unit)					
		2000	2005	2013	2014	2015	2016
合计	**Total**	**2270**	**5424**	**15952**	**16672**	**18275**	**21424**
医药制造业	**Manufacture of Medicines**	**1136**	**2858**	**5376**	**5772**	**6090**	**6827**
#化学药品制造	Manufacture of Chemical Medicine	642	1028	1629	1682	1763	2003
中成药生产	Production of Finished Traditional Chinese Herbal Medicine		653	1069	1126	1131	1204
生物药品制造	Manufacture of Biological Medicine	98	350	960	984	1077	1177
航空、航天器及设备制造业	**Manufacture of Aircrafts and Spacecrafts and Related Equipment**	**329**	**175**	**337**	**343**	**395**	**423**
#飞机制造	Manufacture of Airplanes	273	153	119	133	132	174
航天器制造	Manufacture of Spacecrafts	56	22	29	20	24	27
电子及通信设备制造业	**Manufacture of Electronic Equipment and Communication Equipment**	**585**	**1495**	**6801**	**6957**	**7575**	**9155**
#通信设备制造	Manufacture of Communication Equipment	134	284	710	754	875	1114
#通信系统设备制造	Manufacture of Communication System Equipment	81	119	469	504	575	701
通信终端设备制造	Manufacture of Communication Terminal Equipment	27	30	241	250	300	413
广播电视设备制造	Manufacture of Broadcasting and TV Equipment	16	43	286	220	232	274
雷达及配套设备制造	Manufacture of Radar and Its Fittings	32	28	80	63	65	83
视听设备制造	Manufacture of TV Set and Radio Receiver	58	92	158	194	206	274
电子器件制造	Manufacture of Electronic Appliances	101	248	1370	1413	1447	1710
#电子真空器件制造	Manufacture of Electronic Vacuum Appliance	33	46	174	151	116	117
半导体分立器件制造	Manufacture of Semiconductor Discreting Appliances	49	31	92	88	109	179
集成电路制造	Manufacture of Integrate Circuit	19	47	182	172	175	223
电子元件制造	Manufacture of Electronic Components	186	600	2251	2203	2369	2744
其他电子设备制造	Manufacture of Other Electronic Equipment	58	200	821	967	1106	1260
计算机及办公设备制造业	**Manufacture of Computers and Office Equipment**	**36**	**142**	**652**	**688**	**836**	**935**
#计算机整机制造	Manufacture of Entired Computer	24	39	106	91	85	83
计算机零部件制造	Manufacture of Computer Components and Parts	8	82	219	252	329	323
计算机外围设备制造	Manufacture of Computer Peripheral Equipment			89	96	133	156
办公设备制造	Manufacture of Office Equipment	4	21	43	58	69	96
医疗仪器设备及仪器仪表制造业	**Manufacture of Medical Equipments and Measuring Instrument**	**184**	**754**	**2786**	**2912**	**3196**	**3782**
1.医疗仪器设备及器械制造	Manufacture of Medical Equipment and Appliance	36	196	980	1017	1204	1508
2.仪器仪表制造	Manufacture of Measuring Instrument	148	558	1806	1895	1992	2274
信息化学品制造业	**Manufacture of Electronic Chemicals**					**183**	**302**

3-1-5 续表 1 continued

行 业	Industry	新开工项目（个） Number of Projects Started This Year (unit)					
		2000	2005	2013	2014	2015	2016
合计	**Total**	**1372**	**3422**	**10657**	**10991**	**12934**	**15981**
医药制造业	**Manufacture of Medicines**	**703**	**1790**	**3496**	**3737**	**4115**	**4883**
#化学药品制造	Manufacture of Chemical Medicine	399	633	1009	1040	1165	1403
中成药生产	Production of Finished Traditional Chinese Herbal Medicine		411	686	719	705	816
生物药品制造	Manufacture of Biological Medicine	51	208	609	589	719	814
航空、航天器及设备制造业	**Manufacture of Aircrafts and Spacecrafts and Related Equipment**	**195**	**66**	**191**	**202**	**237**	**299**
#飞机制造	Manufacture of Airplanes	160	59	60	75	67	123
航天器制造	Manufacture of Spacecrafts	35	7	14	9	16	19
电子及通信设备制造业	**Manufacture of Electronic Equipment and Communication Equipment**	**340**	**979**	**4572**	**4530**	**5420**	**6861**
#通信设备制造	Manufacture of Communication Equipment	72	176	435	445	609	813
#通信系统设备制造	Manufacture of Communication System Equipment	41	63	295	298	407	517
通信终端设备制造	Manufacture of Communication Terminal Equipment	14	23	140	147	202	296
广播电视设备制造	Manufacture of Broadcasting and TV Equipment	11	30	175	153	172	213
雷达及配套设备制造	Manufacture of Radar and Its Fittings	18	12	41	42	40	67
视听设备制造	Manufacture of TV Set and Radio Receiver	35	56	113	129	146	201
电子器件制造	Manufacture of Electronic Appliances	50	157	900	890	962	1219
#电子真空器件制造	Manufacture of Electronic Vacuum Appliance	19	25	102	108	89	93
半导体分立器件制造	Manufacture of Semiconductor Discreting Appliances	20	16	58	59	76	137
集成电路制造	Manufacture of Integrate Circuit	11	30	109	94	109	156
电子元件制造	Manufacture of Electronic Components	119	414	1632	1511	1761	2110
其他电子设备制造	Manufacture of Other Electronic Equipment	35	134	561	637	818	950
计算机及办公设备制造业	**Manufacture of Computers and Office Equipment**	**15**	**68**	**438**	**460**	**631**	**711**
#计算机整机制造	Manufacture of Entired Computer	11	21	54	52	51	51
计算机零部件制造	Manufacture of Computer Components and Parts	2	35	154	178	267	253
计算机外围设备制造	Manufacture of Computer Peripheral Equipment			64	64	97	116
办公设备制造	Manufacture of Office Equipment	2	12	30	38	52	74
医疗仪器设备及仪器仪表制造业	**Manufacture of Medical Equipments and Measuring Instrument**	**119**	**519**	**1960**	**2062**	**2404**	**3001**
1.医疗仪器设备及器械制造	Manufacture of Medical Equipment and Appliance	21	142	720	735	921	1182
2.仪器仪表制造	Manufacture of Measuring Instrument	98	377	1240	1327	1483	1819
信息化学品制造业	**Manufacture of Electronic Chemicals**					**127**	**226**

3-1-5 续表 2 continued

行业	Industry	建成投产项目（个） Number of Projects Completed and Put into Use (unit)					
		2000	2005	2013	2014	2015	2016
合计	**Total**	**1057**	**2394**	**9567**	**10834**	**12987**	**13656**
医药制造业	**Manufacture of Medicines**	**528**	**1305**	**3144**	**3605**	**4210**	**4259**
#化学药品制造	Manufacture of Chemical Medicine	321	471	959	1025	1222	1213
中成药生产	Production of Finished Traditional Chinese Herbal Medicine		326	616	668	735	725
生物药品制造	Manufacture of Biological Medicine	28	117	520	584	725	734
航空、航天器及设备制造业	**Manufacture of Aircrafts and Spacecrafts and Related Equipment**	**168**	**70**	**176**	**168**	**236**	**226**
#飞机制造	Manufacture of Airplanes	155	61	54	62	62	95
航天器制造	Manufacture of Spacecrafts	13	9	18	10	18	18
电子及通信设备制造业	**Manufacture of Electronic Equipment and Communication Equipment**	**265**	**643**	**4042**	**4579**	**5464**	**5790**
#通信设备制造	Manufacture of Communication Equipment	53	128	364	461	573	689
#通信系统设备制造	Manufacture of Communication System Equipment	30	49	241	320	390	455
通信终端设备制造	Manufacture of Communication Terminal Equipment	14	15	123	141	183	234
广播电视设备制造	Manufacture of Broadcasting and TV Equipment	9	18	209	156	176	180
雷达及配套设备制造	Manufacture of Radar and Its Fittings	15	8	48	36	44	44
视听设备制造	Manufacture of TV Set and Radio Receiver	26	33	94	124	150	168
电子器件制造	Manufacture of Electronic Appliances	43	95	800	872	990	1062
#电子真空器件制造	Manufacture of Electronic Vacuum Appliance	14	15	120	116	89	77
半导体分立器件制造	Manufacture of Semiconductor Discreting Appliances	25	13	57	52	70	115
集成电路制造	Manufacture of Integrate Circuit	4	13	95	101	112	133
电子元件制造	Manufacture of Electronic Components	90	270	1370	1542	1809	1814
其他电子设备制造	Manufacture of Other Electronic Equipment	29	91	481	641	821	803
计算机及办公设备制造业	**Manufacture of Computers and Office Equipment**	**14**	**46**	**389**	**470**	**562**	**616**
#计算机整机制造	Manufacture of Entired Computer	10	11	63	56	49	45
计算机零部件制造	Manufacture of Computer Components and Parts	2	20	134	180	255	215
计算机外围设备制造	Manufacture of Computer Peripheral Equipment			59	63	83	102
办公设备制造	Manufacture of Office Equipment	2	15	24	40	48	72
医疗仪器设备及仪器仪表制造业	**Manufacture of Medical Equipments and Measuring Instrument**	**82**	**330**	**1816**	**2012**	**2402**	**2562**
1.医疗仪器设备及器械制造	Manufacture of Medical Equipment and Appliance	15	85	654	706	896	1003
2.仪器仪表制造	Manufacture of Measuring Instrument	67	245	1162	1306	1506	1559
信息化学品制造业	**Manufacture of Electronic Chemicals**					**113**	**203**

3-1-5 续表 3 continued

行 业	Industry	项目建成投产率 (%) Rate of Projects Completed and Put into Use (%)					
		2000	2005	2013	2014	2015	2016
合计	**Total**	**46.56**	**44.14**	**59.97**	**64.98**	**71.06**	**63.74**
医药制造业	**Manufacture of Medicines**	**46.48**	**45.66**	**58.48**	**62.46**	**69.13**	**62.38**
#化学药品制造	Manufacture of Chemical Medicine	50.00	45.82	58.87	60.94	69.31	60.56
中成药生产	Production of Finished Traditional Chinese Herbal Medicine		49.92	57.62	59.33	64.99	60.22
生物药品制造	Manufacture of Biological Medicine	28.57	33.43	54.17	59.35	67.32	62.36
航空、航天器及设备制造业	**Manufacture of Aircrafts and Spacecrafts and Related Equipment**	**51.06**	**40.00**	**52.23**	**48.98**	**59.75**	**53.43**
#飞机制造	Manufacture of Airplanes	56.78	39.87	45.38	46.62	46.97	54.60
航天器制造	Manufacture of Spacecrafts	23.21	40.91	62.07	50.00	75.00	66.67
电子及通信设备制造业	**Manufacture of Electronic Equipment and Communication Equipment**	**45.30**	**43.01**	**59.43**	**65.82**	**72.13**	**63.24**
#通信设备制造	Manufacture of Communication Equipment	39.55	45.07	51.27	61.14	65.49	61.85
#通信系统设备制造	Manufacture of Communication System Equipment	37.04	41.18	51.39	63.49	67.83	64.91
通信终端设备制造	Manufacture of Communication Terminal Equipment	51.85	50.00	51.04	56.40	61.00	56.66
广播电视设备制造	Manufacture of Broadcasting and TV Equipment	56.25	41.86	73.08	70.91	75.86	65.69
雷达及配套设备制造	Manufacture of Radar and Its Fittings	46.88	28.57	60.00	57.14	67.69	53.01
视听设备制造	Manufacture of TV Set and Radio Receiver	44.83	35.87	59.49	63.92	72.82	61.31
电子器件制造	Manufacture of Electronic Appliances	42.57	38.31	58.39	61.71	68.42	62.11
#电子真空器件制造	Manufacture of Electronic Vacuum Appliance	42.42	32.61	68.97	76.82	76.72	65.81
半导体分立器件制造	Manufacture of Semiconductor Discreting Appliances	51.02	41.94	61.96	59.09	64.22	64.25
集成电路制造	Manufacture of Integrate Circuit	21.05	27.66	52.20	58.72	64.00	59.64
电子元件制造	Manufacture of Electronic Components	48.39	45.00	60.86	70.00	76.36	66.11
其他电子设备制造	Manufacture of Other Electronic Equipment	50.00	45.50	58.59	66.29	74.23	63.73
计算机及办公设备制造业	**Manufacture of Computers and Office Equipment**	**38.89**	**32.39**	**59.66**	**68.31**	**67.22**	**65.88**
#计算机整机制造	Manufacture of Entired Computer	41.67	28.21	59.43	61.54	57.65	54.22
计算机零部件制造	Manufacture of Computer Components and Parts	25.00	24.39	61.19	71.43	77.51	66.56
计算机外围设备制造	Manufacture of Computer Peripheral Equipment			66.29	65.63	62.41	65.38
办公设备制造	Manufacture of Office Equipment	50.00	71.43	55.81	68.97	69.57	75.00
医疗仪器设备及仪器仪表制造业	**Manufacture of Medical Equipments and Measuring Instrument**	**44.57**	**43.77**	**65.18**	**69.09**	**75.16**	**67.74**
1.医疗仪器设备及器械制造	Manufacture of Medical Equipment and Appliance	41.67	43.37	66.73	69.42	74.42	66.51
2.仪器仪表制造	Manufacture of Measuring Instrument	45.27	43.91	64.34	68.92	75.60	68.56
信息化学品制造业	**Manufacture of Electronic Chemicals**					**61.75**	**67.22**

3-1-5 续表 4 continued

行业	Industry	投资额（亿元）Investment (100 million yuan)					
		2000	2005	2013	2014	2015	2016
合计	**Total**	**300.49**	**1150.48**	**13168.47**	**15128.22**	**17303.78**	**19370.63**
医药制造业	**Manufacture of Medicines**	**109.56**	**590.97**	**4252.80**	**4897.82**	**5464.56**	**5851.24**
#化学药品制造	Manufacture of Chemical Medicine	63.42	232.42	1442.77	1551.83	1753.02	1947.29
中成药生产	Production of Finished Traditional Chinese Herbal Medicine		126.68	793.20	932.73	1013.45	1000.85
生物药品制造	Manufacture of Biological Medicine	16.82	96.87	950.05	1029.66	1103.11	1142.58
航空、航天器及设备制造业	**Manufacture of Aircrafts and Spacecrafts and Related Equipment**	**41.32**	**66.28**	**575.27**	**670.79**	**701.75**	**519.10**
#飞机制造	Manufacture of Airplanes	30.34	60.50	222.57	324.59	348.36	242.79
航天器制造	Manufacture of Spacecrafts	10.98	5.78	37.23	22.39	24.34	21.90
电子及通信设备制造业	**Manufacture of Electronic Equipment and Communication Equipment**	**123.21**	**343.62**	**5982.73**	**6828.34**	**7626.16**	**9288.23**
#通信设备制造	Manufacture of Communication Equipment	41.85	77.24	737.06	883.45	993.46	1178.14
#通信系统设备制造	Manufacture of Communication System Equipment	26.46	28.24	423.21	454.38	522.43	629.88
通信终端设备制造	Manufacture of Communication Terminal Equipment	6.84	8.35	313.85	429.06	471.03	548.26
广播电视设备制造	Manufacture of Broadcasting and TV Equipment	1.48	7.78	186.78	188.51	193.48	185.88
雷达及配套设备制造	Manufacture of Radar and Its Fittings	3.04	8.86	59.41	70.26	92.88	74.68
视听设备制造	Manufacture of TV Set and Radio Receiver	16.13	25.13	170.99	154.44	178.30	216.40
电子器件制造	Manufacture of Electronic Appliances	29.53	82.72	1774.90	2072.80	2142.65	2709.08
#电子真空器件制造	Manufacture of Electronic Vacuum Appliance	22.45	12.36	108.64	95.70	74.85	82.55
半导体分立器件制造	Manufacture of Semiconductor Discreting Appliances	3.74	9.26	71.83	68.21	93.26	100.83
集成电路制造	Manufacture of Integrate Circuit	3.34	16.49	277.20	269.50	210.78	443.95
电子元件制造	Manufacture of Electronic Components	25.23	105.54	1279.36	1426.60	1674.67	1841.69
其他电子设备制造	Manufacture of Other Electronic Equipment	5.95	36.35	714.40	845.09	1024.72	1059.84
计算机及办公设备制造业	**Manufacture of Computers and Office Equipment**	**12.32**	**33.44**	**575.20**	**629.79**	**908.60**	**891.04**
#计算机整机制造	Manufacture of Entired Computer	7.14	10.82	174.03	124.66	141.89	101.86
计算机零部件制造	Manufacture of Computer Components and Parts	5.03	20.01	180.55	242.60	362.03	313.64
计算机外围设备制造	Manufacture of Computer Peripheral Equipment			87.79	76.87	98.72	134.06
办公设备制造	Manufacture of Office Equipment	0.16	2.61	22.57	29.96	60.07	69.01
医疗仪器设备及仪器仪表制造业	**Manufacture of Medical Equipments and Measuring Instrument**	**14.07**	**116.18**	**1782.47**	**2101.48**	**2367.06**	**2542.95**
1.医疗仪器设备及器械制造	Manufacture of Medical Equipment and Appliance	4.35	31.48	607.44	790.47	906.29	1035.97
2.仪器仪表制造	Manufacture of Measuring Instrument	9.72	84.70	1175.03	1311.01	1460.78	1506.97
信息化学品制造业	**Manufacture of Electronic Chemicals**					**235.65**	**278.06**

3-1-5　续表 5　continued

行　业	Industry	新增固定资产（亿元） Newly Increased Fixed Assets (100 million yuan)					
		2000	2005	2013	2014	2015	2016
合计	**Total**	**234.07**	**699.11**	**8387.56**	**10036.35**	**12539.13**	**11149.74**
医药制造业	**Manufacture of Medicines**	**79.52**	**378.96**	**2814.61**	**3407.24**	**3960.99**	**3680.49**
#化学药品制造	Manufacture of Chemical Medicine	47.47	151.37	1029.51	1125.84	1185.47	1206.77
中成药生产	Production of Finished Traditional Chinese Herbal Medicine		86.06	499.70	596.15	730.22	639.79
生物药品制造	Manufacture of Biological Medicine	11.14	47.58	506.53	636.37	799.02	686.65
航空、航天器及设备制造业	**Manufacture of Aircrafts and Spacecrafts and Related Equipment**	**34.42**	**42.56**	**305.03**	**315.05**	**572.26**	**241.71**
#飞机制造	Manufacture of Airplanes	29.01	38.92	94.41	120.82	268.74	110.22
航天器制造	Manufacture of Spacecrafts	5.41	3.64	31.13	10.72	19.55	9.63
电子及通信设备制造业	**Manufacture of Electronic Equipment and Communication Equipment**	**100.00**	**190.67**	**3734.58**	**4367.10**	**5466.63**	**4777.89**
#通信设备制造	Manufacture of Communication Equipment	39.05	39.49	408.39	588.43	609.57	584.70
#通信系统设备制造	Manufacture of Communication System Equipment	25.43	13.27	218.40	337.42	370.06	348.83
通信终端设备制造	Manufacture of Communication Terminal Equipment	6.46	5.07	189.99	251.01	239.51	235.87
广播电视设备制造	Manufacture of Broadcasting and TV Equipment	1.48	8.85	134.52	119.91	155.90	137.09
雷达及配套设备制造	Manufacture of Radar and Its Fittings	2.17	1.35	27.63	20.50	59.89	25.30
视听设备制造	Manufacture of TV Set and Radio Receiver	13.48	10.28	120.76	105.08	119.31	96.97
电子器件制造	Manufacture of Electronic Appliances	18.51	40.71	1053.83	1184.08	1431.70	1066.62
#电子真空器件制造	Manufacture of Electronic Vacuum Appliance	12.47	6.55	76.95	85.24	65.64	45.85
半导体分立器件制造	Manufacture of Semiconductor Discreting Appliances	3.14	4.90	50.30	42.64	95.04	67.74
集成电路制造	Manufacture of Integrate Circuit	2.89	4.63	130.22	182.49	153.21	140.23
电子元件制造	Manufacture of Electronic Components	20.58	67.64	860.82	979.17	1306.50	1121.23
其他电子设备制造	Manufacture of Other Electronic Equipment	4.74	22.34	442.31	587.48	774.75	639.73
计算机及办公设备制造业	**Manufacture of Computers and Office Equipment**	**10.17**	**15.49**	**359.26**	**424.57**	**565.80**	**513.98**
#计算机整机制造	Manufacture of Entired Computer	5.21	4.91	113.52	98.11	59.77	50.78
计算机零部件制造	Manufacture of Computer Components and Parts	4.93	7.06	105.80	138.00	256.44	155.63
计算机外围设备制造	Manufacture of Computer Peripheral Equipment			53.29	83.30	68.41	107.09
办公设备制造	Manufacture of Office Equipment	0.04	3.51	17.66	29.57	31.69	45.58
医疗仪器设备及仪器仪表制造业	**Manufacture of Medical Equipments and Measuring Instrument**	**9.96**	**71.43**	**1174.07**	**1522.40**	**1852.32**	**1728.91**
1.医疗仪器设备及器械制造	Manufacture of Medical Equipment and Appliance	4.02	17.27	424.47	550.59	707.19	675.14
2.仪器仪表制造	Manufacture of Measuring Instrument	5.94	54.16	749.60	971.81	1145.14	1053.76
信息化学品制造业	**Manufacture of Electronic Chemicals**					**121.12**	**206.77**

3-1-5 续表 6 continued

行 业	Industry	固定资产交付使用率（%） Rate of Fixed Assets Put into Use (%)					
		2000	2005	2013	2014	2015	2016
合计	**Total**	**77.90**	**60.77**	**63.69**	**66.34**	**72.46**	**57.56**
医药制造业	**Manufacture of Medicines**	**72.58**	**64.13**	**66.18**	**69.57**	**72.49**	**62.90**
#化学药品制造	Manufacture of Chemical Medicine	74.85	65.13	71.36	72.55	67.62	61.97
中成药生产	Production of Finished Traditional Chinese Herbal Medicine		67.93	63.00	63.91	72.05	63.92
生物药品制造	Manufacture of Biological Medicine	66.23	49.12	53.32	61.80	72.43	60.10
航空、航天器及设备制造业	**Manufacture of Aircrafts and Spacecrafts and Related Equipment**	**83.30**	**64.21**	**53.02**	**46.97**	**81.55**	**46.56**
#飞机制造	Manufacture of Airplanes	95.62	64.33	42.42	37.22	77.14	45.40
航天器制造	Manufacture of Spacecrafts	49.27	62.98	83.61	47.90	80.33	43.97
电子及通信设备制造业	**Manufacture of Electronic Equipment and Communication Equipment**	**81.16**	**55.49**	**62.42**	**63.96**	**71.68**	**51.44**
#通信设备制造	Manufacture of Communication Equipment	93.31	51.13	55.41	66.61	61.36	49.63
#通信系统设备制造	Manufacture of Communication System Equipment	96.11	46.99	51.60	74.26	70.83	55.38
通信终端设备制造	Manufacture of Communication Terminal Equipment	94.44	60.72	60.54	58.50	50.85	43.02
广播电视设备制造	Manufacture of Broadcasting and TV Equipment	100.00	113.75	72.02	63.61	80.58	73.76
雷达及配套设备制造	Manufacture of Radar and Its Fittings	71.38	15.24	46.51	29.18	64.48	33.88
视听设备制造	Manufacture of TV Set and Radio Receiver	83.57	40.91	70.62	68.04	66.92	44.81
电子器件制造	Manufacture of Electronic Appliances	62.68	49.21	59.37	57.12	66.82	39.37
#电子真空器件制造	Manufacture of Electronic Vacuum Appliance	55.55	52.99	70.83	89.08	87.70	55.54
半导体分立器件制造	Manufacture of Semiconductor Discreting Appliances	83.96	52.92	70.02	62.52	101.91	67.18
集成电路制造	Manufacture of Integrate Circuit	86.53	28.08	46.98	67.71	72.69	31.59
电子元件制造	Manufacture of Electronic Components	81.57	64.09	67.29	68.64	78.02	60.88
其他电子设备制造	Manufacture of Other Electronic Equipment	79.66	61.46	61.91	69.52	75.61	60.36
计算机及办公设备制造业	**Manufacture of Computers and Office Equipment**	**82.55**	**46.32**	**62.46**	**67.41**	**62.27**	**57.68**
#计算机整机制造	Manufacture of Entired Computer	72.97	45.38	65.23	78.70	42.12	49.85
计算机零部件制造	Manufacture of Computer Components and Parts	98.01	35.28	58.60	56.89	70.83	49.62
计算机外围设备制造	Manufacture of Computer Peripheral Equipment			60.70	108.37	69.30	79.88
办公设备制造	Manufacture of Office Equipment	25.00	134.48	78.24	98.70	52.76	66.05
医疗仪器设备及仪器仪表制造业	**Manufacture of Medical Equipments and Measuring Instrument**	**70.79**	**61.48**	**65.87**	**72.44**	**78.25**	**67.99**
1.医疗仪器设备及器械制造	Manufacture of Medical Equipment and Appliance	92.41	54.86	69.88	69.65	78.03	65.17
2.仪器仪表制造	Manufacture of Measuring Instrument	61.11	63.94	63.79	74.13	78.39	69.93
信息化学品制造业	**Manufacture of Electronic Chemicals**					**51.40**	**74.36**

3-1-6　港澳台资企业固定资产投资情况

Statistics on Investment in Fixed Assets in Hong Kong,Macau and Taiwan Funded Enterprises by Industrial Sector

行　业	Industry	施工项目（个） Number of Projects under Construction (unit)					
		2000	2005	2013	2014	2015	2016
合计	**Total**	**201**	**700**	**745**	**777**	**764**	**971**
医药制造业	**Manufacture of Medicines**	**70**	**158**	**181**	**163**	**174**	**175**
#化学药品制造	Manufacture of Chemical Medicine	34	81	84	72	79	64
中成药生产	Production of Finished Traditional Chinese Herbal Medicine		35	38	36	47	35
生物药品制造	Manufacture of Biological Medicine	11	19	27	27	23	34
航空、航天器及设备制造业	**Manufacture of Aircrafts and Spacecrafts and Related Equipment**			**9**	**11**	**10**	**9**
#飞机制造	Manufacture of Airplanes			1	1	2	4
航天器制造	Manufacture of Spacecrafts			2	1	1	
电子及通信设备制造业	**Manufacture of Electronic Equipment and Communication Equipment**	**103**	**426**	**405**	**439**	**397**	**582**
#通信设备制造	Manufacture of Communication Equipment	9	48	32	44	47	48
#通信系统设备制造	Manufacture of Communication System Equipment	2	10	19	23	20	25
通信终端设备制造	Manufacture of Communication Terminal Equipment	4	8	13	21	27	23
广播电视设备制造	Manufacture of Broadcasting and TV Equipment	2	6	16	16	7	15
雷达及配套设备制造	Manufacture of Radar and Its Fittings			4	1	1	1
视听设备制造	Manufacture of TV Set and Radio Receiver	18	41	23	34	35	42
电子器件制造	Manufacture of Electronic Appliances	21	75	89	92	92	125
#电子真空器件制造	Manufacture of Electronic Vacuum Appliance	7	4	6	3	3	5
半导体分立器件制造	Manufacture of Semiconductor Discreting Appliances	4	7	7	8	8	14
集成电路制造	Manufacture of Integrate Circuit	10	30	20	20	19	24
电子元件制造	Manufacture of Electronic Components	45	191	164	164	147	235
其他电子设备制造	Manufacture of Other Electronic Equipment	8	65	28	40	34	34
计算机及办公设备制造业	**Manufacture of Computers and Office Equipment**	**17**	**65**	**68**	**88**	**94**	**93**
#计算机整机制造	Manufacture of Entired Computer	5	10	8	7	5	13
计算机零部件制造	Manufacture of Computer Components and Parts	12	42	37	41	38	33
计算机外围设备制造	Manufacture of Computer Peripheral Equipment			16	25	38	30
办公设备制造	Manufacture of Office Equipment		13		7	5	5
医疗仪器设备及仪器仪表制造业	**Manufacture of Medical Equipments and Measuring Instrument**	**11**	**51**	**82**	**76**	**81**	**91**
1.医疗仪器设备及器械制造	Manufacture of Medical Equipment and Appliance	2	13	31	40	35	41
2.仪器仪表制造	Manufacture of Measuring Instrument	9	38	51	36	46	50
信息化学品制造业	**Manufacture of Electronic Chemicals**					**8**	**21**

3-1-6 续表 1 continued

行 业	Industry	新开工项目（个） Number of Projects Started This Year (unit)					
		2000	2005	2013	2014	2015	2016
合计	**Total**	**123**	**432**	**380**	**469**	**501**	**623**
医药制造业	**Manufacture of Medicines**	**42**	**90**	**99**	**77**	**114**	**106**
#化学药品制造	Manufacture of Chemical Medicine	22	41	50	35	54	40
中成药生产	Production of Finished Traditional Chinese Herbal Medicine		21	19	18	27	15
生物药品制造	Manufacture of Biological Medicine	9	16	14	9	14	20
航空、航天器及设备制造业	**Manufacture of Aircrafts and Spacecrafts and Related Equipment**			**3**	**7**	**3**	**4**
#飞机制造	Manufacture of Airplanes				1	1	2
航天器制造	Manufacture of Spacecrafts				1		
电子及通信设备制造业	**Manufacture of Electronic Equipment and Communication Equipment**	**65**	**268**	**203**	**280**	**271**	**386**
#通信设备制造	Manufacture of Communication Equipment	7	32	16	32	27	38
#通信系统设备制造	Manufacture of Communication System Equipment	2	8	9	15	12	17
通信终端设备制造	Manufacture of Communication Terminal Equipment	3	6	7	17	15	21
广播电视设备制造	Manufacture of Broadcasting and TV Equipment	1	4	8	5	7	14
雷达及配套设备制造	Manufacture of Radar and Its Fittings			2	1	1	
视听设备制造	Manufacture of TV Set and Radio Receiver	11	21	12	27	20	27
电子器件制造	Manufacture of Electronic Appliances	10	44	35	57	68	89
#电子真空器件制造	Manufacture of Electronic Vacuum Appliance	4	2	3	3	2	2
半导体分立器件制造	Manufacture of Semiconductor Discreting Appliances	2	4	1	4	6	10
集成电路制造	Manufacture of Integrate Circuit	4	16	6	11	11	13
电子元件制造	Manufacture of Electronic Components	30	122	90	104	105	149
其他电子设备制造	Manufacture of Other Electronic Equipment	6	45	16	25	19	16
计算机及办公设备制造业	**Manufacture of Computers and Office Equipment**	**10**	**37**	**34**	**56**	**62**	**56**
#计算机整机制造	Manufacture of Entired Computer	3	3	4	2	3	10
计算机零部件制造	Manufacture of Computer Components and Parts	7	24	18	24	22	23
计算机外围设备制造	Manufacture of Computer Peripheral Equipment			11	19	31	16
办公设备制造	Manufacture of Office Equipment		10		7	1	3
医疗仪器设备及仪器仪表制造业	**Manufacture of Medical Equipments and Measuring Instrument**	**6**	**37**	**41**	**49**	**43**	**54**
1.医疗仪器设备及器械制造	Manufacture of Medical Equipment and Appliance	2	7	18	26	18	24
2.仪器仪表制造	Manufacture of Measuring Instrument	4	30	23	23	25	30
信息化学品制造业	**Manufacture of Electronic Chemicals**					**8**	**17**

3-1-6 续表 2 continued

行 业	Industry	建成投产项目（个） Number of Projects Completed and Put into Use (unit)					
		2000	2005	2013	2014	2015	2016
合计	**Total**	**96**	**296**	**397**	**471**	**471**	**556**
医药制造业	**Manufacture of Medicines**	**37**	**67**	**91**	**94**	**105**	**97**
#化学药品制造	Manufacture of Chemical Medicine	22	35	43	44	56	35
中成药生产	Production of Finished Traditional Chinese Herbal Medicine		17	22	16	23	18
生物药品制造	Manufacture of Biological Medicine	3	3	10	13	12	15
航空、航天器及设备制造业	**Manufacture of Aircrafts and Spacecrafts and Related Equipment**			**6**	**4**	**7**	**4**
#飞机制造	Manufacture of Airplanes			1		2	1
航天器制造	Manufacture of Spacecrafts			2		1	
电子及通信设备制造业	**Manufacture of Electronic Equipment and Communication Equipment**	**48**	**179**	**222**	**280**	**251**	**337**
#通信设备制造	Manufacture of Communication Equipment	4	15	17	23	34	26
#通信系统设备制造	Manufacture of Communication System Equipment	2		9	14	14	12
通信终端设备制造	Manufacture of Communication Terminal Equipment	2	6	8	9	20	14
广播电视设备制造	Manufacture of Broadcasting and TV Equipment	2	1	7	6	5	10
雷达及配套设备制造	Manufacture of Radar and Its Fittings			3	1		
视听设备制造	Manufacture of TV Set and Radio Receiver	9	15	14	19	22	26
电子器件制造	Manufacture of Electronic Appliances	7	34	47	57	54	63
#电子真空器件制造	Manufacture of Electronic Vacuum Appliance	4	2	5	2		5
半导体分立器件制造	Manufacture of Semiconductor Discreting Appliances	1	2	3	7	7	10
集成电路制造	Manufacture of Integrate Circuit	2	11	8	9	9	7
电子元件制造	Manufacture of Electronic Components	22	82	95	113	95	146
其他电子设备制造	Manufacture of Other Electronic Equipment	4	32	12	23	23	18
计算机及办公设备制造业	**Manufacture of Computers and Office Equipment**	**10**	**26**	**30**	**52**	**44**	**54**
#计算机整机制造	Manufacture of Entired Computer	1	3	3	4	1	7
计算机零部件制造	Manufacture of Computer Components and Parts	9	19	16	24	17	17
计算机外围设备制造	Manufacture of Computer Peripheral Equipment			10	17	20	23
办公设备制造	Manufacture of Office Equipment		4		3	3	3
医疗仪器设备及仪器仪表制造业	**Manufacture of Medical Equipments and Measuring Instrument**	**1**	**24**	**48**	**41**	**57**	**55**
1.医疗仪器设备及器械制造	Manufacture of Medical Equipment and Appliance		6	16	24	20	23
2.仪器仪表制造	Manufacture of Measuring Instrument	1	18	32	17	37	32
信息化学品制造业	**Manufacture of Electronic Chemicals**					**7**	**9**

3-1-6 续表 3 continued

行业	Industry	项目建成投产率 (%) Rate of Projects Completed and Put into Use (%)					
		2000	2005	2013	2014	2015	2016
合计	**Total**	**47.76**	**42.29**	**53.29**	**60.62**	**61.65**	**57.26**
医药制造业	**Manufacture of Medicines**	**52.86**	**42.41**	**50.28**	**57.67**	**60.34**	**55.43**
#化学药品制造	Manufacture of Chemical Medicine	64.71	43.21	51.19	61.11	70.89	54.69
中成药生产	Production of Finished Traditional Chinese Herbal Medicine		48.57	57.89	44.44	48.94	51.43
生物药品制造	Manufacture of Biological Medicine	27.27	15.79	37.04	48.15	52.17	44.12
航空、航天器及设备制造业	**Manufacture of Aircrafts and Spacecrafts and Related Equipment**			**66.67**	**36.36**	**70.00**	**44.44**
#飞机制造	Manufacture of Airplanes			100.00		100.00	25.00
航天器制造	Manufacture of Spacecrafts			100.00		100.00	
电子及通信设备制造业	**Manufacture of Electronic Equipment and Communication Equipment**	**46.60**	**42.02**	**54.81**	**63.78**	**63.22**	**57.90**
#通信设备制造	Manufacture of Communication Equipment	44.44	31.25	53.13	52.27	72.34	54.17
#通信系统设备制造	Manufacture of Communication System Equipment	100.00		47.37	60.87	70.00	48.00
通信终端设备制造	Manufacture of Communication Terminal Equipment	50.00	75.00	61.54	42.86	74.07	60.87
广播电视设备制造	Manufacture of Broadcasting and TV Equipment	100.00	16.67	43.75	37.50	71.43	66.67
雷达及配套设备制造	Manufacture of Radar and Its Fittings			75.00	100.00		
视听设备制造	Manufacture of TV Set and Radio Receiver	50.00	36.59	60.87	55.88	62.86	61.90
电子器件制造	Manufacture of Electronic Appliances	33.33	45.33	52.81	61.96	58.70	50.40
#电子真空器件制造	Manufacture of Electronic Vacuum Appliance	57.14	50.00	83.33	66.67		100.00
半导体分立器件制造	Manufacture of Semiconductor Discreting Appliances	25.00	28.57	42.86	87.50	87.50	71.43
集成电路制造	Manufacture of Integrate Circuit	20.00	36.67	40.00	45.00	47.37	29.17
电子元件制造	Manufacture of Electronic Components	48.89	42.93	57.93	68.90	64.63	62.13
其他电子设备制造	Manufacture of Other Electronic Equipment	50.00	49.23	42.86	57.50	67.65	52.94
计算机及办公设备制造业	**Manufacture of Computers and Office Equipment**	**58.82**	**40.00**	**44.12**	**59.09**	**46.81**	**58.06**
#计算机整机制造	Manufacture of Entired Computer	20.00	30.00	37.50	57.14	20.00	53.85
计算机零部件制造	Manufacture of Computer Components and Parts	75.00	45.24	43.24	58.54	44.74	51.52
计算机外围设备制造	Manufacture of Computer Peripheral Equipment			62.50	68.00	52.63	76.67
办公设备制造	Manufacture of Office Equipment		30.77		42.86	60.00	60.00
医疗仪器设备及仪器仪表制造业	**Manufacture of Medical Equipments and Measuring Instrument**	**9.09**	**47.06**	**58.54**	**53.95**	**70.37**	**60.44**
1.医疗仪器设备及器械制造	Manufacture of Medical Equipment and Appliance		46.15	51.61	60.00	57.14	56.10
2.仪器仪表制造	Manufacture of Measuring Instrument	11.11	47.37	62.75	47.22	80.43	64.00
信息化学品制造业	**Manufacture of Electronic Chemicals**					**87.50**	**42.86**

3-1-6　续表 4　continued

行　业	Industry	投资额（亿元） Investment (100 million yuan)					
		2000	2005	2013	2014	2015	2016
合计	**Total**	**53.91**	**365.51**	**967.66**	**870.17**	**937.44**	**1321.29**
医药制造业	**Manufacture of Medicines**	**7.67**	**55.37**	**119.65**	**120.72**	**160.72**	**176.06**
#化学药品制造	Manufacture of Chemical Medicine	3.42	35.92	57.85	68.07	87.98	85.67
中成药生产	Production of Finished Traditional Chinese Herbal Medicine		7.15	23.35	28.21	34.67	24.34
生物药品制造	Manufacture of Biological Medicine	2.15	8.26	19.12	11.09	17.20	27.61
航空、航天器及设备制造业	**Manufacture of Aircrafts and Spacecrafts and Related Equipment**	**0.04**		**15.58**	**11.54**	**15.92**	**13.72**
#飞机制造	Manufacture of Airplanes			0.93	0.24	2.63	7.21
航天器制造	Manufacture of Spacecrafts	0.04		2.89	0.75	2.06	
电子及通信设备制造业	**Manufacture of Electronic Equipment and Communication Equipment**	**39.83**	**252.84**	**598.12**	**556.29**	**587.51**	**884.71**
#通信设备制造	Manufacture of Communication Equipment	2.62	29.50	79.98	133.43	90.64	256.59
#通信系统设备制造	Manufacture of Communication System Equipment	0.22	1.43	11.95	45.46	20.27	168.09
通信终端设备制造	Manufacture of Communication Terminal Equipment	0.43	2.10	68.03	87.96	70.37	88.51
广播电视设备制造	Manufacture of Broadcasting and TV Equipment	0.09	1.31	21.60	10.00	8.12	20.13
雷达及配套设备制造	Manufacture of Radar and Its Fittings			4.20	2.68	0.27	0.11
视听设备制造	Manufacture of TV Set and Radio Receiver	6.35	25.01	20.03	28.81	34.96	43.82
电子器件制造	Manufacture of Electronic Appliances	21.18	110.31	165.51	147.68	165.56	176.72
#电子真空器件制造	Manufacture of Electronic Vacuum Appliance	10.76	0.77	4.41	1.37	3.20	1.65
半导体分立器件制造	Manufacture of Semiconductor Discreting Appliances	0.55	3.54	7.26	10.37	3.85	24.07
集成电路制造	Manufacture of Integrate Circuit	9.87	56.48	19.45	24.30	86.81	62.14
电子元件制造	Manufacture of Electronic Components	7.19	72.40	195.14	148.92	185.29	229.15
其他电子设备制造	Manufacture of Other Electronic Equipment	2.41	14.30	63.38	48.09	32.59	25.49
计算机及办公设备制造业	**Manufacture of Computers and Office Equipment**	**5.20**	**48.96**	**137.30**	**117.77**	**110.56**	**154.03**
#计算机整机制造	Manufacture of Entired Computer	1.38	13.44	62.16	24.26	11.64	35.91
计算机零部件制造	Manufacture of Computer Components and Parts	3.74	28.91	39.37	62.94	67.27	74.87
计算机外围设备制造	Manufacture of Computer Peripheral Equipment			22.87	19.45	20.62	13.42
办公设备制造	Manufacture of Office Equipment	0.08	6.60		2.84	2.46	3.58
医疗仪器设备及仪器仪表制造业	**Manufacture of Medical Equipments and Measuring Instrument**	**1.16**	**8.33**	**97.00**	**63.86**	**53.23**	**53.49**
1.医疗仪器设备及器械制造	Manufacture of Medical Equipment and Appliance	0.10	1.34	24.96	33.76	22.82	12.18
2.仪器仪表制造	Manufacture of Measuring Instrument	1.06	6.99	72.04	30.10	30.40	41.31
信息化学品制造业	**Manufacture of Electronic Chemicals**					**9.49**	**39.28**

3-1-6 续表 5 continued

行 业	Industry	新增固定资产（亿元） Newly Increased Fixed Assets (100 million yuan)					
		2000	2005	2013	2014	2015	2016
合计	**Total**	**41.61**	**304.76**	**573.16**	**639.91**	**695.40**	**821.75**
医药制造业	**Manufacture of Medicines**	**6.26**	**35.18**	**86.20**	**105.00**	**121.82**	**107.87**
#化学药品制造	Manufacture of Chemical Medicine	2.87	23.05	50.38	61.10	84.08	37.75
中成药生产	Production of Finished Traditional Chinese Herbal Medicine		5.08	11.61	13.89	16.55	17.99
生物药品制造	Manufacture of Biological Medicine	1.49	4.00	8.58	13.50	10.13	13.65
航空、航天器及设备制造业	**Manufacture of Aircrafts and Spacecrafts and Related Equipment**	**0.01**		**7.88**	**8.67**	**10.07**	**2.94**
#飞机制造	Manufacture of Airplanes			0.68		2.87	0.90
航天器制造	Manufacture of Spacecrafts	0.01		2.89		2.06	
电子及通信设备制造业	**Manufacture of Electronic Equipment and Communication Equipment**	**29.84**	**225.62**	**336.93**	**430.18**	**428.65**	**529.24**
#通信设备制造	Manufacture of Communication Equipment	2.27	13.62	56.21	55.34	47.79	181.86
#通信系统设备制造	Manufacture of Communication System Equipment	0.22	0.07	6.58	31.16	19.23	153.14
通信终端设备制造	Manufacture of Communication Terminal Equipment	0.26	1.91	49.62	24.17	28.56	28.73
广播电视设备制造	Manufacture of Broadcasting and TV Equipment	0.10	0.55	7.06	6.48	5.65	11.38
雷达及配套设备制造	Manufacture of Radar and Its Fittings			4.17	2.68		
视听设备制造	Manufacture of TV Set and Radio Receiver	5.16	13.16	17.01	16.56	32.82	39.36
电子器件制造	Manufacture of Electronic Appliances	12.76	133.14	98.77	122.73	133.65	68.70
#电子真空器件制造	Manufacture of Electronic Vacuum Appliance	6.93	0.84	3.99	1.21	2.67	1.58
半导体分立器件制造	Manufacture of Semiconductor Discreting Appliances	0.52	2.37	4.57	15.14	3.84	14.38
集成电路制造	Manufacture of Integrate Circuit	5.31	41.35	14.48	16.27	71.46	23.61
电子元件制造	Manufacture of Electronic Components	7.37	57.52	111.49	119.11	138.48	151.27
其他电子设备制造	Manufacture of Other Electronic Equipment	2.18	7.62	20.16	47.02	20.93	17.70
计算机及办公设备制造业	**Manufacture of Computers and Office Equipment**	**4.56**	**37.55**	**55.49**	**54.96**	**79.98**	**122.06**
#计算机整机制造	Manufacture of Entired Computer	0.67	9.13	8.15	10.11	13.46	26.58
计算机零部件制造	Manufacture of Computer Components and Parts	3.81	22.58	28.96	24.86	44.81	51.83
计算机外围设备制造	Manufacture of Computer Peripheral Equipment			11.72	16.81	13.25	16.66
办公设备制造	Manufacture of Office Equipment	0.08	5.84		1.17	0.78	2.43
医疗仪器设备及仪器仪表制造业	**Manufacture of Medical Equipments and Measuring Instrument**	**0.94**	**6.41**	**86.68**	**41.10**	**46.37**	**33.34**
1.医疗仪器设备及器械制造	Manufacture of Medical Equipment and Appliance	0.09	0.82	14.89	17.08	20.46	7.96
2.仪器仪表制造	Manufacture of Measuring Instrument	0.85	5.59	71.78	24.03	25.91	25.37
信息化学品制造业	**Manufacture of Electronic Chemicals**					**8.51**	**26.31**

3-1-6　续表 6　continued

行　业	Industry	固定资产交付使用率 (%) Rate of Fixed Assets Put into Use (%)					
		2000	2005	2013	2014	2015	2016
合计	**Total**	**77.18**	**83.38**	**59.23**	**73.54**	**74.18**	**62.19**
医药制造业	**Manufacture of Medicines**	**81.62**	**63.54**	**72.04**	**86.98**	**75.79**	**61.27**
#化学药品制造	Manufacture of Chemical Medicine	83.92	64.17	87.09	89.75	95.57	44.06
中成药生产	Production of Finished Traditional Chinese Herbal Medicine		71.05	49.72	49.23	47.75	73.91
生物药品制造	Manufacture of Biological Medicine	69.30	48.43	44.87	121.77	58.91	49.42
航空、航天器及设备制造业	**Manufacture of Aircrafts and Spacecrafts and Related Equipment**	**25.00**		**50.55**	**75.12**	**63.25**	**21.44**
#飞机制造	Manufacture of Airplanes			73.12		109.07	12.49
航天器制造	Manufacture of Spacecrafts	25.00		100.00		100.00	
电子及通信设备制造业	**Manufacture of Electronic Equipment and Communication Equipment**	**74.92**	**89.23**	**56.33**	**77.33**	**72.96**	**59.82**
#通信设备制造	Manufacture of Communication Equipment	86.64	46.17	70.27	41.47	52.73	70.88
#通信系统设备制造	Manufacture of Communication System Equipment	100.00	4.90	55.07	68.54	94.86	91.11
通信终端设备制造	Manufacture of Communication Terminal Equipment	60.47	90.95	72.94	27.48	40.59	32.46
广播电视设备制造	Manufacture of Broadcasting and TV Equipment	111.11	41.98	32.68	64.80	69.57	56.51
雷达及配套设备制造	Manufacture of Radar and Its Fittings			99.28	100.00		
视听设备制造	Manufacture of TV Set and Radio Receiver	81.26	52.62	84.94	57.46	93.88	89.83
电子器件制造	Manufacture of Electronic Appliances	60.25	120.70	59.68	83.11	80.73	38.88
#电子真空器件制造	Manufacture of Electronic Vacuum Appliance	64.41	109.09	90.45	88.97	83.58	95.81
半导体分立器件制造	Manufacture of Semiconductor Discreting Appliances	94.55	66.95	62.94	146.03	99.99	59.77
集成电路制造	Manufacture of Integrate Circuit	53.80	73.21	74.47	66.97	82.31	37.99
电子元件制造	Manufacture of Electronic Components	102.50	79.45	57.13	79.98	74.73	66.02
其他电子设备制造	Manufacture of Other Electronic Equipment	90.46	53.29	31.81	97.77	64.22	69.46
计算机及办公设备制造业	**Manufacture of Computers and Office Equipment**	**87.69**	**76.70**	**40.41**	**46.67**	**72.34**	**79.24**
#计算机整机制造	Manufacture of Entired Computer	48.55	67.93	13.12	41.66	115.67	74.01
计算机零部件制造	Manufacture of Computer Components and Parts	101.87	78.10	73.56	39.49	66.61	69.23
计算机外围设备制造	Manufacture of Computer Peripheral Equipment			51.22	86.44	64.28	124.11
办公设备制造	Manufacture of Office Equipment	100.00	88.48		41.32	31.75	67.84
医疗仪器设备及仪器仪表制造业	**Manufacture of Medical Equipments and Measuring Instrument**	**81.03**	**76.95**	**89.36**	**64.37**	**87.12**	**62.33**
1.医疗仪器设备及器械制造	Manufacture of Medical Equipment and Appliance	90.00	61.19	59.68	50.59	89.63	65.37
2.仪器仪表制造	Manufacture of Measuring Instrument	80.19	79.97	99.64	79.83	85.23	61.43
信息化学品制造业	**Manufacture of Electronic Chemicals**					**89.67**	**66.98**

3-1-7 外资企业固定资产投资情况
Statistics on Investment in Fixed Assets in Foreign Funded Enterprises by Industrial Sector

行业	Industry	施工项目（个） Number of Projects under Construction (unit)					
		2000	2005	2013	2014	2015	2016
合计	**Total**	**263**	**971**	**958**	**954**	**989**	**1320**
医药制造业	**Manufacture of Medicines**	**82**	**185**	**187**	**197**	**204**	**268**
#化学药品制造	Manufacture of Chemical Medicine	51	76	97	91	108	135
中成药生产	Production of Finished Traditional Chinese Herbal Medicine		30	18	22	27	29
生物药品制造	Manufacture of Biological Medicine	11	36	38	45	37	57
航空、航天器及设备制造业	**Manufacture of Aircrafts and Spacecrafts and Related Equipment**	**2**	**6**	**24**	**21**	**17**	**30**
#飞机制造	Manufacture of Airplanes	1	6	7	7	7	17
航天器制造	Manufacture of Spacecrafts	1					1
电子及通信设备制造业	**Manufacture of Electronic Equipment and Communication Equipment**	**138**	**603**	**529**	**545**	**535**	**761**
#通信设备制造	Manufacture of Communication Equipment	16	62	49	65	60	76
#通信系统设备制造	Manufacture of Communication System Equipment	8	13	12	21	26	25
通信终端设备制造	Manufacture of Communication Terminal Equipment	5	11	37	44	34	51
广播电视设备制造	Manufacture of Broadcasting and TV Equipment	1	8	13	7	10	19
雷达及配套设备制造	Manufacture of Radar and Its Fittings			4		1	3
视听设备制造	Manufacture of TV Set and Radio Receiver	16	41	10	27	23	28
电子器件制造	Manufacture of Electronic Appliances	31	151	147	162	150	191
#电子真空器件制造	Manufacture of Electronic Vacuum Appliance	9	13	6	6	5	4
半导体分立器件制造	Manufacture of Semiconductor Discreting Appliances	4	16	18	20	15	20
集成电路制造	Manufacture of Integrate Circuit	18	62	47	49	47	58
电子元件制造	Manufacture of Electronic Components	60	268	184	165	198	296
其他电子设备制造	Manufacture of Other Electronic Equipment	14	73	50	50	39	73
计算机及办公设备制造业	**Manufacture of Computers and Office Equipment**	**19**	**91**	**77**	**73**	**81**	**76**
#计算机整机制造	Manufacture of Entired Computer	6	17	14	10	6	11
计算机零部件制造	Manufacture of Computer Components and Parts	12	60	19	20	29	31
计算机外围设备制造	Manufacture of Computer Peripheral Equipment			24	17	20	14
办公设备制造	Manufacture of Office Equipment	1	14	6	8	10	3
医疗仪器设备及仪器仪表制造业	**Manufacture of Medical Equipments and Measuring Instrument**	**22**	**86**	**141**	**118**	**133**	**160**
1.医疗仪器设备及器械制造	Manufacture of Medical Equipment and Appliance	7	29	52	44	54	67
2.仪器仪表制造	Manufacture of Measuring Instrument	15	57	89	74	79	93
信息化学品制造业	**Manufacture of Electronic Chemicals**					**19**	**25**

3-1-7　续表 1　continued

行　业	Industry	新开工项目（个） Number of Projects Started This Year (unit)					
		2000	2005	2013	2014	2015	2016
合计	**Total**	**145**	**606**	**570**	**579**	**687**	**894**
医药制造业	**Manufacture of Medicines**	**44**	**103**	**100**	**117**	**124**	**169**
#化学药品制造	Manufacture of Chemical Medicine	29	46	58	48	71	85
中成药生产	Production of Finished Traditional Chinese Herbal Medicine		14	7	16	14	18
生物药品制造	Manufacture of Biological Medicine	5	21	19	27	20	32
航空、航天器及设备制造业	**Manufacture of Aircrafts and Spacecrafts and Related Equipment**	**1**	**2**	**12**	**6**	**10**	**22**
#飞机制造	Manufacture of Airplanes		2	3	3	2	11
航天器制造	Manufacture of Spacecrafts	1					1
电子及通信设备制造业	**Manufacture of Electronic Equipment and Communication Equipment**	**76**	**385**	**328**	**347**	**389**	**543**
#通信设备制造	Manufacture of Communication Equipment	11	43	29	34	37	59
#通信系统设备制造	Manufacture of Communication System Equipment	5	11	9	12	19	17
通信终端设备制造	Manufacture of Communication Terminal Equipment	4	6	20	22	18	42
广播电视设备制造	Manufacture of Broadcasting and TV Equipment	1	6	9	1	9	12
雷达及配套设备制造	Manufacture of Radar and Its Fittings			2			
视听设备制造	Manufacture of TV Set and Radio Receiver	8	27	5	22	19	23
电子器件制造	Manufacture of Electronic Appliances	13	83	77	113	100	129
#电子真空器件制造	Manufacture of Electronic Vacuum Appliance	4	9	3	4	4	1
半导体分立器件制造	Manufacture of Semiconductor Discreting Appliances	1	8	12	15	9	14
集成电路制造	Manufacture of Integrate Circuit	8	23	27	39	34	46
电子元件制造	Manufacture of Electronic Components	36	186	131	113	158	217
其他电子设备制造	Manufacture of Other Electronic Equipment	7	40	32	25	30	52
计算机及办公设备制造业	**Manufacture of Computers and Office Equipment**	**9**	**59**	**50**	**43**	**62**	**39**
#计算机整机制造	Manufacture of Entired Computer	2	10	7	3	3	7
计算机零部件制造	Manufacture of Computer Components and Parts	6	38	11	16	26	15
计算机外围设备制造	Manufacture of Computer Peripheral Equipment			16	10	16	10
办公设备制造	Manufacture of Office Equipment	1	11	4	4	7	
医疗仪器设备及仪器仪表制造业	**Manufacture of Medical Equipments and Measuring Instrument**	**15**	**57**	**80**	**66**	**85**	**104**
1.医疗仪器设备及器械制造	Manufacture of Medical Equipment and Appliance	4	16	33	25	36	37
2.仪器仪表制造	Manufacture of Measuring Instrument	11	41	47	41	49	67
信息化学品制造业	**Manufacture of Electronic Chemicals**					**17**	**17**

3-1-7 续表 2 continued

行 业	Industry	建成投产项目（个） Number of Projects Completed and Put into Use (unit)					
		2000	2005	2013	2014	2015	2016
合计	**Total**	**129**	**468**	**538**	**609**	**642**	**737**
医药制造业	**Manufacture of Medicines**	**46**	**85**	**92**	**103**	**123**	**140**
#化学药品制造	Manufacture of Chemical Medicine	26	40	46	45	65	69
中成药生产	Production of Finished Traditional Chinese Herbal Medicine		13	10	9	19	19
生物药品制造	Manufacture of Biological Medicine	7	12	16	25	21	31
航空、航天器及设备制造业	**Manufacture of Aircrafts and Spacecrafts and Related Equipment**		**3**	**9**	**9**	**9**	**14**
#飞机制造	Manufacture of Airplanes		3	3	1	2	10
航天器制造	Manufacture of Spacecrafts						
电子及通信设备制造业	**Manufacture of Electronic Equipment and Communication Equipment**	**61**	**289**	**308**	**373**	**362**	**432**
#通信设备制造	Manufacture of Communication Equipment	7	23	18	36	36	44
#通信系统设备制造	Manufacture of Communication System Equipment	1	4	5	13	16	17
通信终端设备制造	Manufacture of Communication Terminal Equipment	3	5	13	23	20	27
广播电视设备制造	Manufacture of Broadcasting and TV Equipment		2	7	5	6	17
雷达及配套设备制造	Manufacture of Radar and Its Fittings			3			
视听设备制造	Manufacture of TV Set and Radio Receiver	10	16	6	22	18	19
电子器件制造	Manufacture of Electronic Appliances	15	66	82	105	106	112
#电子真空器件制造	Manufacture of Electronic Vacuum Appliance	5	7	4	4	5	3
半导体分立器件制造	Manufacture of Semiconductor Discreting Appliances	1	10	12	14	10	11
集成电路制造	Manufacture of Integrate Circuit	9	23	24	39	36	34
电子元件制造	Manufacture of Electronic Components	27	150	129	123	138	173
其他电子设备制造	Manufacture of Other Electronic Equipment	2	32	24	37	22	33
计算机及办公设备制造业	**Manufacture of Computers and Office Equipment**	**8**	**46**	**43**	**54**	**47**	**40**
#计算机整机制造	Manufacture of Entired Computer	1	11	5	8	4	6
计算机零部件制造	Manufacture of Computer Components and Parts	7	29	16	17	19	17
计算机外围设备制造	Manufacture of Computer Peripheral Equipment			15	13	13	7
办公设备制造	Manufacture of Office Equipment		6	2	5	4	2
医疗仪器设备及仪器仪表制造业	**Manufacture of Medical Equipments and Measuring Instrument**	**14**	**45**	**86**	**70**	**84**	**90**
1.医疗仪器设备及器械制造	Manufacture of Medical Equipment and Appliance	3	18	31	24	29	33
2.仪器仪表制造	Manufacture of Measuring Instrument	11	27	55	46	55	57
信息化学品制造业	**Manufacture of Electronic Chemicals**					**17**	**21**

3-1-7 续表 3 continued

行 业	Industry	项目建成投产率 (%) Rate of Projects Completed and Put into Use (%)					
		2000	2005	2013	2014	2015	2016
合计	**Total**	**49.05**	**48.20**	**56.16**	**63.84**	**64.91**	**55.83**
医药制造业	**Manufacture of Medicines**	**56.10**	**45.95**	**49.20**	**52.28**	**60.29**	**52.24**
#化学药品制造	Manufacture of Chemical Medicine	50.98	52.63	47.42	49.45	60.19	51.11
中成药生产	Production of Finished Traditional Chinese Herbal Medicine		43.33	55.56	40.91	70.37	65.52
生物药品制造	Manufacture of Biological Medicine	63.64	33.33	42.11	55.56	56.76	54.39
航空、航天器及设备制造业	**Manufacture of Aircrafts and Spacecrafts and Related Equipment**		**50.00**	**37.50**	**42.86**	**52.94**	**46.67**
#飞机制造	Manufacture of Airplanes		50.00	42.86	14.29	28.57	58.82
航天器制造	Manufacture of Spacecrafts						
电子及通信设备制造业	**Manufacture of Electronic Equipment and Communication Equipment**	**44.20**	**47.93**	**58.22**	**68.44**	**67.66**	**56.77**
#通信设备制造	Manufacture of Communication Equipment	43.75	37.10	36.73	55.38	60.00	57.89
#通信系统设备制造	Manufacture of Communication System Equipment	12.50	30.77	41.67	61.90	61.54	68.00
通信终端设备制造	Manufacture of Communication Terminal Equipment	60.00	45.45	35.14	52.27	58.82	52.94
广播电视设备制造	Manufacture of Broadcasting and TV Equipment		25.00	53.85	71.43	60.00	89.47
雷达及配套设备制造	Manufacture of Radar and Its Fittings			75.00			
视听设备制造	Manufacture of TV Set and Radio Receiver	62.50	39.02	60.00	81.48	78.26	67.86
电子器件制造	Manufacture of Electronic Appliances	48.39	43.71	55.78	64.81	70.67	58.64
#电子真空器件制造	Manufacture of Electronic Vacuum Appliance	55.56	53.85	66.67	66.67	100.00	75.00
半导体分立器件制造	Manufacture of Semiconductor Discreting Appliances	25.00	62.50	66.67	70.00	66.67	55.00
集成电路制造	Manufacture of Integrate Circuit	50.00	37.10	51.06	79.59	76.60	58.62
电子元件制造	Manufacture of Electronic Components	45.00	55.97	70.11	74.55	69.70	58.45
其他电子设备制造	Manufacture of Other Electronic Equipment	14.29	43.84	48.00	74.00	56.41	45.21
计算机及办公设备制造业	**Manufacture of Computers and Office Equipment**	**42.11**	**50.55**	**55.84**	**73.97**	**58.02**	**52.63**
#计算机整机制造	Manufacture of Entired Computer	16.67	64.71	35.71	80.00	66.67	54.55
计算机零部件制造	Manufacture of Computer Components and Parts	58.33	48.33	84.21	85.00	65.52	54.84
计算机外围设备制造	Manufacture of Computer Peripheral Equipment			62.50	76.47	65.00	50.00
办公设备制造	Manufacture of Office Equipment		42.86	33.33	62.50	40.00	66.67
医疗仪器设备及仪器仪表制造业	**Manufacture of Medical Equipments and Measuring Instrument**	**63.64**	**52.33**	**60.99**	**59.32**	**63.16**	**56.25**
1.医疗仪器设备及器械制造	Manufacture of Medical Equipment and Appliance	42.86	62.07	59.62	54.55	53.70	49.25
2.仪器仪表制造	Manufacture of Measuring Instrument	73.33	47.37	61.80	62.16	69.62	61.29
信息化学品制造业	**Manufacture of Electronic Chemicals**					**89.47**	**84.00**

3-1-7 续表 4 continued

行　业	Industry	投资额（亿元） Investment (100 million yuan)					
		2000	2005	2013	2014	2015	2016
合计	**Total**	**208.56**	**628.10**	**1405.32**	**1453.33**	**1709.43**	**2094.75**
医药制造业	**Manufacture of Medicines**	**18.75**	**49.72**	**153.99**	**173.39**	**186.59**	**271.85**
#化学药品制造	Manufacture of Chemical Medicine	14.67	20.97	91.36	82.94	97.53	159.87
中成药生产	Production of Finished Traditional Chinese Herbal Medicine		6.68	13.23	17.45	27.39	14.56
生物药品制造	Manufacture of Biological Medicine	1.77	11.36	25.67	34.71	25.93	51.51
航空、航天器及设备制造业	**Manufacture of Aircrafts and Spacecrafts and Related Equipment**	**1.87**	**3.71**	**29.75**	**19.59**	**26.30**	**43.44**
#飞机制造	Manufacture of Airplanes	1.37	3.71	8.83	5.92	15.83	26.98
航天器制造	Manufacture of Spacecrafts	0.50		0.47			0.38
电子及通信设备制造业	**Manufacture of Electronic Equipment and Communication Equipment**	**172.94**	**466.53**	**980.79**	**1049.96**	**1211.57**	**1411.04**
#通信设备制造	Manufacture of Communication Equipment	10.88	33.15	79.97	72.92	105.05	101.90
#通信系统设备制造	Manufacture of Communication System Equipment	8.37	3.28	19.54	20.17	30.55	37.27
通信终端设备制造	Manufacture of Communication Terminal Equipment	1.10	5.56	60.43	52.76	74.50	64.64
广播电视设备制造	Manufacture of Broadcasting and TV Equipment	0.50	0.87	7.52	2.19	17.33	9.85
雷达及配套设备制造	Manufacture of Radar and Its Fittings			3.34		0.30	5.58
视听设备制造	Manufacture of TV Set and Radio Receiver	9.77	20.05	18.22	44.89	30.63	30.20
电子器件制造	Manufacture of Electronic Appliances	108.94	206.04	544.35	611.45	724.37	833.25
#电子真空器件制造	Manufacture of Electronic Vacuum Appliance	34.68	4.34	8.66	7.59	9.10	5.91
半导体分立器件制造	Manufacture of Semiconductor Discreting Appliances	5.82	43.37	36.18	28.82	24.46	113.85
集成电路制造	Manufacture of Integrate Circuit	68.43	122.47	278.96	351.49	373.84	373.97
电子元件制造	Manufacture of Electronic Components	38.52	167.93	177.46	172.89	172.28	231.36
其他电子设备制造	Manufacture of Other Electronic Equipment	4.33	38.49	70.71	74.44	70.36	89.94
计算机及办公设备制造业	**Manufacture of Computers and Office Equipment**	**8.65**	**85.74**	**122.61**	**129.34**	**149.96**	**175.13**
#计算机整机制造	Manufacture of Entired Computer	3.89	25.39	46.48	36.13	30.99	61.42
计算机零部件制造	Manufacture of Computer Components and Parts	4.74	53.98	27.98	23.75	53.52	77.71
计算机外围设备制造	Manufacture of Computer Peripheral Equipment			13.79	25.53	40.93	10.22
办公设备制造	Manufacture of Office Equipment	0.02	6.36	10.29	10.84	8.45	2.98
医疗仪器设备及仪器仪表制造业	**Manufacture of Medical Equipments and Measuring Instrument**	**6.36**	**22.40**	**118.18**	**81.05**	**110.22**	**143.62**
1.医疗仪器设备及器械制造	Manufacture of Medical Equipment and Appliance	2.09	6.01	40.23	31.95	48.38	51.25
2.仪器仪表制造	Manufacture of Measuring Instrument	4.27	16.39	77.95	49.10	61.84	92.37
信息化学品制造业	**Manufacture of Electronic Chemicals**					**24.78**	**49.68**

3-1-7　续表 5　continued

行　业	Industry	新增固定资产（亿元） Newly Increased Fixed Assets (100 million yuan)					
		2000	2005	2013	2014	2015	2016
合计	**Total**	**145.33**	**460.01**	**898.55**	**1114.47**	**1073.02**	**1168.77**
医药制造业	**Manufacture of Medicines**	**20.90**	**28.05**	**85.85**	**101.60**	**118.74**	**157.69**
#化学药品制造	Manufacture of Chemical Medicine	15.60	14.27	51.69	42.36	60.67	82.59
中成药生产	Production of Finished Traditional Chinese Herbal Medicine		5.36	9.12	5.55	18.52	8.02
生物药品制造	Manufacture of Biological Medicine	3.58	4.10	12.65	23.39	18.48	32.23
航空、航天器及设备制造业	**Manufacture of Aircrafts and Spacecrafts and Related Equipment**		**1.17**	**39.77**	**15.28**	**22.68**	**18.21**
#飞机制造	Manufacture of Airplanes		1.17	5.04	2.18	14.58	6.59
航天器制造	Manufacture of Spacecrafts			0.47			
电子及通信设备制造业	**Manufacture of Electronic Equipment and Communication Equipment**	**109.94**	**326.43**	**600.31**	**835.13**	**721.54**	**825.34**
#通信设备制造	Manufacture of Communication Equipment	4.51	20.42	44.57	84.52	80.09	73.48
#通信系统设备制造	Manufacture of Communication System Equipment	1.86	1.23	7.11	18.28	25.53	34.58
通信终端设备制造	Manufacture of Communication Terminal Equipment	1.22	3.95	37.46	66.24	54.56	38.90
广播电视设备制造	Manufacture of Broadcasting and TV Equipment	0.47	0.66	9.37	4.34	14.80	8.73
雷达及配套设备制造	Manufacture of Radar and Its Fittings			5.88			
视听设备制造	Manufacture of TV Set and Radio Receiver	9.78	17.53	10.13	42.09	22.90	24.88
电子器件制造	Manufacture of Electronic Appliances	67.80	130.64	313.85	475.08	384.96	455.98
#电子真空器件制造	Manufacture of Electronic Vacuum Appliance	26.06	4.70	7.37	7.20	6.12	0.92
半导体分立器件制造	Manufacture of Semiconductor Discreting Appliances	5.73	12.32	21.66	16.04	14.37	12.37
集成电路制造	Manufacture of Integrate Circuit	36.01	83.05	120.63	355.00	261.85	257.16
电子元件制造	Manufacture of Electronic Components	24.16	115.55	133.90	136.74	138.59	165.77
其他电子设备制造	Manufacture of Other Electronic Equipment	3.21	41.63	40.49	37.56	28.58	21.42
计算机及办公设备制造业	**Manufacture of Computers and Office Equipment**	**8.08**	**87.47**	**82.46**	**99.67**	**85.87**	**48.86**
#计算机整机制造	Manufacture of Entired Computer	3.56	19.39	33.57	31.71	11.29	16.67
计算机零部件制造	Manufacture of Computer Components and Parts	4.52	62.81	22.61	22.32	46.66	13.60
计算机外围设备制造	Manufacture of Computer Peripheral Equipment			11.88	11.08	12.48	2.93
办公设备制造	Manufacture of Office Equipment	0.01	5.27	0.59	6.94	5.79	2.58
医疗仪器设备及仪器仪表制造业	**Manufacture of Medical Equipments and Measuring Instrument**	**6.42**	**16.89**	**90.15**	**62.80**	**100.01**	**93.45**
1.医疗仪器设备及器械制造	Manufacture of Medical Equipment and Appliance	2.80	7.30	37.81	24.24	37.91	28.87
2.仪器仪表制造	Manufacture of Measuring Instrument	3.61	9.59	52.34	38.56	62.10	64.58
信息化学品制造业	**Manufacture of Electronic Chemicals**					**24.18**	**25.21**

3-1-7 续表 6 continued

行业	Industry	固定资产交付使用率 (%) Rate of Fixed Assets Put into Use (%)					
		2000	2005	2013	2014	2015	2016
合计	**Total**	**69.68**	**73.24**	**63.94**	**76.68**	**62.77**	**55.80**
医药制造业	**Manufacture of Medicines**	**111.47**	**56.42**	**55.75**	**58.60**	**63.64**	**58.01**
#化学药品制造	Manufacture of Chemical Medicine	106.34	68.05	56.58	51.07	62.21	51.66
中成药生产	Production of Finished Traditional Chinese Herbal Medicine		80.24	68.96	31.79	67.62	55.05
生物药品制造	Manufacture of Biological Medicine	202.26	36.09	49.28	67.39	71.26	62.57
航空、航天器及设备制造业	**Manufacture of Aircrafts and Spacecrafts and Related Equipment**		**31.54**	**133.68**	**77.96**	**86.24**	**41.93**
#飞机制造	Manufacture of Airplanes		31.54	57.05	36.77	92.08	24.42
航天器制造	Manufacture of Spacecrafts			100.00			
电子及通信设备制造业	**Manufacture of Electronic Equipment and Communication Equipment**	**63.57**	**69.97**	**61.21**	**79.54**	**59.55**	**58.49**
#通信设备制造	Manufacture of Communication Equipment	41.45	61.60	55.73	115.90	76.24	72.11
#通信系统设备制造	Manufacture of Communication System Equipment	22.22	37.50	36.39	90.64	83.56	92.80
通信终端设备制造	Manufacture of Communication Terminal Equipment	110.91	71.04	61.98	125.56	73.23	60.18
广播电视设备制造	Manufacture of Broadcasting and TV Equipment	94.00	75.86	124.64	198.56	85.38	88.62
雷达及配套设备制造	Manufacture of Radar and Its Fittings			176.04			
视听设备制造	Manufacture of TV Set and Radio Receiver	100.10	87.43	55.61	93.75	74.76	82.38
电子器件制造	Manufacture of Electronic Appliances	62.24	63.41	57.65	77.70	53.14	54.72
#电子真空器件制造	Manufacture of Electronic Vacuum Appliance	75.14	108.29	85.07	94.90	67.22	15.52
半导体分立器件制造	Manufacture of Semiconductor Discreting Appliances	98.45	28.41	59.86	55.66	58.76	10.86
集成电路制造	Manufacture of Integrate Circuit	52.62	67.81	43.24	101.00	70.04	68.77
电子元件制造	Manufacture of Electronic Components	62.72	68.81	75.46	79.09	80.44	71.65
其他电子设备制造	Manufacture of Other Electronic Equipment	74.13	108.16	57.26	50.46	40.61	23.82
计算机及办公设备制造业	**Manufacture of Computers and Office Equipment**	**93.41**	**102.02**	**67.25**	**77.06**	**57.26**	**27.90**
#计算机整机制造	Manufacture of Entired Computer	91.52	76.37	72.22	87.76	36.42	27.14
计算机零部件制造	Manufacture of Computer Components and Parts	95.36	116.36	80.82	93.99	87.19	17.51
计算机外围设备制造	Manufacture of Computer Peripheral Equipment			86.20	43.40	30.49	28.63
办公设备制造	Manufacture of Office Equipment	50.00	82.86	5.72	64.04	68.53	86.58
医疗仪器设备及仪器仪表制造业	**Manufacture of Medical Equipments and Measuring Instrument**	**100.94**	**75.40**	**76.28**	**77.48**	**90.73**	**65.07**
1.医疗仪器设备及器械制造	Manufacture of Medical Equipment and Appliance	133.97	121.46	93.99	75.85	78.35	56.32
2.仪器仪表制造	Manufacture of Measuring Instrument	84.54	58.51	67.14	78.54	100.42	69.92
信息化学品制造业	**Manufacture of Electronic Chemicals**					**97.56**	**50.74**

3-1-8　各地区固定资产投资情况

Statistics on Investment in Fixed Assets in High-tech Industry by Region

地　区	Region	施工项目（个） Number of Projects under Construction (unit)					
		2000	2005	2013	2014	2015	2016
全　国	**Total**	**2734**	**7095**	**17691**	**18403**	**20028**	**23715**
东部地区	Eastern Region	1417	3875	9118	9288	10028	12091
中部地区	Middle Region	464	1516	4725	4925	5381	6351
西部地区	Western Region	542	1081	2749	2997	3331	4148
东北地区	Northeastern Region	311	623	1099	1193	1288	1125
北　京	Beijing	111	72	197	186	147	132
天　津	Tianjin	83	76	295	335	416	628
河　北	Hebei	138	251	510	464	485	566
山　西	Shanxi	36	116	175	163	166	235
内蒙古	Inner Mongolia	23	72	141	130	194	191
辽　宁	Liaoning	132	290	423	397	478	161
吉　林	Jilin	96	200	446	567	569	743
黑龙江	Heilongjiang	83	133	230	229	241	221
上　海	Shanghai	134	127	276	236	204	196
江　苏	Jiangsu	206	804	3009	2847	3194	3804
浙　江	Zhejiang	171	502	1972	1772	1753	1877
安　徽	Anhui	59	257	1038	1094	1339	1861
福　建	Fujian	70	243	500	486	475	573
江　西	Jiangxi	44	291	928	879	955	1056
山　东	Shandong	155	614	1233	1254	1576	1828
河　南	Henan	99	276	764	819	817	781
湖　北	Hubei	146	288	769	865	829	852
湖　南	Hunan	57	216	1051	1105	1275	1566
广　东	Guangdong	264	976	1103	1671	1743	2455
广　西	Guangxi	68	184	615	715	789	958
海　南	Hainan	17	26	23	37	35	32
重　庆	Chongqing	29	108	410	460	548	765
四　川	Sichuan	146	421	694	705	813	893
贵　州	Guizhou	145	74	58	72	82	300
云　南	Yunnan	46	68	142	145	146	161
西　藏	Tibet	2	2	17	24	14	16
陕　西	Shaanxi	117	268	326	337	376	462
甘　肃	Gansu	26	83	242	294	232	212
青　海	Qinghai	11	16	15	21	35	67
宁　夏	Ningxia	14	9	41	31	32	52
新　疆	Xinjiang	6	32	48	63	70	71

3-1-8 续表 1 continued

地 区	Region	新开工项目（个） Number of Projects Started This Year (unit)					
		2000	2005	2013	2014	2015	2016
全 国	**Total**	**1640**	**4460**	**11637**	**12039**	**14122**	**17498**
东部地区	Eastern Region	858	2452	5973	6114	7137	8859
中部地区	Middle Region	284	926	3159	3141	3697	4673
西部地区	Western Region	313	630	1741	1900	2257	3076
东北地区	Northeastern Region	185	452	764	884	1031	890
北 京	Beijing	58	26	40	37	22	21
天 津	Tianjin	62	44	194	233	320	536
河 北	Hebei	94	187	305	294	305	425
山 西	Shanxi	20	46	95	89	106	188
内 蒙 古	Inner Mongolia	11	49	99	109	145	160
辽 宁	Liaoning	85	216	295	284	386	88
吉 林	Jilin	43	150	323	461	486	639
黑 龙 江	Heilongjiang	57	86	146	139	159	163
上 海	Shanghai	80	65	111	88	77	75
江 苏	Jiangsu	139	564	2296	2245	2669	3101
浙 江	Zhejiang	94	285	1267	997	1088	1364
安 徽	Anhui	41	155	674	730	1019	1505
福 建	Fujian	28	134	283	286	308	385
江 西	Jiangxi	19	152	661	536	636	684
山 东	Shandong	94	435	874	863	1176	1287
河 南	Henan	70	201	429	476	458	512
湖 北	Hubei	87	189	500	512	489	540
湖 南	Hunan	36	134	800	798	989	1244
广 东	Guangdong	150	578	589	1048	1155	1651
广 西	Guangxi	46	118	447	550	612	803
海 南	Hainan	13	16	14	23	17	14
重 庆	Chongqing	17	68	271	261	406	569
四 川	Sichuan	75	273	404	393	519	616
贵 州	Guizhou	118	47	35	32	38	226
云 南	Yunnan	14	31	86	89	81	113
西 藏	Tibet	2	2	10	14	4	7
陕 西	Shaanxi	62	115	172	183	224	309
甘 肃	Gansu	13	63	163	202	148	146
青 海	Qinghai	4	6	9	11	23	54
宁 夏	Ningxia	4	7	25	16	22	37
新 疆	Xinjiang	4	18	20	40	35	36

3-1-8　续表 2　continued

地　区	Region	建成投产项目（个） Number of Projects Completed and Put into Use (unit)					
		2000	2005	2013	2014	2015	2016
全　国	**Total**	**1282**	**3158**	**10528**	**11914**	**14100**	**14949**
东部地区	Eastern Region	639	1741	5463	6088	6967	7805
中部地区	Middle Region	258	661	2821	3123	3783	3837
西部地区	Western Region	242	406	1550	1859	2300	2563
东北地区	Northeastern Region	143	350	694	844	1050	744
北　京	Beijing	38	26	45	53	31	23
天　津	Tianjin	46	28	156	194	203	269
河　北	Hebei	61	136	337	290	351	376
山　西	Shanxi	13	45	94	92	114	153
内蒙古	Inner Mongolia	13	44	95	85	161	145
辽　宁	Liaoning	66	171	275	289	427	53
吉　林	Jilin	34	109	315	435	461	540
黑龙江	Heilongjiang	43	70	104	120	162	151
上　海	Shanghai	21	57	37	53	60	45
江　苏	Jiangsu	120	495	2363	2298	2638	2863
浙　江	Zhejiang	70	200	983	1047	1191	1158
安　徽	Anhui	33	84	670	759	1014	1084
福　建	Fujian	22	88	243	256	284	326
江　西	Jiangxi	28	137	585	586	619	654
山　东	Shandong	79	224	746	811	1124	1249
河　南	Henan	53	146	425	446	548	479
湖　北	Hubei	91	120	365	433	497	455
湖　南	Hunan	27	85	682	807	991	1012
广　东	Guangdong	134	412	545	1070	1070	1484
广　西	Guangxi	43	70	414	501	584	660
海　南	Hainan	5	5	8	16	15	12
重　庆	Chongqing	14	40	196	310	388	442
四　川	Sichuan	66	129	406	426	555	526
贵　州	Guizhou	97	42	16	28	44	227
云　南	Yunnan	14	25	75	72	85	80
西　藏	Tibet	2	1	9	10	9	11
陕　西	Shaanxi	34	105	167	182	228	249
甘　肃	Gansu	7	29	124	188	167	133
青　海	Qinghai	2	14	7	8	17	39
宁　夏	Ningxia	5	8	21	18	24	21
新　疆	Xinjiang	1	13	20	31	38	30

3-1-8 续表 3 continued

地 区	Region	项目建成投产率 (%) Rate of Projects Completed and Put into Use (%)					
		2000	2005	2013	2014	2015	2016
全 国	**Total**	**46.89**	**44.51**	**59.51**	**64.74**	**70.40**	**63.04**
东部地区	Eastern Region	45.10	44.93	59.91	65.55	69.48	64.55
中部地区	Middle Region	55.60	43.60	59.70	63.41	70.30	60.42
西部地区	Western Region	44.65	37.56	56.38	62.03	69.05	61.79
东北地区	Northeastern Region	45.98	56.18	63.15	70.75	81.52	66.13
北 京	Beijing	34.23	36.11	22.84	28.49	21.09	17.42
天 津	Tianjin	55.42	36.84	52.88	57.91	48.80	42.83
河 北	Hebei	44.20	54.18	66.08	62.50	72.37	66.43
山 西	Shanxi	36.11	38.79	53.71	56.44	68.67	65.11
内蒙古	Inner Mongolia	56.52	61.11	67.38	65.38	82.99	75.92
辽 宁	Liaoning	50.00	58.97	65.01	72.80	89.33	32.92
吉 林	Jilin	35.42	54.50	70.63	76.72	81.02	72.68
黑龙江	Heilongjiang	51.81	52.63	45.22	52.40	67.22	68.33
上 海	Shanghai	15.67	44.88	13.41	22.46	29.41	22.96
江 苏	Jiangsu	58.25	61.57	78.53	80.72	82.59	75.26
浙 江	Zhejiang	40.94	39.84	49.85	59.09	67.94	61.69
安 徽	Anhui	55.93	32.68	64.55	69.38	75.73	58.25
福 建	Fujian	31.43	36.21	48.60	52.67	59.79	56.89
江 西	Jiangxi	63.64	47.08	63.04	66.67	64.82	61.93
山 东	Shandong	50.97	36.48	60.50	64.67	71.32	68.33
河 南	Henan	53.54	52.90	55.63	54.46	67.07	61.33
湖 北	Hubei	62.33	41.67	47.46	50.06	59.95	53.40
湖 南	Hunan	47.37	39.35	64.89	73.03	77.73	64.62
广 东	Guangdong	50.76	42.21	49.41	64.03	61.39	60.45
广 西	Guangxi	63.24	38.04	67.32	70.07	74.02	68.89
海 南	Hainan	29.41	19.23	34.78	43.24	42.86	37.50
重 庆	Chongqing	48.28	37.04	47.80	67.39	70.80	57.78
四 川	Sichuan	45.21	30.64	58.50	60.43	68.27	58.90
贵 州	Guizhou	66.90	56.76	27.59	38.89	53.66	75.67
云 南	Yunnan	30.43	36.76	52.82	49.66	58.22	49.69
西 藏	Tibet	100.00	50.00	52.94	41.67	64.29	68.75
陕 西	Shaanxi	29.06	39.18	51.23	54.01	60.64	53.90
甘 肃	Gansu	26.92	34.94	51.24	63.95	71.98	62.74
青 海	Qinghai	18.18	87.50	46.67	38.10	48.57	58.21
宁 夏	Ningxia	35.71	88.89	51.22	58.06	75.00	40.38
新 疆	Xinjiang	16.67	40.63	41.67	49.21	54.29	42.25

3-1-8　续表 4　continued

地　区	Region	投资额（亿元） Investment (100 million yuan)					
		2000	2005	2013	2014	2015	2016
全　国	**Total**	**562.95**	**2144.09**	**15557.68**	**17451.72**	**19950.65**	**22786.67**
东部地区	Eastern Region	379.95	1438.03	7119.79	7664.74	9102.18	10763.47
中部地区	Middle Region	58.26	311.19	4730.53	5574.76	6237.78	7068.98
西部地区	Western Region	74.80	219.00	2503.61	3028.46	3437.98	4054.92
东北地区	Northeastern Region	49.93	175.85	1203.74	1183.76	1172.72	899.30
北　京	Beijing	24.49	84.10	138.73	105.89	120.20	193.90
天　津	Tianjin	53.88	58.04	312.59	323.46	416.97	429.81
河　北	Hebei	13.89	66.81	562.92	710.02	864.28	979.41
山　西	Shanxi	2.97	32.81	228.45	254.09	210.31	226.41
内 蒙 古	Inner Mongolia	1.87	30.40	268.33	338.47	344.15	321.20
辽　宁	Liaoning	18.15	75.16	611.52	563.87	514.70	194.41
吉　林	Jilin	16.27	57.22	443.24	478.18	515.62	565.60
黑 龙 江	Heilongjiang	15.51	43.47	148.99	141.70	142.39	139.29
上　海	Shanghai	85.53	126.80	308.20	249.01	236.25	241.01
江　苏	Jiangsu	32.70	400.16	2617.75	2797.86	3110.17	3526.57
浙　江	Zhejiang	19.60	102.78	551.13	607.24	735.35	850.87
安　徽	Anhui	5.55	32.92	870.03	891.89	1031.83	1453.14
福　建	Fujian	12.08	51.04	377.48	405.98	580.23	987.87
江　西	Jiangxi	2.36	69.88	833.10	1013.00	1087.26	1317.85
山　东	Shandong	23.99	198.56	1277.65	1412.86	1643.88	1866.56
河　南	Henan	12.69	52.43	1206.15	1523.74	1726.49	1822.49
湖　北	Hubei	15.53	53.96	909.12	1092.03	1261.15	1305.21
湖　南	Hunan	17.29	38.79	683.68	800.01	920.73	943.87
广　东	Guangdong	108.63	318.29	934.57	1004.85	1366.55	1651.21
广　西	Guangxi	2.05	24.12	231.92	336.79	365.62	382.30
海　南	Hainan	3.11	7.33	38.78	47.59	28.28	36.26
重　庆	Chongqing	3.21	28.30	415.10	563.34	770.88	1031.05
四　川	Sichuan	31.05	99.58	823.59	733.66	768.49	916.10
贵　州	Guizhou	6.31	10.36	107.46	143.83	137.84	217.19
云　南	Yunnan	1.24	12.94	61.60	71.86	64.98	113.16
西　藏	Tibet	0.07	0.22	3.23	4.74	2.18	3.74
陕　西	Shaanxi	28.23	49.31	403.63	620.70	747.20	703.32
甘　肃	Gansu	2.98	10.48	112.49	115.43	112.22	145.97
青　海	Qinghai	0.30	2.28	26.98	37.76	56.47	76.86
宁　夏	Ningxia	1.22	1.59	17.80	13.03	25.12	86.09
新　疆	Xinjiang	0.19	3.94	31.47	48.86	42.82	57.95

3-1-8 续表 5 continued

地 区	Region	新增固定资产（亿元） Newly Increased Fixed Assets (100 million yuan)					
		2000	2005	2013	2014	2015	2016
全 国	**Total**	**421.02**	**1463.88**	**9874.27**	**11790.74**	**14307.54**	**13140.26**
东部地区	Eastern Region	285.75	1042.80	5165.06	5770.79	6813.89	6603.36
中部地区	Middle Region	38.97	202.28	2656.28	3485.60	4062.40	3730.21
西部地区	Western Region	53.88	104.83	1296.57	1623.96	2327.58	2206.47
东北地区	Northeastern Region	42.41	113.98	756.36	910.39	1103.68	600.22
北 京	Beijing	15.89	104.89	296.24	277.99	77.23	88.45
天 津	Tianjin	20.54	28.05	241.94	207.61	345.44	228.40
河 北	Hebei	10.50	44.15	499.34	435.47	704.05	768.89
山 西	Shanxi	1.69	16.81	105.76	132.63	138.16	144.64
内蒙古	Inner Mongolia	0.67	19.84	103.40	177.38	168.77	219.67
辽 宁	Liaoning	13.89	42.76	366.93	403.68	528.84	55.16
吉 林	Jilin	11.46	32.38	283.82	395.96	463.29	420.27
黑龙江	Heilongjiang	17.06	38.84	105.61	110.76	111.56	124.79
上 海	Shanghai	66.19	68.14	86.22	115.69	146.14	120.54
江 苏	Jiangsu	28.76	367.60	1945.72	2193.11	2538.16	2495.25
浙 江	Zhejiang	16.47	59.04	342.41	466.03	604.90	542.77
安 徽	Anhui	3.80	20.13	464.35	602.47	637.49	689.59
福 建	Fujian	7.05	30.26	234.86	351.16	341.23	346.69
江 西	Jiangxi	2.23	46.54	512.60	587.51	658.78	679.99
山 东	Shandong	21.40	102.31	842.25	911.79	1071.16	1041.52
河 南	Henan	5.32	32.96	716.83	984.69	1209.63	1139.89
湖 北	Hubei	10.78	35.61	411.16	609.82	721.95	539.18
湖 南	Hunan	14.48	30.39	445.58	568.48	696.38	536.92
广 东	Guangdong	96.50	226.05	652.70	801.40	978.48	954.68
广 西	Guangxi	1.56	9.63	169.31	221.55	275.67	288.08
海 南	Hainan	0.89	2.68	23.37	10.55	7.09	16.17
重 庆	Chongqing	1.50	9.88	214.70	302.39	418.29	445.53
四 川	Sichuan	28.93	33.00	461.98	495.82	658.05	557.18
贵 州	Guizhou	4.91	10.40	42.85	63.66	165.78	144.24
云 南	Yunnan	1.17	5.50	32.39	44.77	42.05	58.81
西 藏	Tibet	0.07	0.21	1.77	2.60	2.00	2.45
陕 西	Shaanxi	13.66	33.24	147.97	205.78	474.08	356.24
甘 肃	Gansu	2.75	4.72	74.55	75.15	77.91	74.14
青 海	Qinghai	0.24	3.12	4.20	3.93	9.47	19.31
宁 夏	Ningxia	0.45	1.59	14.62	9.40	13.13	22.07
新 疆	Xinjiang	0.20	3.17	28.84	21.53	22.37	18.77

3-1-8　续表 6　continued

地　区	Region	固定资产交付使用率（%）Rate of Fixed Assets Put into Use (%)					
		2000	2005	2013	2014	2015	2016
全　国	**Total**	**74.79**	**68.27**	**63.47**	**67.56**	**71.71**	**57.67**
东部地区	Eastern Region	75.21	72.52	72.55	75.29	74.86	61.35
中部地区	Middle Region	66.89	65.00	56.15	62.52	65.13	52.77
西部地区	Western Region	72.03	47.87	51.79	53.62	67.70	54.41
东北地区	Northeastern Region	84.94	64.82	62.83	76.91	94.11	66.74
北　京	Beijing	64.87	124.71	213.55	262.53	64.25	45.62
天　津	Tianjin	38.12	48.33	77.40	64.18	82.85	53.14
河　北	Hebei	75.60	66.08	88.70	61.33	81.46	78.51
山　西	Shanxi	56.88	51.22	46.29	52.20	65.69	63.88
内蒙古	Inner Mongolia	35.79	65.25	38.53	52.41	49.04	68.39
辽　宁	Liaoning	76.52	56.90	60.00	71.59	102.75	28.37
吉　林	Jilin	70.46	56.59	64.03	82.80	89.85	74.30
黑龙江	Heilongjiang	109.97	89.36	70.89	78.16	78.34	89.59
上　海	Shanghai	77.39	53.73	27.97	46.46	61.86	50.02
江　苏	Jiangsu	87.94	91.86	74.33	78.39	81.61	70.76
浙　江	Zhejiang	84.07	57.44	62.13	76.75	82.26	63.79
安　徽	Anhui	68.51	61.16	53.37	67.55	61.78	47.45
福　建	Fujian	58.37	59.27	62.22	86.50	58.81	35.09
江　西	Jiangxi	94.49	66.60	61.53	58.00	60.59	51.60
山　东	Shandong	89.19	51.53	65.92	64.53	65.16	55.80
河　南	Henan	41.89	62.86	59.43	64.62	70.06	62.55
湖　北	Hubei	69.44	66.00	45.23	55.84	57.25	41.31
湖　南	Hunan	83.77	78.35	65.17	71.06	75.63	56.88
广　东	Guangdong	88.83	71.02	69.84	79.75	71.60	57.82
广　西	Guangxi	76.39	39.93	73.00	65.78	75.40	75.35
海　南	Hainan	28.59	36.48	60.27	22.17	25.05	44.58
重　庆	Chongqing	46.77	34.91	51.72	53.68	54.26	43.21
四　川	Sichuan	93.15	33.14	56.09	67.58	85.63	60.82
贵　州	Guizhou	77.83	100.46	39.87	44.26	120.27	66.41
云　南	Yunnan	93.62	42.47	52.58	62.30	64.71	51.97
西　藏	Tibet	100.00	96.59	54.88	54.82	91.68	65.39
陕　西	Shaanxi	48.40	67.41	36.66	33.15	63.45	50.65
甘　肃	Gansu	92.34	45.03	66.27	65.10	69.43	50.79
青　海	Qinghai	79.16	136.53	15.58	10.41	16.78	25.12
宁　夏	Ningxia	37.21	99.84	82.14	72.09	52.24	25.63
新　疆	Xinjiang	104.96	80.48	91.63	44.06	52.25	32.40

3-1-9 各地区国有及国有控股企业固定资产投资情况
Statistics on Investment in Fixed Assets in State-owned and State-controlled Enterprises by Region

地区	Region	施工项目（个） Number of Projects under Construction (unit)					
		2000	2005	2013	2014	2015	2016
全　国	**Total**	**1321**	**1285**	**1304**	**1329**	**1354**	**1470**
东部地区	Eastern Region	579	486	582	598	598	574
中部地区	Middle Region	256	307	258	279	288	343
西部地区	Western Region	351	352	383	391	415	514
东北地区	Northeastern Region	135	140	81	61	53	39
北　京	Beijing	67	40	39	37	27	31
天　津	Tianjin	19	14	41	39	45	27
河　北	Hebei	69	74	26	26	23	30
山　西	Shanxi	26	43	18	14	10	22
内蒙古	Inner Mongolia	14	17	4	10	36	20
辽　宁	Liaoning	73	53	24	16	10	6
吉　林	Jilin	12	36	27	19	13	18
黑龙江	Heilongjiang	50	51	30	26	30	15
上　海	Shanghai	71	36	50	41	38	32
江　苏	Jiangsu	124	71	96	79	90	78
浙　江	Zhejiang	41	53	47	60	68	107
安　徽	Anhui	24	43	51	45	46	73
福　建	Fujian	22	22	38	35	52	41
江　西	Jiangxi	40	46	32	28	38	47
山　东	Shandong	55	27	52	41	39	63
河　南	Henan	68	30	21	25	22	28
湖　北	Hubei	63	68	72	91	68	66
湖　南	Hunan	21	60	64	76	104	107
广　东	Guangdong	65	106	186	236	214	161
广　西	Guangxi	42	32	51	59	39	25
海　南	Hainan	4	11	7	4	2	4
重　庆	Chongqing	9	25	73	69	70	141
四　川	Sichuan	51	77	100	103	110	99
贵　州	Guizhou	129	6	15	18	20	51
云　南	Yunnan	37	19	13	12	13	19
西　藏	Tibet	1	2	4	3	4	3
陕　西	Shaanxi	84	167	84	62	72	93
甘　肃	Gansu	21	44	31	39	27	35
青　海	Qinghai	4	4	1		6	10
宁　夏	Ningxia	11	1	3	2	2	5
新　疆	Xinjiang	4	7	4	14	16	13

3-1-9　续表 1　continued

地　区	Region	新开工项目（个） Number of Projects Started This Year (unit)					
		2000	2005	2013	2014	2015	2016
全　国	**Total**	**803**	**636**	**670**	**649**	**786**	**884**
东部地区	Eastern Region	357	248	249	258	316	304
中部地区	Middle Region	153	134	151	160	188	215
西部地区	Western Region	204	159	223	202	249	344
东北地区	Northeastern Region	89	95	47	29	33	21
北　京	Beijing	37	10	5	7	2	8
天　津	Tianjin	15	8	20	15	24	18
河　北	Hebei	43	54	15	20	16	20
山　西	Shanxi	11	5	11	8	2	19
内蒙古	Inner Mongolia	7	9	4	9	32	14
辽　宁	Liaoning	50	35	15	7	6	2
吉　林	Jilin	6	32	22	14	11	11
黑龙江	Heilongjiang	33	28	10	8	16	8
上　海	Shanghai	51	19	14	9	11	6
江　苏	Jiangsu	85	35	55	38	61	48
浙　江	Zhejiang	19	21	22	28	24	74
安　徽	Anhui	20	19	32	28	28	45
福　建	Fujian	8	8	19	13	36	15
江　西	Jiangxi	17	16	13	14	28	38
山　东	Shandong	36	16	28	26	26	39
河　南	Henan	47	19	9	11	10	16
湖　北	Hubei	38	41	37	47	31	31
湖　南	Hunan	13	25	49	52	89	66
广　东	Guangdong	31	50	67	102	116	75
广　西	Guangxi	29	21	33	41	24	13
海　南	Hainan	3	6	4			1
重　庆	Chongqing	6	14	38	28	35	102
四　川	Sichuan	21	41	58	51	69	63
贵　州	Guizhou	110	5	7	5	12	36
云　南	Yunnan	11	7	4	5	7	16
西　藏	Tibet	1	2	3	1	2	2
陕　西	Shaanxi	39	55	48	27	38	52
甘　肃	Gansu	9	31	24	23	15	26
青　海	Qinghai	3				6	9
宁　夏	Ningxia	2	1	3	1	1	4
新　疆	Xinjiang	2	3	1	11	8	7

3-1-9 续表 2 continued

地 区	Region	建成投产项目（个） Number of Projects Completed and Put into Use (unit)					
		2000	2005	2013	2014	2015	2016
全 国	**Total**	**627**	**503**	**568**	**685**	**757**	**730**
东部地区	Eastern Region	245	205	215	283	298	259
中部地区	Middle Region	146	128	125	153	171	177
西部地区	Western Region	165	99	187	217	258	276
东北地区	Northeastern Region	71	71	41	32	30	18
北 京	Beijing	22	14	7	9	6	6
天 津	Tianjin	13	7	14	14	12	12
河 北	Hebei	31	44	19	20	15	16
山 西	Shanxi	12	19	10	6	4	8
内蒙古	Inner Mongolia	10	12	2	9	35	18
辽 宁	Liaoning	41	24	12	12	7	2
吉 林	Jilin		19	22	12	9	6
黑龙江	Heilongjiang	30	28	7	8	14	10
上 海	Shanghai	3	20	9	7	7	6
江 苏	Jiangsu	69	35	55	49	66	51
浙 江	Zhejiang	14	19	11	13	29	47
安 徽	Anhui	16	11	29	29	33	35
福 建	Fujian	8	8	11	13	19	13
江 西	Jiangxi	26	21	17	14	18	29
山 东	Shandong	22	6	29	23	21	34
河 南	Henan	39	17	7	15	13	15
湖 北	Hubei	34	28	15	30	24	28
湖 南	Hunan	9	20	47	59	79	62
广 东	Guangdong	33	33	56	133	122	72
广 西	Guangxi	27	15	25	31	23	13
海 南	Hainan	3	4	4	2	1	2
重 庆	Chongqing	3	6	27	33	44	81
四 川	Sichuan	21	18	52	64	71	50
贵 州	Guizhou	93	2	3	9	11	30
云 南	Yunnan	14	6	7	6	6	5
西 藏	Tibet	1	1	2	1	4	2
陕 西	Shaanxi	20	40	49	32	32	42
甘 肃	Gansu	6	17	17	26	15	19
青 海	Qinghai	1	4	1		5	8
宁 夏	Ningxia	5	1	2	1	2	1
新 疆	Xinjiang	1	4		5	10	7

3-1-9　续表 3　continued

地　区	Region	项目建成投产率 (%) Rate of Projects Completed and Put into Use (%)					
		2000	2005	2013	2014	2015	2016
全　国	**Total**	**47.46**	**39.14**	**43.56**	**51.54**	**55.91**	**49.66**
东部地区	Eastern Region	42.31	42.18	36.94	47.32	49.83	45.12
中部地区	Middle Region	57.03	41.69	48.45	54.84	59.38	51.60
西部地区	Western Region	47.01	28.13	48.83	55.50	62.17	53.70
东北地区	Northeastern Region	52.59	50.71	50.62	52.46	56.60	46.15
北　京	Beijing	32.84	35.00	17.95	24.32	22.22	19.35
天　津	Tianjin	68.42	50.00	34.15	35.90	26.67	44.44
河　北	Hebei	44.93	59.46	73.08	76.92	65.22	53.33
山　西	Shanxi	46.15	44.19	55.56	42.86	40.00	36.36
内蒙古	Inner Mongolia	71.43	70.59	50.00	90.00	97.22	90.00
辽　宁	Liaoning	56.16	45.28	50.00	75.00	70.00	33.33
吉　林	Jilin		52.78	81.48	63.16	69.23	33.33
黑龙江	Heilongjiang	60.00	54.90	23.33	30.77	46.67	66.67
上　海	Shanghai	4.23	55.56	18.00	17.07	18.42	18.75
江　苏	Jiangsu	55.65	49.30	57.29	62.03	73.33	65.38
浙　江	Zhejiang	34.15	35.85	23.40	21.67	42.65	43.93
安　徽	Anhui	66.67	25.58	56.86	64.44	71.74	47.95
福　建	Fujian	36.36	36.36	28.95	37.14	36.54	31.71
江　西	Jiangxi	65.00	45.65	53.13	50.00	47.37	61.70
山　东	Shandong	40.00	22.22	55.77	56.10	53.85	53.97
河　南	Henan	57.35	56.67	33.33	60.00	59.09	53.57
湖　北	Hubei	53.97	41.18	20.83	32.97	35.29	42.42
湖　南	Hunan	42.86	33.33	73.44	77.63	75.96	57.94
广　东	Guangdong	50.77	31.13	30.11	56.36	57.01	44.72
广　西	Guangxi	64.29	46.88	49.02	52.54	58.97	52.00
海　南	Hainan	75.00	36.36	57.14	50.00	50.00	50.00
重　庆	Chongqing	33.33	24.00	36.99	47.83	62.86	57.45
四　川	Sichuan	41.18	23.38	52.00	62.14	64.55	50.51
贵　州	Guizhou	72.09	33.33	20.00	50.00	55.00	58.82
云　南	Yunnan	37.84	31.58	53.85	50.00	46.15	26.32
西　藏	Tibet	100.00	50.00	50.00	33.33	100.00	66.67
陕　西	Shaanxi	23.81	23.95	58.33	51.61	44.44	45.16
甘　肃	Gansu	28.57	38.64	54.84	66.67	55.56	54.29
青　海	Qinghai	25.00	100.00	100.00		83.33	80.00
宁　夏	Ningxia	45.45	100.00	66.67	50.00	100.00	20.00
新　疆	Xinjiang	25.00	57.14		35.71	62.50	53.85

3-1-9 续表 4 continued

地区	Region	投资额（亿元） Investment (100 million yuan)					
		2000	2005	2013	2014	2015	2016
全 国	**Total**	**168.44**	**380.71**	**1892.79**	**2060.03**	**2328.63**	**2737.27**
东部地区	Eastern Region	80.87	166.97	780.81	800.55	882.40	1021.53
中部地区	Middle Region	20.28	67.12	585.07	599.68	601.53	808.36
西部地区	Western Region	45.49	82.02	446.92	565.93	787.36	877.90
东北地区	Northeastern Region	21.83	64.60	79.99	93.87	57.34	29.47
北 京	Beijing	9.65	9.18	42.66	29.27	28.19	46.61
天 津	Tianjin	5.15	9.31	35.05	28.72	55.73	28.91
河 北	Hebei	7.59	24.06	39.49	43.82	70.59	41.45
山 西	Shanxi	1.75	4.83	26.21	16.04	41.69	22.21
内蒙古	Inner Mongolia	0.51	7.24	3.87	11.46	45.73	79.11
辽 宁	Liaoning	8.48	21.15	39.01	64.59	21.12	3.47
吉 林	Jilin	1.80	15.55	20.43	10.33	10.81	16.45
黑龙江	Heilongjiang	11.55	27.90	20.55	18.95	25.41	9.55
上 海	Shanghai	11.88	17.81	122.95	63.08	43.90	54.66
江 苏	Jiangsu	14.29	52.89	219.92	292.22	255.41	189.11
浙 江	Zhejiang	3.95	9.42	34.39	56.36	81.49	125.56
安 徽	Anhui	1.61	8.49	256.68	179.06	81.65	270.97
福 建	Fujian	2.13	5.89	58.19	51.08	126.27	326.76
江 西	Jiangxi	2.22	16.05	57.10	72.14	68.52	79.91
山 东	Shandong	8.60	15.84	92.70	97.59	65.62	91.85
河 南	Henan	6.24	5.91	42.57	59.70	76.57	87.87
湖 北	Hubei	6.49	15.51	134.11	212.38	224.85	238.85
湖 南	Hunan	1.46	9.09	68.39	60.36	108.26	108.55
广 东	Guangdong	16.35	14.34	107.27	109.06	139.68	98.42
广 西	Guangxi	0.89	4.20	19.28	42.43	21.79	30.10
海 南	Hainan	0.39	4.03	28.19	29.35	15.52	18.21
重 庆	Chongqing	0.45	10.47	140.84	235.47	319.34	350.52
四 川	Sichuan	13.10	24.81	142.38	68.70	107.38	115.59
贵 州	Guizhou	4.57	0.53	24.95	45.77	46.38	71.87
云 南	Yunnan	1.05	6.11	10.13	9.64	6.53	9.19
西 藏	Tibet	0.04	0.22	0.49	0.70	0.38	1.01
陕 西	Shaanxi	22.37	32.06	81.39	132.83	219.17	180.45
甘 肃	Gansu	2.81	6.13	19.57	14.22	12.14	21.87
青 海	Qinghai	0.22	0.29		0.41	3.63	5.69
宁 夏	Ningxia	0.70	0.05	0.20	0.32	0.18	7.23
新 疆	Xinjiang	0.18	1.35	3.82	3.99	4.72	5.27

3-1-9　续表 5　continued

地　区	Region	新增固定资产（亿元） Newly Increased Fixed Assets (100 million yuan)					
		2000	2005	2013	2014	2015	2016
全　国	**Total**	**130.94**	**213.70**	**1170.99**	**1096.25**	**1387.76**	**1089.84**
东部地区	Eastern Region	65.15	85.90	635.68	440.85	543.84	404.50
中部地区	Middle Region	15.44	45.28	224.03	361.21	286.72	304.20
西部地区	Western Region	29.64	32.79	260.53	221.73	516.80	358.53
东北地区	Northeastern Region	20.69	49.74	50.74	72.46	40.41	22.62
北　京	Beijing	5.47	11.34	224.55	26.29	16.91	37.30
天　津	Tianjin	3.48	6.87	46.35	16.85	65.47	10.75
河　北	Hebei	6.43	16.06	62.11	24.94	44.47	25.30
山　西	Shanxi	1.39	6.50	11.90	7.45	38.62	41.55
内蒙古	Inner Mongolia	0.17	4.41	1.89	10.68	50.33	67.45
辽　宁	Liaoning	6.21	8.88	26.46	53.23	14.66	2.52
吉　林	Jilin	0.11	11.98	15.26	6.04	10.02	12.56
黑龙江	Heilongjiang	14.37	28.88	9.02	13.19	15.72	7.53
上　海	Shanghai	7.88	4.87	20.58	9.65	11.35	12.34
江　苏	Jiangsu	12.30	23.35	86.61	104.77	211.40	131.75
浙　江	Zhejiang	4.02	6.31	13.37	25.46	48.58	79.67
安　徽	Anhui	1.02	6.13	54.45	154.01	52.46	34.75
福　建	Fujian	1.21	2.08	29.51	31.30	25.45	21.43
江　西	Jiangxi	2.12	10.27	35.94	26.03	44.52	20.36
山　东	Shandong	8.19	3.01	45.69	62.89	30.25	34.77
河　南	Henan	4.21	4.24	33.55	53.04	22.21	77.23
湖　北	Hubei	4.55	7.27	29.28	66.62	45.28	69.08
湖　南	Hunan	1.98	6.46	58.91	54.06	83.62	61.24
广　东	Guangdong	15.33	8.21	85.17	137.04	89.74	47.06
广　西	Guangxi	0.55	1.68	6.90	14.44	16.55	25.69
海　南	Hainan	0.29	2.12	21.73	1.68	0.21	4.12
重　庆	Chongqing	0.13	1.46	73.73	46.34	94.06	82.19
四　川	Sichuan	13.33	8.32	97.01	53.14	69.63	72.25
贵　州	Guizhou	3.47	0.28	8.04	17.26	85.68	29.04
云　南	Yunnan	0.99	1.63	8.04	3.97	5.98	2.63
西　藏	Tibet	0.04	0.21	0.25	0.01	1.20	0.79
陕　西	Shaanxi	8.17	14.96	52.03	62.33	171.41	61.58
甘　肃	Gansu	2.66	3.01	12.47	12.82	11.42	10.34
青　海	Qinghai	0.20	1.42			2.36	2.87
宁　夏	Ningxia	0.45	0.05	0.1695	0.26	0.18	0.08
新　疆	Xinjiang	0.20	1.45		0.485	8.01	3.62

3-1-9 续表 6 continued

地 区	Region	固定资产交付使用率 (%) Rate of Fixed Assets Put into Use (%)					
		2000	2005	2013	2014	2015	2016
全 国	**Total**	**77.74**	**56.13**	**61.87**	**53.22**	**59.60**	**39.81**
东部地区	Eastern Region	80.56	51.45	81.41	55.07	61.63	39.60
中部地区	Middle Region	76.13	67.46	38.29	60.23	47.66	37.63
西部地区	Western Region	65.16	39.98	58.29	39.18	65.64	40.84
东北地区	Northeastern Region	94.78	77.00	63.43	77.19	70.47	76.73
北 京	Beijing	56.74	123.57	526.40	89.82	60.00	80.02
天 津	Tianjin	67.63	73.87	132.22	58.68	117.47	37.19
河 北	Hebei	84.71	66.75	157.28	56.91	63.01	61.04
山 西	Shanxi	78.98	134.60	45.40	46.45	92.64	187.05
内 蒙 古	Inner Mongolia	33.75	60.84	48.84	93.19	110.05	85.26
辽 宁	Liaoning	73.31	42.00	67.84	82.41	69.42	72.62
吉 林	Jilin	6.12	77.06	74.68	58.44	92.75	76.35
黑 龙 江	Heilongjiang	124.42	103.51	43.88	69.59	61.87	78.88
上 海	Shanghai	66.33	27.33	16.74	15.29	25.85	22.58
江 苏	Jiangsu	86.07	44.14	39.38	35.85	82.77	69.67
浙 江	Zhejiang	101.76	67.00	38.88	45.17	59.61	63.45
安 徽	Anhui	63.04	72.15	21.21	86.01	64.25	12.82
福 建	Fujian	56.82	35.29	50.72	61.27	20.16	6.56
江 西	Jiangxi	95.40	63.98	62.93	36.09	64.97	25.47
山 东	Shandong	95.26	18.98	49.28	64.44	46.10	37.86
河 南	Henan	67.58	71.70	78.81	88.84	29.01	87.89
湖 北	Hubei	70.13	46.83	21.83	31.37	20.14	28.92
湖 南	Hunan	135.65	70.98	86.15	89.57	77.24	56.42
广 东	Guangdong	93.76	57.24	79.40	125.65	64.25	47.81
广 西	Guangxi	61.59	40.11	35.80	34.03	75.94	85.32
海 南	Hainan	75.56	52.70	77.08	5.71	1.34	22.61
重 庆	Chongqing	29.53	13.93	52.35	19.68	29.45	23.45
四 川	Sichuan	101.74	33.53	68.13	77.35	64.84	62.51
贵 州	Guizhou	75.92	52.91	32.23	37.72	184.73	40.41
云 南	Yunnan	94.99	26.69	79.42	41.14	91.57	28.67
西 藏	Tibet	100.00	96.59	51.02	2.01	319.79	78.18
陕 西	Shaanxi	36.53	46.66	63.93	46.93	78.21	34.13
甘 肃	Gansu	94.75	49.16	63.71	90.13	94.05	47.26
青 海	Qinghai	94.69	482.65	100		64.91	50.36
宁 夏	Ningxia	65.15	100.00	84.96	81.13	100.00	1.05
新 疆	Xinjiang	113.54	107.97		12.16	169.70	68.76

3-1-10　各地区内资企业固定资产投资情况

Statistics on Investment in Fixed Assets in Domeistic Funded Enterprises by Region

地　区	Region	施工项目（个） Number of Projects under Construction (unit)					
		2000	2005	2013	2014	2015	2016
全　国	**Total**	**2270**	**5424**	**15952**	**16672**	**18275**	**21424**
东部地区	Eastern Region	1056	2474	7712	7833	8591	10242
中部地区	Middle Region	421	1369	4542	4783	5227	6141
西部地区	Western Region	521	1013	2637	2887	3193	3953
东北地区	Northeastern Region	272	568	1061	1169	1264	1088
北　京	Beijing	92	51	158	152	118	106
天　津	Tianjin	47	43	250	286	365	475
河　北	Hebei	122	227	497	452	466	543
山　西	Shanxi	34	110	167	158	160	227
内蒙古	Inner Mongolia	22	64	136	127	188	177
辽　宁	Liaoning	109	249	410	389	472	158
吉　林	Jilin	84	192	432	558	558	714
黑龙江	Heilongjiang	79	127	219	222	234	216
上　海	Shanghai	93	63	193	176	150	134
江　苏	Jiangsu	166	487	2517	2378	2670	3203
浙　江	Zhejiang	151	382	1738	1571	1560	1692
安　徽	Anhui	49	229	1000	1063	1296	1809
福　建	Fujian	43	144	406	387	411	470
江　西	Jiangxi	43	253	875	849	927	1008
山　东	Shandong	121	461	1146	1180	1470	1665
河　南	Henan	95	253	750	808	808	760
湖　北	Hubei	130	259	734	832	799	809
湖　南	Hunan	48	201	1016	1073	1237	1528
广　东	Guangdong	143	426	788	1223	1352	1928
广　西	Guangxi	65	170	588	684	738	907
海　南	Hainan	13	20	19	28	29	26
重　庆	Chongqing	26	101	370	431	525	727
四　川	Sichuan	133	384	667	675	777	835
贵　州	Guizhou	144	69	57	70	80	298
云　南	Yunnan	46	64	137	142	146	160
西　藏	Tibet	2	2	17	24	13	15
陕　西	Shaanxi	114	260	320	329	363	439
甘　肃	Gansu	25	82	242	292	230	210
青　海	Qinghai	11	14	15	21	35	67
宁　夏	Ningxia	14	9	40	30	28	49
新　疆	Xinjiang	6	28	48	62	70	69

3-1-10 续表 1 continued

地 区	Region	新开工项目（个） Number of Projects Started This Year (unit)						
		2000	2005	2012	2013	2014	2015	2016
全 国	**Total**	**1372**	**3422**	**9255**	**10657**	**10991**	**12934**	**15981**
东部地区	Eastern Region	654	1589	4271	5184	5225	6163	7616
中部地区	Middle Region	251	836	2763	3039	3064	3590	4550
西部地区	Western Region	299	589	1378	1684	1831	2166	2957
东北地区	Northeastern Region	168	408	843	750	871	1015	858
北 京	Beijing	49	18	28	33	30	17	18
天 津	Tianjin	39	23	148	167	196	284	420
河 北	Hebei	82	172	285	301	288	295	407
山 西	Shanxi	18	44	76	91	86	102	181
内蒙古	Inner Mongolia	10	45	76	97	107	139	147
辽 宁	Liaoning	76	180	314	292	281	381	87
吉 林	Jilin	38	144	397	314	454	478	611
黑龙江	Heilongjiang	54	84	132	144	136	156	160
上 海	Shanghai	61	31	107	77	65	48	47
江 苏	Jiangsu	115	373	1582	1971	1900	2249	2621
浙 江	Zhejiang	80	219	805	1155	898	985	1252
安 徽	Anhui	32	138	581	649	712	984	1480
福 建	Fujian	19	79	176	243	234	273	320
江 西	Jiangxi	19	132	586	621	518	618	656
山 东	Shandong	76	320	748	810	815	1092	1187
河 南	Henan	66	186	431	419	472	455	498
湖 北	Hubei	76	169	424	479	496	468	513
湖 南	Hunan	30	122	665	780	780	963	1222
广 东	Guangdong	79	228	386	416	783	906	1332
广 西	Guangxi	44	113	309	428	523	572	769
海 南	Hainan	10	13	6	11	16	14	12
重 庆	Chongqing	14	64	193	253	250	392	545
四 川	Sichuan	69	250	384	389	376	497	587
贵 州	Guizhou	117	44	26	34	30	38	224
云 南	Yunnan	14	29	72	84	87	81	112
西 藏	Tibet	2	2	10	10	14	3	7
陕 西	Shaanxi	59	111	173	172	178	219	296
甘 肃	Gansu	12	63	73	163	200	148	145
青 海	Qinghai	4	5	11	9	11	23	54
宁 夏	Ningxia	4	7	26	25	16	19	35
新 疆	Xinjiang	4	14	25	20	39	35	36

3-1-10　续表 2　continued

地　　区	Region	建成投产项目（个） Number of Projects Completed and Put into Use (unit)					
		2000	2005	2013	2014	2015	2016
全　　国	**Total**	**1057**	**2394**	**9567**	**10834**	**12987**	**13656**
东部地区	Eastern Region	474	1088	4695	5172	6052	6757
中部地区	Middle Region	226	604	2719	3036	3684	3727
西部地区	Western Region	231	383	1482	1797	2221	2450
东北地区	Northeastern Region	126	319	671	829	1030	722
北　　京	Beijing	31	15	38	44	25	16
天　　津	Tianjin	34	17	135	173	187	235
河　　北	Hebei	52	128	331	286	338	363
山　　西	Shanxi	13	44	89	89	110	148
内 蒙 古	Inner Mongolia	12	39	92	82	155	133
辽　　宁	Liaoning	57	147	268	282	421	53
吉　　林	Jilin	28	103	304	429	452	519
黑 龙 江	Heilongjiang	41	69	99	118	157	150
上　　海	Shanghai	7	29	23	32	36	30
江　　苏	Jiangsu	92	290	2001	1931	2222	2445
浙　　江	Zhejiang	61	156	869	950	1075	1068
安　　徽	Anhui	24	78	646	733	980	1056
福　　建	Fujian	16	54	218	205	261	269
江　　西	Jiangxi	27	122	548	566	605	628
山　　东	Shandong	62	163	679	762	1045	1151
河　　南	Henan	50	137	419	440	542	465
湖　　北	Hubei	79	104	354	419	479	439
湖　　南	Hunan	21	80	663	789	968	991
广　　东	Guangdong	74	166	395	778	850	1170
广　　西	Guangxi	41	65	392	481	553	622
海　　南	Hainan	4	5	6	11	13	10
重　　庆	Chongqing	12	36	174	290	376	421
四　　川	Sichuan	59	120	391	410	534	497
贵　　州	Guizhou	97	41	15	28	44	225
云　　南	Yunnan	14	24	71	70	85	79
西　　藏	Tibet	2	1	9	10	9	11
陕　　西	Shaanxi	33	100	166	182	223	241
甘　　肃	Gansu	6	29	124	188	166	132
青　　海	Qinghai	2	12	7	8	17	39
宁　　夏	Ningxia	5	8	21	18	21	20
新　　疆	Xinjiang	1	12	20	30	38	30

3-1-10 续表 3 continued

地区	Region	项目建成投产率 (%) Rate of Projects Completed and Put into Use (%)					
		2000	2005	2013	2014	2015	2016
全国	**Total**	**46.56**	**44.14**	**59.97**	**64.98**	**71.06**	**63.74**
东部地区	Eastern Region	44.89	43.98	60.88	66.03	70.45	65.97
中部地区	Middle Region	53.68	44.12	59.86	63.47	70.48	60.69
西部地区	Western Region	44.34	37.81	56.20	62.24	69.56	61.98
东北地区	Northeastern Region	46.32	56.16	63.24	70.92	81.49	66.36
北京	Beijing	33.70	29.41	24.05	28.95	21.19	15.09
天津	Tianjin	72.34	39.53	54.00	60.49	51.23	49.47
河北	Hebei	42.62	56.39	66.60	63.27	72.53	66.85
山西	Shanxi	38.24	40.00	53.29	56.33	68.75	65.20
内蒙古	Inner Mongolia	54.55	60.94	67.65	64.57	82.45	75.14
辽宁	Liaoning	52.29	59.04	65.37	72.49	89.19	33.54
吉林	Jilin	33.33	53.65	70.37	76.88	81.00	72.69
黑龙江	Heilongjiang	51.90	54.33	45.21	53.15	67.09	69.44
上海	Shanghai	7.53	46.03	11.92	18.18	24.00	22.39
江苏	Jiangsu	55.42	59.55	79.50	81.20	83.22	76.33
浙江	Zhejiang	40.40	40.84	50.00	60.47	68.91	63.12
安徽	Anhui	48.98	34.06	64.60	68.96	75.62	58.37
福建	Fujian	37.21	37.50	53.69	52.97	63.50	57.23
江西	Jiangxi	62.79	48.22	62.63	66.67	65.26	62.30
山东	Shandong	51.24	35.36	59.25	64.58	71.09	69.13
河南	Henan	52.63	54.15	55.87	54.46	67.08	61.18
湖北	Hubei	60.77	40.15	48.23	50.36	59.95	54.26
湖南	Hunan	43.75	39.80	65.26	73.53	78.25	64.86
广东	Guangdong	51.75	38.97	50.13	63.61	62.87	60.68
广西	Guangxi	63.08	38.24	66.67	70.32	74.93	68.58
海南	Hainan	30.77	25.00	31.58	39.29	44.83	38.46
重庆	Chongqing	46.15	35.64	47.03	67.29	71.62	57.91
四川	Sichuan	44.36	31.25	58.62	60.74	68.73	59.52
贵州	Guizhou	67.36	59.42	26.32	40.00	55.00	75.50
云南	Yunnan	30.43	37.50	51.82	49.30	58.22	49.38
西藏	Tibet	100.00	50.00	52.94	41.67	69.23	73.33
陕西	Shaanxi	28.95	38.46	51.88	55.32	61.43	54.90
甘肃	Gansu	24.00	35.37	51.24	64.38	72.17	62.86
青海	Qinghai	18.18	85.71	46.67	38.10	48.57	58.21
宁夏	Ningxia	35.71	88.89	52.50	60.00	75.00	40.82
新疆	Xinjiang	16.67	42.86	41.67	48.39	54.29	43.48

3-1-10 续表 4 continued

地 区	Region	投资额（亿元） Investment (100 million yuan)					
		2000	2005	2013	2014	2015	2016
全 国	**Total**	**300.49**	**1150.48**	**13168.47**	**15128.22**	**17303.78**	**19370.63**
东部地区	Eastern Region	158.87	561.81	5433.02	5999.23	7109.64	8432.02
中部地区	Middle Region	36.89	255.16	4444.24	5294.77	5972.02	6562.86
西部地区	Western Region	67.01	187.22	2154.25	2674.37	3073.97	3625.93
东北地区	Northeastern Region	37.72	146.30	1136.96	1159.85	1148.15	749.82
北 京	Beijing	11.39	10.34	96.55	65.63	56.94	68.14
天 津	Tianjin	9.21	16.64	266.75	262.63	342.15	326.67
河 北	Hebei	12.32	58.61	545.63	684.00	789.27	901.79
山 西	Shanxi	2.82	18.48	201.62	189.24	158.97	167.26
内蒙古	Inner Mongolia	1.85	21.92	252.37	334.89	339.06	299.21
辽 宁	Liaoning	11.36	49.65	561.48	550.89	501.89	97.75
吉 林	Jilin	11.50	54.27	431.78	469.92	506.04	520.75
黑龙江	Heilongjiang	14.86	42.38	143.70	139.04	140.22	131.32
上 海	Shanghai	16.66	13.36	182.11	138.76	96.85	128.45
江 苏	Jiangsu	18.80	131.62	1899.92	2082.98	2278.53	2577.58
浙 江	Zhejiang	16.54	69.78	459.74	523.58	636.09	734.36
安 徽	Anhui	4.54	28.89	839.21	869.64	986.57	1399.21
福 建	Fujian	4.39	16.97	235.50	282.02	452.78	890.09
江 西	Jiangxi	2.36	60.62	791.47	986.85	1063.43	1244.63
山 东	Shandong	16.84	130.33	1194.18	1315.52	1539.60	1655.15
河 南	Henan	8.54	45.53	1132.21	1485.43	1709.78	1622.72
湖 北	Hubei	14.08	43.14	875.18	1048.97	1219.95	1245.71
湖 南	Hunan	2.69	36.59	604.55	714.65	833.32	883.32
广 东	Guangdong	48.20	88.41	516.88	600.98	890.72	1123.06
广 西	Guangxi	1.99	20.57	208.12	317.55	344.12	359.14
海 南	Hainan	2.52	5.19	35.76	43.13	26.72	26.73
重 庆	Chongqing	2.68	27.80	336.22	515.65	733.85	975.67
四 川	Sichuan	24.10	74.34	743.26	681.20	714.78	814.11
贵 州	Guizhou	6.29	8.14	105.61	136.23	135.99	216.31
云 南	Yunnan	1.24	11.91	59.88	70.78	64.98	108.63
西 藏	Tibet	0.07	0.22	3.23	4.74	2.13	3.62
陕 西	Shaanxi	28.02	47.63	257.19	401.59	504.47	501.81
甘 肃	Gansu	2.89	9.87	112.49	114.04	110.92	143.65
青 海	Qinghai	0.30	2.21	26.67	37.76	56.47	76.86
宁 夏	Ningxia	1.22	1.59	17.74	13.03	24.38	84.43
新 疆	Xinjiang	0.19	3.51	31.47	46.93	42.82	42.52

3-1-10 续表 5 continued

地 区	Region	新增固定资产（亿元） Newly Increased Fixed Assets (100 million yuan)					
		2000	2005	2013	2014	2015	2016
全 国	**Total**	**234.07**	**699.11**	**8387.56**	**10036.35**	**12539.13**	**11149.74**
东部地区	Eastern Region	130.70	334.60	3995.18	4264.38	5368.84	5227.25
中部地区	Middle Region	25.14	171.30	2539.66	3357.06	3961.20	3445.82
西部地区	Western Region	46.63	95.87	1157.65	1518.93	2130.14	1916.56
东北地区	Northeastern Region	31.60	97.34	695.07	895.97	1078.95	560.11
北 京	Beijing	6.99	10.26	242.00	61.63	30.85	50.93
天 津	Tianjin	5.87	16.12	207.18	155.46	299.05	183.56
河 北	Hebei	8.98	37.56	490.74	430.68	643.73	716.59
山 西	Shanxi	1.69	14.43	99.04	110.70	126.76	125.83
内蒙古	Inner Mongolia	0.65	13.96	86.00	160.36	163.98	210.76
辽 宁	Liaoning	8.14	28.84	323.95	395.92	514.54	55.04
吉 林	Jilin	7.00	29.80	273.51	389.92	454.23	383.23
黑龙江	Heilongjiang	16.46	38.70	97.61	110.13	110.18	121.84
上 海	Shanghai	14.04	9.56	36.48	33.45	42.51	26.27
江 苏	Jiangsu	16.78	78.30	1411.82	1646.24	1890.42	1856.35
浙 江	Zhejiang	13.80	39.27	285.63	394.07	512.43	477.38
安 徽	Anhui	2.81	18.95	436.55	589.48	609.55	662.96
福 建	Fujian	2.66	9.88	166.41	182.93	278.69	291.35
江 西	Jiangxi	2.23	38.97	485.82	562.74	647.33	651.38
山 东	Shandong	14.55	68.93	783.11	861.28	1000.72	954.63
河 南	Henan	5.24	28.90	696.23	965.69	1197.80	962.96
湖 北	Hubei	9.99	26.75	395.97	599.82	712.79	517.30
湖 南	Hunan	2.54	29.31	426.05	528.63	666.98	525.40
广 东	Guangdong	44.70	54.64	349.47	491.73	663.58	661.39
广 西	Guangxi	1.51	7.64	144.71	206.76	258.27	273.63
海 南	Hainan	0.83	2.43	22.34	6.92	6.86	8.80
重 庆	Chongqing	1.17	9.65	159.28	265.90	396.89	394.37
四 川	Sichuan	22.12	29.06	432.46	468.49	610.22	500.71
贵 州	Guizhou	4.91	8.58	40.99	63.66	165.78	143.35
云 南	Yunnan	1.17	4.37	30.47	43.98	42.05	54.28
西 藏	Tibet	0.07	0.22	1.77	2.60	1.95	2.45
陕 西	Shaanxi	13.62	32.19	139.76	198.33	369.15	204.36
甘 肃	Gansu	2.66	4.22	74.55	75.15	77.61	73.94
青 海	Qinghai	0.24	2.86	4.20	3.93	9.47	19.31
宁 夏	Ningxia	0.45	1.59	14.62	9.40	12.41	20.64
新 疆	Xinjiang	0.20	3.12	28.84	20.39	22.37	18.77

3-1-10　续表 6　continued

地　区	Region	固定资产交付使用率（%） Rate of Fixed Assets Put into Use (%)					
		2000	2005	2013	2014	2015	2016
全　国	**Total**	**77.90**	**60.77**	**63.69**	**66.34**	**72.46**	**57.56**
东部地区	Eastern Region	82.27	59.56	73.54	71.08	75.51	61.99
中部地区	Middle Region	68.15	67.13	57.14	63.40	66.33	52.50
西部地区	Western Region	69.59	51.21	53.74	56.80	69.30	52.86
东北地区	Northeastern Region	83.78	66.53	61.13	77.25	93.97	74.70
北　京	Beijing	61.37	99.23	250.65	93.90	54.19	74.74
天　津	Tianjin	63.74	96.88	77.67	59.19	87.40	56.19
河　北	Hebei	72.89	64.08	89.94	62.96	81.56	79.46
山　西	Shanxi	59.93	78.08	49.12	58.49	79.74	75.23
内蒙古	Inner Mongolia	35.14	63.69	34.08	47.89	48.36	70.44
辽　宁	Liaoning	71.65	58.09	57.70	71.87	102.52	56.31
吉　林	Jilin	60.87	54.91	63.34	82.97	89.76	73.59
黑龙江	Heilongjiang	110.77	91.32	67.93	79.21	78.58	92.78
上　海	Shanghai	84.27	71.56	20.03	24.11	43.90	20.45
江　苏	Jiangsu	89.26	59.49	74.31	79.03	82.97	72.02
浙　江	Zhejiang	83.43	56.28	62.13	75.26	80.56	65.01
安　徽	Anhui	61.89	65.59	52.02	67.78	61.78	47.38
福　建	Fujian	60.59	58.22	70.66	64.86	61.55	32.73
江　西	Jiangxi	94.49	64.29	61.38	57.02	60.87	52.34
山　东	Shandong	86.40	52.89	65.58	65.47	65.00	57.68
河　南	Henan	61.36	63.47	61.49	65.01	70.06	59.34
湖　北	Hubei	70.95	62.01	45.24	57.18	58.43	41.53
湖　南	Hunan	94.42	80.10	70.47	73.97	80.04	59.48
广　东	Guangdong	92.74	61.80	67.61	81.82	74.50	58.89
广　西	Guangxi	75.88	37.14	69.53	65.11	75.05	76.19
海　南	Hainan	32.94	46.82	62.48	16.04	25.66	32.93
重　庆	Chongqing	43.66	34.71	47.37	51.57	54.08	40.42
四　川	Sichuan	91.78	39.09	58.18	68.77	85.37	61.50
贵　州	Guizhou	78.06	105.41	38.82	46.73	121.91	66.27
云　南	Yunnan	94.35	36.69	50.88	62.13	64.71	49.96
西　藏	Tibet	100.00	100.00	54.88	54.82	91.49	67.62
陕　西	Shaanxi	48.61	67.58	54.34	49.39	73.17	40.72
甘　肃	Gansu	92.04	42.76	66.27	65.89	69.97	51.47
青　海	Qinghai	80.00	129.41	15.76	10.41	16.78	25.12
宁　夏	Ningxia	36.89	100.00	82.41	72.13	50.88	24.45
新　疆	Xinjiang	105.26	88.89	91.63	43.46	52.25	44.15

3-1-11 各地区港澳台资企业固定资产投资情况
Statistics on Investment in Fixed Assets in Hong Kong, Macau and Taiwan Funded Enterprises by Region

地 区	Region	施工项目（个） Number of Projects under Construction (unit)					
		2000	2005	2013	2014	2015	2016
全 国	**Total**	**201**	**700**	**745**	**777**	**764**	**971**
东部地区	Eastern Region	147	577	583	625	585	751
中部地区	Middle Region	30	88	88	75	89	112
西部地区	Western Region	9	24	64	66	83	99
东北地区	Northeastern Region	15	11	10	11	7	9
北 京	Beijing	8	3	16	12	10	9
天 津	Tianjin	3	4	7	8	7	17
河 北	Hebei	7	11	5	5	9	11
山 西	Shanxi	2	1	2	3	4	8
内 蒙 古	Inner Mongolia		6	5	3	6	13
辽 宁	Liaoning	7	5	4	4	1	1
吉 林	Jilin	7	3	2	3	4	6
黑 龙 江	Heilongjiang	1	3	4	4	2	2
上 海	Shanghai	9	11	31	26	17	16
江 苏	Jiangsu	12	106	170	123	150	212
浙 江	Zhejiang	14	46	101	87	83	60
安 徽	Anhui	9	18	19	17	33	26
福 建	Fujian	18	48	57	72	47	50
江 西	Jiangxi	1	25	31	19	13	23
山 东	Shandong	8	19	24	14	21	34
河 南	Henan	3	10	5	4	4	14
湖 北	Hubei	9	18	19	18	15	18
湖 南	Hunan	6	10	12	14	20	23
广 东	Guangdong	63	317	171	275	239	340
广 西	Guangxi	3	9	14	24	40	36
海 南	Hainan	2	3	1	3	2	2
重 庆	Chongqing	3	1	28	20	18	14
四 川	Sichuan	4	16	9	13	13	20
贵 州	Guizhou		1		1	1	1
云 南	Yunnan		1	4	1		1
西 藏	Tibet						
陕 西	Shaanxi	1	4	3	2	3	11
甘 肃	Gansu	1	1				1
青 海	Qinghai						
宁 夏	Ningxia			1	1	2	2
新 疆	Xinjiang				1		

3-1-11 续表 1 continued

地 区	Region	新开工项目（个） Number of Projects Started This Year (unit)					
		2000	2005	2013	2014	2015	2016
全 国	**Total**	**123**	**432**	**380**	**469**	**501**	**623**
东部地区	Eastern Region	89	352	288	380	379	485
中部地区	Middle Region	24	58	58	42	65	66
西部地区	Western Region	5	15	30	42	53	63
东北地区	Northeastern Region	5	7	4	5	4	9
北 京	Beijing	5	2	1	3	1	1
天 津	Tianjin	3	2	2	6	6	13
河 北	Hebei	5	6	2	3	5	9
山 西	Shanxi	2		1	2	3	7
内 蒙 古	Inner Mongolia		3	2	2	6	13
辽 宁	Liaoning	2	3	2	1	1	1
吉 林	Jilin	2	3	1	2	3	6
黑 龙 江	Heilongjiang	1	1	1	2		2
上 海	Shanghai	5	6	9	9	3	4
江 苏	Jiangsu	6	67	107	91	117	171
浙 江	Zhejiang	9	30	45	46	44	35
安 徽	Anhui	8	11	10	10	26	13
福 建	Fujian	7	25	25	41	23	27
江 西	Jiangxi		17	25	10	9	13
山 东	Shandong	6	15	14	6	18	16
河 南	Henan	3	8	3	2	2	10
湖 北	Hubei	6	12	13	9	11	12
湖 南	Hunan	5	7	6	9	14	11
广 东	Guangdong	39	195	82	172	160	208
广 西	Guangxi	2	3	9	20	30	22
海 南	Hainan	2	1	1	3	2	1
重 庆	Chongqing	3	1	15	7	10	9
四 川	Sichuan		9	2	10	5	9
贵 州	Guizhou		1		1		1
云 南	Yunnan		1	2	1		1
西 藏	Tibet						
陕 西	Shaanxi	1	3			1	6
甘 肃	Gansu	1					1
青 海	Qinghai						
宁 夏	Ningxia					1	1
新 疆	Xinjiang				1		

3-1-11 续表 2 continued

地 区	Region	建成投产项目（个） Number of Projects Completed and Put into Use (unit)					
		2000	2005	2013	2014	2015	2016
全 国	**Total**	**96**	**296**	**397**	**471**	**471**	**556**
东部地区	Eastern Region	64	251	304	377	356	426
中部地区	Middle Region	22	31	52	50	61	62
西部地区	Western Region	8	11	38	38	48	63
东北地区	Northeastern Region	2	3	3	6	6	5
北 京	Beijing	5	2	2	4	4	1
天 津	Tianjin	1		1	5	3	3
河 北	Hebei	3	5	3	1	7	8
山 西	Shanxi			1	2	3	5
内 蒙 古	Inner Mongolia		4	3	3	6	12
辽 宁	Liaoning		1	1	3	1	
吉 林	Jilin	2	2	1	2	3	5
黑 龙 江	Heilongjiang			1	1	2	
上 海	Shanghai		6	3	5	5	3
江 苏	Jiangsu	10	58	135	90	119	138
浙 江	Zhejiang	6	18	49	41	55	30
安 徽	Anhui	9	3	12	13	26	14
福 建	Fujian	5	14	11	36	16	23
江 西	Jiangxi	1	10	20	15	8	14
山 东	Shandong	4	6	16	9	17	19
河 南	Henan	2	3	3	2	3	11
湖 北	Hubei	5	9	7	10	11	8
湖 南	Hunan	5	2	9	8	10	10
广 东	Guangdong	28	138	83	183	129	200
广 西	Guangxi	2	4	10	15	24	26
海 南	Hainan			1	3	1	1
重 庆	Chongqing	2	1	14	12	10	9
四 川	Sichuan	4	5	7	6	6	10
贵 州	Guizhou		1				1
云 南	Yunnan			4	1		1
西 藏	Tibet						
陕 西	Shaanxi	1	4			1	2
甘 肃	Gansu	1					1
青 海	Qinghai						
宁 夏	Ningxia					1	1
新 疆	Xinjiang				1		

3-1-11 续表 3 continued

地 区	Region	项目建成投产率 (%) Rate of Projects Completed and Put into Use (%)					
		2000	2005	2013	2014	2015	2016
全 国	**Total**	**47.76**	**42.29**	**53.29**	**60.62**	**61.65**	**57.26**
东部地区	Eastern Region	43.54	43.50	52.14	60.32	60.85	56.72
中部地区	Middle Region	73.33	35.23	59.09	66.67	68.54	55.36
西部地区	Western Region	88.89	45.83	59.38	57.58	57.83	63.64
东北地区	Northeastern Region	13.33	27.27	30.00	54.55	85.71	55.56
北 京	Beijing	62.50	66.67	12.50	33.33	40.00	11.11
天 津	Tianjin	33.33		14.29	62.50	42.86	17.65
河 北	Hebei	42.86	45.45	60.00	20.00	77.78	72.73
山 西	Shanxi			50.00	66.67	75.00	62.50
内 蒙 古	Inner Mongolia		66.67	60.00	100.00	100.00	92.31
辽 宁	Liaoning		20.00	25.00	75.00	100.00	
吉 林	Jilin	28.57	66.67	50.00	66.67	75.00	83.33
黑 龙 江	Heilongjiang			25.00	25.00	100.00	
上 海	Shanghai		54.55	9.68	19.23	29.41	18.75
江 苏	Jiangsu	83.33	54.72	79.41	73.17	79.33	65.09
浙 江	Zhejiang	42.86	39.13	48.51	47.13	66.27	50.00
安 徽	Anhui	100.00	16.67	63.16	76.47	78.79	53.85
福 建	Fujian	27.78	29.17	19.30	50.00	34.04	46.00
江 西	Jiangxi	100.00	40.00	64.52	78.95	61.54	60.87
山 东	Shandong	50.00	31.58	66.67	64.29	80.95	55.88
河 南	Henan	66.67	30.00	60.00	50.00	75.00	78.57
湖 北	Hubei	55.56	50.00	36.84	55.56	73.33	44.44
湖 南	Hunan	83.33	20.00	75.00	57.14	50.00	43.48
广 东	Guangdong	44.44	43.53	48.54	66.55	53.97	58.82
广 西	Guangxi	66.67	44.44	71.43	62.50	60.00	72.22
海 南	Hainan			100.00	100.00	50.00	50.00
重 庆	Chongqing	66.67	100.00	50.00	60.00	55.56	64.29
四 川	Sichuan	100.00	31.25	77.78	46.15	46.15	50.00
贵 州	Guizhou		100.00				100.00
云 南	Yunnan			100.00	100.00		100.00
西 藏	Tibet						
陕 西	Shaanxi	100.00	100.00			33.33	18.18
甘 肃	Gansu	100.00					100.00
青 海	Qinghai						
宁 夏	Ningxia					50	50.00
新 疆	Xinjiang				100.00		

3-1-11 续表 4 continued

地区	Region	投资额（亿元） Investment (100 million yuan)					
		2000	2005	2013	2014	2015	2016
全 国	**Total**	**53.91**	**365.51**	**967.66**	**870.17**	**937.44**	**1321.29**
东部地区	Eastern Region	40.72	300.49	607.06	574.49	709.92	805.83
中部地区	Middle Region	6.16	46.92	177.72	195.73	156.27	372.06
西部地区	Western Region	1.25	12.96	164.24	89.49	67.58	132.71
东北地区	Northeastern Region	5.78	5.14	18.64	10.45	3.68	10.70
北 京	Beijing	1.05	35.22	18.50	10.01	13.53	17.26
天 津	Tianjin	0.96	4.38	13.53	14.74	21.88	21.19
河 北	Hebei	0.64	4.15	7.84	13.76	43.18	38.69
山 西	Shanxi	0.15	14.11	20.27	64.28	50.37	59.15
内蒙古	Inner Mongolia		8.25	15.97	3.58	5.10	12.13
辽 宁	Liaoning	1.08	2.42	14.09	6.00	0.37	2.02
吉 林	Jilin	4.63	1.97	2.98	3.04	2.86	5.52
黑龙江	Heilongjiang	0.07	0.75	1.57	1.42	0.46	3.16
上 海	Shanghai	8.20	20.09	17.89	24.03	42.35	29.78
江 苏	Jiangsu	1.93	71.85	217.68	189.70	262.25	315.50
浙 江	Zhejiang	1.33	14.69	40.58	35.94	33.88	30.16
安 徽	Anhui	0.64	2.99	14.56	15.00	33.50	29.68
福 建	Fujian	3.11	11.14	101.26	76.39	82.88	55.21
江 西	Jiangxi	0.01	6.66	30.56	15.51	6.07	29.57
山 东	Shandong	2.09	21.63	25.78	30.26	26.10	50.28
河 南	Henan	4.14	4.71	64.45	28.70	6.39	175.57
湖 北	Hubei	1.00	9.05	24.11	32.29	22.83	38.93
湖 南	Hunan	0.23	1.14	23.77	39.97	37.10	39.16
广 东	Guangdong	21.12	114.59	163.43	178.11	183.59	244.22
广 西	Guangxi	0.06	1.86	15.59	15.07	16.08	16.60
海 南	Hainan	0.23	0.88	0.56	1.55	0.27	3.54
重 庆	Chongqing	0.53	0.09	68.27	31.60	27.10	14.63
四 川	Sichuan	0.60	10.31	60.74	28.65	11.66	50.62
贵 州	Guizhou		0.75		5.54	0.85	0.40
云 南	Yunnan		0.31	1.22	0.53		4.53
西 藏	Tibet						
陕 西	Shaanxi	0.04	0.89	2.22	2.56	6.25	33.00
甘 肃	Gansu	0.09	0.60				0.20
青 海	Qinghai			0.18			
宁 夏	Ningxia			0.06	0.01	0.55	0.60
新 疆	Xinjiang				1.94		

3-1-11 续表 5 continued

地 区	Region	新增固定资产（亿元） Newly Increased Fixed Assets (100 million yuan)					
		2000	2005	2013	2014	2015	2016
全 国	**Total**	**41.61**	**304.76**	**573.16**	**639.91**	**695.40**	**821.75**
东部地区	Eastern Region	33.60	272.83	367.67	483.22	583.70	512.94
中部地区	Middle Region	1.29	26.32	63.57	80.71	71.40	234.26
西部地区	Western Region	1.26	3.25	109.85	69.29	36.94	69.03
东北地区	Northeastern Region	5.47	2.36	32.08	6.68	3.36	5.52
北 京	Beijing	1.90	80.52	7.75	5.16	15.40	9.35
天 津	Tianjin	0.69	3.37	4.97	13.86	16.70	11.71
河 北	Hebei	0.72	3.86	3.08	2.05	34.97	34.60
山 西	Shanxi		2.35	0.60	21.61	10.51	18.80
内 蒙 古	Inner Mongolia		5.69	17.40	17.02	4.80	8.91
辽 宁	Liaoning	1.44	0.69	30.00	4.49	0.37	
吉 林	Jilin	4.01	1.67	1.88	1.71	2.54	5.52
黑 龙 江	Heilongjiang	0.02		0.20	0.49	0.46	
上 海	Shanghai	3.38	4.36	4.69	14.50	40.18	24.80
江 苏	Jiangsu	2.38	76.05	177.57	122.13	222.06	214.82
浙 江	Zhejiang	0.74	8.53	20.02	33.68	29.79	15.84
安 徽	Anhui	0.65	0.71	8.38	6.76	21.06	15.95
福 建	Fujian	1.39	6.28	33.36	129.36	45.94	25.74
江 西	Jiangxi	0.01	5.59	19.36	23.46	3.98	12.67
山 东	Shandong	2.13	1.97	11.23	12.24	10.28	14.10
河 南	Henan	0.07	3.69	15.00	14.78	10.78	162.40
湖 北	Hubei	0.35	7.68	14.26	7.47	8.82	17.53
湖 南	Hunan	0.22	0.61	5.98	6.63	16.26	6.91
广 东	Guangdong	20.22	85.94	104.42	148.69	168.24	159.20
广 西	Guangxi	0.05	1.74	15.89	11.05	12.59	10.39
海 南	Hainan		0.19	0.56	1.53	0.14	2.77
重 庆	Chongqing	0.33	0.09	51.11	23.89	12.55	11.78
四 川	Sichuan	0.81	1.07	23.53	15.70	6.40	26.63
贵 州	Guizhou		0.75				0.40
云 南	Yunnan			1.92	0.50		4.53
西 藏	Tibet						
陕 西	Shaanxi	0.04	0.85			0.073	5.02
甘 肃	Gansu	0.09	0.49				0.20
青 海	Qinghai						
宁 夏	Ningxia					0.5318	1.18
新 疆	Xinjiang				1.13		

3-1-11 续表 6 continued

地 区	Region	固定资产交付使用率 (%) Rate of Fixed Assets Put into Use (%)					
		2000	2005	2013	2014	2015	2016
全 国	**Total**	**77.18**	**83.38**	**59.23**	**73.54**	**74.18**	**62.19**
东部地区	Eastern Region	82.51	90.80	60.57	84.11	82.22	63.65
中部地区	Middle Region	20.94	56.10	35.77	41.24	45.69	62.96
西部地区	Western Region	100.80	25.08	66.89	77.43	54.66	52.02
东北地区	Northeastern Region	94.64	45.91	172.07	63.95	91.30	51.60
北 京	Beijing	180.95	228.62	41.92	51.56	113.86	54.19
天 津	Tianjin	71.88	76.94	36.72	94.03	76.30	55.26
河 北	Hebei	112.50	93.01	39.24	14.94	80.99	89.44
山 西	Shanxi		16.65	2.96	33.63	20.87	31.79
内 蒙 古	Inner Mongolia		68.97	108.97	475.44	94.12	73.45
辽 宁	Liaoning	133.33	28.51	212.87	74.82	100.00	
吉 林	Jilin	86.61	84.77	63.06	56.18	88.79	100.00
黑 龙 江	Heilongjiang	28.57		12.74	34.58	100.00	
上 海	Shanghai	41.22	21.70	26.21	60.33	94.89	83.29
江 苏	Jiangsu	123.32	105.85	81.58	64.38	84.67	68.09
浙 江	Zhejiang	55.64	58.07	49.35	93.73	87.93	52.50
安 徽	Anhui	101.56	23.75	57.51	45.10	62.86	53.73
福 建	Fujian	44.69	56.37	32.95	169.35	55.43	46.62
江 西	Jiangxi	100.00	83.93	63.34	151.27	65.55	42.85
山 东	Shandong	101.91	9.11	43.56	40.44	39.38	28.03
河 南	Henan	1.69	78.34	23.27	51.51	168.60	92.50
湖 北	Hubei	35.00	84.86	59.14	23.14	38.63	45.02
湖 南	Hunan	95.65	53.51	25.15	16.58	43.82	17.64
广 东	Guangdong	95.74	75.00	63.89	83.48	91.64	65.19
广 西	Guangxi	83.33	93.55	101.96	73.33	78.31	62.61
海 南	Hainan		21.59	100.00	98.92	51.32	78.40
重 庆	Chongqing	62.26	100.00	74.86	75.60	46.30	80.54
四 川	Sichuan	135.00	10.38	38.75	54.78	54.87	52.60
贵 州	Guizhou		100.00				100.00
云 南	Yunnan			157.75	93.55		100.00
西 藏	Tibet						
陕 西	Shaanxi	100.00	95.51			1.17	15.20
甘 肃	Gansu	100.00	81.67				100.00
青 海	Qinghai						
宁 夏	Ningxia					95.96	197.72
新 疆	Xinjiang				58.54		

3-1-12　各地区外资企业固定资产投资情况

Statistics on Investment in Fixed Assets in Foreign funded Enterprises by Region

地　区	Region	施工项目（个） Number of Projects under Construction (unit)					
		2000	2005	2013	2014	2015	2016
全　国	**Total**	**263**	**971**	**958**	**954**	**989**	**1320**
东部地区	Eastern Region	214	824	811	830	852	1098
中部地区	Middle Region	13	59	79	67	65	98
西部地区	Western Region	12	44	44	44	55	96
东北地区	Northeastern Region	24	44	24	13	17	28
北　京	Beijing	11	18	23	22	19	17
天　津	Tianjin	33	29	38	41	44	136
河　北	Hebei	9	13	7	7	10	12
山　西	Shanxi		5	3	2	2	
内蒙古	Inner Mongolia	1	2				1
辽　宁	Liaoning	16	36	7	4	5	2
吉　林	Jilin	5	5	10	6	7	23
黑龙江	Heilongjiang	3	3	7	3	5	3
上　海	Shanghai	32	53	52	34	37	46
江　苏	Jiangsu	28	211	319	346	374	389
浙　江	Zhejiang	6	74	131	114	110	125
安　徽	Anhui	1	10	16	14	10	26
福　建	Fujian	9	51	35	27	17	53
江　西	Jiangxi		13	20	11	15	25
山　东	Shandong	26	134	62	60	85	129
河　南	Henan	1	13	9	7	5	7
湖　北	Hubei	7	11	14	15	15	25
湖　南	Hunan	3	5	17	18	18	15
广　东	Guangdong	58	233	141	173	152	187
广　西	Guangxi		5	9	7	11	15
海　南	Hainan	2	3	3	6	4	4
重　庆	Chongqing		6	12	9	5	24
四　川	Sichuan	9	21	18	17	23	38
贵　州	Guizhou	1	4	1	1	1	1
云　南	Yunnan		3	1	2		
西　藏	Tibet					1	1
陕　西	Shaanxi	2	4	3	6	10	12
甘　肃	Gansu				2	2	1
青　海	Qinghai		2				
宁　夏	Ningxia					2	1
新　疆	Xinjiang		4				2

3-1-12 续表 1 continued

地 区	Region	新开工项目（个） Number of Projects Started This Year (unit)					
		2000	2005	2013	2014	2015	2016
全 国	**Total**	**145**	**606**	**570**	**579**	**687**	**894**
东部地区	Eastern Region	115	511	491	509	595	758
中部地区	Middle Region	9	32	49	35	42	57
西部地区	Western Region	9	26	23	27	38	56
东北地区	Northeastern Region	12	37	7	8	12	23
北 京	Beijing	4	6	6	4	4	2
天 津	Tianjin	20	19	25	31	30	103
河 北	Hebei	7	9	1	3	5	9
山 西	Shanxi		2		1	1	
内蒙古	Inner Mongolia	1	1				
辽 宁	Liaoning	7	33		2	4	
吉 林	Jilin	3	3	6	5	5	22
黑龙江	Heilongjiang	2	1	1	1	3	1
上 海	Shanghai	14	28	25	14	26	24
江 苏	Jiangsu	18	124	215	254	303	309
浙 江	Zhejiang	5	36	66	53	59	77
安 徽	Anhui	1	6	12	8	9	12
福 建	Fujian	2	30	13	11	12	38
江 西	Jiangxi		3	15	8	9	15
山 东	Shandong	12	100	50	42	66	84
河 南	Henan	1	7	7	2	1	4
湖 北	Hubei	5	8	6	7	10	15
湖 南	Hunan	1	5	9	9	12	11
广 东	Guangdong	32	155	88	93	89	111
广 西	Guangxi		2	6	7	10	12
海 南	Hainan	1	2	2	4	1	1
重 庆	Chongqing		3	3	4	4	15
四 川	Sichuan	6	14	13	7	17	20
贵 州	Guizhou	1	2	1	1		1
云 南	Yunnan		1		1		
西 藏	Tibet					1	
陕 西	Shaanxi	2	1		5	4	7
甘 肃	Gansu				2		
青 海	Qinghai		1				
宁 夏	Ningxia					2	1
新 疆	Xinjiang		4				

3-1-12　续表 2　continued

地　区	Region	建成投产项目（个） Number of Projects Completed and Put into Use (unit)					
		2000	2005	2013	2014	2015	2016
全　国	**Total**	**129**	**468**	**538**	**609**	**642**	**737**
东部地区	Eastern Region	101	402	456	539	559	622
中部地区	Middle Region	10	26	39	37	38	48
西部地区	Western Region	3	12	27	24	31	50
东北地区	Northeastern Region	15	28	16	9	14	17
北　京	Beijing	2	9	5	5	2	6
天　津	Tianjin	11	11	20	16	13	31
河　北	Hebei	6	3	2	3	6	5
山　西	Shanxi		1	2	1	1	
内蒙古	Inner Mongolia	1	1				
辽　宁	Liaoning	9	23	4	4	5	
吉　林	Jilin	4	4	8	4	6	16
黑龙江	Heilongjiang	2	1	4	1	3	1
上　海	Shanghai	14	22	11	16	19	12
江　苏	Jiangsu	18	147	225	277	297	280
浙　江	Zhejiang	3	26	64	56	61	60
安　徽	Anhui		3	10	13	8	14
福　建	Fujian	1	20	13	15	7	34
江　西	Jiangxi		5	16	5	6	12
山　东	Shandong	13	55	50	40	62	79
河　南	Henan	1	6	3	4	3	3
湖　北	Hubei	7	7	3	4	7	8
湖　南	Hunan	1	3	5	10	13	11
广　东	Guangdong	32	108	65	109	91	114
广　西	Guangxi		1	9	5	7	12
海　南	Hainan	1		1	2	1	1
重　庆	Chongqing		3	8	8	2	12
四　川	Sichuan	3	4	8	10	15	19
贵　州	Guizhou			1			1
云　南	Yunnan		1		1		
西　藏	Tibet						
陕　西	Shaanxi		1	1		4	6
甘　肃	Gansu					1	
青　海	Qinghai		2				
宁　夏	Ningxia					2	
新　疆	Xinjiang		1				

3-1-12 续表 3 continued

地 区	Region	项目建成投产率 (%) Rate of Projects Completed and Put into Use (%)					
		2000	2005	2013	2014	2015	2016
全 国	**Total**	**49.05**	**48.20**	**56.16**	**63.84**	**64.91**	**55.83**
东部地区	Eastern Region	47.20	48.79	56.23	64.94	65.61	56.65
中部地区	Middle Region	76.92	44.07	49.37	55.22	58.46	48.98
西部地区	Western Region	25.00	27.27	61.36	54.55	56.36	52.08
东北地区	Northeastern Region	62.50	63.64	66.67	69.23	82.35	60.71
北 京	Beijing	18.18	50.00	21.74	22.73	10.53	35.29
天 津	Tianjin	33.33	37.93	52.63	39.02	29.55	22.79
河 北	Hebei	66.67	23.08	28.57	42.86	60.00	41.67
山 西	Shanxi		20.00	66.67	50.00	50.00	
内 蒙 古	Inner Mongolia	100.00	50.00				
辽 宁	Liaoning	56.25	63.89	57.14	100.00	100.00	
吉 林	Jilin	80.00	80.00	80.00	66.67	85.71	69.57
黑 龙 江	Heilongjiang	66.67	33.33	57.14	33.33	60.00	33.33
上 海	Shanghai	43.75	41.51	21.15	47.06	51.35	26.09
江 苏	Jiangsu	64.29	69.67	70.53	80.06	79.41	71.98
浙 江	Zhejiang	50.00	35.14	48.85	49.12	55.45	48.00
安 徽	Anhui		30.00	62.50	92.86	80.00	53.85
福 建	Fujian	11.11	39.22	37.14	55.56	41.18	64.15
江 西	Jiangxi		38.46	80.00	45.45	40.00	48.00
山 东	Shandong	50.00	41.04	80.65	66.67	72.94	61.24
河 南	Henan	100.00	46.15	33.33	57.14	60.00	42.86
湖 北	Hubei	100.00	63.64	21.43	26.67	46.67	32.00
湖 南	Hunan	33.33	60.00	29.41	55.56	72.22	73.33
广 东	Guangdong	55.17	46.35	46.10	63.01	59.87	60.96
广 西	Guangxi		20.00	100.00	71.43	63.64	80.00
海 南	Hainan	50.00		33.33	33.33	25.00	25.00
重 庆	Chongqing		50.00	66.67	88.89	40.00	50.00
四 川	Sichuan	33.33	19.05	44.44	58.82	65.22	50.00
贵 州	Guizhou			100.00			100.00
云 南	Yunnan		33.33		50.00		
西 藏	Tibet						
陕 西	Shaanxi		25.00	33.33		40.00	50.00
甘 肃	Gansu					50.00	
青 海	Qinghai		100.00				
宁 夏	Ningxia					100.00	
新 疆	Xinjiang		25.00				

3-1-12　续表 4　continued

地　区	Region	投资额（亿元）Investment (100 million yuan)					
		2000	2005	2013	2014	2015	2016
全　国	**Total**	**208.56**	**628.10**	**1405.32**	**1453.33**	**1709.43**	**2094.75**
东部地区	Eastern Region	180.38	575.76	1075.52	1091.02	1282.62	1525.62
中部地区	Middle Region	15.20	9.11	104.10	84.25	109.49	134.06
西部地区	Western Region	6.56	18.82	183.78	264.60	296.44	296.28
东北地区	Northeastern Region	6.42	24.41	41.92	13.46	20.89	138.79
北　京	Beijing	12.05	38.54	23.68	30.24	49.73	108.51
天　津	Tianjin	43.70	37.02	32.30	46.08	52.94	81.95
河　北	Hebei	0.93	4.05	8.44	12.26	31.83	38.93
山　西	Shanxi		0.22	6.02	0.57	0.98	
内蒙古	Inner Mongolia	0.02	0.22				9.86
辽　宁	Liaoning	5.70	23.09	30.17	6.99	12.45	94.65
吉　林	Jilin	0.14	0.98	8.04	5.23	6.72	39.33
黑龙江	Heilongjiang	0.58	0.34	3.72	1.24	1.72	4.82
上　海	Shanghai	60.67	93.36	108.19	86.21	97.06	82.78
江　苏	Jiangsu	11.97	196.69	499.77	525.18	569.39	633.48
浙　江	Zhejiang	1.72	18.32	50.65	47.72	65.38	86.34
安　徽	Anhui	0.36	1.04	15.20	7.26	11.76	24.25
福　建	Fujian	4.58	22.94	40.27	47.57	44.57	42.57
江　西	Jiangxi		2.60	10.80	10.65	17.76	43.65
山　东	Shandong	5.07	46.60	57.43	67.08	78.17	161.13
河　南	Henan	0.01	2.19	9.49	9.61	10.32	24.20
湖　北	Hubei	0.45	1.76	9.20	10.77	18.37	20.57
湖　南	Hunan	14.37	1.07	53.38	45.39	50.31	21.40
广　东	Guangdong	39.32	115.30	252.33	225.75	292.24	283.93
广　西	Guangxi		1.69	6.87	4.17	5.43	6.57
海　南	Hainan	0.37	1.26	2.45	2.91	1.30	6.00
重　庆	Chongqing		0.41	10.61	16.09	9.94	40.75
四　川	Sichuan	6.35	14.93	19.60	23.81	42.05	51.37
贵　州	Guizhou	0.02	1.47	1.86	2.06	1.00	0.49
云　南	Yunnan		0.72	0.50	0.55		
西　藏	Tibet					0.05	0.12
陕　西	Shaanxi	0.18	0.79	144.21	216.55	236.48	168.50
甘　肃	Gansu				1.38	1.30	2.12
青　海	Qinghai		0.08	0.135			
宁　夏	Ningxia					0.1872	1.07
新　疆	Xinjiang		0.43				15.43

3-1-12 续表 5 continued

地 区	Region	新增固定资产（亿元） Newly Increased Fixed Assets (100 million yuan)					
		2000	2005	2013	2014	2015	2016
全 国	**Total**	**145.33**	**460.01**	**898.55**	**1114.47**	**1073.02**	**1168.77**
东部地区	Eastern Region	121.46	435.35	798.51	1023.18	861.35	863.17
中部地区	Middle Region	12.53	4.66	49.28	47.83	29.80	50.12
西部地区	Western Region	6.00	5.71	27.76	35.73	160.49	220.88
东北地区	Northeastern Region	5.35	14.29	22.99	7.73	21.37	34.59
北 京	Beijing	7.00	14.11	46.49	211.19	30.97	28.17
天 津	Tianjin	13.97	8.56	29.80	38.28	29.70	33.12
河 北	Hebei	0.80	2.73	4.51	2.73	25.35	17.70
山 西	Shanxi		0.03	5.62	0.32	0.90	
内蒙古	Inner Mongolia	0.02	0.18				
辽 宁	Liaoning	4.31	13.24	7.20	3.27	13.93	0.12
吉 林	Jilin	0.46	0.91	8.00	4.34	6.52	31.52
黑龙江	Heilongjiang	0.58	0.14	7.80	0.13	0.91	2.95
上 海	Shanghai	48.78	54.21	45.05	67.73	63.44	69.47
江 苏	Jiangsu	9.60	213.26	355.97	424.73	425.68	424.08
浙 江	Zhejiang	1.94	11.23	36.65	38.28	62.68	49.55
安 徽	Anhui	0.35	0.47	18.75	6.23	6.89	10.68
福 建	Fujian	3.00	14.09	34.68	38.87	16.60	29.59
江 西	Jiangxi		1.98	7.24	1.31	7.48	15.94
山 东	Shandong	4.71	31.41	47.77	38.27	60.17	72.79
河 南	Henan	0.01	0.37	5.60	4.22	1.06	14.54
湖 北	Hubei	0.44	1.18	0.34	2.53	0.34	4.35
湖 南	Hunan	11.72	0.47	11.74	33.22	13.14	4.62
广 东	Guangdong	31.58	85.46	197.13	160.98	146.66	134.09
广 西	Guangxi		0.24	7.40	3.74	4.81	4.05
海 南	Hainan	0.06	0.05	0.47	2.10	0.09	4.59
重 庆	Chongqing		0.13	4.31	12.60	8.86	39.38
四 川	Sichuan	6.00	2.87	5.99	11.63	41.43	29.84
贵 州	Guizhou		1.07	1.86			0.49
云 南	Yunnan		1.13		0.30		
西 藏	Tibet					0.05	
陕 西	Shaanxi		0.20	8.21	7.45	104.86	146.87
甘 肃	Gansu					0.30	
青 海	Qinghai		0.26				
宁 夏	Ningxia					0.19	0.25
新 疆	Xinjiang		0.04				

3-1-12　续表 6　continued

地　区	Region	固定资产交付使用率 (%) Rate of Fixed Assets Put into Use (%)					
		2000	2005	2013	2014	2015	2016
全　国	**Total**	**69.68**	**73.24**	**63.94**	**76.68**	**62.77**	**55.80**
东部地区	Eastern Region	67.34	75.61	74.24	93.78	67.16	56.58
中部地区	Middle Region	82.43	51.15	47.35	56.77	27.22	37.39
西部地区	Western Region	91.46	30.34	15.11	13.50	54.14	74.55
东北地区	Northeastern Region	83.33	58.54	54.85	57.48	102.34	24.92
北　京	Beijing	58.09	36.61	196.32	698.30	62.28	25.96
天　津	Tianjin	31.97	23.12	92.24	83.08	56.09	40.42
河　北	Hebei	86.02	67.41	53.44	22.26	79.63	45.46
山　西	Shanxi		13.64	93.36	56.97	91.68	
内蒙古	Inner Mongolia	100.00	81.82				
辽　宁	Liaoning	75.61	57.34	23.85	46.74	111.94	0.13
吉　林	Jilin	328.57	92.86	99.47	82.96	97.05	80.15
黑龙江	Heilongjiang	100.00	41.18	209.89	10.75	53.34	61.23
上　海	Shanghai	80.40	58.07	41.64	78.56	65.37	83.92
江　苏	Jiangsu	80.20	108.42	71.23	80.87	74.76	66.94
浙　江	Zhejiang	112.79	61.30	72.35	80.22	95.87	57.39
安　徽	Anhui	97.22	45.19	123.31	85.83	58.55	44.05
福　建	Fujian	65.50	61.42	86.11	81.70	37.24	69.53
江　西	Jiangxi		76.15	67.02	12.31	42.11	36.52
山　东	Shandong	92.90	67.40	83.18	57.06	76.97	45.18
河　南	Henan	100.00	16.89	59.01	43.86	10.27	60.07
湖　北	Hubei	97.78	67.05	3.68	23.46	1.86	21.14
湖　南	Hunan	81.56	43.93	22.00	73.19	26.12	21.58
广　东	Guangdong	80.32	74.12	78.13	71.31	50.18	47.23
广　西	Guangxi		14.20	107.62	89.66	88.68	61.74
海　南	Hainan	16.22	3.97	18.99	72.11	6.95	76.57
重　庆	Chongqing		31.71	40.61	78.36	89.13	96.63
四　川	Sichuan	94.49	19.22	30.56	48.86	98.52	58.10
贵　州	Guizhou		72.79	100.00			100.00
云　南	Yunnan		156.94		54.36		
西　藏	Tibet					100.00	
陕　西	Shaanxi		25.32	5.69	3.44	44.34	87.16
甘　肃	Gansu					23.08	
青　海	Qinghai		325.00				
宁　夏	Ningxia					100.00	23.50
新　疆	Xinjiang		9.30				

3-2-1 按行业分高技术产业投资基本情况(2016年)

Basic Statistics on Investment in Fixed Assets in High-tech Industry by Industrial Sector (2016)

行业	Industry	施工项目(个) Number of Projects under Construction (unit)	#新开工 Number of Projects Started This Year	建成投产项目(个) Number of Projects Completed and Put into Use (unit)
合计	**Total**	**23715**	**17498**	**14949**
医药制造业	**Manufacture of Medicines**	**7270**	**5158**	**4496**
#化学药品制造	Manufacture of Chemical Medicine	2202	1528	1317
中成药生产	Production of Finished Traditional Chinese Herbal Medicine	1268	849	762
生物药品制造	Manufacture of Biological Medicine	1268	866	780
航空、航天器及设备制造业	**Manufacture of Aircrafts and Spacecrafts and Related Equipment**	**462**	**325**	**244**
#飞机制造	Manufacture of Airplanes	195	136	106
航天器制造	Manufacture of Spacecrafts	28	20	18
电子及通信设备制造业	**Manufacture of Electronic Equipment and Communication Equipment**	**10498**	**7790**	**6559**
#通信设备制造	Manufacture of Communication Equipment	1238	910	759
#通信系统设备制造	Manufacture of Communication System Equipment	751	551	484
通信终端设备制造	Manufacture of Communication Terminal Equipment	487	359	275
广播电视设备制造	Manufacture of Broadcasting and TV Equipment	308	239	207
雷达及配套设备制造	Manufacture of Radar and Its Fittings	87	67	44
视听设备制造	Manufacture of TV Set and Radio Receiver	344	251	213
电子器件制造	Manufacture of Electronic Appliances	2026	1437	1237
#电子真空器件制造	Manufacture of Electronic Vacuum Appliance	126	96	85
半导体分立器件制造	Manufacture of Semiconductor Discreting Appliances	213	161	136
集成电路制造	Manufacture of Integrate Circuit	305	215	174
电子元件制造	Manufacture of Electronic Components	3275	2476	2133
其他电子设备制造	Manufacture of Other Electronic Equipment	1367	1018	854
计算机及办公设备制造业	**Manufacture of Computers and Office Equipment**	**1104**	**806**	**710**
#计算机整机制造	Manufacture of Entired Computer	107	68	58
计算机零部件制造	Manufacture of Computer Components and Parts	387	291	249
计算机外围设备制造	Manufacture of Computer Peripheral Equipment	200	142	132
办公设备制造	Manufacture of Office Equipment	104	77	77
医疗仪器设备及仪器仪表制造业	**Manufacture of Medical Equipments and Measuring Instrument**	**4033**	**3159**	**2707**
1.医疗仪器设备及器械制造	Manufacture of Medical Equipment and Appliance	1616	1243	1059
2.仪器仪表制造	Manufacture of Measuring Instrument	2417	1916	1648
信息化学品制造业	**Manufacture of Electronic Chemicals**	**348**	**260**	**233**

注：本表数据口径为投资额在500万元以上的全部项目。以下至3-2-7表相同。

3-2-1　续表　continued

行　业	Industry	项目建成投产率(%) Rate of Projects Completed and Put into Use (%)	投资额(亿元) Investment (100 million yuan)	新　增固定资产(亿元) Newly Increased Fixed Assets (100 million yuan)	固定资产交付使用率(%) Rate of Fixed Assets Put into Use (%)
合计	**Total**	**63.04**	**22786.67**	**13140.26**	**57.67**
医药制造业	**Manufacture of Medicines**	**61.84**	**6299.15**	**3946.05**	**62.64**
#化学药品制造	Manufacture of Chemical Medicine	59.81	2192.83	1327.11	60.52
中成药生产	Production of Finished Traditional Chinese Herbal Medicine	60.09	1039.75	665.79	64.03
生物药品制造	Manufacture of Biological Medicine	61.51	1221.70	732.52	59.96
航空、航天器及设备制造业	**Manufacture of Aircrafts and Spacecrafts and Related Equipment**	**52.81**	**576.27**	**262.87**	**45.62**
#飞机制造	Manufacture of Airplanes	54.36	276.98	117.71	42.50
航天器制造	Manufacture of Spacecrafts	64.29	22.28	9.63	43.22
电子及通信设备制造业	**Manufacture of Electronic Equipment and Communication Equipment**	**62.48**	**11583.97**	**6132.47**	**52.94**
#通信设备制造	Manufacture of Communication Equipment	61.31	1536.64	840.05	54.67
#通信系统设备制造	Manufacture of Communication System Equipment	64.45	835.24	536.55	64.24
通信终端设备制造	Manufacture of Communication Terminal Equipment	56.47	701.41	303.49	43.27
广播电视设备制造	Manufacture of Broadcasting and TV Equipment	67.21	215.85	157.20	72.82
雷达及配套设备制造	Manufacture of Radar and Its Fittings	50.57	80.37	25.30	31.49
视听设备制造	Manufacture of TV Set and Radio Receiver	61.92	290.42	161.21	55.51
电子器件制造	Manufacture of Electronic Appliances	61.06	3719.05	1591.31	42.79
#电子真空器件制造	Manufacture of Electronic Vacuum Appliance	67.46	90.11	48.34	53.65
半导体分立器件制造	Manufacture of Semiconductor Discreting Appliances	63.85	238.75	94.49	39.58
集成电路制造	Manufacture of Integrate Circuit	57.05	880.06	421.01	47.84
电子元件制造	Manufacture of Electronic Components	65.13	2302.20	1438.27	62.47
其他电子设备制造	Manufacture of Other Electronic Equipment	62.47	1175.26	678.86	57.76
计算机及办公设备制造业	**Manufacture of Computers and Office Equipment**	**64.31**	**1220.20**	**684.89**	**56.13**
#计算机整机制造	Manufacture of Entired Computer	54.21	199.18	94.02	47.21
计算机零部件制造	Manufacture of Computer Components and Parts	64.34	466.22	221.07	47.42
计算机外围设备制造	Manufacture of Computer Peripheral Equipment	66.00	157.70	126.67	80.32
办公设备制造	Manufacture of Office Equipment	74.04	75.56	50.58	66.94
医疗仪器设备及仪器仪表制造业	**Manufacture of Medical Equipments and Measuring Instrument**	**67.12**	**2740.05**	**1855.69**	**67.72**
1.医疗仪器设备及器械制造	Manufacture of Medical Equipment and Appliance	65.53	1099.41	711.97	64.76
2.仪器仪表制造	Manufacture of Measuring Instrument	68.18	1640.65	1143.72	69.71
信息化学品制造业	**Manufacture of Electronic Chemicals**	**66.95**	**367.02**	**258.28**	**70.37**

注：本表数据口径为投资额在500万元以上的全部项目。以下至3-2-7表相同。

3-2-2 各地区高技术产业投资基本情况(2016年)
Basic Statistics on Investment in Fixed Assets in High-tech Industry by Region (2016)

地　区	Region	施工项目 (个) Number of Projects under Construction (unit)	#新开工 Number of Projects Started This Year	建成投产项目 (个) Number of Projects Completed and Put into Use (unit)
全　国	**Total**	**23715**	**17498**	**14949**
东部地区	Eastern Region	12091	8859	7805
中部地区	Middle Region	6351	4673	3837
西部地区	Western Region	4148	3076	2563
东北地区	Northeastern Region	1125	890	744
北　京	Beijing	132	21	23
天　津	Tianjin	628	536	269
河　北	Hebei	566	425	376
山　西	Shanxi	235	188	153
内蒙古	Inner Mongolia	191	160	145
辽　宁	Liaoning	161	88	53
吉　林	Jilin	743	639	540
黑龙江	Heilongjiang	221	163	151
上　海	Shanghai	196	75	45
江　苏	Jiangsu	3804	3101	2863
浙　江	Zhejiang	1877	1364	1158
安　徽	Anhui	1861	1505	1084
福　建	Fujian	573	385	326
江　西	Jiangxi	1056	684	654
山　东	Shandong	1828	1287	1249
河　南	Henan	781	512	479
湖　北	Hubei	852	540	455
湖　南	Hunan	1566	1244	1012
广　东	Guangdong	2455	1651	1484
广　西	Guangxi	958	803	660
海　南	Hainan	32	14	12
重　庆	Chongqing	765	569	442
四　川	Sichuan	893	616	526
贵　州	Guizhou	300	226	227
云　南	Yunnan	161	113	80
西　藏	Tibet	16	7	11
陕　西	Shaanxi	462	309	249
甘　肃	Gansu	212	146	133
青　海	Qinghai	67	54	39
宁　夏	Ningxia	52	37	21
新　疆	Xinjiang	71	36	30

3-2-2　续表　continued

地　区	Region	项目建成投产率(%) Rate of Projects Completed and Put into Use (%)	投资额(亿元) Investment (100 million yuan)	新增固定资产(亿元) Newly Increased Fixed Assets (100 million yuan)	固定资产交付使用率(%) Rate of Fixed Assets Put into Use (%)
全　国	**Total**	**63.04**	**22786.67**	**13140.26**	**57.67**
东部地区	Eastern Region	64.55	10763.47	6603.36	61.35
中部地区	Middle Region	60.42	7068.98	3730.21	52.77
西部地区	Western Region	61.79	4054.92	2206.47	54.41
东北地区	Northeastern Region	66.13	899.30	600.22	66.74
北　京	Beijing	17.42	193.90	88.45	45.62
天　津	Tianjin	42.83	429.81	228.40	53.14
河　北	Hebei	66.43	979.41	768.89	78.51
山　西	Shanxi	65.11	226.41	144.64	63.88
内蒙古	Inner Mongolia	75.92	321.20	219.67	68.39
辽　宁	Liaoning	32.92	194.41	55.16	28.37
吉　林	Jilin	72.68	565.60	420.27	74.30
黑龙江	Heilongjiang	68.33	139.29	124.79	89.59
上　海	Shanghai	22.96	241.01	120.54	50.02
江　苏	Jiangsu	75.26	3526.57	2495.25	70.76
浙　江	Zhejiang	61.69	850.87	542.77	63.79
安　徽	Anhui	58.25	1453.14	689.59	47.45
福　建	Fujian	56.89	987.87	346.69	35.09
江　西	Jiangxi	61.93	1317.85	679.99	51.60
山　东	Shandong	68.33	1866.56	1041.52	55.80
河　南	Henan	61.33	1822.49	1139.89	62.55
湖　北	Hubei	53.40	1305.21	539.18	41.31
湖　南	Hunan	64.62	943.87	536.92	56.88
广　东	Guangdong	60.45	1651.21	954.68	57.82
广　西	Guangxi	68.89	382.30	288.08	75.35
海　南	Hainan	37.50	36.26	16.17	44.58
重　庆	Chongqing	57.78	1031.05	445.53	43.21
四　川	Sichuan	58.90	916.10	557.18	60.82
贵　州	Guizhou	75.67	217.19	144.24	66.41
云　南	Yunnan	49.69	113.16	58.81	51.97
西　藏	Tibet	68.75	3.74	2.45	65.39
陕　西	Shaanxi	53.90	703.32	356.24	50.65
甘　肃	Gansu	62.74	145.97	74.14	50.79
青　海	Qinghai	58.21	76.86	19.31	25.12
宁　夏	Ningxia	40.38	86.09	22.07	25.63
新　疆	Xinjiang	42.25	57.95	18.77	32.40

3-2-3 按行业分国有及国有控股企业高技术产业投资基本情况(2016年)

Basic Statistics on Investment in Fixed Assets in High-tech Industry of State-owned and State-controlled Enterprises by Industrial Sector (2016)

行业	Industry	施工项目(个) Number of Projects under Construction (unit)	#新开工 Number of Projects Started This Year	建成投产项目(个) Number of Projects Completed and Put into Use (unit)
合计	**Total**	**1470**	**884**	**730**
医药制造业	**Manufacture of Medicines**	**348**	**188**	**159**
#化学药品制造	Manufacture of Chemical Medicine	108	53	50
中成药生产	Production of Finished Traditional Chinese Herbal Medicine	80	35	38
生物药品制造	Manufacture of Biological Medicine	59	36	21
航空、航天器及设备制造业	**Manufacture of Aircrafts and Spacecrafts and Related Equipment**	**137**	**81**	**67**
#飞机制造	Manufacture of Airplanes	80	49	44
航天器制造	Manufacture of Spacecrafts	9	7	5
电子及通信设备制造业	**Manufacture of Electronic Equipment and Communication Equipment**	**758**	**472**	**385**
#通信设备制造	Manufacture of Communication Equipment	213	160	134
#通信系统设备制造	Manufacture of Communication System Equipment	161	127	115
通信终端设备制造	Manufacture of Communication Terminal Equipment	52	33	19
广播电视设备制造	Manufacture of Broadcasting and TV Equipment	24	20	12
雷达及配套设备制造	Manufacture of Radar and Its Fittings	20	15	9
视听设备制造	Manufacture of TV Set and Radio Receiver	20	9	10
电子器件制造	Manufacture of Electronic Appliances	151	69	62
#电子真空器件制造	Manufacture of Electronic Vacuum Appliance	5	1	2
半导体分立器件制造	Manufacture of Semiconductor Discreting Appliances	12	8	4
集成电路制造	Manufacture of Integrate Circuit	24	15	9
电子元件制造	Manufacture of Electronic Components	134	78	64
其他电子设备制造	Manufacture of Other Electronic Equipment	103	60	46
计算机及办公设备制造业	**Manufacture of Computers and Office Equipment**	**79**	**46**	**37**
#计算机整机制造	Manufacture of Entired Computer	19	8	4
计算机零部件制造	Manufacture of Computer Components and Parts	15	8	8
计算机外围设备制造	Manufacture of Computer Peripheral Equipment	14	7	5
办公设备制造	Manufacture of Office Equipment	7	4	5
医疗仪器设备及仪器仪表制造业	**Manufacture of Medical Equipments and Measuring Instrument**	**128**	**84**	**71**
1.医疗仪器设备及器械制造	Manufacture of Medical Equipment and Appliance	39	25	21
2.仪器仪表制造	Manufacture of Measuring Instrument	89	59	50
信息化学品制造业	**Manufacture of Electronic Chemicals**	**20**	**13**	**11**

3-2-3　续表　continued

行　业	Industry	项目建成投产率(%) Rate of Projects Completed and Put into Use (%)	投资额(亿元) Investment (100 million yuan)	新增固定资产(亿元) Newly Increased Fixed Assets (100 million yuan)	固定资产交付使用率(%) Rate of Fixed Assets Put into Use (%)
合计	**Total**	**49.66**	**2737.27**	**1089.84**	**39.81**
医药制造业	**Manufacture of Medicines**	**45.69**	**391.11**	**206.89**	**52.90**
#化学药品制造	Manufacture of Chemical Medicine	46.30	122.62	52.51	42.82
中成药生产	Production of Finished Traditional Chinese Herbal Medicine	47.50	75.26	42.30	56.20
生物药品制造	Manufacture of Biological Medicine	35.59	84.65	48.67	57.50
航空、航天器及设备制造业	**Manufacture of Aircrafts and Spacecrafts and Related Equipment**	**48.91**	**232.69**	**87.37**	**37.55**
#飞机制造	Manufacture of Airplanes	55.00	150.33	62.11	41.32
航天器制造	Manufacture of Spacecrafts	55.56	5.70	1.68	29.42
电子及通信设备制造业	**Manufacture of Electronic Equipment and Communication Equipment**	**50.79**	**1828.97**	**640.57**	**35.02**
#通信设备制造	Manufacture of Communication Equipment	62.91	375.89	123.55	32.87
#通信系统设备制造	Manufacture of Communication System Equipment	71.43	147.72	85.12	57.62
通信终端设备制造	Manufacture of Communication Terminal Equipment	36.54	228.16	38.44	16.85
广播电视设备制造	Manufacture of Broadcasting and TV Equipment	50.00	13.27	5.98	45.10
雷达及配套设备制造	Manufacture of Radar and Its Fittings	45.00	12.70	3.79	29.80
视听设备制造	Manufacture of TV Set and Radio Receiver	50.00	23.69	11.50	48.55
电子器件制造	Manufacture of Electronic Appliances	41.06	938.68	225.07	23.98
#电子真空器件制造	Manufacture of Electronic Vacuum Appliance	40.00	12.50	1.29	10.35
半导体分立器件制造	Manufacture of Semiconductor Discreting Appliances	33.33	10.74	2.68	24.99
集成电路制造	Manufacture of Integrate Circuit	37.50	95.58	23.20	24.27
电子元件制造	Manufacture of Electronic Components	47.76	139.23	46.54	33.42
其他电子设备制造	Manufacture of Other Electronic Equipment	44.66	149.55	88.48	59.17
计算机及办公设备制造业	**Manufacture of Computers and Office Equipment**	**46.84**	**144.37**	**72.67**	**50.34**
#计算机整机制造	Manufacture of Entired Computer	21.05	36.38	11.26	30.95
计算机零部件制造	Manufacture of Computer Components and Parts	53.33	24.63	18.23	74.01
计算机外围设备制造	Manufacture of Computer Peripheral Equipment	35.71	20.56	12.91	62.82
办公设备制造	Manufacture of Office Equipment	71.43	1.85	2.02	109.03
医疗仪器设备及仪器仪表制造业	**Manufacture of Medical Equipments and Measuring Instrument**	**55.47**	**117.46**	**67.99**	**57.88**
1.医疗仪器设备及器械制造	Manufacture of Medical Equipment and Appliance	53.85	45.73	15.57	34.04
2.仪器仪表制造	Manufacture of Measuring Instrument	56.18	71.72	52.42	73.09
信息化学品制造业	**Manufacture of Electronic Chemicals**	**55.00**	**22.67**	**14.35**	**63.30**

3-2-4 按行业和登记注册类型分高技术产业投资基本情况(2016年)
Basic Statistics on Investment in Fixed Assets in High-tech Industry in High-tech Industry by Industrial Sector and Registration Status (2016)

行业	Industry	内资企业 Domestic Funded		
		施工项目(个) Number of Projects under Construction (unit)	#新开工 Number of Projects Started This Year	建成投产项目(个) Number of Projects Completed and Put into Use (unit)
合计	**Total**	**21424**	**15981**	**13656**
医药制造业	**Manufacture of Medicines**	**6827**	**4883**	**4259**
#化学药品制造	Manufacture of Chemical Medicine	2003	1403	1213
中成药生产	Production of Finished Traditional Chinese Herbal Medicine	1204	816	725
生物药品制造	Manufacture of Biological Medicine	1177	814	734
航空、航天器及设备制造业	**Manufacture of Aircrafts and Spacecrafts and Related Equipment**	**423**	**299**	**226**
#飞机制造	Manufacture of Airplanes	174	123	95
航天器制造	Manufacture of Spacecrafts	27	19	18
电子及通信设备制造业	**Manufacture of Electronic Equipment and Communication Equipment**	**9155**	**6861**	**5790**
#通信设备制造	Manufacture of Communication Equipment	1114	813	689
#通信系统设备制造	Manufacture of Communication System Equipment	701	517	455
通信终端设备制造	Manufacture of Communication Terminal Equipment	413	296	234
广播电视设备制造	Manufacture of Broadcasting and TV Equipment	274	213	180
雷达及配套设备制造	Manufacture of Radar and Its Fittings	83	67	44
视听设备制造	Manufacture of TV Set and Radio Receiver	274	201	168
电子器件制造	Manufacture of Electronic Appliances	1710	1219	1062
#电子真空器件制造	Manufacture of Electronic Vacuum Appliance	117	93	77
半导体分立器件制造	Manufacture of Semiconductor Discreting Appliances	179	137	115
集成电路制造	Manufacture of Integrate Circuit	223	156	133
电子元件制造	Manufacture of Electronic Components	2744	2110	1814
其他电子设备制造	Manufacture of Other Electronic Equipment	1260	950	803
计算机及办公设备制造业	**Manufacture of Computers and Office Equipment**	**935**	**711**	**616**
#计算机整机制造	Manufacture of Entired Computer	83	51	45
计算机零部件制造	Manufacture of Computer Components and Parts	323	253	215
计算机外围设备制造	Manufacture of Computer Peripheral Equipment	156	116	102
办公设备制造	Manufacture of Office Equipment	96	74	72
医疗仪器设备及仪器仪表制造业	**Manufacture of Medical Equipments and Measuring Instrument**	**3782**	**3001**	**2562**
1.医疗仪器设备及器械制造	Manufacture of Medical Equipment and Appliance	1508	1182	1003
2.仪器仪表制造	Manufacture of Measuring Instrument	2274	1819	1559
信息化学品制造业	**Manufacture of Electronic Chemicals**	**302**	**226**	**203**

3-2-4　续表 1　continued

行　业	Industry	内资企业 Domestic Funded 项目建成投产率(%) Rate of Projects Completed and Put into Use (%)	投资额(亿元) Investment (100 million yuan)	新增固定资产(亿元) Newly Increased Fixed Assets (100 million yuan)	固定资产交付使用率(%) Rate of Fixed Assets Put into Use (%)
合计	**Total**	**63.74**	**19370.63**	**11149.74**	**57.56**
医药制造业	**Manufacture of Medicines**	**62.38**	**5851.24**	**3680.49**	**62.90**
#化学药品制造	Manufacture of Chemical Medicine	60.56	1947.29	1206.77	61.97
中成药生产	Production of Finished Traditional Chinese Herbal Medicine	60.22	1000.85	639.79	63.92
生物药品制造	Manufacture of Biological Medicine	62.36	1142.58	686.65	60.10
航空、航天器及设备制造业	**Manufacture of Aircrafts and Spacecrafts and Related Equipment**	**53.43**	**519.10**	**241.71**	**46.56**
#飞机制造	Manufacture of Airplanes	54.60	242.79	110.22	45.40
航天器制造	Manufacture of Spacecrafts	66.67	21.90	9.63	43.97
电子及通信设备制造业	**Manufacture of Electronic Equipment and Communication Equipment**	**63.24**	**9288.23**	**4777.89**	**51.44**
#通信设备制造	Manufacture of Communication Equipment	61.85	1178.14	584.70	49.63
#通信系统设备制造	Manufacture of Communication System Equipment	64.91	629.88	348.83	55.38
通信终端设备制造	Manufacture of Communication Terminal Equipment	56.66	548.26	235.87	43.02
广播电视设备制造	Manufacture of Broadcasting and TV Equipment	65.69	185.88	137.09	73.76
雷达及配套设备制造	Manufacture of Radar and Its Fittings	53.01	74.68	25.30	33.88
视听设备制造	Manufacture of TV Set and Radio Receiver	61.31	216.40	96.97	44.81
电子器件制造	Manufacture of Electronic Appliances	62.11	2709.08	1066.62	39.37
#电子真空器件制造	Manufacture of Electronic Vacuum Appliance	65.81	82.55	45.85	55.54
半导体分立器件制造	Manufacture of Semiconductor Discreting Appliances	64.25	100.83	67.74	67.18
集成电路制造	Manufacture of Integrate Circuit	59.64	443.95	140.23	31.59
电子元件制造	Manufacture of Electronic Components	66.11	1841.69	1121.23	60.88
其他电子设备制造	Manufacture of Other Electronic Equipment	63.73	1059.84	639.73	60.36
计算机及办公设备制造业	**Manufacture of Computers and Office Equipment**	**65.88**	**891.04**	**513.98**	**57.68**
#计算机整机制造	Manufacture of Entired Computer	54.22	101.86	50.78	49.85
计算机零部件制造	Manufacture of Computer Components and Parts	66.56	313.64	155.63	49.62
计算机外围设备制造	Manufacture of Computer Peripheral Equipment	65.38	134.06	107.09	79.88
办公设备制造	Manufacture of Office Equipment	75.00	69.01	45.58	66.05
医疗仪器设备及仪器仪表制造业	**Manufacture of Medical Equipments and Measuring Instrument**	**67.74**	**2542.95**	**1728.91**	**67.99**
1.医疗仪器设备及器械制造	Manufacture of Medical Equipment and Appliance	66.51	1035.97	675.14	65.17
2.仪器仪表制造	Manufacture of Measuring Instrument	68.56	1506.97	1053.76	69.93
信息化学品制造业	**Manufacture of Electronic Chemicals**	**67.22**	**278.06**	**206.77**	**74.36**

3-2-4 续表 2 continued

行 业	Industry	#国有企业 State-owned Enterprises 施工项目（个）Number of Projects under Construction (unit)	#新开工 Number of Projects Started This Year	建成投产项目（个）Number of Projects Completed and Put into Use (unit)
合计	**Total**	**649**	**450**	**367**
医药制造业	**Manufacture of Medicines**	**161**	**110**	**91**
#化学药品制造	Manufacture of Chemical Medicine	36	20	19
中成药生产	Production of Finished Traditional Chinese Herbal Medicine	38	24	25
生物药品制造	Manufacture of Biological Medicine	18	16	10
航空、航天器及设备制造业	**Manufacture of Aircrafts and Spacecrafts and Related Equipment**	**79**	**55**	**49**
#飞机制造	Manufacture of Airplanes	47	32	34
航天器制造	Manufacture of Spacecrafts	9	7	5
电子及通信设备制造业	**Manufacture of Electronic Equipment and Communication Equipment**	**297**	**209**	**163**
#通信设备制造	Manufacture of Communication Equipment	65	51	31
#通信系统设备制造	Manufacture of Communication System Equipment	45	33	26
通信终端设备制造	Manufacture of Communication Terminal Equipment	20	18	5
广播电视设备制造	Manufacture of Broadcasting and TV Equipment	20	18	12
雷达及配套设备制造	Manufacture of Radar and Its Fittings	13	8	7
视听设备制造	Manufacture of TV Set and Radio Receiver	6	4	4
电子器件制造	Manufacture of Electronic Appliances	46	26	20
#电子真空器件制造	Manufacture of Electronic Vacuum Appliance	2	1	
半导体分立器件制造	Manufacture of Semiconductor Discreting Appliances	7	4	2
集成电路制造	Manufacture of Integrate Circuit	9	5	3
电子元件制造	Manufacture of Electronic Components	64	43	42
其他电子设备制造	Manufacture of Other Electronic Equipment	43	28	23
计算机及办公设备制造业	**Manufacture of Computers and Office Equipment**	**33**	**18**	**18**
#计算机整机制造	Manufacture of Entired Computer	11	3	2
计算机零部件制造	Manufacture of Computer Components and Parts	5	3	3
计算机外围设备制造	Manufacture of Computer Peripheral Equipment	6	2	4
办公设备制造	Manufacture of Office Equipment			
医疗仪器设备及仪器仪表制造业	**Manufacture of Medical Equipments and Measuring Instrument**	**71**	**53**	**39**
1.医疗仪器设备及器械制造	Manufacture of Medical Equipment and Appliance	32	22	17
2.仪器仪表制造	Manufacture of Measuring Instrument	39	31	22
信息化学品制造业	**Manufacture of Electronic Chemicals**	**8**	**5**	**7**

3-2-4 续表 3 continued

行 业	Industry	#国有企业 State-owned Enterprises
		项目建成投产率(%)
		Rate of Projects Completed and Put into Use (%)
			投资额(亿元)
			Investment (100 million yuan)
				新增固定资产(亿元)
				Newly Increased Fixed Assets (100 million yuan)
					固定资产交付使用率(%)
					Rate of Fixed Assets Put into Use (%)

合计	**Total**	**56.55**	**726.58**	**342.52**	**47.14**
医药制造业	**Manufacture of Medicines**	**56.52**	**146.68**	**84.55**	**57.64**
#化学药品制造	Manufacture of Chemical Medicine	52.78	28.59	8.69	30.39
中成药生产	Production of Finished Traditional Chinese Herbal Medicine	65.79	25.66	20.25	78.91
生物药品制造	Manufacture of Biological Medicine	55.56	24.63	13.35	54.22
航空、航天器及设备制造业	**Manufacture of Aircrafts and Spacecrafts and Related Equipment**	**62.03**	**108.48**	**34.22**	**31.54**
#飞机制造	Manufacture of Airplanes	72.34	59.95	22.14	36.93
航天器制造	Manufacture of Spacecrafts	55.56	5.70	1.68	29.42
电子及通信设备制造业	**Manufacture of Electronic Equipment and Communication Equipment**	**54.88**	**364.04**	**149.15**	**40.97**
#通信设备制造	Manufacture of Communication Equipment	47.69	77.12	29.04	37.66
#通信系统设备制造	Manufacture of Communication System Equipment	57.78	52.58	23.67	45.02
通信终端设备制造	Manufacture of Communication Terminal Equipment	25.00	24.54	5.37	21.89
广播电视设备制造	Manufacture of Broadcasting and TV Equipment	60.00	8.72	5.63	64.62
雷达及配套设备制造	Manufacture of Radar and Its Fittings	53.85	7.41	2.88	38.79
视听设备制造	Manufacture of TV Set and Radio Receiver	66.67	4.12	3.76	91.42
电子器件制造	Manufacture of Electronic Appliances	43.48	120.73	21.40	17.73
#电子真空器件制造	Manufacture of Electronic Vacuum Appliance		6.28		
半导体分立器件制造	Manufacture of Semiconductor Discreting Appliances	28.57	8.30	1.53	18.47
集成电路制造	Manufacture of Integrate Circuit	33.33	56.69	2.79	4.92
电子元件制造	Manufacture of Electronic Components	65.63	56.98	28.17	49.44
其他电子设备制造	Manufacture of Other Electronic Equipment	53.49	31.75	19.89	62.64
计算机及办公设备制造业	**Manufacture of Computers and Office Equipment**	**54.55**	**47.48**	**39.59**	**83.38**
#计算机整机制造	Manufacture of Entired Computer	18.18	17.03	7.21	42.35
计算机零部件制造	Manufacture of Computer Components and Parts	60.00	11.67	8.06	69.07
计算机外围设备制造	Manufacture of Computer Peripheral Equipment	66.67	5.78	12.28	212.43
办公设备制造	Manufacture of Office Equipment	#DIV/0!	0.90	0.90	100.00
医疗仪器设备及仪器仪表制造业	**Manufacture of Medical Equipments and Measuring Instrument**	**54.93**	**53.65**	**28.77**	**53.62**
1.医疗仪器设备及器械制造	Manufacture of Medical Equipment and Appliance	53.13	29.72	8.74	29.39
2.仪器仪表制造	Manufacture of Measuring Instrument	56.41	23.93	20.03	83.71
信息化学品制造业	**Manufacture of Electronic Chemicals**	**87.50**	**6.26**	**6.26**	**99.92**

3-2-4 续表 4 continued

行业	Industry	港澳台投资企业 Enterprises with Funds from Hong Kong, Macau and Taiwan 施工项目（个）Number of Projects under Construction (unit)	#新开工 Number of Projects Started This Year	建成投产项目（个）Number of Projects Completed and Put into Use (unit)
合计	**Total**	**971**	**623**	**556**
医药制造业	**Manufacture of Medicines**	**175**	**106**	**97**
#化学药品制造	Manufacture of Chemical Medicine	64	40	35
中成药生产	Production of Finished Traditional Chinese Herbal Medicine	35	15	18
生物药品制造	Manufacture of Biological Medicine	34	20	15
航空、航天器及设备制造业	**Manufacture of Aircrafts and Spacecrafts and Related Equipment**	**9**	**4**	**4**
#飞机制造	Manufacture of Airplanes	4	2	1
航天器制造	Manufacture of Spacecrafts			
电子及通信设备制造业	**Manufacture of Electronic Equipment and Communication Equipment**	**582**	**386**	**337**
#通信设备制造	Manufacture of Communication Equipment	48	38	26
#通信系统设备制造	Manufacture of Communication System Equipment	25	17	12
通信终端设备制造	Manufacture of Communication Terminal Equipment	23	21	14
广播电视设备制造	Manufacture of Broadcasting and TV Equipment	15	14	10
雷达及配套设备制造	Manufacture of Radar and Its Fittings	1		
视听设备制造	Manufacture of TV Set and Radio Receiver	42	27	26
电子器件制造	Manufacture of Electronic Appliances	125	89	63
#电子真空器件制造	Manufacture of Electronic Vacuum Appliance	5	2	5
半导体分立器件制造	Manufacture of Semiconductor Discreting Appliances	14	10	10
集成电路制造	Manufacture of Integrate Circuit	24	13	7
电子元件制造	Manufacture of Electronic Components	235	149	146
其他电子设备制造	Manufacture of Other Electronic Equipment	34	16	18
计算机及办公设备制造业	**Manufacture of Computers and Office Equipment**	**93**	**56**	**54**
#计算机整机制造	Manufacture of Entired Computer	13	10	7
计算机零部件制造	Manufacture of Computer Components and Parts	33	23	17
计算机外围设备制造	Manufacture of Computer Peripheral Equipment	30	16	23
办公设备制造	Manufacture of Office Equipment	5	3	3
医疗仪器设备及仪器仪表制造业	**Manufacture of Medical Equipments and Measuring Instrument**	**91**	**54**	**55**
1.医疗仪器设备及器械制造	Manufacture of Medical Equipment and Appliance	41	24	23
2.仪器仪表制造	Manufacture of Measuring Instrument	50	30	32
信息化学品制造业	**Manufacture of Electronic Chemicals**	**21**	**17**	**9**

3-2-4　续表 5　continued

行　业	Industry	港澳台投资企业 Enterprises with Funds from Hong Kong, Macau and Taiwan 项目建成投产率(%) Rate of Projects Completed and Put into Use (%)	投资额(亿元) Investment (100 million yuan)	新增固定资产(亿元) Newly Increased Fixed Assets (100 million yuan)	固定资产交付使用率(%) Rate of Fixed Assets Put into Use (%)
合计	**Total**	**57.26**	**1321.29**	**821.75**	**62.19**
医药制造业	**Manufacture of Medicines**	**55.43**	**176.06**	**107.87**	**61.27**
#化学药品制造	Manufacture of Chemical Medicine	54.69	85.67	37.75	44.06
中成药生产	Production of Finished Traditional Chinese Herbal Medicine	51.43	24.34	17.99	73.91
生物药品制造	Manufacture of Biological Medicine	44.12	27.61	13.65	49.42
航空、航天器及设备制造业	**Manufacture of Aircrafts and Spacecrafts and Related Equipment**	**44.44**	**13.72**	**2.94**	**21.44**
#飞机制造	Manufacture of Airplanes	25.00	7.21	0.90	12.49
航天器制造	Manufacture of Spacecrafts				
电子及通信设备制造业	**Manufacture of Electronic Equipment and Communication Equipment**	**57.90**	**884.71**	**529.24**	**59.82**
#通信设备制造	Manufacture of Communication Equipment	54.17	256.59	181.86	70.88
#通信系统设备制造	Manufacture of Communication System Equipment	48.00	168.09	153.14	91.11
通信终端设备制造	Manufacture of Communication Terminal Equipment	60.87	88.51	28.73	32.46
广播电视设备制造	Manufacture of Broadcasting and TV Equipment	66.67	20.13	11.38	56.51
雷达及配套设备制造	Manufacture of Radar and Its Fittings		0.11		
视听设备制造	Manufacture of TV Set and Radio Receiver	61.90	43.82	39.36	89.83
电子器件制造	Manufacture of Electronic Appliances	50.40	176.72	68.70	38.88
#电子真空器件制造	Manufacture of Electronic Vacuum Appliance	100.00	1.65	1.58	95.81
半导体分立器件制造	Manufacture of Semiconductor Discreting Appliances	71.43	24.07	14.38	59.77
集成电路制造	Manufacture of Integrate Circuit	29.17	62.14	23.61	37.99
电子元件制造	Manufacture of Electronic Components	62.13	229.15	151.27	66.02
其他电子设备制造	Manufacture of Other Electronic Equipment	52.94	25.49	17.70	69.46
计算机及办公设备制造业	**Manufacture of Computers and Office Equipment**	**58.06**	**154.03**	**122.06**	**79.24**
#计算机整机制造	Manufacture of Entired Computer	53.85	35.91	26.58	74.01
计算机零部件制造	Manufacture of Computer Components and Parts	51.52	74.87	51.83	69.23
计算机外围设备制造	Manufacture of Computer Peripheral Equipment	76.67	13.42	16.66	124.11
办公设备制造	Manufacture of Office Equipment	60.00	3.58	2.43	67.84
医疗仪器设备及仪器仪表制造业	**Manufacture of Medical Equipments and Measuring Instrument**	**60.44**	**53.49**	**33.34**	**62.33**
1.医疗仪器设备及器械制造	Manufacture of Medical Equipment and Appliance	56.10	12.18	7.96	65.37
2.仪器仪表制造	Manufacture of Measuring Instrument	64.00	41.31	25.37	61.43
信息化学品制造业	**Manufacture of Electronic Chemicals**	**42.86**	**39.28**	**26.31**	**66.98**

3-2-4 续表 6 continued

行 业	Industry	外商投资企业 Foreign Funded Enterprises		
		施工项目 (个) Number of Projects under Construction (unit)	#新开工 Number of Projects Started This Year	建成投产项目 (个) Number of Projects Completed and Put into Use (unit)
合计	**Total**	**1320**	**894**	**737**
医药制造业	**Manufacture of Medicines**	**268**	**169**	**140**
#化学药品制造	Manufacture of Chemical Medicine	135	85	69
中成药生产	Production of Finished Traditional Chinese Herbal Medicine	29	18	19
生物药品制造	Manufacture of Biological Medicine	57	32	31
航空、航天器及设备制造业	**Manufacture of Aircrafts and Spacecrafts and Related Equipment**	**30**	**22**	**14**
#飞机制造	Manufacture of Airplanes	17	11	10
航天器制造	Manufacture of Spacecrafts	1	1	
电子及通信设备制造业	**Manufacture of Electronic Equipment and Communication Equipment**	**761**	**543**	**432**
#通信设备制造	Manufacture of Communication Equipment	76	59	44
#通信系统设备制造	Manufacture of Communication System Equipment	25	17	17
通信终端设备制造	Manufacture of Communication Terminal Equipment	51	42	27
广播电视设备制造	Manufacture of Broadcasting and TV Equipment	19	12	17
雷达及配套设备制造	Manufacture of Radar and Its Fittings	3		
视听设备制造	Manufacture of TV Set and Radio Receiver	28	23	19
电子器件制造	Manufacture of Electronic Appliances	191	129	112
#电子真空器件制造	Manufacture of Electronic Vacuum Appliance	4	1	3
半导体分立器件制造	Manufacture of Semiconductor Discreting Appliances	20	14	11
集成电路制造	Manufacture of Integrate Circuit	58	46	34
电子元件制造	Manufacture of Electronic Components	296	217	173
其他电子设备制造	Manufacture of Other Electronic Equipment	73	52	33
计算机及办公设备制造业	**Manufacture of Computers and Office Equipment**	**76**	**39**	**40**
#计算机整机制造	Manufacture of Entired Computer	11	7	6
计算机零部件制造	Manufacture of Computer Components and Parts	31	15	17
计算机外围设备制造	Manufacture of Computer Peripheral Equipment	14	10	7
办公设备制造	Manufacture of Office Equipment	3		2
医疗仪器设备及仪器仪表制造业	**Manufacture of Medical Equipments and Measuring Instrument**	**160**	**104**	**90**
1.医疗仪器设备及器械制造	Manufacture of Medical Equipment and Appliance	67	37	33
2.仪器仪表制造	Manufacture of Measuring Instrument	93	67	57
信息化学品制造业	**Manufacture of Electronic Chemicals**	**25**	**17**	**21**

3-2-4　续表 7　continued

行　业	Industry	外商投资企业 Foreign Funded Enterprises 项目建成投产率(%) Rate of Projects Completed and Put into Use (%)	投资额(亿元) Investment (100 million yuan)	新增固定资产(亿元) Newly Increased Fixed Assets (100 million yuan)	固定资产交付使用率(%) Rate of Fixed Assets Put into Use (%)
合计	**Total**	**55.83**	**2094.75**	**1168.77**	**55.80**
医药制造业	**Manufacture of Medicines**	**52.24**	**271.85**	**157.69**	**58.01**
#化学药品制造	Manufacture of Chemical Medicine	51.11	159.87	82.59	51.66
中成药生产	Production of Finished Traditional Chinese Herbal Medicine	65.52	14.56	8.02	55.05
生物药品制造	Manufacture of Biological Medicine	54.39	51.51	32.23	62.57
航空、航天器及设备制造业	**Manufacture of Aircrafts and Spacecrafts and Related Equipment**	**46.67**	**43.44**	**18.21**	**41.93**
#飞机制造	Manufacture of Airplanes	58.82	26.98	6.59	24.42
航天器制造	Manufacture of Spacecrafts		0.38		
电子及通信设备制造业	**Manufacture of Electronic Equipment and Communication Equipment**	**56.77**	**1411.04**	**825.34**	**58.49**
#通信设备制造	Manufacture of Communication Equipment	57.89	101.90	73.48	72.11
#通信系统设备制造	Manufacture of Communication System Equipment	68.00	37.27	34.58	92.80
通信终端设备制造	Manufacture of Communication Terminal Equipment	52.94	64.64	38.90	60.18
广播电视设备制造	Manufacture of Broadcasting and TV Equipment	89.47	9.85	8.73	88.62
雷达及配套设备制造	Manufacture of Radar and Its Fittings		5.58		
视听设备制造	Manufacture of TV Set and Radio Receiver	67.86	30.20	24.88	82.38
电子器件制造	Manufacture of Electronic Appliances	58.64	833.25	455.98	54.72
#电子真空器件制造	Manufacture of Electronic Vacuum Appliance	75.00	5.91	0.92	15.52
半导体分立器件制造	Manufacture of Semiconductor Discreting Appliances	55.00	113.85	12.37	10.86
集成电路制造	Manufacture of Integrate Circuit	58.62	373.97	257.16	68.77
电子元件制造	Manufacture of Electronic Components	58.45	231.36	165.77	71.65
其他电子设备制造	Manufacture of Other Electronic Equipment	45.21	89.94	21.42	23.82
计算机及办公设备制造业	**Manufacture of Computers and Office Equipment**	**52.63**	**175.13**	**48.86**	**27.90**
#计算机整机制造	Manufacture of Entired Computer	54.55	61.42	16.67	27.14
计算机零部件制造	Manufacture of Computer Components and Parts	54.84	77.71	13.60	17.51
计算机外围设备制造	Manufacture of Computer Peripheral Equipment	50.00	10.22	2.93	28.63
办公设备制造	Manufacture of Office Equipment	66.67	2.98	2.58	86.58
医疗仪器设备及仪器仪表制造业	**Manufacture of Medical Equipments and Measuring Instrument**	**56.25**	**143.62**	**93.45**	**65.07**
1.医疗仪器设备及器械制造	Manufacture of Medical Equipment and Appliance	49.25	51.25	28.87	56.32
2.仪器仪表制造	Manufacture of Measuring Instrument	61.29	92.37	64.58	69.92
信息化学品制造业	**Manufacture of Electronic Chemicals**	**84.00**	**49.68**	**25.21**	**50.74**

3-2-5 各地区国有及国有控股企业高技术产业投资基本情况(2016年)

Basic Statistics on Investment in Fixed Assets in High-tech Industry of State-owned and State-controlled Enterprises by Region (2016)

地区	Region	施工项目(个) Number of Projects under Construction (unit)	#新开工 Number of Projects Started This Year	建成投产项目(个) Number of Projects Completed and Put into Use (unit)	项目建成投产率(%) Rate of Projects Completed and Put into Use (%)	投资额(亿元) Investment (100 million yuan)	新增固定资产(亿元) Newly Increased Fixed Assets (100 million yuan)	固定资产交付使用率(%) Rate of Fixed Assets Put into Use (%)
全国	**Total**	**1470**	**884**	**730**	**49.66**	**2737.27**	**1089.84**	**39.81**
东部地区	Eastern Region	574	304	259	45.12	1021.53	404.50	39.60
中部地区	Middle Region	343	215	177	51.60	808.36	304.20	37.63
西部地区	Western Region	514	344	276	53.70	877.90	358.53	40.84
东北地区	Northeastern Region	39	21	18	46.15	29.47	22.62	76.73
北京	Beijing	31	8	6	19.35	46.61	37.30	80.02
天津	Tianjin	27	18	12	44.44	28.91	10.75	37.19
河北	Hebei	30	20	16	53.33	41.45	25.30	61.04
山西	Shanxi	22	19	8	36.36	22.21	41.55	187.05
内蒙古	Inner Mongolia	20	14	18	90.00	79.11	67.45	85.26
辽宁	Liaoning	6	2	2	33.33	3.47	2.52	72.62
吉林	Jilin	18	11	6	33.33	16.45	12.56	76.35
黑龙江	Heilongjiang	15	8	10	66.67	9.55	7.53	78.88
上海	Shanghai	32	6	6	18.75	54.66	12.34	22.58
江苏	Jiangsu	78	48	51	65.38	189.11	131.75	69.67
浙江	Zhejiang	107	74	47	43.93	125.56	79.67	63.45
安徽	Anhui	73	45	35	47.95	270.97	34.75	12.82
福建	Fujian	41	15	13	31.71	326.76	21.43	6.56
江西	Jiangxi	47	38	29	61.70	79.91	20.36	25.47
山东	Shandong	63	39	34	53.97	91.85	34.77	37.86
河南	Henan	28	16	15	53.57	87.87	77.23	87.89
湖北	Hubei	66	31	28	42.42	238.85	69.08	28.92
湖南	Hunan	107	66	62	57.94	108.55	61.24	56.42
广东	Guangdong	161	75	72	44.72	98.42	47.06	47.81
广西	Guangxi	25	13	13	52.00	30.10	25.69	85.32
海南	Hainan	4	1	2	50.00	18.21	4.12	22.61
重庆	Chongqing	141	102	81	57.45	350.52	82.19	23.45
四川	Sichuan	99	63	50	50.51	115.59	72.25	62.51
贵州	Guizhou	51	36	30	58.82	71.87	29.04	40.41
云南	Yunnan	19	16	5	26.32	9.19	2.63	28.67
西藏	Tibet	3	2	2	66.67	1.01	0.79	78.18
陕西	Shaanxi	93	52	42	45.16	180.45	61.58	34.13
甘肃	Gansu	35	26	19	54.29	21.87	10.34	47.26
青海	Qinghai	10	9	8	80.00	5.69	2.87	50.36
宁夏	Ningxia	5	4	1	20.00	7.23	0.08	1.05
新疆	Xinjiang	13	7	7	53.85	5.27	3.62	68.76

3-2-6　按地区和登记注册类型分高技术产业投资基本情况(2016年)

Basic Statistics on Investment in Fixed Assets in High-tech Industry by Region and Registration Status (2016)

地　区	Region	内资企业 Domestic Funded						
		施工项目(个) Number of Projects under Construction (unit)	#新开工 Number of Projects Started This Year	建成投产项目(个) Number of Projects Completed and Put into Use (unit)	项目建成投产率(%) Rate of Projects Completed and Put into Use (%)	投资额(亿元) Investment (100 million yuan)	新增固定资产(亿元) Newly Increased Fixed Assets (100 million yuan)	固定资产交付使用率(%) Rate of Fixed Assets Put into Use (%)
全　国	**Total**	**21424**	**15981**	**13656**	**63.74**	**19370.63**	**11149.74**	**57.56**
东部地区	Eastern Region	10242	7616	6757	65.97	8432.02	5227.25	61.99
中部地区	Middle Region	6141	4550	3727	60.69	6562.86	3445.82	52.50
西部地区	Western Region	3953	2957	2450	61.98	3625.93	1916.56	52.86
东北地区	Northeastern Region	1088	858	722	66.36	749.82	560.11	74.70
北　京	Beijing	106	18	16	15.09	68.14	50.93	74.74
天　津	Tianjin	475	420	235	49.47	326.67	183.56	56.19
河　北	Hebei	543	407	363	66.85	901.79	716.59	79.46
山　西	Shanxi	227	181	148	65.20	167.26	125.83	75.23
内蒙古	Inner Mongolia	177	147	133	75.14	299.21	210.76	70.44
辽　宁	Liaoning	158	87	53	33.54	97.75	55.04	56.31
吉　林	Jilin	714	611	519	72.69	520.75	383.23	73.59
黑龙江	Heilongjiang	216	160	150	69.44	131.32	121.84	92.78
上　海	Shanghai	134	47	30	22.39	128.45	26.27	20.45
江　苏	Jiangsu	3203	2621	2445	76.33	2577.58	1856.35	72.02
浙　江	Zhejiang	1692	1252	1068	63.12	734.36	477.38	65.01
安　徽	Anhui	1809	1480	1056	58.37	1399.21	662.96	47.38
福　建	Fujian	470	320	269	57.23	890.09	291.35	32.73
江　西	Jiangxi	1008	656	628	62.30	1244.63	651.38	52.34
山　东	Shandong	1665	1187	1151	69.13	1655.15	954.63	57.68
河　南	Henan	760	498	465	61.18	1622.72	962.96	59.34
湖　北	Hubei	809	513	439	54.26	1245.71	517.30	41.53
湖　南	Hunan	1528	1222	991	64.86	883.32	525.40	59.48
广　东	Guangdong	1928	1332	1170	60.68	1123.06	661.39	58.89
广　西	Guangxi	907	769	622	68.58	359.14	273.63	76.19
海　南	Hainan	26	12	10	38.46	26.73	8.80	32.93
重　庆	Chongqing	727	545	421	57.91	975.67	394.37	40.42
四　川	Sichuan	835	587	497	59.52	814.11	500.71	61.50
贵　州	Guizhou	298	224	225	75.50	216.31	143.35	66.27
云　南	Yunnan	160	112	79	49.38	108.63	54.28	49.96
西　藏	Tibet	15	7	11	73.33	3.62	2.45	67.62
陕　西	Shaanxi	439	296	241	54.90	501.81	204.36	40.72
甘　肃	Gansu	210	145	132	62.86	143.65	73.94	51.47
青　海	Qinghai	67	54	39	58.21	76.86	19.31	25.12
宁　夏	Ningxia	49	35	20	40.82	84.43	20.64	24.45
新　疆	Xinjiang	69	36	30	43.48	42.52	18.77	44.15

3-2-6 续表 1 continued

地 区	Region	#国有企业 State-owned Enterprises						
		施工项目(个) Number of Projects under Construction (unit)	#新开工 Number of Projects Started This Year	建成投产项目(个) Number of Projects Completed and Put into Use (unit)	项目建成投产率(%) Rate of Projects Completed and Put into Use (%)	投资额(亿元) Investment (100 million yuan)	新增固定资产(亿元) Newly Increased Fixed Assets (100 million yuan)	固定资产交付使用率(%) Rate of Fixed Assets Put into Use (%)
全 国	**Total**	**649**	**450**	**367**	**56.55**	**726.58**	**342.52**	**47.14**
东部地区	Eastern Region	228	155	117	51.32	281.88	131.53	46.66
中部地区	Middle Region	164	123	98	59.76	194.46	71.45	36.74
西部地区	Western Region	238	157	138	57.98	236.31	129.10	54.63
东北地区	Northeastern Region	19	15	14	73.68	13.94	10.45	74.99
北 京	Beijing	5	2	2	40.00	1.44	0.61	42.61
天 津	Tianjin	8	6	6	75.00	6.86	5.96	86.82
河 北	Hebei	10	6	6	60.00	12.27	2.65	21.63
山 西	Shanxi	15	15	6	40.00	5.58	5.05	90.51
内蒙古	Inner Mongolia	14	10	14	100.00	5.50	5.54	100.71
辽 宁	Liaoning					0.35	0.35	100.00
吉 林	Jilin	9	8	6	66.67	5.68	3.93	69.22
黑龙江	Heilongjiang	10	7	8	80.00	7.90	6.17	78.04
上 海	Shanghai	9				16.14	2.94	18.20
江 苏	Jiangsu	32	21	23	71.88	82.11	61.49	74.88
浙 江	Zhejiang	51	41	23	45.10	32.38	16.89	52.15
安 徽	Anhui	33	21	20	60.61	62.24	18.12	29.11
福 建	Fujian	17	7	8	47.06	42.39	4.30	10.15
江 西	Jiangxi	31	29	23	74.19	51.36	14.58	28.39
山 东	Shandong	38	30	25	65.79	40.13	23.31	58.08
河 南	Henan	3	1	2	66.67	9.49	5.09	53.61
湖 北	Hubei	21	13	11	52.38	28.55	3.82	13.37
湖 南	Hunan	61	44	36	59.02	37.24	24.79	66.57
广 东	Guangdong	58	42	24	41.38	48.16	13.38	27.79
广 西	Guangxi	13	6	9	69.23	14.00	16.30	116.46
海 南	Hainan							
重 庆	Chongqing	29	14	13	44.83	54.49	24.45	44.87
四 川	Sichuan	32	25	22	68.75	30.36	23.53	77.48
贵 州	Guizhou	22	17	16	72.73	18.56	16.87	90.92
云 南	Yunnan	16	13	5	31.25	6.55	2.63	40.19
西 藏	Tibet	2	2	1	50.00	0.33	0.11	32.48
陕 西	Shaanxi	68	37	30	44.12	89.45	29.78	33.29
甘 肃	Gansu	25	20	15	60.00	10.49	6.47	61.70
青 海	Qinghai	8	7	7	87.50	2.51	2.06	82.07
宁 夏	Ningxia	2	1	1	50.00	2.12	0.08	3.60
新 疆	Xinjiang	7	5	5	71.43	1.95	1.28	65.69

3-2-6 续表 2 continued

地 区	Region	港澳台投资企业 Enterprises with Funds from Hong Kong, Macau and Taiwan						
		施工项目(个) Number of Projects under Construction (unit)	#新开工 Number of Projects Started This Year	建成投产项目(个) Number of Projects Completed and Put into Use (unit)	项目建成投产率(%) Rate of Projects Completed and Put into Use (%)	投资额(亿元) Investment (100 million yuan)	新增固定资产(亿元) Newly Increased Fixed Assets (100 million yuan)	固定资产交付使用率(%) Rate of Fixed Assets Put into Use (%)
全 国	**Total**	**971**	**623**	**556**	**57.26**	**1321.29**	**821.75**	**62.19**
东部地区	Eastern Region	751	485	426	56.72	805.83	512.94	63.65
中部地区	Middle Region	112	66	62	55.36	372.06	234.26	62.96
西部地区	Western Region	99	63	63	63.64	132.71	69.03	52.02
东北地区	Northeastern Region	9	9	5	55.56	10.70	5.52	51.60
北 京	Beijing	9	1	1	11.11	17.26	9.35	54.19
天 津	Tianjin	17	13	3	17.65	21.19	11.71	55.26
河 北	Hebei	11	9	8	72.73	38.69	34.60	89.44
山 西	Shanxi	8	7	5	62.50	59.15	18.80	31.79
内蒙古	Inner Mongolia	13	13	12	92.31	12.13	8.91	73.45
辽 宁	Liaoning	1	1			2.02		
吉 林	Jilin	6	6	5	83.33	5.52	5.52	100.00
黑龙江	Heilongjiang	2	2			3.16		
上 海	Shanghai	16	4	3	18.75	29.78	24.80	83.29
江 苏	Jiangsu	212	171	138	65.09	315.50	214.82	68.09
浙 江	Zhejiang	60	35	30	50.00	30.16	15.84	52.50
安 徽	Anhui	26	13	14	53.85	29.68	15.95	53.73
福 建	Fujian	50	27	23	46.00	55.21	25.74	46.62
江 西	Jiangxi	23	13	14	60.87	29.57	12.67	42.85
山 东	Shandong	34	16	19	55.88	50.28	14.10	28.03
河 南	Henan	14	10	11	78.57	175.57	162.40	92.50
湖 北	Hubei	18	12	8	44.44	38.93	17.53	45.02
湖 南	Hunan	23	11	10	43.48	39.16	6.91	17.64
广 东	Guangdong	340	208	200	58.82	244.22	159.20	65.19
广 西	Guangxi	36	22	26	72.22	16.60	10.39	62.61
海 南	Hainan	2	1	1	50.00	3.54	2.77	78.40
重 庆	Chongqing	14	9	9	64.29	14.63	11.78	80.54
四 川	Sichuan	20	9	10	50.00	50.62	26.63	52.60
贵 州	Guizhou	1	1	1	100.00	0.40	0.40	100.00
云 南	Yunnan	1	1	1	100.00	4.53	4.53	100.00
西 藏	Tibet							
陕 西	Shaanxi	11	6	2	18.18	33.00	5.02	15.20
甘 肃	Gansu	1	1	1	100.00	0.20	0.20	100.00
青 海	Qinghai							
宁 夏	Ningxia	2	1	1	50.00	0.60	1.18	197.72
新 疆	Xinjiang							

3-2-6 续表 3 continued

地 区	Region	外商投资企业 Foreign Funded Enterprises						
		施工项目(个) Number of Projects under Construction (unit)	#新开工 Number of Projects Started This Year	建成投产项目(个) Number of Projects Completed and Put into Use (unit)	项目建成投产率(%) Rate of Projects Completed and Put into Use (%)	投资额(亿元) Investment (100 million yuan)	新增固定资产(亿元) Newly Increased Fixed Assets (100 million yuan)	固定资产交付使用率(%) Rate of Fixed Assets Put into Use (%)
全 国	**Total**	**1320**	**894**	**737**	**55.83**	**2094.75**	**1168.77**	**55.80**
东部地区	Eastern Region	1098	758	622	56.65	1525.62	863.17	56.58
中部地区	Middle Region	98	57	48	48.98	134.06	50.12	37.39
西部地区	Western Region	96	56	50	52.08	296.28	220.88	74.55
东北地区	Northeastern Region	28	23	17	60.71	138.79	34.59	24.92
北 京	Beijing	17	2	6	35.29	108.51	28.17	25.96
天 津	Tianjin	136	103	31	22.79	81.95	33.12	40.42
河 北	Hebei	12	9	5	41.67	38.93	17.70	45.46
山 西	Shanxi							
内 蒙 古	Inner Mongolia	1				9.86		
辽 宁	Liaoning	2				94.65	0.12	0.13
吉 林	Jilin	23	22	16	69.57	39.33	31.52	80.15
黑 龙 江	Heilongjiang	3	1	1	33.33	4.82	2.95	61.23
上 海	Shanghai	46	24	12	26.09	82.78	69.47	83.92
江 苏	Jiangsu	389	309	280	71.98	633.48	424.08	66.94
浙 江	Zhejiang	125	77	60	48.00	86.34	49.55	57.39
安 徽	Anhui	26	12	14	53.85	24.25	10.68	44.05
福 建	Fujian	53	38	34	64.15	42.57	29.59	69.53
江 西	Jiangxi	25	15	12	48.00	43.65	15.94	36.52
山 东	Shandong	129	84	79	61.24	161.13	72.79	45.18
河 南	Henan	7	4	3	42.86	24.20	14.54	60.07
湖 北	Hubei	25	15	8	32.00	20.57	4.35	21.14
湖 南	Hunan	15	11	11	73.33	21.40	4.62	21.58
广 东	Guangdong	187	111	114	60.96	283.93	134.09	47.23
广 西	Guangxi	15	12	12	80.00	6.57	4.05	61.74
海 南	Hainan	4	1	1	25.00	6.00	4.59	76.57
重 庆	Chongqing	24	15	12	50.00	40.75	39.38	96.63
四 川	Sichuan	38	20	19	50.00	51.37	29.84	58.10
贵 州	Guizhou	1	1	1	100.00	0.49	0.49	100.00
云 南	Yunnan							
西 藏	Tibet	1				0.12		
陕 西	Shaanxi	12	7	6	50.00	168.50	146.87	87.16
甘 肃	Gansu	1				2.12		
青 海	Qinghai							
宁 夏	Ningxia	1	1			1.07	0.25	23.50
新 疆	Xinjiang	2				15.43		

3-2-7　按地区和行业分高技术产业投资基本情况(2016年)

Basic Statistics on Investment in Fixed Assets in High-tech Industry by Region and Industrial Sector (2016)

地　区	Region	医药制造业 Medical and Pharmaceutical Products Manufacturing						
		施工项目(个) Number of Projects under Construction (unit)	#新开工 Number of Projects Started This Year	建成投产项目(个) Number of Projects Completed and Put into Use (unit)	项目建成投产率(%) Rate of Projects Completed and Put into Use (%)	投资额(亿元) Investment (100 million yuan)	新增固定资产(亿元) Newly Increased Fixed Assets (100 million yuan)	固定资产交付使用率(%) Rate of Fixed Assets Put into Use (%)
全　国	**Total**	**7270**	**5158**	**4496**	**61.84**	**6299.15**	**3946.05**	**62.64**
东部地区	Eastern Region	2866	1937	1764	61.55	2563.38	1715.73	66.93
中部地区	Middle Region	2053	1472	1243	60.55	1989.78	1120.45	56.31
西部地区	Western Region	1670	1220	1034	61.92	1226.37	733.72	59.83
东北地区	Northeastern Region	681	529	455	66.81	519.61	376.16	72.39
北　京	Beijing	67	10	13	19.40	31.39	14.16	45.12
天　津	Tianjin	118	93	54	45.76	60.49	23.98	39.65
河　北	Hebei	210	163	131	62.38	461.91	393.15	85.11
山　西	Shanxi	162	136	115	70.99	102.34	70.80	69.18
内蒙古	Inner Mongolia	100	82	77	77.00	137.75	91.58	66.48
辽　宁	Liaoning	61	33	21	34.43	32.93	16.73	50.80
吉　林	Jilin	485	398	343	70.72	412.30	287.63	69.76
黑龙江	Heilongjiang	135	98	91	67.41	74.38	71.80	96.53
上　海	Shanghai	66	17	17	25.76	39.73	21.19	53.34
江　苏	Jiangsu	651	493	480	73.73	678.36	479.10	70.63
浙　江	Zhejiang	490	338	277	56.53	233.61	174.83	74.84
安　徽	Anhui	454	338	258	56.83	276.56	130.59	47.22
福　建	Fujian	130	80	75	57.69	107.33	57.21	53.31
江　西	Jiangxi	347	207	226	65.13	382.86	224.96	58.76
山　东	Shandong	715	479	488	68.25	754.16	426.08	56.50
河　南	Henan	300	200	188	62.67	604.97	341.85	56.51
湖　北	Hubei	324	217	168	51.85	389.39	208.72	53.60
湖　南	Hunan	466	374	288	61.80	233.67	143.53	61.42
广　东	Guangdong	394	253	221	56.09	184.34	119.22	64.67
广　西	Guangxi	312	259	202	64.74	120.33	81.23	67.51
海　南	Hainan	25	11	8	32.00	12.06	6.80	56.38
重　庆	Chongqing	186	135	97	52.15	198.69	87.32	43.95
四　川	Sichuan	385	273	238	61.82	286.18	231.93	81.04
贵　州	Guizhou	104	69	74	71.15	79.51	48.05	60.43
云　南	Yunnan	137	92	70	51.09	74.28	37.35	50.29
西　藏	Tibet	13	6	9	69.23	2.83	1.66	58.64
陕　西	Shaanxi	185	133	108	58.38	163.10	76.96	47.19
甘　肃	Gansu	157	110	106	67.52	92.04	48.22	52.39
青　海	Qinghai	33	26	23	69.70	26.13	11.58	44.31
宁　夏	Ningxia	30	21	17	56.67	31.38	11.28	35.95
新　疆	Xinjiang	28	14	13	46.43	14.16	6.56	46.34

3-2-7 续表 1 continued

地 区	Region	航空、航天器及设备制造业 Manufacture of Aircrafts and Spacecrafts and Related Equipment						
		施工项目（个） Number of Projects under Construction (unit)	#新开工 Number of Projects Started This Year	建成投产项目（个） Number of Projects Completed and Put into Use (unit)	项目建成投产率（%） Rate of Projects Completed and Put into Use (%)	投资额（亿元） Investment (100 million yuan)	新增固定资产（亿元） Newly Increased Fixed Assets (100 million yuan)	固定资产交付使用率（%） Rate of Fixed Assets Put into Use (%)
全 国	**Total**	**462**	**325**	**244**	**52.81**	**576.27**	**262.87**	**45.62**
东部地区	Eastern Region	172	118	97	56.40	205.25	118.40	57.69
中部地区	Middle Region	103	85	61	59.22	137.69	50.28	36.52
西部地区	Western Region	173	115	79	45.66	222.88	88.63	39.77
东北地区	Northeastern Region	14	7	7	50.00	10.46	5.55	53.07
北 京	Beijing	6	1	1	16.67	24.46	22.91	93.65
天 津	Tianjin	23	19	8	34.78	24.86	6.25	25.12
河 北	Hebei	11	8	8	72.73	20.38	26.82	131.61
山 西	Shanxi	3	2			0.50		
内蒙古	Inner Mongolia	5	4	3	60.00	11.84	1.69	14.27
辽 宁	Liaoning	5	2	2	40.00	2.89	1.63	56.41
吉 林	Jilin	4	3	4	100.00	2.09	2.09	100.00
黑龙江	Heilongjiang	5	2	1	20.00	5.48	1.83	33.40
上 海	Shanghai	8	2	1	12.50	12.09	3.02	24.98
江 苏	Jiangsu	64	52	50	78.13	52.53	35.42	67.43
浙 江	Zhejiang	14	12	9	64.29	7.38	4.98	67.45
安 徽	Anhui	16	14	7	43.75	17.57	3.47	19.76
福 建	Fujian	7	2	1	14.29	11.83	1.38	11.68
江 西	Jiangxi	28	25	27	96.43	31.39	19.24	61.28
山 东	Shandong	23	15	15	65.22	17.59	10.17	57.80
河 南	Henan	18	11	9	50.00	36.46	14.16	38.85
湖 北	Hubei	12	9	3	25.00	35.31	4.93	13.97
湖 南	Hunan	26	24	15	57.69	16.47	8.48	51.49
广 东	Guangdong	15	7	3	20.00	32.62	5.95	18.25
广 西	Guangxi	2	2	2	100.00	0.58	0.58	100.00
海 南	Hainan	1		1	100.00	1.51	1.51	100.00
重 庆	Chongqing	4	2			9.26	2.47	26.65
四 川	Sichuan	58	40	27	46.55	74.99	46.02	61.37
贵 州	Guizhou	10	8	5	50.00	14.79	4.20	28.40
云 南	Yunnan							
西 藏	Tibet							
陕 西	Shaanxi	87	55	39	44.83	106.09	30.96	29.18
甘 肃	Gansu	4	2	1	25.00	3.00	0.46	15.31
青 海	Qinghai							
宁 夏	Ningxia					0.06	0.06	100.00
新 疆	Xinjiang	3	2	2	66.67	2.27	2.19	96.47

3-2-7 续表 2 continued

地 区	Region	电子及通信设备制造业 Manufacture of Electronic Equipment and Communication Equipment						
		施工项目(个) Number of Projects under Construction (unit)	#新开工 Number of Projects Started This Year	建成投产项目(个) Number of Projects Completed and Put into Use (unit)	项目建成投产率(%) Rate of Projects Completed and Put into Use (%)	投资额(亿元) Investment (100 million yuan)	新增固定资产(亿元) Newly Increased Fixed Assets (100 million yuan)	固定资产交付使用率(%) Rate of Fixed Assets Put into Use (%)
全 国	**Total**	**10498**	**7790**	**6559**	**62.48**	**11583.97**	**6132.47**	**52.94**
东部地区	Eastern Region	6008	4496	3899	64.90	5729.83	3285.15	57.33
中部地区	Middle Region	2776	1995	1631	58.75	3733.65	1841.05	49.31
西部地区	Western Region	1509	1140	906	60.04	1891.47	911.87	48.21
东北地区	Northeastern Region	205	159	123	60.00	229.03	94.40	41.22
北 京	Beijing	24	5	3	12.50	120.86	39.03	32.30
天 津	Tianjin	322	275	122	37.89	248.32	141.47	56.97
河 北	Hebei	195	137	130	66.67	317.98	218.96	68.86
山 西	Shanxi	40	29	25	62.50	114.76	67.77	59.06
内蒙古	Inner Mongolia	38	32	21	55.26	136.63	96.35	70.52
辽 宁	Liaoning	55	27	13	23.64	135.88	22.90	16.85
吉 林	Jilin	113	104	90	79.65	66.07	56.82	86.00
黑龙江	Heilongjiang	37	28	20	54.05	27.08	14.68	54.23
上 海	Shanghai	81	36	16	19.75	159.95	80.39	50.26
江 苏	Jiangsu	1856	1535	1418	76.40	1793.69	1261.46	70.33
浙 江	Zhejiang	911	681	579	63.56	432.84	271.54	62.74
安 徽	Anhui	877	697	514	58.61	887.60	400.92	45.17
福 建	Fujian	341	233	192	56.30	811.44	245.71	30.28
江 西	Jiangxi	453	294	236	52.10	649.56	280.31	43.15
山 东	Shandong	600	432	409	68.17	593.23	317.01	53.44
河 南	Henan	306	205	179	58.50	899.23	582.77	64.81
湖 北	Hubei	351	200	182	51.85	675.35	234.25	34.69
湖 南	Hunan	749	570	495	66.09	507.15	275.04	54.23
广 东	Guangdong	1673	1159	1028	61.45	1231.45	704.31	57.19
广 西	Guangxi	384	325	279	72.66	145.32	115.06	79.18
海 南	Hainan	5	3	2	40.00	20.09	5.25	26.14
重 庆	Chongqing	388	300	214	55.15	572.16	214.06	37.41
四 川	Sichuan	320	214	177	55.31	443.08	183.50	41.41
贵 州	Guizhou	125	95	92	73.60	89.24	59.12	66.25
云 南	Yunnan	20	17	9	45.00	27.50	12.23	44.46
西 藏	Tibet	2	1	1	50.00	0.52	0.40	76.48
陕 西	Shaanxi	144	95	74	51.39	380.39	209.63	55.11
甘 肃	Gansu	39	28	22	56.41	24.15	14.14	58.54
青 海	Qinghai	23	18	8	34.78	43.81	3.57	8.14
宁 夏	Ningxia	5	4	1	20.00	18.93	1.14	6.00
新 疆	Xinjiang	21	11	8	38.10	9.75	2.68	27.54

3-2-7 续表 3 continued

地区	Region	计算机及办公设备制造业 Manufacture of Computer and Office Equipments						
		施工项目(个) Number of Projects under Construction (unit)	#新开工 Number of Projects Started This Year	建成投产项目(个) Number of Projects Completed and Put into Use (unit)	项目建成投产率(%) Rate of Projects Completed and Put into Use (%)	投资额(亿元) Investment (100 million yuan)	新增固定资产(亿元) Newly Increased Fixed Assets (100 million yuan)	固定资产交付使用率(%) Rate of Fixed Assets Put into Use (%)
全　国	**Total**	**1104**	**806**	**710**	**64.31**	**1220.20**	**684.89**	**56.13**
东部地区	Eastern Region	528	386	311	58.90	598.32	333.24	55.70
中部地区	Middle Region	242	177	150	61.98	296.47	134.88	45.49
西部地区	Western Region	310	223	228	73.55	313.10	205.38	65.60
东北地区	Northeastern Region	24	20	21	87.50	12.31	11.40	92.60
北　京	Beijing	1				6.59	2.42	36.67
天　津	Tianjin	51	49	17	33.33	26.24	10.46	39.86
河　北	Hebei	8	6	8	100.00	18.58	19.93	107.28
山　西	Shanxi	2	1			0.81	0.80	98.27
内蒙古	Inner Mongolia	9	8	9	100.00	14.37	14.37	100.00
辽　宁	Liaoning	3	1	3	100.00	1.45	1.87	129.39
吉　林	Jilin	18	17	15	83.33	7.64	6.30	82.51
黑龙江	Heilongjiang	3	2	3	100.00	3.22	3.22	100.00
上　海	Shanghai	5	2	2	40.00	13.66	11.67	85.47
江　苏	Jiangsu	153	124	102	66.67	247.05	146.26	59.20
浙　江	Zhejiang	63	42	33	52.38	49.47	18.34	37.07
安　徽	Anhui	80	62	52	65.00	56.94	22.57	39.65
福　建	Fujian	31	22	18	58.06	21.36	12.69	59.41
江　西	Jiangxi	62	42	45	72.58	79.40	54.78	68.99
山　东	Shandong	80	62	55	68.75	131.29	51.70	39.38
河　南	Henan	28	19	14	50.00	67.75	22.07	32.58
湖　北	Hubei	23	14	10	43.48	43.67	14.17	32.44
湖　南	Hunan	47	39	29	61.70	47.89	20.48	42.76
广　东	Guangdong	136	79	76	55.88	84.09	59.77	71.08
广　西	Guangxi	105	74	81	77.14	64.62	53.67	83.06
海　南	Hainan							
重　庆	Chongqing	126	90	89	70.63	168.45	79.20	47.02
四　川	Sichuan	37	26	24	64.86	29.58	23.85	80.64
贵　州	Guizhou	21	20	20	95.24	15.86	15.75	99.31
云　南	Yunnan	2	2	1	50.00	0.19	0.09	47.41
西　藏	Tibet							
陕　西	Shaanxi	5		2	40.00	8.75	8.71	99.61
甘　肃	Gansu	5	3	2	40.00	10.39	8.84	85.08
青　海	Qinghai							
宁　夏	Ningxia							
新　疆	Xinjiang					0.90	0.90	100.00

3-2-7　续表 4　continued

地　区	Region	医疗仪器设备及仪器仪表制造业　Manufacture of Medical Equipments and Measuring Instrument						
		施工项目(个) Number of Projects under Construction (unit)	#新开工 Number of Projects Started This Year	建成投产项目(个) Number of Projects Completed and Put into Use (unit)	项目建成投产率(%) Rate of Projects Completed and Put into Use (%)	投资额(亿元) Investment (100 million yuan)	新增固定资产(亿元) Newly Increased Fixed Assets (100 million yuan)	固定资产交付使用率(%) Rate of Fixed Assets Put into Use (%)
全　国	**Total**	**4033**	**3159**	**2707**	**67.12**	**2740.05**	**1855.69**	**67.72**
东部地区	Eastern Region	2318	1776	1593	68.72	1480.25	1029.69	69.56
中部地区	Middle Region	1100	882	704	64.00	827.70	499.49	60.35
西部地区	Western Region	420	329	274	65.24	315.48	225.94	71.62
东北地区	Northeastern Region	195	172	136	69.74	116.62	100.56	86.23
北　京	Beijing	32	5	5	15.63	10.35	9.88	95.50
天　津	Tianjin	110	98	66	60.00	66.27	43.34	65.40
河　北	Hebei	126	97	90	71.43	133.71	93.29	69.77
山　西	Shanxi	28	20	13	46.43	8.00	5.27	65.85
内 蒙 古	Inner Mongolia	10	8	8	80.00	4.85	3.45	71.21
辽　宁	Liaoning	36	25	13	36.11	20.27	10.53	51.96
吉　林	Jilin	119	115	87	73.11	67.66	56.77	83.90
黑 龙 江	Heilongjiang	40	32	36	90.00	28.68	33.26	115.95
上　海	Shanghai	34	16	9	26.47	13.44	4.27	31.75
江　苏	Jiangsu	999	832	754	75.48	667.33	509.18	76.30
浙　江	Zhejiang	352	250	222	63.07	108.65	62.33	57.37
安　徽	Anhui	424	385	249	58.73	210.14	129.94	61.84
福　建	Fujian	57	44	33	57.89	32.09	25.33	78.94
江　西	Jiangxi	151	106	108	71.52	154.31	84.89	55.01
山　东	Shandong	380	285	263	69.21	333.48	217.41	65.20
河　南	Henan	116	70	80	68.97	181.85	123.49	67.91
湖　北	Hubei	123	84	79	64.23	143.07	71.45	49.94
湖　南	Hunan	258	217	175	67.83	130.33	84.45	64.80
广　东	Guangdong	227	149	150	66.08	112.32	62.05	55.24
广　西	Guangxi	151	141	92	60.93	50.29	35.98	71.55
海　南	Hainan	1		1	100.00	2.60	2.60	100.00
重　庆	Chongqing	61	42	42	68.85	82.49	62.48	75.75
四　川	Sichuan	88	59	60	68.18	76.94	71.87	93.42
贵　州	Guizhou	35	29	31	88.57	15.47	14.79	95.61
云　南	Yunnan	2	2			2.06		
西　藏	Tibet	1		1	100.00	0.39	0.39	100.00
陕　西	Shaanxi	40	26	25	62.50	43.00	27.97	65.06
甘　肃	Gansu	7	3	2	28.57	16.38	2.48	15.13
青　海	Qinghai	7	6	6	85.71	3.38	2.93	86.68
宁　夏	Ningxia	8	6	1	12.50	16.35	0.74	4.52
新　疆	Xinjiang	10	7	6	60.00	3.91	2.86	73.08

3-2-7 续表 5 continued

地区	Region	信息化学品制造业 Manufacture of Electronic Chemicals						
		施工项目(个) Number of Projects under Construction (unit)	#新开工 Number of Projects Started This Year	建成投产项目(个) Number of Projects Completed and Put into Use (unit)	项目建成投产率(%) Rate of Projects Completed and Put into Use (%)	投资额(亿元) Investment (100 million yuan)	新增固定资产(亿元) Newly Increased Fixed Assets (100 million yuan)	固定资产交付使用率(%) Rate of Fixed Assets Put into Use (%)
全　国	**Total**	**348**	**260**	**233**	**66.95**	**367.02**	**258.28**	**70.37**
东部地区	Eastern Region	199	146	141	70.85	186.44	121.15	64.98
中部地区	Middle Region	77	62	48	62.34	83.69	84.05	100.44
西部地区	Western Region	66	49	42	63.64	85.61	40.93	47.80
东北地区	Northeastern Region	6	3	2	33.33	11.28	12.15	107.69
北　京	Beijing	2		1	50.00	0.26	0.05	19.50
天　津	Tianjin	4	2	2	50.00	3.63	2.89	79.84
河　北	Hebei	16	14	9	56.25	26.85	16.74	62.34
山　西	Shanxi							
内蒙古	Inner Mongolia	29	26	27	93.10	15.77	12.23	77.59
辽　宁	Liaoning	1		1	100.00	1.00	1.50	150.00
吉　林	Jilin	4	2	1	25.00	9.83	10.65	108.31
黑龙江	Heilongjiang	1	1			0.45		
上　海	Shanghai	2	2			2.14		
江　苏	Jiangsu	81	65	59	72.84	87.61	63.83	72.85
浙　江	Zhejiang	47	41	38	80.85	18.92	10.75	56.81
安　徽	Anhui	10	9	4	40.00	4.34	2.09	48.24
福　建	Fujian	7	4	7	100.00	3.83	4.36	113.89
江　西	Jiangxi	15	10	12	80.00	20.31	15.82	77.86
山　东	Shandong	30	14	19	63.33	36.82	19.16	52.04
河　南	Henan	13	7	9	69.23	32.24	55.55	172.29
湖　北	Hubei	19	16	13	68.42	18.43	5.65	30.68
湖　南	Hunan	20	20	10	50.00	8.37	4.94	59.07
广　东	Guangdong	10	4	6	60.00	6.39	3.37	52.78
广　西	Guangxi	4	2	4	100.00	1.18	1.56	132.18
海　南	Hainan							
重　庆	Chongqing							
四　川	Sichuan	5	4			5.33		
贵　州	Guizhou	5	5	5	100.00	2.33	2.33	100.00
云　南	Yunnan					9.14	9.14	100.00
西　藏	Tibet							
陕　西	Shaanxi	1		1	100.00	2.00	2.00	100.00
甘　肃	Gansu							
青　海	Qinghai	4	4	2	50.00	3.53	1.23	34.84
宁　夏	Ningxia	9	6	2	22.22	19.38	8.85	45.69
新　疆	Xinjiang	9	2	1	11.11	26.96	3.58	13.28

4

国际比较情况
International Comparison

4-1　高技术产业出口总额(2005-2015)
High-technology exports (2005-2015)

单位：百万美元　　(million US $)

国家	Country	2005	2006	2007	2008	2009	2010	2011	2012	2013	2014	2015
中　国	China	215928	273132	302773	340118	309601	406090	457107	505646	560058	558606	554273
美　国	USA	190737	219026	218116	220884	132407	145498	145273	148772	147833	155641	154346
日　本	Japan	125445	129241	117858	119915	95159	122047	126478	123412	105076	100955	91514
英　国	UK	83697	116296	61149	59427	55135	59785	69315	67787	69223	70653	69417
法　国	France	70506	81538	78822	91980	82531	99736	105101	108365	113000	114697	104340
德　国	Germany	146389	163169	153419	159812	139961	158507	183371	183354	193088	199718	185556
澳大利亚	Australia	3289	3374	3260	3794	3247	3826	4859	4761	4565	4691	4237
加拿大	Canada	25352	26735	26311	26911	23210	23963	25017	24039	29137	31552	26295
意大利	Italy	25301	25885	26448	28813	25027	26419	31192	27526	29752	30745	26927
瑞　典	Sweden	17339	18364	15069	15424	12794	16178	18499	16547	17025	16556	14946
瑞　士	Switzerland	28364	31213	35336	42670	39447	42820	50301	50102	53350	55907	53258
土耳其	Turkey	882	1281	1644	1680	1359	1714	1921	1979	2177	2347	2323
奥地利	Austria	13019	14331	14554	15327	12255	13721	15706	16176	18412	19270	15947
比利时	Belgium	23385	23739	24932	28302	29553	31949	34681	36504	41674	43699	38856
捷　克	Czech	8934	12081	14440	17304	14252	17469	23366	22008	20921	23084	20792
丹　麦	Denmark	12118	11446	11051	11445	10630	8224	9464	8827	9185	9759	9375
芬　兰	Finland	13752	13987	13026	13506	6747	5853	5358	4448	3725	3961	3633
希　腊	Greece	1032	1185	923	1291	1170	1090	1171	1041	855	1210	1141
冰　岛	Iceland	203	308	774	416	246	141	156	104	93	118	110
爱尔兰	Ireland	32874	31829	28169	27795	24287	21232	23752	22702	21915	21261	29060
墨西哥	Mexico	32400	35899	33482	33387	31184	37657	40795	44013	45419	49403	45781
荷　兰	Netherlands	65910	69510	67416	58128	50765	59510	67148	63963	69040	70308	59128
新西兰	New Zealand	603	590	603	584	473	548	661	706	723	645	604
挪　威	Norway	2799	3338	3584	4264	3808	3834	4511	4514	4826	5208	4617
葡萄牙	Portugal	2532	2960	3213	3263	1166	1221	1547	1744	1942	2085	1906
西班牙	Spain	10718	10367	9814	10851	10157	11290	13370	13378	16346	15401	14241
韩　国	South Korea	83907	93352	101032	100909	92856	121478	122021	121313	130460	133447	126541
新加坡	Singapore	105656	124739	102854	117068	95398	126982	126435	128239	135602	137369	130989
匈牙利	Hungary	13695	14995	18271	20254	16919	18816	20649	14878	14471	12889	11790
波　兰	Poland	2645	3225	3371	5907	6627	8305	8614	9560	12052	14487	13445
俄罗斯联邦	Russian Federation	3820	3866	4109	5071	4527	5075	5443	7095	8656	9843	9677
巴　西	Brazil	8031	8418	9076	10286	7896	8122	8415	8820	8392	8229	8848
印　度	India	4139	4876	5998	7738	10728	10087	12871	12434	16693	17316	13751

数据来源：世界银行《世界发展指标2017》。
World Bank, World Development Indicators 2017.

4-2 部分国家高技术产业出口占制造业出口的比重(2005-2015年)

The Ratio of Exports of High Technology Industry to Exports of Manufacturing in Selected Countries (2005-2015)

(%)

国 家	Countries	2005	2006	2007	2008	2009	2010	2011	2012	2013	2014	2015
中 国	China	30.8	30.5	26.7	25.6	27.5	27.5	25.8	26.3	27.0	25.4	25.8
美 国	USA	29.9	30.1	27.2	25.9	21.5	19.9	18.1	17.8	17.8	18.2	19.0
日 本	Japan	23.0	22.1	18.4	17.3	18.8	18.0	17.5	17.4	16.8	16.7	16.8
英 国	UK	28.3	33.9	18.9	18.5	21.8	21.0	21.4	21.7	21.9	20.6	20.8
法 国	France	20.3	21.5	18.5	20.0	22.6	24.9	23.7	25.4	25.8	26.1	26.8
德 国	Germany	17.4	17.1	14.0	13.3	15.3	15.3	15.0	15.8	16.1	16.0	16.7
澳大利亚	Australia	12.8	12.3	10.3	10.8	11.9	11.9	13.1	12.7	12.9	13.6	13.5
加拿大	Canada	13.1	13.3	12.8	13.6	16.3	14.0	13.4	12.4	14.1	14.8	13.8
意大利	Italy	8.0	7.3	6.3	6.4	7.5	7.2	7.4	7.1	7.3	7.2	
瑞 典	Sweden	16.9	16.1	11.5	11.2	12.9	13.7	13.4	13.4	14.0	13.9	14.3
瑞 士	Switzerland	24.3	24.0	23.4	24.5	26.1	25.4	24.9	25.8	26.5	26.4	26.8
土耳其	Turkey	1.5	1.9	1.9	1.6	1.7	1.9	1.8	1.8	1.9	1.9	2.2
奥地利	Austria	13.7	13.3	11.3	11.0	11.6	11.9	11.7	12.8	13.7	13.9	13.4
比利时	Belgium	8.9	8.4	7.4	8.0	10.4	10.5	10.0	11.4	11.5	12.8	13.0
捷 克	Czech	13.0	14.3	13.2	13.6	14.6	15.3	16.3	16.1	14.7	14.9	14.9
丹 麦	Denmark	23.4	20.2	16.8	15.6	17.9	14.2	14.0	14.2	14.3	14.4	16.0
芬 兰	Finland	25.1	22.3	18.0	17.2	14.0	10.9	9.3	8.5	7.2	7.9	8.7
希 腊	Greece	10.6	11.0	7.4	9.3	10.9	10.1	9.7	9.2	7.5	10.3	11.0
冰 岛	Iceland	34.0	46.9	60.7	40.7	31.4	21.0	20.9	14.3	15.5	16.9	19.9
爱尔兰	Ireland	34.7	34.5	27.3	25.7	24.3	21.2	21.7	22.6	22.4	21.3	26.8
墨西哥	Mexico	19.6	19.0	17.2	15.7	18.2	16.9	16.5	16.3	15.9	16.0	14.7
荷 兰	Netherlands	30.9	29.0	23.3	19.2	20.9	21.3	19.8	20.1	20.4	19.9	
新西兰	New Zealand	10.2	10.3	9.1	8.5	8.9	9.0	9.3	9.7	10.3	9.1	9.6
挪 威	Norway	16.1	17.2	14.7	14.8	15.8	16.2	18.5	18.8	19.1	20.7	20.5
葡萄牙	Portugal	8.9	9.3	8.4	8.1	3.8	3.4	3.5	4.1	4.3	4.4	
西班牙	Spain	7.3	6.4	5.1	5.3	6.2	6.4	6.5	7.0	7.7	7.0	7.1
韩 国	South Korea	32.5	32.1	30.5	27.6	28.7	29.5	25.7	26.2	27.1	26.9	26.8
新加坡	Singapore	56.9	58.1	45.2	49.4	48.1	49.9	45.2	45.3	47.0	47.2	49.3
匈牙利	Hungary	25.8	24.1	23.8	23.3	24.9	24.1	22.7	18.1	16.3	13.7	
波 兰	Poland	3.8	3.7	3.0	4.3	6.1	6.7	5.9	7.0	7.7	8.7	8.8
俄罗斯联邦	Russian Federation	8.4	7.8	6.9	6.5	9.2	9.1	8.0	8.4	10.0	11.5	13.8
巴 西	Brazil	12.8	12.1	11.9	11.6	13.2	11.2	9.7	10.5	9.6	10.6	12.3
印 度	India	5.8	6.1	6.4	6.8	9.1	7.2	6.9	6.6	8.1	8.6	7.5

数据来源：世界银行《世界发展指标2017》。
World Bank, World Development Indicators 2017.

附　　录

Appendix

附录1 高技术产业（制造业）分类（2013）

High-technology Industry（Manufacturing Industry）Classifications (2013)

一、目的

为界定高技术产业（制造业）统计范围，特制定本分类。本分类适用于各地区、各部门开展高技术制造业统计调查。

二、定义和范围

本分类规定的高技术产业（制造业）是指国民经济行业中R&D投入强度（即R&D经费支出占主营业务收入的比重）相对较高的制造业行业，包括：医药制造，航空、航天器及设备制造，电子及通信设备制造，计算机及办公设备制造，医疗仪器设备及仪器仪表制造，信息化学品制造等6大类。

R&D（即研究与试验发展）是指在科学技术领域，为增加知识总量，以及运用这些知识创造新的应用而进行的系统的创造性活动。

三、编制原则

（一）以《国民经济行业分类》为基础。

本分类是以《国民经济行业分类》（GB/T 4754-2011）为基础，对国民经济行业分类中符合高技术产业（制造业）范畴相关活动的再分类。

（二）借鉴国际分类标准。

本分类借鉴 OECD（经济合作与发展组织）关于高技术产业的分类方法；分类表中第一类至第五类内容可与有关国际分类基本衔接，能够满足国际比较的需要。

四、结构和编码

本分类将高技术制造业划分为三层。

第一层为6个大类，用汉字数字一、二……表示；

第二层为29个中类，用汉字数字（一）、（二）……表示；

第三层为42个小类。

本分类已标明与《国民经济行业分类》（GB/T 4754-2011）直接对应的行业类别的相应代码。

五、对有关问题的说明

本分类在《高技术产业统计分类目录》（国统字〔2002〕33号）的基础上修订完成，采用了原分类的基本结构框架。

本分类中与《国民经济行业分类》（GB/T 4754-2011）对应的行业类别的具体范围说明参见《2011国民经济行业分类注释》。

六、高技术产业（制造业）分类表

名　　称	国民经济行业分类代码
一、医药制造业	27
（一）化学药品制造	
化学药品原料药制造	2710
化学药品制剂制造	2720
（二）中药饮片加工	2730
（三）中成药生产	2740
（四）兽用药品制造	2750
（五）生物药品制造	2760
（六）卫生材料及医药用品制造	2770
二、航空、航天器及设备制造业	
（一）飞机制造	3741
（二）航天器制造	3742
（三）航空、航天相关设备制造	3743
（四）其他航空航天器制造	3749
（五）航空航天器修理	4343
三、电子及通信设备制造业	
（一）电子工业专用设备制造	3562
（二）光纤、光缆制造	3832
（三）锂离子电池制造	3841
（四）通信设备制造	392
通信系统设备制造	3921
通信终端设备制造	3922
（五）广播电视设备制造	393
广播电视节目制作及发射设备制造	3931
广播电视接收设备及器材制造	3932
应用电视设备及其他广播电视设备制造	3939

续表

名　　称	国民经济行业分类代码
（六）雷达及配套设备制造	3940
（七）视听设备制造	395
电视机制造	3951
音响设备制造	3952
影视录放设备制造	3953
（八）电子器件制造	396
电子真空器件制造	3961
半导体分立器件制造	3962
集成电路制造	3963
光电子器件及其他电子器件制造	3969
（九）电子元件制造	397
电子元件及组件制造	3971
印制电路版制造	3972
（十）其他电子设备制造	3990
四、计算机及办公设备制造业	
（一）计算机整机制造	3911
（二）计算机零部件制造	3912
（三）计算机外围设备制造	3913
（四）其他计算机制造	3919
（五）办公设备制造	
复印和胶印设备制造	3474
计算器及货币专用设备制造	3475
五、医疗仪器设备及仪器仪表制造业	
（一）医疗仪器设备及器械制造	358
医疗诊断、监护及治疗设备制造	3581
口腔科用设备及器具制造	3582

续表

名　　称	国民经济行业分类代码
医疗实验室及医用消毒设备和器具制造	3583
医疗、外科及兽医用器械制造	3584
机械治疗及病房护理设备制造	3585
假肢、人工器官及植（介）入器械制造	3586
其他医疗设备及器械制造	3589
（二）仪器仪表制造	
工业自动控制系统装置制造	4011
电工仪器仪表制造	4012
绘图、计算及测量仪器制造	4013
实验分析仪器制造	4014
试验机制造	4015
供应用仪表及其他通用仪器制造	4019
环境监测专用仪器仪表制造	4021
运输设备及生产用计数仪表制造	4022
导航、气象及海洋专用仪器制造	4023
农林牧渔专用仪器仪表制造	4024
地质勘探和地震专用仪器制造	4025
教学专用仪器制造	4026
核子及核辐射测量仪器制造	4027
电子测量仪器制造	4028
其他专用仪器制造	4029
光学仪器制造	4041
其他仪器仪表制造业	4090
六、信息化学品制造业	
（一）信息化学品制造	2664

附录 2 《高技术产业（制造业）分类（2013）》与《高技术产业统计分类目录》（国统字〔2002〕33 号）对照表

Check List of High-technology Industry（Manufacturing Industry）Classifications（2013）and Statistics Catalogue of High-technology Industry Classifications（2002）

高技术产业（制造业）分类（2013）及对应 2011 国民经济行业分类代码		《高技术产业统计分类目录》（2002）及对应 2002 国民经济行业分类代码		说 明
		核燃料加工	253	删除
一、医药制造业	27	医药制造业	27	
（一）化学药品制造				
化学药品原料药制造	2710	化学药品原药制造	2710	更名
化学药品制剂制造	2720	化学药品制剂制造	2720	
（二）中药饮片加工	2730	中药饮片加工	2730	
（三）中成药生产	2740	中成药制造	2740	更名
（四）兽用药品制造	2750	兽用药品制造	2750	
（五）生物药品制造	2760	生物、生化制品的制造	2760	更名
（六）卫生材料及医药用品制造	2770	卫生材料及医药用品制造	2770	
二、航空、航天器及设备制造业		航空航天器制造	376	
（一）飞机制造	3741	飞机制造及修理	3761	旧行业 3761 部分内容调出
（二）航天器制造	3742	航天器制造	3762	
（三）航空、航天相关设备制造	3743			新增
（四）其他航空航天器制造	3749	其他飞行器制造	3769	更名
（五）航空航天器修理	4343			新增，旧行业 3761 部分内容调入
三、电子及通信设备制造业				
（一）电子工业专用设备制造	3562			新增
（二）光纤、光缆制造	3832			新增
（三）锂离子电池制造	3841			新增
（四）通信设备制造	392	通信设备制造	401	
通信系统设备制造	3921	通信传输设备制造	4011	旧行业 4011、4012 和 4019 合并
		通信交换设备制造	4012	
		其他通信设备制造	4019	
通信终端设备制造	3922	通信终端设备制造	4013	旧行业 4013 和 4014 合并
		移动通信及终端设备制造	4014	
（五）广播电视设备制造	393	广播电视设备制造	403	
广播电视节目制作及发射设备制造	3931	广播电视节目制作及发射设备制造	4031	
广播电视接收设备及器材制造	3932	广播电视接收设备及器材制造	4032	

续表

高技术产业（制造业）分类（2013）及对应 2011 国民经济行业分类代码		《高技术产业统计分类目录》（2002）及对应 2002 国民经济行业分类代码		说　明
应用电视设备及其他广播电视设备制造	3939	应用电视设备及其他广播电视设备制造	4039	
（六）雷达及配套设备制造	3940	雷达及配套设备制造	402	
（七）视听设备制造	395	家用视听设备制造	407	更名
电视机制造	3951	家用影视设备制造	4071	旧行业 4071 分解
音响设备制造	3952	家用音响设备制造	4072	更名
影视录放设备制造	3953	家用影视设备制造	4071	旧行业 4071 分解
（八）电子器件制造	396	电子器件制造	405	
电子真空器件制造	3961	电子真空器件制造	4051	
半导体分立器件制造	3962	半导体分立器件制造	4052	
集成电路制造	3963	集成电路制造	4053	
光电子器件及其他电子器件制造	3969	光电子器件及其他电子器件制造	4059	
（九）电子元件制造	397	电子元件制造	406	
电子元件及组件制造	3971	电子元件及组件制造	4061	
印制电路版制造	3972	印制电路版制造	4062	
（十）其他电子设备制造	3990	其他电子设备制造	409	
四、计算机及办公设备制造业				与旧行业 404、4154、4155 对应
		电子计算机制造	404	
（一）计算机整机制造	3911	电子计算机整机制造	4041	
（二）计算机零部件制造	3912	电子计算机外部设备制造	4043	旧行业 4043 分解
（三）计算机外围设备制造	3913	电子计算机外部设备制造	4043	旧行业 4043 分解
（四）其他计算机制造	3919	计算机网络设备制造 电子计算机外部设备制造	4042 4043	旧行业 4042 加上旧行业 4043 的部分内容调入
（五）办公设备制造				与旧行业 4154、4155 对应
复印和胶印设备制造	3474	复印和胶印设备制造	4154	
计算器及货币专用设备制造	3475	计算器及货币专用设备制造	4155	
五、医疗仪器设备及仪器仪表制造业				与旧行业 368、411、412、4141、419 对应，但不含这些行业的调出部分
（一）医疗仪器设备及器械制造	358	医疗仪器设备及器械制造	368	旧行业 368 部分内容调出
医疗诊断、监护及治疗设备制造	3581	医疗诊断、监护及治疗设备制造	3681	旧行业 3681 部分内容调出
口腔科用设备及器具制造	3582	口腔科用设备及器具制造	3682	旧行业 3682 部分内容调出
医疗实验室及医用消毒设备和器具制造	3583	实验室及医用消毒设备和器具的制造	3683	旧行业 3683 部分内容调出

续表

高技术产业（制造业）分类（2013）及对应 2011 国民经济行业分类代码		《高技术产业统计分类目录》（2002）及对应 2002 国民经济行业分类代码		说　明
医疗、外科及兽医用器械制造	3584	医疗、外科及兽医用器械制造	3684	旧行业 3684 部分内容调出
机械治疗及病房护理设备制造	3585	机械治疗及病房护理设备制造	3685	旧行业 3685 部分内容调出
假肢、人工器官及植（介）入器械制造	3586	假肢、人工器官及植（介）入器械制造	3686	
其他医疗设备及器械制造	3589	其他医疗设备及器械制造	3689	旧行业 3689 部分内容调出
（二）仪器仪表制造				与旧行业 411、412、4141、4190 对应，但不含 4190 的调出部分
		通用仪器仪表制造	411	
工业自动控制系统装置制造	4011	工业自动控制系统装置制造	4111	
电工仪器仪表制造	4012	电工仪器仪表制造	4112	
绘图、计算及测量仪器制造	4013	绘图、计算及测量仪器制造	4113	
实验分析仪器制造	4014	实验分析仪器制造	4114	
试验机制造	4015	试验机制造	4115	
供应用仪表及其他通用仪器制造	4019	供应用仪表及其他通用仪器制造	4119	
		专用仪器仪表制造	412	
环境监测专用仪器仪表制造	4021	环境监测专用仪器仪表制造	4121	
运输设备及生产用计数仪表制造	4022	汽车及其他用计数仪表制造	4122	更名
导航、气象及海洋专用仪器制造	4023	导航、气象及海洋专用仪器制造	4123	
农林牧渔专用仪器仪表制造	4024	农林牧渔专用仪器仪表制造	4124	
地质勘探和地震专用仪器制造	4025	地质勘探和地震专用仪器制造	4125	
教学专用仪器制造	4026	教学专用仪器制造	4126	
核子及核辐射测量仪器制造	4027	核子及核辐射测量仪器制造	4127	
电子测量仪器制造	4028	电子测量仪器制造	4128	
其他专用仪器制造	4029	其他专用仪器制造	4129	
光学仪器制造	4041	光学仪器制造	4141	
其他仪器仪表制造业	4090	其他仪器仪表的制造及修理	4190	旧行业 4190 部分内容调出
六、信息化学品制造业				
（一）信息化学品制造	2664	信息化学品制造	2665	
		公共软件服务	621	删除
		基础软件服务	6211	删除
		应用软件服务	6212	删除

附录3 高技术产业(制造业)统计分类目录

Statistics Catalogue of High-technology Industry (Manufacturing Industry) Classifications

行业代码	行业名称	行业代码	行业名称
2664	信息化学品制造	3931	广播电视节目制作及发射设备制造
27	医药制造业	3932	广播电视接收设备及器材制造
2710	化学药品原料药制造	3939	应用电视设备及其他广播电视设备制造
2720	化学药品制剂制造	394	雷达及配套设备制造
2730	中药饮片加工	395	视听设备制造
2740	中成药生产	3951	电视机制造
2750	兽用药品制造	3952	音响设备制造
2760	生物药品制造	3953	影视录放设备制造
2770	卫生材料及医药用品制造	396	电子器件制造
3474	复印和胶印设备制造	3961	电子真空器件制造
3475	计算器及货币专用设备制造	3962	半导体分立器件制造
3562	电子工业专用设备制造	3963	集成电路制造
358	医疗仪器设备及器械制造	3969	光电子器件及其他电子器件制造
3581	医疗诊断、监护及治疗设备制造	397	电子元件制造
3582	口腔科用设备及器具制造	3971	电子元件及组件制造
3583	医疗实验室及医用消毒设备和器具制造	3972	印制电路版制造
3584	医疗、外科及兽医用器械制造	399	其他电子设备制造
3585	机械治疗及病房护理设备制造	401	通用仪器仪表制造
3586	假肢、人工器官及植(介)入器械制造	4011	工业自动控制系统装置制造
3589	其他医疗设备及器械制造	4012	电工仪器仪表制造
374	航空、航天器及设备制造业	4013	绘图、计算及测量仪器制造
3741	飞机制造	4014	实验分析仪器制造
3742	航天器制造	4015	试验机制造
3743	航空、航天相关设备制造	4019	供应用仪表及其他通用仪器制造
3749	其他航空航天器制造	402	专用仪器仪表制造
3832	光纤、光缆制造	4021	环境监测专用仪器仪表制造
3841	锂离子电池制造	4022	运输设备及生产用计数仪表制造
39	计算机、通信和其他电子设备制造业	4023	导航、气象及海洋专用仪器制造
391	计算机制造	4024	农林牧渔专用仪器仪表制造
3911	计算机整机制造	4025	地质勘探和地震专用仪器制造
3912	计算机零部件制造	4026	教学专用仪器制造
3913	计算机外围设备制造	4027	核子及核辐射测量仪器制造
3919	其他计算机制造	4028	电子测量仪器制造
392	通信设备制造	4029	其他专用仪器制造
3921	通信系统设备制造	4041	光学仪器制造
3922	通信终端设备制造	409	其他仪器仪表制造业
393	广播电视设备制造	4343	航空航天器修理

注：此目录摘自国家统计局国统字[2013]55号文件。

附录4 高技术产业(制造业)统计资料整理公布格式

Published Format for Sorting-out the Statistical Data of High-technology Industry (Manufacturing Industry)

行 业	对应代码
一、医药制造业	27
#化学药品制造	271+272
中成药生产	274
生物药品制造	276
二、航空、航天器及设备制造业	374+4343
#飞机制造	3741
航天器制造	3742
三、电子及通信设备制造业	39-391+3562+3832+3841
#通信设备制造	392
#通信系统设备制造	3921
通信终端设备制造	3922
广播电视设备制造	393
雷达及配套设备制造	394
视听设备制造	395
电子器件制造	396
#电子真空器件制造	3961
半导体分立器件制造	3962
集成电路制造	3963
电子元件制造	397
其他电子设备制造	399
四、计算机及办公设备制造业	391+3474+3475
#计算机整机制造	3911
计算机零部件制造	3912
计算机外围设备制造	3913
办公设备制造	3474+3475
五、医疗仪器设备及仪器仪表制造业	358+401+402+409+4041
1.医疗仪器设备及器械制造	358
2.仪器仪表制造	401+402+409+4041
六、信息化学品制造业	2664

附录 5　主要统计指标解释
Explanatory Notes on Main Statistical Indicators

资产总计　指企业拥有或控制的能以货币计量的经济资源，包括各种财产、债权和其他权利。资产按流动性分为流动资产、长期投资、固定资产、无形资产、递延资产和其他资产。该指标根据企业会计“资产负债表”中“资产总计”项目的期末数增列。

主营业务收入　指会计“利润表”中对应指标的本年累计数。未执行 2001 年《企业会计制度》的企业，用“产品销售收入”的本期累计数代替。

利润总额　指企业生产经营活动的最终成果，是企业在一定时期内实现的盈亏相抵后的利润总额(亏损以“-”号表示)，它等于营业利润加上补贴收入加上投资收益加上营业外净收入再加上以前年度损益调整。

R&D　即研究与试验发展的简称，指在科学技术领域，为增加知识总量、以及运用这些知识去创造新的应用而进行的系统的、创造性的活动，包括基础研究、应用研究、试验发展三类活动。

R&D 人员折合全时当量　是国际上通用的、用于比较科技人力投入的指标。指 R&D 全时人员（全年从事 R&D 活动累积工作时间占全部工作时间的 90%及以上人员）工作量与非全时人员按实际工作时间折算的工作量之和。例如：有 2 个 R&D 全时人员(工作时间分别为 0.9 年和 1 年)和 3 个 R&D 非全时人员(工作时间分别为 0.2 年、0.3 年和 0.7 年)，则 R&D 人员全时当量＝1+1+0.2+0.3+0.7=3.2(人年)。

R&D 经费内部支出　指调查单位在报告年度用于内部开展 R&D 活动的实际支出。包括用于 R&D 项目（课题）活动的直接支出，以及间接用于 R&D 活动的管理费、服务费、与 R&D 有关的基本建设支出以及外协加工费等。不包括生产性活动支出、归还贷款支出以及与外单位合作或委托外单位进行 R&D 活动而转拨给对方的经费支出。

政府资金　指调查单位R&D经费内部支出中来自各级政府部门的各类资金。

企业资金　指调查单位R&D经费内部支出中来自本企业的自有资金和接受其他企业委托而获得的经费。

新产品　指采用新技术原理、新设计构思研制、生产的全新产品，或在结构、材质、工艺等某一方面比原有产品有明显改进，从而显著提高了产品性能或扩大了使用功能的产品。

企业办研发机构数　指企业自办（或与外单位合办），管理上同生产系统相对独立（或单独核算）的专门研发活动机构，如企业办的技术中心、研究院所、开发中心、开发部、实验室、中试车间、试验基地等。企业办研发活动机构经过资源整合，被国家或省级有关部门认定为国家级或省级技术中心的，应按一个机构填报。与外单位合办的科技活动机构若主要由本企业出资兴办，则由本企业统计，否则应由合办方统计。企业研发管理职能处（科）室（如科研处、技术科等）一般不统计在内；若科研处、技术科等同时挂有科技活动机构的牌子，视其报告年度内主要工作任务而定，主要任务是从事研发活动的可以统计，否则不予统计。本指标不含企业在中国境外设立的研发活动机构数。

机构人员　指报告期企业办研发活动机构中从事研发活动的人员合计。

机构经费支出　指报告期企业办研发机构用于内部开展研发活动实际支出的总费用。包括机构人员劳务费（含工资）支出、机构业务费支出、管理费支出、固定资产购建支出以及其他维持机构正常工作的日常费用等的支出总和。不包括相关折旧费用、长期费用摊销和无形资产摊销等费用。

引进技术经费支出 指报告期企业用于购买国外或港澳台技术的费用支出，包括产品设计、工艺流程、图纸、配方、专利等技术资料的费用支出，以及购买关键设备、仪器、样机和样件等的费用支出。

消化吸收经费支出 引进技术的消化吸收指对引进技术的掌握、应用、复制而开展的工作，以及在此基础上的创新。引进技术的消化吸收经费支出包括：人员培训费、测绘费、参加消化吸收人员的工资、工装、工艺开发费、必备的配套设备费、翻版费等。

购买境内技术经费支出 指报告期企业购买境内其他单位研发成果的经费支出。包括购买产品设计、工艺流程、图纸、配方、专利、技术诀窍及关键设备的费用支出。

技术改造经费支出 指报告期企业进行技术改造而发生的费用支出。技术改造指企业在坚持科技进步的前提下，将科技成果应用于生产的各个领域（产品、设备、工艺等），用先进工艺、设备代替落后工艺、设备，实现以内涵为主的扩大再生产，从而提高产品质量、促进产品更新换代、节约能源、降低消耗，全面提高综合经济效益。

施工项目 指报告期内进行过建筑或安装施工活动的项目。凡是报告期内施过工的建设项目，不论施工时间长短，均作为施工项目统计。施工项目个数可以反映一定时期固定资产投资的实际规模，与同期全部建成投产项目个数相比，可以从建设速度的角度反映固定资产投资的效果。根据建设项目施工活动的不同性质，施工项目又分为：本年正式施工项目、本年收尾项目和以前年度全部停缓建项目。

全部建成投产项目 工业项目指设计文件规定形成生产能力的主体工程及其相应配套的辅助设施全部建成，经负荷试运转，证明具备生产设计规定合格产品的条件，并经过验收鉴定合格或达到竣工验收标准，与生产性工程配套的生活福利设施可以满足近期正常生产的需要，正式移交生产的建设项目。非工业项目指设计文件规定的主体工程和相应的配套工程全部建成，能够发挥设计规定的全部效益，经验收鉴定合格或达到竣工验收标准，正式移交使用的建设项目。

项目建成投产率 指一定时期内全部建成投产项目个数与同期施工项目个数的比率。该指标是从建设单位建设速度的角度反映投资效果的指标。

新增固定资产 指报告期内已经完成建造和购置过程，并已交付生产或使用单位的固定资产价值。该指标是表示固定资产投资成果的价值指标，也是反映建设进度，计算固定资产投资效果的重要指标。

固定资产交付使用率 指一定时期新增固定资产与同期完成投资额的比率。该指标是反映固定资产动用速度，衡量建设过程中宏观投资效果的综合指标。由于新增固定资产是较长时期内形成的结果，而投资额则是当年完成的，因此，该指标一般适宜于反映较长时期内固定资产的动用情况。